Instituto Histórico e Geográfico de São Paulo
10 Anos da Memória Paulista
2002-2012

Copyright do texto © 2013 Nelly Martins Ferreira Candeias
Copyright da edição © 2013 Escrituras Editora

Todos os direitos desta edição cedidos à
Escrituras Editora e Distribuidora de Livros Ltda.
Rua Maestro Callia, 123 – Vila Mariana – São Paulo, SP – 04012-100
Tel.: (11) 5904-4499 – Fax: (11) 5904-4495
www.escrituras.com.br
escrituras@escrituras.com.br

Diretor editorial: Raimundo Gadelha
Coordenação editorial: Mariana Cardoso
Assistente editorial: Ravi Macario
Capa e projeto gráfico: Renan Glaser e Felipe Bonifácio
Diagramação: Ligia Daghes e Edna Batista
Revisão: Jonas Pinheiro
Fotos do miolo: Acervo IHGSP - Abel Francisco Junior/ Acervo da autora/ Internet sem indicação de autoria
Fotos da capa: Abel Francisco Junior
Impressão: EGB

Dados Internacionais de Catalogação na Publicação (CIP)
(Câmara Brasileira do Livro, SP, Brasil)

Candeias, Nelly Martins Ferreira
  Instituto Histórico e Geográfico de São Paulo:
10 anos da memória paulista: 2002-2012 / Nelly
Martins Ferreira Candeias. – São Paulo:
Escrituras Editora, 2013.

  Bibliografia.
  ISBN 978-85-7531-427-2

  1. Instituto Histórico e Geográfico de
São Paulo – História I. Título.

12-06831   CDD-981.098161

Índices para catálogo sistemático:

1. Instituto Histórico e Geográfico de
   São Paulo: História   981.098161

Impresso no Brasil
Printed in Brazil

NELLY MARTINS FERREIRA CANDEIAS

Instituto Histórico e Geográfico de São Paulo
10 Anos da Memória Paulista
2002-2012

escrituras
São Paulo, 2013

In memoriam

*Daniel e Ermelinda, meus Pais,
e de Nelson, Synesio e Milton,
meus Irmãos.*

*Para
José Alberto Neves Candeias,
que iluminou
o peabiru da minha vida.*

Ó Nelly,

*Senhora do astrolábio
e da rosa dos ventos
e da nau capitania,
domina o mar imenso,
e a frota e os mareantes
enfim a porto sereno
impávida conduz!*

*Sylvio Bomtempi
6 de novembro de 2002*

Sumário

Apresentação..13

Reminiscências 15

PARTE 1 – DATAS MAGNAS, SESSÕES CULTURAIS, POSSES....................35

Capítulo 1 – Homenagem a Carlos Botelho...37

Capítulo 2 – 70 anos da Revolução de 32..47

Capítulo 3 – 180 anos da Independência do Brasil 61

Capítulo 4 – São Paulo de Piratininga – 449 anos...67

Capítulo 5 – 71 anos da Revolução de 32..85

Capítulo 6 – Homenagem a Paulo Bomfim 89

Capítulo 7 – Sessão cultural Judith Mac Knight 99

Capítulo 8 – São Paulo de Piratininga – 450 anos...111

Capítulo 9 – A Princesa Flor na Ilha Madeira..145

Capítulo 10 – Evocando José Celestino Bourroul..161

Capítulo 11 – Fundação da Faculdade de Direito – 177 anos........................167

Capítulo 12 – Visita da ministra de Portugal...177

Capítulo 13 – Homenagem à Polícia Militar do Estado de São Paulo...........185

Capítulo 14 – Instituto Histórico e Geográfico de São Paulo – 110 anos......189

Capítulo 15 – São Paulo de Piratininga – 451 anos.......................................197

Capítulo 16 – Inauguração do Memorial'32..205

Capítulo 17 – A internacionalização da Amazônia 213

Capítulo 18 – Outorga do Colar do Centenário 221

Capítulo 19 – Posse de novos membros...227

Capítulo 20 – Segundo Batalhão da Polícia Militar – 114 anos 231

Capítulo 21 – A vocação maior de São Paulo..235

Capítulo 22 – São Paulo de Piratininga – 452 anos.......................................239

Capítulo 23 – I Curso São Paulo na História do Brasil.................................253

Capítulo 24 – Dia da Juventude Constitucionalista 267

Capítulo 25 – Evocando Guilherme de Almeida 273

Capítulo 26 – Posse de novos membros...279

Capítulo 27 – Direitos humanos e democracia 289

Capítulo 28 – São Paulo de Piratininga – 453 anos 307
Capítulo 29 – Jubileu de Brilhante da Revolução Constitucionalista 315
Capítulo 30 – São Paulo de Piratininga – 454 anos 323
Capítulo 31 – 200 anos da vinda da Família Real para o Brasil 331
Capítulo 32 – 200 anos da Imprensa Régia e 100 anos da Associação Brasileira de Imprensa 391
Capítulo 33 – 100 anos da imigração japonesa no Brasil 405
Capítulo 34 – 200 anos da criação do Corpo de Fuzileiros Navais 423
Capítulo 35 – São Paulo de Piratininga – 455 anos 431
Capítulo 36 – Homenagem aos advogados juristas 451
Capítulo 37 – Homenagem a Ives Gandra da Silva Martins 471
Capítulo 38 – São Paulo de Piratininga – 456 anos 491
Capítulo 39 – Inauguração de espaço cultural no IHGSP 511
Capítulo 40 – Homenagem ao professor Damásio Evangelista de Jesus 519
Capítulo 41 – São Paulo de Piratininga – 457 anos 529
Capítulo 42 – Dia Internacional da Mulher 557
Capítulo 43 – Posse de novos membros 573
Capítulo 44 – São Paulo de Piratininga – 458 anos 581
Capítulo 45 – *In finis* 593

PARTE 2 – MULHERES DO INSTITUTO HISTÓRICO E GEOGRÁFICO DE SÃO PAULO 597

Capítulo 46 – Lygia Ambrogi 601
Capítulo 47 – Marie Rennotte 605
Capítulo 48 – Marie Robinson Wright 615
Capítulo 49 – Amélia Machado Cavalcanti de Albuquerque 625
Capítulo 50 – Olívia Guedes Penteado e a Revolução de 32 635
Capítulo 51 – Francisca Pereira Rodrigues 643
Capítulo 52 – Carolina Ribeiro 651
Capítulo 53 – Alice Piffer Canabrava 659
Capítulo 54 – A emancipação feminina no Brasil 665

PARTE 3 – O *ESTADO DE SÃO PAULO* – FÓRUM DOS LEITORES 669

Capítulo 55 – Cartas referentes a mulheres (2002 a 2009) 671

PARTE 4 – DISCURSOS E PALESTRAS **691**

    Capítulo 56 – Discursos 693

    Capítulo 57 – Palestras 707

PARTE 5 – COLABORAÇÕES: CONFERÊNCIAS,
             POESIAS, PALESTRAS E DISCURSOS **735**

    Capítulo 58 – Paulo Bomfim 739

    Capítulo 59 – Augusto Rua Pinto Guedes 753

    Capítulo 60 – S.A.I.R. Dom Luiz de Orléans e Bragança 765

    Capítulo 61 – João Alves das Neves 781

    Capítulo 62 – Luís Carlos Bassalo Crispino 787

    Capítulo 63 – A canção da polícia militar 795

    Capítulo 64 – Jorge Pereira de Sampaio 813

    Capítulo 65 – Hernâni Donato 823

    Capítulo 66 – Armando Alexandre dos Santos 837

    Capítulo 67 – Kenneth Light 847

PARTE 6 – CARTAS E MENSAGENS – 2002-2012 .... **871**

PARTE 7 – ASSEMBLEIA GERAL EXTRAORDINÁRIA – 27 de maio de 2009 .... **903**

PARTE 8 – ANEXOS **931**

    Nomes citados 933

    Presidentes do Instituto Histórico e Geográfico de São Paulo 947

    Apêndice I 949

    Apêndice II 957

    Créditos iconográficos 963

    A autora 967

Apresentação

Pergunta estranha, porém cabível: de que trata realmente este volume? Relato de gestão? Convocatória ao serviço social? Ou tudo isso e mais uma enciclopédia enfeixando assinaturas de respeito apostas em valiosas contribuições histórico-geográficas?

E tudo isso destinado que foi a documentar a História do Instituto ao longo de momento singular da sua existência. Cobre oito anos flagrantemente contrários, pelo tempestuoso da sua decorrência, à calma erudita que se presume reinar perenemente em grêmio dessa natureza. Mas esses foram anos de história particular no rol das décadas da entidade: os anos entre 2002 e 2012.

Texto escrito não apenas com a autoridade de quem registra, mas também com as particularidades dominadas por quem esteve ao leme buscando bonanças em meio à tormenta.

É inovador no que possa parecer atrevimento de forma e estilo. De conteúdo primacialmente.

Sem acidez. Sem polemizar, narra. E, relatando, historia. Tanto concede a palavra quanto serve-se dela para fixar como decorreram estes dias muito especiais.

Foi durante esse período que se viu algo inimaginável no existir de associações semelhantes: a retirada, manu-impositiva, da sede do Instituto e o envio dos mesmos para diferentes endereços, dos milhares e milhares e milhares de livros da biblioteca, dos milhares de documentos e objetos museológicos. Tudo, por força de mandato judicial. Estupefação. Sofrimento. E eis que, por outro mandato da mesma judicatura, os livros voltam. Imagine-se a inserção do episódio na cronologia da entidade.

De notar, ainda, no volume, descrição assim digna de admiração pelo alto significado quanto pela repetição do fato contrastando com as medidas sujeitadoras do Instituto e pela singeleza com que vem narrada, a força de atração do Instituto na sociedade paulista.

Pois, enquanto era esvaziado da sua biblioteca e do seu arquivo, recebia apelo para agasalhar o acervo total de tradicional associação genealógica em via de encerrar atividades e o mesmo pedido de respeitável agrupamento de filatelistas em fase de expansão.

Coroando tais solicitações o Instituto viu-se eleito para sediar o desde logo respeitadíssimo Memorial Bourroul, respeitante à Revolução Paulista de 1932. Foi como se o destino se ocupasse em equilibrar balanças.

Tudo isso está no livro, o qual é encerrado com outra prova do prestígio do Instituto: a colaboração nele inserida de mais de vinte nomes dentre os maiormente festejados autores nos campos da Geografia, da História, da vida cívico-social de São Paulo. Cada página ecoa no volume como se oratória pronunciada no plenário da instituição. Nisso, outra vez, o livro da Presidente inova.

Livro que, portanto, não é um. É arquivo, biblioteca, tese justificatória. Especializado na crônica de agitado quase decênio de um dos pilares da vivência paulista.

Hernâni Donato

Reminiscências[1]

Minhas Vidas

O passado não é o que passou,
O passado é o que ficou
do que passou.
Tristão de Ataíde

Meu Pai, Daniel Martins Ferreira (1882-1954), nasceu em Penacova, Beira Litoral, Portugal, filho de Joaquim Martins e Joaquina dos Santos. Chegou a São Paulo com seu pai, em 1891. Foram seus avós paternos Luis Martins e Maria Ferreira, e maternos Manuel Henriques e Bernarda dos Santos. Minha Mãe, Ermelinda Martins Ferreira (1896-1960), nasceu em Vila Real, Trás-os-Montes, filha de Manuel José de Moraes Serrão e de Isabel Maria de Souza Valadares. Foram seus avós paternos Bento José de Moraes e Luísa Vilela, e pelo lado materno Alexandre Magno e Felicidade de Jesus e Souza. Casou-se por procuração e veio para São Paulo em 1920, aos vinte e quatro anos, a bordo do navio Almanzora, da Royal Mail Lines.

Realizei o curso primário e o secundário no Colégio das Cônegas de Santo Agostinho, "Des Oiseaux", em São Paulo, e o curso Colegial no Colégio Estadual de São Paulo. Fiz curso de graduação em Ciências Sociais na Faculdade de Filosofia, Ciências e Letras da Universidade de São Paulo. Após ter concluído o curso de graduação e o de pós-graduação em Ciências Sociais na Universidade de São Paulo, fui convidada para trabalhar na Faculdade de Saúde Pública.

---

1 Publicado em *São Paulo 450 anos – Sua História, Seus Monumentos – Destaques e Personalidades*, Instituto Biográfico do Brasil. Editor Michel Chelala Siqueira. Produção Gráfica: Editora Germape Ltda. (N. da A.)

E assim prosseguiu minha carreira universitária. Estudei na London School of Economics and Political Science, tendo frequentado cursos no "National Institute for Applied Behavioral Science", em Bethel e Plymouth (EUA). Algumas semanas depois do meu ingresso na FSP/USP, recebi bolsa da Organização Mundial de Saúde Pública para fazer pós-graduação em Saúde Pública na Universidade da Califórnia, em Berkeley. Fiz meu Mestrado na "School of Public Health", tendo apresentado meu projeto para pesquisa de doutoramento nessa Escola, o qual foi financiado pela Fundação Ford, com a opção de permanecer nos Estados Unidos ou regressar ao Brasil. Preferi realizar meu doutoramento na Faculdade de Saúde Pública da Universidade de São Paulo, para trabalhar com dados brasileiros, que, portanto, exigiam minha constante presença em São Paulo.

Em 1979, após cinco anos de pesquisa, concluí minha tese "Educação em Saúde na prevenção do risco pré-natal e interconcepcional". Em 1982, prestei concurso para professora livre-docente, tendo apresentado a tese "Educação em Saúde na prevenção do risco de desmame precoce. Em ambas obtive a nota máxima (dez) com distinção. Em 1985, tornei-me professora adjunta e, em 1988, prestei concurso para professora titular na disciplina de Educação em Saúde.

Aposentei-me na USP no ano de 2000, já com disposição de mudar de atividades e de território.

Década de 30, lembranças da infância
A casa da Avenida Brigadeiro e seu entorno

Minha relação com São Paulo começa na casa onde morei, um grande sobrado com porão, que ficava na Av. Brigadeiro Luís Antônio, 2396, esquina da Alameda Santos. Foi projetada pelo arquiteto português Ricardo Severo e construída, em 1925, sob a responsabilidade do Escritório Ramos de Azevedo.

A casa era lindíssima – registro inesquecível de minhas primeiras percepções com todas as imagens de descanso e de tranquilidade que acompanham uma infância e juventude felizes. Retorno a ela, casa onírica, ao rever fotografias da década de trinta, que me levam aos mais infinitos devaneios, acompanhados de imagens, sons e odores que não existem mais.

Ali e em seu entorno, teve início meu relacionamento com a cidade de São Paulo, conversando com minhas amigas na Avenida Brigadeiro Luís Antônio, na Avenida Paulista, andando de bicicleta na Alameda Santos, passeando na Alameda Campinas, na Avenida Joaquim Eugênio de Lima, correndo, pulando corda, brincando de esconde-esconde, de bola, de "tudo o que o senhor mestre fizer".

Aos domingos e dias santos, assistíamos à missa na Igreja da Imaculada Conceição, onde sempre me encontrava com amigas e colegas residentes no bairro.

Avenida Paulista e Rua Augusta

Faz parte da minha saudade o corso na Avenida Paulista, quando nós, os cinco irmãos, fantasiados e junto com meus Pais, acomodados em um Chrysler Imperial, alguns sentados na capota arreada do automóvel, jogávamos serpentinas e confetes num ambiente de colorida euforia.

A Avenida Paulista tem muito a ver com minha vida na primeira infância. Sinto saudades, às vezes, do *Índio Ubirajara*, estátua que, com o alargamento da Avenida Paulista, foi transferida para outro lugar.

Frequentei o Club Athletico Paulistano, na Rua Augusta, cuja piscina me fascinava. Nas águas daquela piscina, flutuam lembranças imperecíveis de quem sente no início da vida a existência de um mundo maior ainda por conquistar. Para as crianças tudo parece imenso.

Na Rua Augusta, na direção do centro da cidade, localizava-se o Colégio das Cônegas de Santo Agostinho, mais conhecido como "Des Oiseaux", onde as alunas entravam às oito horas, com uniforme, chapéu, luvas brancas e com a caderneta na mão. Fato concreto de um mundo preciso e disciplinado, que me desagradava por me afastar da casa e da presença de meus Pais.

A Cidade Velha

Eu me lembro do centro da Cidade – do triângulo formado pelas Ruas 15 de Novembro, Direita e São Bento, principal área comercial de São Paulo na década de 1930. Minha Mãe fazia compras na Casa Alemã, na Casa Sloper, no Mappin Stores, Au Bon Marché, na Casa Fretin e na Casa São Nicolau, que encantava as crianças com seus brinquedos importados. Em março, eu tinha permissão para ir ao centro "sozinha", isto é, acompanhada pela pajem e pelo *chauffeur*, para comprar com a minha mesada os presentes que desejava oferecer à minha Mãe no dia de seu aniversário.

Recordo-me dela conversando com amigas que também frequentavam o Centro e depois se reuniam para tomar chá na Casa Alemã. Eu gostava das torradinhas mornas e macias, da geleia de mocotó e do *milk-shake* ou chocolate quente, que faziam parte do lanche da elegante Leiteria Campo Belo, na Rua São Bento, no quarteirão entre a Rua Direita e a José Bonifácio.

Naqueles anos de primeira viagem, tudo parecia começar na Praça do Patriarca. Eu perguntava à minha Mãe o significado de coisas que não conseguia compreender: o nome das ruas Libero Badaró, onde meu Pai comprava iguarias na casa Godinho, Brigadeiro Luís Antônio, onde morávamos, Brigadeiro Tobias, onde se localizava a Firma Martins Costa, a qual meu Pai dirigiu de 1936 a 1954, ano de seu falecimento, e que me traz as mais comoventes recordações. E o Patriarca, quem era?

Mercado Municipal

Eu gostava de ir ao Mercado Central, construído pelo arquiteto Ramos de Azevedo, na Rua da Cantareira, e inaugurado em 1931. Ir ao mercado Municipal tinha uma certa graça para as crianças, porque comprávamos todos os tipos de guloseimas! Íamos com a Augusta, cozinheira portuguesa que trabalhou na casa de meus pais mais de cinquenta anos. Viu os membros da família nascerem, viverem e morrerem, sempre mantendo uma forma de ser de alma simples e devotada.

O *chauffeur* chamava-se David Carrazedo e também era português, como a nossa pajem Assunção.

Parques

A parte verde da minha vida! Passear em parques, esse programa me acompanhou durante toda a minha infância. Há fotos antigas de todos nós, pais, tios e crianças, em diferentes e às vezes exóticos locais. Pouco me lembro, a não ser do meu espanto ao ver (pela primeira vez?) aves aquáticas, e de chorar assustada com gansos enraivecidos, criando um clima de guerra em ambiente de paz: "olha o patinho". Eu amava os cisnes que nadavam nas águas dos parques e que até hoje me encantam. Que mistério da natureza e que dignidade! "Mamãe, os cisnes são tão educados".

Lembro-me bem do Parque Siqueira Campos, onde minha irmã, eu e a pajem portuguesa, Assunção, íamos quase todos os dias. Tenho saudades dos bichos-preguiça pendurados nos galhos das árvores, movendo-se lentamente e olhando a algazarra da criançada paulista lá embaixo. O parque me emocionava por sua vegetação imponente, mundo misterioso, cheio de odores e ruídos peculiares. A estátua de Anhanguera me assustava, e, de certa forma, me agredia pela mensagem de uma força que eu não conseguia entender.

Recordo-me menos dos Parques da Luz, Aclimação, Horto Florestal, Água Branca. Apenas sei que estivemos lá, pelo que me contaram.

Década de 1940

Em meados dessa década, meus pais permitiram que eu começasse a frequentar a "cidade nova", sempre acompanhada por amigas do "Des Oiseaux". Passear livremente na Rua Barão de Itapetininga, embora sob condições, era sonho de todas as adolescentes. O Mappin Stores havia se mudado para a Praça Ramos de Azevedo, bem em frente ao Teatro Municipal e próximo ao Hotel Esplanada, outros pontos de encontro dos adolescentes apaixonados.

Eu gostava de ir à Confeitaria Vienense para ouvir música ao vivo. Bons tempos! Namorar no salão de chá do Mappin Stores, Vienense, em livrarias na Rua Marconi, comprar livros, receber mensagens de namorados, por escrito, entregar cartas contendo poesias ou pensamentos românticos, às escondidas.

Que saudade dos anos 1940! Foi nessa ocasião, também, que terminou a construção do edifício Daniel Martins Ferreira, no Largo do Paissandu: "Querido Papai, este é o prédio mais bonito de São Paulo" (1948). Por sua beleza, o prédio passou a fazer parte dos cartões-postais da cidade. Hoje perdeu a graça de cartão-postal antigo num entorno desorganizado e barulhento.

Guardo com amor e saudade os livros que minha Mãe me deu no dia do meu aniversário, quase sempre referentes à história do Brasil e de Portugal e à literatura desses dois países, "Com sinceras felicitações de Mamãe". Minha Mãe fez com que eu me sentisse tão Brasileira quanto Portuguesa. Mas ela me educou para ser Paulista.

Edifício Daniel Martins Ferreira, Largo Paissandu.
Inaugurado em 1948.

Minhas vidas

Sou a encruzilhada de várias vidas: minha infância na casa da Avenida Brigadeiro Luís Antônio, 2396, onde nasci; meus tempos de recém-casada na casa da Rua Irlanda, 151, e minha maturidade no apartamento onde resido, na Rua Itacolomi, no bairro de Higienópolis. São vidas marcadas por fatos entrelaçados nas três ruas onde morei. Neles se incluem longas permanências nos Estados Unidos, em Portugal e na Inglaterra.

Eu procurava caminhos e os encontrei: meu inesperado noivado em Lisboa, meu contato com intelectuais portugueses logo depois de casada; minha passagem pela

Universidade de São Paulo, onde entrei e me formei com mais de 30 anos; períodos de treinamento técnico no Exterior, onde meu marido e eu nos aperfeiçoamos – em Londres, em Berkeley e em Chapel Hill.

Finalmente, meu ingresso na Academia Paulistana de História pelas mãos do historiador Manoel Rodrigues Ferreira que posteriormente me indicou para o Instituto Histórico e Geográfico de São Paulo. Minha atuação como Presidente deu-se por intermédio de intelectuais paulistas. A primeira mulher a presidi-lo desde sua fundação, em 1894.

Travessias

Na minha vida, tudo funcionou como um trem sobre trilhos, parando e partindo das diversas estações. Fui eu quem entrou e saiu dos trens e fez com que as coisas fossem acontecendo no itinerário da ferrovia, sempre buscando caminhos e passageiros diferentes.

Na infância, desejei ser borboleta voando no jardim da casa onde morávamos. Com fantasia feita por uma empregada portuguesa, eu batia minhas asas azuis e acariciava minhas antenas junto às flores, inutilmente. Eu me sentia diferente das outras meninas. Gostava de competir e vencer, porque achava que estava agradando a meus pais, mas as derrotas não me amarguravam. Em casa, procurava esconderijos onde não fosse perturbada por ninguém – irmãos e empregadas – uma concha onde me pudesse fechar e ficar a sós.

Frequentei por algumas semanas o Jardim da Infância do Colégio Progresso Paulista, dirigido pela professora Astrogilda de Abreu Sevilha, mas não me acostumei. No Colégio "Des Oiseaux", fiz o primário e o ginásio. Em nossa casa, professores particulares ensinavam línguas e música. Eram amigos de meus pais.

Ao atingir a adolescência, senti nitidamente a diferença do ensino em função do gênero. Mudar causava mal-estar nos rigorosos limites do círculo social, onde os "bons modos" prevaleciam nos currículos escolares e o convívio dos jovens abrangia umas poucas famílias da sociedade paulistana, cuidadosamente selecionadas. Fazer faculdade? Nem pensar.

Influências na minha formação – *Hoc era in votis*

Em Portugal
Professor Alberto Candeias

Aos 18 anos, conheci meu futuro marido em Lisboa, um jovem e já bem-sucedido médico. Assim, passei a conviver com diferentes formas de ser, de viver e de pensar. Meu sogro, Professor Alberto Candeias, um dos fundadores da revista *Seara Nova*, foi famoso no cenário intelectual de Lisboa. Como professor, trabalhou em três notórios Liceus de Portugal e, como oceanógrafo com especialização em Liverpool, foi notável pesquisador do Aquário Vasco da Gama, onde passou a maior parte de sua vida, pesquisando o mar que amava intensamente. Era homem com firmes convicções e inabalável opositor de Salazar, o que se refletiu, e ele preferiu, em severas restrições no decorrer de sua brilhante carreira.

Eu me encantei com a vida dele, de seu filho, de seus excepcionais amigos e com sua biblioteca habilmente selecionada, onde predominavam edições em idioma inglês. E ao conviver intimamente com essas pessoas, desejei ser como elas, sem perder de vista a importante mensagem que minha família portuguesa transmitira ao longo das gerações.

Uma certa clareza de ideias e de convicções moldaram minhas opções de vida. Anos depois, acompanhando a vida de meu marido, como professor e pesquisador da Universidade de São Paulo, desejei seguir esse caminho. Foi o que fiz. A presença das famílias Martins Ferreira e Candeias parece ter sido uma espécie de prospeção na história da minha biografia.

Até certo ponto, o Professor Alberto Candeias, meu sogro, contribuiu para que eu me inscrevesse na Universidade de São Paulo – era um homem de ideias. Em 1968, formei-me na Faculdade de Filosofia, Ciências e Letras, onde fiz minha primeira pós-graduação. Foi um grande e fulgurante voo para uma menina formada no Colégio "Des Oiseaux", onde só se falava francês, com futuro rigorosamente moldado pelos valores da época.

Nos Estados Unidos
Professora Dorothy Nyswander

Em 1972, por empenho pessoal do Professor José de Barros Martins, docente da Faculdade de Saúde Pública, USP, tive o privilégio de receber bolsa da Secretaria da Saúde do Estado de São Paulo para preparar a visita à capital da Professora Emérita Dorothy Nyswander, uma das fundadoras da Faculdade de Saúde Pública da Universidade da Califórnia, em Berkeley, em 1925.

Consultora internacional, Dorothy viajava pelo mundo divulgando o conceito de *Open Society*: "uma sociedade na qual a justiça existe para todos e cujo principal objetivo é educar as pessoas para conviver com a diversidade"... "O homem livre sente seu próprio valor, mas isso acontece somente quando ele é tratado por outros homens como uma pessoa de valor. Essa educação para o valor e dignidade começa na infância e nas escolas reorganizadas e agências da sociedade aberta, torna-se uma realidade para o indivíduo. Nenhum homem livre é ferido por medo e humilhações. Nenhum homem sente-se de menor estatura na sociedade por causa de sua ocupação ou cor de pele. Um homem livre é um homem orgulhoso, se mistura livremente, tem energia para pensar, agir, acrescentar valor à riqueza da sociedade". Dorothy Nyswander pregava, pelo mundo afora, o ensino para a aceitação e valorização da diversidade, assim como a habilidade de utilizá-la com criatividade. O respeito pleno pela diversidade, como direito humano. Para mim, não era necessário dizer mais nada.

O fato de eu ter frequentado a London School of Economics (1968/69), cujo programa foi delineado pelo Professor Octávio Ianni, sociólogo da Faculdade de Filosofia, Ciências e Letras, chamou a atenção de Nyswander. Fui convidada por ela para fazer pós-graduação na Universidade da Califórnia, com bolsa de estudos patrocinada pela Organização Mundial de Saúde. E lá fui eu pelo mundo afora.

Universidade de São Paulo

Ao regressar ao Brasil, com apoio da Professora Ruth Sandoval Marcondes e do Professor Ciro Ciari Jr, consegui vaga em tempo parcial na área de Educação em Saúde na Faculdade de Saúde Pública da Universidade de São Paulo.

Amparada por uma bolsa da Fundação Ford, para realizar minha pesquisa de doutoramento, e com tempo disponível, permaneci no Departamento de Medicina Preventiva da Escola Paulista de Medicina, coletando dados de puérperas no Hospital São Paulo. Tive então o privilégio de conviver oito anos com o Doutor Walter Leser, professor daquela escola e Secretário de Saúde do Estado de São Paulo. Homem de ideias arrojadas, deixou visíveis marcas em todos que o conheceram. Uma frase descreve a forma de ser desse ilustre médico: "Estou tranquilo quanto ao que irão pensar, pois, se não tenho do que me orgulhar, certamente não tenho do que me envergonhar".

Durante a realização da minha pesquisa de doutoramento fui orientada na parte estatística pelo Professor Rubens Murillo Marques, e acompanhada de perto pelos Professores José Alberto Neves Candeias e Alberto Carvalho da Silva, estes do Instituto de Ciências Biomédicas da Universidade de São Paulo.

Com a permanência na Califórnia, meus planos mudaram de rumo. Minha vida profissional foi profundamente influenciada pela experiência adquirida nos Estados Unidos, onde fui submetida a um treinamento mais prático do que teórico-ideológico, como notei ocorrer durante minha formação na USP.

A circunstância de ter conhecido Dorothy Nyswander e estudado nos Estados Unidos levou-me a conhecer dois antigos alunos da Faculdade de Saúde Pública de Berkeley, com os quais convivi por muitos anos, nos Estados Unidos e no Brasil: Snehendu Kar e Lawrence Green. Curiosa coincidência: os professores que desenvolveram trabalhos de interesse internacional por longo período no Brasil foram alunos da Faculdade de Saúde Pública de Berkeley, Universidade da California. Fomos os três influenciados pelo pensamento precursor da Professora Emérita Dorothy Nyswander, uma das fundadoras dessa escola. Estreitaram-se os laços de amizade entre Kar e mim, ao perceber que ambos tínhamos sido selecionados por ela para estudar na Universidade da Califórnia, durante suas consultorias na Índia e no Brasil: "Dr. Nelly Candeias, a brilliant young woman, has now replaced Ruth – Dr. Marcondes. I should say, as head of health education. She has been working on research problems with Dr. Kar of the health education division in the UCLA School of Public Health and has, I think, started some work over on Portugal in the field of healh education".

Professor Snehendu Kar

Como consultora das Nações Unidas / UNESCO, conheci o Professor Snehendu Kar em 1974, durante reunião internacional realizada em Ann Arbor na Universidade de Wisconsin. Residente nos Estados Unidos e ainda muito jovem conseguira obter "tenure" para lecionar nas universidades americanas. Colegas e amigos, unidos por forte afinidade, durante anos trocamos ideias sobre temas técnicos, de natureza prática, na área de promoção da saúde. Com ele, aprendi a admirar a obra de Rabindranath Tagore (1861-1941). Amigo de Gandhi, a quem denominou de *Mahatma* (do sânscrito *A Grande Alma*), Tagore foi o primeiro não europeu a conquistar o prêmio Nobel de Literatura em 1913.

Professor Lawrence Green

Na década de 80, passei a me corresponder com o Professor Lawrence W. Green, autor de um modelo teórico denominado PRECEDE, cujo nome conheci ao ler um trabalho de sua autoria. Surpreendeu-me seu talento no delineamento de um modelo que visava a descrever e classificar evidências do desempenho técnico na prática da Saúde Pública, com vistas à avaliação de programas educativos. Com empenho analítico, Green colocava ordem no caos da realidade no atendimento de Saúde Pública, sintetizando os resultados em evidências práticas. O modelo teórico criado por ele foi traduzido em várias línguas, incluindo o japonês. Em 1982, traduzi o modelo para o idioma português e consegui patrocínio da Organização Mundial da Saúde para receber sua visita na Faculdade de Saúde Pública, onde ministrou curso sobre a teoria e a prática do Modelo Precede para docentes dessa unidade da USP.

Board of Trustees

Foi Larry que sugeriu meu nome como consultora internacional nas áreas de Promoção e Educação em Saúde, posição que assumi, como membro de "Board of Trustees", no qual participei até a data da minha aposentadoria. Relembro suas proféticas palavras em 1988, por ocasião de sua visita ao Brasil: "Nelly, in your adventurous times ahead, when the going is rough, deep your head down to avoid the trade – but like the swan keep moving".

Constava na capa do boletim FSP Notícias, Faculdade de Saúde Pública da Universidade de São Paulo vol. 2 nº 9, out/nov – 1988, no tópico Homenagens: A Dra. Nelly Martins Ferreira Candeias foi eleita membro do "Board of Trustees" do International Union of Health Education, durante o XIII Congresso Mundial de Educação em Saúde, o qual se realizou em Houston, Texas, no período de 28 de agosto a 02 de setembro último. É a primeira vez que a América Latina, representada pelo Brasil, passa a integrar a referida Comissão. O convite foi oficializado pelo Dr. Daniel Sigaudes, Diretor Executivo daquela Instituição em Paris".

Isso aconteceu dezesseis anos depois de eu ter conhecido Dorothy Nyswander.

O imprevisto encontro de professores de três Universidades, na plenitude de suas atribuições, moldou minha atuação como professora universitária, intensificando o desejo de continuar a trabalhar com docentes e pesquisadores de universidades estrangeiras. Por serem pessoas consagradas no plano internacional, senti o delicado aroma da "primeira vez", em plano mais elevado.

No Brasil, na trilha da História
Professor Osvaldo Paulo Forattini

No ano de 1982, longe de prever as consequências de tal decisão na minha história de vida, o eminente cientista Professor Osvaldo Paulo Forattini "nada resiste ao trabalho!", epidemiologista e entomólogo, então Diretor da Faculdade de Saúde

Pública, designou grupo de trabalho para organizar a memória histórica da Faculdade de Saúde Pública. A Portaria entrou em vigor no dia 6 de abril de 1982: "§ Único – A Profa. Liv.Doc. Nelly Martins Ferreira Candeias ficará responsável pela coordenação do referido Grupo de Trabalho".

Foi o prelúdio da minha vida como historiadora da Saúde Pública. Dois anos depois, em 1984, o Professor Forattini indicou meu nome para escrever a memória histórica da Faculdade de Saúde Pública, por ocasião dos 50 anos da fundação da Universidade de São Paulo. Colocou-me assim no peabiru da história, onde mais tarde o destino me faria encontrar três historiadores paulistas, membros do Instituto Histórico e Geográfico de São Paulo e de outras entidades culturais paulistas: Hernâni Donato, Myriam Ellis (Professora Titular da USP) e Manuel Rodrigues Ferreira.

No ano de 2000, ainda responsável pela orientação de oito alunos de pós-graduação, aposentei-me com a alegre sensação de missão cumprida. De acordo com os critérios que adotei para descrever os dados quantitativos do estudo dos aposentados, realizado por indicação do então Reitor, Professor Flávio Fava de Moraes, hoje membro do IHGSP, considerei-me parte dos 84% de professores que, de acordo com as respostas registradas nesse estudo, se voltassem ao passado reiniciariam essa mesma vida profissional. Meu trabalho na USP foi importante fase da minha vida.

Registro Fotográfico

Sala de Nelly Martins Ferreira Candeias
Faculdade de Saúde Pública, USP.

Lawrence Green, Nelly Martins Ferreira Candeias e Judith Ottoson
na sala Geraldo de Paula Souza,
Faculdade de Saúde Pública, USP.

Instituto Histórico e Geográfico de São Paulo

Em 2001, membros do Instituto Histórico e Geográfico de São Paulo e da Academia Paulista de Letras apresentaram moção, sugerindo meu nome para ocupar o honroso cargo de presidente daquela entidade, às vésperas do término da primeira gestão do então presidente, de cuja diretoria fiz parte como 1ª secretária.

Inconformado com a visível decadência da entidade, um membro do IHGSP insistia para que eu aceitasse a indicação de candidata à presidência do Instituto, tendo tido a sutileza política de argumentar que eu seria a primeira mulher a ocupar tão honroso cargo desde a fundação da entidade, em 1894. Era um ponto vulnerável em minha balança de valores.

Desde minha posse no IHGSP, em 5 de março de 1997, antes da minha aposentadoria, eu vinha estudando a história das primeiras mulheres que se tornaram membros do Instituto Histórico e Geográfico de São Paulo. Esse mesmo argumento – a primeira mulher – repetido várias vezes, acabou por contribuir para que eu aceitasse esse honroso convite. E pensar que eu não estava mais "nel mezzo del camin di nostra vita"!

Recém-aposentada da Universidade de São Paulo, não era essa minha intenção e empenho. Meus planos e os de meu marido eram outros: passar longos períodos na Inglaterra e nos Estados Unidos, onde moramos e tínhamos amigos, e em Portugal, onde se encontram fortes raízes. A aposentadoria, sobre a qual conversávamos em alguns fins de noite, significava mudar de hemisfério e latitude. Muito embora nos sentíssemos honrados com o convite a mim dirigido, esse elevado cargo não estava no imaginário de nossas vidas.

Tínhamos percorrido o longo caminho de professores da Universidade de São Paulo e galgado, com reconhecido êxito, todos os degraus dessa complexa carreira, onde ocupamos espaços de significativa altitude, neste e noutros países, ambos como professores titulares. Durante três décadas, caminhamos, lutamos e vencemos, juntos e de mãos dadas, sempre trocando ideias sobre nossa contribuição para o ensino, pesquisa e serviços à comunidade, por devoção à causa universitária.

De comum acordo, aceitamos tal travessia. *Alea jacta est.*

Keep moving

Como disse o Professor Lawrence Green: "Nelly, in your adventurous times ahead, when the going is rough, deep your head down to avoid the trade – but like the swan keep moving".

Assim surgiu a Chapa Inovação com Participação para a gestão de 2002 – 2004 do Instituto Histórico e Geográfico de São Paulo, da qual passaram a constar seis professores da Universidade de São Paulo, entre outros notáveis nomes da cultura paulista.

Coube a Hernâni Donato, Presidente de Honra do IHGSP, apresentar os resultados da Assembleia Geral Extraordinária para eleição da nova diretoria: 43 votos para a chapa Inovação com Participação e 23 votos para a chapa (incompleta) Tradição e Modernidade, hoje ainda na direção do Instituto. O resultado se repetiu em 2004, por votação, e em 2007 e 2009, por aclamação.

Minhas ocupações, como Presidente do Instituto Histórico e Geográfico de São Paulo, têm origem no amor e devoção que sinto por São Paulo e pelo Brasil. Sou memorialista. Nasci assim. Acho que é congênito.

Há na minha casa arquivo, razoavelmente bem organizado, com ampla documentação sobre meus antepassados, minha família, meus pais e meu marido.

Diretoria 2002-2004

Em fins do ano de 2001, foi eleita a diretoria do triênio 2002-2004, assim constituída: Nelly Martins Ferreira Candeias, Presidente; Célio Debes, 1º Vice-presidente;

Benedito Lima de Toledo, 2º Vice-Presidente; Maria Luíza Marcílio, 3ª Vice-Presidente; Lauro Ribeiro Escobar, 1º Secretário; Antônio Fernando Costella, 2º Vice-Secretário; Byron Gaspar, 3º Secretário; Erasmo d´Almeida Magalhães, 4º Secretário; Maria Lúcia de Souza Ricci, 1ª Tesoureira; Duílio Battistoni Filho, 2º Tesoureiro; Jesus Machado Tambellini, 1º Orador; José Luiz Pasin, 2º Orador; Rosemarie Érika Horch, 1ª Bibliotecária; Helena Ribeiro, 2ª Bibliotecária; Aristides de Almeida Rocha, hemerotecário; Heinz Budweg, Diretor do Museu e Arquivo.

Discurso de Posse de Nelly Martins Ferreira Candeias

Senhoras e Senhores

É grato, para mim, este momento em que o Instituto Histórico e Geográfico de São Paulo me recebe, no chão de Piratininga, terras de Tibiriçá. Agradeço a todos os companheiros que generosamente me trazem para o convívio nesta Casa, por acreditaram na força da colaboração feminina. Missão de extrema responsabilidade é a de contribuir para promover a história da Nação pela inclusão das brasileiras paulistas na sociedade civil contemporânea.

Comove-me o fato de observar nesta Casa de Memória, onde prevalecem os mesmos ideais, o mesmo espírito e a mesma causa, curiosa coincidência de datas. Em 2001, comemorou-se o centenário do ingresso da primeira mulher neste Instituto, Marie Rennotte. Nesse mesmo ano, foi eleita para a presidência a primeira mulher – 107 anos depois da criação desta entidade, em 1894.

No final do século XIX, as mulheres passaram a evidenciar-se na sociedade paulista, quando ainda não estavam autorizadas a frequentar o ensino secundário. Intensificaram-se as denúncias contra a forma como as brasileiras eram tratadas na sociedade, seguidas por reivindicações pela igualdade de direitos entre homens e mulheres, melhores níveis educacionais, reconhecimento de profissões, reforma de legislação matrimonial e direito de voto e elegibilidade. Mesmo depois que o governo brasileiro lhes abriu as portas das instituições superiores do país, em 1879, apenas número reduzido delas teve acesso ao ensino superior.

Marie Rennote, nascida na Bélgica, em 1852, foi uma exceção. Obteve seu diploma de normalista em Paris, formou-se em medicina, em 1892, nos Estados Unidos, doutorou-se na Faculdade de Medicina, no Rio de Janeiro, em 1895, com tese que ainda hoje desafia a Saúde Pública em nosso país, a respeito da saúde feminina. Destacou-se na sociedade paulista por excepcional competência técnica e postura humanista. Como ela, outras mulheres foram se evidenciando nas artes plásticas, na literatura, música, ciência médica, política e benemerência, justificando o realce que passaram a usufruir nos períodos do Império e da República. Precursoras, seus nomes foram indicados por membros deste Instituto, tais como Eduardo Prado, Orville Derby, Dinamérico Rangel, Theodoro Sampaio e Estevão Leão Bourroul.

É grande minha satisfação por ter esta Diretoria reconhecido a necessidade de implantar um programa moderno de política cultural, que se afasta dos modelos vigentes no passado da entidade. O que nos impulsiona na direção de mudanças é o sentimento generalizado e consensual de que o Instituto esgotou as virtualidades de um conjunto de procedimentos tradicionais que nos distanciam dos pressupostos de uma sociedade moderna.

Face aos graves problemas que o Instituto enfrenta, chegou o momento de esta entidade ter a coragem e a humildade de se interpretar a si própria, para reencontrar, assim, seu merecido espaço na história da cultura paulista e brasileira. Estamos atravessando a turbulência de uma crise institucional de caráter financeiro que, há anos, vem mantendo o Instituto e a cultura paulista em permanente estado de alerta.

Tornou-se óbvia a necessidade de alterar o estilo de relacionamento da diretoria com as comunidades interna e externa de São Paulo. Essas formas de relacionamento, de pessoas com pessoas e de pessoas com objetos históricos, precisam ser modernizadas, sem esquecer, entretanto, que a preservação e o futuro das entidades só se constroem e se perpetuam pelo consenso em torno de princípios e de valores comuns.

Haverá, portanto, empenho no debate sobre a proposta das mudanças que exigem procedimentos dialéticos no sentido de contrapor o antigo e o novo, para que se possam amadurecer as ideias antes de estas se transformarem em ações concretas. É urgente criar uma realidade distinta da situação anterior e até, provavelmente, do próprio modelo que a pretende substituir.

O patrimônio histórico de uma nação está sempre inserido num contexto regional, porque as instituições não são ilhas isoladas, e sim parcelas de uma mesma unidade. Temos de abrir a porta histórica de nossa instituição, que pertenceu ao antigo Palácio do Governo, para um público constituído por profissionais, pesquisadores, professores e alunos que mostrem interesse pelo nosso patrimônio sempre com ênfase no impacto que possa ter nos sistemas educacional e cultural da cidade.

Há, portanto, processos em estudo que visam à busca de objetivos sistêmicos mas estes só serão alcançados se procurarmos soluções fora de nossas paredes em cenários diversificados e pluralistas. A filosofia de trabalho, que marcará nossa atuação neste triênio, fundamenta-se em dois princípios: o estabelecimento de parcerias com vários tipos de entidades e o exercício de um planejamento participativo, capaz de incluir representantes de outras instituições, tendo como alvo a educação para a cidadania, pois sem cidadania não há história.

Estamos empenhados em desenvolver um plano inovador diretamente relacionado com a política pedagógica e psicológica da população que, diariamente, se move no centro histórico de São Paulo. Há pessoas que por aqui transitam sem nunca terem ouvido falar do Instituto, apesar de nele se encontrar o registro material da história de São Paulo. É essa uma das razões que nos leva a pensar na reorganização e no acesso ao patrimônio de forma a despertar o interesse de alunos, professores e frequentadores do centro histórico da cidade.

Aqui se encontram entidades educacionais e empresariais que congregam jovens, professores, funcionários e profissionais das mais diversificadas procedências. É preciso integrar essas pessoas, porque só assim o Instituto poderá assumir sua vocação maior como centralizador de debates sobre interpretações discordantes de erros sobre a história de São Paulo e divulgador de questões essenciais pouco divulgadas.

Um dos problemas que nos desafia diz respeito à preservação, proteção e manutenção do acervo. Tarefa de alto custo, exigirá horas de trabalho, persistência, paciência, amor e empenho pessoal para que se possa revitalizar a consulta ao objeto de estudo.

Como parte integrante de nosso patrimônio cultural, a memória do Instituto e das pessoas que lhe deram origem, devem permanecer disponíveis ao público e aos pesquisadores brasileiros paulistas.

Pelo centro da cidade passam diariamente cerca de 2,5 milhões de pessoas. A Associação Viva o Centro, que acaba de completar dez anos, tem assumido papel de liderança, haja vista os projetos de reconquista que tem desenvolvido e que mudaram sensivelmente o aspecto do centro histórico da cidade, assim como a atenção que temos recebido dessa Associação para divulgação de nossas atividades.

Não se pode realizar qualquer trabalho social sem fortes elos de cooperação, o que irá depender, por sua vez, do reconhecimento de objetivos de interesse mútuo por parte das instituições participantes. Isoladamente, a diretoria deste Instituto não poderá resolver os graves problemas que o afetam. É preciso mobilizar a sociedade num clima mais amplo de orquestração cívica, ou seja, combinando instrumentos e avaliando os efeitos resultantes. Criar novas redes de compromisso social é proposta difícil, mas não missão impossível.

Encerro minhas considerações com otimismo e esperança. Somos brasileiros paulistas e outro não é o sentimento que me alegra, neste momento, a não ser minha incondicional devoção a São Paulo e a esta instituição.

Muito obrigada.

Registro Fotográfico

Sessão Magna – 25 de janeiro de 2002.
Posse da Diretoria, gestão 2002-2004.

Chapa Inovação com Participação

Nelly Martins Ferreira Candeias

Historiador Hernâni Donato, Presidente de Honra do IHGSP,
saúda a recém-eleita presidente Profª. Drª. Nelly Martins Ferreira Candeias.

Hernâni Donato, Presidente de Honra,
Nelly Martins Ferreira Candeias,
Presidente da diretoria eleita para a gestão 2002-2004.

Mesa de Cerimônia.

Mensagens

> *À Nelly*
> *Parabéns e muito sucesso ao assumir o honroso dever*
> NELSON MARTINS FERREIRA
> *de preservar*
> *a nossa História*
> *Nelson*

São Paulo, 25 de janeiro de 2002

Prezada Nelly,

Sua eleição para Presidente do Instituto Histórico e Geográfico de São Paulo é motivo de grande alegria para todos nós.
Desejamos a você e à sua equipe um período fértil de realizações como você sempre quis e sabe fazer!
Afetuosamente,
Maria Elisa Byington

Brasília, 21 de janeiro de 2002

À Senhora
Nelly Candeias
Instituto Histórico e Geográfico de São Paulo

Prezada Nelly,

Estou contente em saber que uma grande mulher, como você, estará presidindo o Instituto Histórico e Geográfico de São Paulo. Isto, sem dúvida, traz muito orgulho para todos nós. Parabéns!

O meu desejo é que alcance pleno êxito no decorrer das atividades desse importante Instituto.

Abraços,

RUTH CARDOSO

Presidente do Conselho da Comunidade Solidária
Conselho da Comunidade Solidária Esplanada dos
Ministérios Bloco A 4° andar CEP 70054-900
Brasília DF Tel (061) 4114710/4771 Fax (061) 3211077

PARTE
• 1 •

DATAS MAGNAS, SESSÕES CULTURAIS, POSSES

CAPÍTULO
•1•

Homenagem a Carlos Botelho

Carlos Botelho.
Imagem do Acervo da Casa do Pinhal
São Carlos.
26 de junho de 2002.

Recordar o nome dos homens que participaram da fundação do Instituto Histórico e Geográfico de São Paulo é digna e louvável missão. Em 1º de novembro de 1894 realizou-se assembleia de intelectuais no Salão Nobre da Faculdade de Direito, convocada por Antonio de Toledo Piza, Domingos José Jaguaribe Filho e Estevão Leão Bourroul com o objetivo de criar o Instituto Histórico e Geográfico de São Paulo. Cento e trinta e nove personalidades responderam ao apelo com o intuito de prestigiar esse empreendimento. Carlos Botelho foi um dos que deram força para sua realização.

Primogênito de Antonio Carlos de Arruda Botelho, de Francisca Theodora Coelho, único filho, foi um dos fundadores da cidade de São Carlos do Pinhal, hoje São Carlos. Após terminar os estudos primários em Itu, São Paulo e Rio de Janeiro, Carlos Botelho concluiu sua formação em Montpellier, onde se especializou em cirurgia, tendo se doutorado em Medicina pela Academia de Paris, em 1880.

Ao retornar ao Brasil, fundou o primeiro hospital clínico-cirúrgico na rua do Gazômetro, tendo sido também o primeiro diretor clínico da Santa Casa da Misericórdia de São Paulo; um dos fundadores da Sociedade de Medicina e Cirurgia de São Paulo; cofundador da Policlínica, localizada essa na esquina da Rua São Bento com a Rua Direita. Contudo, a pedido do pai, abandonou a medicina e passou a dedicar-se a atividades agropecuárias e à política.

No governo de Jorge Tibiriçá, Presidente do Estado de São Paulo de 1904 à 1908, Carlos Botelho ocupou a pasta da Secretaria da Agricultura. Dentro de suas atribuições, Jorge Tibiriçá sentiu o desafio da colonização do Estado de São Paulo, uma vez que, com a abolição da Escravatura pela Princesa Isabel, em 1888, os barões do café perderam a mão de obra necessária para suas colheitas.

Como alternativa, o Dr. Carlos Botelho, então Secretário da Agricultura do Estado foi em busca de mão de obra em outros países, com o objetivo de trazer os mais diversificados povos do mundo para São Paulo por entender que cada qual tinha sua especialidade agrícola. Foi responsável direto da imigração japonesa, um dos grupos mais importantes para a agricultura no Estado. Foi também um dos responsáveis pela criação da Escola Superior de Agricultura Luiz de Queiroz – ESALQ.

Homem de ampla visão, Carlos Botelho defendeu a diversificação da lavoura e o incentivo da pecuária no auge da monocultura cafeeira[1].

Escola Superior de Agricultura "Luiz de Queiroz" – ESALQ.

A imigração japonesa para o Brasil

O primeiro contrato de imigração entre o Brasil e o Japão ocorreu em novembro de 1907, assinado por Carlos Botelho, Secretário de Agricultura de São Paulo, e por Ryu Mizuno (1851-1959), então presidente da *Koukoku Shokumin Gaisha* (Companhia de Emigração Imperial). Mizuno decidiu vir ao Brasil em 1906, após analisar relatório sobre a situação da cafeicultura no país. No navio no qual fez sua primeira viagem, teve a oportunidade de conhecer Teijiro Suzuki, que seguia para o Chile. Mizuno convenceu Suzuki a acompanhá-lo até a Argentina, atravessando a cordilheira dos Andes, a pé, a partir de Valparaíso. Na Argentina, uma multidão esperava os heróis que haviam atravessado os Andes a pé. De Mendoza tomaram um trem para Buenos Aires, onde embarcaram num navio que os levou para o Rio de Janeiro.

---

1 Ver Marly Therezinha Germano Perecin, *Os passos do saber: A Escola Superior de Agricultura Luiz de Queiroz*, EDUSP, 2004.

O Estado de São Paulo publicou notícia em maio de 1907: "O primeiro contrato de imigração entre o Brasil e o Japão foi firmado no dia 6 de novembro de 1907, assinado por Ryu Mizuno, Diretor Presidente da Companhia Japonesa de Imigração Kahotu e Carlos Botelho, Secretário da Agricultura do Estado de São Paulo. No dia 18 de junho de 1908, encontrava-se no porto de Santos o vapor "Kaza Maru", trazendo 165 famílias, num total de 781 pessoas. Era o início da imigração japonesa para o Brasil", cujas maiores inovações se realizariam nas áreas da agricultura e do cooperativismo.

O Jardim da Aclimação

Quando estudava em Paris, Carlos Botelho visitou o Jardin d´Acclimatation, jardim zoológico com criação e aclimatação de espécies exóticas, reprodução, seleção e hibridação de animais. Ao regressar ao Brasil comprou terras do sítio de Tapanhoim onde instalou a Sociedade Hípica Paulista, e as terras da Liberdade da Glória, transformando-as em Granja Leiteira, em Parque de Diversões e em Jardim Zoológico. Assim surgiu o Jardim da Aclimação, inspirado no Jardim de Paris.

Carlos Botelho faleceu a 20 de março de 1947, aos 93 anos de idade, em sua fazenda Santa Francisca do Lelo, desmembrada da Sesmaria do Pinhal (Solar do Botelho) no município de São Carlos, cidade fundada por seu pai e seus tios em 1856. Foi o único filho do primeiro matrimônio de Antonio Carlos de Arruda Botelho, Conde do Pinhal, com Francisca T. Coelho. O segundo matrimônio, efetuou-se com Ana Carolina de Mello Oliveira, de quem teve doze filhos.

Ao evocar a imigração dos japoneses para o Brasil e o Jardim da Aclimação, muito nos honra a presença da Sra. Dona Maria Amélia Arruda Botelho de Souza Aranha, MABSA (iniciais de seu nome), neta de Carlos Botelho, membro deste instituto, autora de livros aqui expostos.

Artista plástica contemporânea e historiadora, suas obras encontram-se em vários museus. Em 1996, foi editado e lançado no Museu de Arte Contemporânea de São Paulo, texto de Alberto Beuttenmüller da Associação Internacional de Críticos de Arte, abordando o percurso de Maria Amélia e de sua obra no livro *Imaginário Singular de MABSA*.

Escritora e artista de rara sensibilidade, são de sua autoria as iluminuras aqui expostas, que generosamente doou para o acervo deste Instituto. Retratam D. Carlota Joaquina, Dona Maria Leopoldina, Primeira Imperatriz do Brasil, D. Maria Amélia, segunda Imperatriz do Brasil, e D. Isabel, a Redentora.

Termino esta apresentação recitando versos de Lucas Teixeira, dedicados à Maria Amélia, MABSA, cujo texto se encontra num dos livros expostos neste auditório.

Sombras que renascem

A alma do Brasil misterioso
Reza ali no ciclo das palmeiras,
Debate-se acolá nas cachoeiras
E brame além do mar impetuoso.

Seduz-se no recorte caprichoso
Da Guanabara – corpos de sereias
Estendidos ao sol sobre as areias
A alma do Brasil voluptuoso.

Esmaga-nos na urbe de Anchieta,
Pátria das raças todas do planeta,
Opulenta, formosa, senhoril.

Há uma alma dentro do peito,
Só da Maria Amélia que tem jeito
De até ser ela a alma do Brasil.

Com a palavra, Maria Amélia de Arruda Botelho de Souza Aranha, MABSA, para que relate as memórias de seu avô Carlos Botelho, um dos fundadores do Instituto Histórico e Geográfico de São Paulo, a quem São Paulo deve tanto.

Palavras de Maria Amélia de Arruda Botelho de Souza Aranha

Quando vovô Botelho chegou da Europa, depois de formado, ele montou o primeiro hospital particular. E lá na Europa, ele foi amigo de Almeida Júnior que estava fazendo um curso pago pelo imperador, mas vovô Botelho conseguiu formar-se antes, veio para São Paulo, casado, com vovó Constancinha, e montou o escritório dele.

Bom, até aí está tudo bem, quando chega Almeida Júnior e vai procurar vovô Botelho e diz: "Carlos, eu estou chegando, eu não tenho serviço, eu não tenho onde ficar", e vovô disse: "olha, eu tenho um porão aqui, se você quiser pode ficar no porão". Almeida Júnior deu graças a Deus de ter um lugar para ficar e aceitou. E começou a pintar.

Depois ele viu quando vovô Botelho chegava do consultório e quando chegou disse: "Carlos, Carlos, hoje eu fui consagrado!", "Como? Por quê?", disse vovô, "a sua veadinha" – vovô Botelho tinha esse costume, como gostava muito de bicho, e por isso ele formou o Jardim da Aclimação, ele mandou vir da fazenda, lá de Santa Francisca do Lobo, ele mandou vir uma veadinha e soltou no quintal – então Almeida Júnior disse: "olha a sua veadinha entrou aqui no meu ateliê, sem eu perceber, lambeu o quadro, mas só lambeu a melancia, então você veja como o quadro está bom". Aí vovô disse: "eu fico com o quadro!"

Palavras de Paulo Bomfim
Jardim da Aclimação

Há um século, surgia em terra de Carlos Botelho o Jardim da Aclimação. O antigo Sitio Tapanhoim transformava-se em bairro, que cresceria em torno do lago de águas que ondulavam ao ritmo de remos sonolentos. Ah! A infância deslizando em barcos conduzidos pela paciência do meu pai! E o zoológico que ali existiu, onde fui fotografado, cheio de susto, ao lado de pacato camelo que ruminava lembranças do deserto!

No coreto, pouco a pouco iam emudecendo os dobrados, e as valsas imigravam para os salões de chá do Mappin, da Casa Alemã e da Vienense. Carlos Botelho, filho do Conde do Pinhal, era primo de meu avô materno, Sebastião Lebeis, batizado com o nome do antepassado comum, Sebastião de Arruda Botelho, fidalgo açoriano que veio para Itu em 1654.

Carlos Botelho formou-se em Medicina em Paris e, em 1904, foi secretário da Agricultura. Os serviços por ele prestados à lavoura e à saúde pública são lembrados ainda hoje em várias cidades de São Paulo. Transplantou de Paris para São Paulo a ideia do "Jardin d'Aclimatacion" do "Bois do Boulogne" e instala no sítio Tapanhoim granja de leite, parque de diversões e zoológico. O gado leiteiro que manda trazer de Holanda passa por uma aclimatação, que daria nome ao local.

Na década de 30, foi um dos pontos elegantes de São Paulo, com salão de baile e música ao ar livre. Nessa época, o sobrinho de Carlos Botelho, Cândido Botelho, surge com uma das mais belas vozes de nossa terra. Sua esposa Carminha, concertista consagrada, o acompanhava ao piano nos saraus de outrora.

Quando passo pelo jardim da Aclimação espero ver surgir das águas verdes do lago a imagem do passado, onde um menino molha os dedos no reflexo do barco que singra para 2002, ano do centenário daquele local que ficou encantado na clareira das lembranças.

Parque da Aclimação,
adquirido pela família Carlos Botelho e inaugurado em 1939.

Registro Histórico
Falecimento de Maria Amélia Botelho de Souza Aranha (1917-2011)

*"E eu, como Maria Amélia e MABSA,
aos oitenta e cinco anos, mal contendo as lágrimas,
dou por terminado esta laboriosa fase
em que proclamo modestamente minha fé.
Por dois anos consecutivos, orei, trabalhei e sofri.
No final, a paz inundou a alma de alegrias
pela realização alcançada".*

Maria Amélia de Arruda Botelho de Souza Aranha é uma daquelas raras personalidades que se encontram ao longo da vida: culta, determinada, talentosa, elegante, de uma inteligência superior e detentora de uma obra de criação artística plena de um imaginário absolutamente peculiar.

Nascida no seio de uma das mais antigas famílias de São Paulo, cedo lhe foi incutida a noção dos deveres da Tradição, Responsabilidade e Honra, que sempre nortearam os seus passos. Descendente de descobridores e desbravadores de São Paulo, no temperamento desta Senhora estava presente o sangue de seus antepassados.

Pela sua conduta, dentro ou fora de fronteiras, sempre honrou o seu Brasil, da forma mais digna. Nas Artes, escolheu o nome MABSA, com que gostava de ser reconhecida. Após mostrar sua arte em seu País, atravessou fronteiras e conquistou outros continentes.

Na década de 1990, assistiu a exposições suas em Londres e Lisboa e, na década seguinte, em Paris e Moscou. Foi o retorno de uma Mulher do Mundo que, quando menina, acompanhando seus pais, conheceu a Europa entre as duas Grandes Guerras. Fascinada pelos croquis das casas de Alta Costura que sua Mãe frequentava, inspirou-se no desenho e trilhou um caminho nas Artes Plásticas, sempre com uma preocupação incessante de novidade. A força de sua personalidade tem presença marcante em sua obra em que a Mulher, o seu Brasil e o amor a Deus são temas diletos. Conheci esta Senhora em Lisboa em 1998, e tive o gosto de fazer a curadoria da sua exposição "Mulheres da Casa de Nod" num importante monumento nacional, o Palácio da Independência. Lisboa assistiu então a um sucesso indelével. Alguns anos depois, tive a honra de prefaciar um dos seus livros autobiográficos, *Memórias de um Vestido* e de apresentá-lo no Museu Nacional do Traje, em Lisboa, e no Palácio de São Clemente, sede do Consulado de Portugal no Rio de Janeiro. Tive o gosto de ir acompanhando, mesmo a distância, seu trabalho, sempre uma constante renovação da sua própria identidade artística. A devoção esteve sempre presente em sua Vida, tendo colocado sua Arte a serviço da Fé. Fé que está presente no seu "Portal das Tartarugas Celestiais que Fogem das Maldades do Mundo" ou no "Templo dos Esquecidos", onde MABSA magistralmente se imortaliza homenageando o trabalho dos escravos que construíram a imponência daquela nobre Casa secular. Nessa atitude ímpar, Maria Amélia revela o seu lado piedoso, de grande categoria moral, reconhecimento e mesmo daquela Humildade que só os Grandes podem sentir. Pela sua obra, como diria Camões, "libertou-se da Lei da Morte".

Pela forma moralmente elevada como viveu, estará provavelmente sentada à direita de Deus Pai e, junto Dele, continuará zelando por sua Família e seus Amigos, como sempre o fez.

Jorge Pereira de Sampaio[2]

---

2 Membro correspondente internacional do IHGSP em Portugal. In: *Celebração de Confiança*, missa de 7º dia, Maria Amélia Botelho de Souza Aranha.

CAPÍTULO 2

70 anos da Revolução de 32

São Paulo invicto, tela de Heinz Budweg.
31 de julho de 2002.

"... A República não soube compreender o verdadeiro papel da Federação, transformando-a num regime unitário".
Alfredo Ellis Junior

Palavras da Presidente

Senhores e Senhoras, três fatos permanecerão para sempre na memória do IHGSP por ocasião da comemoração dos 70 anos da Revolução Constitucionalista de 1932: o descerramento do painel comemorativo – "São Paulo invicto", obra do artista plástico e pesquisador Agape Werajecapê – Heinz Budweg, membro da Diretoria desta entidade, e a concessão do Troféu Ibrahim Nobre e dos diplomas de Honra ao Mérito a entidades e pessoas que participaram da Revolução Constitucionalista ou contribuíram para a memória histórica desse movimento cívico.

Lauro Ribeiro Escobar, Hernâni Donato,
Nelly Martins Ferreira Candeias e Jesus Machado Tambellini.

Ao descerrar o painel "São Paulo Invicto", ao som de "Paris Belfort", música consagrada como Hino da Revolução Constitucionalista, tema de abertura de programa da Rádio Record, estamos contemplando pela primeira vez a belíssima obra doada por seu autor ao Instituto Histórico e Geográfico de São Paulo. Ninguém melhor para fazê-lo do que o Capitão Gino Struffaldi, veterano de 32 e atual diretor da Sociedade M.M.D.C.

Ao comemorar data tão significativa para a história de São Paulo e do Brasil, vamos outorgar o Troféu Ibrahim Nobre a pessoas físicas e jurídicas, cujo mérito o Instituto deseja que permaneça na memória desta entidade. O troféu será entregue àqueles que evocam esse movimento cívico ou que contribuíram para que ele se perpetue na história da Nação[1].

Entrega dos Troféus Ibrahim Nobre

Minha terra! Minha pobre terra!
Alma desfeita desta mesma Brasilidade, a que deste
numa permanente renúncia, as mãos, o ouro, o sangue.
Ibrahim Nobre

Polícia Militar do Estado de São Paulo
Representada pelo Comandante Geral Alberto Silveira Rodrigues

O Brasão de Armas da Polícia Militar do Estado de São Paulo é um Escudo Português, perfilado em ouro, com bordadura vermelha contendo 18 estrelas de cinco pontas em prata, representando marcos históricos da Corporação no período de 1831 a 1964. A 15ª estrela, com data de 1932, diz respeito à Revolução Constitucionalista.

É o brilho dessa estrela que se pretende realçar no momento em que, frente ao painel "São Paulo Invicto", o Instituto Histórico e Geográfico de São Paulo comemora o Septuagésimo Aniversário da Revolução Paulista, agradecendo à Força Pública de São Paulo a defesa do ideário dos combatentes paulistas.

É justo lembrar o nome do tenente-coronel Francisco Júlio César de Alfieri, de nacionalidade italiana, o qual combateu pela causa constitucionalista na qualidade de Chefe do EM da Força Pública. Primeiro comandante da Academia Militar do Barro Branco, em 1913, Alfieri foi, como Garibaldi, um herói de duas Pátrias.

Ao entregar o Troféu Ibrahim Nobre ao Comandante Geral da Polícia Militar do Estado de São Paulo, o Instituto Histórico e Geográfico de São Paulo aproxima as duas entidades para que o sentimento do que é nobre e digno de ser lembrado se multiplique no futuro da Nação e possa atingir, no futuro, outras gerações de brasileiros paulistas.

---

1 O troféu Ibrahim Nobre foi doado por Nelly e José Alberto Neves Candeias.

Irmandade da Santa Casa da Misericórdia de São Paulo
Representada pelo Provedor Dr. Octávio de Mesquita Sampaio

Relatório apresentado à Mesa Administrativa da Santa Casa da Misericórdia, em 1933, narra a atuação da Irmandade da Santa Casa da Misericórdia durante a Revolução de 32. Nele encontram-se dados sobre o Hospital de Sangue instalado no Hospital Central da Santa Casa, apresentados pelo Dr. Synesio Rangel Pestana, Diretor Clínico dos Hospitais da Irmandade ao então provedor da Irmandade, Dr. Antonio de Pádua Salles.

A Santa Casa, cujos profissionais participaram intensamente na Revolução de 32, funcionou como órgão de articulação intersetorial entre as instituições paulistas, graças ao apoio do Arcebispo Metropolitano Dom Duarte Leopoldo e Silva, o qual pôs à disposição da entidade edifícios de colégios e instituições religiosas para abrigar os doentes com o intuito de transformar o Hospital da Santa Casa em Hospital de Sangue.

O Colégio "Des Oiseaux", projetado pelo arquiteto Victor Dubugras e criado em 1905 graças ao empenho da Reverendíssima Superiora das Cônegas Regulares de Santo Agostinho, também cedeu três de seus amplos salões para alojar os doentes da Santa Casa.

M.M.D.C.
Representado por Geraldo Faria Marcondes

Horas depois do trágico acontecimento de 24 de maio, fundou-se uma sociedade secreta, civil e paramilitar com a finalidade de organizar milícia para lutar e restabelecer o regime constitucional. De acordo com a lista de presença, o primeiro signatário foi Joaquim Sampaio Vidal. Duas sobrinhas dele, Carlota Malta Cardoso e Ana Maria Martins Ferreira, encontram-se presentes, representando as famílias paulistas, envolvidas nesse movimento cívico. Caberá a elas entregar o Troféu Ibrahim Nobre àqueles que participaram da Revolução Constitucionalista.

Cartão-postal em homenagem ao MMDC.

Ex-combatente, José Benedito Silveira Peixoto

Conversar com ex-combatentes, a quem hoje prestamos esta homenagem, é aprender história com quem a viveu. Silveira Peixoto testemunhou a morte dos estudantes Miragaia, Martins, Dráusio e Camargo durante confronto com a Legião Revolucionária em 23 de maio de 32 depois do conflito.

"A população de São Paulo estava conosco", lembra o jornalista. "Um jovem subiu e tomou um tiro. Mais quatro tentativas frustradas, resultando em cinco mortos: Martins, Miragaia, Dráusio, Camargo e Alvarenga, que faleceu meses depois".

Silveira Peixoto fez ampla cobertura jornalística no Diário Nacional. Além disso, tornou-se o elo entre o governador Pedro de Toledo e a resistência no Rio. "Mas sentia às vezes vontade de pegar o fuzil e dar uns tiros". Percorria o Estado de São Paulo, de carro, levando informações da capital para os campos de batalha.

Tive o privilégio de conversar com Silveira Peixoto em sua casa, junto ao retrato de Maria Soldado, tela da autoria de sua esposa Helena, cuja cópia está nesta casa de memória. A imagem de Maria Soldado encontra-se no painel São Paulo Invicto, que acabamos de descerrar. Silveira Peixoto conheceu Maria Soldado, empregada que se disfarçou de homem para poder lutar nas trincheiras – "eram poucas soldadas porque ainda predominava na época o recato de ser mulher, mas Maria Soldado mostrou coragem e bravura fora do comum. Merece ser lembrada".

Em suas palestras, sempre exaltou a atuação das mulheres durante a Revolução Constitucionalista, ao evocar a contribuição da Liga das Senhoras Católicas, cuja presidente, Olga Paiva Almeida, mobilizou senhoras da sociedade para instalar máquinas de costurar fardas, organizar restaurantes gratuitos para os soldados e zelar pelos feridos que precisavam de cuidados.

José Celestino Bourroul

"Viva São Paulo! Viva o Brasil!". Graças à dedicação e ao civismo de José Celestino Bourroul, "Paulistano por mercê de Deus", os historiadores têm acesso a 4000 títulos sobre a Revolução de 32, conjunto complementado com séries de publicações sequenciais de enorme valor.

Sua dedicação não se limitou à organização de tão valiosa biblioteca, voltou-se também para o Instituto Histórico e Geográfico de São Paulo, Casa de Memória dos brasileiros paulistas. A Família Bourroul sempre esteve ligada a esta entidade. Estevão Leão Bourroul foi um dos três principais fundadores desta entidade. Seu pai, Celestino Bourroul, diretor da Faculdade de Medicina da Universidade de São Paulo, tomou posse em 5 de junho 1909.

É uma honra entregar o Troféu Ibrahim Nobre a José Celestino Bourroul – dois emblemas da Revolução de 32 e da história paulista.

Paulo Bomfim

O primeiro livro que li de Paulo Bomfim foi *Ramo de Rumos* (1961). Presente de meu marido, foi uma revelação para uma jovem paulista no dia de seu aniversário. Recordo-me ainda da poesia "Aquilo que não fomos": "... Não fomos os calculistas, porém os calculados, não fomos os desenhistas, mas os desenhados, e muito menos escrevemos versos e sim somos escritos, ninguém é culpado de nada neste estranhar constante. Ao longe uma chuva fina molha aquilo que não fomos".

Mas quem somos? Quem é Paulo Bomfim? Paulo Bomfim é o Príncipe dos Poetas Brasileiros, título que lhe foi conferido pela Revista Brasília em 1991. Eternamente apaixonado pela cidade de São Paulo, onde nasceu e viveu, seu amor por São Paulo representa o espírico cívico e de conquista, a mais nobre vocação dos paulistas.

Rogério Ribeiro da Luz

As palavras de Ibrahim Nobre, avô de Rogério Ribeiro da Luz, perpetuam-se na Sala da Revolução de 32 do Instituto Histórico e Geográfico de São Paulo e no coração de todos os paulistas. Foi a partir da distribuição na cidade do poema "Minha Terra, Minha Pobre Terra", de Ibrahim Nobre, que os intelectuais paulistas mobilizaram o povo para participar do movimento paulista:

"És Paulista? Então tu me compreendes! Trazes, como eu, o luto na tua alma e lágrimas de fel no coração. Ferve em teu peito a cólera sagrada, de quem recebe, em face, a bofetada, o insulto, a vilania, a humilhação. Minha voz, que entre cóleras se alteia, é a tua dor, também! Minha voz é murmúrio, é marulho, é o eco pobre, de sete milhões de angústias, indormidas, de sete milhões de ódios despertados, através do pudor de todos nós". " Tu deste geografia ao Brasil. Essa terra toda, que aí se estende e se perde por esse mundo grande de Deus, tudo isso tem seus limites demarcados, não apenas pelos rios que se vadearam, pelas grimpas transpostas, pelas florestas vencidas. Mas sobretudo pelas sepulturas dos teus filhos, minha Terra!".

Esta Casa de Memória evoca hoje a presença de Ibrahim Nobre, avô de Rogério Ribeiro da Luz – Paulista.

Beneméritos do IHGSP agraciados com o Troféu Ibrahim Nobre
por serviços prestados à entidade.

Eduardo Conde — Pedro Villares Herr — Jorge Saraiva

Presença da Mulher Paulista em 1932
Carlota Pereira de Queiroz

Em prosseguimento, recordo nesta data os nomes de Carlota Pereira de Queiroz e Olivia Guedes Penteado, membros deste Instituto, mulheres que participaram intensamente nos movimentos em prol da Revolução de 32.

Carlota Pereira de Queiroz (1892-1982), médica, foi a primeira deputada federal do Brasil, eleita em 3 de maio de 1933, para ocupar cadeira na Câmara dos Deputados. Pela primeira vez, no Congresso Nacional, uma voz feminina fez-se ouvir, no dia 13 de março de 1934. Dinâmica e culta, sempre defendeu a mulher brasileira e as crianças abandonadas, lutando em prol da educação e da assistência social.

Assembleia Constituinte, 1934.

Carlota Pereira de Queiroz foi signatária da Constituição de 1934, propondo emendas, como a institucionalização do juramento à bandeira para jovens de ambos os sexos. Reivindicando a "confiança do país na capacidade da mulher brasileira", a parlamentar ocupou a tribuna até o golpe de 1937, quando Getúlio Vargas fechou o Congresso Nacional.

Eleita membro da Academia Nacional de Medicina em 1942, fundou a Academia Brasileira de Mulheres Médicas que presidiu durante alguns anos. Sua projeção na política paulista surgiu durante a Revolução Constitucionalista de 1932, ao organizar um grupo de mulheres para dar assistência aos feridos na guerra civil, trabalho que deu origem a sua vida pública. Competência e dedicação culminaram com sua eleição para deputada federal.

Palavras do discurso proferido por Carlota em 13 de março de 1934:

"Além de representante feminina, única nesta Assembleia, sou, como todos os que aqui se encontram, uma brasileira, integrada nos destinos do seu país e identificada para sempre com os seus problemas. (…) Acolhe-nos, sempre, um ambiente amigo. Esta é a impressão que me deixa o convívio desta Casa. Nem um só momento me senti na presença de adversários. Porque nós, mulheres, precisamos ter sempre em mente que foi por decisão dos homens que nos foi concedido o direito de voto. E, se assim nos tratam eles hoje, é porque a mulher brasileira já demonstrou o quanto vale e o que é capaz de fazer pela sua gente. Num momento como este, em que se trata de refazer o arcabouço das nossas leis, era justo, portanto, que ela também fosse chamada a colaborar. (…) Quem observar a evolução da mulher na vida, não deixará por certo de compreender esta conquista, resultante da grande evolução industrial que se operou no mundo e que já repercutiu no nosso país. Não há muitos anos, o lar era a unidade produtora da sociedade. Tudo se fabricava ali: o açúcar, o azeite, a farinha, o pão, o tecido. E, como única operária, a mulher nele imperava, empregando todas as suas atividades. Mas as condições de vida mudaram. As máquinas, a eletricidade, substituindo o trabalho do homem, deram novo aspecto à vida. As condições financeiras da família exigiram da mulher nova adaptação. Através do funcionalismo e da indústria, ela passou a colaborar na esfera econômica. E, o resultado dessa mudança, foi a necessidade que ela sentiu de uma educação mais completa. As moças passaram a estudar nas mesmas escolas que os rapazes, para obter as mesmas oportunidades na vida. E assim foi que ingressaram nas carreiras liberais. Essa nova situação despertou-lhes o interesse pelas questões políticas e administrativas, pelas questões sociais. O lugar que ocupo neste momento nada mais significa, portanto, do que o fruto dessa evolução".

Olívia Guedes Penteado

Para que não se esqueça, menciono a seguir trechos do discurso de Olívia Guedes Penteado (1872 – 1934): "Nunca tomei a palavra em público. Nunca pensei em fazer-me ouvir por quem quer que fosse, fora do círculo íntimo em que vivo, como simples mãe de família. Entretanto, vieram buscar-me para que vos falasse. Vieram dizer-me que minha palavra, irradiada hoje deste microfone, podia ser útil aos filhos de nossa terra. E aqui estou acudindo sem hesitar ao honroso apelo. Porque sou paulista, como quem mais o seja, porque sou brasileira ainda mais do que paulista, vendo agora em armas minha raça, meu povo, meu sangue, minha família, meus filhos, quero dizer-vos que só vejo, neste espetáculo, motivo do mais justo e do mais nobre orgulho. Ai do povo que fraqueja quando precisa defender a pátria; ai da raça de quem esmorece quando deve defender a sua pátria.

(...) Não há terra como o nosso Brasil. Nós, paulistas, o sabemos. E, portanto, quando tomamos armas contra os opressores de nossa terra, sabemos e sentimos que não estamos dando combate a nossa pátria. Longe de ter qualquer rancor contra os nossos irmãos dos outros Estados. A luta que travamos é contra a opressão, contra o erro, contra o crime.

(...) Quem se bate pelo regime da justiça, da liberdade e do direito, será sempre apontado na história de nossa terra, como o defensor da verdadeira, da suprema causa da nacionalidade. Esta causa – vós já sabeis – é a causa da Lei. Dar a Lei ao Brasil! Haverá ideal mais puro e mais brasileiro?

(...) Temos a certeza de que nossos filhos, que ora seguem frementes de entusiasmo sagrado, poderão em breve, ó brasileiras de todos os estados, abraçar os vossos filhos, que, também constitucionalistas, os esperam com a mesma vibração cívica, a fim de que, juntos, irmãos e brasileiros, possam gritar a quarenta milhões de brasileiros – Tendes agora a Lei! Viva o Brasil!".

Que as vozes dessas mulheres, Carlota Pereira de Queiroz e Olívia Guedes Penteado, permaneçam para sempre na memória do Instituto Histórico e Geográfico de São Paulo e dos brasileiros paulistas.

Amém.

DATAS MAGNAS, SESSÕES CULTURAIS, POSSES

Registro Fotográfico

Nelly Martins Ferreira Candeias cumprimenta José Celestino Bourroul ao entregar o Trofeu Ibrahim Nobre.

Entrega do troféu a Rogério Ribeiro da Luz, neto de Ibrahim Nobre.

Com Sólon Borges dos Reis de quem recebe documentação histórica.

Maria Lúcia Whitaker Vidigal observa peça de prata utilizada na Campanha do Ouro por seu avô José Maria Whitaker, em 1932.

General Carlos de Meira Matos recebe a Medalha Comemorativa da Academia Paulista de História das mãos de Ana Maria Martins Ferreira.

General Carlos de Meira Matos, acompanhado por sua filha, tendo nas mãos o Diploma de Gratidão do IHGSP.

Carlota Malta Cardoso, sobrinha de Joaquim Sampaio Vidal, após entregar o Troféu Ibrahim Nobre para o veterano Geraldo Faria Marcondes.

Da esquerda para a direita, José Alberto Neves Candeias, Roberto Mamede de Barros Rocha, Walter Taverna e Pedro Paulo Penna Trindade.

Cartas

São Paulo, 4 de agosto de 2002

À eminente Presidente do Instituto Histórico e Geográfico de São Paulo

Dra. Nelly, desejamos felicitar pelo brilho da sessão comemorativa do septuagenário aniversário da Clarinada Épica de 32, agradecendo a valiosíssima distinção recebida, conquanto descabida e imerecida, sendo somente de coração generoso da nobre Presidente de onde poderia partir um gesto desse.

Mil vezes agradecido pela incomparável mercê, subscrevo-nos com todo o apreço e admiração.

JCBourroul

> **Marta Suplicy**
> Prefeita do Município de São Paulo
>
> 18 julho 2002
>
> Prezada sra Nelly,
>
> Quero parabenizar o Instituto Histórico e Geográfico pela comemoração dos 70 anos da Revolução Constitucionalista.
>
> Infelizmente não poderei comparecer à solenidade mas desejo comunicar meu apreço pela valorização da nossa História.
>
> Um grande abraço, Marta Suplicy

Nelly Martins Ferreira Candeias e Marta Suplicy
em reunião realizada no Hotel Maksoud Plaza, SP.

Homenagem da Comunidade Líbano – brasileira, organizada por Lody Brais,
presidente da Associação Cultural Brasil-Líbano.

CAPÍTULO
· 3 ·

180 anos da Independência do Brasil

Independência ou morte, 1886-1888, de
Pedro Américo de Figueiredo e Melo. Museu Paulista.
18 de setembro de 2002.

Palavras da Presidente

É uma honra receber Suas Altezas Imperiais, D. Luiz de Orleans e Bragança, Chefe da Casa Imperial Brasileira, sucessor dinástico de D. Pedro I, e D. Bertrand de Orleans e Bragança, Príncipe Imperial do Brasil, no momento em que o Instituto Histórico e Geográfico de São Paulo comemora os 180 anos da nossa Independência. A visita dos Príncipes, membros da Família Imperial Brasileira, ao Instituto Histórico e Geográfico de São Paulo, é para nós privilégio digno do mais justificado orgulho.

Os contatos da Família Imperial com este Instituto antecedem a data de hoje. Em novembro de 1946, tivemos a honra de receber a Princesa Dona Maria Pia, viúva de D. Luiz de Orleans e Bragança, e sua filha, Dona Pia Maria de Orleans e Bragança, avó e tia, respectivamente, de D. Luiz e de D. Bertrand. Suas nobres presenças deixaram entre nós a mais viva e perene saudade. Dez anos depois, em 12 de maio de 1956, o Príncipe D. Pedro Henrique de Orleans e Bragança, pai de suas Altezas, então Chefe da Casa Imperial do Brasil, tornou-se Membro Honorário desta entidade. Faz-se referência em nossas atas à belíssima exposição de aquarelas de sua autoria.

Criado em 1894, o Instituto mantém até hoje o ideário de seus fundadores no sentido de promover o estudo da História, da Geografia e ciências correlatas, além de ocupar-se de assuntos literários, artísticos e científicos que possam interessar à cultura do país.

A coleção da Revista do Instituto Histórico e Geográfico de São Paulo guarda em suas páginas contribuições, assinadas pelos mais ilustres nomes da intelectualidade brasileira. Três dessas publicações contêm o índice remissivo de autores e da matéria publicada, mostrando, no que se refere ao Primeiro Reinado, vários estudos sobre D. Pedro I, Dona Leopoldina, José Bonifácio e Padre Feijó.

A proclamação da Independência do Brasil e as circunstâncias anteriores a ela, assim como a Constituição e a Abdicação, têm sido frequentemente pesquisadas neste Instituto. A propósito da Independência do Brasil, a Revista do Instituto, no volume XXII, publicado em 1923, contém dois artigos, com os títulos "São Paulo no dia 7 de setembro de 1822" e "A Passagem do 7 de Setembro de 1822 em São Paulo".

Possuímos também documentos sobre o Primeiro Conselho do Estado. Um deles refere-se à segurança externa e interna na Capital. Na Ata da Sessão de 2 de setembro de 1822 – a única presidida por Dona Leopoldina na ausência de seu marido, lê-se: "Resolveu o Conselho que se tomassem todas as medidas necessárias de segurança e defesa. Que cada um dos Conselheiros apresentasse os seus planos para a próxima Sessão". A documentação foi doada por D.Lídia de Souza Rezende, filha de Estevão Ribeiro de Souza Rezende, Visconde de Rezende, ambos – pai e filha membros do nosso Instituto. Dona Lídia Rezende é neta do Marquês de Valença, Senador do Império, o qual sempre demonstrou sua dedicação a D. Pedro I.

Outra raridade do acervo deste Instituto encanta nossos visitantes – a medalha-estojo contendo a Constituição do Império, fabricada na casa da Moeda do Rio de Janeiro, pelo gravador A. Fauginet, em 1824, em cuja orla lê-se: "D. Pedro I Imperador". Dentro, em folhas circulares, encontra-se a Constituição do Império, outorgada em 25 de março de 1824. É raro exemplar na medalhística brasileira e uma das preciosidades do nosso Museu. Outros aspectos de interesse ocorreram neste Instituto: a criação do Colar D. Pedro I e a publicação, por este Instituto, do belíssimo livro intitulado *D. Pedro e Dona Leopoldina perante a História, Edição Comemorativa do Sesquicentenário da Independência*, ambos dedicados à memória da Independência do Brasil.

Trinta anos depois, esta casa de memória evoca a Proclamação da Independência do Brasil, após ter o Príncipe Regente D. João elevado o Brasil à categoria de Reino Unido a Portugal e Algarves, em 1815. "Vossa Majestade", diria o jovem príncipe real e futuro Pedro I, "acaba de lançar após uma longa navegação, os alicerces de um Estado que deve ser um dia o primeiro do mundo".

O Instituto Histórico e Geográfico de São Paulo comemora a Independência do Brasil ao lado dos sucessores dinásticos de D. Pedro I, os Príncipes D. Luiz de Orleans e Bragança, Chefe da Casa Imperial do Brasil, e D. Bertrand, Príncipe Imperial do Brasil, a quem neste momento tem a honra de entregar o Colar D. Pedro I e a Medalha D. Pedro II.

Encerro esta cerimônia com os versos da poesia de Oliveira Ribeiro Neto, intitulada "A Volta de D. Pedro I":

"No cenário da glória do teu feito,
Fica em paz. A lâmpada votiva
Do amor dos filhos teus, de eterna brasa,
Vela por ti, meu Príncipe. Descansa.
Dorme sereno, em Deus. É a tua casa".

Registro Fotográfico

Outorga do Colar D. Pedro I a D. Luiz de Orleans e Bragança e da Medalha D. Pedro II a D.Bertrand de Orleans e Bragança.

Hernâni Donato, S.A.I.R. D. Luiz de Orleans e Bragança, Nelly Martins Ferreira Candeias e S.A.I.R. D. Bertrand de Orleans e Bragança.

S.A.I.R. D. Luiz de Orleans e Bragança, Nelly Martins Ferreira Candeias, Ana Maria Martins, descendente de José Bonifácio de Andrade e Silva e S.A.I.R. D. Bertrand de Orleans e Bragança.

S.A.I.R. D. Bertrand de Orleans e Bragança e Nelly Martins Ferreira Candeias.

CAPÍTULO
• 4 •

São Paulo de Piratininga
449 anos

Martim Afonso no Porto de Piaçaguera (Cubatão).
Óleo sobre tela, de Benedito Calixto.
25 de janeiro de 2003.

Palavras da Presidente

Dando início à abertura oficial das atividades do Instituto Histórico e Geográfico de São Paulo, que ocorre no dia 25 de janeiro de cada ano, limiar do segundo ano da minha gestão, quero dar as boas-vindas a todos que aqui se encontram, muitos dos quais têm acompanhado os esforços de nossa Diretoria para aproximar esta entidade das políticas culturais de sociedades modernas.

Tal como propus no dia da minha posse, em 25 de janeiro de 2002, esforçamo-nos para fortalecer as relações do Instituto com fundações, órgãos educacionais, empresariais e governamentais para obter cooperação, particularmente no que diz respeito a estudos sobre o caráter e à competência técnica desta entidade. Alguns entendimentos foram realizados com fundações na cidade de São Paulo.

Também nos esforçamos para aumentar a visibilidade do Instituto. Em 2002, 1500 pessoas frequentaram esta entidade, como atestam os livros de frequência.

Após doze meses de esforços disciplinados, começamos a ter acesso a informações técnicas e dados do setor de administração, que nos permitem conversar com outras instituições, para aperfeiçoar assim a infraestrutura de nossa entidade.

É, pois, sensibilizada, que celebramos os 449 anos de São Paulo de Piratininga, honrados com a presença do Professor Odilon Nogueira de Matos[1], o mais antigo membro desta casa, cuja posse realizou-se no dia 5 de setembro de 1945, sob a presidência de Artur Pequerobi de Aguiar Whitaker.

Ninguém melhor do que Odilon Nogueira de Matos, historiador, musicólogo e jornalista, para falar sobre as glórias e os martírios dos paulistas. Sinfonia Paulista expressa com intensidade a alma coletiva de São Paulo. Seja bem-vindo, Professor!

---

1 O Professor Odilon Nogueira de Matos nasceu em Piratininga, em 1916, e faleceu em 2008, em Campinas. Tomou posse no dia 5 de abril de 1945. Frequentou o IHGSP durante 58 anos.

Sinfonia Paulista – Odilon Nogueira de Matos
Conferência Magna

Em duas notas que há pouco tive oportunidade de publicar em nossa imprensa periódica, abordei assuntos que podem servir de prefácio à conferência que ora pretendo pronunciar. A primeira referia-se a assunto que sempre me preocupou, qual seja o pouco interesse que se nota com relação à História de São Paulo, num contraste sensível com relação ao que se nota em diversos outros Estados brasileiros. Existem, não há dúvida, excelentes obras especializadas de alta erudição abordando temas isolados da história paulista.

Quanto a isto, não há a menor dúvida. Numerosos livros, quase todos resultantes de teses universitárias, enriquecem a bibliografia histórica paulista. Mas não são obras que cheguem ao público. O que se lamenta é a falta de obras de síntese que mostrem aos interessados, mas não especialistas, nossa evolução histórica, como existem em outros Estados. Entre alguém em uma livraria e pergunte por uma "História de São Paulo" e ouvirá a já clássica resposta: "Não existe...". E, no entanto, já existiram em outros tempos. Cito apenas duas de meu conhecimento: as de Tancredo do Amaral e de Rocha Pombo, ambas publicadas no início do século passado. Parece-me significativo observar que essas duas *Histórias de São Paulo* traziam, na capa, a indicação: "Adotada oficialmente nas escolas públicas do Estado". Quer dizer: já se estudou, até nos grupos escolares, a história de nossa terra. E por que não se estuda hoje?

O segundo artigo cuidava de outro tema, igualmente significativo: a presença paulista na História do Brasil. Este, significativamente, servirá para dar o "tom" à "visão da História de São Paulo" que pretendo apresentar nesta minha fala. A propósito, recordo a conversa que tive, há muitos anos, com um colega de outro Estado, justamente sobre o pouco interesse que se nota com relação à história paulista. Depois das minhas lamúrias, perguntou-me ele: "Para que vocês, paulistas, querem estudar a História de São Paulo se ela se confunde com a própria História do Brasil?". E para fundamentar-se, acrescentou: "Não há região do Brasil, do Norte ao Sul, que, historicamente não esteja vinculada a São Paulo".

O que ouvi, meus caros ouvintes, encheu-me de orgulho, mas encheu-me muito mais de responsabilidade. E passei a alimentar a esperança de que, infelizmente, ainda não se concretizou, de esboçar um largo painel da história paulista, desde a chegada de Martim Afonso de Souza, em 1532, até os dias atuais.

Debruçando-me sobre este painel imaginário e sobre ele meditando, escolhi alguns *momentos*, não só da História, mas do Espírito e da Alma de São Paulo, para vos apresentar nesta sessão.

A História de São Paulo, eu a sinto no íntimo de meu ser, como se um ressoar de vozes e de harmonias fizesse dela uma grande sinfonia, na qual os movimentos habituais seriam substituídos por símbolos imperecíveis, mas, para cuja definição, usarei os próprios termos musicais.

Sinfonia Paulista
Primeiro Movimento: *Allegro Moderato*

Em seu discurso de posse na Academia Brasileira de Letras, em maio de 1933, discurso que é uma das obras-primas da oratória brasileira, o grande jurista e também historiador, que foi Alcântara Machado, proferiu uma frase que teve enorme repercussão, repetida milhões de vezes e até com o seu verdadeiro sentido alterado e deformado. Dizendo-se descendente de um dos companheiros de Martim Afonso de Souza na arribada histórica de 1532, e dizendo que sempre vivera em São Paulo, prendendo-o ao chão de Piratininga "todas as fibras do coração, todos os imperativos raciais", pois desde a mesa em que trabalhava, à cátedra que ocupava na escola, à tribuna que usava nas assembleias, deitavam raízes nas camadas mais profundas do solo em que dormiam os mortos de que provinha, e confessando que tudo na sua pessoa traía o seu paulistanismo, a começar pela fala descansada de legítimo piracicabano, fala que esperava ouvi-la na agonia, como a ouvira no berço em que se embalara, empregou, como coroamento de suas imagens, esta frase lapidar: "Assim, nem por gracejo se lembraria alguém de pôr em dúvida o meu brasileirismo, porque paulista sou há quatrocentos anos...". Notai, prezados ouvintes, que Alcântara Machado considerava-se "paulista de quatrocentos anos" precisamente para que ninguém pusesse em dúvida o seu sentimento de brasilidade. E, no entanto, quantas e quantas vezes a expressão "paulista de quatrocentos anos" tem sido empregada como reflexo de um orgulho vazio e até comprometedor das legítimas tradições paulistas. Mais ainda: já a encontrei deformada na sua origem e no seu sentido em livro de grande escritor brasileiro, membro também da Academia Brasileira de Letras...

Segundo Movimento: *Andante Expressivo*

Em fins do século XVII, precisamente em 1696, passou pelo litoral de São Paulo, estagiando em Santos e São Vicente, o navio do Senhor de Gennes, em viagem de circum-navegação. A bordo, vinha o Senhor De Froger, que, dois anos depois, publicaria em França um dos mais raros relatos de viagem de que se tem notícia. Nem Froger nem o comandante de seu navio vieram a São Paulo. Ficaram no litoral. Mas o cronista informou que, no alto das grandes montanhas que dali se avistavam, ou seja, a escarpa da Serra do Mar, havia um burgo inteiramente isolado do resto do mundo, que mais parecia "um covil de bandidos de todas as nações", vivendo sem lei nem rei, não permitindo que pessoa alguma lá chegasse. Onde teria o navegador francês aprendido isso senão através dos informes desfavoráveis que sobre os paulistas se propagavam por outras regiões do Brasil, em grande parte divulgados pelos cronistas jesuítas, os quais, com boas razões, não podiam mesmo gostar dos paulistas?

Mas o depoimento do viajante francês vale como testemunho do isolamento em que São Paulo viveu quase todo o período colonial, resultante de condições geográficas bem conhecidas, criando, para a nossa terra, uma configuração socioeconômica toda especial dentro da comunidade brasileira. Todos quantos têm estudado mais aprofundadamente a história paulista ressaltaram algumas características que marcaram a fisionomia de São Paulo nos tempos coloniais, contrastando-a com a de outras regiões do país: a pequena propriedade, a agricultura de subsistência, a policultura, as atividades vinculadas ao apresamento indígena, a expansão geográfica, a pobreza de sua sociedade, o pouco lustre de sua vida cultural, o nomadismo imposto pelas atividades a que se dedicou, o espírito de altivez, de arranjo e a tenacidade do grupo bandeirante naquelas aventuras que impressionaram os próprios homens do governo reinol.

Tudo isso convida-nos ao estudo de uma história menos épica e mais humana, uma história na qual o povo apareça, como o fizeram, entre outros, Alcântara Machado, Otoniel Mota, Paulo Prado, Belmonte, Ernani Silva Bruno... Longe do fausto e da opulência da sociedade patriarcal nordestina, o que a documentação paulista nos revela é precisamente o oposto: o núcleo de extrema pobreza, sem igual no país, a tal ponto que seus filhos precisaram deixá-lo para tentar a vida em outras áreas do Brasil. Daí, o movimento quase ciclópico da expansão paulista por quase todo o país e nas suas várias modalidades – apresamento, pastoreio e mineração – as quais só podem ser entendidas, uma vez consideradas as condições físicas, sociais e econômicas que pautaram a vida do Planalto. Mas muito pouco São Paulo se beneficiou da expansão que seus filhos empreenderam em dilatadas regiões do País. Ao contrário: representou o bandeirismo verdadeira sangria na população planaltina, com a corrida para os centros, onde o ouro fora descoberto, e junto aos quais estabeleceram os paulistas seus arraiais, origem de numerosas cidades. Raríssima a cidade das regiões de mineração que não tenha resultado de uma fundação paulista. E não só nas Minas Gerais. Esta foi a primeira, o ponto de partida da grande expansão do século XVIII. Mal sucedidos nas Minas, os reveses sofridos pelos paulistas na chamada *Guerra dos Emboabas* – escrevi alhures – "incitam-nos a procurar novos rumos para a sua expansão. Dentro de alguns anos, novos veios auríferos serão revelados, em Mato Grosso e em Goiás, incorporando essas extensas regiões do Centro-Oeste brasileiro à área de sua influência e garantindo para Portugal a posse definitiva de tão dilatados territórios quando, em 1750, tiveram de ser delimitadas as fronteiras entre a "América Espanhola e a América Portuguesa".

O povoamento e consequente desenvolvimento das regiões de mineração tornaram-nas, dentro em pouco, capitanias autônomas, destacadas de São Paulo, de maneira que, ao atingir os meados do século XVIII, a primitiva capitania paulista viu-se reduzida a menos de um terço de sua área original. O despovoamento – quantitativo e qualitativo – levou-a a tais extremos de decadência que redundou na sua própria extinção. Em 1748, desaparecia a Capitania de São Paulo, simplesmente anexada à do Rio de Janeiro. Dezessete anos perduraram esta situação, único hiato em toda a história administrativa de São Paulo. Em 1765, foi restaurada a capitania paulista, compreendendo apenas o atual Estado de São Paulo e mais o Paraná, que este, só em meados do século XIX, seria constituído em província autônoma, o último dos cortes sofridos por São Paulo em sua história quadrissecular. Tendo como base a cana-de-açúcar no interior da capitania, configurou-se nova fisionomia para o território paulista.

A política povoadora do Morgado de Mateus, levando à ocupação do solo, mediante a concessão de sesmarias, até quase metade do atual território, quando, antes, a linha do povoamento detinha-se nas bordas da depressão periférica, encontrou na preciosa gramínia todo o seu apoio. Inúmeras cidades de hoje devem seu desenvolvimento (e às vezes sua própria existência) a essa atividade. Dentro do chamado "quadrilátero do açúcar", as atividades subsidiárias se desenvolvem como ancilares da cultura canavieira e um esboço de vida urbana vai se delineando mais para o fim do século, quando diversos núcleos de povoamento, alegando o desenvolvimento da cultura da cana e da produção de seus engenhos, foram criados em freguesias e posteriormente em vilas, com a instalação do competente poder municipal.

Terceiro Movimento: *Adágio com moto*

Na segunda metade do século XVIII, o primeiro governador de São Paulo, após a restauração da capitania, escrevia ao Rei recomendando-lhe que utilizasse os paulistas se precisasse de grandes empreendimentos pelo interior das terras do seu Estado do Brasil, porque, pela experiência de mais de um século que tinham de viagens pelo sertão, conheciam-no melhor que ninguém e estariam prontos ao serviço de Sua Majestade, pois entre os seus atributos, além da coragem e da audácia, enumeravam-se: a honra, o brio, a dignidade, o senso de responsabilidade e a vontade de servir. Mas nem seria preciso essa recomendação, pois certamente sabia o Rei e sabiam os da administração local ou metropolitana que, por mais de uma vez, já haviam sido os paulistas solicitados para grandes empresas em todo o país: chamados a conter os espanhóis nas suas investidas no Sul; chamados para ajudar os pernambucanos a expulsar os holandeses; chamados pelos alagoanos para ajudar na destruição de Palmares; chamados para auxiliar na demarcação das fronteiras delimitadas pelos tratados de Madri e de Santo Ildefonso; chamados para conter e dominar a chamada "guerra dos bárbaros", nos sertões do Nordeste. Que mais? O Morgado de Mateus apenas reiterava aquilo que um século já demonstrara ser real e patente: o sentido de integração, sem animosidades e sem rancores contra os habitantes de qualquer região do país, por mais isolados que dela se encontrassem. Nada havia que aproximasse social, cultural ou economicamente os paulistas dos povoadores de outras regiões do Brasil. Mas quando estas regiões apelam para São Paulo, a presença paulista não tarda e ela se identifica com os irmãos de todo o chamado "Estado do Brasil", do qual muitas regiões haviam sido desbravadas, povoadas e até colonizadas por eles próprios.

Quarto Movimento: *Allegro Majestoso*

Pouco antes da Independência, visitou o Brasil o grande botânico francês Auguste de Saint-Hilaire. Autor de admiráveis relatos de viagens, demonstrou profundo conhecimento de nossa história e de nossa gente, a ponto de seus livros constituírem fontes preciosas para o estudo de nosso passado. Meditando sobre a história paulista, impressionou-se Saint-Hilaire com o movimento das bandeiras. E afirmou que, para ele, a grande epopeia do bandeirismo só teria explicação se aquela gente pertencesse a uma "raça de gigantes". Eis o contexto de Saint-Hilaire onde se insere a expressão: "Quando se sabe, por experiência própria, quantas fadigas, privações, perigos ainda hoje aguardam o viandante que se aventura nessas longínquas regiões e se toma conhecimento do itinerário das intermináveis incursões dos paulistas antigos, sente-se uma espécie de assombro, tem-se a impressão de que esses homens pertenciam a uma raça de gigantes".

E a que "incursões intermináveis" referia-se Saint-Hilaire?

Tratado de Tordesilhas
planisfério anônimo, ca.1545.

Àquelas que fizeram recuar o meridiano de Tordesilhas, aumentando de dois terços o território brasileiro e dando-nos, com pequenas modificações, o mapa do Brasil de hoje: sertanistas de Taubaté descobrem as Minas Gerais, o Anhanguera e os Pires de Campos descobrem as terras goianas; Domingos Jorge Velho perlustra o vale do São Francisco e leva as primeiras cabeças de gado, abrindo as mais antigas fazendas nos campos do Piauí; Matias Cardoso alcança o Ceará; Manuel Preto vence o Guaíra e o sul de Mato Grosso, dominando os espanhóis; Miguel Sutil, Pascoal Moreira Cabral e os Irmãos Leme descobrem o ouro do Cuiabá, e batem os sertões de Mato Grosso, alcançando as margens do Guaporé; Raposo Tavares conquista aos espanhóis o Paraná, o sul de Mato Grosso e o norte do Rio Grande do Sul, comanda o socorro paulista contra os holandeses no Nordeste, vence em armas os Andes do Peru e da Nova Granada, atinge o grande rio das Amazonas, encerrando o maior ciclo de devassamento das terras americanas; pela mesma época, Fernão Dias, depois de ter percorrido o Sul, empreende a famosa jornada esmeraldina,

"Foi em março, ao findar das chuvas, quase à entrada
do outono, quando a terra, em sede requeimada,
bebera longamente as águas da estação",
no dizer do maravilhoso poema de Bilac. E onde?

"Para o norte inclinando a lombada brumosa", onde "entre mateiros", jazia a serra misteriosa, a azul Vupabuçu que lhe beijava as verdes fraldas, e onde "Águas crespas, galgando abismos e barrancos atulhados de prata", umedeciam-lhe os flancos em cujos socavões dormiam as esmeraldas. E após sete anos de jornada inútil, "combatendo índios, febres, paludes, feras, contendo os sertanejos rudes, dominando o furor da amotinada escolta", volta com o seu tesouro falso, mas que ele crê verdadeiro e o aperta ao peito, a transbordar de pedras verdes.

"Mas num desvio de mata, uma tarde, ao sol posto,
Para. Um frio livor se lhe espalha no rosto...
É a febre... é a morte...".

Na terra que venceu – continua o poema de Bilac – há de cair vencido, e o herói, trôpego e envelhecido, roto e sem forças, cai junto do Guaicuí. É ainda o grande poeta parnasiano quem lhe idealiza a agonia:

"E essa face cavada e magra, que a tortura
                    Da fome
essas privações maceraram, – fulgura,
                    Como se a asa
ideal de um arcanjo a roçasse".

No seu delírio, tudo lhe parecia verde, verde como uma grande esmeralda:

"Verdes, os astros no alto abrem-se em verdes chamas
                              Verdes,
na verde mata, embalançam-se as ramas
E flores verdes no ar brandamente se movem;
Chispam verdes fuzis riscando o céu sombrio.
Em esmeraldas flui, a água verde do rio,
E do céu, todo verde, as esmeraldas chovem...".

É uma ressurreição – continua o poeta – pois o corpo se levanta:

"E esse destroço humano, esse pouco de pó
Contra a destruição se aferra à vida, e luta,
E treme, e cresce, e brilha, e afia o ouvido, e escuta
A voz, que na solidão só ele escuta, – só:

Morre! Morrem-te às mãos as pedras desejadas,
Desfeitas como um sonho, e em lodo desmanchadas...
Que importa? Dorme em paz, que o teu labor é findo!
Nos campos, no pendor das montanhas fragosas,
As tuas povoações se estenderão fulgindo!

Quando, do acampamento o bando peregrino
saía, antemanhã, ao sabor do destino,
Em busca, ao norte e ao sul, de jazida melhor,
Nesse louco vagar, nessa marcha perdida,
Tu foste como o sol, uma fonte de vida:
Cada passada tua era um caminho aberto!
Cada pouso mudado, uma nova conquista!
E enquanto ias, sonhando o teu sonho egoísta,
Teu pé, como o de um deus, fecundava o deserto!

Morre! Tu viverás nas estradas que abriste!
Teu nome rolará no largo choro triste
Da água do Guaicuí. Morre, Conquistador!
Viverás quando, feito em seiva o sangue, aos ares
Subires e, nutrindo uma árvore, cantares
Numa ramada verde entre um ninho e uma flor!
Morre! Germinarão as sagradas sementes
Das gotas de suor, das lágrimas ardentes!
Hão de frutificar as fomes e as vigílias!
E um dia, povoada a terra em que te deitas,
Quando, aos beijos do sol, sobrarem as colheitas,
Quando, aos beijos do amor, crescerem as famílias,

Tu cantarás na voz dos sinos, nas charruas,
No esto da multidão, no tumultuar das ruas,
No clamor do trabalho e nos hinos da paz!
Violador de sertões, plantador de cidades,
Dentro do coração da pátria viverás!".

Monumento às Bandeiras, Victor Brecheret, inaugurado em 1953, no Ibirapuera.

    O espírito bandeirante continua e, ao longo dos séculos, define-se nos mais variados empreendimentos, pois bandeirante se torna sinônimo de empreendedor. Se anteontem apresava índios, descobria minas e abria fazendas de gado, se ontem cultivava a cana e depois o café e com ele construía estradas de ferro, hoje se reflete nas zonas pioneiras e nas novas atividades que criou para a sua economia. Porque, de fato, bandeirantes são igualmente os fazendeiros de café, os construtores de nossas ferrovias, os povoadores de nossas frentes pioneiras, os criadores de nossa indústria, os forjadores de nossa cultura literária, jurídica, científica, artística, que se inicia com os primeiros albores do romantismo na vetusta Academia de Direito do Largo de São Francisco, eclode na Semana de Arte Moderna e chega à grande revolução cultural de nossa época, já no século XXI.

    Ao lado, pois, do movimento material de que se orgulha, também o desenvolvimento cultural com que se enobrece. Aliás, Alcântara Machado, no citado discurso da Academia Brasileira de Letras, já o lembrava ao ver em São Paulo a fusão harmoniosa das almas de Marta e de Maria: ávido de bens materiais, porque tem horror à dependência, mas igualmente ambicioso das riquezas imperecíveis, por isso mesmo tão ufano de suas fábricas e lavouras como de sua cultura e tradição. A tal ponto generoso e benéfico aos forasteiros, que se um deles chega cheio de sanhas e prevenções, logo se esquece de combatê-lo e se põe a cortejá-lo. Tenaz como a verdade, paciente como a justiça, leal como a claridade. O nome varonil que recebeu dos jesuítas anuncia-lhe a predestinação radiosa. Nas primeiras palavras de Saulo, depois de siderado pela graça, preluz o temperamento daquele que, sem perda de um minuto, vai conquistar o mundo para o Cristianismo:

Senhor, que devo fazer? A vocação histórica do paulista, remata Alcântara Machado, é como a do seu patrono: a ação. E que ação?

Último Movimento: *Allegro ma non troppo*

Em 1932, quando os soldados paulistas lutavam pela lei e pela Constituição, numa empresa infelizmente mal compreendida pelos outros Estados, que viram na revolução paulista um sentimento antibrasileiro e até separatista (senti o problema porque, na ocasião, vivia em outro Estado), não tinha São Paulo ainda um brasão de armas – e era a única unidade da Federação que o não possuía – desejou naturalmente ter o seu escudo heráldico. E qual a legenda que escolheu para o seu brasão?

Contrastando com o altivo "NON DUCOR, DUCO", da Capital, escolheu a mais brasileira de todas as legendas. Vejam, prezados ouvintes: o Estado acusado de antibrasileiro e separatista, escolhe para a legenda de seu brasão a bela frase "PRO BRASILIA FIANT EXIMIA", isto é, "que se façam grandes coisas pelo Brasil". A legenda do brasão de São Paulo é bem uma síntese de sua história. Terra que, antes de pensar em si, pensou na grande Pátria: dilatando as fronteiras, aumentando assim de dois terços a superfície do país; desbravando e povoando extensas regiões de Minas Gerais, do Nordeste e do Centro-Oeste; na Independência, consolidando as instituições, com a figura de José Bonifácio, em termos de unidade nacional, contrariando tendências separatistas que em outros grupos se configuravam; na Regência, assegurando, na pessoa de Feijó, a ordem e a unidade do Império, tão ameaçadas; na República, escolhendo e defendendo o sistema federativo, por ser aquele que melhor se adaptaria ao espírito desenvolvimentista das províncias imperiais; com os três presidentes que deu à República, em seu início, consolidando o regime; com a sua Faculdade de Direito, desvinculando o país da tutela intelectual da velha Coimbra; com a cultura do café, dando ao Brasil seu esteio econômico; com suas frentes pioneiras, atraindo brasileiros de todos os Estados, que aqui se identificaram com os nossos ideais, aqui fizeram suas carreiras, inclusive alcançando, por eleição, cargos públicos e o próprio governo do Estado; com seus movimentos literários, sempre pensados em termos de Brasil e não em termos regionais, como ocorre em outras áreas onde a literatura foi marcada por intenso regionalismo, pois não temos até hoje um romance paulista bem caracterizado, como temos, por exemplo, o romance mineiro, nordestino ou gaúcho. Nessa atividade cultural, São Paulo preferiu anular-se em favor do todo nacional, pois o maior movimento literário de sua história – a Semana de Arte Moderna, de 1922 – é brasileira, nada tendo de paulista a não ser a naturalidade de seus promotores. Este espírito que faz de São Paulo um estado-síntese é a melhor afirmação de seu sentido de brasilidade, traduzido na legenda de seu brasão.

Mas há nesta "Sinfonia Paulista" um complemento patético, que faz com que ela em vez de concluir-se com um "Allegro brilhante", como em geral ocorre nas obras desse gênero, termine, tal como o fez Tchaikovsky na sua sexta sinfonia, com o "Adágio lamentoso". O paulistanismo de quatrocentos anos, a que se referia Alcântara Machado; a coragem, a audácia, a honra, a dignidade, o brio, a altivez, o senso de responsabilidade, a vontade de servir tantas e tantas vezes demonstradas nos grandes momentos de sua história; a raça de gigantes lembrada por Saint-Hilaire; a fusão das almas de Marta e de Maria (ainda na imagem de Alcântara Machado), tudo isso, galardões imperecíveis de um grupo, de um povo, vai se diluindo num passado nevoento, no qual nos custa distinguir as imagens que nos foram tão caras, nem sequer vislumbrar nada do que foi, nem do que deveria ter sido sempre.

O estudo e o cultivo de nossas tradições e do nosso regionalismo, tomada aqui a palavra no bom sentido, de que os outros Estados nos dão magníficos exemplos, deverão constituir a preocupação precípua de todos nós, para que o espírito paulista, sem bairrismo (como pode ser bairrista uma terra cosmopolita, na qual raramente se encontram sobrenomes que não sejam estrangeiros?), sem animosidades, mas com aquela altivez que os homens da terra sempre souberam ter, quando lembravam, a exemplo do lendário Sepé, que "essa terra tem dono" e, como tal, não pode e nem deve ser desfigurada, simplesmente porque acolheu brasileiros de todos os Estados e estrangeiros de todos os países.

Sepé Tiaraju[2].
Danúbio Gonçalves.

---

2 Sepé, índio guerreiro guarani, foi considerado um santo popular brasileiro e declarado "herói guarani missioneiro rio-grandense" pela Lei nº 12.366. O painel em azulejos de Danúbio Gonçalves está instalado na parte externa da Estação Mercado da Trensurb – Praça Revolução Farroupilha, Poa .

Evitamos a desfiguração, a descaracterização de nossa terra, não só a material e cultural, mas especialmente a moral. E eu me permito uma paródia: certa vez um famoso líder religioso afirmou existirem no mundo, atualmente, mais de novecentos milhões de cristãos, o que provocou de um jornalista irônico esta terrível pergunta: "Onde estão eles?". Hoje, quando as estatísticas nos mostram que temos mais de trinta milhões de paulistas, ocorre-nos também a vontade de perguntar: "onde estão eles?". Serão paulistas mesmo ou simplesmente nascidos em território paulista? Para mim, há muita diferença, especialmente se considerarmos a quantidade imensa, que felizmente existe, de brasileiros de outros Estados e de estrangeiros de outros países, mas que se têm demonstrado mais paulistas do que se aqui tivessem nascido.

Seria o caso de esperarmos por alguma "pancada heroica" capaz de despertar as fibras de nosso paulistanismo, para que se revigorem aquelas forças que tanto nos ilustraram no passado, mas que se diluíram com o passar do tempo, com a inércia, o desinteresse, o comodismo, o aviltamento de nosso passado e a descrença no nosso futuro? Que saibamos vencer tais anomalias, tais vícios de formação, tais descaracterizações para que São Paulo tome novamente consciência de seu papel na história e na vida de nosso país. Enfim, para que os paulistas voltem a ser aquela "raça de gigantes", a que se referia Saint-Hilaire.

Posse de novos membros

Membros Titulares: Álvaro Guimarães dos Santos, Cecília Maria do Amaral Prada, Geraldo Nunes, Guy Christian Collet, Helena Bonito Couto Pereira, José Celestino Bourroul, José Marques de Melo, Luiz Eduardo Corrêa Dias, Malcolm Dale Kigar, Maria Cecília Naclério Homem, Maria Izilda Santos de Matos, Maria Helena Paulos Leal Schneider, Octávio Bueno Magano, Paulo Nogueira de Matos, Pedro Abarca, Ruy de Oliveira de Andrade Filho, Ruy Martins Altenfelder Silva, Sérgio de Paula Santos, Sylvio Bomtempi, Tânia Regina de Luca, Vavy Pacheco Borges, Vera Helena Bressan Zveibil. **Membros Correspondentes Nacionais:** Anicleide Zequine, José Octávio de Arruda Melo, Luiz Hugo Guimarães **Saudação aos novos membros** – Célio Debes. **Leitura do Termo de posse** – Sylvio Bomtempi.

Registro Fotográfico

Hernâni Donato, Nelly Martins Ferreira Candeias, Erwin T. Rosenthal, Odilon Nogueira de Matos, Paulo Bomfim.

José Celestino Bourroul recebendo o Diploma de Membro Titular do IHGSP.

São Paulo, 21 de novembro de 2002.

Senhora Presidente

I - Com os nossos melhores saudares, desejamos acusar o recebimento do amável ofício n.º 171/02 do IHGSP, Diretoria, pelo qual Vossa Excelência teve a gentileza de adiantar que o nosso modesto nome fora proposto e aceito para integrar os quadros dessa acatada e nobre Instituição.

II - Reconhecendo, embora, que tão incomparável distinção é totalmente imerecida, não podemos negar, no entanto, que esse bondoso gesto nos comoveu profundamente e nos encheu de alegria, ainda que sabedores de que tal escolha tenha decorrido da deferência de generosos amigos e também envolveu a interferência decisiva da ilustre Presidente, que vem dirigindo o IHGSP com todo o destaque e brilho, promovendo sessões realmente memoráveis.

III - Ainda em atenção ao que constou da missiva aludida, tomamos a liberdade de sugerir os nomes de três distintos e saudosos patrícios, como alternativas para a escolha de patrono, a saber:
    a) Frederico de Azevedo Antunes, advogado;
    b) Lauro de Barros Siciliano, engenheiro;
    c) Constantino Pereira Rodrigues Júnior, engenheiro.

III-1- E, como neste caso, o acolhimento dado a, tal aceitação se ressente da falta de requisitos suficientemente sólidos, na pessoa do recipiendário, por outro lado, o valor incontestável de qualquer das três personalidades apontadas, justificaria por si só, o sinal verde para a permissão do nosso ingresso no seleto quadro desse sodalício, que representa, e defende, galhardamente, os foros de Cultura e de Saber da Nossa Terra e da Nossa Gente.

CAPÍTULO
• 5 •

71 anos da Revolução de 32

30 de julho de 2003.

Palavras da Presidente

Senhores e Senhoras, que tarde feliz!

Os que aqui se encontram desejam demonstrar publicamente o respeito e a devoção que dedicam ao Instituto Histórico e Geográfico de São Paulo e homenagear esta entidade de 108 anos, onde o passado e o presente se encontram para defender e perpetuar os valores pelos quais lutamos como cidadãos deste País.

Vamos dar início à solenidade de entrega do Colar do Centenário criado pelo decreto número 38.950, de julho de 1994, projeto do heraldista Lauro Ribeiro Escobar. O colar foi criado por ocasião da comemoração dos 100 anos da fundação do Instituto Histórico e Geográfico de São Paulo.

Ruth Cardoso é a primeira mulher a receber uma condecoração neste Instituto pela realização do Programa de Capacitação Solidária, a entidade que mais colaborou para o desenvolvimento da cidadania de jovens no Brasil. O programa permitiu que 114.956 jovens de baixa renda e escolaridade tivessem a oportunidade de participar em cursos de capacitação profissional, despertando a atenção de milhões de colaboradores solidários de todo o País – e até de 19 outros países.

Contemporâneas na Universidade de São Paulo, sinto-me honrada por ter tido o privilégio de acompanhá-la durante um programa que já realizou 3.882 cursos de capacitação de jovens a partir da parceria com 2.342 organizações da sociedade civil.

Parabéns, Professora Ruth! Que o Colar do Centenário do Instituto Histórico e Geográfico de São Paulo evoque para sempre, nesta Casa de Memória, sua valiosa contribuição para São Paulo e para o Brasil.

Dando sequência a esta solenidade, o Dr. Rogério Ribeiro da Luz, neto de Ibrahim Nobre, fará a entrega do Colar do Centenário ao Sr. Francisco Giannocaro, Presidente da Comissão Cívica e Cultural da Associação Comercial de São Paulo, entidade que muito contribui para a divulgação dos ideais da Revolução de 32.

Ao solicitar a presença do Dr. Rogério Ribeiro da Luz, neto de Ibrahim Nobre, invocamos dois nomes da história de São Paulo, Ibrahim Nobre e Carlos de Souza Nazareth, membro deste Instituto, eleito em 20 de agosto de 1934. Presidente da Associação Comercial, Carlos de Souza Nazareth participou intensamente desse movimento cívico.

Como prêmio as publicações de 2002, recebem o colar na categoria livros: Lília Moritz Schwarcz – melhor livro sobre história do Brasil; Maria Cristina dos Santos Bezerra – melhor livro sobre história regional; na categoria de geografia, coube o prêmio a Nídia N. Pontuscka e Ariovaldo U. de Oliveira. Em periódicos, são agraciadas a Revista Estudos Avançados da Universidade de São Paulo e a Revista do Departamento de Geografia da USP.

Com a palavra, o Major Luiz Eduardo Pesce de Arruda vai apresentar um show sobre "A Guerra e a Música", após o qual se encerra esta cerimônia com a música "Paris Belfort" e com o "Toque de Recolher" pelo corneteiro da Polícia Militar do Estado de São Paulo.

Mensagem de José Celestino Bourroul

5 de agosto de 2003

Eminente Senhora Presidente

Sentimo-nos na obrigação de escrever-lhe uma palavrinha de felicitações, pelo brilho das comemorações do 71º aniversário da Revolução Constitucionalista, que foram simplesmente brilhantes e inesquecíveis, superando as melhores expectativas.

Velhos participantes desse tipo de comemorações, não hesitamos em dizer que os festejos do nosso inspirado I.H.G.S.P foram os mais felizes, transmitindo a todos os presentes as mais nobres reações.

Foi apresentada uma série maravilhosa de lembranças incomparáveis, que puseram em destaque a expressão e o valor dos dirigentes do nosso vetusto Instituto Histórico e Geográfico, mais vivo do que nunca.

Com as nossas saudações cordiais, gritemos:

Viva São Paulo
Viva o Brasil

José Celestino Bourroul

CAPÍTULO
• 6 •

Homenagem a Paulo Bomfim

Paulo Bomfim, por JRGarcia/TJSP, cedida pelo homenageado.
4 de outubro de 2003.

Palavras da Presidente

Admiro e estimo Paulo Bomfim, pessoa dotada de uma personalidade rica de méritos excepcionais, distinta sem afetação, superior, com simplicidade. Conquista e emociona as pessoas de um modo que causa espanto a quem observa atentamente suas apresentações públicas. Inteiramente devotado à memória de São Paulo, intransigente na defesa da dignidade paulista, nunca se encerra em torre de marfim, nem jamais se esquece de sua condição humana que, ao romper fronteiras, o irmana a todos aqueles que, como ele, lutam por um Brasil melhor.

Quando se recebe o benefício de talento, fortemente dinamizado pela reflexão histórica e memoralista, todas as questões ganham vida e dão continuidade a preocupações, de início pessoais, que acabam por ocupar espaços imprevistos na luta pelo bem comum da sociedade e avanço da humanidade.

Penso que tudo o que Paulo Bomfim diz e escreve permanecerá intacto. Enquanto houver vida humana neste planeta, o respeito à memória histórica, seja ela pessoal ou coletiva, sempre representará um dos maiores bens que a nossa existência terrestre tem para nos oferecer, pois suas raízes mais profundas prendem-se a um instinto elementar. Estou firmemente convencida de que quem, ao perceber essa verdade, se dedicar com suficiente vigor à missão de preservá-la, certamente poderá fazer com que muitos outros passem também a procurar, na história, o sentido de brasilidade.

Esta é a esperança tenaz que Paulo Bomfim retrata, sob os mais variados ângulos, em toda sua obra. Exige dele, e de todos nós, que vemos a questão da preservação da memória histórica em seus ásperos contornos, o dispêndio de uma energia imensa para mostrar que é muito mais digno e gratificante viver em uma sociedade memorialista. Na convivência que tenho tido com Paulo Bomfim, recebi valiosos ensinamentos de uma vida de incessante e honesto trabalho intelectual e o inesquecível de uma atitude pertinaz frente à memória paulista.

Extraordinariamente perfeito em tudo o que diz e escreve, sempre se interessa pessoalmente por aqueles que encontra na encruzilhada dos caminhos, dando-lhes aquilo que de melhor possui. Assim vejo Paulo Bomfim, Homem de coração e de inteligência, e lhe presto a homenagem da minha mais profunda admiração, nestas humildes palavras que outro mérito não tem senão o de minha sinceridade extrema.

Palavras de Sylvio Bomtempi

Reunidos em torno de Paulo Bomfim para comemoração de seus sessenta anos de vida literária, quarenta e cinco de sua posse no Instituto Histórico e Geográfico de São Paulo e quarenta de seu ingresso na Academia Paulista de Letras, verificamos desde logo que ora se juntam arte literária e ciência histórica, feliz aliança que se encontra em muitas das páginas do homenageado, que testemunham o passado recente e os dias atuais, qual tesouro e fonte para os historiadores de hoje e do futuro.

Sobre a coadjuvação da Literatura à História, calha a "leçon d'ouverture" ministrada por Fustel de Coulanges a seus discípulos em 1862. Explicou-lhes que para compreender a civilização greco-romana decidiu não ter outros mestres que não os romanos quanto a Roma e os gregos quanto à Grécia, e por isso resolveu entregar-se à literatura dos escritores antigos. E a obra imortal sobre o Culto, o Direito e as Instituições de ambos os povos, *La Cité Antiqúe*, que publicou dois anos após, o professor da Universidade de Estrasburgo fundou-a não só no que narraram os seus historiadores, comentaram os seus jurisconsultos, meditaram os seus filósofos, clamaram os seus tribunos, mas ainda e em profusão nos testemunhos de seus poetas e autores teatrais, exemplificativamente Virgílio e Homero, Plauto e Aristófanes.

Entre nós, a produção artístico-literária, variada e copiosa, tem propiciado bom acervo de informações a historiadores, sociólogos e estudiosos de outros campos do saber, os quais dele efetivamente se têm valido, uns menos e outros mais, como revela o exame de obras apanhadas ao acaso. Confirma-o, entre muitas de interesse imediato para o conhecimento dos fatos paulistanos, a *História e Tradições da Cidade de São Paulo*, de Ernani Silva Bruno, fartamente documentada.

Para a sua elaboração, o historiador diz que colheu elementos também em "cartas, poesias, novelas ou peças teatrais em que se fixaram aspectos ou costumes da cidade em várias fases de sua existência", e adiante minucia que examinou "o romance *Rosaura, a Enjeitada*, de Bernardo Guimarães, a correspondência e cenas do *Macário*, de Álvares de Azevedo, poemas de Fagundes Varela, comédias de França Júnior focalizando coisas da existência de São Paulo", e textos de Castro Alves, Paulo Eiró, Martins Pena, José de Alencar.

E a sucessão de textos artístico-literários que têm celebrado ideais libertários e fidelidade ao solo natal, de interesse para historiadores do porvir, revigora-se em nossos dias em parte da produção de Paulo Bomfim, multifária e notabilíssima.

Os traços de sua biografia, alguns ora recordados, são bem conhecidos.

Nascido em São Paulo em 30 de setembro de 1926, Paulo Bomfim dedica-se ao jornalismo desde a mocidade, tendo abrilhantado diversos diários de modo até hoje inimitável.

As crônicas que mensalmente publica pela *Tribuna do Direito*, peças de grande estilista que sempre foi, são exemplos de pensamento, arte e elegância de expressão.

Foi eleito para a Academia Paulista de Letras em 1963, proclamado Intelectual do Ano em 1981 pela União Brasileira de Escritores, nomeado Presidente do Conselho Estadual de Cultura e Presidente do Conselho Estadual de Honrarias e Mérito, fez televisão de noticiário e cultural, pertence à Academia Paulista de História e ao Instituto Histórico e Geográfico de São Paulo, onde ingressou em 1958.

Seu primeiro livro, *Antônio Triste*, escrito em 1945 e publicado em 1947, alcançou o Prêmio Olavo Bilac da Academia Brasileira de Letras, adotado o veredicto de Comissão formada de Manuel Bandeira, Luís Edmundo e Olegário Mariano, nomes que valorizam, e muito, a premiação decidida.

Seguiram-se *Transfiguração, Relógio de Sol, Cantiga do Desencontro, Poema do Silêncio, Sinfonia Branca, Armorial, Poema da Descoberta, Sonetos, Colecionador de Minutos, Ramo de Rumos, Sonetos da Vida e da Morte, Tempo Reverso, Canções, Calendário, Praia de Sonetos, Sonetos do Caminho, Súdito da Noite*, e outros, títulos que alinhados são prelúdio de sínteses, sonoridades e significações.

Explica-se o galardão de *Príncipe dos Poetas Brasileiros* que lhe conferiu a *Revista Brasília* em 1991, homologando aliás a proeminência literária há muito conquistada. Quase trinta anos antes, Jorge Americano arrolava o seu nome entre os de curso notório, ao lado dos nomes de Guilherme de Almeida, Manuel Bandeira, Cecília Meireles, Murilo Mendes, Vinícius de Morais, Carlos Drummond de Andrade, e vem a propósito notar a significação do título, que se emparelha ao de *Príncipe dos Prosadores Brasileiros* dado a Ronald de Carvalho em sucessão a Coelho Neto.

Paulo Bomfim entende como poucos da arte poética em todas as suas formas, da quadrinha ao soneto, mas não se limita a composições de estrutura fixa. Disposta a lúcida modernidade e desembaraçada das tentações da impostura fantasiada de genialidade, sua linguagem combina os elementos essenciais do verso, dos quais não se aliena, com fecundo poder de criação, e o resultado é uma arte de elevado teor, que se contém em *50 Anos de Poesia*, editado em 1998.

Não se trata de publicação de obras completas. Reunião de composições destacadas dos numerosos livros elaborados no decorrer de meio século, a alentada edição comemorativa deixou de incluir peças da produção avulsa, não, porém, de importância menor, as quais são de particular interesse, representativas que são de duas das fontes vibrantemente inspiradoras do poeta, a Liberdade e a Terra Natal, que o elevaram a intérprete do espírito de Trinta e Dois e paladino das Arcadas de São Francisco, da Escola que já ao nascer começou a agasalhar os sentimentos cívicos dos paulistas.

Criado em 1827, o Curso Jurídico logo revelou a vocação excelsa, ao assumir em São Paulo a campanha patriótica desenrolada no Rio de Janeiro e em outras partes do Brasil e culminada na abdicação de D. Pedro I em 1831, na qual se distinguiram os moços da Academia de Direito.

Vieira Bueno, então aluno do Curso Anexo, de preparatórios, a tudo presente, registrou: "Os estudantes tinham adquirido absoluto predomínio: a Academia tinha-se tornado o foco da vida política naquela época agitada. Por isso, deu-se o nome de Liberdade ao chafariz que havia no Largo do Curso Jurídico, formosa homenagem dos paulistanos."

O chafariz não mais existe, mas ficou a Liberdade, água lustral para o sempre renovado batismo cívico das gerações estudantis e para a sacralização do Território Livre, celebrado por Paulo Bomfim, cujo amor pela Faculdade de Direito foi sublinhado pelo desembargador Adriano Marrey quando da inauguração da nova sede da Associação dos Antigos Alunos, em conferência após publicada pela "Revista da Faculdade de Direito" e reproduzida por Armando Marcondes Machado Júnior, em seu trabalho sobre o XI de Agosto.

Nem se poderia compreender a irmandade dos moços de São Francisco sem o autor de Trovas Acadêmicas do Sesquicentenário, e passagens de suas memórias explicam a dedicada comunhão, em uma das quais insere o poema que ilustra as festividades comemorativas dos cento e cinquenta anos da criação dos Cursos Jurídicos no Brasil:

> Creio em ti, ó Faculdade,
> Meu amor de juventude,
> Meu sonho de liberdade!
> Creio na terra que piso,
> Nas auroras deste pátio,
> No passado tão presente,
> Nas arcadas de triunfo.
> Nas paredes que são gritos
> Nos silêncios que são vozes
> Dos mortos que não morreram!
> Eu creio na Faculdade.
> Milagre de São Francisco
> Transformando em esperança,

Em direito, amor e paz,
As pedras de meu santuário;
Creio no largo que alarga
Os horizontes sem medo,
Nas raízes que alimentam
As flores de nossa fé,
Nas escadas conduzindo
Os passos de novos dias;
Eu creio na Faculdade,
Bandeira que vai passando
De alma em alma pelo tempo,
E chega na eternidade!
Nas glórias de um território
Que é estado de justiça
E país da liberdade.
Creio uma crença solar
Que se renova e que cresce
Num altar de escadarias;
De salas e corredores;
Crença antiga que é tão jovem.
Faculdade, lar e templo,
Tribuna, trincheira e bênção,
Página viva da História!
E porque creio em São Paulo,
Nos ideais de São Francisco.
Na vocação de justiça,
(Religião da liberdade).
Creio na crença sagrada.
Creio em ti, ó Faculdade,
Creio em vós, ó mocidade!

Os versos glorificam um dos mais belos aspectos da função civilizadora e patriótica da Escola de São Francisco, em que se forjou uma grande irmandade brasileira: "No II Reinado e na Primeira República [diz o autor], o Brasil se redescobre e se explica na Faculdade de Direito de São Paulo. À sombra das Arcadas e das repúblicas de estudantes oriundos de todos os Estados, os moços se reconhecem e confraternizam, voltando depois para seus lares munidos de um novo sentido de brasilidade", missão de civismo que o suceder dos anos não desfez e tem enriquecido de novo frutos igualmente enobrecedores.

Paulo Bomfim exalta essa ampla fraternidade, como em recente página sobre "As Cidades", em que evoca e homenageia sua gente, e como em poema pronunciado em 1971 em praça pública da Bahia, ao representar São Paulo nas solenidades do centenário da morte de Castro Alves.

Mas seu espírito de brasilidade perlustra mais largamente as cidades paulistas, especialmente a de São Paulo, figuração da Pátria.

Tantos são os aspectos e lugares paulistanos iluminados por seu estro que crônicas, memórias e poesias de sua lavra fizeram-se indispensáveis à bibliografia a respeito da gente da cidade e de seus bairros.

Não se estende em longos estudos e monografias. "Colecionador de Minutos" também neste campo, suas apreciações surgem à maneira de lances de inteligência e sensibilidade a revelarem antes de mais nada o substrato e a força de representação do objeto visado. É fértil de exemplos o caminhar pelo Cambuci, em que, ao final, ao evocar a Igreja e o Colégio da Glória, o escritor transmite-nos a ideia plena de significação de que o passado cumprimenta o presente tirando da cabeça um chapéu Ramenzoni.

E os seus poemas de fundo histórico nos moldes de "Convento de São Francisco" e "Memorial de Santo Amaro" cabem em miniaturas, sempre esplêndidas de arte e expressividade.

Mas afinal, dirá alguém (e sempre há quem o diga), o homenageado não é um sonhador, um cultor de ilusões, um poeta?

Lembremos apenas que foi a poesia que permitiu a Emerson, poeta e filósofo, enxergar nos campos outros frutos além dos comuns e dizer que podia apanhá-los numa canção colheita que também pertence ao homenageado, cujo dom de dizer verdades acima de tantas realidades aparentes chega à Beleza perene.

Paulo Bomfim:

Pelo que Você tem feito em prol da Arte e da História e em prol do engrandecimento cultural do espaço paulista, queira receber a gratidão e os parabéns de nosso Instituto Histórico e Geográfico e da gente de São Paulo.

Ata da Sessão de 4 de outubro de 2003

Aos quatro de outubro de dois mil e três, em sua sede social, à rua Benjamin Constant, nº 158, o Instituto Histórico e Geográfico de São Paulo fez calorosa

"Homenagem ao Poeta Paulo Bomfim". Aberta a sessão, sob a presidência da acadêmica Dra. Nelly Martins Ferreira Candeias, compuseram a Mesa a Sra. Presidente, o Sr. Desembargador Sérgio Augusto Nigro Conceição, Digníssimo Presidente do Tribunal de Justiça do Estado de São Paulo, o Dr. Sylvio Bomtempi, tendo o homenageado Poeta Paulo Bomfim sido conduzido ao auditório pelo Dr. Rogério Ribeiro da Luz, neto de Ibrahim Nobre e membro do Instituto. Compareceram à sessão cerca de trezentas pessoas, entre as quais se destacavam os membros do Instituto Histórico e Geográfico de São Paulo, Rogério Ribeiro da Luz, José Sebastião Witter, Fauzi Saade, o Presidente da Academia Paulista de Letras, Erwin Theodor Rosenthal, Esther de Figueiredo Ferraz, Lygia Fagundes Telles, Antonio Ermírio de Moraes, José Altino Machado, Cyro Pimentel, José Renato Nalini e Massaud Moisés. Ao agradecer a presença de tão distinta plateia, a senhora Presidente reafirmou a crença inabalável na supremacia da memória dos valores paulistas. Em seguida, leu a Ata da sessão do dia dezenove de julho de 1958, durante a qual o Poeta Paulo Bomfim tomou posse como membro titular da entidade, sob a presidência do Dr. José Leite Cordeiro, conduzido ao auditório por Ibrahim Nobre. Ainda com a palavra, ressaltou a senhora Presidente que nesse momento, 45 anos depois, ocorria o mesmo procedimento da cerimônia anterior, ao entrar o homenageado nesse mesmo auditório, pelas ilustres mãos de seu neto, Rogério Ribeiro da Luz, membro do Instituto. Deu então a palavra ao orador do dia, Dr. Sylvio Bomtempi, cuja eloquente oração impressionou vivamente os presentes que, por duas vezes, o aplaudiram entusiasticamente. A sessão foi acompanhada pelo músico de notável talento Clayber de Souza, e pelos Trovadores Urbanos que impressionaram o auditório com suas canções antigas, dando nota alegre à comemoração. Com a palavra, emocionado e agradecido, Paulo Bomfim, poeta das tradições paulistas, leu texto alusivo a Ibrahim Nobre e aos valores da alma coletiva. A senhora Presidente agradeceu o comparecimento de cerca de trezentas pessoas, dando por encerrada a sessão. Eu, Nelly Martins Ferreira Candeias, presidente, lavrei a presente ata que, após lida, discutida e aprovada, será devidamente assinada por mim e pelos secretários Lauro Ribeiro Escobar e Pedro Abarca.

Registro Fotográfico

Paulo Bomfim soprando as velas de seu bolo de aniversário e, à direita, aplausos de Rogério Ribeiro da Luz.

CAPÍTULO
• 7 •

Sessão cultural
Judith Mac Knight

Famílias de americanos em Santa Bárbara d'Oeste
no século XX.
25 de outubro de 2003.

O Instituto Histórico e Geográfico de São Paulo tem o prazer de convidar V. Exa. e Exma. Família para a sessão cultural: "Contribuição das escolas protestantes americanas para o ensino público de São Paulo".

Homenagem a Judith Mac Knight Jones
Historiadora da Imigração Americana, membro do IHGSP
Maria Elisa B. Byington

Palestrantes:
Profa. Dra. Maria Lucia S. Hilsdorf
Depto. de Filosofia da Educação da USP

Prof. Dr. David Gueiros Vieira
Depto. de História da Universidade de Brasília

Participação Especial
Maestro Samuel Kerr[1]
Alunos do Instituto de Arte da Unesp

Nelly Martins Ferreira Candeias
Presidente

---

1 O Maestro Samuel Kerr é atualmente curador cultural da Sala de Artes Paulistanas, espaço inaugurado no IHGSP em 2012.

Palavras da Presidente

Este encontro tem por finalidade divulgar um aspecto pouco conhecido da cultura brasileira: a situação da educação em São Paulo, no fim da segunda metade do seculo XIX e a influência nela exercida pelas escolas americanas de profissão protestante através de suas relações com os republicanos.

A imigração norte-americana para o Brasil, iniciada após o término da Guerra Civil Americana, foi amplamente incentivada pelo governo imperial brasileiro. D. Pedro II considerava os norte-americanos gente com conhecimentos agrícolas, profissionais liberais, boa formação moral e intelectual, constituindo famílias desejosas de se estabelecerem na zona rural com o intuito de dinamizarem o interior do país.

Foram estabelecidos vários núcleos, mas o principal foi o de Santa Bárbara D'Oeste, no interior de São Paulo. Criado a partir de 1.866 com a chegada do Coronel Willian Hutchinson Norris, ex-combatente da guerra Civil e ex-senador do Estado do Alabama, o núcleo de Santa Bárbara D'Oeste teve rápido desenvolvimento. Ao chegar a São Paulo, o Coronel Norris, passou a ministrar cursos práticos de agricultura aos fazendeiros da região, interessados no cultivo do algodão e nas novas técnicas agrícolas.

O progresso desse núcleo passou a atrair famílias que tinham se instalado em outras regiões. Foram esses norte-americanos que começaram a cultivar e a beneficiar o algodão. Com isso, estabeleceram intenso comércio a partir de 1.875, dando origem à instalação da Estação de Santa Bárbara pela Companhia Paulista de Estrada de Ferro.

O resgate da história dessas famílias, assim como sua contribuição ao desenvolvimento das localidades de Americana e Santa Bárbara D'Oeste, foi magistralmente relatado pela historiadora Judith Mac Knight Jones em sua obra: *O soldado descansa! – uma epopeia norte-americana sob os céus do Brasil.*

Judith Mac Knight, a grande historiadora dos americanos sulistas, tomou posse no Instituto Histórico e Geográfico de São Paulo no dia 21 de fevereiro de 1976, tendo escolhido Pérola Byington como sua patrona. A organização desta homenagem, que muito nos dignifica, deve-se a Maria Elisa Botelho Byington, sua neta, cuja presença nesta Casa de Memória tem sido memorável. Com a palavra, Maria Elisa Byington.

Palavras de Maria Elisa Botelho Byington

A geração presente não conhece o filme *E o vento levou...*, mas quem assisti-lo terá uma ideia do que foi a Guerra de Secessão nos Estados Unidos, e que provocou pela primeira e única vez (depois da Guerra da Independência) o êxodo de alguns milhares de sulistas, uma parte dos quais veio para o Brasil. Disse um historiador que Scarlett O'Hara, em vez de voltar para as suas terras em TARA, poderia ter vindo para o Brasil!

O Imperador D. Pedro II tinha interesse nessa imigração. Os imigrantes vieram em função do apelo publicado no Sul através do escritório dirigido por Quintino Bocaiuva, em Nova Iorque. Foram recebidos pessoalmente pelo imperador, que os recebeu na Hospedaria dos Emigrantes no Rio de Janeiro.

É a saga dessas famílias que Judith relata no seu livro *Soldado descansa*, ponto de partida para uma pessoa interessada em conhecer a história da emigração americana. Sua família foi das primeiras a chegar ao Brasil. O avô, Coronel Norris, senador pelo Alabama, estabeleceu-se em Santa Bárbara em 1865. Fundou, com outros emigrantes, a loja maçônica "George Washington". O Coronel Norris era o principal ponto de contato de todos que ali chegavam.

Judith tornou-se depositária de cartas, objetos e lembranças de imigrantes. Durante mais de oito anos, pesquisou relatos de descendentes americanos emigrados para o Brasil. Suas pesquisas estenderam-se aos Estados Unidos e ao estado de Alabama, donde é originária sua família.

Trata-se de uma cronista deliciosa no relato de episódios ocorridos entre os imigrantes, referência obrigatória para quem deseja conhecer a história de um grupo que deixou indeléveis marcas na cultura brasileira, na administração de fazendas, nas técnicas de cultivo do algodão, introdução de novas espécies e na educação, religiosa, como professores ou judites de pastores.

Com seu marido, Dr. Jones, fundou a Fraternidade de Descendência Americana, cuja finalidade maior é a manutenção do Cemitério dos Americanos em Santa Bárbara d'Oeste, colaborou na organização da seção de imigração americana no Museu da Imigração em Santa Bárbara, e no Memorial dos Emigrantes em São Paulo.

Judith recebeu o título de cidadã honorária da cidade de Americana, e do estado de Alabama. Ao tomar posse no Instituto Histórico e Geográfico de São Paulo, como sócia, escolheu para patrona Pérola Byington, cuja biografia assim como a historia da Cruzada pró-infância, instituição por ela fundada, foi lançada em 2005, como parte das comemorações do aniversário da cidade.

É com imenso prazer e gratidão que prestamos a ela esta pequena homenagem. Estamos felizes em ter conosco o Maestro Samuel Kerr e o coral de alunos do Instituto de Arte da Unesp, que apresentarão "Oh, Suzana!", música referente ao seu estado de origem, Alabama.

Muito obrigada!

EMIGRATION TO BRAZIL,

BY THE
United States and Brazil Mail Steamship Co.,
ON THE 22d OF EACH MONTH.

The Imperial Government looks with sympathy and interest on American Emigration to Brazil, and is resolved to give the most favorable welcome. Emigrants will find an abundance of fertile land, suitable for the culture of Cotton, Sugar Cane, Coffee, Tobacco, Rice, etc. These lands are situated in the Provinces of San Pedro, Santa Catharina, Parana, San Paulo, Espirito Santo, Rio de Janeiro etc., and each emigrant may select his own lands. As soon as the emigrant has chosen his land it will be measured by the Government, and possession given.

Unoccupied lands of the nation will be sold at the rate of 23, 46, 10 and 90 cents per acre [dollar equal to 1820 reis] payment to be made in six yearly instalments, to commence two years after possession.

Government will pay all expenses for measure, transportation to homestead, and free lodgings at port of arrival, until departure for settlement.

The laws in force grant many favors to emigrants, such as exemption from import duties on all objects of personal use, and agricultural implements and machinery.

Emigrants will enjoy under the Constitution of the Empire, all civil rights and liberties which belong to native Brazilians.

They will enjoy liberty of conscience in religious matters.

Emigrants may become naturalized citizens after two years' residence in the Empire, and will be except from all military duties except the National Guard (militia in the Municipality.)

No slaves can be imported into Brazil from any country whatever. No colored people permitted as emigrants.

Emigration of agriculturalists and laborers is the most desired in the Empire.

Some railroads are in construction and others in project, besides many roads to build and rivers to navigate.

The Government is in need of no persons for the army or navy.

INDUCEMENTS TO SETTLERS.

In the colony of their destination they shall provisorily be received and lodged, until their installation in their respective land lots.

They shall receive, under the deed of sale, a lot of land of 125,000 square braças; or of the half of this area at their choice, at the rate agreed for with six years time, at the term of six years, and the price to be paid in four equal payments, counting from the second year of their settling.

Their children of above 18 years shall have a right to equal lots, and with the same conditions, if the heads of the families to whom they belong, apply for it.

The land lots shall be delivered, surveyed and marked out, and with a provisional house of sufficient dimensions for a family, and with a clearing of 1,000 square braças, (two thousand yards.)

They shall receive, by way of advances, the most necessary agricultural implements, and the seeds for their first plantations; as well as, in case of their wanting the means of subsistance, the sustenance for six months, and if there are no public or private works at the colony at which they could be employed in order to provide for a livelihood.

It is expressly declared that the advances of daily allowances or food shall cease entirely after the end of six months, or even before, as soon as the emigrants will have the necessary means to dispense with that subvention, or are not employed in the cultivation of the lands distributed to them.

☞ For those who are desirous of First Cabin accommodations, 30 per ct. discount of regular rates.

CONTRACT OF EMIGRANT GOING TO BRAZIL.

The Emigrant, in consideration of the undertaking of the Brazil Emigration Agency, hereby agrees to sail for Brazil, as Emigrant, with his family or otherwise, upon the following conditions, which he binds himself to abide by faithfully:—

1st—To purchase land for cultivation or grazing on the terms specified above. These lands will be mortgaged to the Imperial Government of Brazil, as a guarantee for all advances made by that Government and for transportation, which will be the sum of Fifty Dollars in Gold. Children half-price from New York; Sixty-two Dollars in Gold from New Orleans; and Fifty-Seven Dollars in Gold from any other port of the United States.

For further particulars, apply to

QUINTINO BOCAYUVA,
26½ Broadway, Room 7.

☞ Parties seeking information by letter must enclose stamp for return postage.

Registro Histórico

D. Pérola Ellis Byington
Discurso de posse de Judith Mac Knight Jones

Ao ser informada acerca da honra que me foi conferida de assentar-me com os notáveis que constituem o Instituto Histórico e Geográfico de São Paulo pelo meu trabalho, resumido no livro *Soldado Descansa! - uma epopéia norte-americana sob os céus do Brasil*, nada mais natural do que procurar dentro dele uma figura que representasse esta história tão bela e real. Por sua vida que foi um sermão permanente de amor ao próximo, pela força e coragem com que venceu obstáculos, outra não podia ser minha patronesse senão a digna descendente daqueles heroicos pioneiros e que São Paulo tão bem conheceu e amou – D. Pérola Ellis Byington.

Dos ancestrais, recebeu a força que o próprio nome indica. Henry Strong, descendente dos colonizadores do Mississipi, ajudou a construir o Império do Algodão, com grande fazenda e muitos escravos. Viu tudo destruído com os quatro anos da Guerra da Secessão, que arrasou o Sul da América do Norte, quando ainda não era chamada de Estados Unidos. Não se conformou com a transformação social operada pela política de reconstrução e com fortaleza de ânimo e determinação, resolveu procurar no desconhecido Brasil, ambiente mais digno para a família. Vendeu suas propriedades, juntou seus pertences e, com a filha Sally, a neta Sara Ellis Bankston e o marido Frank, deixou Brokhaven a caminho de Nova Orleans, onde embarcaram no vapor "Marmion" em 24 de maio de 1867. Não pertencendo a nenhum dos grupos que emigraram naquela ocasião, perambulou durante meses, desde a colônia de Gunter, no Rio Doce, até Sabará, em Minas, onde deixou a família por causa do nascimento do filho de Sara Bankton. (Não o fez sem que deixasse recomendado dar uma dose de óleo de rícino ao nenê logo que nascesse).

Em São Paulo, teve notícias de muitas famílias sulistas morando em Santa Bárbara e para lá se dirigiu. Comprou a fazenda Barrocão, construiu casa grande, do tipo das americanas do Sul, com largo alpendre ao redor, móveis de madeira das próprias matas e mandou buscar o resto da família.

Em 1869 chegaram: sua filha Mary, casada com William Henry Capps e filhos, e Mary e Lilian, solteiras. Com os parentes do Mississippi chegou Willian Brown, que há muito tempo amava Sally, na esperança de que ela o aceitasse, o que nunca aconteceu. Henry Strong era casado com Susan Rebecca Foreman Spencer e dos sete filhos, só três alcançaram a maioridade: o filho morreu na guerra, Sally permaneceu solteira e Mary se casou com Warren Ellis e foi avó de D. Pérola. Não tendo descendentes diretos masculinos, o nome da família Strong desapareceu. A elevação da Freguesia de Santa Bárbara à categoria de município, com território desmembrado de Piracicaba, em 1869, não afetou os moradores do Barrocão. O que os chocou foi não poder enterrar o filho de Sara no cemitério da vila, por motivos religiosos. Enterraram-no no cemitério particular dos Oliver, no Campo, dando início a tradição que formou o cemitério dos americanos.

Com a vinda da estrada de ferro, em 1875, vieram os Mc Intyre e, em pouco tempo, o moço Robert se casou com Mary, a filha dos Ellis. Moraram na fazenda, onde nasceram Mary, Pérola (em 3 de dezembro de 1879) e Lilian. A vida no Barrocão foi cheia de alegrias com casamentos, nascimentos e de tristezas com doenças e mortes. Em 1878, no curto espaço de 6 meses, morreram Frank Bankston, Henry Strong e William Brown. O golpe foi tão rude que marcou o início do fim da família no Barrocão.

Os pais de D. Pérola mudaram-se para Piracicaba onde havia um colégio fundado por missionários americanos, vindos a pedido da colônia de Santa Bárbara. Lá, na futura Universidade Metodista, a menina Pérola recebeu as primeiras influências que marcaram sua vida: Miss Watts, a grande educadora e Dra. Maria Rennotte, que fundou em São Paulo a Cruz Vermelha e instituiu a Campanha do Tostão.

A senhora Mc Intyre morou também em Campinas, onde lecionou no Colégio Internacional, até que a febre amarela fez com que o colégio se transferisse para Lavras, em Minas, em 1892. Depois disso a família se transferiu para São Paulo, onde Miss Mary lecionou até o fim de seus dias, principalmente a alunos particulares.

D. Pérola se preparou com a mãe e ingressou na Escola Normal "Caetano de Campos", onde teve como colegas outras moças descendentes dos americanos, formando-se com as notas mais altas da classe. Ao mesmo tempo fez exames de admissão ao curso anexo a Faculdade de Direito, sendo a primeira mulher a fazê-lo. Não o terminou porque preferiu lecionar, o que o fez no Grupo Escolar do Triunfo, hoje chamado de João Kopke. A dinâmica e ativa Pérola reconheceu iguais atributos no jovem americano Albert Jackson Byington, que era também intrépido e empreendedor. Logo se gostaram, no entanto, encontraram forte oposição ao casamento por parte da senhora Mc Intyre. A perseverança e a forte insistência, afinal venceram, realizando-se o casamento em 1901.

Albert Byington teve muitas atividades: comerciais, industriais e agrícolas, obtendo muito sucesso. Progressista e esclarecido, foi pioneiro em muitos setores, principalmente no da eletricidade e eletrônica. Sua situação financeira permitia privilégios que poucos tinham, como viagens e estadias no exterior.

O casal e filhos Albert Junior e Elizabeth estavam em temporada nos Estados Unidos quando eclodiu a primeira Grande Guerra. Lá permaneceram prestando serviços,

D. Pérola dirigindo uma seção da Cruz Vermelha Internacional, com 9 dispensários, merecendo elogios do Alto Comando. Adquiriu inestimável experiência que pôs em prática logo que regressou a São Paulo. Aqui, foi secretária da Cruz Vermelha e diretora do seu departamento feminino.

A crise mundial de 1929 não afetou muito os Byington, mas pôs em evidência a pobreza existente nos arredores da cidade grande. D. Pérola juntou amigas, parentes e membros da sua igreja para sessões de costura para os pobres, em sua casa. Daí surgiu a ideia de um trabalho de âmbito maior e que atendesse a maior número de pessoas. Em 12 de agosto de 1930, lançou as bases da Cruzada Pró-Infância na escola onde se formou: a Caetano de Campos. No começo, a Cruzada funcionou no porão da sua casa, onde educadoras sanitárias dos centros de saúde enviavam mães e crianças pobres. Nunca se acanhou de ver os jardins da sua mansão da Avenida Paulista cheia de gente maltrapilha e carente. Logo depois foi criado um dispensário central na Rua Sta. Madalena.

A Cruzada Pró-Infância institui a Semana da Criança que no primeiro ano de existência foi reconhecida pelo governo e se estendeu a nove estados e dez cidades do interior de São Paulo. Funda-se a Casa Maternal, destinada ao abrigo de gestantes e mães, depois do parto, e o Lactário Humano "Escola de Saúde", para crianças retardadas, no antigo Parque D. Pedro II. Dois anos depois começa a Revolução Constitucionalista e a Cruzada abre 18 centros de assistência social na capital. Entre 1934 e 1935, a Cruzada faz várias campanhas, entre elas a do mau cinema e dos acidentes de trânsito. Em 1941, D. Pérola participa de maneira decisiva na criação do "Lar Escola São Francisco" para crianças pobres paraplégicas e hemiplégicas. Neste mesmo ano, durante a segunda Guerra Mundial, organiza centros de nutrição e restaurantes populares para os filhos dos trabalhadores. A Cruzada constrói um berçário para crianças doentes, na Rua Conde de São Joaquim, em 1947, uma creche para mães que trabalham, na Rua D. Veridiana.

Hoje está localizada na Alameda Tietê com o nome de "Mário Simonsen". Em 1952, D. Pérola sofre a perda do marido, Albert Byington. Ocupou muitos cargos e teve muitas condecorações: foi presidente da Fundação Escola Maternal para Débeis "D. Paulina de Souza Queiroz"; integrante do Conselho do Serviço Social do Estado e do Conselho Consultivo do SESI; sócia fundadora da Sociedade de Medicina Social do Trabalho e participante do seu Conselho Consultivo; membro honorário da Sociedade Brasileira de Pediatria, sendo a única pessoa que, sem ser pediatra, mereceu esta distinção. Inscrita na Ordem Nacional do Mérito, no grau de Comendador, recebeu o prêmio de Honra ao Mérito, da Standard Oil do Brasil e a medalha "Príncipe Alberto", de Mônaco. Agraciada com a medalha "Imperatriz Leopoldina" por esta Augusta Casa.

Foi escolhida "Mãe do Ano", em 1957, homenageada pelo Rotary Club e pelo Lion's Club de São Paulo e pelas cronistas sociais. Pela Câmara Municipal de São Paulo recebeu o título de "Cidadã Paulistana".

No dia do seu octogésimo aniversário, participou, pela manhã, do Hospital Infantil e Maternidade, da Cruzada Pró-Infância, na Avenida Brigadeiro Luiz Antonio 633, com 12 andares e capacidade para acomodar 400 crianças, além de poder atender a uma centena de gestantes. Às 20h30, no Instituto de Educação "Caetano de Campos", recebeu a homenagem que São Paulo lhe prestou.

A sessão foi presidida pelo Sr. José Avila Diniz Junqueira, Secretário da Justiça, que representou o Governador Carvalho Pinto. No discurso de agradecimento, ela disse: "O incentivo para o trabalho foram os filhos: tendo podido fazer por eles tudo, e vendo-os felizes, era um estímulo para procurar ajudar os menos favorecidos da sorte a serem felizes, começando por dar-lhes saúde. O marido, companheiro, amigo e colaborador compreensivo, sempre me facilitou os meios devidos, dando-me todo o seu apoio. Ao meu lado sempre tive irmã dedicada com sua preciosa colaboração. Aquela que me deu o ser, me treinou e me fortificou com seu exemplo ímpar, para que pudesse produzir. Portanto tudo foi fácil, pois Deus me deu o melhor".

Em 1960, o Rotary Club de Santa Bárbara, sua cidade natal, em sessão solene no Clube Barbarense, prestou-lhe carinhosa homenagem, a qual se associou à Fraternidade Descendência Americana.

Sua morte, a 6 de novembro de 1963, em Nova Iorque, causou verdadeiro impacto em todas as camadas sociais e São Paulo inteiro chorou. D. Pérola não foi como Matusalém, que viveu 969 anos, depois morreu, e nada fez. Também morreu na plenitude dos anos, tendo tido a felicidade de ver coroada a sua obra de auxílio ao Homem através da Criança. Hoje a lembramos com infinita saudade, trazendo a memória pequenos incidentes que a trazem mais perto. Ágil e com pés ligeiros, orgulhava-se de acompanhar qualquer visitante interessado nos diversos departamentos da Cruzada. Com olhos de lince, num relance via se as crianças estavam bem e felizes. Observava os mínimos detalhes, até um prendedor de porta que poderia oferecer perigo a uma criança.

Quando um grupo de pessoas de Americana pensou em fazer um orfanato, veio consultar D. Pérola sobre a melhor maneira de realizar o empreendimento, como a pessoa mais autorizada. Recebido com o maior carinho e interesse, tanto valeu a sua inspiração e orientação que em vez de orfanato, foi feito o "Lar das Meninas".

O trabalho que fez, não o realizou sozinha; com poderosa determinação realizadora e alma simples, ia direto ao que pretendia, interrompendo com um gesto e um sorriso, um ato de beija-mão.

Certa vez, em sua casa, entraram duas netas para cumprimentá-la. Comentando a visita, D. Pérola disse: – Preciso treinar alguém para continuar o meu trabalho. A Lila tem mais jeito, mas tem o marido e os filhos. A Elisa é solteira e acho que está se dando muito bem.

Hoje a Elisa é casada e não mora em São Paulo, mas a Lila e o marido estão continuando, com o Fundo de Assistência Social do Palácio do Governo, em âmbito estadual, o que D. Pérola começou em São Paulo. As muitas facetas de uma personalidade as caracterizam. Certa vez uma amiga a repreendeu: "Pérola, não fica bem uma pessoa religiosa como você, ir a boates". Ao que ela contrita, respondeu: "Mas, Ema! Eu gosto!" De todas, a mais característica é retratada num incidente simples. Amante da natureza, e eu digo, amante da terra, como todo o bom Sulista, dava uma escapada da cidade e ia para o campo, toda a vez que podia. Visitando uma propriedade em São Roque, se encantou tanto que teve a tentação de comprá-la. Consultou o amigo e parente, que sempre a acompanhava e aconselhava. "Compre, D. Pérola, compre. São só 7 mil cruzeiros e ótimo investimento. Vai lhe dar muito prazer, pois sendo tão perto de São Paulo, a senhora poderá vir aqui todos os dias, se quiser".

Ainda com a dúvida no rosto, ela perguntou: "Mas, Dandô! Será que eu tenho o direito de gastar esse dinheiro?"

CAPÍTULO
• 8 •

São Paulo de Piratininga
450 anos

25 de janeiro de 2004.

Palavras da Presidente

As mulheres que povoaram o Planalto de Piratininga, no quinhentismo, só começavam a viver quando morriam ou enviuvavam, entrando para a história via cartorial, através principalmente dos inventários e testamentos, e, mais raramente, dos registros da Câmara e de cartas concedidas de terra de sesmaria, quando então obtinham chãos para moradia e sustento da prole, numerosa e desamparada.

Mas há sempre uma história que não está na história. Surpreende verificar que houve mulheres, no Planalto de Piratininga e no litoral da Capitania, capazes de se sobreporem às mais árduas circunstâncias: administradoras, empresárias, políticas, colonizadoras, aventureiras, devotadas a uma causa. Mulheres de origem europeia, índias e mamelucas, já no século XVI conseguiram escapar aos ingratos destinos que lhes foram impostos e propiciaram uma raça audaz de sertanistas e bandeirantes. De alma forte e determinada, aqui viveram, numa época em que as vidas corriam perigo, a cada passo e a cada momento. É justo, portanto, que sejam citados os nomes daquelas que deram origem à formação dos primeiros troncos paulistas da gente piratiningana.

Vou fazer referência a três mulheres que viveram na Capitania de São Vicente no século XVI: Maria da Silva Gonçalves, nascida em Portugal, Ana Pimentel, de Salamanca, e Leonor Leme, proveniente da Ilha da Madeira.

Maria da Silva Gonçalves

Ao tempo em que Gil Vicente dizia: "assim me salve Deus e me livre do Brasil", há registro de uma mulher que viajou do Reino para São Vicente, no início do século XVI. Casada com João Gonçalves, chegou ao Brasil por volta de 1536. Foi a primeira mulher de origem europeia a desembarcar na Capitania de São Vicente, razão pela qual menciono seu nome neste momento, 468 anos após sua chegada ao Brasil.

Frei Gaspar da Madre de Deus, em *Memórias para a História da Capitania de São Vicente*, refere-se a um documento que diz: "Por João Gonçalves, meirinho, morador em esta vila de São Vicente, me foi feita a petição que lhe desse um pedaço de terra nas terras de Iripiranga, para fazer fazenda com outros moradores, visto como ele era casado, com mulher e filhos em a dita terra, passado de um ano, e é ele o primeiro homem que à dita capitania (São Vicente) veio com mulher, com a determinação de a povoar."

Ana Pimentel

O papel de Dona Ana Pimentel, primeira donatária no Brasil, não ocupa o espaço que merece na história de São Paulo. Muito se tem escrito sobre seu marido, Martim Afonso de Sousa, um grande homem, mas pouco se tem dito sobre ela, uma grande mulher, apesar dos documentos que comprovam sua eficiente presença na Capitania de São Vicente. Foi a primeira mulher a exercer o cargo de governadora na América Portuguesa, com poderes a ele inerentes.

Sua atuação, no período colonial, não passou despercebida na obra de Frei Gaspar da Madre de Deus, o primeiro historiador do Brasil. Em suas *Memórias para a História da Capitania de São Vicente*, Machado d'Oliveira, também menciona Ana Pimentel no *Quadro Histórico da Província de São Paulo*.

Detalhe da Capitania de São Vicente doada a Martim Afonso de Souza no século XVI (fonte São Vicente na Memória).

Poucos historiadores conhecem os episódios de sua administração na Capitania de São Vicente. Sobre ela assim se expressou Viriato Correa *in Alcovas da História*: "os primeiros garrotes e as primeiras vacas vieram de Portugal e não das Antilhas. Vieram em navio português para São Vicente. Martim Afonso já não estava na Capitania: havia partido para as Índias. Administrava São Vicente a saia varonil de dona Ana Pimentel, esposa de Martim... Deve ter sido ali pelos anos de 1534 a 1536".

Exercida com sabedoria, por mais de uma década, sua atuação também foi louvada por Gilberto Freyre em seu discurso de posse na Academia Pernambucana de Letras, em 1986, quando se referiu a Ana Pimentel e a Dona Brites de Albuquerque, ao mencionar a ausência de seus maridos, Martim Afonso de Sousa e Duarte Coelho, donatários das capitanias de São Vicente e de Pernambuco.

De origem nobre espanhola, Ana Pimentel, dama de honra da rainha D. Catarina, casou-se com Martim Afonso de Sousa, de quem teve oito filhos. Gil Vicente, no *Auto das Fadas*, refere-se ao amor que os uniu desde a adolescência: "E lá o Martim de Sousa que morre pola Pirimintel nam lh´hei de ser infiel".

Martim Afonso de Souza

Ao chegar ao Brasil, em 1532, Martim Afonso de Sousa recebeu a donatária de 100 léguas em São Vicente, no comando de uma armada real, com o objetivo de tomar posse definitiva do território em nome de D. João III. Ao regressar a Portugal, para ocupar o cargo de capitão-mor da armada da Índia, deixou, como lugar-tenente da capitania, o vigário Gonçalo Monteiro, e, como procuradora, sua mulher, Ana Pimentel. A incumbência de administrar a capitania foi passada a ela por procuração, em 3 de março de 1534. Contudo ignora-se a data precisa da partida de Dona Ana Pimentel para o Brasil, mas tudo parece indicar que haja sido após 1536, visto que, já como procuradora do marido, reconduziu o padre Gonçalo Monteiro no cargo de lugar-tenente da Capitania, de acordo com documento lavrado em Lisboa. Em 1538, substituiu Gonçalo Monteiro pelo capitão Antonio de Oliveira, em documento lavrado este no Brasil. Em 1542, nomeou Cristóvão de Aguiar d'Áltero.

Além dessas nomeações, em cumprimento a seu mandato, em 1536 fez carta de doação de sesmaria dirigida a Brás Cubas, que só viria a tomar posse efetiva das terras em 1540.

Em 1545, D. Ana Pimentel nomeou Brás Cubas capitão-mor e ouvidor da capitania e, contrariando ordens dadas por seu marido, autorizou o acesso dos colonos ao planalto paulista, onde a terra era mais fértil e o clima mais ameno, a pedido de Brás Cubas.

Ao proibir os colonos de subirem a serra, Martim Afonso de Sousa pretendia evitar que portugueses se instalassem nas terras de índios aliados, provocando conflitos que pudessem colocar em risco o projeto colonizador. Em 1546, Dona Ana Pimentel considerou desnecessário tal zelo e revogou a proibição. Com essa decisão, homens e mulheres, encurralados na estreita faixa litorânea da Capitania de São Vicente, partiram à procura do planalto, "dez a doze léguas pelo sertão e terra a dentro". Como relata o Padre Anchieta: "e por ser o caminho tão mau e ter ruim serventia, padecem os moradores e os nossos grandes trabalhos."..."Vão lá por umas serras tão altas que dificultosamente podem subir nenhuns animais, e os homens sobem com trabalho e às vezes de gatinhas, os primeiros habitantes de São Paulo."

Diz Nilva Rogik Mello em seu magistral estudo sobre mulheres quinhentistas que, desde os primeiros tempos, havia mulheres europeias, ao lado de mamelucas e índias, no Planalto de Piratininga, inicialmente em Santo André, e depois em maior número em São Paulo.

Como fizeram elas para transpor a Serra do Mar, enfrentando os perigos da viagem? O transporte serra a cima e serra a baixo pelo Caminho do Mar, fazia-se por meio de carregadores índios, pois só eles desciam ou galgavam as aspérrimas veredas da Serra do Mar.

Leonor Leme

E isso nos leva a breve relato sobre Leonor Leme, uma mulher de serra a cima. No século XVI, encontrava-se em S. Vicente o madeirense Antão Leme, mestre de açúcar, e seu filho Pedro Leme. Antão Leme, fidalgo da Ilha da Madeira, parente de um donatário dessa Ilha, foi juiz ordinário de S. Vicente, em 1544. A ele se refere frei Gaspar da Madre de Deus como um dos homens que veio com a primitiva cana-de-açúcar, a seu filho Pedro Leme, natural do Funchal, e ao genro deste Brás Esteves. Emigraram da Ilha da Madeira para S. Vicente, como técnicos açucareiros, acompanhados de familiares e vários criados do seu serviço.

Segundo Pedro Taques, em 1550, Leonor Leme veio da Ilha da Madeira em companhia dos pais. Casada com Brás Esteves, morador da vila de São Vicente: "na mesma vila viveram muitos anos, abastados com lucros do engenho de açúcar, chamado de São Jorge dos Erasmos".

Enfrentando o Caminho do Mar, Leonor Leme, transportada em rede por índios carregadores entre o litoral e o planalto – serra a cima – deu origem a uma importante família da história paulista, cujo desempenho foi preponderante na primeira fase da vila de Piratininga.

Um dos mais famosos descendentes desse casal madeirense foi Fernão Dias Pais, bisneto de Dona Leonor Leme e de Brás Teves, o Caçador de Esmeraldas, mas essa é certamente outra história.

Evoco agora o nome do grande Rei Tibiriçá, Chefe Guaianá de Inhapuam-buçu, aliado de Martim Afonso, por influência de seu genro João Ramalho, protetor dos jesuítas, e de suas filhas Potira, Mboi-sy, e Terebê. As filhas do Tibiriçá, ao se casarem com povoadores portugueses, deram origem à raça dos mamelucos. Para homenageá-los, pelo muito que fizeram por São Paulo de Piratininga, a eles me dirijo em tupi antigo, língua geral do Brasil nos três primeiros séculos de colonização:

Kunhã Piratiningyguarã, Morubixaba Tybyresa seryba'e raîyra, Potyra, Mboî-sy, Terebé, oré Piratiningyguarã, pawê kó tetãngatu pora Oré ma'enduar pe rera resé[1]

Termina aqui minha homenagem às mulheres quinhentistas de São Paulo. Que ela se estenda a todos que hoje aqui se encontram presentes no Instituto Histórico e Geográfico de São Paulo, neste nosso muito amado chão de Piratininga.

Palavras de Hernâni Donato

Quatro e meio séculos... Quatro e meio séculos depois do ato da instituição, a cidade segue fiel – no que é bem e também no que não é – às motivações que lhe deram origem. Local escolhido para congregar, dominar, inovar, São Paulo ergueu-se orando, ensinando, agasalhando, abrindo caminhos, estreitando laços. Repete em 2004 o *Non Ducor Duco* que já se impunha em 1554.

Dos onze milhões de habitantes que a fazem a cidade mais populosa do subcontinente, mais de um terço veio de longe e a elegeu sua pequena pátria. Em 1565, tendo menos de quinhentos homens cedeu duzentos deles e a colheita de três meses para ajudar a fundar e defender a cidade do Rio de Janeiro. Despovoada por reclamo do rei, povoou. Pobre, descobriu riquezas.

Nenhuma como São Paulo tão ativa, dinâmica, prometedora, exigente, selecionadora, rica-pobre, altruísta, violenta. Isso é o que sempre foi.

A crônica dos séculos mostra fidelidades curiosas. Hoje recordista em roubo de automóveis, nos anos quinhentos lutava contra ladrões de canoas. Nos anos iniciais, ninguém se oferecia para vereador e quem o fosse, não apenas não recebia pagamento pelo encargo, mas pagava multa se não legislasse bem e assiduamente.

---

1 Tradução: Mulheres de Piratininga, filhas do Morubixaba Tybyressá, Potyra, Mboi-sy, Terebê... nós (indígenas viventes) de Piratininga somos (todos) de um só sangue (povo ou nação).

Ontem e hoje, as mulheres paulistanas trabalhavam e trabalham. As de agora em tudo. As de ontem segundo as exigências do tempo, montando fábricas, abrindo ruas, consertando pontes enquanto seus homens devassavam e estendiam o Brasil.

De 1554 a 2004, esse é o ser e o fazer de São Paulo: engrandecer o Brasil sendo mais do que nunca paulista.

Non ducor...

Ata da Sessão Magna – São Paulo 450 Anos

25 de Janeiro de 2004

Às quinze horas do dia vinte e cinco de janeiro de dois mil e quatro, no Salão Nobre do Instituto Histórico e Geográfico de São Paulo, realizou-se a Sessão Solene Comemorativa da data oficial da fundação da cidade de São Paulo, em 25 de janeiro de 1554. Presidida por Nelly Martins Ferreira Candeias e tendo como Mestre de Cerimônia Armando Alexandre dos Santos, compôs-se a mesa da seguinte forma: Dr. Luíz Elias Tâmbara, Presidente do Tribunal da Justiça de São Paulo, Dr. Álvaro Lazzarini, Presidente do Tribunal Regional Eleitoral de São Paulo, escritora Lygia Fagundes Telles, da Academia Brasileira de Letras e da Academia Paulista de Letras, Dr. Arno Wehling, Presidente do Instituto Histórico e Geográfico Brasileiro, historiador Hernâni Donato, Presidente de Honra do IHGSP, e o poeta Paulo Bomfim. A esta sessão, compareceram também os Presidentes dos seguintes institutos históricos e geográficos de São Paulo: Prof. Haldumont Nobre Ferraz (Piracicaba); Prof. Adilson Cezar Santos (Sorocaba); Sra. Carolina Ramos (Santos); Presidente do recém-inaugurado Instituto Histórico de Cubatão. Com a palavra, o Prof. Haldumont Nobre Ferraz ofereceu belíssima placa aos Presidentes do Instituto Histórico e Geográfico de São Paulo e do Instituto Histórico e Geográfico Brasileiro, contendo os seguintes dizeres: *O Instituto Histórico e Geográfico de Piracicaba em solidariedade com os demais institutos históricos e geográficos paulistas homenageia os 450 anos da Cidade de São Paulo por intermédio do Instituto Histórico e Geográfico de São Paulo*. Completamente lotado, em seus dois andares, o auditório e o mezanino, o IHGSP recebeu cerca de 250 pessoas, cujos nomes encontram-se registrados no Livro de Ouro da entidade. Após a execução do Hino Nacional Brasileiro, tocado pela banda da Polícia Militar do Estado de São Paulo, e cantado respeitosamente por todos os presentes, o clarim da Polícia Militar executou o toque da alvorada, tendo a Senhora Presidente, Nelly Martins Ferreira Candeias dado início a abertura solene da Sessão de Comemoração dos 450 Anos de São Paulo. Com a palavra, Hernâni Donato, Presidente de Honra, brilhantemente discorreu sobre o tema "São Paulo, ontem e hoje", abordando aspectos interessantes da cidade de São Paulo. A seguir, passou-se a solenidade de outorga do Colar do Centenário outorgado ao Professor Arno Wehling, presidente do Instituto Histórico e Geográfico Brasileiro. Mencionou o Presidente ter sido a primeira vez que o mais antigo Instituto Brasileiro, criado em 1838, por D. Pedro II, fora oficialmente convidado para visitar o Instituto Histórico e Geográfico de São Paulo, fundado em 1894, às vésperas, portanto, de comemorar seus 110 anos de existência. Expressou alegria por participar da comemoração do aniversário do instituto paulista que tornava ainda mais significativa o ano de 2004, data dos 450 anos de São Paulo. A seguir, com o título *Instituto Histórico e Geográfico de São Paulo e a identidade paulista*, fez magistral síntese sobre as condições dos institutos históricos e geográficos no Brasil, enfatizando particularmente o Instituto Histórico e Geográfico de São Paulo. Passou-se então a solenidade de posse, tendo sido indicado pela Comissão Organizadora do Instituto, para ler o Termo de Compromisso e representar os demais, o Dr. José Maria Marcondes do Amaral Gurgel, neto de Leôncio do Amaral Gurgel. Este tomou posse no IHGSP em 1902. Autor do livro *Ensaios Quinhentistas*, enquadrando-se, portanto, no espírito da Comemoração em pauta. Com isso, evidenciou-se mais uma vez o empenho da entidade no sentido de dar continuidade à memória de seus membros. Após a cerimônia de posse e novamente com a palavra, o Dr. José Maria Marcondes do Amaral Gurgel subiu à tribuna, onde falou sobre seu avô e sobre Paulo Setubal, indicado como seu patrono no IHGSP. Com a palavra e dando prosseguimento à cerimônia, Nelly Martins Ferreira Candeias, homenageando as mulheres do IHGSP, assim como as mulheres do século XVI presentes na Capitania de São Vicente, referiu-se aos livros de autoria da Dra. Nilva Rogick Mello, filha do Dr. Alexandre Mello e, ambos membros do IHGSP. Prestou-se então merecida homenagem a autora que, sob prolongado e merecido aplauso, recebeu diploma e ramo de flores por sua preciosa presença na entidade e pelo livro de sua autoria. Consta no Diploma: "O Instituto Histórico e Geográfico de São Paulo, por ocasião da Comemoração dos 450 Anos da Cidade de São Paulo, presta a Nilva Rogick Mello Homenagem especial em reconhecimento ao seu estudo "As Mulheres da Piratininga Quinhentista e a Formação dos Primeiros Troncos Paulistas". Com a palavra, **Paulo Bomfim**, o Poeta de São Paulo, declamou pela primeira vez poesia criada especialmente para a Comemoração dos 450 anos de São Paulo a realizar-se na sessão solene do Instituto Histórico e Geográfico de São Paulo, com o título "O milagre paulista", tendo sido calorosamente aplaudido pela audiência em pé. Teve então início a parte musical do programa, sob responsabilidade do **Maestro Mário Albanese**, autor da melodia "O milagre paulista", por ele magistralmente executada em teclado. Entusiasmadas com a beleza e com o calor humano da sessão, várias pessoas, entre eles, Geraldo Vidigal e Mariazinha Congílio, Malcolm Forest e outros membros e amigos do Instituto levantaram-se de suas poltronas para cantar, em coral espontaneamente formado, a belíssima composição de Paulo Bomfim e Mário Albanese, criada, a pedido da Presidente do Instituto Histórico e Geográfico de São Paulo, para comemorar os 450 anos de São Paulo e os 110 anos do Instituto. A Comemoração de São Paulo 450 Anos terminou com belíssima **Chuva de Prata**, evocando a chuva de prata que marcou a Comemoração do Quarto Centenário de São Paulo no Vale do Anhangabaú a 25 de janeiro de 1954. Grande emoção e alegria tomaram conta das pessoas que se encontravam no auditório Afonso de Freitas, referindo-a como uma das mais belas comemorações realizadas em São Paulo, com o mérito de refletir os valores e os ideais do povo paulista. Aspectos da cerimônia foram registrados por fotógrafos, com o intuito de registrar no Arquivo do Instituto Histórico e Geográfico de São Paulo lembrança de tão bela e inesquecível festa em homenagem à Memória Paulista. Eu, Nelly Martins Ferreira Candeias, presidente, lavrei a presente ata que, após lida, discutida e aprovada, será assinada por mim e pelos secretários, Lauro Ribeiro Escobar e Pedro Abarca.

Registro Fotográfico

Álvaro Lazzarini, Luiz Elias Tâmbara, Nelly Martins Ferreira Candeias, Arno Wehling, Lygia Fagundes Telles e Paulo Bomfim.

Outorga do Colar do Centenário

Arno Wehling, presidente do Instituto Histórico e Geográfico Brasileiro exibe o Colar do Centenário. À esquerda, Nelly Martins Ferreira Candeias e à direita Lygia Fagundes Telles.

Posse dos novos membros

Membros Titulares: Augusto Francisco Mota Ferraz de Arruda, Carlos Cornejo Chácon, Damásio Evangelista de Jesus, Guido Arturo Palomba, Fernanda Padovesi Fonseca, Heloísa Maria Silveira Barbuí, Ives Gandra da Silva Martins, Jaime Tadeu Oliva, João Emílio Gerodetti, José Maria Marcondes do Amaral Gurgel, José Renato Nalini, Liliana Rizzo Piazza, Marco Antônio Villa, Maria Aparecida Toschi Lomônaco, Maria Lúcia Bressan Pinheiro, Mário Albanese, Masato Ninomiya, Nelly Novaes Coelho, Samuel Moraes Kerr. **Membros Correspondentes Nacionais:** Clotilde de Lourdes Branco Germiniani, Edivaldo Machado Boaventura, Eduardo Bueno, Jayme Lustosa de Almeida. **Membros Correspondentes Estrangeiros:** Alberto Vieira, Rui Carita e Alexandra Wilhelmsen (Ilha da Madeira). **Saudação aos novos membros:** José Maria Marcondes do Amaral Gurgel.

José Maria Marcondes do Amaral Gurgel – leitura do Termo de Posse e saudação aos novos membros, 2004.

Damásio Evangelista de Jesus, Ives Gandra da Silva Martins e José Maria Marcondes do Amaral Gurgel.

Guido Arturo Palomba recebe o diploma das mãos de Nelly Martins Ferreira Candeias.

Chuva de Prata no IHGSP
Comemorando os 450 anos de São Paulo e 50 anos da inauguração do Edifício-Sede Ernesto de Sousa Campos. Da esquerda para a direita: Adilson Cezar, Carolina Ramos – a direita, em pé, Nelly Novaes Coelho.

Da direita para a esquerda: José Renato Nalini, Edivaldo Machado Boaventura e Guido Arturo Palomba.

São Paulo, 25 de janeiro de 2004.

Nelly, que festa linda, inesquecível...
450 anos, chuva de prata, apoteótica.
Muito obrigado e meus sinceros parabéns,

Guido Arturo Palomba

Livro de Ouro,

Assinaturas em 25 de janeiro de 2004

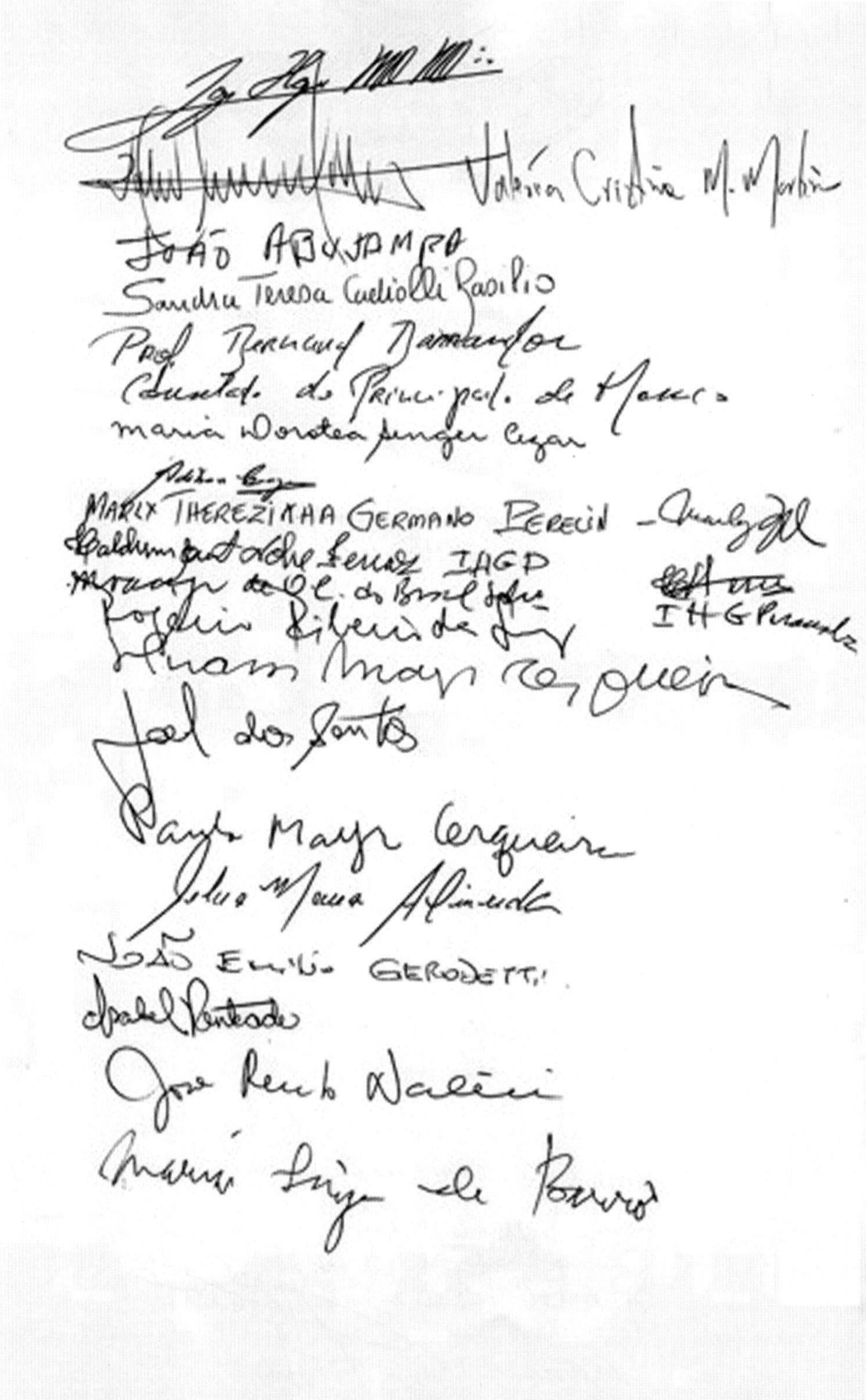

DATAS MAGNAS, SESSÕES CULTURAIS, POSSES

Olivio Ridolfo
Milton Foldini
[illegible] Nascimento
Paulo Francisco da Costa Aguiar Toschi
Rita Heloisa Ryan
[illegible]

Bernadette Artigas
Renata Elisa Zwerdling
[illegible]
Regina Regina Giannorcan
Francisco Giannoccaro
[illegible]
[illegible] Antonio Válzi [illegible] S. [illegible] Rede Vida de TV
Paulo Nathanael
[illegible]
Camila A. Battistin
Maria Luiza [illegible] Battistin
[illegible] Santhus Battistin
[illegible]
Sonia Brodayka

[Página de assinaturas manuscritas, em sua maioria ilegíveis]

Patrícia do Amaral Gurgel

Maria Eliza *Bzynist*
Nora Avila de Arruda Botelho
Marta S. Magalhães
Flávio Magalhães
Silvia Marina L. Michalany

ALDERI S. MATOS

Maria Aparecida Torchi Lomonaco

Samuel Moraes Karr
Waldimir Cuitto Santos
Ana Flora Pain Candles Santos
João Carlos A. Scalzaretto
Maria Fatima A. Semaneto
Carolina Ramos — IHG de Santos
IHG de Santos-SP
Maria do Carmo S. de Castro
PAULO TENORIO DA ROCHA MARQUES
Ana Maria Pamplona de Moraes
Maria Alice Campos Pinteado
Eduardo Romulo Bueno
Alice Brito
CARLOS E. CONTURBI MABILDE

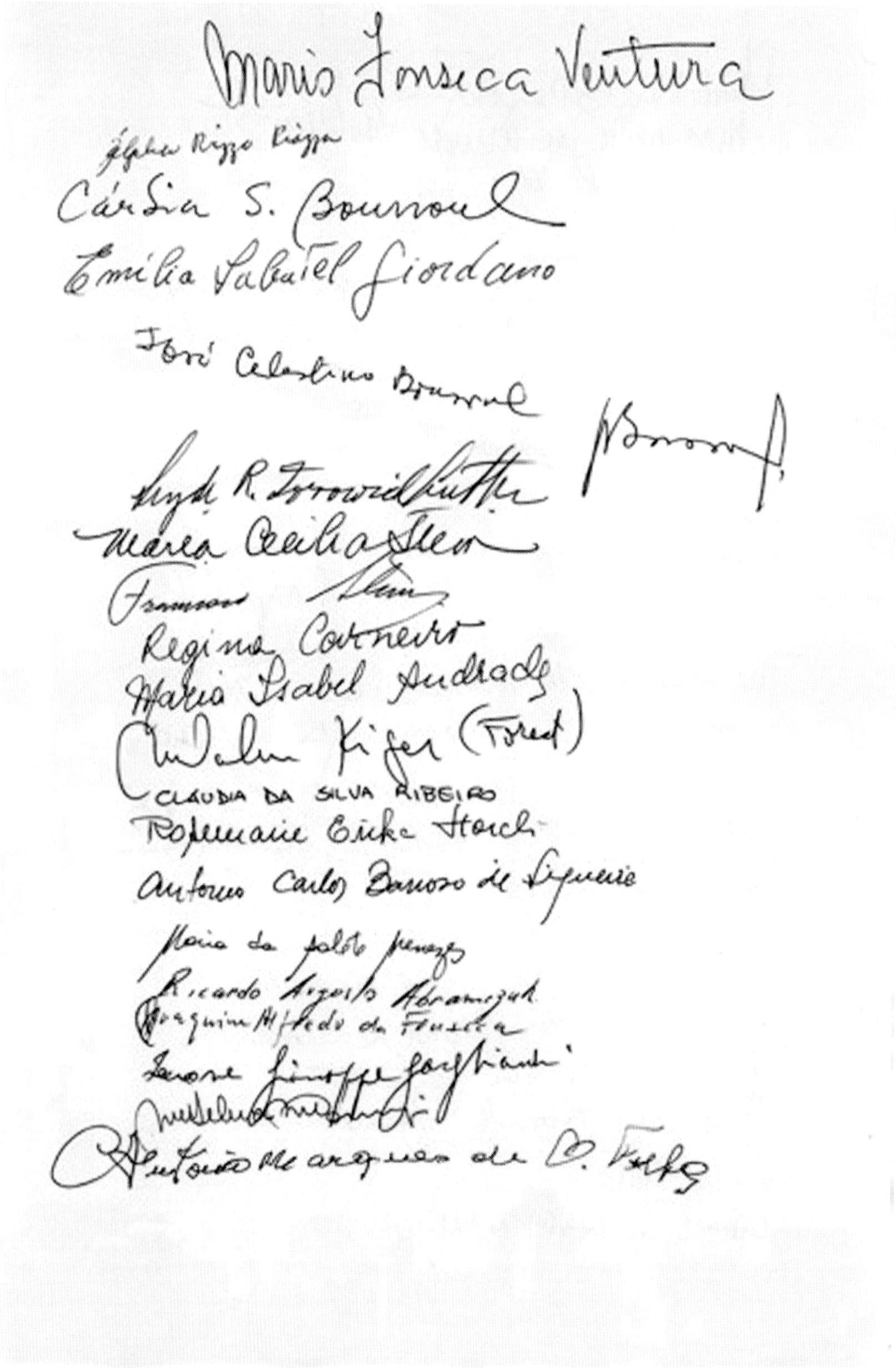
Mario Fonseca Ventura
Regina Carneiro
Maria Isabel Andrade
CLAUDIA DA SILVA RIBEIRO

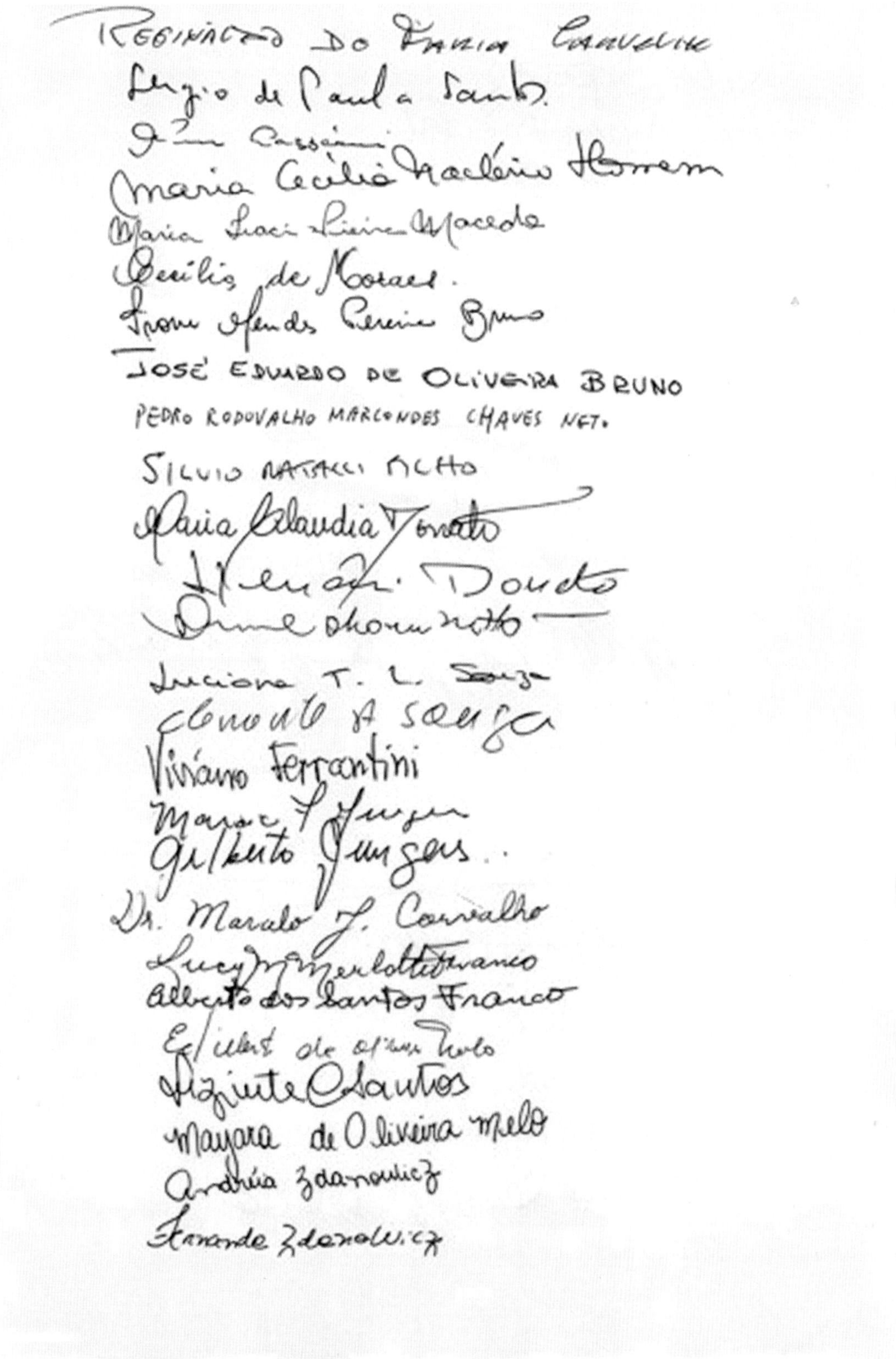

[Lista de assinaturas manuscritas:]

- Reginaldo do Nazio Carvalho
- Sérgio de Paula Santos
- [ilegível] Cassini
- Maria Cecília Maclério Homem
- Maria Luci Lieira Macedo
- Cecília de Moraes
- [ilegível] Mendes Pereira Bruno
- JOSÉ EDUARDO DE OLIVEIRA BRUNO
- PEDRO RODOVALHO MARCONDES CHAVES NETO
- SILVIO NATALLI FILHO
- Maria Claudia Donato
- [ilegível] Dourado
- [ilegível]
- Luciana T. L. Souza
- [ilegível] A. Souza
- Viviano Ferrantini
- [ilegível]
- Gilberto Jungers
- Dr. Maralo J. Carvalho
- Lucy Merlotti Franco
- Alberto dos Santos Franco
- [ilegível]
- [ilegível] Santos
- Mayara de Oliveira Melo
- Andréa Zdanowicz
- Fernando Zdanowicz

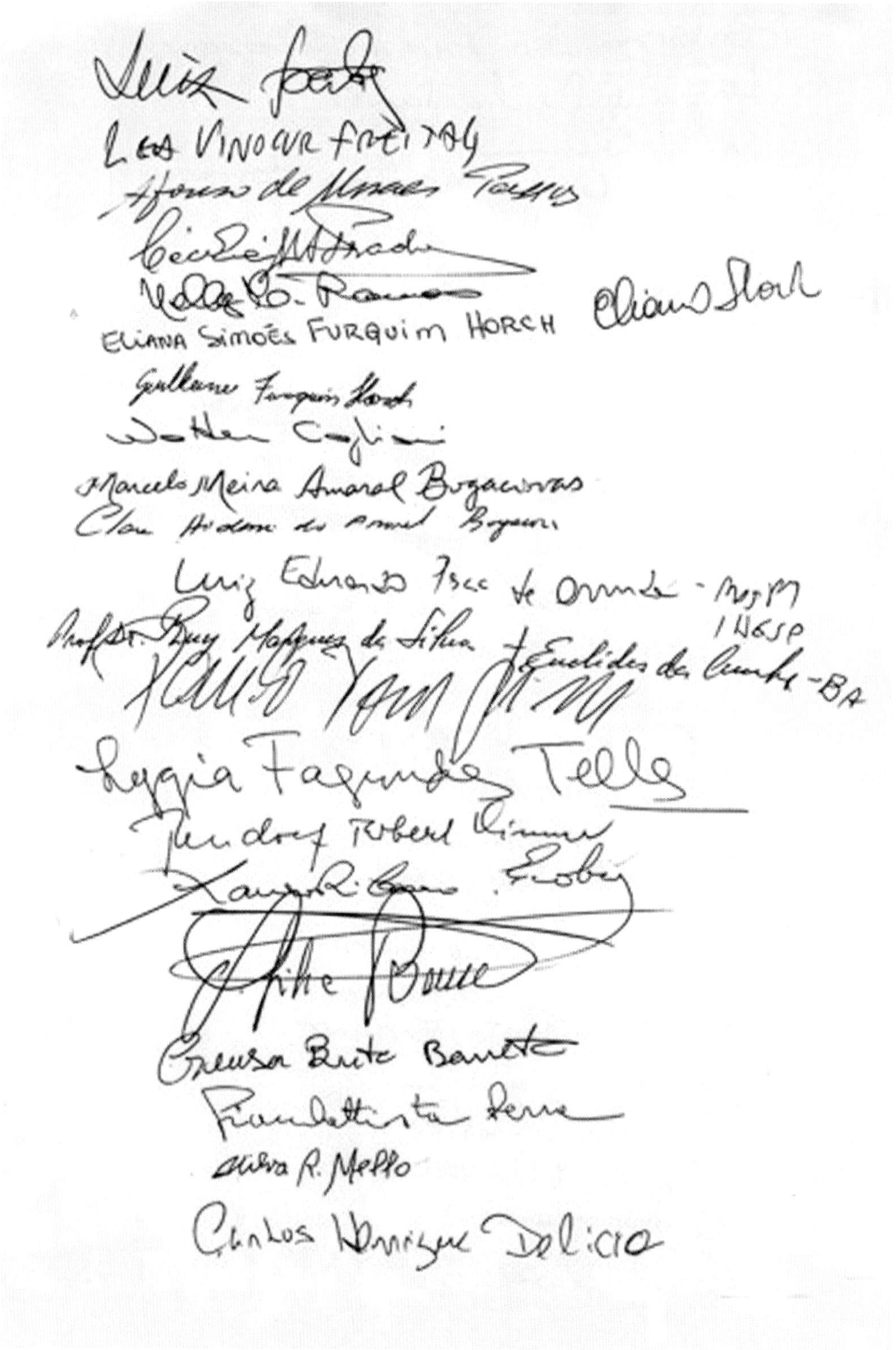

[illegible signature]
Lea Vinocur Freitag
Afonso de Moraes Passos
Cecília [Andrade]
[illegible]
Eliana Simões Furquim Horch   Eliana [Slork]
Guilherme Furquim Horch
[illegible] Caglini
Marcelo Meira Amaral Bogaciovas
Clara [illegible] Amaral Bogaciovas
Luiz Eduardo [Isac] de [Arruda] – [Mag M]
Prof. Dr. Ruy Marques da Silva   [Euclides da Cunha] – BA
                                   IHGSP
[illegible signatures]
Lygia Fagundes Telles
[illegible] Robert [illegible]
[illegible]
[Mike Bull]
Creusa Brito [Barreto]
[Gianbattista Serra]
[Silvia] R. Mello
Carlos Henrique Delicio

[illegible] - DAMÁSIO E. DE JESUS

Jacques Roberto Galvão Bressiani

Maria Alice Blandy

Nelly Novaes Coelho

Márcio Novaes Coelho

Gilda [illegible]

Lucy Helena Veiga

[illegible] Coelho

Marcio Novaes Coelho Jr.

Eduardo Fanes Borges

Alice Soares Vieira

Daray de Almeida Vieira

Ipênia R. Caldas

Raquel Rodrigues Caldas

Sarah Rodrigues Caldas [illegible]

Maria Geralda do Amaral Mello

Antonio Carlos do Amaral Mello

Renato [illegible]

Heloisa Barbuy

Roberto M. F. [illegible]

Lisindo Roberto [illegible]

Álvaro F. [illegible]

Maria Sylvia de Toledo [illegible]

Valéria Unti Mariano

Jorge Eduardo Abreu Sampaio Almeida Bezerra

Luiz Elias Tamassia

Cleusa Maria Gomes Tâmbara

Leonora S. Martins Ferreira

[illegible] Lúcio Deber

[illegible] Guerra [illegible] E.S.G.

Livio Eulo de Araujo

Heloisa Pinheiro de Araujo (historiadora)

Registro Histórico

Inauguração do Edifício-Sede Ernesto de Sousa Campos por ocasião das comemorações do IV Centenário da cidade de São Paulo, 25 de janeiro de 1954.

Afonso d'Escragnolle Taunay
1870 – 1958.

Diretoria

Triênio 1954 – 1956

Presidente Honorário	Afonso d'Escragnolle Taunay
Presidente	Ernesto de Souza Campos
1º Vice-Presidente	Frederico de Barros Brotero
2º Vice-Presidente	Carlos da Silveira
3º Vice-Presidente	Aureliano Leite
1º Secretário	Luis Tenório de Brito
2º Secretário	Francisco Teive de Almeida Magalhães
3º Secretário	Alfredo Gomes
4º Secretário	Álvaro da Veiga Coimbra
1º Orador	José Pedro Leite Cordeiro
2º Orador	Antonio Sílvio da Cunha Bueno
1º Tesoureiro	Dácio Pires Correia
2º Tesoureiro	Tomáz Oscar Marcondes de Sousa

Relatório da Diretoria

Prezados consócios:

O ano de 1954 teve especial relevo histórico. Efetuaram-se nesse período as comemorações que assinalaram o IV Centenário da fundação da maravilhosa metrópole que comanda o progresso vertiginoso do Estado de São Paulo, vanguardeiro da civilização brasileira. Com as efemérides da cidade que mais cresce neste planeta e que é a essência da terra em que vivemos, cabia ao nosso Instituto Histórico e Geográfico considerável responsabilidade no conjunto das homenagens promovidas, com esse objetivo, pelos poderes públicos e entidades privadas.

Havia ainda outro motivo, também poderoso para tornar este ano augusto de 1954, querido ao nosso sodalício. Ocorreu coincidentemente o sexagésimo aniversário desta já veneranda Casa da História. São sessenta anos ininterruptamente empenhados, pedra sobre pedra, na realização de obra cultural do mais alto grau. Idealismo puro. Porque aqui o devotamento não é compensado por qualquer benefício de ordem material. Todos trabalham graciosamente e ardorosamente pela manutenção, prestígio e progresso de uma instituição que é um dos expoentes da cultura nacional. Tem a nossa casa os seus olhos voltados para os feitos da nossa gente. Contempla, registra e colabora na trajetória que pelo rolar dos séculos tem conduzido e conduzirá sempre a nossa pátria aos altos destinos; condizentes com a situação invejável, mas cheia de compromissos, de maior país latino em área e população.

Consciente do papel que lhe caberia neste momento alto do calendário paulista, cuidou o Instituto cautelosamente de formular, com antecedência, seus programas de ação.

Esta é a principal razão do êxito obtido que é incontestável.

Iniciamos os trabalhos tão logo assumimos a vice-presidência, em exercício da presidência, logo seguida pela eleição da Diretoria de 1951-54, reeleita para 1954-57.

Nossa participação nas homenagens pelo quadrissecular aniversário de São Paulo desdobrou-se em vários setores de atividades: (1) edificação da nova sede e seu equipamento; (2) edições comemorativas; (3) cunhagem de medalha comemorativa; (4) Congresso de História; (5) exposições de caráter histórico; (6) Curso sobre História de São Paulo; (7) transladação dos despojos da imperatriz Maria Leopoldina Josefa Carolina para o Panteão situado sob o Monumento da Independência.

O problema mais urgente era o da construção do novo edifício. Deveríamos estar preparados convenientemente na ocasião oportuna. E ainda competia cuidar desde logo do novo mobiliário e equipamento; reformando e atualizando o que fosse possível aproveitar do que já existia. Estas providências tomadas juntamente com o plano das obras determinaram considerável economia porque os preços depois subiram astronomicamente. Simultaneamente com o início das obras estudamos, projetamos e contratamos as estantes de aço, as poltronas do anfiteatro, a remodelação do velho mobiliário e adquirimos os aparelhos de projeção (diascópica e epidiascópica), cinema, gravação de som e para reproduções mimeográficas. Tudo isto poderia ser hoje revendido por três ou quatro vezes o valor da aquisição que fizemos.

Os livros comemorativos que editamos e a gravação da medalha tiveram tal precedência na sua confecção que puderam ser apresentadas na data máxima de 25 de janeiro. O Congresso de História primeiro a ser realizado pelo nosso sodalício foi tratado a longo prazo; condição principal do grande êxito obtido.

Entre tantos congressos efetuados para solenizar o ano de 1954, o de História foi o mais bem meditado, melhor organizado e mais bem-sucedido; não só pelo número e valor das teses debatidas como também pelas exposições complementares de "Vestes Imperiais" e "Louça Histórica".

As outras mostras sobre "Imagens Religiosas Brasileiras", "Ex-Libris", "Filatelia", tiveram, como as duas mencionadas, extraordinário êxito, comprovado pela frequência superior a 20.000 pessoas, atraídas pela beleza e ordenação metódica, diríamos didática das exibições. A transladação dos despojos da Imperatriz Leopoldina para a cripta do Ipiranga foi um acontecimento de inigualável repercussão.

Muitos dos fatos que iremos relatar a seguir foram mencionados em relatórios anteriores.

Todavia convém recapitular os aspectos principais no que tange às comemorações; acrescentando outros não mencionados anteriormente, assim como as ocorrências de natureza diversa que compuseram complexivamente a imensa massa de trabalho no decurso do ano social transacto. Daremos destarte unidade ao conjunto das solenidades que se findam a 25 de janeiro de 1955, aurora de uma nova centúria, cujos acontecimentos serão rememorados em 2054.

Estamos seguros de que os prezados confrades têm perfeito conhecimento dos esforços e dedicação dos companheiros, funcionários e de pessoas estranhas ao nosso quadro social que se entregaram, de alma plena, aos empreendimentos que notabilizaram a participação do Instituto nas festividades de 1954.

Todo este esforço seria improfícuo se não tivéssemos, ao lado de boas diretrizes, preciosos auxílios financeiros, cujos valores e origens serão discriminados minuciosamente em itens respectivos, contidos neste memorial.

Figuram em primeiro plano o empréstimo da Caixa Econômica Federal, no valor de Cr$ 4.500.000,00, o auxílio federal de Cr$ 2.500.000,00, a verba concedida pela Comissão do IV Centenário de Cr$ 500.000,00, dois donativos de Cr$ 100.000,00, cada um e outro de Cr$ 30.000,00, além de um legado de Cr$ 10.000,00 e mais Cr$ 117.000,00 dos que subscreveram o rateio para compra das vitrinas de aço para a nossa galeria de exposições. Temos aí um total que somado aos juros e outras fontes de receita se aproxima de Cr$ 8.000.000,00.

Estes valores vão muito além das receitas arrecadadas em muitos anos de gestão normal do nosso sodalício.

Não queremos finalizar esta breve introdução sem pôr em relevo o esforço, o devotamento e eficiência da contribuição de consócios não pertencentes à Diretoria, assim como de funcionários e pessoas estranhas ao nosso quadro social que se empenharam vivamente e eficientemente pelo bom resultado das nossas realizações comemorativas, no decorrer de 1954. Entre os consócios acima referidos destacamos Antônio Silvio Cunha Bueno (recursos financeiros), Tito Lívio Ferreira (congresso e cursos), Eldino Brancante (exposições e trasladação dos despojos de D. Leopoldina), D. Pedro Gastão de Orleans e Bragança (exposição imperial), Fausto Ribeiro de Barros (cinema educativo), se bem que todos de um modo geral se tivessem esmerado em concorrer para o êxito dos grandes empreendimentos promovidos, principalmente no que se refere ao Congresso de História.

Entre os funcionários que deram sua atividade total e altamente produtiva queremos destacar o sr. Everardo Seixas Martinelli, que muito trabalhou nos preparativos e realização do Congresso, assim como para as exposições, transladação aos despojos da nossa primeira Imperatriz e na obtenção de recursos financeiros.

Para o êxito do Congresso foi preciosa a atuação infatigável da nossa funcionária senhorinha Neusa Buetin Fernandes.

Houve nesses lavores muita ordem, método e pertinácia.

Outros auxiliares concorreram, dentro dos setores, para as tarefas normais de rotina.

Entre os estranhos ao nosso sodalício assinalaremos apenas os que mais destacadamente concorreram com sua boa vontade para as nossas empresas em homenagem a São Paulo: o Príncipe Imperial D. Pedro Henrique de Orleans e Bragança, os três ministros da Educação e Cultura que se sucederam, Antonio Balbino, Edgar Santos, Cândido Mota Filho, tendo este último vindo a São Paulo, como representante do Presidente Café Filho para prestigiar uma solenidade do Instituto; Prof. Valério Giuli, ao tempo Secretário da Educação da Municipalidade; Coronel Oscar de Melo Gaya, Comandante Geral da Força Pública de São Paulo; Sr. Artur Etzel, Senhora Eldino Brancante, Padre Hélio Abranches Viotti e o Dr. Olavo Siqueira Ferreira que em sucessivas viagens ao Rio de Janeiro, feitas às suas expensas, cuidou abnegadamente de interesses relevantes do nosso Instituto, junto aos poderes públicos federais e a Cúria Metropolitana da Capital da República.

Queremos também salientar mais uma vez a benemerência dos que nos deram agasalho em sede provisória, por duas etapas sucessivas: Prefeito Armando de Arruda Pereira, Dr. Nelson Marcondes do Amaral e Prefeito Jânio da Silva Quadros.

Poderão ter sido omitidos alguns nomes desta resumida relação, por inadvertência nossa.

Após esta breve introdução examinaremos separadamente cada uma das múltiplas realizações que movimentaram, de modo singular este primeiro ano da atual Diretoria a que temos a honra e o prazer de presidir.

Comemorações do IV Centenário de S. Paulo

1 – O Novo Edifício

Início das obras: 12 de novembro de 1952.
Conclusão: 31 de dezembro de 1954.
Duração das obras: 25 meses e 19 dias.
Inauguração do auditório do Instituto: 25 de Janeiro de 1954.

A construção do novo edifício foi o empreendimento culminante das nossas comemorações do IV Centenário considerando-se a vida futura do nosso sodalício. Realmente marca uma época nova na vida da instituição não somente pelas condições de conforto que hoje possuímos como também e principalmente porque se abrem novos horizontes, com as perspectivas financeiras que a nova casa faculta. A abertura de uma nova era para a Metrópole paulistana corresponde, assim, a uma nova fase da nossa agremiação cultural. Coincidência feliz e marcante.

Embora tenhamos de pagar as prestações à Caixa Econômica Federal, durante três lustros, é incontestável que resultou dessa iniciativa a estruturação de avultado patrimônio. Ficou assegurada a vida normal do Instituto na hora atual e terão os vindouros consideráveis possibilidades de expansão e prosperidade. Tudo se processou sem alienação de bens e sem tocarmos nas apólices adquiridas por administrações anteriores.

Prudente seria transformar agora a nossa associação em fundação preservando-se este patrimônio hoje talvez superior a Cr$ 25.000.000,00.

O arrendamento de metade do edifício, abrangendo cinco pavimentos, é suficiente para que sejam exatamente cumpridas nossas obrigações contratuais e para manutenção regular dos nossos serviços. Teremos de viver em regime de austeridade durante quinze anos. São necessários para integral pagamento da dívida contraída com a Caixa Econômica Federal de São Paulo. Expirado, porém, o prazo de dez anos serão nossas finanças reforçadas pelo arrendamento do nono pavimento. Como é do conhecimento dos senhores associados o nono pavimento foi construído às expensas da firma construtora Celbe Ltda. que durante dez anos, por isso, não pagará aluguéis.

Completado o compromisso de financiamento poderá contar o Instituto com um rendimento anual talvez superior a dois milhões de cruzeiros.

E convém acentuar que o projeto primitivo de seis pavimentos, uma loja e um porão foi aumentado, durante as obras, para dez pisos; compreendendo-se, no conjunto, duas lojas superpostas, um porão e mais sete pavimentos superiores tudo sem novo gravame de empréstimo. Ficou este limitado aos Cr$ 4.500.000,00 iniciais. Para a construção do décimo pavimento havíamos feito uma combinação com a firma construtora pela qual ficaríamos devendo à mesma a importância correspondente que lhe seria paga em prestações. Com esforço, porém, conseguimos vencer tal dificuldade.

Estas obras estão pagas. Acrescentamos ainda um elevador (já pago), pois que primitivamente havíamos projetado uma única peça desse gênero. E apesar de todas estas circunstâncias e das despesas com as comemorações do IV Centenário, não tocamos no reduzido patrimônio de ações, oriundo de administrações anteriores.

Muitíssimo folgada seria a nossa situação financeira se o prédio ficasse terminado na época prevista, em 25 de Janeiro de 1954 ou na que se convencionou depois, em consequências dos acréscimos ora mencionados: 9 de Julho. Prolongaram-se portanto os trabalhos construtivos por mais seis meses acarretando pagamentos de juros secos, isto é, sem amortização e a perda de aluguéis.

Juros e aluguéis perdidos representam considerável prejuízo. Tais fatos estão ocorrendo aliás com as obras em curso nesta capital, em consequência do mercado de materiais e escassez de técnicos e operários.

Eis provavelmente porque foram baldados nossos repetidos esforços junto à firma construtora para que se abreviassem os trabalhos de construção.

Devemos acentuar, porém, que as obras foram executadas segundo as regras da arte de bem construir. Não houve aplicação de material de má qualidade, apesar da progressão vertiginosa dos materiais e mão de obra.

A construção não ostenta luxo a não ser nos mármores da frontaria, destinados a oferecer dignidade ao revestimento da parte principal da fachada e dar garantia de sua preservação contra a constante agressão da intempérie.

Além da fiscalização da Caixa Econômica, exercida por um engenheiro, necessitava o Instituto nomear um outro para idêntica missão, como é de regra em casos congêneres. Tomou, entretanto, o Presidente do Instituto a responsabilidade técnica do exercício dessa missão. Cumpriu-a graciosamente. Em dois anos de duração das obras aliviamos assim os nossos cofres de soma que anda em derredor de Cr$ 100.000,00.

Enfim conseguimos vencer a áspera caminhada com galhardia apesar dos contratempos inevitáveis nessa época de desajustamentos econômicos e sociais. Não aumentamos a dívida contraída com a Caixa Econômica. Manteve-se esta nos limites dos Cr$ 4.500.000,00 iniciais. Além deste financiamento nada deve o Instituto, compreendendo-se neste quadro, obras, mobiliário, publicações, comemorações do IV Centenário, etc. Tudo está pago. Considerando-se o volume dos trabalhos realizados e aumento das obras podemos considerar tudo isso um milagre.

O edifício com seus pavimentos e porão apresenta aspecto agradável. Feição moderna e leve em consequência do balcão saliente e funcional que movimenta a fachada. Coloração clara e alegre. Dois portões de aço fecham as lojas. Na entrada para o Instituto e andares superiores encontra-se uma porta histórica outrora pertencente ao antigo Palácio do Governo, no Pátio do Colégio, infelizmente demolido e justamente neste ano histórico. Adquirida pelo nosso consócio Nicolau Duarte Silva que a ofereceu ao nosso sodalício, tivemos a ideia de colocá-la no local mencionado. Tornou-se assim a dádiva ainda mais preciosa. Ficou ao contato do público. Levará uma placa explicando sua origem. Magnífica portada. Testemunha muda de uma grande e gloriosa parcela da história de São Paulo.

Toda a construção é suportada por um arcabouço de concreto armado erguido sobre sólidas fundações diretas. São vigas invertidas lançadas a vários metros de profundidade. Foram obedecidas as normas brasileiras no cálculo da estrutura.

Queremos agora pôr em evidência a circunstância preciosa de não existirem colunas internas: as lajes estendem-se diretamente entre as duas paredes laterais. Em suma: pisos de taco ou marmorite, sanitários revestidos de azulejos; esquadrias de ferro com vidro duplo; dois elevadores Atlas; iluminação ampla e bem distribuída.

O alojamento do Instituto no novo edifício excedeu ao que fora prometido em 1952. Dissemos então que ficaríamos concentrados em dois pavimentos como na velha sede: auditório e biblioteca. Basta atentar para o primitivo projeto a fim de relembrar tal circunstância.

Entretanto tivemos a ventura de distribuir os nossos serviços em CINCO PAVIMENTOS a saber:

1 – Terceiro pavimento: Salão nobre (Auditório); Presidência; Secretaria.

2 – Quarto pavimento: Galeria de Exposições.

3 – Quinto pavimento: Biblioteca, Leitura, Anexo.

4 – Décimo pavimento: Almoxarifado, Apartamento do zelador.

5 – Porão amplo, independente das lojas. Com entrada própria. Lojas e andares restantes foram alugados. Tem o Instituto três inquilinos:

- Bazar Lord: loja com dois pisos e três pavimentos (6º. 7º e 8º).
- Sociedade Numismática Brasileira: Salas posteriores do 4º pavimento.
- Companhia Construtora Celbe Ltda. 9º pavimento.

Os problemas do arrendamento foram amplamente debatidos.

Consagraram-se para tal objetivo sucessivas reuniões da Diretoria, outras em sessões normais do sodalício. Terminaram estes estudos e deliberações com a aprovação em assembleia geral, convocada em conformidade com os estatutos.

O arrendamento ao Bazar Lord foi fixado, por três anos em Cr$ 120.000,00 (Cento e vinte mil cruzeiros) mensais, vale dizer Cr$ 1.440.000,00 anuais.

Por concessão especial, aprovada pela casa, continuou o Instituto a alugar por preço reduzido duas salas à Sociedade Numismática que sempre compartilhou da nossa sede.

Mantém-se, portanto, esta bela tradição de amizade e solidariedade social. A renda anual do Instituto eleva-se, destarte, a quase um milhão e quinhentos mil cruzeiros, ou exatamente um milhão e quatrocentos e setenta e seis mil. Por outro lado fixaram-se no contrato do Bazar Lord obrigações daquela firma em relação à manutenção proporcional das despesas de conservação dos elevadores e outras pequenas despesas comuns.

As mudanças do Instituto para a sede provisória e sede definitiva ocorreram de modo assaz econômico, graças aos auxílios de transporte por parte dos poderes públicos estadual e municipal. Reduziu-se destarte grande parte das despesas consideráveis exigíveis para o caso.

Não houve perdas materiais. Não desapareceu um único volume da biblioteca. Voltaram também em perfeita ordem os livros guardados no Departamento de Microbiologia e Imunologia da Faculdade de Medicina da Universidade de São Paulo, assim como o material conservado também, por gentileza, no Museu do Ipiranga.

O convênio com a Prefeitura do que resultou termos abrigo por três anos, em dependência da Municipalidade, representou uma economia de cerca de trezentos mil cruzeiros que teríamos de pagar de aluguel.

Com a ajuda de Deus vencemos esta difícil e perigosa empresa de construção da nova sede, partindo apenas do terreno limpo, sem a ajuda de qualquer reserva monetária. Nossos cofres acusavam apenas um depósito de Cr$ 200.000,00 destinados à manutenção rotineira da casa e que nisto foram empregados e até excedidos, nestes dois anos de instalação provisória. E chegamos ao fim desta jornada em situação de prosperidade jamais alcançada pelo nosso sodalício, nestas seis décadas de sua existência.

Assinalamos tal circunstância com ufania porque devotamos imenso amor à instituição que temos a ventura de dirigir. E esforçamo-nos para não desmerecer a honrosa confiança dos que nos elegeram e nos concederam, em votações e documentos, ampla liberdade de ação, diremos melhor carta branca, no tocante ao problema de construção do novo edifício. Prestamos estas contas de alma plena, orgulhosos pelo êxito do empreendimento.

2 – Placas Comemorativas

No decorrer de 1954, foram fixadas na sede social placas comemorativas localizadas em diversas dependências do edifício inauguradas em várias solenidades registradas em nossas atas. Vejamos:

a) Entrada do Edifício – Placa de bronze com as dimensões de um metro e vinte centímetros por setenta centímetros com os seguintes dizeres:

"Instituto Histórico e Geográfico de São Paulo

1954

As obras deste edifício foram iniciadas e terminadas sob a Presidência de Ernesto de Sousa Campos sendo presidente honorário Affonso de Escragnolle Taunay e integrantes da Diretoria Alfredo Gomes, Álvaro da Veiga Coimbra, Américo Brasiliense Antunes de Moura, Antônio Silvio Cunha Bueno, Aureliano Leite, Carlos da Silveira, Dácio Pires Correia, Francisco Teive de Almeida Magalhães, Frederico de Barros Brotero, José Pedro Leite Cordeiro, Luís Tenório de Brito, Tomás Oscar Marcondes de Sousa".

Início da obra: 12-1-1952.

Inauguração do Auditório e Biblioteca: 25-1-1954, em comemoração ao IV Centenário da fundação de São Paulo.

A firma construtora, Sociedade Construtora Celbe Ltda.

Engenheiro responsável: Pérsio Pereira Mendes.

b) Auditório – Placa de bronze com o nome de Afonso de Freitas, antigo Presidente do Instituto. Idem oferecida pela coletividade democrática espanhola, figurando o Venerável Padre José de Anchieta ao pé de uma cabana e rodeado de aborígenes e mamelucos. Ao fundo aparece o São Paulo dos nossos dias com seus volumosos arranha-céus. Em nome dos generosos doadores falou o nosso prezado consócio Eduardo Fernández y González, tendo agradecido o orador oficial do Instituto, Sr. J. P. Leite Cordeiro. Duas outras placas de bronze foram ofertadas, em nome do "Movimento Pró-Padre Manoel da Nóbrega", pelo Sr. Manuel Melo Pimenta. Uma apresenta o Padre Manoel da Nóbrega em alto relevo, tendo ao fundo o mapa do Brasil onde se destacam as cidades que mais se beneficiaram com a ação dele. Outra exibe uma das faces, muito ampliada, da nossa medalha comemorativa do IV Centenário. Na inauguração, feita exatamente na efeméride que assinala o dia e a morte do Padre Manoel da Nóbrega, falaram os Srs. José Augusto da Silva Ribeiro pelo "Movimento Pró-Padre Manoel da Nóbrega fundador de São Paulo"; Carlos da Silveira dissertando sobre "Armas e escudos luso-brasileiros"; Luís Tenório de Brito sobre "Nóbrega o homem de Estado"; Manuel Rodrigues Ferreira, "Nóbrega primeiro agostiniano do Brasil"; Humberto Alves Morgado, "Nóbrega na Universidade de Coimbra"; Tito Lívio Ferreira, "O Instituto Histórico e Geográfico de São Paulo e a fundação de São Paulo". Agradeceu a oferta o nosso consócio José Pedro Leite Cordeiro.

c) Sala da Presidência – Duas placas de bronze, uma contendo a efígie, outra o nome do atual Presidente do Instituto.

d) Sala da Secretaria – Uma placa com o nome do saudoso Dr. José Torres de Oliveira que por 20 anos exerceu a presidência de nosso sodalício.

e) Biblioteca Recinto – Placa com o nome do nosso Presidente de Honra Affonso de Escragnolle Taunay; Leitura: Padre Manoel da Nóbrega – Fundador de São Paulo.

Medalha Comemorativa do IV Centenário de São Paulo[2].

f) Galeria de exposições – Placas com a homenagem: Galeria Pe. José de Anchieta.

"A medalha gravada em prata e bronze tem sido admirada por quantos a observam, não só pela concepção histórica devida à orientação do nosso Eminente Presidente de Honra, Affonso de Escragnolle Taunay, como ainda pela mestria de sua execução artística e técnica. Não conhecemos outra mais bela".

---
2 *Revista do IHGSP*, edição "Exposições Comemorativas do IV Centenário da Fundação da Cidade de São Paulo", set – out, 1954, São Paulo, p.3.

Sessão Magna de 25 de janeiro[3]

Vencendo todos os tropeços relativos ao andamento das obras conseguimos inaugurar o Auditório, a Biblioteca e anexos na data máxima de 25 de janeiro. Inauguraram-se as placas comemorativas e sob a placa maior, da entrada, foram colocados os documentos que geralmente são usados no lançamento das pedras fundamentais. Nossa experiência tem demonstrado que os documentos, tais como atas, jornais, moedas, quando lançados sob os alicerces raramente são recuperados nas demolições. Não conhecemos um único caso de recuperação. A destruição pelo tempo, em locais dessa natureza, processa-se rapidamente. Mesmo quando são empregados meios de proteção. Por outro lado, ainda que haja preservação de tais relíquias, elas desaparecem durante os trabalhos de demolição que se processam grosseiramente.

Assim, pelo método empregado no Instituto, os documentos ficaram embutidos na parede. Estão bem protegidos e sob a placa de bronze que poderá ser retirada, digamos, no próximo centenário, para exame da documentação que novamente voltará a seu posto. A sessão comemorativa do IV Centenário processou-se conforme os dizeres da ata respectiva. Foi uma bela festa em que usaram da palavra o Presidente Honorário, o Presidente efetivo e o Orador oficial.

A Diretoria

---

[3] *Revista do Instituto Histórico e Geográfico de São Paulo*, VOLUME LIII, *p. 549-559; p. 578. LIII - p.5.* Oração prnunciada por Afonso de Taunay na inauguração da nova sede social.

CAPÍTULO
·9·

A Princesa Flor na Ilha Madeira

Imperatriz e Princesa Flor.
5 de junho de 2004.

Palavras da Presidente

O Instituto Histórico e Geográfico de São Paulo agradece ao Sr. Adriano de Gouveia, Presidente da Casa Ilha da Madeira de São Paulo, e ao Sr. José Manuel Dias Bittencourt, coordenador do Grupo Foclórico que hoje alegra este auditório com música, danças e artesanato madeirenses.

Destaco a presença do genealogista David Ferreira de Gouveia e de Armando Alexandre dos Santos, conhecedores do arquipélago onde suas famílias tiveram origem, membros do Instituto Histórico e Geográfico de São Paulo. Evoco também os nomes de dois membros correspondentes estrangeiros, os historiadores professores Alberto Vieira e Ari Carita, residentes na Ilha.

Os madeirenses que chegaram às terras de Santa Cruz no período colonial e seus descendentes, foram e têm sido destacados protagonistas da história de São Paulo e do Brasil.

A cana-de-açúcar foi introduzida na terra de Santa Cruz, em 1530, por Martim Afonso de Souza. Na primeira metade do século XVI encontravam-se em S. Vicente os madeirenses Antão Leme, mestre de açúcar, e seu filho Pedro Leme, fidalgo da Ilha da Madeira e parente de um dos donatários dessa Ilha. Antão Leme foi juiz ordinário de S. Vicente, no ano de 1544, como registra Frei Gaspar da Madre de Deus, o primeiro historiador brasileiro. A emigração deveu-se ao fato de serem técnicos açucareiros que aqui chegaram acompanhados de seus familiares e de vários criados a seu serviço.

Nas atividades culturais realizadas neste Instituto, tenho me empenhado em recordar nomes de mulheres, estas raramente mencionadas e quase sempre esquecidas. Não poderia deixar de lembrar o nome de Leonor Leme, madeirense que aqui chegou em companhia de seus pais, em 1550, segundo Pedro Taques, já casada com Brás Esteves, morador da vila de São Vicente – "na mesma vila viveram muitos anos, abastados com lucros do engenho de açúcar, chamado de São Jorge dos Erasmos".

Ao subir pelo Caminho do Mar transportada em rede por índios carregadores entre o litoral e o planalto, Leonor Leme deu origem a um dos principais troncos das famílias paulistas, cujo desempenho foi preponderante na primeira fase de São Paulo colonial. Foi avó do lendário Fernão Dias Paes, o caçador de esmeraldas.

Também relacionadas à Ilha da Madeira, em triste história, evoco os nomes de Maria Amélia, a Princesa Flor, filha única de D. Pedro I e de D. Maria Amélia Augusta Eugenia Napoleão Beauharnai Leuchtemberg, sua segunda mulher[1]. No dizer de Escragnolle Dória: "Em todas as famílias há entes assim verdadeiras visões de amor, de carinho e de ternura. D. Maria Amélia, filha de D. Pedro e da Imperatriz Maria Amélia foi a princesa flor".

D. Maria Amélia, a Princesa Flor da Família Bragança, quarta dinastia da monarquia portuguesa, nasceu em Paris no dia do aniversário de coroação de seu pai – 1º de dezembro de 1831 e faleceu em Funchal, na Ilha da Madeira, em 4 de fevereiro de 1853, aos 21 anos de idade[2].

Em 1852, a princesa adoeceu. De nada lhe valeu a ciência da época para debelar a tuberculose. A tal ponto grave, a piedosa princesa recebeu sacramentos da igreja, ministrados na presença da imperatriz Maria Amélia, da rainha D. Maria II, sua meia irmã, e do seu marido, o rei D. Fernando.

Reunidos no dia seguinte, recomendaram os médicos, como derradeira medida, que a princesa fosse respirar os ares benéficos da Ilha da Madeira. E assim foi. Ao chegar a Funchal no dia 29 de agosto de 1852, a imperatriz viúva e sua filha dirigiram-se para a quinta Lambert, situada na rua que hoje se denomina " Princesa D. Amélia", onde a jovem viveu os cinco mais penosos meses de sua vida.

Nos primeiros dias de janeiro de 1853, a princesa sentiu estar no "começo do fim", enumerando nomes dos amigos a quem desejava legar joias e objetos de seu uso, como recordação. Maria Amélia, a Princesa Flor faleceu no dia 4 de fevereiro de 1854, aos 21 anos de idade, com a mesma moléstia que matara seu pai, o imperador D. Pedro e rei de Portugal. que faleceu no Palácio de Queluz, no mesmo quarto onde nascera: "Só tenho 36 anos. Minha filha precisa de mim e minha boa Amélia me ama tanto!".

A Imperatriz Maria Amélia, aos 29 anos, chorou as mais amargas lágrimas de sua vida, ajoelhada ao lado do corpo de sua única filha. Já sofrera viuvez da alma – a desventura de perder o marido aos 23 anos. Seis anos depois assistiu à morte de sua única filha, com a mesma doença que matara seu marido.

Pouco antes de regressar a Portugal, a Imperatriz Maria Amélia enviou carta à rainha D. Maria II, sua enteada e meia-irmã da Princesa Flor: "Desejando deixar nesta ilha, em proveito dos indigentes atacados da cruel enfermidade a que sucumbiu a princesa D. Maria Amélia, minha muito amada e saudosa Filha, algum vestígio da nossa estada na Madeira

---

1 A mais completa obra sobre a biografia de D. Amélia de Leuchtenberg foi publicada em 1947, por Lygia Ferreira Lopes Lemos Torres, escritora e historiadora que ingressou nesta casa em 5 de fevereiro de 1949.
2 Ver o livro de Dom Carlos Tasso de Saxe Coburgo e Bragança, *A Princesa Flor*.

que recorde os testemunhos que ambas recebemos dos seus bons habitantes, ocorreu-me a ideia de estabelecer no Funchal, por ora unicamente por modo de ensaio, para mais tarde, segundo me mostrar a experiência, ter a forma de uma fundação pia, um hospício ou casa de caridade, para serem recebidas e tratadas vinte e quatro pessoas pobres e doentes de tísica pulmonar, debaixo da direção de uma comissão".

E assim lhe respondeu a rainha:

"A tentativa de uma fundação que exprime de um modo tão digno de Vossa Majestade Imperial a ilustrada virtude que a inspira, não podia deixar de provocar as minhas simpatias e merecer a minha plena aprovação, comprazendo-me em assegurar a Vossa Majestade Imperial que me empenharei em prestar-lhe toda a cooperação e auxílio que de mim dependa para se realizar o generoso propósito de Vossa Majestade Imperial".

Em 6 de Maio de 1853, a Imperatriz regressou a Portugal, acompanhando os restos mortais de sua filha. São dores de alma que não se desvanecem, mágoas perpétuas.

O Hospital Princesa Maria Amélia foi construído em Funchal, onde mãe e filha viveram a maior das desventuras. O rei D. Carlos e a Rainha D. Amélia, o rei Oscar da Suécia, príncipes e princesas, o Dr. Jaccoud, médico e especialista em doenças pulmonares, registraram seus nomes no livro de visitantes nesse hospital. Hoje, não mais hospital para tuberculosos, um jardim, com vegetação colorida por plantas raras, dá aos visitantes a sensação de alegria e tranquilidade.

O corpo da Princesa Maria Amélia, Princesa do Brasil, permaneceu na capela da quinta Lambert até ser trasladado para o Panteão Real da Dinastia de Bragança na Igreja de São Vicente de Fora. Separados para sempre, os restos mortais de seus pais D. Pedro I e Amélia de Leuchtenberg, trasladados de Lisboa, encontram-se na cripta da Capela Imperial do Monumento do Ipiranga, ao lado da Imperatriz Leopoldina, por empenho de membros deste Instituto[3], para que lá permanecessem juntos.

Que a imperatriz D. Amélia e sua filha única, a Princesa do Brasil Maria Amélia, sejam recordadas nesta tarde em que juntos evocamos a história da Ilha da Madeira.

Palavras de Armando Alexandre dos Santos
O Arquipélago da Madeira: história, cultura e tradições

O Arquipélago da Madeira teve – e de certa forma ainda tem – uma enorme importância na história do Brasil e na de São Paulo. A participação dos madeirenses em nossa história é fundamental.

---

3   Ver ata da Sessão Ordinária de 3 de maio de 1952.

Disse Gilberto Freyre que a Madeira é a irmã mais velha do Brasil. Isso é verdade. O arquipélago da Madeira foi descoberto, oficialmente, pelo menos 80 anos antes de Cabral, também oficialmente... descobrir o Brasil.

Mas diz o mesmo Gilberto Freire, a Madeira nunca tratou o Brasil como uma irmã trata seu irmão. Na realidade, ela nos tratou com o carinho, com os desvelos, com os sacrifícios com que uma verdadeira mãe trata seus filhos.

Se nós percorrermos o longo e glorioso itinerário histórico da Madeira, veremos que sua história foi um longo e desinteressado sacrificar-se pelo irmão maior, como também, em medida menor, pelas outras parcelas do Império luso, que são outros tantos irmãos da Madeira.

O Brasil, na verdade, foi o grande beneficiário da abnegação madeirense.

Curiosamente, e injustamente, ressalte-se, essa influência enorme da Madeira na história do Brasil é esquecida, é menosprezada entre nós. E mesmo na Madeira pouca gente tem noção da amplitude desse sacrifício multissecular.

Fala-se muito, entre nós, da influência açoriana, especialmente no Nordeste, em São Paulo, e sobretudo na colonização do sul do País – Santa Catarina e Rio Grande do Sul. Realmente, foi muito grande a influência açoriana, e nunca a louvaremos suficientemente. Mas da influência madeirense quase ninguém fala...

O Arquipélago da Madeira é composto, como é sabido de todos, pela Ilha da Madeira – a maior e mais importante, pela Ilha de Porto Santo, e pelas desabitadas Ilhas Desertas e Ilhas Selvagens.

A Ilha da Madeira – que mais diretamente nos interessa nesta exposição, foi descoberta em 1420 por João Gonçalves Zargo e Tristão Vaz, escudeiros do Infante D. Henrique, o Navegador. Já no ano anterior os dois, em companhia de Bartolomeu Perestrelo, haviam chegado à Ilha de Porto Santo. Mas só no ano seguinte chegaram à Madeira.

Bartolomeu Perestrelo foi nomeado capitão donatário de Porto Santo. Quanto à Madeira, ela foi dividida, mais ou menos no seu sentido longitudinal, pelos dois descobridores. Zargo ficou com a parte sul, que viria a ter como capital Funchal, e Tristão Vaz ficou com a parte norte, sediando-se em Machico.

Do ponto de vista topográfico, as duas ilhas não poderiam ser mais diferentes. Enquanto Porto Santo é mais seca e pouco fértil – diz-se que constitui como que um prolongamento do Saara – a Madeira é montanhosa e de solos quimicamente muito férteis, se bem que topograficamente só com muita dificuldade aproveitáveis para a agricultura.

Para se ter uma ideia dessa dificuldade, note-se que a Ilha da Madeira é cerca de 600 vezes menor que o Estado de São Paulo. Toda a ilha cabe perfeitamente dentro do município de

São Paulo. E, no entanto, é cortada no sentido longitudinal por uma cordilheira elevadíssima, com diversos picos de mais de 1500m de altitude, e um deles, o Pico Ruivo, chega a 1861m.

O resultado é que dessa ilha, já de si pequena, apenas 20 % do solo pode ser aproveitado, e mesmo assim somente à custa de esforços inimagináveis para os homens de hoje em dia. Mas foram esforços à altura dos nossos maiores madeirenses... A fotografia anexa, obtida por satélite, pode dar bem ideia da topografia da ilha. Quando os portugueses chegaram à Ilha, ela era revestida de densas florestas. Numa primeira fase, foi preciso desbastá-las, para se poder cultivar a terra.

Velha tradição, certamente muito exagerada, diz que toda a ilha foi incendiada por ordem de João Gonçalves Zargo, num incêndio que teria durado 7 anos. Que houve incêndios, é fato. Que houve imprudência nesses incêndios, é bem possível que tenha havido. Mas dizer que toda a floresta da ilha foi incendiada, isso é certamente exagero, porque é fato que a madeira da ilha foi explorada durante muito tempo pelos portugueses.

Ilha da Madeira.

Tanta lenha de qualidade, em toras grossas e compridas, foi levada para Portugal (geralmente como lastro de embarcações) que muitas casas de um ou dois andares, reforçadas com toras trazidas da ilha, puderam receber mais um ou dois pisos. E isso chegou a modificar o aspecto arquitetônico da cidade de Lisboa, como nota Azurara, que fala "das 'grandes alturas das casas que se vão ao céu, que se fizeram e fazem com a madeira daquela ilha'" (citado por Enzo da Silveira).

Também a madeira de lei produzida pela Madeira permitiu ao Infante D. Henrique a construção de embarcações maiores, que desbravaram os mares de todo o mundo. Zargo e Tristão chegaram à ilha em duas barcas de apenas 9 metros de comprimento, com uma única vela redonda, que não permitia a navegação contra o vento.

Em parte graças à madeira da Ilha puderam ser construídas embarcações maiores, as famosas caravelas, com um sistema de velas que lhes permitia navegar contra o vento.

Era – notem os leitores – a Madeira que iniciava o cumprimento de sua vocação histórica: despojar-se de suas riquezas e empobrecer em benefício de outras parcelas do império luso. É a vocação da irmã mais velha que se sacrifica como se fosse a mãe...

Mas prossigamos.

Desbastada a floresta, era preciso aproveitar a pouca terra disponível, para alimentar os dois donatários, suas famílias e os numerosos colonos que eles levaram, a suas custas, para povoar a nova terra.

Aí apareceu um problema terrível. Na Madeira, chovia muito, chovia até torrencialmente. Mas a água caía e não era retida pelo solo, escorrendo rapidamente para o mar e arrastando consigo a camada superior da terra, num processo de erosão que poderia ser fatal.

O que fizeram os portugueses para vencer esse problema? Planejaram cuidadosamente, e executaram laboriosamente um sistema de irrigação artificial que até hoje desperta admiração nos engenheiros que o examinam: o sistema das "levadas".

Que são as levadas? As levadas são regatos artificiais feitos para distribuir a água por toda a superfície agricultável da ilha. No alto das montanhas, a 600, 800 e até 1000 metros de altitude, foram feitos grandes reservatórios apropriados para reter a água das chuvas. E essa água era, depois, distribuída por riozinhos artificiais, condutos abertos que desciam as montanhas com uma inclinação muito suave, de modo a descer vagarosamente.

As levadas têm, geralmente, menos de um metro de largura, e 50 ou 60 cm de profundidade. São talhadas no flanco das montanhas, muitas vezes em pedra viva e beirando precipícios de centenas de metros. Elas vão dando voltas às montanhas, sempre com inclinação muito suave, e por vezes se estendem por mais de 50 km. Frequentemente a topografia exigia que as levadas atravessassem túneis (alguns com mais de um quilômetro de extensão) para poderem prosseguir seu rumo. Eram os chamados "furados". Imagine-se a extrema dificuldade que isso representou, para os recursos rudimentares da época.

A maior parte das levadas, com efeito, foi realizada ainda nos séculos XV e XVI, pela iniciativa privada dos donatários e outros sesmeiros, que depois vendiam a água aos que dela faziam uso. Só no início do século XIX o Estado português principiou a fazer levadas, até então obras de particulares.

As levadas madeirenses foram tão bem planejadas e tão bem executadas que ainda hoje, mais de 500 anos decorridos, estão funcionando e servindo perfeitamente. Ter assim domado as águas na Madeira foi uma obra hercúlea, uma obra ciclópica, que bem mereceria ser mais conhecida e louvada em nível mundial. Não foi só essa a obra dos madeirenses no campo da engenharia. Outra tarefa, talvez não menor, foi domar as montanhas.

De fato, as montanhas da Madeira eram tão íngremes que não se prestavam à agricultura. Mas, à custa de esforços inenarráveis, os madeirenses foram esculpindo suas montanhas de forma a constituir patamares, ou socalcos, perfeitamente planos, sustentados por sólidos contrafortes de pedra.

O resultado dessa obra titânica foi que a Madeira pôde aproveitar suas terras (que pela composição química eram muito férteis, de origem vulcânica), e começar a produzir alimentos de climas diversos, conforme a diferente altitude dos terrenos: desde coqueiros, ananases e bananas, de clima tropical, até uvas e trigo, que requerem climas mais temperados.

Também esses contrafortes e esses socalcos ainda servem hoje em dia, tendo resistido a mais de 500 anos de chuvas torrenciais...

Mais uma vez, permitam os leitores que eu pergunte: por que, em nível mundial, não é mais conhecida e louvada essa obra-prima do engenho humano, da persistência humana?

No início do século XVI, o grande Afonso de Albuquerque concebeu e chegou a dar os primeiros passos para realizar um imenso projeto que poderia ter dado um golpe de morte ao Islã: abrir um canal que comunicasse o Mediterrâneo com o Mar Vermelho, de modo a facilitar, à cristandade, o acesso ao Oriente sem precisar dar a imensa volta pela África.

Ou seja, construir o que depois foi o Canal de Suez, em pleno século XVI!

Albuquerque chegou também a realizar estudos para um projeto ainda mais audacioso: ele planejou desviar o curso do Nilo, de modo a secar o Egito e, assim, quebrar o ponto central da forte tenaz muçulmana.

Pois bem, esse projeto, que pareceria impossível, não era impossível. Em primeiro lugar, porque para homens como Albuquerque nada é impossível. Em segundo lugar, porque existiam os madeirenses. E Albuquerque, em carta ao Rei D. Manuel, propôs que essas obras ciclópicas fossem confiadas aos madeirenses, porque já tinham dado provas, na sua pequena ilha, do que eram capazes... Prossigamos.

A Madeira começou a plantar açúcar e a enriquecer-se prodigiosamente ainda em meados do século XV. Mas, por mais que atraísse forasteiros (e foram numerosos os portugueses do continente e, mesmo, estrangeiros que para lá acorreram nessa fase), a população ainda era muito reduzida.

Por volta de 1460, os habitantes da Madeira eram somente 2310. O Duque D. Fernando sucessor do Infante D. Henrique na administração da Ordem de Cristo, que exercia jurisdição temporal e espiritual sobre a Madeira instituiu então um imposto que deveria ser pago, em trigo, somente pelos homens solteiros, para incentivá-los a se casarem.

O resultado dessa medida foi eficacíssimo.

Cinquenta anos depois, a Madeira já tinha 15 mil habitantes. O crescimento, em cinco décadas, foi da ordem de 650% – um dos maiores verificados na história. E, a partir daí, a população foi crescendo cada vez mais, pois os madeirenses habitualmente casam cedo e são muito prolíficos.

A Madeira conheceu, então, um curto período de grande riqueza e prosperidade, graças ao seu açúcar de excelente qualidade, que era vendido para a Europa inteira. Também os vinhos finos da Madeira passaram a ser consumidos na Europa, sendo muito valorizados.

Dois curiosos indícios da fama dos vinhos madeirenses: numa das peças de Shakespeare, um personagem, Sir John Falstaff, aparece vendendo sua alma ao demônio em troca de uma perna de frango e um copo de vinho da Madeira.

E quando o duque de Clarence, na Inglaterra, foi condenado à morte por se ter envolvido numa conspiração contra a coroa, teve o privilégio de escolher como seria executado. E, segundo se conta, ele teria pedido para morrer afogado num tonel de vinho Malvasia, da Ilha da Madeira... O pior é que o coitado foi realmente afogado, mas de cabeça para baixo, de modo que estragou o vinho e nem sequer pode saboreá-lo na hora da morte...

Em 1514, ainda nessa fase de grande prosperidade, foi criada a Diocese do Funchal, que foi, até 1533 – a maior diocese do mundo, a maior diocese que já existiu em toda a História da Igreja Católica.

O Bispo da Madeira tinha jurisdição, conferida pelo Papa, sobre todos os domínios ultramarinos portugueses. Até onde chegasse uma caravela portuguesa, lá chegava a autoridade desse Bispo: Brasil, África, Índia, Extremo Oriente.

Sir John Falstaff, por Eduardo Grützner.

O Brasil inteiro fez parte da Diocese do Funchal até 1551, quando foi criada a Diocese da Bahia.

Ora, que fez a Madeira nesse período áureo? Guardou ciosamente e egoisticamente para si suas imensas riquezas, para fruí-las como merecida recompensa pelos trabalhos colossais que já tinha realizado? Não. Mas portou-se como mãe de seus irmãos menores. Sacrificou-se por eles. Ofereceu a eles seus tesouros, sem se preocupar com a concorrência que eles mesmos lhe fariam num futuro muito próximo.

O açúcar, a maior riqueza da ilha, foi levado, por madeirenses, inicialmente para os Açores, cuja primeira ilha foi atingida pelos portugueses em 1432. Aliás, a Madeira contribuiu poderosamente para o povoamento e colonização dos Açores numa fase em que ela própria lutava contra a carência de população. Em 1473, Rui Gonçalves da Câmara, filho de João Gonçalves Zargo, adquiriu os direitos sobre a capitania de São Miguel dos Açores, e para lá foi com sua gente, dando assim início à Diáspora Madeirense.

Não foi só para os Açores que a Madeira exportou o açúcar e, com ele, a tecnologia da sua fabricação. Também para Cabo Verde, Canárias, São Tomé e, sobretudo, para o Brasil.

No Brasil, as condições favoráveis permitiram que o açúcar fosse produzido em muito maior escala e a preço muito mais reduzido, o que determinou a quebra da economia madeirense. Já no final do século XVI, o Brasil havia ultrapassado a Madeira na produção açucareira.

A Madeira, que se havia desgastado muito plantando quase exclusivamente cana-de-açúcar nas partes mais baixas, e uvas nos socalcos mais elevados, e que, por outro lado, ia tendo sua população cada vez mais numerosa, começou a sofrer as consequências disso.

Excetuando o período da Guerra de Pernambuco, quando caiu a produção brasileira e a madeirense teve uma relativa valorização, foi de decadência o século XVII. Em certas fases críticas, chegou a haver fome na Madeira.

A base da alimentação popular era o inhame – o cará – alimento nutritivo, mas de produção muito incerta, pois depende das chuvas e do clima. O resultado é que em períodos nos quais as condições climáticas eram desfavoráveis, houve fome, e fome terrível.

Os Açores produziam ótimo trigo, mas era reservado para outras partes do Império luso que passavam por necessidades prementes. E na Madeira houve fome. O recurso dos madeirenses era apresarem navios carregados de mantimentos que por alguma razão entravam no Funchal. Era esse o recurso desesperado. Esses mantimentos eram pagos, não eram roubados, pois paradoxalmente não era dinheiro que faltava, era comida.

Em 1695, num momento de mais terrível aflição, os habitantes do Funchal, desesperados, resolveram recorrer à Nossa Senhora do Monte. A imagem da Virgem foi levada, do seu santuário para o centro da cidade, em procissão. A Virgem valeu aos madeirenses, e justamente nessa hora entraram no porto três navios, abarrotados de trigo e de farinha. Foi a partir daí que a devoção à Nossa Senhora do Monte, que era muito antiga na Madeira, teve grande incremento e se transformou na devoção marial por excelência, do madeirense.

Aonde chegaram os madeirenses, lá chegou a devoção à Nossa Senhora do Monte. Até no longínquo Havaí existe um santuário de Nossa Senhora do Monte, erigido por descendentes de madeirenses. E aqui na Casa da Ilha da Madeira de São Paulo, num altar, estão, lado a lado, duas imagens de Nossa Senhora, a do Monte e a de Fátima.

No século XVIII, foi-se acentuando o regime de fomes periódicas. Um estudo de meados desse século revela que a alimentação que os madeirenses obtinham, ou da própria ilha, ou trazida de outros locais, era suficiente apenas para alimentar 20 mil pessoas. Ora, a população da ilha era, nessa altura, de 50 mil pessoas, do que deduz que, em média, o madeirense comia apenas 40% daquilo que precisava comer.

Sem dúvida, pode ser um pouco exagerado esse cálculo, pois as estatísticas desse tipo habitualmente ignoram outros meios – digamos, paralelos ou alternativos – de se obterem alimentos: hortas caseiras, pequenas criações etc. Ainda hoje, quem lê sem espírito crítico certos estudos da "Food and Agriculture Organization's" – FAO ou certas publicações demagógicas, acredita que, no Brasil atual, 30 ou 40 por cento dos habitantes são desnutridos!...

Mas, exageros à parte, não deixa de ser uma triste realidade que houve fome na Madeira, e que, em consequência disso era elevada a taxa de mortalidade na ilha. Mas, graças à tradicional prolificidade dos madeirenses, a população continuava a crescer. E, portanto, a agravar o problema das fomes periódicas.

Foi então que a Coroa portuguesa resolveu realizar a transferência maciça de madeirenses (como também de açorianos) para o sul do Brasil. Foram os famosos "casais" que povoaram a ilha de Santa Catarina e a região do Porto dos Casais (atual Porto Alegre).

Com isso, não somente se aliviava o problema populacional das ilhas, mas também se garantia a ocupação do sul do Brasil, disputado à Espanha. Era mais um serviço que a Madeira prestava ao império luso e ao Brasil.

Note-se um pormenor muito importante: essa transferência dos casais teve início em 1747, precisamente na fase de maior esplendor das Minas. Era pelas Minas Gerais que os imigrantes portugueses sentiam maior atração, pois lá é que o enriquecimento podia ser mais rápido. Mas foi para o sul, para o que era então a parte mais dura da tarefa que foram os madeirenses, como também os seus irmãos, os não menos heroicos açorianos.

Um outro aspecto que deve ser lembrado, ainda na linha da dedicação do Arquipélago da Madeira a seus "irmãos menores", e especialmente ao Brasil, é a participação intensíssima de madeirenses para a defesa do Império luso contra seus inimigos. Aqui no Brasil foi enorme a participação deles nas lutas contra franceses, no Rio de Janeiro e no Maranhão, e contra holandeses, na Bahia e em Pernambuco. Entre muitos outros, basta lembrar os nomes do João Fernandes Vieira, nascido na Madeira, e André Vidal de Negreiros, cuja mãe era natural de Porto Santo.

Houve vários madeirenses que, na fase pior da luta contra os holandeses, quando parecia definitivamente implantada a dominação holandesa em Pernambuco (a ponto de um Padre Antônio Vieira, cujo IV centenário de nascimento se está a celebrar neste ano de 2008, considerar fato consumado e irreversível a existência do Brasil holandês), armaram homens, fretaram navios e vieram por conta própria fazer guerra aos invasores.

No Maranhão, um madeirense encabeçou a luta contra os franceses e os expulsou definitivamente. Assumiu o governo da capitania por aclamação popular e entregou-a depois às autoridades mandadas pelo Rei. Com isso, ficou arruinado economicamente, mas cumpriu seu dever.

Ao longo dos séculos XIX e XX, ainda prosseguiu a Diáspora. Para o Brasil, e depois para a Austrália, para a África do Sul, para o Canadá, para os Estados Unidos, a Madeira foi exportando o que tinha de melhor, ou seja, precisamente seus filhos mais capazes, com mais espírito empreendedor e mais iniciativa.

E por toda parte se foi fixando o emigrante madeirense, levando consigo o drama e a tragédia que representa, para todo ser humano cônscio de suas origens e de suas tradições – e o madeirense é bem assim – o romper violentamente com o torrão natal, sem nunca esquecer dele e levando sempre na alma a nostalgia do lar paterno, da aldeia nativa.

Maria Lamas registra em "O arquipélago da Madeira, maravilha atlântica" numerosos casos de emigrantes que viajavam à procura de melhores condições de vida, deixando na Madeira esposa e filhos, na esperança de mais tarde poder regressar ou, talvez, chamá-los.

Frequentemente acontecia – sobretudo no passado, quando as comunicações eram mais difíceis – que a família nunca mais tinha notícias. Muitos, aliás, dos que partiam eram analfabetos e nem lhes ocorria escrever para suas esposas, também analfabetas.

Havia casos de rapazes que casavam e partiam para o estrangeiro logo na semana seguinte ao casamento. A esposa esperava, pacientemente e fielmente, o retorno do marido, vestida de preto, como se fosse viúva, até que, 30, 40 ou 50 anos depois, se convencia de que era realmente viúva... A "viuvinha", jovem vestida de preto, acabou se tornando figura típica no folclore madeirense.

São os dramas da emigração...

Curiosamente, os emigrantes madeirenses, onde quer que estejam, na hora de casar tendem a procurar moças madeirenses, ou de origem madeirense. Essa tendência é muito antiga. Os jornais da Madeira frequentemente publicam, ainda hoje, anúncios de madeirenses bem-sucedidos na vida que, nos Estados Unidos, no Canadá, na Austrália, ou em qualquer outra parte, desejam casar e pedem, por anúncios, que se apresentem candidatas...

Foi muito grande a participação da Madeira no Brasil, e especificamente em São Paulo, na constituição populacional. Numerosas famílias brasileiras têm origem mais remota ou mais próxima, na Madeira. Pode-se com segurança afirmar que não há família tradicional paulista ou nordestina (para falar só nelas) que não tenha sangue madeirense nas veias.

Muito resumidamente, foi assim que se formou a alma madeirense. O caráter e a têmpera do madeirense se forjaram na luta, no enfrentamento dos obstáculos da natureza, das circunstâncias desfavoráveis da economia.

Essa é a raiz das grandes qualidades do madeirense: coragem, gosto pela aventura, espírito empreendedor, amor ao trabalho, à família e ao torrão natal, lealdade, espírito independente e até desafiador, sem embargo de ser polido e delicado (como todos os viajantes da Madeira assinalaram, o madeirense, mesmo quando rústico, é extremamente cuidadoso em tratar bem os outros).

Um viajante inglês de princípios do século XIX notou que os madeirenses tiravam o chapéu para qualquer senhora com quem cruzavam na rua, mesmo que não a conhecessem. E não tiravam o chapéu para as estrangeiras. Perguntou o porquê disso e ficou sabendo que os madeirenses gostariam de tirar os chapéus também para as estrangeiras, mas como haviam notado que os estrangeiros eram muito pouco educados e não tiravam o chapéu para as senhoras portuguesas a quem não haviam sido apresentados, os madeirenses haviam resolvido pagar na mesma moeda...

Realmente, o espírito madeirense é delicado e facilmente tende para o lirismo. A poesia popular madeirense é rica e sugestiva. Além de delicado, o madeirense é refinado. Até pessoas muito simples, por vezes analfabetas, têm um senso artístico notável e um bom gosto que encanta os estrangeiros que visitam a Madeira. Basta lembrar a tradicional arte dos bordados madeirenses, e os encantadores jardins madeirenses, cobertos de flores maravilhosas.

    Curiosamente, em meio a tanta luta e a tanta tragédia, o madeirense não é triste. O madeirense é alegre, gosta de cantar, de dançar. O folclore madeirense é riquíssimo. Essa é a alma madeirense.

CAPÍTULO 10

Evocando José Celestino Bourroul

Da esquerda para a direita: Alexandre Camillo Sabatel Bourroul, Cárbia Sabatel Bourroul, Hernâni Donato e Nelly Martins Ferreira Candeias. Nas mãos da Sra. Cárbia Sabatel Bourroul as chaves do quarto andar do edifício-sede do IHGSP onde se realizaria a reforma para instalação do Memorial'32.
3 de julho de 2004.

Palavras da Presidente

> *O que é o homem? Para que é útil?*
> *Qual é seu bem e qual é seu mal?*
> *A duração de sua vida: cem anos quando muito.*
> *Como uma gota do mar, um grão de areia,*
> *assim são seus poucos anos perante um dia da eternidade.*
> Eclesiástico 18, 8-10

No livro *Jubileu Social*, lê-se que três personalidades de temperamentos diferentes e de tendências e ocupações diversas fundaram uma instituição para registrar a verdade do nosso passado histórico e colocar em relevo eventos que enchem seus anais de fulgor e de beleza. Jaguaribe Filho, Antonio Piza e Estevão Leão Bourroul convidaram homens de letras da Capital para reunião que se realizou numa sala da Faculdade de Direito e cujo intuito foi criar o Instituto Histórico e Geográfico de São Paulo. Pelo mérito de pioneiros da fundação, os retratos a óleo de Jaguaribe Filho, Antonio Piza e Estevão Bourroul foram colocados, por ato presidencial de José Torres de Oliveira, no lugar que a justo título lhes compete na galeria dos grandes vultos desta Casa de Memória.

O retrato de Estevão Leão Bourroul foi pintado por Paulo Vergueiro Lopes de Leão e colocado no salão nobre em 5 de julho de 1941, na primeira sede da entidade, inaugurada em 25 de janeiro de 1909. Nas palavras de Afonso de Taunay, "um edifício que se não é suntuoso, é pelo menos excelente, amplo, acolhedor e onde a permanência se torna sobremaneira agradável...".

Estevão Leão Bourroul, tio-avô de José Celestino Bourroul, escritor elegante, culto e finíssimo encantava a todos os que tinham a ocasião de ler seus trabalhos, publicados na Revista do Instituto. No rodapé do artigo, "O Padre Feijó", lê-se: "o ilustre escritor Estevão Leão Bourroul é um dos literatos que melhor conhece as tradições históricas paulistas".

O pai de José Celestino Bourroul tomou posse no Instituto em 5 de junho de 1909. Não caberia aqui discorrer sobre o eminente médico Celestino Bourroul[1], cuja vida foi retratada no livro *Celestino Bourroul Santo Leigo[1]* da autoria de Hernâni Donato, nem sobre nosso homenageado, exemplo de civismo, generosidade e amor ao próximo. Virtudes que marcaram a vida de seus ancestrais, expressão de amor pela humanidade.

Desde 1894, a família Bourroul tem permanecido nos anais deste Instituto, lutando pela dignidade paulista e trabalhando por São Paulo e para São Paulo. Sentimo-nos comovidos e honrados por perpetuar nesta Casa de Memória a Família Bourroul e suas recordações.

No dia 5 de agosto de 2003, poucos meses antes de seu falecimento, o Dr. José Celestino Bourroul enviou carta de felicitações pelo brilho das comemorações dos 71 anos da Revolução Constitucionalista.

Tinha razão o Dr. José Celestino Bourroul ao afirmar que o Instituto estava mais vivo do que nunca. Iluminado e festivo é o dia de hoje, em que a Sra. Cárbia Sabatel Bourroul e seus filhos Frederico Octávio e Alexandre Camillo confiam a este Instituto o acervo documental do Dr. José Celestino Bourroul, do qual faz parte biblioteca sobre a Revolução de 32. Com mais de 4.000 títulos, constitui o maior acervo sobre a Epopeia Cívica de 32 do Brasil.

Ao abrir as portas ao público, a Família Bourroul está prestando inestimável serviço a São Paulo e ao Brasil, concretizando um dos mais elevados ideais da atual Diretoria, receber professores, alunos, pesquisadores e outros interessados. Tal fato irá certamente alterar a política pedagógica do centro da cidade e a dinâmica de nosso Instituto.

O acervo será instalado no 4º andar de nosso edifício-sede, daqui para a frente, denominado Memorial '32 Centro de Memória José Celestino Bourroul.

Cárbia, Frederico Octávio e Alexandre Camillo, sejam bem-vindos ao nosso convívio, onde com orgulho, respeito e admiração o Instituto Histórico e Geográfico de São Paulo os recebe para sempre, entregando-lhes as chaves do 4º andar, para que tenha início a instalação dessa valiosa biblioteca.

---

1 Ver o livro *Celestino Bourroul Santo Leigo*, da autoria de Hernâni Donato.

"Assim o faço pelo branco de nosso ideal,
pelo negro do nosso luto, pelo vermelho do nosso coração".

Viva São Paulo! Viva o Brasil!

Registro Fotográfico

Hernâni Donato, Paulo Bomfim, Cárbia Sabatel Bourroul e
Nelly Martins Ferreira Candeias
À direita, retrato de Leão Estevão Bourroul
de autoria de Paulo Vergueiro Lopes de Leão; à esquerda,
quadro retratando Domingos Jaguaribe.

CAPÍTULO ·11·

Fundação da Faculdade de Direito – 177 anos

Retrato de D. Pedro I.
Ao fundo, vista panorâmica de São Paulo em 1822.
Tela de Benedito Calixto, inspirada na miniatura de
Simplício de Sá (Museu Paulista).
11 de agosto de 2004.

Palavras da Presidente

O Instituto Histórico e Geográfico de São Paulo comemora a Fundação da Faculdade de Direito da Universidade de São Paulo precisamente no dia 11 de agosto, data em que D. Pedro I deu início, em 1827, à formação jurídica dos brasileiros, cinco anos após proclamar a Independência do Brasil.

O IHGSP foi criado no Salão Nobre dessa Faculdade em 1º de novembro de 1894. O jornal "O Estado de São Paulo" publicou a seguinte notícia: "Os Drs. Jaguaribe Filho, Antonio Piza e o Sr. Estevão Leão Bourroul convidam todos os homens de letras desta capital para uma reunião que tem de efetuar-se hoje, ao meio-dia, no Salão da Academia, gentilmente cedido pelo Sr. Barão de Ramalho. O fim da reunião é tratar da criação do Instituto Histórico e Geográfico de São Paulo". A reunião realizou-se no Salão Nobre da Faculdade com a presença de 139 pessoas, incluídas no quadro social do Instituto, como sócios fundadores. No dia 30 de dezembro de 1894, apresentou-se a redação final do Estatuto. Nele constava o seguinte objetivo: "promover o estudo e o desenvolvimento da História e Geografia do Brasil e, principalmente do Estado de São Paulo, e assim, ocupar-se de questões e assuntos literários, científicos, artísticos e industriais que possam interessar o país sob qualquer ponto de vista."

Cesário Motta Júnior foi o primeiro presidente deste Instituto. Em sessão realizada no dia 25 de janeiro de 1895, reportando-se aquele objetivo, propôs temas e assuntos a serem estudados pelos sócios. Entre outros: divisas de São Paulo com os estados limítrofes, influência do rio Tietê na civilização de São Paulo, viação férrea em São Paulo e influência do estudo de Direito em São Paulo e na civilização do Brasil.

Entre 1894 e 1900, a entidade realizou sessões culturais em vários locais: na Escola Normal, no Ginásio do Estado, no sobrado de um dos fundadores, Domingos Jaguaribe, na Rua 15 de novembro, na Rua do Rosário, na Rua Marechal Deodoro, no Largo da Sé e na Rua General Carneiro. Foram, portanto, seis anos itinerantes.

Em 1904, 10 anos depois de sua fundação, o Instituto adquiriu o terreno onde hoje permanece sua sede, na rua Benjamin Constant, 158. Nuto Santana, membro desta casa, relata em seu livro *São Paulo Histórico* que, em 1765, a rua se chamava Rua do Ferrador; em

1770, passou a denominar-se Rua de São Francisco, por passar em frente do convento com esse nome; em 1810, foi conhecida como Rua do Jogo da Bola, por nela residir o barateiro do jogo da bola Manoel Martins Duarte.

Residiram na Rua do Jogo da Bola, segundo o recenseamento de 1822, 10 fogos (fogo era sinônimo de casa de família): 5 homens, 18 mulheres, 3 costureiras, 2 rendeiras e um carpinteiro.

Em 1830, a rua passou a chamar-se Rua da Princesa, nome que conservou até às 14 horas de 16 de novembro de 1889, quando um grupo de populares entusiasmados decidiu homenagear Benjamin Constant, líder da proclamação da República. Nessa ocasião, estima-se que a cidade de São Paulo tivesse cerca de 100 000 habitantes.

Há cerca de 115 anos a rua permanece com o mesmo nome. Adquirido o terreno, exatamente neste lugar onde estamos reunidos, construiu-se prédio de dois andares, inaugurado em 25 de janeiro de 1909.

Quarenta e um anos depois, na sessão de 27 de outubro de 1951, o Presidente do Instituto (1951-1957), professor da Faculdade de Medicina da Universidade de São Paulo, Ernesto de Souza Campos, formado em engenharia e medicina, herdeiro lógico da direção deste Instituto, apresentou o projeto de construção do novo prédio-sede, a ser conduzido por ele.

Ernesto de Souza Campos entrou para o Instituto Histórico e Geográfico em 1942, tendo escolhido Antonio de Souza Campos, seu pai, como patrono. Presidiu esta entidade durante quatro triênios intercalados entre 1951 e 1969. Como recorda sua filha, Lia Souza Campos de Siqueira Ferreira, hoje aqui presente, "tinha um compromisso de amor com tudo que realizava"[1].

A construção teve início em 1952, quando a cidade de São Paulo completou 400 anos de fundação, em 25 de janeiro de 1954, inaugurou-se o novo edifício graças a um homem que não medira esforços para ver concretizada a obra que idealizara. *"Na entrada para o Instituto e andares superiores encontra-se uma porta histórica outrora pertencente ao antigo Palácio do Governo, no Pátio do Colégio, infelizmente demolido e justamente neste ano histórico. Adquirida pelo nosso consócio Nicolau Duarte Silva que a ofereceu ao nosso sodalício, tivemos a ideia de colocá-la no local mencionado. Tornou-se assim a dádiva ainda mais preciosa. Ficou ao contato do público. Levará uma placa explicando sua origem. Magnífica portada. Testemunha muda de uma grande e gloriosa parcela da história de São Paulo".*

---

1 Ver *Revista do Instituto Histórico e Geográfico de São Paulo*, volume XCI, p. 29-31 – Nome do Professor Ernesto de Souza Campos ao Edifício-Sede, por Lia Souza Campos de Siqueira Ferreira.

É uma honra termos entre nós a Sra. Lia Campos Ferreira, filha do Professor Ernesto de Souza Campos, que, ao lado de seu pai, assistiu à inauguração do novo edifício-sede, e entrou com ele pela porta deste Instituto, – a porta do Palácio do Governo do Estado de São Paulo, demolido em 1953, após longa trajetória histórica.

Com palavras de seu belo texto *São Paulo era assim*, eu me dirijo a ela: "Minha amiga paulistana de olhar perdido ao longe, o que tens a me dizer? Quantas lágrimas choraste e quantos risos tiveste no teu longo caminhar? Quero ler o teu passado na palma da tua mão".

Ernesto de Souza Campos, 7º Presidente deste Instituto, foi autor de obra magistral, cujo título é *História da Universidade de São Paulo*. O livro tem muito a ver com a sessão de hoje, por nele constarem temas ligados à História da Faculdade de Direito, à Associação de Antigos Alunos e ao Centro Acadêmico XI de agosto.

Assim se referiu Lia a seu pai: "Um homem é um homem quando se deixa levar pelo coração, pelo amor à Pátria, à família, ao próximo e ao trabalho".

Como homens e mulheres que marcaram a vida do nosso Instituto, que todos aqui presentes se deixem conduzir pelo amor à Pátria, à família, ao próximo e ao trabalho, reafirmando mais uma vez a crença inabalável nos valores e na dignidade da memória Paulista.

Edifício da Academia de Direito, na sétima década do século passado, conservando ainda a fachada de aspecto conventual (Arquivo do Departamento de Cultura).

Palavras de Ives Gandra da Silva Martins

A fundação em 11 de agosto de 1827 de duas Escolas de Direito, em São Paulo e Olinda, dá início à formação jurídica de brasileiros no país, que poucos anos antes conquistara sua independência de Portugal.

Em governo conturbado, mas fundamental para dar o perfil continental da nação que ensaiava seus primeiros passos, D. Pedro I percebeu que, para a consolidação de um Estado de Direito, seria imprescindível vivência jurídica autônoma e, por esta razão, as duas primeiras instituições de ensino superior do Brasil são Faculdades de Direito.

Não se pode esquecer da positiva influência que um pequeno grupo de notáveis intelectuais exerceu na decisão do Imperador, alguns exilados após a dissolução da Constituinte, mas que, como os pais da República Americana, esculpiu a nação brasileira. A decisão, todavia, foi exclusivamente do Rei Cavaleiro – na feliz adjetivação de Pedro Calmon – que mais intuitivo do que culto e mais estadista do que político, oferendou a independência ao Brasil e, depois, reconquistou o trono português, depondo seu irmão, D. Miguel.

A D. Pedro I deve-se a instituição, não só dos estabelecimentos de ensino jurídico, mas, mais do que isto, a criação de uma Escola de Direito pátria que, nos últimos cento e sessenta e seis anos, tem-se ombreado às maiores escolas das nações civilizadas.

As Faculdades passaram, tão logo surgidas, a ser o centro de convergência, não só das discussões sobre o perfil jurídico que a Nação começava a adquirir, mas também de preparação de um sólido corpo de advogados, promotores, magistrados e professores com vistas para o futuro, na regulamentação do presente, sem esquecer as lições do passado.

Por esta razão, o jovem Imperador D. Pedro II – que durante toda sua vida prestigiou o Instituto dos Advogados Brasileiros, muitas vezes assistindo a conferências sobre complexos temas de Direito, na plateia do Auditório do IAB –, aconselhado por seus assessores, incentivou a fundação da coirmã carioca, visto que a Capital do Império não tinha qualquer instituição capaz de aperfeiçoar os juristas formados em Olinda ou São Paulo. Idêntica iniciativa tomou um grupo de profissionais em São Paulo, a qual terminou por não ser bem-sucedida. Entenderam, à época, tais profissionais, que a Província de São Paulo não precisava de um Instituto, pois já contava com sua Faculdade de Direito, o que não ocorria com a capital do Império que, sem instituições jurídicas, não possibilitava o encontro e o sadio debate entre os especialistas da área.

O mesmo argumento frustrou outra tentativa em 1864, só vindo a ser bem-sucedida a terceira investida, já sob a liderança do Barão de Ramalho.

Assim descreve Rubens Approbato Machado a fundação:

Em 14 de abril de 1875, por ato do Presidente da então Província de São Paulo, João Teodoro Xavier de Matos, o instituto teve sua Carta oficialmente aprovada, considerada, a partir de então, uma entidade de interesse público. Sua primeira diretoria foi empossada, solenemente, em 17 de junho de 1875, tendo por seu Presidente, o Barão de Ramalho. Na sua oração de posse, com notável espírito de premonição sobre os destinos e finalidades do instituto ao longo de sua vida, o Mestre Ramalho ressaltou: "É pôr sem dúvida o centro cultural de um instituto que facilita aos advogados permutarem suas ideias e pensamentos sobre as questões intrincadas do Direito e as aplicações práticas aos casos ocorrentes. E, efetivamente, ao longo dessa mais do que centenária existência, o IASP tem sido o centro cultural de estudos jurídicos, na permanente busca do aprimoramento da elaboração legislativa, do primado da Justiça e do Direito e do desenvolvimento da ciência jurídica".

E, naquela histórica oração, Ramalho ao mesmo tempo indaga e responde: "Para que serve um Instituto dos Advogados? Num país como o nosso, em via de organização, é infinita a função política e é rigoroso o dever moral dos homens da ciência, sem a qual de nada valem as boas intenções, o esforço e o patriotismo. Sem a ciência não é possível o conhecimento dos fenômenos, nem o método criador nem a lei, nem o próprio raciocínio sistematizado. Quando muito haverá força desagregada e egoísmo a dificultar a evolução e o aperfeiçoamento dos elementos embrionários".

De rigor, até o advento da República, funcionou o Instituto dos Advogados de São Paulo como a verdadeira Casa do Advogado e da Justiça, permitindo que a Faculdade de Direito se concentrasse nas suas atividades essenciais, que era a de formar profissionais.

Assim, São Paulo, como o Rio, passaram a possuir instituições dedicadas a promover o aperfeiçoamento da classe de profissionais e o estudo de Direito, tendo-se tornado, naqueles anos, as verdadeiras Escolas de Pós-graduação do país.

Com o advento da República e a morte de alguns dos ilustres fundadores, o Instituto dos Advogados de São Paulo entrou em fase de pouca produção, ao ponto de, em 1916, Francisco Morato ter imaginado fundar um novo Instituto, pois parte da produção anterior se perdera, inclusive documentos essenciais que apenas foram descobertos pelos que dirigiam o IASP em 1985. Ao procurarem levantar a História, descobriram, desde a ata de fundação até as listas de presenças, fotografias e documentos, demonstrando a fecunda atuação da instituição no Império e início da República.

A partir de 1916, retomou, pois, o IASP sua decisiva participação na vida jurídica nacional e de lá para cá, sem qualquer interrupção, colabora de forma admirável e fecunda com a elevação do nível de pesquisas em todos os campos do Direito, sobre gerar uma Escola Paulista de Advocacia, uma Escola Paulista de Direito Tributário, além de contribuir para o perfil de autênticas e universais correntes brasileiras de direito público e privado, realçando-se a conformação pátria do direito econômico e constitucional.

Hoje, as maiores expressões do Direito Brasileiro pertencem ao IASP. Sua Escola Paulista de Advocacia, seus cursos e publicações, suas contribuições *de lege ferenda* ou de crítica a *lege lata* têm auxiliado governantes, advogados, magistrados, membros do Ministério Público e da Administração, a trilhar os caminhos mais justos da Lei.

O próprio gesto de separar a Ordem dos Advogados do Instituto, visto que a instituição de 1916 passara a representar a classe dos advogados e os interesses da categoria, objetivou manter o perfil de uma Casa de Juristas.

A Ordem dos Advogados nasce pelas mãos dos Institutos dos Advogados e principalmente do Instituto de São Paulo. Do Instituto da Ordem dos Advogados de São Paulo, como era denominado, voltando o Sodalício a ostentar seu nome de origem e retornando a ser, como foi desde o início, o albergue do Jurista, do Doutrinador, do Professor, do profissional especializado.

Nesta separação, em que a Ordem se transforma na Casa do Advogado e o Instituto na Casa do Jurista, houve por bem a Ordem, gerada pelos Institutos, hospedar a participação de jurisconsultos, mantendo 1/4 de seu Conselho preenchido por profissionais de livre indicação dos Institutos.

Respeitava a jovem filha as lições de sabedoria de seu velho genitor, para que a experiência dos mestres indicados fosse útil aos advogados eleitos pela classe. E somente agora, com o novo Estatuto da Ordem, deixaram os Institutos de colaborar diretamente com a direção das Seccionais da entidade de classe, para colaborar, exclusivamente, na produção científica que tem caracterizado seu trabalho maior.

Em rápidas pinceladas, é a criação e o aniversário do Instituto dos Advogados de São Paulo, com a permanente juventude de seus cento e vinte anos, que queremos registrar na memória do Instituto Histórico e Geográfico de São Paulo, magnificamente dirigido por Nelly Candeias e por uma plêiade de eminentes colaboradores, na tradição dos grandes presidentes que já teve, destacando-se Hernâni Donato seu Presidente de Honra.

Faculdade de Direito no Largo São Francisco, 1862.
Fotografia de Militão Augusto de Azevedo.

Registro Fotográfico

Os Professores José Alberto Neves Candeias e Nelly Martins Ferreira Candeias ao lado de Lia de Souza Campos de Siqueira Ferreira, filha de Ernesto de Souza Campos.

Posse de novos membros

Membros Titulares: Adriana Florence, Alcides Nogueira, Dom Antônio Maria Mucciolo, David Ferreira de Gouveia, Eduardo de Almeida Navarro, Geraldo de Andrade Ribeiro Júnior, João Monteiro de Barros Filho, Jorge dos Santos Caldeira Neto, Maria Adelaide Amaral, Mariazinha Congilio, Vilma Lúcia Gagliardi. **Membro Correspondente Nacional:** João Bosco de Castro – Belo Horizonte, MG. **Membro Correspondente Internacional:** Maria Luísa Viana de Paiva Boléo – Lisboa, Portugal – representada no ato pelo Professor Dr. José Alberto Neves Candeias. **Saudação aos novos membros:** Hernâni Donato.

Ives Gandra da Silva Martins, João Monteiro de Barros Filho e José Renato Nalini.

Da esquerda para direita; João Monteiro de Barros Filho, Paulo Bomfim, Dom Antonio Maria Mucciolo, Hernâni Donato e Ives Gandra da Silva Martins.

José Alberto Neves Candeias recebendo Diploma de Maria Luísa Viana de Paiva Boléo, primeira mulher membro correspondente em Portugal.

CAPÍTULO
•12•

Visita da ministra de Portugal

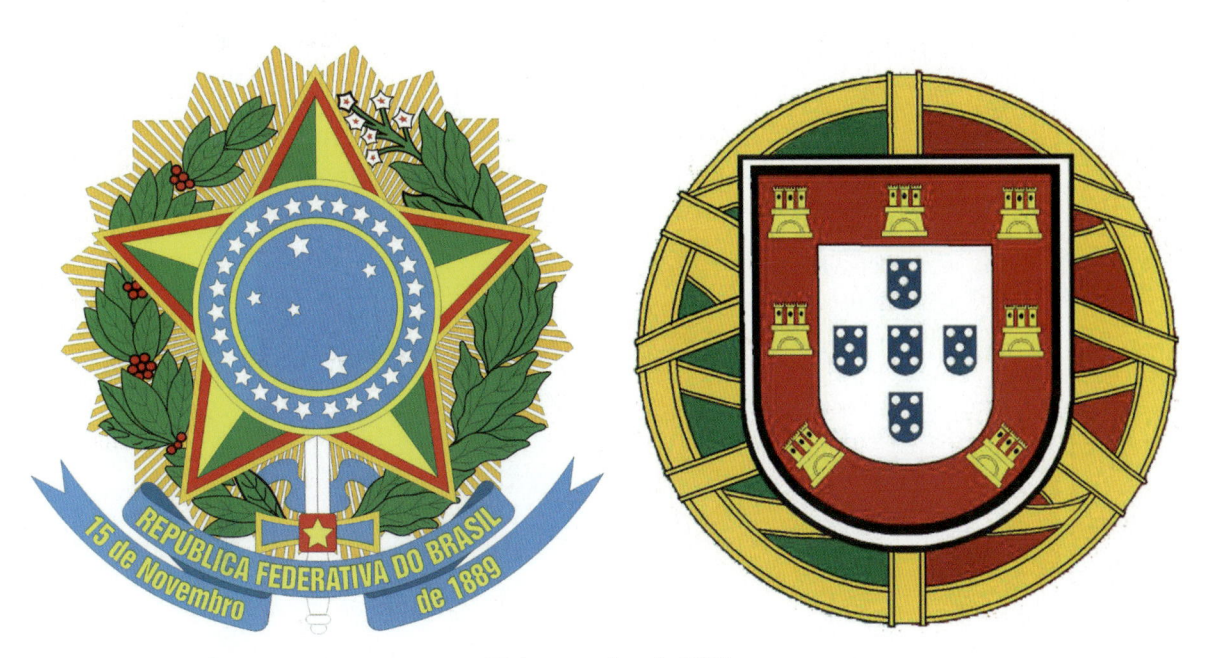

25 de setembro de 2004.

Palavras da Presidente

Temos a honra de receber no Instituto Histórico e Geográfico de São Paulo Sua Excelência a Senhora Ministra da Cultura de Portugal, Maria João Espírito Santo Bustorff Silva, e Sua Excelência o Senhor Ministro e Embaixador Dr. José Gregori, em cujas pessoas saúdo as autoridades civis e militares aqui presentes, assim como acadêmicos, amigos e admiradores desta casa.

No século XVI, ao tempo em que Gil Vicente dizia "assim me salve Deus e me livre do Brasil", no Planalto de Piratininga e no litoral da Capitania, homens e mulheres, de origem europeia, portugueses, foram capazes de enfrentar as mais árduas circunstâncias: de alma forte e determinada, uma "raça de gigantes", constituída por portugueses, índios e mamelucos, nasceu, viveu e morreu, contemplando a alvorada de uma grande Nação. Com coragem e convicção, romperam os limites teóricos do Tratado de Tordesilhas, moldando penosamente o território deste País. Isso ocorreu numa época em que as vidas corriam perigo, a cada passo e a cada momento e em que decisões imediatas, certas ou equivocadas, não tinham retorno.

Segundo Nina Rodrigues, membro deste Instituto, entre o Descobrimento e a Independência do Brasil, em 1822, à exceção das terras dos índios, tudo aqui era português. Da mais alta competência técnica, portugueses formavam os quadros administrativos, religiosos e militares do País.

De 1872 a 1972, 1 662 180 portugueses imigraram para o Brasil. Mostram as estatísticas que, de 1827 a 1959, do total de imigrantes, 14,2% eram portugueses e 32,5 % italianos. Hoje o Brasil abriga uma das maiores comunidades lusitanas fora de Portugal, com maior concentração nas cidades de São Paulo e do Rio de Janeiro.

O IHGSP foi criado em 1º de novembro de 1894. Está, portanto, às vésperas de comemorar 110 anos de sua existência. Da fundação até a presente data, 101 portugueses nos honraram com suas presenças. O primeiro português a ingressar nesta entidade, no ano de 1900, foi o engenheiro Francisco de Paula dos Santos Rodrigues. Neste ano (2004), dois portugueses tomaram posse: como titular, David Ferreira de Gouveia, residente em São Paulo, o maior genealogista da Ilha da Madeira; como correspondente, a historiadora Maria Luísa Viana de Paiva Boléo, residente em Lisboa, cujos estudos sobre o tema "mulheres famosas" muito nos impressionaram. A ela devemos dados sobre Ana Pimentel, mulher de Martim Afonso de Souza, cuja competente atuação na Capitania de São Vicente era, até então, quase desconhecida.

No próximo ano, em 2005, passaremos a contar com o nome de Jorge Pereira de Sampaio, cuja indicação se deve, além de sua produção histórica, ao empenho que tem demonstrado pela aproximação cultural da comunidade Luso-Brasileira.

Ricardo Severo, retratado por Henrique Medina.

Se a memória histórica representa nosso principal objetivo, cabe mencionar, brevemente, nomes que muito honraram e honram esta casa. Ricardo Severo, ilustre engenheiro e arquiteto, por ocasião da homenagem a Affonso Taunay, assim se expressou em 1931: "o patriotismo brasileiro se fundirá com o nosso, português, na restauração duma pátria, cuja influência e ação mundiais constituem um postulado da moderna ciência histórica". Sonhando com o mar, ele atribuía ao Atlântico o mesmo papel desempenhado pelo Mediterrâneo no período clássico das civilizações do ocidente europeu.

A casa onde nasci e vivi, registro de minhas primeiras percepções com todas as imagens de descanso e tranquilidade que acompanham minha infância, foi construída por esse notável engenheiro e arquiteto. E a ela, até hoje, retorno nos meus mais infinitos devaneios.

Outros portugueses membros deste Instituto: Carlos Malheiro Dias, Padre Serafim Leite, Francisco Higino Craveiro Lopes, Fidelino de Figueiredo, Gago Coutinho, Jaime Zuzarte Cortesão, Embaixador José Hermano Saraiva, Jorge Borges de Macedo, Alberto Vieira, Rui Carita, Dom Marcus de Noronha da Costa, o mais assíduo sócio correspondente internacional.

Presentes entre nós, e residentes em São Paulo, Frederico Guilherme José P. de Sá Perry Vidal, mestre em Eça de Queirós, João Alves das Neves, presidente do Centro de Estudos Americanos Fernando Pessoa, e David Ferreira de Gouvêa, genealogista da Ilha da Madeira.

Sabemos, por experiência de participação direta, que as relações da comunidade luso-brasileira fortalecem-se com base em eixos políticos, comerciais e culturais, fundindo ideais e valores, graças a um patrimônio em comum.

A exemplo do que ocorreu no século XVI, que nós aqui reunidos, portugueses, índios, mamelucos e todos os outros imigrantes e descendentes de imigrantes que tanto têm contribuído para a grandeza do País, continuem a dignificar, pela cultura em sua dimensão histórica, os valores éticos e morais que fazem do Brasil uma grande Nação.

Palavras do Ministro/ Embaixador José Gregori

Um embaixador que cumpra missão no Exterior pode se considerar realizado quando, além do trabalho de disseminação das coisas, ideias e possibilidades de seu país, descobre e toma contato com as coisas realmente importantes que estejam sendo feitas ou acontecendo no país que o hospeda. Parece-me que, sob esse critério, logrei atingir essa dupla missão quando estive, por quase dois anos, em Portugal.

Não só passei para aquele adorável país tudo que podia em matéria de Brasil, como recebi e absorvi o que lá acontecia e aconteceu nos planos político, econômico e cultural.

Uma das minhas descobertas foi a Fundação Ricardo Espírito Santo Silva e a presidente de seu Conselho, Maria João Bustorff.

Foi para mim importante a visita que fiz onde está à mostra, para toda a população portuguesa, o fruto de anos seguidos de um colecionador que tinha consciência do que fazia, retendo objetos – os mais diversos – que realmente se impunham pelo apuro artístico ou significado histórico. É impressionante o acervo acumulado numa vida que não foi tão longa, mas deixou, na cultura portuguesa, marca muito profunda.

Hoje, Maria João prossegue nessa obra e o faz de forma a não só mantê-la, mas dinamizá-la, estendendo suas atividades para além Portugal. As oficinas de restauro da Fundação, que reúnem equipes de altíssimo padrão técnico, estão habilitadas a cumprir qualquer tarefa por maior que seja sua delicadeza ou complexidade. O Museu se torna vivo pelos cursos, visitas monitoradas de juventude, simpósios, enfim, tudo que possa infundir gosto, padrão, elegância que, afinal, são componentes civilizatórios de uma Fundação deste porte.

Por isso, Maria João, nome respeitadíssimo em Portugal, recebeu seu recente cargo de Ministra da Cultura como uma decorrência natural de suas intensas atividades no plano cultural. É, portanto, para uma grande dama da cultura portuguesa que o Instituto Histórico e Geográfico de São Paulo está abrindo suas portas para uma homenagem.

Essa homenagem leva o selo de uma instituição respeitável. Há mais de um século, o Instituto é, por excelência, o espaço paulista e paulistano de preservação de nosso passado e do nosso presente que será lembrado. Sua história guarda o eco das vozes mais qualificadas da história, da literatura, da política e da cultura de nossa cidade e do nosso Estado. Bastaria evocar três vultos gigantes – verdadeira santíssima trindade – das letras brasileiras, no seu sentido mais orgânico, criativo e de longevidade no reconhecimento e influência exercida: Euclides da Cunha, Mário de Andrade e Oswald de Andrade.

O que São Paulo, na sua história, por seus maiores e seu povo, tenha feito de assinalável, aqui se encontra registrado. É possível acompanhar por esse Instituto a evolução das raízes paulistas, as quais aqui nasceram, as que tornaram possível esse nascimento e as que vieram depois, todas indispensáveis para que São Paulo, de burgo com viés provinciano, se transformasse na atual megalópole. Este Instituto tem as certidões de nascimento, vida, evolução e, agora, gigantismo dessa cidade. Por isso, mais uma vez, se justifica, plenamente, a homenagem a uma mulher portuguesa que trabalhou e trabalha pelo Brasil e, nessa dupla condição, representa o que o luso-brasileirismo tem de mais fecundo.

Portugal e Brasil constituem um caso singularíssimo, praticamente, sem paralelo na história do mundo, em que a convivência entre os dois povos se fez e faz de fatos históricos, culturais, sociais e econômicos que se entrecruzam, com tanta constância e especificidade, através dos séculos, que se poderia dizer que o relacionamento que estabeleceram é um amálgama de impregnação recíproca. Nada nos separa, tudo nos mistura.

E uma das representações desse amálgama de impregnação recíproca que dá bem a dimensão do quanto recebemos e do quanto contribuímos é o nosso Barroco, para cuja sobrevivência e conservação Maria João está sempre tão atenta e empenhada.

O que os portugueses trouxeram aqui foi absorvido e reprocessado pela nossa imaginação e sentimento. Impregnamos de nosso lúdico, de nossa sensualidade, de nosso romantismo a escultória que aqui aportou. E aportou, não como simples importação, mas para um processo de reinvenção conjunta. Nem houve, como insinua Oswald de Andrade, uma "cabralização do Brasil", mas uma hibridização com a componência índia, negra, mulata e dos descendentes europeus aqui nascidos.

A verdadeira arte não se impõe de cima para baixo numa rigidez ortodoxa, mas absorve e decanta os elementos de vida e inspiração que receba do lugar onde é feita. Cabe indagar se haveria o Barroco sem o ouro brasileiro, sem a pujança de nossa natureza, a irreverência e malícia de nossa maneira de ser que ampliou a liberdade de linhas, curvas e formas dos entalhes.

O Barroco brasileiro foi uma maneira nova de expressar o novo mundo. Aliás, uma vez indaguei à Maria João, que tem total afinidade com o Barroco feito em nossas plagas, se existia mesmo a nossa marca em tudo o que foi feito no Brasil. Não esqueço sua resposta: "Nesses restauros você vai descobrindo e revelando, e surgem as formas, curvas e figuras portuguesas, que poderiam estar no Brasil, no Porto ou em Lamego. Mas, de repente, desponta um caju com toda a exuberância de sua expressão tropical e a gente sente o Brasil vibrante".

Com essa resposta, reforcei minha convicção de que não é fácil distinguir onde começa ou acaba o contributo de cada um de nossos países no Barroco e em tudo o mais que, na verdade, se fundem nisso que chamei de amálgama de impregnação recíproca.

A homenagem de hoje segue esse modelo: o que São Paulo tem de mais tradicional se abre a uma figura que trabalha pela aproximação dos dois países na descoberta e manutenção do que, no passado, fizeram juntos para espanto e admiração do mundo. Entre outros, o restauro que Maria João liderou, no Rio de Janeiro, de toda a azulejaria da Igreja de Nossa Senhora da Glória do Outeiro é a comprovação cabal de sua dedicação às raízes brasileiras que, afinal, também são portuguesas.

Bem fez Nelly Candeias, com sua admirável dedicação a esse Instituto, ao tomar a iniciativa dessa homenagem. Com Nelly Candeias o Instituto Histórico e Geográfico de São Paulo passou a ter outra vida, revitalizando sua atuação e influência.

Finalizando, desejo dizer que sei bem o quanto de preocupação e temor carregam os dias atuais. Parece incrível termos iniciado o novo século com tanta violência e com a emergência de tanto extremismo. Mas, de repente numa tarde tépida paulistana, de início de primavera, num lugar bem no centro da cidade gigante, tudo se torna tão ameno que esquecemos todo o entorno de angústias para, de novo, na homenagem da Maria João Bustorff, convivermos com a esperança e a elegância que nossos dois países, Portugal e Brasil, têm doado à cultura do mundo.

Registro Fotográfico
Outorga de colar do Centenário

Nelly Martins Ferreira Candeias
com Maria João Espírito Santo Bustorff Silva,
Ministra da Cultura de Portugal.

Fernando Leça, Maria João Espirito Santo Bustorff Silva,
Nelly Martins Ferreira Candeias e José Gregori.

Maria Helena Gregori, Nelly Martins Ferreira Candeias, José Gregori,
Maria João E. S. Bustorff Silva e Jorge Pereira de Sampaio.

CAPÍTULO
• 13 •

Homenagem à Polícia Militar do Estado de São Paulo

Cavalaria da Polícia Militar do Estado de São Paulo.
6 de outubro de 2004.

Palavras da Presidente

No ano da comemoração dos 450 anos da cidade de São Paulo e dos 110 anos deste Instituto, temos a honra de homenagear a Polícia Militar do Estado de São Paulo. Esta solenidade reflete a gratidão e o amor que sentimos pelo Brasil e por São Paulo, onde, desde o século XIX, duas entidades convivem e colaboram para promover a preservação de memória histórica desta metrópole e da Nação.

Inicialmente, denominada de Milícia Bandeirante, a Polícia Militar de São Paulo foi criada em 15 de dezembro de 1831, pelo Brigadeiro Raphael Tobias de Aguiar, Presidente da Província de São Paulo. Pela lei de 10 de outubro desse ano, Diogo Antônio Feijó, então Ministro da Justiça, determinou que as províncias tratassem de organizar Polícias Militares, para "manter a tranquilidade pública e auxiliar a Justiça".

O Brasão de Armas da Polícia Militar contém a imagem de um bandeirante com bacamarte e espada. Evoca glórias da história paulista ao tempo do Brasil colonial, assim como ideário de nossa tradição, empenhada em promover nosso patrimônio cultural.

Nunca nossa história foi tão esquecida! Cidadania e direitos humanos expressam-se por símbolos, cujo conhecimento, bem como uso correto deles, perpetuam para gerações vindouras o respeito e o valor que representam para a Nação.

Como ocorre com o ensino, nossos símbolos têm sido gradativamente excluídos de livros didáticos. Argumentos sem documentação histórica são apresentados à juventude com avaliações fortuitas, muitas vezes de caráter ideológico, tentando demonstrar a incompetência de quem lutou, venceu e conduziu o destino da Nação.

Com o desaparecimento orquestrado de fatos históricos, também vão desaparecendo hinos, fotografias, nomes e recordações, com visíveis prejuízos morais e éticos de vastas proporções, particularmente entre jovens. Poucos sabem cantar o Hino Nacional. Poucas escolas possuem a Bandeira Brasileira. É alarmante o desconhecimento da população paulista no que se refere a datas magnas, como 25 de janeiro e 9 de julho. É preciso, portanto, lutar pela memória histórica do Brasil porque sem história não há cidadania e zelar por esta é nobre missão do Instituto.

No Brasão de Armas da Polícia Militar, 18 estrelas alusivas aos marcos históricos da corporação, de 1831 a 1964, relembram episódios históricos de São Paulo e do Brasil. A décima quinta estrela recorda a Revolução Constitucionalista, as glórias de São Paulo durante o movimento político, quando civís e militares se uniram para defender a democracia no Brasil.

Cumpre mencionar o Coronel Júlio Marcondes Salgado, Comandante Geral da Força Pública, falecido na explosão de uma bombarda em 23 de julho de 1932, data em que o Governo o promoveu ao posto de General pelo decreto 5.602. O General Júlio Marcondes Salgado é Patrono da Força Pública – um dos seus mais ilustres servidores.

Desde o século XIX, a Polícia Militar de São Paulo e o Instituto Histórico e Geográfico de São Paulo têm compartilhado, ideais e convicções – com respeito e amor por São Paulo e pelo Brasil. É, pois, uma honra estarmos aqui, civis e militares, para prestar esta justa homenagem à Polícia Militar de São Paulo, fiéis ao lema que ostenta em seu brasão de armas: Lealdade e Constância.

Solenidade de Outorga do Colar do Centenário: Coronel Alberto Silveira Rodrigues, Comandante Geral da Polícia Militar.

CAPÍTULO 14

Instituto Histórico e Geográfico de São Paulo – 110 anos

Fundadores do IHGSP. Da esquerda para a direita: Antonio de Toledo Piza,
Domingos Jaguaribe Filho e Estevão Leão Bourroul.
6 de novembro de 2004.

Palavras da Presidente

Aqui nos encontramos reunidos para comemorar os 110 anos do Instituto Histórico e Geográfico de São Paulo, criado no dia 1º de novembro de 1894, por iniciativa de Estevão Leão Bourroul, Domingos Jaguaribe e Antonio de Toledo Piza.

De temperamento diferente e de ocupações diversas, esses três representantes da cultura paulista congregaram-se num pensamento comum: fundar uma instituição que, por meio de investigações seriamente documentadas, constatasse a verdade do nosso passado, pondo em relevo fatos que marcam de glória e de heroísmo a memória histórica de São Paulo.

Além deles, pela presença ou representação em assembleia convocada, mais 136 pessoas deram prestígio e força a esse notável empreendimento. Nessa ocasião elegeu-se por aclamação a primeira diretoria do Instituto Histórico e Geográfico de São Paulo e seu primeiro Presidente Honorário, Prudente de Morais, que duas semanas depois assumiria a Presidência do Brasil.

Desde a fundação deste Instituto, personalidades nacionais e estrangeiras têm colaborado para a memória de São Paulo e do Brasil, incluindo-se, nas duas primeiras décadas de sua existência, os nomes de Rodrigues Alves, Washington Luís, Santos Dumont, José Maria de Silva Paranhos, Rui Barbosa, Teodoro Sampaio, Euclides da Cunha, Ricardo Severo, Veridiana Prado, Marie Rennotte, Viscondessa de Cavalcanti e Marie Robinson Wright.

Como Presidente desta instituição, cabe-me lembrar a profícua atividade dos nossos primeiros administradores, pelo muito que fizeram pela história e tradições paulistas, reverenciando-lhes a memória na data em que o Instituto completa 110 anos de existência.

Encontram-se em exposição, neste auditório, retratos dos três principais fundadores do Instituto e de seu primeiro presidente, Cesário Motta Junior, assim como a versão original de nossa primeira Ata, redigida no dia 1º de novembro de 1894. Para que se perpetue nesta casa de memória, vou ler seu texto:

Cesário Motta Junior.

"Aos 10 dias do mês de novembro de 1894, ao meio-dia, nesta cidade de S. Paulo, em uma sala da Faculdade de Direito, reunidos, pessoalmente e por procuração, cidadãos em número de sessenta e nove, para o fím de se fundar nesta capital, o Instituto Histórico e Geográfico de S. Paulo, conforme convite anteriormente distribuído por uma comissão composta dos Drs. Domingos Jaguaribe, Estevam Leão Bourroul e Antônio de Toledo Piza. O sr. Dr. Domingos Jaguaribe expôs o fim da reunião e propôs para presidi-la o sr. Dr. Cesário Motta Junior, que foi unanimemente aclamado Presidente da assembleia e tomou assento na Mesa, convidando para servirem de secretários, os Drs. Antonio de Toledo Piza e Domingos Jaguaribe, que também tomaram assento na Mesa. O sr. Dr. Domingos Jaguaribe leu cartas de diversos cidadãos em que, comunicando não puderam assistir à presente reunião, por motivos imperiosos, declaram aderir à ideia da fundação do Instituto e pedem que sejam tidos como presentes e considerados como sócios fundadores. O sr. Dr. Antonio de Toledo Piza e algumas pessoas presentes também declaram os nomes de diversos cidadãos que, não podendo comparecer, os encarregaram de dar a sua adesão à ideia que motiva esta reunião e solicitar a sua inclusão na lista dos fundadores, devendo-se considerá-los como presentes. Em seguida, o sr. Dr. Jaguaribe leu as bases dos Estatutos da Sociedade, que são postas em discurso. Por proposta do sr. Dr. Garcia Redondo, é deliberado que o projeto do Estatuto seja aprovado provisoriamente, devendo ser impresso e distribuído para em reunião posterior ser discutido e definitivamente aprovado com as emendas que por ventura os sócios apresentassem. Passou-se depois a nomear a Diretoria que deve servir interinamente, sendo eleitos, por aclamação: srs. Drs. Cesário Motta Junior, presidente, Domingos Jaguaribe, vice-presidente, Antonio de Toledo Piza, secretário, Estevam Leão Bourroul, Carlos Reis e Conego José Valois de Castro. Por proposta do sr. Dr. Domingos Jaguaribe, unanimemente aceita, foi aclamado Presidente honorário do Instituto, o sr. Dr. Prudente José de Moraes Barros. Nada mais havendo a tratar, o sr. Dr. Cesário Motta declarou instalado o

Instituto Histórico e Geográfico de S. Paulo, dando parabéns ao Estado, congratulando-se com os fundadores de tão importante instituição e especialmente com os iniciadores de tão útil ideia, cuja brilhante realização os deve ter enchido de júbilo, e prometendo tanto quanto pudesse, prestar seus serviços a sociedade".

Congratulamo-nos com os fundadores de tão importante entidade e com os iniciadores desta iniciativa. Com eles, como eles e por sua memória, continuaremos a honrar seus nomes e a prestar serviços a São Paulo e ao Brasil. O mesmo amor e respeito pela Pátria nos mantêm unidos neste querido chão de Piratininga. Oxalá o mesmo ocorra daqui a 110 anos.

Registro Fotográfico

Carlos Taufik Haddad, Hernâni Donato e Nelly Martins Ferreira Candeias.

Hernâni Donato na tribuna, tendo à frente cópia da primeira ata.

Hernâni Donato e Nelly Martins Ferreira Candeias.

Jorge Caldeira, Carlos T. Haddad, Hernâni Donato e Nelly Martins Ferreira Candeias.

Bolo do aniversário do IHGSP.

Fim do bolo da Festa.

Registro Histórico

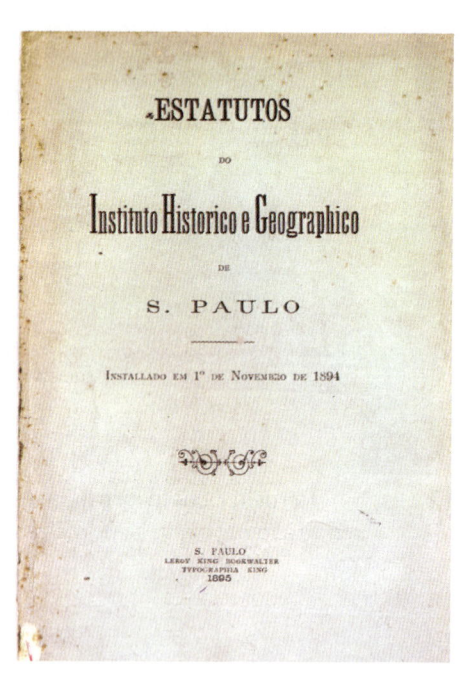

Primeiro Estatuto do IHGSP.

Primeira Revista do IHGSP, 1896.

Selo Comemorativo do Centenário do IHGSP.

Nome do Professor Ernesto de Souza Campos ao Edifício-Sede

Lia de Souza Campos e Siqueira Ferreira[1]

Com profunda emoção represento minha família nesta cerimônia de comemoração do Centenário do Instituto Histórico e Geográfico de São Paulo.

A homenagem prestada ao meu pai, Ernesto de Souza Campos, dando o seu nome ao edifício que planejou e cuja construção levou avante, é uma prova de justo reconhecimento.

De início ao término das obras esteve ele presente, atento ao trabalho necessário e às condições exigidas. Segundo informação posterior do Professor Ernesto Leme, fora responsável pela obtenção da verba, pelo projeto e por sua execução.

Durante essa época estive aqui várias vezes, vendo-o a subir e descer escadas, interessado no aperfeiçoamento de inteiriços e detalhes. E o fazia com entusiasmo e perseverança. Era de seu interesse dar a São Paulo uma sede própria para resguardar o nosso patrimônio histórico.

Finda a estrutura do prédio empenhou-se no revestimento interior. O mobiliário antigo foi restaurado com acréscimo de novas peças. A biblioteca recebeu estantes de aço e para seu acervo, 2500 volumes. O Livro do Mérito foi instituído. E como complemento do ambiente, a decoração singela e sugestiva.

O edifício iniciado em 1952 e inaugurado em 1954 em sessão solene com a presença de personalidades do movimento cultural e da sociedade paulistana apresentava-se, aos olhos do então presidente Ernesto de Souza Campos, como um estandarte de esperança pela preservação da memória e continuidade da história pátria.

Comemorava-se o IV Centenário da cidade, o Instituto Histórico e Geográfico abria suas portas para o 1º Congresso de História, inaugurando a biblioteca e o auditório com o lançamento do livro *São Paulo em quatro Séculos* (E.S.C.) e outorga da medalha Imperatriz Leopoldina, pois o solo paulista onde se firmara a Independência do Brasil ia receber os seus restos mortais.

À extrema sensibilidade de Ernesto de Souza Campos deve-se a inspiração e a transladação dos despojos da imperatriz, vindos do convento de Sto. Antonio do Rio de Janeiro para o Panteão sob o Monumento do Ipiranga em São Paulo. Resultado de entendimentos que tivera com os frades capuchinhos, o Governo de São Paulo e D. Pedro de Orleans e Bragança em Petrópolis, que lhe cedera vestes e pertences da época do Império para exposição nas salas do Instituto.

---

1 Ver *Revista do Instituto Histórico e Geográfico de São Paulo*, volume XCI, p. 29-31 – Nome do Professor Ernesto de Souza Campos ao Edifício-Sede, por Lia Souza Campos e Siqueira Ferreira.

Os despojos vieram em trem especial acompanhados pela família imperial. A cerimônia de descida ao Panteão, na presença de membros do Governo e da sociedade paulista, acrescentava mais um capítulo à história da cidade.

Contudo não foi possível ao responsável, por tão emérito acontecimento, estar presente à recepção. Acometido de enfermidade repentina, delegou à família a sua representação.

Ao promissor início de atividades seguiriam curso de história, palestras, conferências, variadas exposições e a publicação da Revista do Instituto.

Ernesto de Souza Campos entrou para o Instituto Histórico e Geográfico de São Paulo em 1942, escolhendo como patrono seu pai, Dr. Antonio de Souza Campos. Foi presidente durante quatro triênios intercalados entre 1951 e 1969. Sua dedicação ao trabalho manifestava-se nas inúmeras realizações e na publicação de temas universitários, históricos, científicos e literários.

Tinha um compromisso de amor com tudo que realizava. Devotado ao ensino, dizia: "Só há um problema fundamental: é o da educação. Todos os outros dele derivam".

Assim empenhou-se de corpo e alma na centralização de um *campus* universitário, finalmente implantado em São Paulo em 1934 durante o governo Armando Salles de Oliveira. Responsável pela escolha do local daria sequência ao empreendimento a princípio como diretor do escritório de obras e depois como Presidente do Planejamento e Construção da Cidade Universitária.

De seu amor pela cidade de São Paulo que escolhera para viver, Ernesto de Souza Campos já deixara marcas no planejamento no Centro Médico no Araçá, constituído de: Faculdade de Medicina, Edifícios de Laboratórios e Hospital das Clínicas.

Cabe-lhe ainda o mérito de ter aqui fundado a primeira Escola de Jornalismo "Casper Líbero", quando Ministro da Educação e Saúde do governo Eurico Gaspar Dutra.

Um homem é um homem quando se deixa levar pelo coração... pelo amor à Pátria, à família, ao próximo e ao trabalho.

Como tal Ernesto de Souza Campos se realizou. Arquitetou planos com resultados positivos. Formado em engenharia e medicina, exerceu com entusiasmo as duas profissões. Se ergue pilotis e telhados, empenhou-se na conquista do mestrado e da ciência. Pelos caminhos que trilhou foi deixando rastros de uma existência produtiva de múltiplas fases.

É dele agora... o abraço da Eternidade.

E da sua família, o agradecimento por essa merecida homenagem à sua memória.

Discurso proferido em 1º de novembro de 1994

CAPÍTULO
• 15 •

São Paulo de Piratininga
451 anos

25 de janeiro de 2005.

Palavras da Presidente

Ao comemorar os 451 anos da fundação de São Paulo, no quarto janeiro de minha gestão, agradeço a todos que aqui se encontram, muitos dos quais acompanharam com justificada apreensão os esforços despendidos pela Diretoria no triênio 2002-2004 para tornar esta entidade mais próxima das políticas culturais modernas.

No início da segunda gestão, pretendo expor brevemente o que foi possível realizar no triênio passado. Ao assumir a direção, em 2002, o IHGSP atravessava a mais grave crise de sua centenária história, com dívida acumulada que chegou a atingir o montante de R$ 311.421,45.

Catorze empregados consumiam cerca de 80% das receitas, e os 20% restantes não permitiam pagar despesas e compromissos financeiros da entidade. Três anos depois, a redução de catorze para cinco empregados tornou possível ajustar a receita proveniente de dois inquilinos e de mensalidades, fonte de nossa renda, às mais urgentes despesas da folha de pagamento.

Hoje, nossos gastos estão perfeitamente de acordo com a receita. Muito embora nem sempre sejamos capazes de controlar despesas imprevistas, o problema financeiro da entidade encontra-se sob total controle técnico e em situação promissora. Mesmo assim, prosseguimos com cautelosa política de contenção de gastos no mandato que ora se inicia.

Agradeço mais uma vez a todos que me acompanharam durante minha primeira gestão, cujo apoio, zelo e competência contribuíram para a normalidade administrativa desta entidade.

O advogado Octávio Bueno Magano prestou-nos valiosa colaboração ao reduzir-se o número de empregados nesta entidade. Professor Titular da Faculdade de Direito da USP, renomado jurista no âmbito do Direito do Trabalho, foi agraciado com as comendas da Ordem do Mérito Judiciário do Trabalho, Ordem do Mérito do Trabalho, Grau Oficial do Ministério do Trabalho e com o Grau Oficial da Ordem do Rio Branco do Ministério das Relações Exteriores.

Homem de fortes convicções, pronunciou-se contra a proposta equivocada de hipotecar nosso edifício-sede, sugerida por membros desta instituição, indiferentes ao destino desta casa centenária de memória paulista.

Expresso minha gratidão a Paulo Bomfim, cujo ingresso nesta entidade deu-se em 19 de julho de 1958, sob presidência de José Leite Cordeiro. Entrou neste auditório acompanhado por Ibrahim Nobre, o grande tribuno da Revolução Constitucionalista.

No ano de 2004, num quadro de perpectivas sombrias, a presença emblemática de Paulo Bomfim trouxe generosa doação financeira para o Instituto Histórico e Geográfico de São Paulo. Foi possível amenizar dívidas, modernizar elevadores do edifício, dispensar ascensoristas e funcionários e pagar parte do legado de encargos sociais que antes não se poderiam quitar. Paulo Bomfim esteve sempre presente e, porque acreditava na causa, abrilhantou nossas cerimônias e sessões culturais, acentuando a natureza guerreira das trincheiras paulistas.

Quanto às condições do prédio, o engenheiro Rogério Ribeiro da Luz, Vice-Presidente desta Diretoria, neto de Ibrahim Nobre, enviou-nos minucioso relatório sobre as condições do edifício-sede Ernesto de Souza Campos, dizendo:"...percebo com nitidez que as obras de recuperação, manutenção e conservação do edifício, que abriga o sodalício, foram completamente abandonadas. Estamos chegando a pontos insustentáveis, principalmente nas partes elétrica e hidráulica, com reflexos à vista de todos o que provoca acelerada desvalorização do patrimônio". Graças à generosidade de Rogério Ribeiro da Luz e sob sua constante supervisão, a entrada, o auditório e o sexto andar do prédio foram reformados para benefício de todos.

No que diz respeito ao acervo do Instituto, em 2004, recebemos a doação da Biblioteca do Dr. José Celestino Bourroul, constituída por mais de 4.000 publicações, a maior do país no que se refere ao movimento constitucionalista de 1932. Por empenho da Sra. Cárbia Sabatel Bourroul e de seus filhos Frederico Octávio e Alexandre Camillo, a biblioteca será instalada no quarto andar deste prédio, ficando à disposição do público a partir de julho deste ano. Como é de plena justiça, a biblioteca evocará o nome do seu criador.

No terceiro andar deste prédio, instalou-se o Centro de História Filatélica e Postal Brasileira, dirigido por Geraldo de Andrade Ribeiro Jr., membro deste Instituto e atual Presidente da Federação das Entidades Filatélicas do Estado de São Paulo. Em breve, o novo Centro de Memória estará à disposição dos consulentes, oferecendo ao público exposições, cursos, livros, revistas, catálogos e outras publicações especializadas.

À Profa. Dra. Helena Ribeiro, docente da Faculdade de Saúde Pública/USP, agradecemos o cuidadoso diagnóstico e parecer técnico sobre condições da mapoteca, onde se encontravam mapa da Província de São Paulo, de 1810, e mapas originais de Jules Martin, membro do Instituto, com posse em 5 de março de 1897. Ainda em termos da disponibilidade e acesso ao acervo, alegra-me o fato de nossa mapoteca estar aos cuidados do Professor Doutor Jorge Pimentel Cintra, docente da Escola Politécnica da Universidade de São Paulo.

Graças ao empenho de Armando Alexandre dos Santos, foi possível lançar a Revista do Instituto e criar nosso site.

Finalmente não posso deixar de evocar a presença do Padre Professor José Affonso de Moraes Bueno Passos, livre-docente da USP, cuja experiência, sabedoria e coragem amenizaram a amargura desta administração ao sugerir caminhos para decisões difíceis e, portanto, de resultados imprevistos.

Tem início agora a posse dos novos membros do Instituto Histórico e Geográfico de São Paulo. Entram neste local sagrado, chão de Piratininga, pela histórica porta do antigo Palácio do Governo do Estado de São Paulo, demolido em 1953. Trata-se de uma relíquia histórica, doada por Nicolau Duarte da Silva, membro da diretoria por ocasião da inauguração do edifício-sede Ernesto de Souza Campos em 25 de janeiro de 1954.

Também estes permanecerão na lembrança desta Casa de Memória, em seu terceiro século, pelo que fizerem em prol dos valores que nos tornam irmãos pela cidadania, ao aceitar a delicada missão de levar mensagens rejuvenescidas da História e da Geografia de São Paulo às novas gerações de brasileiros paulistas. Isto reflete a intemporalidade dos seres humanos em sua nobre luta pela preservação dos valores éticos e morais da Nação.

Registro Fotográfico

Hernâni Donato e Nelly Martins Ferreira Candeias.

Abertura da Cerimônia.

Posse de novos membros

Membros Titulares: Cacilda Maria Decoussau Afonso Ferreira, Carlos Taufik Haddad, Pe. César Augusto dos Santos, S.J., Francisco José Arouche Ornellas, Júlio Capobianco, Luiz Ernesto Kawall, Luís Francisco da Silva Carvalho Filho, Margarida Rosa de Lima, Mário Antônio Silveira, Nereu César de Moraes, Sandra Brecheret Pellegrini, Shozo Motoyama. **Membros Correspondentes Nacionais:** Esther Caldas Guimarães Bertoletti, Rio de Janeiro – Guilherme Gomes da Silveira D'Avila Lins, Paraíba – Luís Carlos Bassalo Crispino, Pará. **Membro Correspondente Internacional:** Jorge A. F. Pereira de Sampaio – Lisboa. **Saudação aos novos sócios:** Nereu César de Moraes.

Hernâni Donato e Padre César Augusto dos Santos, S.J.

Carlos Taufik Haddad.

Paulo Bomfim e Esther Caldas Guimarães Bertoletti.

Prêmio Alfredo Ellis Jr.

Entregue à aluna do Colégio Rio Branco
Miriam Hee Hwangbo.

CAPÍTULO
• 16 •

Inauguração do Memorial'32

Missão Institucional

"Contribuir para a pesquisa histórica focalizada na Revolução Constitucionalista de 1932, disponibilizando seu acervo bibliográfico para a consulta sem fins lucrativos".
9 de julho de 2005.

Palavras da Presidente

O Instituto Histórico e Geográfico de São Paulo foi criado em 1894 por Estevão Leão Bourroul, Antonio Toledo Piza e Domingos Jaguaribe. Cento e dez anos depois, sentimo-nos honrados por perpetuar-se nesta casa, desde sua fundação, a tradição de excelência de uma família paulista, a família Bourroul, que aqui deixa indeléveis recordações.

No dia 5 de agosto de 2003, o Dr. José Celestino Bourroul, enviou uma carta de felicitações, cumprimentando-nos pelo brilho das comemorações dos 71 anos da Revolução Constitucionalista, em que dizia: "velho participante desse tipo de comemorações, não hesitamos em dizer que os festejos do nosso inspirado Instituto Histórico e Geográfico de São Paulo foram os mais felizes e transmitiram aos presentes as mais nobres reações". Expressou nessa carta histórica que o instituto estava mais vivo do que nunca e antes de assinar o seu nome escreveu "Viva São Paulo, Viva o Brasil!".

Tinha razão o Dr. Bourroul ao afirmar que o Instituto estava mais vivo do que nunca. Mais viva do que nunca é sua presença espiritual neste momento em que se inaugura o Memorial '32 – Centro de Estudos José Celestino Bourroul. Em 2004, a Sra. Cárbia Bourroul e seus filhos, Frederico Octávio e Alexandre Camillo doaram ao Instituto valioso acervo do Dr. Bourroul – biblioteca e realia sobre a Revolução de 32, doação que em muito enriquece a antiga sala de 32, acrescida por peças e jornais.

Ao abrir as portas ao público, a família Bourroul presta inestimável serviço a São Paulo e ao Brasil, concretizando elevado ideal da Diretoria: receber professores, alunos, pesquisadores e outros interessados.

Em discurso pronunciado em 1999, o Dr. José Celestino Bourroul mencionou fato ocorrido com um maltrapilho, que vendia jornais em São Paulo, durante o período da revolução constitucionalista. O maltrapilho tocou timidamente o braço de Pedro de Toledo, então Governador de São Paulo, desejando demonstrar seu reconhecimento, entusiasmo e admiração, com expressão simples e singela, composta apenas por duas palavras. O mendigo disse ao Governador: "Ahí, Batuta!".

Com as palavras que tanto encantaram o Dr. José Celestino Bourroul, dirijo-me a Cárbia, Frederico Octávio e Alexandre Camillo para, em nome desta Diretoria, expressar minha admiração pela generosa instalação do Memorial '32 no Instituto Histórico e Geográfico de São Paulo.

Ahí, Batutas! Viva São Paulo e viva o Brasil!

Palavras de Frederico Octavio Sabatel Bourroul

Excelentíssima Senhora Presidente Dra. Nelly Martins Ferreira Candeias, nobres autoridades, ilustres membros do IHGSP, Senhoras e Senhores,

Quero expressar, antes de tudo, a satisfação de visitar este Instituto, que desenvolve atividades inestimáveis para a preservação da memória de São Paulo. Hoje essa emoção se vê acrescida, por me sentir, senão partícipe, pelo menos testemunha de iniciativa em que se faz a história ao se reverenciar a própria História.

E temos a satisfação, hoje, de ajudar a construir este acervo, com a doação da biblioteca, documentos, mapas e objetos, reunidos ao longo de mais de 40 anos por meu pai, José Celestino Bourroul. A missão do Memorial' 32, – Centro de Estudos José Celestino Bourroul – é de preservar, atualizar e divulgar este patrimônio, com o objetivo de garantir aos cidadãos, desta e das futuras gerações, o acesso à memória cultural que integra o acervo. Além disso, acreditamos que o Centro de Estudos José Celestino Bourroul será um difusor de conhecimento, mediante a realização de exposições e eventos relacionados à Revolução de 1932.

O conjunto conta com mais de 5.000 títulos, embora reconheçamos que tal fato se deve também ao critério de "bitola larga", adotado na seleção das obras que o integraram. Além das publicações que a luta armada propriamente tem, a coleção apresenta uma maior amplitude, estendendo os limites temporais do conflito – desde a Proclamação da República, o período de tensões que caracterizam o movimento Tenentista, à Revolução de 30 e extensa gama de outros acontecimentos, até os dias de hoje, que poderiam ser considerados como consequências da Guerra Paulista.

Diante da importância do conjunto bibliográfico e documental sob sua guarda, meu pai buscou acompanhar a evolução tecnológica e investiu no aprimoramento dos mecanismos de segurança e preservação do patrimônio sob sua custódia, adotando metodologias modernas de catalogação e classificação para seu acervo.

Senhoras e Senhores, sabemos todos do valor dos documentos, dos livros, dos mapas e das peças aqui reunidas, conjunto de grande importância para o estudo cada vez mais aprofundado e o melhor entendimento da História de São Paulo.

A valorização da história, que distingue tanto a coleção bibliográfica quanto os objetos e documentos, é uma característica – diria até mesmo, uma diretriz tácita da atuação do Memorial'32 – Centro de Estudos José Celestino Bourroul e do Instituto Histórico e Geográfico de São Paulo – um traço de que a instituição se orgulha. Trata-se de atitude que não deriva apenas da inclinação ou gosto pessoal dos dirigentes desta respeitada instituição; deriva também, e sobretudo, de razões práticas, isto é, da consciência que temos da importância da história para a formulação e execução do processo de evolução da sociedade e do país. E essa consciência não é uma afirmação teórica: é fruto de vivências muito concretas.

Do conhecimento da história extraímos também lições que temos adotado como princípios e que respondem por saudáveis elementos de continuidade e consistência do povo Paulista.

Ao mesmo tempo, sabemos ser imprescindíveis para o êxito de qualquer povo o compromisso com o presente e o futuro, a capacidade de estar atento aos problemas do momento e perceber novas tendências, e superar as dificuldades da forma que melhor consulte aos direitos e interesses da Sociedade. Para tanto, não podemos abdicar de um esforço permanente, incessante de renovação. Mas isso jamais pode ser feito sem a preservação e a utilização deste importante acervo material e humano de que dispomos. Renovar não é criar do nada, não é reinventar a roda. É construir sobre o patrimônio que herdamos, de modo a adaptá-lo às exigências e circunstâncias de cada novo tempo; é valorizarmos os conhecimentos que nos legaram nossos antepassados e mestres – muitos dos quais nos honram com sua presença aqui – e sabermos atualizar esse patrimônio, para que instituições como o Instituto Histórico e Geográfico de São Paulo continuem capazes de desempenhar, com excelência, sua missão de serviço ao Brasil.

A vivência prova que a obrigação de atuar no presente e o respeito à história não se contradizem, complementando-se. Não haverá futuro enquanto não soubermos preservar o nosso patrimônio histórico e o nosso passado.

Senhoras e senhores, finalmente agradeço em nome da Família Bourroul, e em meu próprio a calorosa acolhida do Instituto Histórico e Geográfico de São Paulo, e em particular da Dra. Nelly. Gostaria de agradecer todos os colaboradores do Projeto Memorial'32 – Centro de Estudos José Celestino Bourroul, especialmente os engenheiros José Cândido Freitas Jr. e Henrique Waltman, do arquiteto Celestino Bourroul Neto, e de Dra. Evanda Verri Paulino – Diretora da Faculdade de Biblioteconomia e Ciência de Informação da Fundação Escola de Sociologia e Política de São Paulo, Dra. Maria das Mercês Pereira Apóstolo – Professora da Faculdade de Biblioteconomia e Ciência da Informação da Fundação Escola de Sociologia e Política de São Paulo.

Devemos recordar a distinção de Maquiavel: virtude e fortuna. Para minha mãe, meu irmão e eu, herdar este acervo é uma fortuna, não é uma virtude, mas é nosso dever tirar o melhor proveito da fortuna.

Muito obrigado.

A Biblioteca "José Celestino Bourroul"
Maria das Mercês Pereira Apóstolo

A Biblioteca José Celestino Bourroul é uma prova de amor de seu organizador a São Paulo.

Voltada para o estudo e entendimento da Revolução Constitucionalista de 1932, essa coleção foi se ampliando ao longo do tempo, à medida que seu colecionador compreendia a complexidade do tema que lhe era tão caro. "Para se entender a Revolução de 32, dizia o Dr. José Celestino, havia que se ter uma mente ampla, de "bitola larga", pois suas ramificações remontavam ao período colonial, com a formação da cultura, pensamento e modo de ser paulistas. Por isso essa extraordinária coleção contém o que de melhor se publicou no Brasil sobre a história brasileira desde a colonização até os dias atuais, passando por biografias e perfis dos personagens mais destacados, polêmicos, esquecidos e marginalizados, mas que deixaram sua marca na história nacional. Seu escopo abrange as obras fundamentais e fundadoras da etnografia, sociologia e etnologia brasileiras, com autores do porte de Herbert Bolbus, Florestan Fernandes, Alceu Maynard Araújo, as obras de Alfredo Ellis Júnior e Affonso Taynay, pilares da história colonial brasileira e paulista, genealogia e várias obras raríssimas da literatura brasileira do início do século XX, como as de Nuto Santana, Paulo Setúbal, entre outros.

Incorpora, além disso, duzentos títulos da famosa coleção brasiliana, obras completas de Hélio Silva, David Nasser, Carlos Lacerda, Ruy Barbosa, Oliveira Vianna, Fernando Henrique Cardoso, só para citar alguns dentre tantos.

Sobre a Revolução de 1932, é completíssima, trazendo inclusive trabalhos ainda não publicados, rascunhos, cadernetas de campo de combatentes, álbuns de materiais forjados para campanha, recortes de jornais da época, listas de contribuições, etc.

É de uma riqueza e importância só encontradas em bibliotecas de grandes universidades como as da USP e UNICAMP e sua doação ao IHGSP é a consolidação de um compromisso assumido pela família Bourroul com São Paulo e com a História do Brasil.

Maria das Mercês Pereira Apóstolo
Bibliotecária

Registro Fotográfico

Nelly Martins Ferreira Candeias na solenidade de Inauguração do Memorial'32 Centro de Estudos José Celestino Bourroul, 4º andar do edifício-sede Ernesto de Souza Campos.

Frederico Octávio Sabatel Bourroul, Alexandre Camillo Sabatel Bourroul, Nelly Martins Ferreira Candeias e Claudio Lembo.

Registro Histórico

Memorial'32 – Biblioteca.

Memorial'32 – Sala de Exposição.

CAPÍTULO 17

A internacionalização da Amazônia

Dança do Javrai, tela de Heinz Budweg.
31 de agosto de 2005.

Palavras da Presidente

Excelentíssimos Senhores Membros da Mesa, General Carlos de Meira Mattos, na pessoa de quem saúdo todas as autoridades civis e militares aqui presentes, Hernâni Donato, Presidente de Honra, Dr. Ives Gandra da Silva Martins, Dr. Francisco Gionnoccaro, Coordenador da Comissão Cívica e Cultural da Associação Comercial de São Paulo, Paulo Bomfim, Senhoras e Senhores, amigos de São Paulo e do Brasil, a filosofia de trabalho que tem marcado nossa gestão a partir de 2002, fundamenta-se em dois princípios básicos: estabelecimento de parcerias com entidades de interesses afins; desenvolvimento de atividades e de sessões culturais para envolver e motivar representantes de outras instituições, tendo como alvo a educação para a cidadania, fortalecida pelo conhecimento da história de São Paulo e do Brasil e enaltecida por seus valores éticos e morais.

Temos procurado ampliar o sentimento de cidadania das pessoas, mediante busca e fortalecimento de novos contatos interinstitucionais, num clima mais amplo de orquestração cívica, sem o quê não poderemos alcançar nossos objetivos estatutários.

Nesse sentido, alegra-nos o fato de termos inaugurado, nos últimos meses, o Memorial'32 – Centro de Estudos José Celestino Bourroul e o Centro de Memória Filatélica, com a presença nesta Casa de cerca de 350 pessoas. Pressupõe isso a renovação do quadro de usuários dos serviços prestados à comunidade que, pela primeira vez na história desta instituição, inclui alunos de ensino médio em plena fase de formação.

Criou-se também prêmio para alunos desse nível sobre tema de interesse para a cidade de São Paulo, outorgado pela primeira vez no início deste ano. Os prêmios entregues nas datas magnas de São Paulo, 25 de janeiro e 9 de julho, destinam-se às melhores redações apresentadas por alunos de acordo com parecer técnico de comissão de natureza multiprofissional e interinstitucional.

Nessa aspiração de mais ampla divulgação de ideias de interesse, para São Paulo e para Nação, é com satisfação que damos início à conferência "A Internacionalização da

Amazônia", com a participação de dois membros do Instituto Histórico e Geográfico de São Paulo, cujas presenças muito nos honram, o General Carlos de Meira Mattos e o Professor Ives Gandra da Silva Martins.

Nascido em São Carlos, São Paulo, o General Carlos de Meira Mattos é vetererano da II Guerra Mundial. Combateu nas fileiras da Força Expedicionária Brasileira, pelo que recebeu as seguintes condecorações: Cruz de Combate do Brasil, Croix de Guerre avec Palme e a Bronz Star dos Estados Unidos.

Pelo conjunto de suas obras, o General Carlos de Meira Mattos, considerado "a maior autoridade em Geopolítica na América do Sul", em sua dimensão prática, afirma que "as relações geográficas devem estar contidas na política do governo". Tema central da sua obra, a questão da integração e valorização da Amazônia encontra-se presente em várias de suas publicações. Na obra "Uma Geopolítica Pan-Amazônica", o General Carlos de Meira Mattos estabelece a diferença entre as designações "Amazônia" e "Pan-Amazônia". O primeiro conceito restringe-se a limites geográficos nacionais; o segundo, à perspectiva global/multinacional.

Primeiro doutor em direito formado pelo Mackenzie, Dr. Ives Gandra da Silva Martins é Professor Emérito da Universidade Mackenzie e da Escola de Comando e Estado Maior do Exército, Presidente do Conselho de Estudos Jurídicos da Federação do Comércio do Estado de São Paulo e do Centro de Extensão Universitária – CEU. No Supremo Tribunal Federal e no Supremo Tribunal da Justiça, o Professor Ives Gandra da Silva Martins tem sido um dos mais presentes em decisões tomadas por ministros, em matérias constitucionais, tributárias e administrativas. "A lucidez advinda da admirável cultura humanística de que é detentor, coloca-o não raras vezes, na desconfortável situação de criticar duramente aquilo que a maioria aplaude, pela simples razão de enxergar mais além da realidade do momento".

Por enxergar além da realidade, o Prof. Ives Gandra da Silva Martins tem se preocupado com os problemas da Amazônia e da Pan-Amazônia, dos pontos de vista político, econômico, social, ético e moral.

A Amazônia representa a vigésima parte da superfície terrestre, quatro décimos da América do Sul, três quintos do Brasil, um quinto da disponibilidade mundial de água-doce e um terço das reservas mundiais de florestas latifoliadas. Justifica-se assim o empenho em ouvir neste momento nossos conferencistas.

Palavras de Carlos de Meira Mattos

É antiga a ideia da internacionalização da Amazônia. De tempos em tempos, ela volta ao palco, trazida por novos ventos, revestida em teses pseudocientíficas ou sócio-humanitaristas usadas para ocultar o seu verdadeiro objetivo político ou econômico.

No começo era apenas a surpresa aplastrante de uns quantos famosos cientistas e naturalistas, europeus e norte-americanos, diante da magnitude do cenário florestal e hidrográfico com que deparavam na Amazônia. Nos séculos XVII e XVIII vieram conhecê-la e estudá-la renomados cientistas e naturalistas da Europa e dos EUA. Seus relatórios e estudos chamaram a atenção internacional para a Amazônia.

Passada a fase de admiração científica pela sua colossal imagem geográfica, vieram as ambições e a cobiça. Vamos lembrar apenas algumas das muitas investidas mais remotas à nossa soberania amazônica.

Nos velhos tempos do Império de D. Pedro II, no ano de 1850, houve as tentativas do comandante Matthew Maury, chefe do Observatório Naval de Washington, que defendia a tese da livre navegação internacional do rio Amazonas, considerando que, pelo seu volume de água, deveria ser incorporado ao mesmo *status* do direito marítimo.

O governo norte-americano autorizou o envio para explorar o rio de uma canhoneira que, desrespeitando os nossos direitos soberanos, penetrou no grande caudal e navegou até Quito, no Peru. Essa violação de nosso território exigiu enorme esforço diplomático do então embaixador em Washington, Sérgio Teixeira de Macedo, para neutralizar a propaganda internacionalista disseminada por Maury e obter uma satisfação do governo norte-americano.

Em 1948, vimos aprovada pela Unesco a criação do Instituto Internacional da Hileia Amazônica, segundo o qual uma autoridade internacional passaria a administrar as pesquisas científicas e o desenvolvimento da região.

Essa interferência nos nossos direitos soberanos só foi evitada pela rejeição do referido instituto pelo nosso Parlamento, baseada num parecer do então Estado-Maior Geral e na campanha veemente de protesto do senador Arthur Bernardes.

A partir dos anos 80 do século passado, vieram crescendo a propaganda e as pressões de interferência na nossa Amazônia. Somando-se às hostes internacionalistas, compostas principalmente de ONGs, o ex-presidente da França, François Mitterrand, declarou, em 1991, que "o Brasil precisa aceitar a soberania relativa sobre a Amazônia".

A tese mais recente é a de que a Amazônia é "patrimônio da humanidade", devendo ser administrada por autoridade internacional, única capaz de garantir a sobrevivência de vida no planeta. Oferecem aos países donos do território amazônico o consolo de uma soberania partilhada.

A propaganda e as pressões internacionais a favor dessa tese de internacionalização vêm revestidas das falácias pseudocientíficas – Amazônia, pulmão do mundo; queimadas na floresta são as responsáveis principais pela emissão de CO_2 e consequente envenenamento da atmosfera (duas acusações já cientificamente destruídas); Amazônia, último espaço de natureza e vida selvagem a ser preservada (preferida dos antropólogos, ambientalistas e indigenistas).

Os principais propagandistas e ativistas dessa tese são ONGs dos EUA e dos países ricos da Europa, presentes e atuantes na Amazônia brasileira através de suas agências e de missões religiosas, dispondo fartamente de dinheiro e envolvendo a participação de brasileiros.

A última manifestação dos ativistas da soberania partilhada para a Amazônia veio-nos do francês Pascal Lamy, ex-comissário de Comércio da União Europeia e candidato de seu país a diretor-geral da Organização Mundial do Comércio. Defendendo o conceito de governança global, em conferência recente realizada em Genebra, perante diplomatas e funcionários de organizações internacionais, o sr. Lamy afirmou: "As florestas tropicais como um todo devem ser submetidas à gestão coletiva, ou seja, gestão da comunidade internacional".

Segundo a proposta do sr. Lamy em fórum internacional, nossa floresta amazônica deve passar a ser administrada por uma autoridade internacional a ser criada.

Não há dúvidas de que perigos rondam a nossa nunca contestada integridade territorial. Cabe ao Estado brasileiro demonstrar forte e inabalável decisão de não aceitar a violação de seus direitos soberanos. Para isso, precisará de uma diplomacia superativa e presente, capaz de desfazer no nascedouro qualquer pretensão internacionalista lesiva ao interesse nacional.

Ao mesmo tempo, deve revelar notória capacidade de administrar a Amazônia, desenvolvendo eficiente política autossustentável que preserve sua natureza, proteja suas águas e otimize o seu povoamento.

Palavras de Ives Gandra da Silva Martins

Hoje, mais de 20% da Amazônia foi outorgado aos índios, que, em incorreta hermenêutica da Constitutição Federal, receberam mais terras do que o artigo 231 da Lei suprema permitiria. Se eu fosse índio, estaria entre a esmagadora minoria da população brasileira com direito à parcela ponderável do território brasileiro. O Brasil tem 8 511 965 Km². No dia 22 de setembro de 2004, no Diário Oficial, o governo declarou que mais de 400 471 mil hectares na região Norte e Nordeste seriam reservas indígenas.

Com outras 40 reservas em demarcação, ao fim do atual governo, os 410 000 índios brasileiros terão 15% do território nacional enquanto os outros 180 000 000 de brasileiros, 85% de brasileiros!!! Cada índio portanto terá direito a 77 vezes mais territórios do que os brasileiros "não índios".

Os 220 povos indígenas constituídos ao todo de apenas 410 000 indivíduos – parte hoje dessa população alargada por índios vindos de outros países, graças a uma errônea visão do constituinte, não só representam uma diferente nação brasileira, como, mais do que isso, têm direito à proteção federal de sua organização social, costumes, línguas, crenças e tradições.

A União exerce, pois, apenas o papel de protetora dos bens que não pertencem ao Brasil. É do texto contitucional a seguinte afirmação: "São reconhecidos aos índios os direitos originais, sobre as terras que tradicionalmente ocupam, competindo a União demarcá-las, proteger e fazer respeitar todos os seus bens" (artigo 231 da C.F.).

Por esta razão, nestas terras é vedado o ingresso de pessoa não autorizadas – repetidas vezes, autoridades governamentais são impedidas de lá entrarem – não sendo negada, todavia, autorização a estrangeiros, muitos deles missionários.

Como as terras indígenas principalmente na Amazônia – e não brasileiras – são riquíssimas em minerais, biodiversidade e água, percebe-se que a cobiça pode levar alguma potência mais forte que o Brasil a entender, unilateralmente, que a União "não está protegendo adequadamente as terras que pertencem aos indígenas" – e não aos brasileiros – valendo-se desse pretexto para, com base na Constituição da República, intervir nestes territórios, inclusive "a pedido" destes privilegiados senhores nascidos no Brasil.

Participei, em 1991, de debate, na Alemanha, com Roberto Campos e Francisco Rezek, em que o tema da Amazônia foi colocado como dizendo respeito a terras que pertenciam à humanidade. Tal postura recebeu forte reação, principalmente de Roberto Campos e minha – Rezek não estava no painel – o que obrigou os proponentes da tese a recuarem na proposição, que embora acadêmica, exteriorizava forma de pensar de muitos dos participantes estrangeiros.

Certa vez, em sustentação oral perante o pleno do Supremo Tribunal Federal, em defesa da zona franca de Manaus, principal polo de desenvolvimento da região, mostrei a importância de se povoar a região para que outras nações, mais fortes e belicosas, não se interessem em lá se estabelecer para "protegerem os índios, que são uma nação diferente da brasileira, pela Lei maior". E citei, inclusive, expoentes militares de países desenvolvidos, em manifestações veiculadas por jornais, que diziam que as nações desenvolvidas, deveriam estar preparadas para intervir na Amazônia, quando necessário. Preocupante material foi-me fornecido, na ocasião, pelo brilhante economista e vice- governador do Estado de Amazonas, Samuel Hannan.

O resultado favorável ao Estado do Amazonas (10x0) teve, na figura dos ministros Marco Aurélio e Sepúlveda Pertence, os grandes defensores da relevância em fortalecer a soberania nacional na região.

Infelizmente, a decisão do Governo de criar dois Brasis, um sujeito ao governo brasileiro, e o outro apenas por ele protegido, à evidência, poderá despertar no futuro, interesse de outras nações, além da pirataria na biodiversidade que nações estrangeiras já exercem beneficiando-se do estatuto privilegiado dos indígenas.

Estou convencido de que, quando a "questão terrorista" for solucionada – e já teria sido solucionada se mais hábil fosse o exterminador do Iraque (Presidente Bush), os 15% do território indígena – que segundo a Constituição, lhes pertencem e não aos brasileiros – poderá ser objeto dos gordos olhos das nações mais desenvolvidas.

Até lá, só lamento ser um modesto brasileiro, entre outros cento e oitenta milhões, que pode livremente circular apenas por 85% do território nacional, e não ser um indígena, com o direito de circular por 100% e de ele possuir 1/410 000 de 15% das terras brasileiras, que lhes pertencem e não a nós comuníssimos e desprotegidos mortais.

Como eu gostaria de ser índio... E creio que externo o desejo de todos os brasileiros, principalmente dos mais pobres.

CAPÍTULO
· 18 ·

Outorga do Colar do Centenário

Da esquerda para direita: Cleusa Maria Gomes Tâmbara, Luiz Elias Tâmbara,
Nelly Martins Ferreira Candeias, Gabriel Chalita e Hernâni Donato.
29 de outubro de 2005.

Palavras da Presidente

Maslow, mestre da Psicologia Humanista e defensor da ciência humanística, disse que o maior problema de quem tem um martelo é saber onde colocar os pregos. E assim me senti nos três primeiros anos de minha gestão, como Presidente. Onde colocar os pregos?

No início da nossa primeira gestão, a preocupação imediata foi redefinição da estrutura funcional. A situação econômico-financeira do Instituto atravessava uma das mais graves crises de sua centenária história. Política de austeridade e outros esforços permitiram estabelecer equilíbrio entre receita e gastos. Também nos preocupavam aspectos jurídicos da administração, reforma do edifício-sede, atualização do quadro social e mudança do estatuto, que se encontra ainda em fase de estudo e discussão.

Já em nossa segunda gestão, voltamo-nos para a essência das atividades dirigidas a um público diversificado, de caráter pluralista, que desejávamos atrair para esta instituição.

Como exemplos, menciono realizações que comprovam nossos compromissos no âmbito da comunidade. Instalou-se no 4º andar deste edifício a melhor e maior biblioteca sobre a revolução de 32. O Memorial'32 – Centro de Estudos José Celestino Bourroul. Graças à generosidade da Sra. Cárbia Bourroul e de seus filhos, Frederico Octávio e Alexandre Camilo, a biblioteca foi inaugurada em 9 de julho deste ano. Passamos a receber professores e alunos do ensino médio, graças à criação do Prêmio Alfredo Ellis Jr.

Em 20 de agosto, inaugurou-se, no terceiro andar, o Centro de Memória Filatélica, considerado por muitos o maior acontecimento filatélico de 2005 em nosso País.

Entre projetos que visam objetivos deste Instituto, encontra-se em estudo a criação de um centro de estudos, com ênfase no ensino da História, da Geografia e de ciências afins. O Instituto tem condições para isso: espaço físico, bibliotecas, hemeroteca, auditório, corpo docente constituído por professores titulares, livre-docentes, doutores e mestres, dispostos a participar dessa *joint venture*. Conta também com aquiescência e entusiasmo de especialistas *seniors*, ícones em suas respectivas áreas, igualmente dispostos a colaborar.

Com experiência nas áreas de ensino, pesquisa e serviços à comunidade, estamos preparados para oferecer cursos de especialização, de pós-graduação *lato sensu*. O Instituto passa a ser um centro irradiador da memória paulistana, à disposição de professores, alunos, pesquisadores e estudiosos dessas áreas, em sintonia com as diretrizes e parâmetros dos diferentes níveis de ensino. Poderá reforçar assim seu papel de centralizador de debates nas áreas de História e Geografia e de divulgador de resultados pouco conhecidos publicando-os na nossa revista, criada em 1895, e nos boletins do Centro de Estudos Históricos – CEHIS, criado em 1985.

O ensino é vocação da área. Divulgam as publicações da Associação Viva o Centro inúmeras entidades culturais e educacionais que aqui se localizam, ligadas a escolas de ensino médio e ensino superior.

O Instituto tem hoje excelente expectativa de vida. Foi para nós motivo de alegria matéria publicada na revista *Pesquisa FAPESP*, em agosto de 2004: "Centenário e revigorado, o Instituto Histórico e Geográfico comemora 110 anos se renovando". Assim nos sentimos às vésperas de completar 111 anos de existência, em 1º. de novembro próximo. Rejuvenescidos e com suficiente energia para continuar nosso trabalho, garantindo às próximas gerações a certeza de estabilidade institucional e, com ela, o prosseguimento de conquistas cívicas e culturais essenciais à educação para a cidadania.

Terminando, queremos expressar nossa gratidão aqueles que nos antecederam nesta instituição, cuja colaboração contribuiu para o engrandecimento da Nação, por meio da preservação de memória histórica documentada, que nos torna irmãos pela cidadania.

Agradecemos também a nossos companheiros de ideais e luta, cuja solidariedade neste chão de Piratininga contribuiu para a renovação do Instituto Histórico e Geográfico de São Paulo.

Registro Fotográfico

Banda da Guarda Civil Metropolitana.

Cleusa Maria Gomes Tâmbara, Luiz Elias Tâmbara, Nelly Martins Ferreira Candeias, José Aristodemo Pinotti e Hernâni Donato.

Outorga do Colar do Centenário: Luiz Elias Tâmbara

Luiz Elias Tâmbara e Nelly Martins Ferreira Candeias.

Posse de membros titulares: Cláudio Lembo (ausente), Gabriel Chalita.
Saudação aos novos sócios: José Renato Nalini.

CAPÍTULO 19

Posse de novos membros

Retrato de Prudente de Moraes, Presidente de Honra, óleo sobre tela. Doação de Emanoel Araújo, 1999, à Pinacoteca do Estado.
23 de novembro de 2005.

Palavras da Presidente

É destino do Instituto Histórico e Geográfico de São Paulo ver-se enriquecido pela presença de personalidades que marcaram a história de São Paulo e do Brasil. É dever de gratidão reverenciar-lhes a memória, mencionando nomes no momento em que outros mais recentes entram nesta Casa a fim de perpetuar valores éticos e morais que há 111 anos nos mantêm unidos.

Estirpe dos grandes do Brasil foram Presidentes de Honra desta casa Prudente de Moraes, Barão de Rio Branco, Rui Barbosa e Afonso de Taunay. Outras figuras de grandeza participaram deste Instituto: Euclides da Cunha, Theodoro Sampaio, Armando de Salles Oliveira, Washington Luís, Arnaldo Vieira de Carvalho, Marie Rennotte, Padre Serafim Leite, Olívia Guedes Penteado, Veridiana Prado, Santos Dumont, Ricardo Severo, Carlota Pereira de Queiroz, Vital Brasil e o Padre Hélio Abranches Viotti. Muitos poderiam ser mencionados.

Ao reunir nomes tão ilustres, desde 1894, o Instituto tem sido reconhecido como expressiva manifestação da cultura paulista, capaz de acrescentar valores à magnífica origem da mesma.

Vamos dar posse solene àqueles que também permanecerão na memória desta Casa, pelo que fizeram aqui em prol dos valores que nos tornam irmãos pela cidadania. Como outros, comprometem-se a levar mensagens rejuvenescidas da História e da Geografia de São Paulo às novas gerações de brasileiros paulistas.

Em 2002, por ocasião da minha posse como presidente do Instituto Histórico e Geográfico de São Paulo, afirmei que nosso desempenho dependeria de revisão de objetivos, a partir de uma filosofia de trabalho, acompanhada por programas de ensino, marketing cultural e articulação intersetorial, pluralista. Só assim seríamos capazes de transformá-lo em centro dinâmico de cursos, exposições e ideias itinerantes. Disse, também, que o Instituto poderia ter melhor visibilidade social e adquirir o necessário dinamismo técnico para voltar a assumir o merecido papel de órgão centralizador de debates sobre interpretações discordantes a respeito da história e da geografia de São Paulo.

Nesses termos, manifesto meu entusiasmo por estarmos concedendo certificados aos alunos do curso de extensão, "História da Cartografia no Brasil", ministrado pelo Professor Jorge Pimentel Cintra.

Quatro anos depois de minha posse como presidente, os sonhos estão se transformando em realidade. Disse um de nossos companheiros que "quem não cansa alcança". Repito, acrescentando, "quem não cansa alcança" desde que esteja bem acompanhado.

Sejam todos bem-vindos, para sempre.

Amém.

Posse dos novos membros

Membros Titulares: Carlos Roberto Venâncio, Fernando Euler Bueno, José Bueno Conti, Jorge Pimentel Cintra, José Carlos de Barros Lima, Maria Cristina M. Scatamacchia. **Membros Correspondentes Nacionais:** Carlos Humberto Pederneiras Corrêa, Carolina Ramos. **Saudação aos novos sócios:** Hernâni Donato.

Entrega de Certificado do Curso de Cartografia

CAPÍTULO 20

Segundo Batalhão da Polícia Militar – 114 anos[1]

28 de novembro de 2005.

---

[1] Palavras proferidas no Quartel do 2º. Batalhão da Polícia Militar do Estado de São Paulo, o "2 de ouros".

Palavras da Presidente

Excelentíssimo Senhor Tenente-Coronel Comandante Luiz Eduardo Pesce de Arruda, na pessoa de quem saúdo as autoridades militares e civis aqui presentes, Sr. Hernâni Donato, Presidente de Honra do Instituto Histórico e Geográfico de São Paulo, Senhores componentes da mesa, Senhoras e Senhores, meus companheiros, amigos de São Paulo, agradeço o convite para presidir à mesa de cerimônia de comemoração dos 114 anos do Segundo Batalhão da Polícia Militar.

Esta solenidade aproxima a Polícia Militar de São Paulo e nosso Instituto, reafirmando a supremacia da memória paulista, fortalecida por duas centenárias entidades de que todos nos orgulhamos. Reflete o amor que sentimos pelo Brasil e pela cidade de São Paulo, onde, desde o século XIX, duas entidades vivem em perfeita integração e harmonia, colaborando para o engrandecimento da Nação por meio da preservação da memória histórica.

Preservar a memória histórica do Brasil é missão que une entidades, porque sem história não há cidadania e sem cidadania não há ordem e nem progresso.

Nunca nossa história foi tão esquecida! Os símbolos do Brasil têm sido gradativamente excluídos dos livros didáticos nas escolas. Com desaparecimento orquestrado de fatos históricos documentados, vão desaparecendo também, hinos, nomes, fotografias e recordações, com prejuízos morais e éticos de vastas proporções, particularmente entre jovens. Poucos sabem cantar o Hino Nacional. Poucas escolas possuem a Bandeira Brasileira. É alarmante o desconhecimento da maioria da população no que se refere a datas comemorativas.

Argumentos sem documentação histórica são apresentados à juventude com opiniões fortuitas, quase sempre de caráter ideológico, negando a competência de quem lutou, venceu e conduziu o destino da Nação.

Caro Comandante Arruda, termino com a frase em latim que consta da bandeira e do logotipo do nosso instituto, criado por ocasião da fundação da nossa entidade, em 1894:

Hic domus. Haec patria est. Quotidie. Aliquid addiscentem. Traduzo: "Aqui é a casa. Esta é a pátria. Algo se aprende todos os dias".

Amém.

CAPÍTULO
•21•

A vocação maior de São Paulo

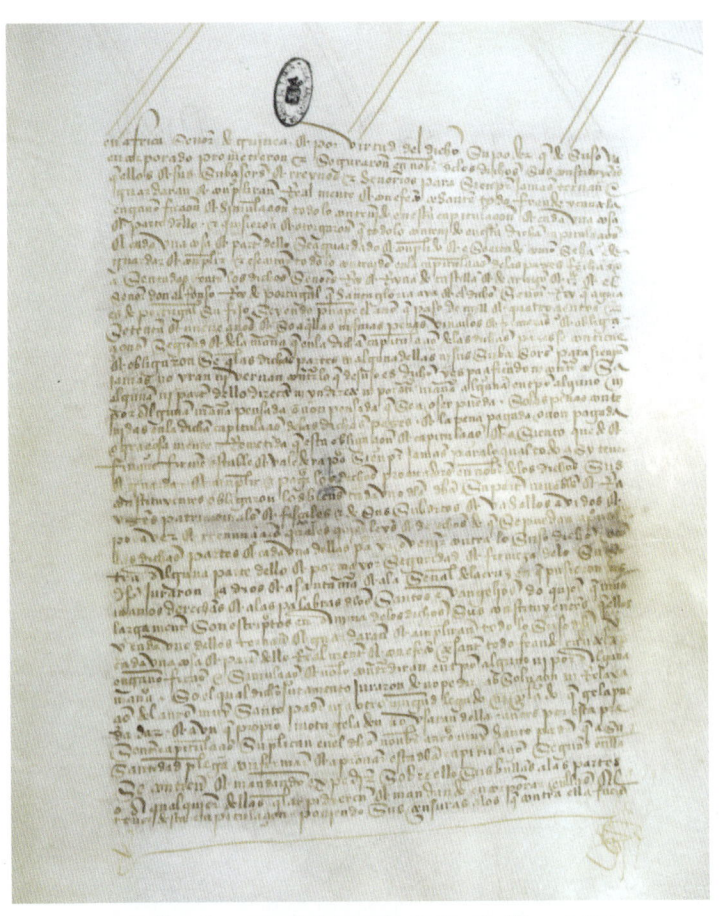

Folha de rosto do *Tratado de Tordesilhas*, 1494.
Palestra proferida no Rotary Clube de São Paulo.
20 de janeiro de 2006.

"Como um caranguejo arranhando a praia", assim definiu Sérgio Buarque de Holanda a ocupação das terras brasileiras pelos primeiros colonizadores. Mas houve uma exceção: São Paulo de Piratininga.

Depois de vencer a escarpada serra, obstáculo intransponível para gente de menos fibra, depois de conquistar a duras penas a amizade com o gentio, cordialidade impensável em outras raças que não a portuguesa, os poucos habitantes em torno do Colégio dedicaram-se à conquista do sertão desconhecido: Tietê a baixo, trilhando ramificações do Peabiru em todas direções, mas sobretudo em direção ao sul e ao oeste.

Movidos pela *auri sacra fame*, mas também pelo amor à Pátria e ao reino, foram conquistando territórios até as margens do Prata, passando para além do Pantanal, para alcançar o Guaporé, Mamoré, Madeira e Amazonas, e fechar o arco com terras percorridas por Pedro Teixeira, com militares e índios, e pelas missões de jesuítas e carmelitas.

Dotados de visão estratégica, os portugueses tentavam fixar os limites da colônia pelos acidentes geográficos e negociar tratados da linha imprecisa – *delenda est Tordesilhas*. Para conquistar dois terços do território brasileiro. Périplos de bandeirantes, bem retratados pelo monumento de Victor Brecheret, nada deixam a desejar em extensão e dificuldades a outros de continentes distintos. Vale evocar a epopeia de Antonio Raposo Tavares.

À custa de despovoar a *terra mater*, foram se fundando núcleos e povoações no extenso território da *Terra brasilis*, os paulistas se encontravam em todo território nacional, sempre que a situação o exigisse. E vencer foi um verbo frequente no dialeto paulista. A palavra – *paulista* – significava esperança, coragem e espírito empresarial. Era sinônimo de povoar. Por exemplo, quando, em desespero diante da presença dos paulistas nas alturas peruanas o conde Chinchon, Vice-Rei do Peru, tentando salvar o coração e a fortuna da América espanhola, pediu ao rei que destruísse São Paulo, pequena nesga no mapa, mas um tsunami nas ofensivas de conquista. Quando o Padre Vieira, alarmado com a cobiça inglesa em relação ao litoral brasileiro e estuário do Prata – o que daria à Inglaterra controle da América do Sul – aconselhou ao rei português a tomada de Buenos Aires "tarefas que só os paulistas podem executar".

Tudo isso por iniciativa particular, sem recorrer a préstimos ou erário do rei. Às próprias custas e sacrifícios, e servindo à pátria. E sem procurar independência, rejeitando a independência em hora imprópria, para promover sua consecução em seu território no famoso dia 7. Para lutar contra as ditaduras em nome da liberdade, ainda com resultados incertos: de 32 nos orgulhamos.

Com o 25 de janeiro de 1554 – ou outra data que se prefira atribuir à fundação da cidade, e com tantas conquistas e glórias da gente de Piratininga, surgiu também a vocação do paulista – fazer grandes coisas pelo Brasil – *Pro Brasília fiant eximia*, dignificando com amor a pátria – o Brasil – e a pátria menor – a cidade orgulhosa e justificadora do seu lema, *Non ducor, duco*, ou seja, estarei sempre presente à frente das grandes causas nacionais.

A força e a coragem de São Paulo são modelo e inspiração do Instituto Histórico e Geográfico de São Paulo, que acaba de completar 111 anos: dificuldades, barreiras e incompreensões são estímulos para que enfrentemos novos desafios. No momento em que outros se afastariam diante das circunstâncias que temos enfrentado, propomo-nos a realizar sessões culturais e cursos com mais dinâmica e mais próximos da população.

Nossa bandeira propugna a Introdução da História e da Geografia de São Paulo na grade curricular de alunos do ensino fundamental e médio. Acreditamos que só a valorização da cultura poderá trazer o amor ao país, ao estado e à cidade, local por excelência onde se constrói a cidadania.

CAPÍTULO
• 22 •

São Paulo de Piratininga 452 anos

Da esquerda para direita: José Carlos de Barros Lima, Hernâni Donato, Ives Gandra da Silva Martins, José Aristodemo Pinotti, Nelly Martins Ferreira Candeias, Antonio Ermírio de Moraes, (não identificado), Flávio Fava de Moraes e Paulo Bomfim.
25 de janeiro de 2006.

Palavras da Presidente

No quarto janeiro da minha gestão, muito me sensibiliza este dia. Amo São Paulo, particularmente o Triângulo, a cidade velha da minha infância. Naqueles anos de primeira viagem, tudo parecia começar na Praça do Patriarca onde, de mãos dadas com minha Mãe, aprendi a amar São Paulo de Piratininga: Igreja de Santo Antonio, Edifício Barão de Iguape, Edifício Lutetia, Casa Sloper, Mappin Stores, Au Bon Marchê, Casa Fretin; a Casa São Nicolau, cujos brinquedos importados me encantavam; a Igreja de Santo Antônio, a Casa Alemã, a Leiteria Campo Bello, na rua São Bento, entre a Rua Direita e a Rua José Bonifácio, a Casa Fidalga de calçados e a Casa Godinho, que até hoje existem no centro histórico de São Paulo; o Largo São Bento, o mosteiro, a igreja e o colégio, o Mercado Municipal, a Estação, o Jardim da Luz, o rio Tietê e todos os seus afluentes.

Nelly

Amo as reminiscências da infância, a casa na Avenida Brigadeiro Luiz Antonio, 2396, esquina da Alameda Santos, onde nasci e morei até 1949, a Igreja Imaculada Conceição, o Parque Siqueira Campos, com os bichos-preguiça pendurados nas árvores, olhando as crianças brincarem, o Clube Paulistano, o Trianon, o carnaval de rua, a Avenida Paulista, o prédio do Colégio *Des Oiseaux*, onde estudei durante os mais lentos nove anos da minha vida.

Amo prédios de Ramos de Azevedo, casas portuguesas construídas por Ricardo Severo, parques por onde passeei com meus pais, amo São Paulo e amo esta tarde Paulista, quando, juntos, recordamos a vocação maior desta cidade. E há razões sobejas para esse amor que é de todos nós, e que aqui nos mantém reunidos.

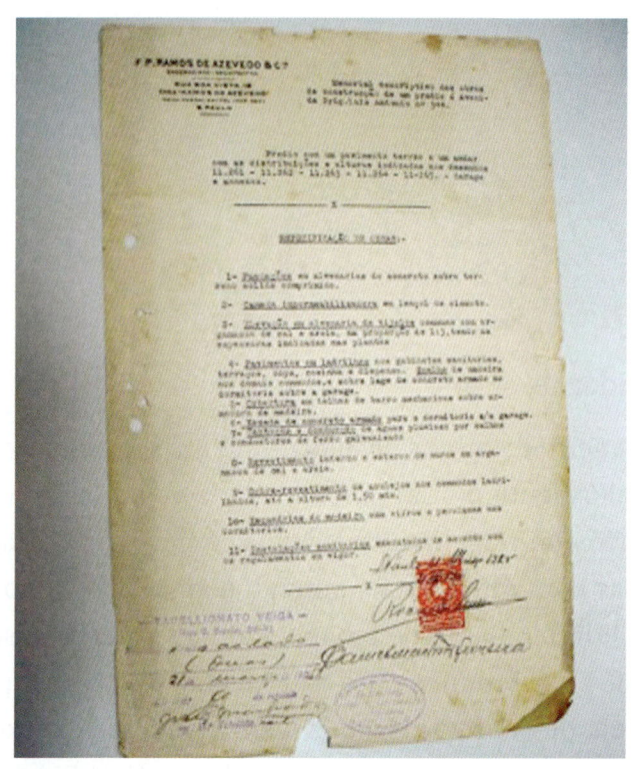

Documento contendo as assinaturas de Daniel Martins Ferreira,
pai de Nelly Martins Ferreira Candeias e de Ricardo Severo.

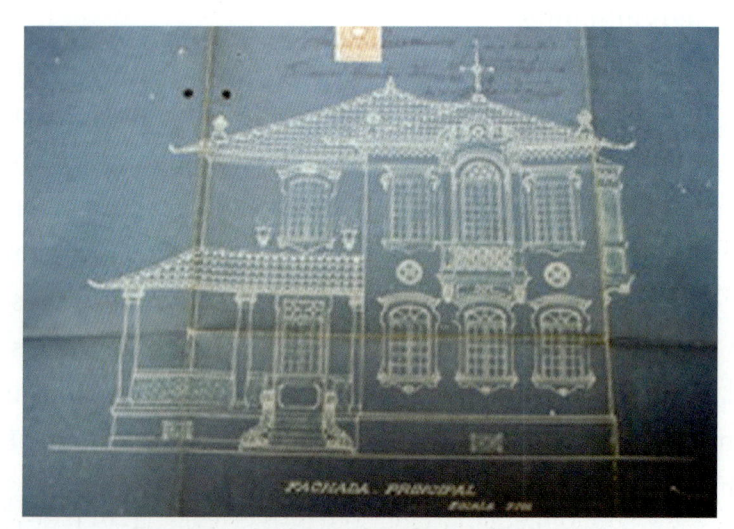

Planta da casa da Av. Brigadeiro Luiz Antonio,
por Ricardo Severo.

Ao vencer o alcantilado da cordilheira e estender o olhar de conquistador pela vastidão do planalto piratiningano, o primeiro europeu a chegar buscou um ponto de referência que o orientasse e fortalecesse no cenário amplo da vastidão selvagem. Fixou o olhar em uma elevação que, entre dois cursos de água menores e um bem maior, atraía a atenção dos forasteiros, e perguntou ao companheiro indígena: – Como se chama aquele morro? – Inhapuambuçu, respondeu o nativo. O europeu traduziu: "morro que se vê a distância", Inhapuambuçu. Súbito, os dois foram cercados por índios guerreiros, que lhes perguntaram por que se encontravam ali. Inhapuambuçu, essa região paradisíaca, que já surpreendera o guia indígena e surpreendeu o viajante europeu, era Piratininga, a aldeia Tupiniquim do cacique Tibiriçá, olho-da-terra.

Ali moravam os primitivos paulistas, sob comando do grande e poderoso chefe da nação, tendo o rio Tietê como limite do domínio Guaianá. Em declive para a margem do rio, coberta de vegetação campesina, irrigada por infinidade de regatos nascidos em lagoas e por um rio que lhe corria aos pés, existia região privilegiada, um Eldorado, a tão procurada Piratininga dos nossos maiores. Rodeadas por férteis campos, lagoas povoavam-se de garças, patos selvagens, pacas e capivaras. Foi isso que atraiu os índios Guaianá, primeiros habitantes da aldeia Tupiniquim.

Tranquilos com a resposta, índios sentinelas abriram a porta para que os viajantes chegassem à taba do Morubixaba Tybyressá e de suas filhas Potira, Mboy-sy, Terebê. Foi assim que João Ramalho, o primeiro europeu, conheceu a índia Bartira. Como ele, outros passaram a se deslocar "serra a cima - serra a baixo" à procura do planalto, "dez a doze léguas pelo sertão e terra adentro", já com o intuito de se fixarem no povoado.

Foi quando chegou Maria da Silva Gonçalves, casada com meirinho da Vila de São Vicente, primeira mulher europeia a desembarcar na Capitania, em 1536, conforme registra Frei Gaspar de Madre de Deus, e D. Ana Pimentel, mulher de Martim Afonso de Souza, primeira governadora do Brasil, que, por procuração, passou a administrar a capitania.

Contrariando ordens do marido ausente, Ana Pimentel autorizou o acesso dos colonos ao planalto, intensificando o tráfego serra a baixo–serra a cima. Entre os pioneiros, acompanhados por criados de serviço, chegam a São Vicente os Leme, família de bem-sucedidos empresários açucareiros, fidalgos provenientes da Ilha da Madeira, que administraram de forma exemplar o famoso Engenho São Jorge dos Erasmos.

Mas, como a fortuna que vem da agricultura e da pecuária é lenta e difícil, a jovem filha da família madeirense, Leonor Leme, casada com Brás Esteves, já com certas ideias na cabeça, lá se foi serra a cima, transportada em rede por índios carregadores que percorriam o Peabiru entre litoral e planalto. Caminho de Pay Sumé. Leonor Leme foi bisavó de Fernão Dias Pais, o caçador de Esmeraldas, e deu origem à família quinhentista da história paulista, cujo desempenho foi preponderante na primeira fase de São Paulo colonial. Chegaram depois jesuítas com o Padre Manuel da Nóbrega, acompanhado pelo jovem Anchieta, fundador espiritual de Piratininga.

Vencida a escarpa da serra, obstáculo intransponível para gente de menor fibra, garantida a duras penas a amizade com o gentio, cordialidade impensável em outras raças que não a portuguesa, os primeiros habitantes lusos passaram a dedicar-se à conquista do sertão desconhecido. Tietê a baixo, caminharam pelas ramificações do Peabiru em todas as direções da rosa dos ventos, mas, sobretudo em direção ao sul e ao oeste, onde se encontravam o alvo principal, os espanhóis.

Colina e seus rios traçaram as coordenadas da conquista, pois Inhapuambuçu era a designação tupi do Pátio do Colégio, coração histórico, estratégico, sentimental e espiritual de São Paulo, cujo aniversário de fundação comemoramos hoje.

Ao longo do período colonial, a cidade era triste, pequena e pobre. Foi destino enviar seus filhos para romper limites, fundar povoados, trazer riquezas do solo, garantir a posse lusitana, às vezes com sete anos de sertão. Com sonhos, imprevistos, martírios, mortes, persistência, espírito empreendedor, índole aventureira de quem, serra a baixo e serra a cima, conquista espaço na história de uma nação.

Em três séculos de Bandeirismo, por força de penosa luta, os paulistas acrescentaram à soberania portuguesa na América Meridional todo o sul do país, Mato Grosso, Goiás e Minas Gerais, deslocando o meridiano de Tordesilhas, conquista ratificada em 1750 pelo Tratado de Madri, obra dos paulistas.

São Paulo tem honrado sua predestinação. Nos primeiros tempos, foi atrair como ímã a população dispersa pelos campos de Piratininga, constituída por europeus, índios e mamelucos. A seguir organizá-la para conquistar caminhos, transformando forasteiros em moradores e povoadores. No território nacional, não há palmo no chão que o paulista não tenha percorrido e sido muitas vezes sepultado. No Amazonas, na Colônia do Sacramento, nos contrafortes andinos e campos de Chachapoias, nos charcos guaranis, nas colinas ásperas de Canudos, na retirada do Cabo dos Touros, nas trincheiras de 1932, nos campos conflagrados da Itália na Segunda Grande Guerra...

A força e a coragem de São Paulo são fonte de inspiração do nosso Instituto: dificuldades, barreiras e incompreensões são estímulo para enfrentarmos desafios. No momento em que outros se abalariam diante das circunstâncias que o Instituto tem enfrentado, damos início a uma série de Cursos sobre São Paulo na História do Brasil. Como os guerreiros de Inhapuambuçu, estamos abrindo nossas portas para atuação dinâmica, mais próxima da comunidade. Temos como bandeira o aperfeiçoamento da História e da Geografia de São Paulo na grade curricular de alunos do ensino fundamental e médio.

A História e a Geografia começam na casa onde nascemos, no convívio com nossas famílias e se desenvolvem, depois, nas escolas, na comunidade e em entidades culturais.

Por isso acreditamos que só a cultura poderá reforçar a crença no futuro do Brasil, o amor ao país, ao estado e à cidade, local por excelência onde se constrói a cidadania e se educa a gente para uma vida cívica.

Essa convicção transformou a aldeia de Tibiriçá, Inhapuambuçu, hoje denominada de Pateo do Collegio, numa urbe imensa, que hoje se chama São Paulo. Na linguagem tupi, *Oré Piratiningygûarã, pawê kó tetângatu* – nós (indígenas viventes) de Piratininga somos (todos) de um só sangue (povo ou nação).

Inicia-se aqui nossa homenagem à data magna de São Paulo, relembrando a todos nossa força maior. *Pro Brasilia fiant eximia*, essa é nossa força maior. *Non ducor, duco*.

Amém.

Registro Fotográfico

Da esquerda para a direita: Ives Gandra da Silva Martins, José Aristodemo Pinotti, Nelly Martins Ferreira Candeias, Paulo Bomfim, Antônio Ermirio de Moraes e Flávio Fava de Moraes.

Outorga do colar do Centenário

Antonio Ermirio de Moraes

Nelly Martins Ferreira Candeias e Antonio Ermirio de Moraes.

Posse de novos membros

Membros Titulares: Cláudio Lembo, posse no Pateo do Collegio, e José Aristodemo Pinotti.
Saudação aos novos sócios: Hernâni Donato.

Nelly Martins Ferreira Candeias e Cláudio Lembo, posse no Pateo do Collegio.

José Aristodemo Pinotti e Nelly Martins Ferreira Candeias.

Discurso de Posse: José Aristodemo Pinotti

É uma imensa honra ser admitido como sócio deste Instituto, fundado em 1894, por Antônio de Toledo Pisa, Domingos José Nogueira Jaguaribe Filho e Estevão Leão Bourroul, não só pela sua tradição, pela sua história e pelos membros que o compõem até os dias de hoje, como também pela sua trajetória de elucidação da nossa história. Não é possível olhar para frente, com alguma visibilidade, sem uma dimensão informada da história. Goethe já dizia que ninguém merece viver se não tiver conhecimento de 3 mil anos de sua história.

O Instituto é mais modesto. Pretende escrever, em letras da verdade, a história desses curtos e intensos cinco séculos do nosso país.

Ter sido indicado pelo príncipe dos poetas brasileiros, Paulo Bomfim e pelo renascentista e Da Vinci paulistano Ives Gandra Martins, me honra, tanto quanto contá-los como meus amigos e confidentes. Ser saudado pelo mais eminente de nossos romancistas e historiadores, Hernâni Donato, que escreveu, entre tantas obras, o livro definitivo da Revolução de 32 – que tenho na recordação de minha infância, pois, aí lutaram meu pai e meus tios, – é algo inesquecível. Honra-me, também, entrar neste seleto clube sob a presidência da ilustre e digna Professora Nelly Martins Ferreira Candeias, minha amiga de tantas décadas.

Com esse vício de trabalho que me contaminou desde a infância, pelos meus avós, imigrantes italianos, que aqui aportaram na mesma década da fundação do Instituto, penso, desde logo, em uma tarefa. Sentados nessas cadeiras e com o peso da tradição desta Instituição e da sua sabedoria acumulada, poderemos olhar melhor para o futuro, planejá-lo e tentar construí-lo para aqueles que vão ficar, depois de nós. Norberto Bobbio me disse, certa feita, que os septuagenários não tem pudor de planejar apesar dos anos limitados que nos sobram, mas a afoiteza dos jovens os impedem dessa construção antecipada do futuro tão necessária. Temos que fazer por eles.

Hoje, como sempre, se dirá a mesma frase, que já se tornou um lugar-comum: vivemos um momento de crise, estamos na esquina da história, precisamos virar a página. Elas estão sempre sendo viradas e cada tempo é peculiar. O máximo que se pode dizer é que estamos vivendo um desses momentos e, ao vivê-lo, devemos olhar para o passado e planejar o futuro. E somos nós, que já ultrapassamos uma certa idade, que temos obrigação de fazê-lo para aplainar o caminho das gerações que nos perseguem.

As mudanças que tiveram sentido na história sempre foram precedidas de reflexões por aqueles que pensam. Se não fosse Montesquieu, Voltaire, Rousseau, inspirados no Racionalismo de Descartes e no empirismo de Hume, não teríamos o lIuminismo e todas as suas consequências benéficas para o Ocidente e, sem os vários séculos de reflexão grega, possivelmente não teríamos a Renascença, releitura da cultura helênica, 1500 anos depois.

O mundo em que vivemos exige uma reflexão profunda sobre o que está acontecendo e o que deve acontecer. O destino do nosso país é vinculado ao destino da América Latina. No século passado, todos os movimentos neste continente ocorreram concomitantemente e foram influenciados de fora para dentro. Não nos enganemos. As ditaduras militares, no Cone-Sul, ocorreram quase ao mesmo tempo, assim como as redemocratizações.

Vivemos, agora, um momento interessante, onde se esgotaram os argumentos da globalização imposta na forma de neoliberalismo, como modo de assunção dos espólios da Guerra Fria. Os países e seus povos já perceberam que, nestas duas décadas, aumentaram a pobreza, a concentração de renda, a violência, pioraram saúde e educação, e as condições econômicas não melhoraram. Esgotou-se o ciclo. É o tempo de mudança. E as mudanças começam. Vários países da América Latina estão tentando traçar os seus próprios destinos, talvez pela primeira vez. E o nosso país, também, precisa fazê-lo. A História aqui parece ter vestido a roupagem hegeliana da tese, antítese e síntese. O importante é que a nossa elite intelectual, empresarial e política possa exercer influência para que as mudanças sejam feitas e que a síntese seja composta, afastando-nos dos extremismos e dentro do conceito novo de desenvolvimento humano, onde se considera um país desenvolvido aquele que oferece um mínimo de qualidade e dignidade de vida para todos os seus habitantes e não aquele que tem um alto PIB, que paga dívidas impagáveis, que tem uma moeda forte, um baixo risco lá fora e um povo faminto aqui dentro. Essas características enganosas têm um significado vantajoso somente para os rentistas, aqueles que não vivem do trabalho, mas da usura.

Essa mudança, necessária e urgente, será possível se as elites brasileiras que existem, são fortes, têm informação e são preparadas, para se unirem e participarem do processo político. É preciso acabar de uma vez por todas com esse gesto descompromissado de que a política não faz parte da vida das elites honestas e pensantes do país, que colocar as mãos na política é pintá-las com cores pouco sérias. Na medida em que se deixar a política só para aqueles que são profissionais desse mister, ela continuará pouco séria. A política não é apenas um direito, é um dever de todos os cidadãos, principalmente, daqueles privilegiados que nesse país elitista (uso a palavra agora no seu pior sentido) tiveram acesso à educação e formam hoje nossas elites.

Meus caros amigos, permitam-me uma reflexão final: na lápide de Kant está escrito: "O céu estrelado sobre mim e a lei moral dentro de mim". Com essas duas percepções, Kant, o filósofo dos filósofos, acreditou em Deus, não com a dádiva da fé, mas com o esforço da razão. Aliás, até onde me recordo, somente São Tomás de Aquino chegou perto de conseguir a síntese entre fé e conhecimento, cristianizando Aristóteles.

Não sei exatamente porque, talvez pela honraria imerecida, talvez pelo sentido de imortalidade que o Instituto oferece, talvez por já ter feito 70 anos e me aposentado pela injustiça agressiva da compulsória, talvez até por uma certa sensação de dever cumprido, por ver também que pessoas mais jovens vão assumindo, com competência e mérito, os espaços e os lugares e o que nos sobra é a dialética, a recordação, a experiência nem sempre utilizada, este momento, no qual alcanço esta honraria imerecida, me tranquiliza e me faz ver a velhice com as palavras de Borges, traduzido pelo meu amigo Rodolfo Konder:

"A Velhice (tal é o nome que os outros lhe dão)
pode ser o nosso tempo de felicidade. O animal morreu,
ou quase morreu. Restam o homem e sua alma.
Essa penumbra é lenta e não dói;
Flui por um manso declive e se parece com a eternidade.
Meus amigos não têm rosto, as mulheres são o que foram
há muitos anos; as esquinas podem ser outras; não há
letras nas páginas dos livros".

Estou certo de que, ainda no auge e na plenitude da minha atividade intelectual, talvez esteja tendo uma das últimas homenagens, daí a minha gratidão a todos os que me trouxeram até aqui e ao Instituto Histórico e Geográfico de São Paulo que me aceitou de um modo honroso, digno e cordial.

Registro Histórico

José Aristodemo Pinotti
20 12 1934 — 01 07 2009

"de tudo na vida ficaram três coisas:
A certeza de que estamos sempre começando...
A certeza de que precisamos continuar...
A certeza de que seremos interrompidos
antes de terminar...".
Fernando Pessoa, citado no poema rotaciones, do livro contrapunto de JAP.

"Naqueles anos de primeira viagem, tudo parecia começar na Praça do Patriarca" (Nelly Martins Ferreira Candeias).

Registro Fotográfico

Entrega do Prêmio Alfredo Ellis Jr.: Colégio Santo Ivo

Prêmio Alfredo Ellis Jr., 25 de janeiro de 2006,
entregue a professores e alunos do Colégio Santo Ivo.

CAPÍTULO 23

I Curso São Paulo na História do Brasil

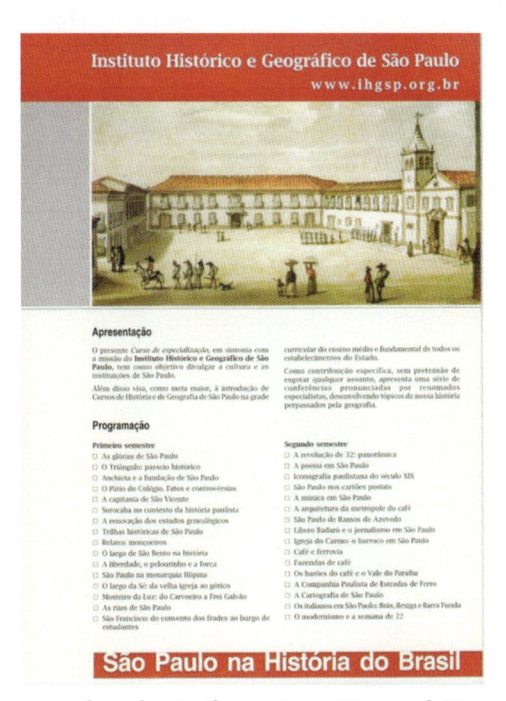

Coordenador Professor Jorge Pimentel Cintra.
28 de março de 2006.

Palavras da Presidente

Na feira da Praça da República, num domingo à tarde, perguntei a uma jovem que vendia colares com imagem da bandeira do Brasil, se ela também fazia peças com as cores da bandeira de São Paulo. Surpreendida, ela respondeu que nunca tinha visto a bandeira de São Paulo.

Muitos fatores contribuem para o descaso da população pela história do Brasil. A maioria das escolas em São Paulo não possuem bandeiras e não ensinam alunos a cantarem o Hino Nacional. Jovens e adultos não conhecem o significado das datas comemorativas oficiais do Estado e da Nação e nem os heróis da Pátria. Como se o passado estivesse desvinculado do presente da história contemporânea cujo sentido nem sequer entendem.

Criado em 1894 por iniciativa do advogado Estevão Leão Bourroul, do médico Domingos José Nogueira Jaguaribe Filho e do engenheiro Antonio de Toledo Piza, o Instituto Histórico e Geográfico de São Paulo completou 111 anos com excelente expectativa de vida. Centro irradiador de conhecimentos e ideias, sua missão permanece no espaço e no tempo: promover e divulgar a memória histórica do Brasil e de São Paulo nesta Casa de Memória, onde várias gerações de paulistas têm arquivado seus livros, revistas, documentos, fotografias e depoimentos pessoais.

Em 2002, ao tomar posse como presidente, afirmei que o bom desempenho do Instituto exigiria revisão de objetivos, nova filosofia de trabalho e marketing cultural capaz de transformá-lo em centro dinâmico pluralista com novos cursos, exposições e ideias itinerantes. Afirmei, também, que só assim o Instituto voltaria a ter a visibilidade necessária para assumir o papel de órgão centralizador de debates sobre interpretações não compartilhadas, inverdades e erros divulgados em livros de História, Geografia e outras áreas temáticas de interesse, sem fonte séria de documentação, por ignorância ou ideologia.

Expressei naquela ocasião meu anseio: abrir nossas salas para professores e alunos das escolas dos níveis médio e universitário, assim como para representantes de diversos setores da sociedade paulista, públicos e privados, governamentais e empresariais, para que pudéssemos, juntos, divulgar os valores éticos, cívicos e morais que nos mantêm unidos.

E é isso que estamos fazendo, neste momento – abrir a centenária porta desta instituição, que pertenceu ao antigo Palácio do Governo demolido em 1953, para que os valores da Nação possam atingir gerações sucessivas.

Estes que aqui se encontram também permanecerão na lembrança desta Casa de Memória, pelo que fizerem em prol dos valores que nos tornam irmãos pela cidadania, ao aceitar a missão de levar mensagens rejuvenescidas da História e da Geografia de São Paulo às novas gerações de brasileiros paulistas.

Nós amamos São Paulo e acreditamos no Brasil!

Palavras do Presidente de Honra Hernâni Donato

Senhores e Senhoras, bem-vindos ao I Curso São Paulo na História do Brasil, cujo principal objetivo é despertar o amor pela história da cidade. Foi Alexis de Tocqueville a dizer que "se o passado não ilumina o futuro, o homem e o seu mundo mergulham em trevas". Se o passado paulistano for relegado ao esquecimento, o ontem brasileiro será em boa parte obscurecido. Para que tal não ocorra é que se fundou esta Casa. Lilia Schwarz afirmou ter sido "a partir do Instituto que se criou uma história paulista, dando passado ao Estado". Continuamos a missão.

O curso não será conduzido com a autoridade de quem ensina, mas com a doação de quem participa. Esta noite, a da abertura, vamos evocar pessoas e situações que fundamentaram a gente paulistana. Assuntos que, com maior profundidade e autoridade, serão desenvolvidos nos encontros seguintes.

Consta do programa que hoje justifiquemos o curso falando de glórias de São Paulo. Glória, do latim, significa reputação merecida, fama adquirida por façanha, ação ilustre ou obra de engenho, glória militar, literária, artística, honra, louvor, virtude, ornamento, brilho. Vamos logo ao caso de São Paulo. Por mais isento que me posicione, identifico antes de todas as glórias possíveis, a da predestinação. Este lugar foi predestinado a ser alicerce, atalaia, forja, exemplo, cadinho, caminho. E a pagar o preço equivalente à consequente primazia.

Ouso pensar que bem antes de 1554 ou de Nóbrega, ou de Martim Afonso, ou do padre Paiva, antes mesmo do ano 1500, uma conjunção do destino e de inteligências atiladas apontaram para estas colinas, dizendo: – É este o lugar.

Falemos em largos traços e com a inobservância cronológica de quando se conversa entre amigos e não quando se desfia uma tese. Falemos desse lugar, desse homem: o paulista. A começar, pelo seu chão.

Posição privilegiada

Não foi por acaso que este chão paulistano resultou escolhido para ser o que foi e veio a ser. Geógrafos, historiadores, táticos e estrategistas esmiuçaram esse aspecto da História local: sua situação privilegiada. Posição assim descrita pela nossa confreira Maria Luísa Marcilio: "um complexo natural de vias de passagem e de penetrações para o interior: é a cidade um centro de circulação terrestre e fluvial". "Por outro lado – diz essa renomada autora – as passagens terrestres naturais abrem-se, também, para o planalto paulistano...". O Rio Tietê corre para o oeste: o Paraíba para o nordeste. Pelo Tiete foi possível aos paulistas atingir o Mato Grosso, o Paraguai, o fantástico Potosi, os Andes, a Amazônia. Pelo Paraíba, tomando os rios que sobem nos mapas, chegou à Bahia, ao nordeste. Aberturas naturais terrestres levaram bandeirantes e pioneiros, pela face norte do planalto, na direção das Minas Gerais; pela do sul, o Viamão, o Prata, o Paraguai; pela do noroeste, para o Goiás e a Amazônia.

Segundo a pesquisadora Maria Luísa Marcílio, mesmo o tão lamentado Caminho do Mar foi "uma dádiva da natureza que fez abaixar para 800 metros em média os picos cuja altura está entre 1500 e 2000 metros. "Uma espécie de corredor" entre vales profundos e alturas consideráveis".

A esse panorama privilegiado, logo percebido pelos portugueses e pelos jesuítas como ponto ótimo para núcleo civilizador, Caio Prado Junior se referiu como a um "sistema geográfico admirável, verdadeira chave e centro". São Paulo tinha, necessariamente, de gozar da preeminência.

Escolheram bem os que elegeram Piratininga para fundar São Paulo.

O primeiro 9 de julho

O paulistano freme ao ouvir o Paris-Belfort, ou passar pelo Pátio do Colégio, ao lembrar o nove de julho de 1932.

Pois há coincidências que fazem pensar. O primeiro nove de julho paulistano a requerer entrada na História foi o de 1562. Apenas oito anos depois da famosa missa fundadora. Data da primeira tentativa de destruição de São Paulo.

Atacantes, tamoios vindos do leste tendo por aliados tupis inamistados com os portugueses, justificavam o assalto dizendo estarem sendo vítimas dos escravagistas os quais eram, em maioria, lusitanos. E, talvez, esperando vingar a derrota sofrida na Guanabara dois anos antes, diante de portugueses e paulistanos.

Não foi aquela uma simples rusga, porém, uma dessas batalhas que decidem o destino de um lugar, de um povo. Ouçamos a narração do padre Simão de Vasconcelos e nos imaginemos no Pateo do Collegio naquela manhã: "eis que ao romper da alva do dia da oitava da Visitação da Virgem Senhora Nossa, dão os inimigos de improviso sobre a Vila de Piratininga, com tão grande estrondo de gritos, assobios, e bater de pés e arcos, segundo seu costume, que, parecia que o mundo se vinha a baixo e se arruinavam os montes vizinhos. Todos pintados, empenados, jactanciosos, prometendo-se a vitória, deixando nas costas canastras carregadas de panelas e assados em que diziam haver de cozer as carnes dos cativos, conforme a lei dos seus costumes bárbaros. Porém, traçou diferentemente o céu, porque os nossos saíram a recebê-los com bandeiras da igreja de Deus, pela qual pugnavam. Era para ver neste conflito pelejar a flechadas, irmãs contra irmãos; sobrinhos contra tios, primos contra primos e filhos contra pais...".

Jaime Cortesão enfatizou a posição estratégica da vila como "ponta de lança em direção ao interior preparando e facilitando a futura expansão portuguesa" no resumir de Janice Theodoro e de Rafael Ruiz, cuja sapiência no assunto será exposta em palestra deste curso.

A predestinação ia além, muito além. À "volta do mar", ao Peabiru.

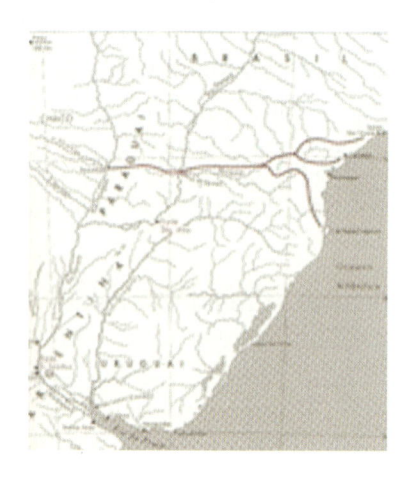

Não seria este o local mais agradável para fundar-se povoação. Havia umidade, pântanos, riachos e rios. Mas sobre tal dissabor, a importância do local. "É a porta para as muitas gerações dos gentios", disse o jesuíta mais afeito à penetração.

O homem paulistano adaptou-se à terra e adaptou-a ao seu modo de ser. O próprio povoado foi dividido em bairros que se fizeram povoados quase autônomos. A exemplo do Caaguaçu – palavra que significa Mato Grande – e cujo centro seria mais ou menos o Museu de Arte na Avenida Paulista.

Para fugir às áreas baixas – de ao redor de 700 metros de altitude – os primeiros paulistanos preferiram os topos de colina, acima dos 750 metros. Foi assim que logo de início se isolaram em grupos ao que parece solidários. Para a solidariedade, foram necessárias pontes. Construir pontes foi característica paulistana e ocupação também das paulistanas quando os homens estiveram ausentes.

De modo que estar só, com poucos aliados, entranhou-se na forma de ser do paulista, do paulistano. E a História o confirmou. Ele esteve sozinho em 1930, em 1932.

E quem foi o homem do começo de São Paulo?

No *Almanaque Literário de São Paulo para o ano de 1884*, o artigo "O ouro dos Pinheiros" nos dá a ler que "de volta a seus lares o Paulista aí ostentava um gênio altivo, uma independência selvagem, hostil a todos os laços sociais... Dos indivíduos, ódios implacáveis passavam às famílias que esposavam facilmente a causa de um dos seus, qualquer que fosse o grau de parentesco".

O estudioso Costa Lobo, evocado por Paulo Prado na *Paulística*, retratou este povoador "têmpera dura e aspecto agreste... fragueiro (incansável), imaginação ardente, propenso ao misticismo. O caráter independente, não constrangido pela disciplina, ou contrafeito pela convenção. O seu falar era livre, não conhecia rebuços, nem eufemismo de linguagem".

Até há não muitos decênios, no sul e mesmo no Uruguai e pelo norte argentino, um homem assim, ainda que nascido ali, era chamado *paulista*.

Terá tido seus preconceitos, porém, soube ajustá-los à realidade local. No período colonial, foi o sítio onde melhor se acomodaram os estrangeiros, os judeus, os degredados. Aqui, os trabalhadores manuais puderam chegar à vereança. Lopes de Almeida, governador em 1777, lamentou em carta que na câmara paulistana militassem "caixeiros e tropeiros".

A Câmara pediu a Lisboa que lhe mandasse "degredados que não sejam ladrões... para ajudarem a povoar...". O começo já foi de integração e demografia. Pero Lopes de Sousa escreveu em seu *Diário da Navegação*: "eu trazia comigo alemães e italianos e homens que foram às Índias e franceses". Isto, em 1531.

A miscigenação foi permanente e normal. Mesmo entre os índios. Os carijós substituíram os tupis, conforme demonstrou o nosso John Monteiro. O alargamento da área de apreensão de índios irradiou-se tanto que mais de cem grupos étnicos chegaram a São Paulo e se misturaram. Hoje, segundo dados respeitáveis, convivem na cidade aproximadamente representantes de um cento de etnias.

Altivez e espírito de independência

Essas características de proveniência, de posicionamento, de atividades necessariamente ofensivas moldaram o planaltino.

A guerra aos emboabas, nas Minas Gerais, foi levantada pelos estrangeiros aos gritos de "é preciso acabar com o orgulho dos paulistas". Na verdade, o propósito foi tomar as minas descobertas pelos bandeirantes, porém, o grito convenceu e a guerra se fez.

Certa ocasião, o Conselho de Estado, após a campanha de Palmares, dando conta ao rei do final da campanha, resmungou que: "e como insolência os paulistas são piores do que os palmarinos".

De onde veio essa belicosidade? Esse espírito de independência? O isolamento geográfico e econômico fez com que o paulistano procurasse criar meios para bastar-se.

É aconselhável e importante que se examine uma circunstância especial, contribuinte generosa para essa característica do paulista dos primeiros tempos, legado presente ainda no paulistano de hoje.

Até 1709 – dois séculos, portanto, de história – a capitania de São Paulo gozou de um ordenamento único no Brasil. A capitania pertencia aos herdeiros de Martim Afonso e de Pero Lopes de Sousa, os quais herdeiros, sempre residindo em Portugal, brigaram pela supremacia em todos os foros possíveis, inclusive ordenando ações de posse violenta e mudança de capital. A situação tornou os paulistas por tal modo senhores de si que ao passarem, em 1709, para a jurisdição do rei (que comprou a capitania aos herdeiros) os paulistanos sentiram a mão pesada do senhor. Não a aceitaram de pronto e com prazer. Recusaram-se, os piratininganos, com fúria a pagar ao rei os quintos devidos pelo ouro. Esqueceram as minas do seu território e passaram a caçar indígenas. Ouro havia. Nem muito, nem ótimo. Fator de sucesso. O suficiente para atrair aventureiros. É um espanhol, informante de Madri residindo em São Paulo, quem nos informa sobre essa disposição. O documento número XXXVI da Coleção De Angelis, "Jesuítas e bandeirantes no Guairá" e o "Informe de Manuel Juan de Morales de las cosas de San Pablo y maldades de sus moradores hecho a su Majestad por um Manuel Juan de Morales de La misma Villa", confessa haver recolhido no ano 1600 "nove marcos de ouro". Esse ouro e a liberdade com que se vivia em São Paulo provocaram substancial aumento da população e da renda local.

Esta renda havia sido de 60 mil maravedis em 1603 e subiu para 3600 em 1630. A população dobrou com gente vinda de todos os lugares, mesmo pessoas bem colocadas e pagas. Em 1606, somavam 190 os moradores, segundo números da própria câmara. São Vicente contava 80, Santos, não mais do que uma centena, Itanhaém, 50. De repente, enquanto outras modorravam ou regrediam, como por exemplo São Felipe e Montserrat (fundados por Francisco de Sousa), São Paulo romperia o ano 1640 com 1.500 homens, "soldados feitos e muito bem exercitados e armados" conforme a "Relación de los remédios eficazes a tan encarcerada chaga", do padre Antonio Ruiz de Montoya. A serem corretos esses números, tratar-se-ia de aumento de trezentos por cento em menos de quarenta anos, conforme alertaram Janice Theodoro e Rafael Ruiz em seu trabalho "São Paulo de vila à cidade".

Outro momento característico dessa disposição isolacionista foi a resistência ao estabelecimento de linha postal e de agente de correios. Vigorou, nessa atitude, o receio de invasão da privacidade: – "Por que temos que dizer aos outros como estamos e vivemos? Deixem-nos ser como somos". Foi preciso a mão pesada do Morgado de Mateus, em tentativa ulterior, a impor a inovação.

Daí, em resumo, o espírito do "queremos e podemos" que séculos depois, em 2 de outubro de 1974, ostentou todo no brasão da cidade criado naquela data: – *Non ducor, duco* – não sou conduzido, conduzo.

Espírito presente naquele momento ainda não tão bem estudado quanto o merece, em que tendo o rei português recebido um cacho de bananas esculpidas em ouro – fortuna razoável mesmo para um rei – perguntou aos bandeirantes que o foram entregar: – E o que pretendem em troca? Ouvindo em resposta: – Mas, Senhor, se viemos dar, como é que vamos pedir?!

Ou como quando, informado em seu reduto planaltino da chegada a Santos de um regedor que pretendia governá-los, ousaram enviar-lhe o recado de que: – Vossa Mercê acaba de chegar e nada sabe a respeito desta terra e do seu povo, dos nossos usos e costumes. Fique, pois, onde está e nos deixe viver como sempre vivemos".

Não se pode perceber, no episódio, aquela determinação ecoando nos protestos paulistas de 1931-1932, resistindo às interventorias e aos Secretariados impostos pelo governo Vargas?

Gente muito especial foi aquela dos primeiros séculos. Elaborou para si um quase direito natural. Aceitava jungir-se à lei e aos bons costumes. Em testamentos, confessavam dever algo a alguém deixando, porém, o quê e o quanto à consciência do credor. Lê-se em alguns papéis: "Devo o que ele disser que devo", ou "devo o que ele achar em sua consciência".

Eduardo Bueno ("História do Brasil", "Folha de São Paulo", 1997), afirmou que "os paulistas logo adquiriram uma mentalidade independente... São Paulo forjou a sua própria lei e transformou as demais em letra morta". Janice e Rafael concluem que até agora – 2006 – "não foi ressaltado convenientemente que o processo pelo qual os habitantes construíram a vila e mantiveram relações de todo tipo, singulariza São Paulo frente a todas as demais cidades do Brasil".

O qual orgulho e o qual espírito autônomo lhe valeram infortúnios. Em 3 de dezembro de 1770, Morgado de Mateus, explicando ao Secretário de Estado, Martinho de Melo, porque mandara botar grilhões nas pernas das mães, esposas e filhas dos homens que recrutara para irem morrer no Iguatemi, justificou-se com o dizer que assim procedia em homenagem à tradição dos paulistas de "intrepidez e ânimo", qualidades demonstradas "em muitas partes da América", pois "não reparavam em perigos, trabalhos nem dificuldades para ocuparem novas terras... exemplo que, até hoje, imitam os seus descendentes". (Machado de Oliveira, *Quadro histórico da Província de São Paulo até 1822*, São Paulo, Governo do Estado, 1978, p. 156).

Brasil afora

Comprado o território ao Marquês de Cascais, em 1709, o rei declarou-o capitania de São Paulo e não mais de São Vicente. E da vila fez cidade.

São Paulo sediou então um espaço geográfico igual a dois terços do atual chão brasileiro: os dois Mato Grosso, Goiás, Minas, Espírito Santo, Rio de Janeiro, Paraná, Santa Catarina e São Pedro do Sul, ou seja, o Rio Grande até o Rio da Prata, incluindo a hoje Colônia sobre a embocadura do Prata. Mais de dois milhões e trezentos mil quilômetros quadrados.

Durou pouco. Iniciou-se uma época de política proposta, entre aspas, a "quebrar a empáfia dos paulistas". Aqueles amplos territórios foram tomados, um a um, e a própria capitania extinta, anexada à do Rio de Janeiro, mas governada pelo capitão-mor de Santos.

E praticou-se a política do recrutamento: a retirada de São Paulo dos seus homens válidos, mandados para distâncias extremas em precariedade de situação. Poucos voltaram.

Dentre os não recrutados, a maior parte retirou-se para as minas e por lá ficaram. São Paulo regrediu. O censo de 1765 mostrou na cidade apenas 899 fogos, 1748 homens e 2090 mulheres, servidos por 26 mercadores, 10 vendeiros e 3 boticários.

Esse foi um momento baixo da História. Tê-lo superado e a outros iguais, constitui igualmente um título glorioso.

Um Mercosul pioneiro

Mas houve muitos momentos altos. E ainda pouco estudados, o que é difícil de entender.

Por exemplo, aquele que Rafael Ruiz e Janete classificaram como o Primeiro Mercosul da História. Mercosul com sede e capital em São Paulo.

O historiador Rafael Ruiz recolheu mais dados sobre esse momento particular da história local. Mostra que as autoridades da bacia do Paraná tinham chegado à mesma decisão: estabelecer um elo de comunicação econômica que ligasse o Potosi ao Paraguai e aos portos de Santa Catarina e São Vicente (ainda o Peabiru e a "cauda do dragão"). Ruiz é categórico: "Dom Francisco de Souza voltara ao Brasil precisamente para facilitar o nascimento do 'mercado do sul' formado por São Paulo, Paraguai e Alto Peru".

Muito mais do que 1500 homens de negócios e de aventuras saíram de São Paulo, na contagem de Montoya, rumo ao Peru.

Não era uma festa de domingo e sim uma direção elegida por suas vantagens. Já em 1583, Diego Flores de Valdez, em suas "Advertências", idealizara plano para o domínio espanhol do sul da América e mencionara esta nossa região como "a principal porta por onde o Peru pode receber muito dano" e muito bem. É já a São Paulo estratégica. (A.G.I. Patronato, 33, N3, R4, 1,1, "Advertimientos que Diego Flores de Valdez haze a SM para que los mande remediar").

Não há como não falar das bandeiras. Presentemente, a glória das bandeiras é para alguns mais nódoa do que brilho, mais vergonha do que triunfo. Essa postura teve início em 1932 como parte da bem urdida batalha do governo federal para ganhar a simpatia dos demais brasileiros contra o de São Paulo, então empolgado pela guerra constitucionalista.

Tela *Forêt Vierge Les Bords Du Parahiba*, de Jean Debret, 1834.

O bandeirismo foi acontecimento principalmente paulista: a própria configuração geográfica de São Paulo favoreceu o grande movimento de expansão em direção ao Oeste. Dos bandeirantes disse Gilberto Freire: "no litoral se estabeleceram os fundadores verticais do Brasil – nossos primeiros senhores de engenho – podendo os bandeirantes ser considerados como fundadores horizontais do Brasil".

Essa horizontalidade, ou seja, o chão que o velho paulista desbravou corresponde com pouca alteração ao Brasil de hoje. Do Tietê ao Prata e ao Amazonas. Simão de Vasconcelos ("Crônica", vol. I, página XLIII) alude a várias relações que obtivera de "excursões que por este rio fizeram moradores da Capitania de São Paulo, e todos concordam e disseram cousas maravilhosas" sobre aquela presença.

Na fase seguinte à das minas, quando chamado a ser homem de armas, o paulista lutou por toda parte. A Cidade de Parnaíba, no Piauí, deve o seu nome a bandeirantes saídos dessa pitoresca Parnaíba aqui ao lado de São Paulo. Essas Casas Pernambucanas de tanta presença no país chamaram-se, até 1932, Casas Paulistas por terem fábrica em Paulista, cidade pernambucana fundada e povoada por gente paulistana.

Oliveira Viana (*Populações meridionais do Brasil*, p. 84) escreveu ser "a bandeira uma pequena nação de nômades, organizada solidamente sobre uma base autocrática e guerreira. O bandeirante lhe é, ao mesmo tempo, o patriarca, o legislador, o juiz e o chefe militar... Ele exerce funções judiciais, sobre a partilha dos índios escravizados e dos descobertos, faz a arrecadação e o inventário dos bens deixados pelos bandeirantes mortos no sertão; julgados crimes até a pena de morte. Têm para este fim os seus escrivães, os seus meirinhos, os seus ritos processuais. Faz-se também acompanhar de sacerdotes para o serviço religioso. Seguem-no os seus sócios, homens de sua igualha, também nobres; um grupo de moradores, gente pobre, à cata de colocação e classificação nas terras a conquistar; e mais a turba heteróclita dos mamelucos, dos cafuzos, dos pardos, dos negros, dos índios domesticados; algumas dezenas, algumas centenas, mesmo alguns milhares armados todos de trabucos, de mosquetes, de clavinas, de clavinotes, de espadas e de flechas; uns a pé, outros a cavalo... Todas as raças, todas as classes, todas as armas...".

Depois das bandeiras, um período de descanso, de paz, fruto da desambição, da aceitação. São Paulo modorrou.

Até o Fico.

O Grito do Ipiranga

A Câmara ousou pedir ao príncipe-regente que ficasse no Brasil, desobedecesse a Lisboa, proclamasse a Independência: "À vista dos males que ameaçavam esta Província, e todas as demais do Reino do Brasil, pela pretensão das Cortes e conhecendo o desejo de arrancar o Príncipe Real da Corte do Rio de Janeiro (...) se represente contra elas".

Por essa iniciativa os vereadores foram mandados processar e castigar pelo governo de Lisboa. O que não sucedeu, porque antes aconteceu o Sete de Setembro de 1822.

A chegada ao Ipiranga não foi de todo pacífica. Houve o episódio da Bernarda de Francisco Inácio, com a tentativa de alinhar São Paulo com Lisboa e contra o Rio, tentativa vencida pelo povo descido à rua. Depois, a vinda do Príncipe, o Grito.

Retrato de D. Pedro I,
de Simplício Rodrigues de Sá.

Mas isso é assunto a ser desenvolvido em outra reunião deste ou do próximo curso.

Lembremos somente a tarde no Ipiranga, a aclamação do rei Pedro no teatro do Pátio, a São Paulo capital do país por algumas horas, a declaração de amor de Pedro ao povo paulista, a concessão do Curso Jurídico.

E a gesta do café com tudo o que significou.
E 1932 com o muito que há ainda por falar e que merecerá aula especial.
E uma glória, também muito distinta, que é ter aqui as senhoras e os senhores.
Muito obrigado.

CAPÍTULO
• 24 •

Dia da Juventude Constitucionalista

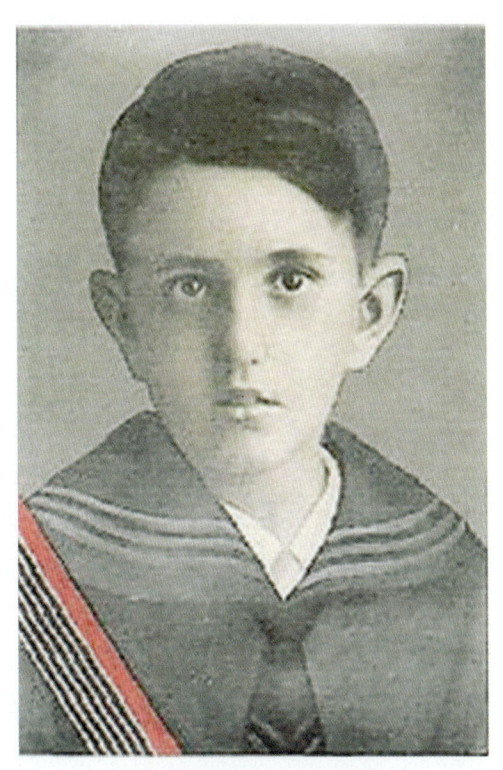

Aldo Chioratto, 1922-1932.
22 de maio de 2006.

Palavras da Presidente

É justo evocar nomes de três mulheres do Instituto Histórico e Geográfico de São Paulo que participaram na Revolução de 32. Estiveram presentes na Cruz Vermelha, nas casas dos soldados, nos departamentos de assistência civil, nos hospitais de sangue e na Campanha do Ouro para a Vitória, lutando pelos ideais paulistas.

No discurso pronunciado por Mennoti Del Pichia, lê-se: "saibam todos quantos estas palavras escutarem ou quantos as encontrarem amanhã impressas que, na tristeza da luta fraticida, sustentada há quarenta e um dias contra a ditadura abandonada pelo apoio moral do Brasil, vós, damas de São Paulo, tendes um lugar superior ao nível de todas as competições".

A Professora Carolina Ribeiro nasceu em Tatuí, em 1892, tendo exercido o magistério em grupos escolares de São Paulo. Oradora brilhante, foi considerada a mais notável organizadora e diretora da Escola Normal de São Paulo. Foi Secretária da Educação do Estado de São Paulo. Durante a Revolução de 32 dirigiu o Serviço de Assistência à Família do Combatente e o Serviço de Orientação Técnica da Legião Brasileira de Assistência.

Olívia Guedes Penteado nasceu em Campinas em 1892. Foi uma das fundadoras da "Liga das Senhoras Católicas" e presidente da Associação Cívica Feminina. Ao eclodir a Revolução de 1932, passou a trabalhar com Carlota Pereira de Queiroz e Carolina Ribeiro. Teve atuação marcante no Departamento de Assistência à População Civil. Assim na Rádio Record:

Paulistas, Mães, Esposas e Irmãs, soou a hora sagrada da redenção do nosso Estado.

A luta que travamos é contra a opressão, contra o erro, contra o crime. Quem se bate pelo regime da justiça, da liberdade e do direito, será sempre apontado na história da nossa terra, como o defensor da verdadeira, da suprema causa da nacionalidade. Esta causa – vós já sabeis – é a causa da Lei. Viva o Brasil!

A médica Carlota Pereira de Queiroz nasceu na cidade de São Paulo. Foi chefe do Laboratório da Clínica Pediátrica da Faculdade de Medicina de São Paulo, de 1928 a 1932.

Seu envolvimento político teve início durante a Revolução Constitucionalista. Nessa ocasião treinou, conjuntamente com a seção paulista da Cruz Vermelha, grupo constituído por 700 mulheres para prestar assistência aos feridos. O trabalho garantiu-lhe vaga na Assembleia Nacional Constituinte. Em 1933, eleita e empossada, tornou-se a primeira deputada federal da América Latina.

Reporto-me agora ao tema de sessão dedicada à Juventude Constitucionalista, evocando o nome de um herói paulista. Aldo Chioratto nasceu em Campinas em 1922 e pertenceu à Associação dos Escoteiros de Campinas. Foi incorporado às tropas paulistas, como mensageiro requisitado pelo Coronel Mário Rangel. Em ataque ocorrido no dia 18 de setembro de 1932, gravemente ferido, morreu abraçado ao seu bornal de mensageiro. Nas palavras de Guilherme de Almeida: "Marchou o soldado paulista, marcou o seu passo na História, deixou na terra uma pista, deixou um rastilho de glória".

Os restos mortais de Aldo repousam hoje no Mausoléu do Soldado Constitucionalista ao lado de outros heróis da época. O mais jovem dos heróis. Seus despojos foram carregados por Cadetes da Academia Militar do Barro Branco em setembro de 1966.

Paulo Bomfim, então Chefe de Cerimonial da Sociedade de Veteranos de 32, proferiu as seguintes palavras:

> Menino Paulista
> – dez anos apenas –
> vivendo a epopeia,
> formando uma tropa
> com outros meninos.
> Se fosse preciso,
> iriam cantando
> lutar por São Paulo!
> E veio dos céus
> dos céus de Campinas,
> a ave de fogo ferir a cidade.
> E Aldo Chioratto
> tombou sobre a terra
> que o viu pequenino,
> e o vulto de um sonho,
> dez anos apenas,
> marchou entre o anjos

> que em coro bradaram –
> na vida e na morte,
> na paz e na guerra,
> Menino Paulista,
> Menino da Guarda,
> Velai por São Paulo.

Essa mesma causa nos mantém aqui reunidos – zelar por São Paulo, velar pelo Brasil. *Pro Brasilia fiant eximia. Non ducor, duco.*
Amém.[1]

Registro Histórico

Aldo Chioratto, nasceu em Campinas, em outubro de 1922 e foi registrado como Quioratto, nome de seus pais. Pertencia ao Grupo Escoteiro Ubirajara, da Associação dos Escoteiros de Campinas. Frequentou o Grupo Escolar Orozimbo Maia. Por ser escoteiro da Comissão Regional de Campinas e agregado à Cruzada Escoteira Pró-Constituição, foi incorporado às tropas paulistas, como mensageiro requisitado pelo coronel Mário Rangel.

---

1 Palestra realizada na Câmara Municipal de São Paulo a pedido da Sociedade de Veteranos de 32 MMDC. (N.da.A.)

CAPÍTULO
• 25 •

Evocando Guilherme de Almeida

Da esquerda para direita: Justino Magno Araújo, Nelly Martins Ferreira Candeias, Luiz Eduardo Pesce Arruda, Gino Struffaldi e Francisco Giannoccaro.
29 de julho de 2006.

Palavras da Presidente

Hoje é um dia feliz! Aqui se encontram pessoas que amam São Paulo e acreditam no Brasil. Reunidas no Instituto Histórico e Geográfico de São Paulo, no chão de Piratininga e terras de Tibiriçá, desejam evocar o mais belo movimento cívico que ocorreu no País – data magna da história de São Paulo, em 1932, intelectuais paulistas, força pública, exército, operariado e povo caminharam juntos pelas ruas de São Paulo, para defender ideais democráticos, carregando as bandeiras brasileira e paulista.

Muitos pertenceram ao quadro social do Instituto. Da Força Pública, hoje homenageada, constavam na época os capitães Heliodoro Tenório da Rocha Marques, Trigueirinho, Reynaldo Ramos Saldanha da Gama, Pedro Dias de Campos e Lísias Augusto Rodrigues, piloto de aviação em 32.

Quinze intelectuais constitucionalistas foram exilados, entre eles, Pedro de Toledo, Júlio de Mesquita Filho, Carlos de Souza Nazaré, Aureliano Leite, Altino Arantes, Manuel Pedro Vilaboim, Prudente de Morais Neto, Vivaldo Coaracy e Guilherme de Almeida. Perdeu-se a guerra, mas não se perdeu a causa.

Ao outorgar o Colar do Centenário ao Capitão Gino Strufaldi[1], veterano de 32, Presidente da Sociedade dos Veteranos de 32, o MMDC, evocamos a Revolução Constitucionalista, 74 anos depois, no mesmo dia em que também homenageamos Guilherme de Almeida e a Força Pública, hoje denominada Polícia Militar.

Fundado em 1º de novembro de 1894 e mentor na Revolução Constitucionalista, o Instituto prossegue na sua jornada histórica. Representa a trincheira paulista, onde força e coragem de São Paulo continuam a ser fonte perene de nossa memória.

A propósito de Guilherme de Almeida, um dos exilados, vou ler palavras do Professor Alfredo Gomes, membro deste Instituto, registradas na revista da nossa entidade, logo após o falecimento dele. Guilherme de Almeida: "o Príncipe, o principal na doçura, graça, brilho, na

---

[1] Oração pronunciada no Instituto Histórico e Geográfico de São Paulo, por ocasião da outorga do Colar do Centenário ao Capitão Gino Struffaldi, veterano da Revolução Constitutcionalista de 1932.

majestade e plasticidade do estilo; na magnitude astral, magnífica, alterosa, faustosa, portentosa, múltipla da poesia; nas prendas naturais, completas, alevantadas do puro e magnânimo espírito que via e sentia para conduzir o coração a transbordar-se em mimos, joias, oferendas primaciais, delicadíssimas, fulgentíssimas, nobilíssimas; o Príncipe em que o passo na vida marcou o compasso do coração que lhe batia no peito, romanticamente poético, divinamente perfeito: o Príncipe que sempre cantou no mesmo tom porque era puro, porque era bom; o Príncipe lírico de "Nós" do "Messidor", de "A Dança das Horas", "Do Livro de Horas de Sóror Dolorosa", de "A Frauta que eu perdi", de "A Flor que foi um Homem" e de tantos outros mais que formam o breviário sentimental da nossa Gente; o Príncipe trovadoresco e pré-renascentista do "Cancioneirinho" e do "Pequeno Romanceiro"; o Príncipe renovado e renovador, vanguardeiro em "Meu" e "Raça" e na ideogramação formulada dos haicais; o Príncipe patriota do civismo em canções de guerra, de glória, de exaltação; o Príncipe misticamente espiritual e espiritualizado da poesia propiciatória, consagratória e sacrificial"[2].

A propósito de haicais, disse Guilherme de Almeida:

"Olho para aí e aí descubro, no seu aspecto mais simples e, pois, mais exato, a poesia toda consubstanciada no haicai. Mas, o que é haicai? – Criada por Bashô (séc. XVII) e humanizada por Issa (séc. XVIII), o haicai é a poesia reduzida à expressão mais simples. Um mero enunciado: lógico, mas inexplicado. Apenas uma pura emoção colhida ao voo furtivo das estações que passam, como se colhe uma flor na primavera, uma folha morta no outono, um floco de neve no inverno... Emoção concentrada numa síntese fina, poeticamente apresentada em dezessete sons, repartidos por três versos: o primeiro de cinco sílabas, o segundo de sete e o terceiro de cinco.

O primeiro verso rima com o terceiro e existe também uma rima interna no segundo verso, entre a segunda e a sétima sílaba. Impressão breve, mas tão extensível, desdobrável: *pastille fumante.*"

Encantado com a estrutura e força das curtas mensagens dos haicais, Guilherme de Almeida publicou texto em *O Estado de São Paulo*, pouco depois de conhecer pessoalmente o Embaixador do Japão, em 1937, com quem muito aprendera a respeito, manifestando entusiasmo pela criação de mensagens concisas: "Vinte anos de poesia – uns trinta livros de versos escritos e uns vinte publicados – levam-me hoje à conclusão calma (que não é uma negação à minha nem um sarcasmo à obra dos outros) de que não há ideia poética, por mais complexa, que, despida de roupagens atrapalhantes, lavada de toda excrescência, expurgada de qualquer impureza, não caiba estrita e suficientemente, em última análise, nas dezessete sílabas de um haicai. (...) É questão de manter o essencial".

---

2 *Revista do IHGSP*, volume LXVIII, 1970, p. 306-7.

Nas palavras do poeta, o haicai "é o grãozinho de ouro que os lavageiros pacientes descobrem lavando a terra aurífera e deixando escorrer a ganga impura: são pepitas de ouro que trazem fragmentos de sabedoria em forma de pequenos textos".

Em homenagem a Guilherme de Almeida, eu gostaria de terminar, lendo um haicai da sua autoria: "Lava, escorre, agita a areia. E enfim, na bateia, fica uma pepita".

Também eu, à procura do essencial, termino com mensagem resumida.

Estamos aqui reunidos porque amamos São Paulo e acreditamos no Brasil. Tenho a certeza de que cada um dos que hoje participam desta Cerimônia agitou a areia na bateia e encontrou uma pepita de ouro, que conserva em seu coração: É o amor por São Paulo e pelo Brasil.

Que essas pedrinhas de ouro permaneçam para sempre no Instituto Histórico e Geográfico de São Paulo, porque são elas que nos mantêm unidos.

Amém.

Ser Paulista

Ser Paulista é ser grande no passado!
É ser maior nas glórias do presente
É ser a imagem do Brasil sonhado,
E, ao mesmo tempo do Brasil nascente!

Ser Paulista! É morrer sacrificado!
Por nossa terra e pela nossa gente!
É ter dó da fraqueza do soldado,
Tendo horror à filáucia do tenente!

Ser Paulista! é rezar pelo Evangelho
De Rui Barbosa, o Sacrossanto Velho
Civilista imortal da nossa Fé!

Ser Paulista! em brasão e em pergaminho
É ser traído e pelejar sozinho,
É ser vencido, mas cair de pé!

Martins Fontes

Registro Fotográfico

Francisco Giannoccaro, Vilma Lúcia Gagliardi, Maria Cecília Naclério Homem, Justino Magno Araújo, Carlos Taufik Haddad, Lygia Kigar; José Alberto Neves Candeias, Sônia Regina Tavares, entre outros.

Outorga do Colar do Centenário

Capitão Gino Struffaldi

Paulo Bomfim, Nelly Martins Ferreira Candeias, Capitão Gino Struffaldi e Luiz Eduardo Pesce de Arruda.

Paulo Bomfim, Gino Struffaldi e Luiz Eduardo Pesce de Arruda.

CAPÍTULO
• 26 •

Posse de novos membros

Da esquerda para direita: Paulo Bomfim, José Aristodemo Pinotti, Ruy Cardoso de Mello Tucunduva,
Nelly Martins Ferreira Candeias e Ives Gandra da Silva Martins.
26 de agosto de 2006.

Palavras da Presidente

Ao pleitear o aperfeiçoamento do ensino da História e da Geografia Regionais na grade curricular do ensino fundamental e médio no Estado de São Paulo, permito-me fazer breves considerações teóricas e práticas que julgo do maior interesse para nosso Instituto.

Li, recentemente, pequeno livro de Michelet, cujo título é *O Povo*. Jules Michelet nasceu em 1798 e faleceu em 1874. Autor da monumental obra *História da Revolução Francesa*, sentiu-se atraído pelo estudo da participação popular nos destinos da nação, particularmente nas fases das grandes mudanças sociais. "É o povo que desencadeia a mudança, a paz, a guerra, a força e a fraqueza, a saúde e a doença dos regimes, portanto, depende do povo que a pátria seja um vínculo de servidão ou um vínculo de liberdade".

Com efeito, o povo não é mero observador de fatos históricos e configurações geográficas da Nação. Nada se registra na historiografia e na iconografia, sem que o povo participe das reformas e mudanças políticas, no tempo e no espaço onde se encontra. Isso ocorre em escritos, pinturas e esculturas. Como exemplo, vale lembrar o quadro de Delacroix, "A liberdade guiando o povo".

Michelet afirma que poucos encaram a instrução pública como solução. "Quer se trate de formar ou de reformar o homem, de edificá-lo ou de reedificá-lo, não é o pedreiro, mas sim o professor que o Estado deve convocar: o professor religioso, moral, nacional, que falará em nome de Deus e em nome da França. Vi criaturas miseráveis, aparentemente desesperadas, cegas ao sentimento moral e religioso, conservarem ainda o sentimento da pátria".

Segundo esse autor, "se Deus colocou em algum lugar o modelo da cidade política foi certamente na cidade moral, constituída pela alma humana, pois essa alma se fixa num determinado local, ali se recolhe, ali se organiza num corpo, numa morada e ali cria uma ordem de ideias". Em suas reflexões refere-se a fé, que acompanha e molda a alma humana.

Para ele, dois procedimentos afetam a nacionalidade: ignorar a história ou conhecê-la por fórmulas vazias, como ocorre com filósofos que nunca a estudam, e ignorar a natureza, sem considerar que os caracteres nacionais enraízam-se profundamente no clima, na alimentação, nas produções naturais dos países.

Ao concordar-se que as formulações de Michelet têm por objetivo a humanização pela História, pela Geografia e pela Fé, o desaparecimento desses conceitos representa o mais espantoso espetáculo de desumanização que já ocorreu no cenário nacional, particularmente nas grandes cidades. Se a memória coletiva garante a sobrevivência cultural, social e ética de uma Nação, e se a história, a geografia e a fé, que matizam a cidade moral, estão pouco contempladas na cidade política, resta-nos perguntar o que está acontecendo com a educação em São Paulo e no Brasil.

São frequentes as queixas sobre os malefícios causados pelo desconhecimento da história e da geografia regionais em escolas. Pais de escolares têm protestado contra o conteúdo do ensino da história de São Paulo e do Brasil – alegando que desfigura a imagem da Nação.

É o que se evidencia em livros escolares, por intencional omissão ou deformação de relatos não documentados por estudos sérios, acompanhados por afirmações de conteúdos pseudo-históricos, deformados as vezes em novelas que atingem enormes contingentes populacionais. Anchieta, os jesuítas, os bandeirantes, Dom João VI, José Bonifácio, a Família Real, Campos Salles, que saneou as finanças da República, e outros, têm sido desrespeitados e desfigurados em publicações de intenção suspeita, iconoclasta, biografias representam legitimamente a memória do Brasil.

Poucos são os livros de síntese sobre a evolução histórica de São Paulo, que possam ser utilizados por professores e alunos dos ensinos fundamental e médio, como ocorre em outros Estados. Os livros de Tancredo Amaral (1895), recentemente referido durante o Encontro Regional dos Alunos de Medicina, em 2005, 110 anos depois de sua publicação, e o de Rocha Pombo (1917), destacam-se por trazerem na capa a indicação de que são obras destinadas a escolas públicas do Estado.

Texto de Ives Gandra da Silva Martins, com o título *Uma Breve História de São Paulo, 1500-1952*, escrito em 1952 para a Maratona Intelectual Esso, foi premiado em 1953. Sem fins didáticos, outros nomes de altitude, como Washington Luiz Pereira de Souza, Tito Lívio Ferreira, Aureliano Leite, Taunay, Hernâni Donato, membros deste Instituto, escreveram sobre esse tema, abordando aspectos mais específicos da nossa história. E muitos outros.

No dia 29 de julho, durante sessão de homenagem a Guilherme de Almeida, recebemos a visita de uma comitiva de Campinas, onde se criou recentemente o Instituto Histórico, Geográfico e Genealógico dessa cidade. O Dr. Expedito Ramalho de Alencar, seu Presidente, ofereceu-nos livro, editado em 2001, com o título *História do Estado de São Paulo*, diz:

"O sujeito da história de São Paulo é o povo paulista e seus antepassados, em sua humanidade. É o autor dos fatos históricos que ocorreram no tempo e na história". Em sua introdução faz apelo aos jovens paulistas para que cultivem o amor ao Estado de São Paulo, "que construirá, com as demais unidades da Federação, a próspera nação com que sonhamos". Nele, o Professor Odilon Nogueira de Matos, membro deste Instituto diz "à guisa de prefácio": "é estranho que, com toda essa responsabilidade histórica, seja São Paulo o Estado que menos estuda sua história". Entre em alguma livraria e procure a "História de São Paulo". Ouvirá a dolorosa resposta: "Não existe".

Enfim, falta ao brasileiro o conhecimento de sua própria história. O ensino em crise é realidade dos setores ligados à Educação. Reformas têm sido realizadas e avaliadas sucessivamente. Muitos educadores defendem o ensino com base na transdisciplinaridade que opõe, ao conhecimento setorizado e dividido, a aprendizagem de uma única disciplina-eixo para estudo das outras disciplinas. O Instituto considera a História como eixo para a formulação de currículos e métodos. A História e a Geografia, com ênfase no nível regional, deveria ser alma na formação das novas gerações.

Recordo o professor Odilon Nogueira de Matos, em magistral palestra proferida neste auditório no dia 25 de janeiro de 2003, com o título "Sinfonia Paulista: Uma Visão da História de São Paulo". Diz no trecho final de "Último Movimento *Allegro ma non troppo*" : "Hoje quando sabemos que temos trinta milhões de paulistas, ocorre-nos também à vontade de perguntar: onde estão eles? Serão paulistas mesmo ou simplesmente nascidos no território paulista? Para mim há muita diferença, especialmente se considerarmos a quantidade de brasileiros de outros Estados e de estrangeiros de outros países, mas que se têm demonstrado mais paulistas do que se aqui tivessem nascido".

E os movimentos da Sinfonia do Instituto Histórico e Geográfico de São Paulo? No segundo século de vida desta entidade, não podemos denominar esse movimento de *Allegro ma non troppo*, mas, sim, de *Andante expressivo*, às vésperas de dar início ao primeiro curso "São Paulo na História do Brasil", sob coordenação do Professor Jorge Pimentel Cintra.

O Instituto é um espaço cultural, onde a força e a coragem de São Paulo são fonte de inspiração de nossa história. Aqui se encontram brasileiros paulistas por nascimento, opção e convicção. No momento em que outros se abalariam diante das circunstâncias que o Instituto tem enfrentado, estamos abrindo nossa histórica porta para cinco novos companheiros, que amam São Paulo e acreditam no Brasil.

Estamos juntos nas trincheiras da história dos brasileiros paulistas – sabemos de onde viemos e também aonde queremos chegar.

Pro Brasilia fiant eximia.

Amém.

Registro Fotográfico

José Aristodemo Pinotti, Ruy Cardoso de Mello Tucunduva, Nelly Martins Ferreira Candeias, Ives Gandra Martins, Gino Struffaldi e Evanir Castilho.

Posse de Membros Titulares: Flávio Fava de Moraes, Justino Magno Araújo, Ralph Mennucci Giesbrecht, Rodolfo Konder, Rubens Junqueira Villela.
Leitura do Termo de Posse: Flávio Fava de Moraes.
Saudação aos novos membros: Rodolfo Konder.

"O presente está em declínio. O presente está só", escreveu Jorge Luis Borges. Borges morreu há exatamente vinte anos, mas a solidão do presente só aumentou, de lá para cá. O passado já não o acompanha e alimenta. O futuro se afasta de nós, acossado pela violência, pela falta de ética, pela droga, pelo crime organizado, pela destruição da natureza, pelo aquecimento global. Vivemos aprisionados no agora. Esquecidos do passado, sem condições de planejar o futuro, perdemos simultaneamente a identidade e o sonho "Somos nossa memória", escreveu o mesmo Borges. Mas estamos sem memória, ela foi se deixando ficar ao longo do nosso atribulado percurso.

Sou jornalista e escritor. Na verdade, sou filho de um casamento entre a linguagem jornalística e a linguagem literária. Esta união aconteceu anos atrás, nos Estados

Unidos, onde nasceu o "New Journalism", o "jornalismo de autor". Truman Capote, Ernest Hemingway, Norma Mailer são nomes que marcam o Jornalismo Literário. No Brasil, a revista *Realidade*, onde trabalhei (ao lado de José Hamilton Ribeiro, Luis Lobo e Maurício Azêdo, para citar três destacados profissionais) foi expressão do novo jornalismo. Ali me tornei escritor. Poucos anos depois, no exílio canadense, a leitura me ajudou a exorcizar meus fantasmas. Escrever foi minha análise. Assim, a linguagem, a palavra, em especial a palavra escrita, é minha casa e minha profissão. E, neste campo de ação, posso dizer que a solidão do presente também é assustadora.

Uma língua é sempre um monumento à criatividade humana. Guarda hábitos, maneiras de pensar, emoções, formas específicas de se ver o mundo. Durante anos, décadas, séculos e milênios, as pessoas inventam palavras, símbolos, elaboram uma sintaxe, criam uma gramática, desenvolvem uma musicalidade única, ao falar. Os seres humanos já falaram 150 mil línguas. Atualmente, falam 6 mil. Mas 4 mil devem desaparecer a curto prazo. Na verdade, estamos perdendo uma língua a cada 15 dias.

O livoniano, por exemplo, foi falado na Livônia durante 5 mil anos. A nação viveu seus momentos de glória no século 12, na era dos cavaleiros teutônicos. Hoje, faz parte da Letônia, onde apenas 3 ou 4 pessoas ainda sabem falar o livoniano. Paulina Klavina, de 85 anos, fala o letão, mas sonha em livoniano, que ela define como "a língua do mar". Aquela cultura de pescadores começou a morrer há mais de 4 séculos, quando a marinha russa a subjugou. Depois, a hoje falecida União Soviética retirou os livonianos dos povoados costeiros e proibiu o ensino de sua língua nas escolas. Os raros sobreviventes agora se arrastam pelas praias do Báltico, oscilando entre a nostalgia e o esquecimento.

O poeta inglês Alfred Tennyson já nos advertia que até os bosques apodrecem e se extinguem, mas só recentemente tomamos consciência de que centenas, milhares de línguas também morrem, como os cisnes, "após alguns verões". A cada quinzena, naufraga uma cultura inteira, com suas espadas, seus cantos e sua mitologia. A cada duas semanas, desaparece um capítulo da história, e o mundo se torna mais pobre, menos diversificado.

No quadro atual, as línguas ainda se multiplicam nas regiões mais quentes, como a África – onde há quase 2 mil línguas – ou as Américas – com seus 900 pequenos dialetos. No coração da floresta amazônica, por exemplo, tribos com menos de cem pessoas falam sua própria língua. Nas regiões mais frias, porém, o número de línguas é bem menor, tanto ao norte como ao sul.

Apenas cinco línguas dominam hoje o cenário mundial – o inglês, o espanhol, o chinês, o russo e o hindi são falados por metade da população do planeta. Cerca de 45% falam outras cem línguas. Os 5% restantes são responsáveis por milhares de pequenos idiomas.

Como tirar da UTI as línguas que estão morrendo? O que fazer? Dizem os especialistas que, para salvar uma língua, são necessários investimentos de pelo menos 200 mil dólares, além de cuidadosas pesquisas que duram no mínimo dois anos. O que falta, então? Vontade política? Empenho das instituições de países mais ricos? Pressão internacional?

Sabemos que a natureza encontra seu equilíbrio na diversidade. É preciso que haja diversidade de besouros, de sapos, de macacos, de plantas, para que a natureza sobreviva de maneira saudável. O princípio vale também para o mundo da cultura e a sociedade humana. Nos dois casos, a senha, a palavra-chave, o nome do jogo é diversidade. Nossa sobrevivência depende do nosso respeito à diversidade.

Até aqui, falávamos apenas das línguas, mas há outras áreas da cultura, outros campos de realizações humanas que vêm sofrendo igualmente os efeitos da destruição do meio ambiente cultural.

O descaso pela memória urbana, por exemplo, faz desaparecer o passado das cidades, tornando incompreensível o seu presente e ameaçador o seu futuro. O desprezo pela História nos deixa sem referências e, consequentemente, pode destruir nossa própria identidade. Nossa arte frequentemente se esvai, na vertigem dos modismos. Nos cinco continentes, desaparecem música, filmes, coreografias, peças de teatro, quadros e esculturas.

Ao falar da ascensão de Adolf Hitler na Alemanha, e da guerra mundial provocada pelo nazismo, o poeta e dramartugo alemão Bertold Brecht nos lembrava:

"Muito antes das bombas caírem sobre nossas cidades, elas já eram inabitáveis.

A insensatez já tinha nos afogado.

Muito antes de tombarmos em batalhas sem sentido, caminhávamos pelas ruas que ainda existiam, mas nossas mulheres já eram viúvas e nossos filhos já eram órfãos.

Muito antes de nos lançarem na fossa comum, já não tínhamos amigos. Aquelas coisas que os vermes devoraram já não eram rostos humanos".

A pergunta é evidente: estamos nos desumanizando, como frequentemente se desumanizam os povos, diante da ascensão das ditaduras? Neste caso, estamos nos desumanizando diante da paulatina destruição do meio ambiente e da cultura? Nossas mulheres já são viúvas? Nossos filhos já são órfãos? O que fazer?

O Instituto Histórico e Geográfico de São Paulo tem importante papel a desempenhar na preservação da nossa memória e na resistência ao processo de desumanização em curso. Ele já vem desempenhando este papel, sob a presidência da Dra. Nelly Candeias. Todos nós, aqui, somos membros de um movimento de resistência. Precisamos resgatar o passado e perseguir um sonho. Como escreveu Ralph Waldo Emerson: "devemos atrelar o nosso arado a uma estrela". Todos nós, os cinco novos membros do Instituto Histórico e Geográfico de São Paulo, estamos aqui para resistir às forças da desumanizarão e para alimentar os sonhos.

Flavio Fava de Moraes
Leitura do termo de posse.

Da direita para a esquerda: Flávio Fava de Moraes, Rodolfo Konder, Ralph Mennucci Giesbrecht, Justino Magno Araújo e Rubens Junqueira Villela.

CAPÍTULO
• 27 •

Direitos Humanos e Democracia

Da esquerda para direita: Ministro José Gregori, Nelly Martins Ferreira Candeias, Ives Gandra Martins, Rodolfo Konder e Marco Antônio Ramos de Almeida.
12 de dezembro de 2006.

Palavras da Presidente

No dia 25 de janeiro de 2002, ao tomar posse como Presidente do Instituto Histórico e Geográfico de São Paulo, expressei publicamente meu desejo de que esta entidade contribuísse para melhorar a qualidade de vida humana, social e sustentável da população da cidade de São Paulo, a promoção dos Direitos Humanos, assim como autoestima e autoconfiança dos protagonistas locais, pela valorização do sentimento cívico, patriótico, ético e moral da sociedade civil organizada. São pressupostos dessa intenção.

Disse, naquela ocasião, que as entidades se perpetuam pelo consenso em torno de princípios e de valores comuns e que para alcançar esses objetivos o Instituto precisaria introduzir política pedagógica inovadora, capaz de promover diálogos em cenários diversificados e pluralistas, com participação de todos os cidadãos.

Como Martin Luther King, também tive um sonho, compartilhado por muitos brasileiros: "um sonho de entendimento, entre todos, que respeite as diferenças, juntando e transformando o "meu" e o "seu" num "nosso" solidário e fraterno" (Ministro Gregori).

No dia 24 de setembro de 2004, por ocasião da visita da Ministra da Cultura de Portugal, acompanhada pelo Professor Jorge Pereira de Sampaio, membro correspondente estrangeiro deste Instituto, assim se expressou o Ministro Gregori: "sei bem o quanto de preocupação e temor carregam os dias atuais. Parece incrível ter-se iniciado o novo século com tanta violência e com a emergência de tanto extremismo. Mas de repente, numa tarde tépida paulistana, de primavera, num lugar bem no centro da cidade gigante, tudo se torna tão ameno que esquecemos todo o entorno de angústias para convivermos com a esperança".

Que neste amálgama de aspirações prevaleçam o respeito pela diversidade e fraternidade – sentimentos que unem os homens como símbolos e marcos emblemáticos de determinação coletiva. Muitas vezes com sacrifício de vidas, a Vila de Piratininga na urbe de uma grande Nação.

Pro Brasilia fiant eximia. Essa é a nossa força maior.

Amém.

Palavras de José Gregori

Por força de meu cargo que tem uma feição pregadora, pois temos de disseminar a mensagem dos Direitos Humanos, tenho falado em muitos lugares e para muitas plateias. Hoje, porém, sei e sinto que estou num momento especial e qualificado, pois, o convite para falar num dos espaços nobres da paulistanidade vem com o acréscimo da distinção. Sei que este Instituto é uma das matrizes de continuidade da vida paulista e paulistana naquilo que merece ficar e ser lembrado. Exatamente por essa função qualificadora desse instituto de apontar o que a memória deve fixar como lembrança estimula a lição, e são relevantíssimas as responsabilidades de quem o dirige e, poucas vezes, teve quem o conduzisse com a representatividade e o brilho de Nelly Candeias.

Num lugar como esse e diante de um auditório dessa qualidade, não tenho a pretensão de aportar nenhuma novidade num tema que fala da Democracia e dos Direitos Humanos, especialmente quando falará também o Professor Ives Gandra Martins, voz autorizada e respeitada por todos os setores sociais de São Paulo e do Brasil.

Pretendo, na verdade, relembrar algumas ideias e partilhar algumas angústias.

Não direi novidade dizendo que Democracia e Direitos Humanos são duas faces da mesma moeda. É praticamente impossível visualizar, na história, uma democracia que tenha desprezado os Direitos Humanos ou que os Direitos Humanos tenham florescido numa Ditadura.

A verdade é que os grandes momentos decisivos dos Direitos Humanos coincidiram com momentos em que a Democracia alcançava novos patamares e dimensões.

Embora justapostos, os Direitos Humanos crescem de importância e valor exatamente nas horas de vácuo democrático. Refugia-se nos pequenos grupos de resistência e luta e, pouco a pouco, das catacumbas, vão reflorescendo na sociedade e, sobretudo, nos estados que os asfixiaram.

As duas matrizes mais fortes de toda a arquitetura dos Direitos Humanos, a Declaração da Independência Americana, de Thomaz Jefferson, e a Declaração dos Direitos do Homem, da Revolução Francesa, foram pensadas, sentidas e escritas por quem tinha, no seu íntimo a Democracia, como referência e horizonte. Nesses dois documentos, a alma que os anima é a criatura humana como portadora da dignidade fundamental que é própria de todo ser humano, sem nenhuma exceção. Essa dignidade que nos é imanente é que nos distingue do ser vegetal e que nos projeta a um patamar em que direitos básicos devem materializá-la. Essa dignidade apregoada seria apenas uma palavra, uma linda e vã palavra, se não houvesse a concretude da fruição de certos direitos que a tornam real. No começo, na enumeração Jeffersoniana, estes certos direitos eram o direito à vida, a liberdade e busca da felicidade.

Felizmente esse núcleo dos Direitos Humanos se expandiu. Logo depois com a Declaração Francesa – já eram mais de quinze – e vários movimentos, revoluções e lutas históricas acresceram mais de cem Direitos Humanos. Só o artigo 5 de Nossa Constituição Federal, consagra mais de setenta Direitos Humanos.

Felizmente, quantas luas se passem, no tempo e na história, mais cresce o número dos Direitos Humanos, com os novos direitos ao equilíbrio ecológico, ao controle nuclear, à inclusão digital e os direitos do consumidor e o direito ao desenvolvimento. Esse acréscimo não se deu por encantamento. Foi fruto de muita luta e esforço através sempre de longos processos sociais e políticos. Nada é automático nos Direitos Humanos; tudo é fruto de maturação. Às vezes, maturação secular.

Nasce como um sonho de um – ou poucos – visionários, espalha-se como uma utopia em militantes; torna-se uma reivindicação da sociedade; positiva-se na Constituição e mundializa-se nos Tratados Internacionais. É um longo arco de sangue, suor e lágrimas. Mas chega ao porto da consagração na norma legal. Aí, passa-se a outra etapa, tão espinhosa como a da sua gênese. É a do transplante do que está no papel para a vida real, para o dia a dia de nosso cotidiano. Conforme a natureza do Direito Humano essa transformação não é difícil, pois, sua vivência depende, apenas, da inação do Estado.

Minha liberdade de expressão, como historiador, por exemplo, a rigor, não custa ao Estado brasileiro mais do que abster-se de qualquer ato que a impugne. Mas, às vezes, a efetividade dos Direitos Humanos é difícil e implica recursos, conjunturas favoráveis e suporte econômico de vulto. É o caso de muitos Direitos Humanos sociais, econômicos e culturais. O direito à moradia digna para todos, por exemplo. A transposição do que está posto na lei depende de recursos materiais, educacionais e culturais. O que em palavras simples e contundentes significa, educação, dinheiro e capacidade política. Três moedinhas apenas, mas difíceis de amealhar...

É nessa fase em que estamos, no mundo e no Brasil, de buscar as três moedinhas. Depois da Conferência de Viena em 1993, todos os países do mundo firmaram o consenso de que os Direitos Humanos são indivisíveis, interdependentes e unos. É a visão moderna, a partir da Conferência de Viena o conteúdo dos Direitos Humanos só se corporificariam quando seus princípios e valores humanistas se fizessem realidade na dimensão concreta e diuturna da criatura humana. Ou seja, os Direitos Humanos não existem onde sua modelagem principista não se fizer vida na realidade de toda a criatura humana.

Não é mais possível, pois, atingir-se o ponto ótimo de satisfação civilizatória de uma sociedade, pondo em prática apenas os direitos civis, por mais indispensáveis que sejam. É preciso que eles se completem com os direitos econômicos, sociais e culturais.

A dignidade humana que é o coração, o fulcro dos Direitos Humanos na concepção de Jefferson, deve ser também a "dignidade ontológica que não se dilui no todo", como defende Norberto Bobbio, e deve ser, agora, uma vivência no cotidiano, como nós defendemos.

Vivência no cotidiano. Por isso, nunca foi tão necessário o esforço pelos avanços sociais, econômicos e culturais que deem suporte às sociedades e as permitam proporcionar aos seus membros o que chamei de "vivência no cotidiano" dos Direitos Humanos. Não quero dizer que, hoje, face a essa complementação necessária, o militante de Direitos Humanos deve ser, ao mesmo tempo, jurista, sociólogo, economista, cientista e empresário. Não, não é isso, mas todos devem ter consciência de que a arquitetura dos Direitos Humanos só se completa com a coexistência dos quatro tipos básicos de Direitos Humanos: civis, sociais, econômicos e culturais.

Vivi uma experiência como Ministro da Justiça, que dá uma ideia do desequilíbrio ainda existente entre os tipos de Direitos Humanos. Na China. O Ministro da Justiça me esclareceu que seu país não tinha problemas de Direitos Humanos, porque assegurava-se a um bilhão e quatrocentas mil pessoas o direito de comer, vestir, estudar e medicamentos, em caso de doença. Ponderei-lhe que o progresso da China era de fato impressionante, mas cabia indagar como eram tratados os prisioneiros, saber como se assegurava o direito de defesa e o direito de crítica da oposição. O diálogo sempre respeitoso prosseguiu, mas ficou claro que os Direitos Humanos são mais complexos que a abordagem inicial do Ministro.

Há sinais perturbadores do que algumas vozes que hoje são vocalizadas pela mídia mundial tem essa noção parcial dos Direitos Humanos, outorgando apenas aos direitos sociais e econômicos a legitimidade democrática e rebaixando os direitos civis a condição redutora e depreciadora de mera conquista da burguesia.

Ora, quando Cristo, São Francisco de Assis, Gandi, Luther King, Tiradentes e o Marechal Rondon viveram no exemplo e na prática todos os itens das mais avançadas Declarações de Direitos Humanos, visavam ao avanço e o bem da criatura humana como dignidade ontológica e não a classificações de classe social existentes nos compêndios ideológicos.

Direitos Humanos não são uma questão de classe social, de partido e de governo, constituem uma questão da criatura humana habitante racional do mundo. Não importa para a validade dos Direitos Humanos o meridiano geográfico ou o trópico político ou religioso. E é esse exatamente o ponto de intercessão dos Direitos Humanos com a Democracia. Que regime político melhor que a Democracia vai se adaptar a essa natureza pluralista e universalista dos Direitos Humanos?

A Democracia é exatamente o governo da vontade geral, da consagração da lei, da limitação e responsabilização do mando ou poder da equivalência ou proporcionalidade, segundo seus méritos e necessidades, dos que estão sob seu manto. Acho, sim, que a China, um dia, conhecerá a indivisibilidade dos Direitos Humanos, mas ela virá com a Democracia.

Por isso a Democracia não se restringe ao ato de votar. É realmente uma conquista, uma extraordinária conquista, que todas as pessoas votem livremente em quem deve governar. Nós estamos fazendo isso no Brasil, esplendidamente. Mas é preciso que essa Democracia, assegurando esse chão indispensável, de captação das vontades e anseios, cresça nos direitos civis, sociais, econômicos e culturais.

Há estímulos para isso? Minha resposta é otimista, pois considero, por exemplo, as "Metas do Milênio", da Organização das Nações Unidas-ONU (Programa das Nações Unidas para o Desenvolvimento – PNUD), uma referência, como podemos ver nos seus itens básicos. Considero a cultura da paz, que começa a ser divulgada entre os jovens, outro exemplo. Considero que o bom e eficiente funcionamento do novo Conselho de Direitos Humanos que substitui a Comissão da ONU, em Nova Iorque, outro exemplo.

Na minha condição de presidente da Comissão Municipal estou sempre à procura desses estímulos. Por isso, apoiei a feitura de um levantamento para medir o desempenho efetivo de trinta e dois Direitos Humanos em cada bairro de São Paulo. Basta acessar o site da Comissão, www.prefeitura.sp.gov.br/cmdh, e se verá toda a pesquisa desse levantamento.

Uma das primeiras sementes da Democracia e dos Direitos Humanos foi a Declaração de Direitos da Virgínia, nos Estados Unidos, em 12 de junho de 1776.

Nela se colocou que "o governo deve ser instituído para o proveito comum". Está aí, também, um farol para a Democracia, pois, só é verdadeiramente democrático o regime que partilha com todas as pessoas as leis, a justiça, a escola e a oportunidade para o estudo, o trabalho, a criatividade artística ou empreendedora, afastando a sensação de que só uns e não todos lucram e se beneficiam com as chamadas liberdades democráticas.

Os Direitos Humanos e a Democracia não desejam que uns suprimam, abafem ou explorem outros, sob nenhum pretexto. Mas que todos legitimem suas conquistas e benefícios na convivência confraternal que busque a igualdade, mas respeitando as diferenças.

Os mestres da Grécia clássica defendiam a República e a Democracia como regimes da virtude; com o Despotismo como o regime do medo e a Monarquia como o regime da honra. Na virtude apontada pelos gregos como necessária para ser considerado democrata está o respeito e, mais do que isto, a estima aos Direitos Humanos que, no fundo, refundam a verdade evangélica de que o amor que devemos ter com nós próprios é o mesmo que devemos ter com o próximo. E que lutar por ele, nosso semelhante, é, também, lutar por nós.

Estamos ainda num mundo de muitas injustiças e desigualdades, ainda muito longe de um mundo pacificado e feliz. Mas o que me anima é que estamos, hoje, mais longe das cavernas do que já estivemos em outras épocas, e, por este distanciamento, muito se deve aos Direitos Humanos.

Palavras de Ives Gandra da Silva Martins

Quando Ulisses Guimarães denominou a Constituição Brasileira de 1988 de "Constituição Cidadã", referia-se, evidentemente, à enunciação dos direitos expostos no Título II, Capítulo I, ou seja, à parte dedicada aos direitos e deveres individuais e coletivos, transcritos, principalmente, em seu artigo 5º.

Lembro-me, quando, em 1991, escrevi artigo para o jornal "O Estado de São Paulo" (23/01/92), intitulado "O custo da Federação", que o saudoso amigo ligou-me para manifestar sua concordância com as ideias nele expostas. É que se, de um lado, reconhecia que o texto supremo enunciava admirável elenco de direitos e garantias individuais, a par de alguns deveres, de outro lado, criara uma federação maior do que o PIB, com tal emaranhado de disposições assecuratórias de estrutura política e burocrática do Estado, que seria impossível colocar a federação brasileira dentro do nosso PIB.

Disse-me, na ocasião, – e reiterou a afirmação, em palestra que proferi, naquele ano, na FIESP, sobre parlamentarismo – que, se indicado para a Presidência dos trabalhos de Revisão Constitucional, procuraria formar uma Comissão de juristas, indicados por todos os partidos, e mais alguns, de sua livre escolha, e buscaria corrigir as distorções provocadas pelo tamanho da federação e da burocracia.

Sua morte em trágico acidente privou o Brasil de uma liderança inconteste e da revisão, desejada para corrigir as deformidades da federação criada pelo texto maior de 88.

No que concerne, todavia, aos direitos individuais e coletivos – cláusulas pétreas da lei suprema, por força do artigo 60, § 4º, inciso IV – nada poderia ser mudado. De rigor, realmente, nada deveria ser modificado, por se tratar da melhor parte da Constituição e da melhor enunciação de direitos de todos os textos constitucionais que o Brasil já teve – devendo, todavia, ainda ser mais bem examinado pelo Poder Judiciário, que, muitas vezes, tem relativizado direitos fundamentais, como por exemplo, a inviolabilidade do direito à vida.

O certo, todavia, é que o leque das disposições constantes do art. 5º representa um extraordinário avanço na formulação de princípios, de rigor, quase todos próprios do direito natural, ou seja, direitos que cabe apenas ao Estado reconhecer e não criar, por serem inerentes ao ser humano.

De início, é de se ressaltar a relevância dos cinco direitos fundamentais, a saber: à vida, à liberdade, à igualdade, à segurança e à propriedade. Trata-se de direitos invioláveis e, apesar do que afirmam alguns juristas e magistrados, tal inviolabilidade – a não ser nas hipóteses previstas na Constituição – não podem ser relativizados.

A vida, por exemplo, começa na concepção, como, de rigor, afirma o artigo 4º do Pacto de São José – tratado internacional sobre direitos fundamentais de que o Brasil é signatário –, representando a destruição de zigoto, embrião, feto ou do nascido, violação do direito à vida a que ele, ser humano, tem direito. Apenas, em caso de guerra pode se aplicar a pena de morte, única transigência admitida pelo constituinte.

Fugindo, pois, das posições tidas hoje como "politicamente corretas", sustentadas por bons juristas e dignos magistrados, entendo que as inviolabilidades dos cinco direitos só podem sofrer as exceções previstas expressamente pela própria Constituição, como no caso da função social da propriedade ou da pena de morte, em caso de guerra.

Os diversos incisos do artigo 5º reiteram os cinco princípios fundamentais. O inciso I explicita a igualdade entre homens e mulheres; o inciso II consagra o princípio da legalidade; o inciso III proíbe a tortura ou tratamentos degradantes; o inciso IV garante a livre expressão do pensamento, proibindo-se o anonimato.

Uma observação é de se registrar, todavia, em relação ao inciso IV: cada vez mais o denominado discurso do ódio vem gerando exageros e preconceitos quanto à livre manifestação do pensamento, não só no Brasil como no mundo. Cite-se, por exemplo, projeto de lei que proíbe piadas sobre "gays", ou a própria decisão do STF sobre livro a respeito do holocausto. Três ministros manifestaram entendimento de que a liberdade de expressão na análise de fatos históricos pode levar a interpretações incorretas desses fatos, devendo, todavia, ser tolerada (Moreira Alves, Marco Aurélio de Mello e José Celso), mas que restaram vencidos no julgamento que puniu o autor pela prática de racismo, na interpretação do holocausto.

Apesar de reconhecer a falta de embasamento na tese exposta pelo autor – visto que o *holocausto* existiu e é uma das páginas negras da história da humanidade –, não se pode inibir a reflexão sobre fatos históricos, por mais incorreta e infeliz que seja.

O inciso, à evidência, tem sido relativizado no Brasil e no mundo.

O inciso V cuida do direito de resposta e de indenizações por dano material, moral ou à imagem; o VI trata da liberdade de consciência e de crença, assegurando-se a todos os que acreditam em Deus a garantia de seus cultos e proteção dos locais em que ocorrem. É de se lembrar que, segundo seu preâmbulo, a Constituição Brasileira foi promulgada "sob a proteção de Deus", sendo o Estado Brasileiro composto de pessoas que acreditam em Deus e de pessoas que Nele não acreditam. Ora, uma das mais infelizes interpretações do que seja "Estado Laico" ocorre quando governantes e detentores do poder pretendem excluir, de qualquer deliberação, as pessoas que acreditam em Deus, considerando que só os ateus e agnósticos teriam direito de dirigir, administrar e impor suas opiniões.

Em regime democrático, tanto os cidadãos que possuem crença religiosa, como os que não possuem têm direito de defender suas ideias, vencendo, nos pleitos democráticos, aqueles que obtiverem o maior número de votos. Estado laico não é Estado ateu ou agnóstico, mas Estado em que a maioria, independentemente, de suas convicções, faça com que suas ideias prevaleçam, durante o tempo em que for maioria eleitoral. Sustentar que o Estado é laico para impedir a manifestação dos que pensam de forma diferente, é discriminar quem acredita em Deus, o que a Constituição Federal proíbe.

O inciso VII é decorrência do VI, visto que assegura a assistência religiosa às entidades civis e militares de internação coletiva. O inciso VIII garante que ninguém será privado de direitos por motivos religiosos, a menos que os invoque para deixar de cumprir obrigação legal, e não se disponha ao cumprimento de prestação alternativa prevista em lei.

O inciso IX é também decorrência do IV, por assegurar a livre expressão das atividades intelectuais, sem censura.

O inciso X assegura a privacidade e pune a sua violação; o XI garante a casa como asilo inviolável do indivíduo, salvo casos excepcionais; o inciso XII protege a inviolabilidade de dados, fazendo exceção apenas à escuta telefônica com autorização judicial.

Os três incisos, todavia, têm sido profundamente relativizados pelo Poder Judiciário, ao ponto de se ter autorizado, no ano passado (2007) 409.000 escutas telefônicas no Brasil. Repetidas vezes, em "operações cinematográficas" próprias de regimes totalitários, casas e escritórios foram invadidos, pessoas foram presas e depois soltas, sem que contra elas tenha sido oferecida denúncia, proposta ação penal ou tributária por falta de provas.

A relativização, com a conivência do Poder Judiciário, tem trazido maior insegurança jurídica do que na época do regime de exceção, como eu mesmo posso afirmar, na qualidade de advogado na área tributária, ou como sustentou Antonio Cláudio Mariz, que advoga na área penal, em artigo para "O Estado de São Paulo" de 01/06/08. É necessário que o Poder Judiciário volte a adotar uma interpretação que valorize a Constituição, em relação a esses três incisos, e não que, pressionado muitas vezes pela mídia e pelo governo, autorize prisões provisórias ou denúncias sem elementos mais substanciais.

O inciso XIII assegura o exercício de qualquer trabalho, ofício ou profissão; o XIV, o acesso à informação e o resguardo de sigilo da fonte, para o exercício profissional. O inciso XV determina que é livre a locomoção, no território nacional, em tempo de paz, qualquer pessoa podendo entrar e sair do país com seus bens.

Essa norma merece, entretanto, duas considerações. A primeira é que a denominada "lei de evasão de divisas", para mim, é inconstitucional. Se o cidadão tem origem lícita, na sua declaração de imposto sobre a renda, para determinados recursos, a Constituição assegura que possa enviá-los para fora do país. Se não tem, a questão, a meu ver, é exclusivamente tributária, isto é, deve pagar o tributo sobre os bens que tem e que não oferecera à tributação. Mas nunca, a meu ver, a lei poderia impedir que recursos licitamente adquiridos sejam enviados para fora do país. Neste particular, como em outros, a Constituição tem sido violada, principalmente pelo governo, e não pelos cidadãos.

O segundo ponto diz respeito às terras indígenas. A meu ver, a lei que sujeita o direito de brasileiros de transitarem por terras indígenas à obtenção de autorização junto à FUNAI fere o inciso XV, pois exclui 15% do território nacional da liberdade de ir e vir do brasileiro ou de qualquer outra pessoa.

Toda a legislação neste sentido é manifestamente inconstitucional. A liberdade de trânsito pelo território nacional prevalece inclusive em terras indígenas.

O inciso XVI assegura o direito à reunião; o XVII o direito à associação; o XVIII o direito a criar associações, companhias etc.; o XIX, que só a autoridade judicial pode dissolver associações; o XX, a liberdade de associação, assegurando que ninguém pode ser obrigado a associar-se a uma entidade ou a ela permanecer associado.

Parece-me, pois, que neste direito está o de não se sindicalizar, não sendo, pois, obrigado a sustentar, mediante o pagamento de contribuições, entidade à qual não é associado. O inc. XXI assegura às associações o direito, mediante autorização, de representar seus associados.

Os incisos XXII, XXIII e XXIV cuidam do direito de propriedade, que é garantido, uma vez cumprida a sua função social, só sendo admitida a desapropriação de bens mediante justa e prévia indenização.

Todos os governos federativos são estupradores do inciso XXIV da Constituição, pois desapropriam e não pagam nem justa, nem prévia indenização. E quando condenados a pagar pelo Judiciário, dão reiterados calotes monetários, quando não, sem quaisquer escrúpulos, fazem aprovar emendas constitucionais para tornar letra morta a cláusula pétrea de "prévia indenização", diferindo o seu pagamento por 10 anos.

Em matéria de moralidade pública, os precatórios não pagos pelo "Estado caloteiro" é clara demonstração de que o Estado brasileiro ainda está longe de chegar a um estágio mínimo de democracia.

O inciso XXV trata do direito de requisição de bens privados, em caso de eminente perigo; o XXVI, de que a pequena propriedade é impenhorável; o XXVII assegura o direito de autor, o mesmo ocorrendo com o inciso XXVIII, quanto aos direitos coletivos, com o inciso XXIX, que trata do direito de inventos e propriedade industrial e o inciso XXX que garante o direito à herança. O XXXI cuida da sucessão, em relação a bens de estrangeiros situados no país, protegendo o herdeiro brasileiro; o inciso XXXII trata do direito do consumidor; o inciso XXXIII garante ao cidadão o direito de obter informações que o poder público possua a seu respeito; o inciso XXXIV assegura o direito de petição e de certidões sem pagamento de taxas; o XXXV assegura a apreciação, pelo Poder Judiciário de qualquer lesão ou ameaça de lesão a direito. A meu ver, trata-se de interpretação pessoal – se um brasileiro for acusado em Corte Penal Internacional, nos termos do § 3º do art. 5º, poderá optar pelo julgamento no Brasil, descabendo a sua extradição para julgamento, se optar pelas Cortes brasileiras.

O inciso XXXVI garante o direito adquirido, o ato jurídico perfeito e a coisa julgada; o inc. XXXVII exclui juízes ou tribunais de exceção; o XXXVIII reconhece a instituição de júri sob condições; o XXXIX não admite crimes e penas sem prévia cominação legal; o XL só admite a retroação penal para beneficiar o réu; o XLI assegura a punição de discriminações a direitos e liberdades fundamentais; o XLII pune o racismo com pena inafiançável; o inciso XLIII torna crimes inafiançáveis e sem benefício de anistia o narcotráfico e o terrorismo, o mesmo ocorrendo, como crime inafiançável, à formação de grupos civis ou militares armados. O inciso XLV não permite que a pena passe da pessoa do condenado, ainda que a obrigação de reparar o dano possa ser estendida ao sucessor até o limite do patrimônio transferido.

O inciso XLVI cuida das hipóteses de individualização da pena, o XLVII proíbe a pena de morte, as de caráter perpétuo, trabalhos forçados, banimento, e penas cruéis; o inciso XLVIII cuida dos estabelecimentos públicos para cumpri-las; o inciso XLIX trata da integridade física e moral das pessoas; o inciso L assegura às presidiárias o direito de permanecer com seus filhos recém-nascidos e amamentá-los; o LI proíbe a extradição de brasileiros, com exceções; o LII proíbe a extradição de estrangeiro por crime político; o LIII consagra a necessidade de que o processo e a sentença emanem de autoridade competente.

O inciso LIV trata do devido processo legal e está intimamente vinculado ao inciso LV, que assegura ao acusado ampla defesa administrativa e judicial. Ambos, com a conivência do Judiciário, são normas das mais violentadas. De rigor, no que concerne à AMPLA DEFESA, pelo menos os mesmos direitos que o cidadão tinha, em 5 de outubro de 1988, deveriam lhe ser assegurados. Em matéria tributária, todas as leis posteriores à CF de 88 foram editadas para reduzir tais direitos: lei de constrição de bens, penhora *on line*, redução dos direitos de defesa administrativa, inclusão do nome do devedor no CADIN e Serasa para inviabilizar sua vida pessoal ou empresarial – fora os demais projetos em andamento, para transformar o Procurador-geral da Fazenda Nacional em magistrado, com competência para penhorar e leiloar os bens do contribuinte, sem necessidade de processo judicial – a não ser 30 dias após o leilão, quando for comunicada ao Poder Judiciário a providência já tomada de apropriação dos bens do contribuinte presumivelmente considerado devedor do Fisco, quase sempre em ações de duvidosa legalidade.

Na área penal, a prisão provisória sem processos iniciados, tem representado sensível redução do direito de defesa, principalmente pelo fato de que as autoridades públicas e o Ministério Público quase sempre pedem a prisão baseados em trechos pinçados e fora do contexto de conversas telefônicas, muitas vezes, possivelmente, editadas.

O inciso LV é, talvez, o mais desvalorizado dos princípios constitucionais consagrados pelo constituinte de 88.

O inciso LVI proíbe a utilização de provas obtidas ilicitamente; o LVII não permite considerar ninguém culpado antes do trânsito de julgado de qualquer decisão, muito embora, nas prisões provisórias e preventivas, o cidadão já o seja, pelas autoridades que pediram e concederam a medida privativa da liberdade. É dispositivo cuja aplicação mereceria melhor análise, visto que o clima de "terror", criado pelas escutas telefônicas autorizadas, não se compara com o existente ao tempo do regime de exceção imposto pelos militares.

O inciso LVIII não permite que se submeta à identificação criminal aquele que estiver civilmente identificado, salvo exceções; o LIX admite ações privadas em crimes de ação pública; o LX permite o sigilo, em determinadas hipóteses, afastando a publicidade dos atos processuais. O inciso LXI não autoriza prisão, senão em flagrante delito ou por ordem escrita, havendo exceção para os crimes militares; o LXII impõe que seja comunicado à família do preso sua prisão e local em que se encontra; o inciso LXIII declara que o preso tem o direito de ser informado de seus direitos, garantindo-se a faculdade ao silêncio, a assistência da família e de advogado; o inciso LXIV garante o direito do preso a conhecer a identidade de seus acusadores; o inciso LXV, o direito de relaxamento da prisão, quando ilegal, assim como o inciso LXVI não permite que ninguém fique preso se a lei permitir liberdade provisória, com ou sem fiança.

O inciso LXVII proíbe a prisão civil por dívida, exceção feita à pensão alimentar ou do depositário infiel.

Os incisos LXVIII ao inciso LXXII cuidam de medidas processuais, judiciais, expressamente constitucionalizadas. São todas de controle difuso. Tratam, de rigor, do processo civil e penal, com instrumentos judiciais constitucionalizados.

O primeiro deles, o LXVIII assegura o *habeas corpus*, e o LXIX, o mandado de segurança.

Os dois institutos vêm das Constituições anteriores, sendo que o desdobramento do *habeas corpus* e do mandado de segurança, no que concerne ao primeiro, quanto às ameaças à liberdade ou prisões ocorridas, e o segundo, à violação de direitos líquidos e certos por autoridades, deram-se a partir da Constituição de 1891.

A inovação reside no mandado de segurança coletivo (inc. LXX), que pode ser impetrado por partido político com representação no Congresso Nacional ou por órgão sindical ou entidade de classe ou associação. À evidência, alargou-se o direito do cidadão de se proteger contra atos de lesão a seu direito, praticados por autoridades.

O mandado de injunção, previsto no inciso LXXI é novidade e objetiva a edição de normas para tornar eficaz a aplicação imediata de disposições relevantes da lei suprema, em situações concretas, fazendo com que não permaneçam com eficácia meramente programática. E o *habeas data* (inc. LXXII) é instrumento processual que permite ao cidadão obter certidão das informações que as autoridades possuam a seu respeito, inclusive para retificar dados que estejam incluídos nos cadastros governamentais.

A ação popular (inciso LXXIII) é instrumento constitucional à disposição de qualquer cidadão, objetivando preservar a moralidade pública, o meio ambiente ou o patrimônio histórico e cultural.

O inciso LXXIV garante assistência jurídica integral e gratuita aos carentes; o inciso LXXV assegura a indenização por parte do Estado por erro judicial. O inciso LXXVI determina que o registro civil de nascimento e a certidão de óbito sejam gratuitos aos pobres, assim como o LXXVII, a gratuidade do *habeas corpus* e do *habeas data*, quando necessários ao exercício da cidadania.

Por fim, o inciso LXXVIII assegura – em termos, porque na prática não é o que ocorre – a celeridade processual, sendo a expressão "razoável duração" uma expressão lírica, colocada na lei suprema e que não corresponde a realidade dos fatos.

Por fim, o § 1º garante a aplicação imediata das normas constitucionais relativas a direitos e garantias individuais, que constitui também norma pragmática, porque muitos deles não têm sido assegurados, e sim reduzidos pela lei (inciso LV) e pela jurisprudência. O § 2º acrescenta que há outros direitos e garantias individuais assegurados na Constituição, como por exemplo, os relativos às limitações ao poder de tributar (art. 150) e os que derivam de tratados internacionais incorporados à Constituição.

Como o STF declarou que os tratados internacionais ingressam, no direito pátrio, em nível de lei ordinária, a E.C. n. 45 declarou, em 2005, que aqueles direitos, que, a meu ver, já constituíam parte da Constituição, deixaram de sê-lo, a não ser que venham a ser aprovados por 3/5 das duas Casas Legislativas, em dois turnos. Há aparente contradição na dicção dos §s 2º e 3º do art. 5º da Constituição Federal.

Finalmente, o § 4º declara que o Brasil se submete ao Tribunal Penal Internacional, matéria não pacífica na doutrina pátria, entendendo eu que qualquer brasileiro poderá escusar-se a julgamento no Tribunal Internacional e exigir que seja julgado no Brasil, sob pena de lesão ao seu direito de defesa, à luz do inciso XXXV.

Em linhas gerais, são estes os principais direitos e garantias fundamentais da Constituição Brasileira.

Mensagem ao Ministro Gregori
12 de dezembro de 2006

É com imenso gosto que me associo a esta passagem do Senhor Embaixador José Gregori pelo Instituto Histórico e Geográfico de São Paulo, de que tenho a honra de ser Sócio Correspondente. A Senhora Professora Nelly Candeias tem o mérito de trazer a este Instituto grandes figuras e de ser, por isso, uma criadora de grandes momentos. E esse será certamente as duas coisas: um grande momento com uma grande figura da Política Brasileira, falando naquilo que tem que estar na origem da educação de cada cidadão – os Direitos Humanos.

Conheci o Ministro Gregori em Lisboa quando serviu o seu País em Portugal como Embaixador. Tive a honra de com ele privar e de o receber na minha casa, bem como à Senhora Dona Maria Helena. Mais tarde, no ano passado, quando levei a então Ministra da Cultura Dra. Dona Maria João Espírito Santo Bustorff ao IHGSP para que, da mão da sua Presidente, recebesse em boa hora, o Colar do Centenário, foi com imenso gosto que todos escutamos o discurso de apresentação da Ministra pela voz do Embaixador Gregori, como grande Amigo que é da homenageada.

Quero apenas aqui deixar hoje o testemunho que não é só meu, mas de muitos e muitos Portugueses: o Embaixador José Gregori é o exemplo de Bem Servir a Nação que o viu nascer, com caráter, categoria, inteligência e sentido de oportunidade. Sempre o Embaixador se mostrou um Homem informado, próprio da grande cultura de que é detentor, coerente, íntegro, enfim, detentor de todas as qualidades características de um Homem de Bem. E quem é assim e serve o seu País no Estrangeiro deixa saudades. É por isso que hoje publicamente me quis associar a esta cerimônia renovando-lhe desde Lisboa os protestos da minha Amizade e profunda admiração.

Jorge Pereira de Sampaio

Registro Fotográfico

Maria Luíza Marcílio, José Gregori
e Nelly Martins Ferreira Candeias.

José Carlos de Barros Lima, Helena Ribeiro,
Nelly Novaes Coelho, José Alberto Neves Candeias e J.B.Oliveira.

José Gregori.

Heinz Budweg, índios da tribo guarani.

CAPÍTULO
• 28 •

São Paulo de Piratininga 453 anos

Da esquerda para direita: Evanir Castilho, Cláudio Lembo, Nelly Martins Ferreira Candeias, Marco Antônio Ramos de Almeida e Dom Antônio Maria Mucciolo.
25 de janeiro de 2007.

Palavras da Presidente

No sexto janeiro da minha gestão, muito me sensibiliza este dia, em que, reunidos no Instituto Histórico e Geográfico de São Paulo, evocamos a fundação de São Paulo. Amo as reminiscências da cidade onde nasci. Amo o centro velho da minha infância e a cidade nova da minha adolescência, onde, para os jovens paulistanos, todos os devaneios pareciam começar na Rua Barão de Itapetininga, no chá do Mappin, no Teatro Municipal, na Vienense, na livraria Jaguará, no Cine Art Palácio.

Lembranças, da cidade velha e da cidade nova, em livros, revistas, cartas, fotos e cartões postais, são para mim motivo de sentidas recordações. Poucos são os largos e prédios, casas e ruas que restam dos séculos anteriores. É justamente essa recordação que, há 112 anos, se registra nessa Casa de Memória – as metamorfoses paulistas.

Raras são as cidades que apresentam tão grande riqueza de assuntos de interesse para a história do seu espaço urbano. Gosto de falar sobre a cidade. Mas a que São Paulo me refiro? À vila de taipa, acrópole da colina, cuja beleza encantou viajantes estrangeiros – *it is a mud city*, ou às cidades de alvenaria ou de concreto? A São Paulo colonial, imperial ou republicana? É difícil falar sobre um povoado quinhentista, que se transformou em vila e numa vila que se transformou numa cidade, onde durante três séculos se falou o tupi. Sua população passou de 80 europeus, para atingir 10 milhões de habitantes, a São Paulo que hoje completa 453 anos.

Dizem historiadores e urbanistas que, fixada numa linha cronológica do tempo desde de sua fundação até hoje, a história revela distintas fundações da cidade de São Paulo. No início, o transporte pelas trilhas de serra a baixo/serra a cima, com índios carregando pessoas e pertences em redes, ou no lombo dos burros e cavalos pela calçada de Lorena; a iluminação à luz de velas, candeias e lampiões de gás, a comunicação por meio da fumaça de tochas no litoral, alertando o planalto para a chegada de caravelas no porto de São Vicente.

Em 2007, surpreendentes tecnologias marcam o desenvolvimento das telecomunicações no Brasil. Além do rádio e da TV, a internet agrupa 32 milhões de brasileiros (PNAD 2005), dos quais 6 milhões acessam-na exclusivamente em locais públicos. Na Internet, a

Apple exibe para milhões de pessoas seu telefone celular, o iPhone, que congrega um iPod com tela *widescreen*. A banda larga une o mundo inteiro em segundos, enquanto as pessoas trocam ideias pelo Orkut sem pensar no perigo das consequências. Dados publicados em janeiro deste ano pela Anatel registram a existência de 100 milhões de celulares no Brasil.

Fenômenos da metropolitização transformaram a Avenida Paulista, símbolo da elegância paulistana, num local onde recentemente se reuniram 2 milhões e meio de pessoas e 22 trios elétricos. Em 1954, era essa a população total de São Paulo!

Mudanças rápidas acompanham a explosão demográfica como ilustram genialmente a *Pauliceia Desvairada*, de Mário de Andrade, e os sambas do Adoniran Barbosa, talvez o maior crítico popular de todas essas mudanças: "onde está o Bixiga, onde está o Brás, eu só vejo carros e concreto".

Vertiginoso crescimento ocorreu em meados do século XIX, quando fatores de ordem econômica, social e técnica se entrosaram de forma a provocar espantosa mudança nas ideias das pessoas, transformando em ação a conspiração que a antecedeu.

O governo de João Theodoro Xavier, Presidente da Província de 1872 a 1875, representa o que tecnicamente se denomina de "2° fundação de S. Paulo". Foi o primeiro passo rumo à metropolitização, logo após a conclusão das obras da São Paulo Railway, da primeira ferrovia, período em que outras ferrovias desenvolviam suas primeiras operações, estabelecendo contato direto entre a capital e várias regiões do interior.

Veículos de tração animal foram substituídos por trens. A cidade, com apenas 31.385 habitantes, em 1872, passou por transformações de natureza econômica e social, decorrentes da expansão da lavoura cafeeira em várias regiões paulistas, da construção e expansão de estradas de ferro e do afluxo abençoado dos imigrantes europeus.

João Theodoro Xavier, urbanista, deu início a um programa de obras para reforçar o valor simbólico de determinados espaços da Capital, estimulando o mercado imobiliário e facilitando o acesso aos bairros periféricos em formação. Formas tradicionais de desenvolvimento urbano, foram sendo substituídas por investimentos capitalistas, com o Estado viabilizando grandes empreendimentos.

Jules Martin uniu a cidade velha à cidade nova. Luxo e lazer passaram a atrair famílias de cafeicultores bem-sucedidos. Até teatro a cidade viria a ter. Bondes puxados por burros encantavam os moradores por sua modernidade.

Às vésperas da proclamação da República, o Triângulo, com suas ruas, becos e vielas, transformou-se no foco para onde convergiam as conspirações na transição da Monarquia para a República.

O livro *Duas Cidades*, da autoria de Charles Dickens, reflete nossos comentários. Vou citar: "Aquele foi o melhor dos tempos, foi o pior dos tempos; aquela foi a idade da sabedoria, foi a idade da insensatez; foi a época da crença, foi a época da descrença, foi a estação da luz, a estação das trevas, a primavera da esperança, o inverno do desespero tínhamos tudo diante de nós, íamos todos direto para o paraíso, íamos todos direto no sentido contrário – em suma, o período era de tal maneira semelhante ao presente que algumas de suas mais ruidosas autoridades insistiram em seu recebimento, para o bem ou para o mal, apenas no grau superlativo da comparação". São Paulo foi tudo ao longo do tempo, desde seu primeiro século e até os dias de hoje.

No dia 15 de novembro de 1889, o jornal "Correio Paulistano" recebeu telegrama enviado pelo repórter Sena, com três frases essenciais: "Exército unido intimou o governo a se retirar. Este, reunido no Quartel do campo de Aclamação, foi obrigado a demitir-se. Exército e Armada, tendo à frente Deodoro, Quintino, Clapp, Benjamin Constant, Jardim, Lopes Trovão, etc., proclamaram a República".

Foi assim que o decreto de uma Câmara substituiu nomes monárquicos das ruas por nomes republicanos. A Rua da Imperatriz tornou-se na Rua 15 de novembro, a Rua do Imperador tornou-se Rua Marechal Deodoro, que viria a desaparecer com a urbanização da Praça da Sé. A Rua do Príncipe passou a ser Rua Quintino Bocaiuva, e a Rua da Princesa, antiga Rua do Jogo da Bola, foi substituída pelo nome Rua Benjamin Constant. E aqui estamos nós, numa Rua Republicana, onde hoje se encontra nosso edifício-sede, cujo portal de entrada pertenceu ao Palácio do Governo demolido em 1954 e doado a este Instituto. Estamos comemorando os 453 anos de São Paulo.

E a história continua. Disse Saramago que "A viagem não acaba nunca. Só os viajantes acabam. E mesmo estes podem prolongar-se em memória, em lembrança, em narrativa. Quando o visitante sentou na areia da praia e disse: 'Não há mais o que ver', saiba que não era assim. O fim de uma viagem é apenas o começo de outra".

No ano passado, o Governador Cláudio Lembo tomou posse como membro deste Instituto no Pateo do Collegio. Quis a história que a posse do nosso Governador se realizasse no pequeno povoado, na Vila de São Paulo de Piratininga, com seus resquícios de taipa da cidade de barro que tanto impressionou os viajantes de São Paulo Colonial.

No tempo em que ninguém acreditava na recuperação do centro da cidade de São Paulo, Dr. Marco Antonio Ramos de Almeida, paulistano, bandeirante por vocação, acreditou e aceitou dirigir a Associação Viva o Centro, atualmente referência nacional e internacional dos projetos de intervenção urbana.

Por ocasião dos 110 anos da fundação do IHGSP, em 2004, Dr. Marco Antonio Ramos de Almeida, presidente da Diretoria Executiva da Associação Viva o Centro, no momento em que o Instituto passava por grave crise, que culminou no furto de 31 de dezembro de 2005, enviou carta cumprimentando-nos "pelo apoio que essa prestigiosa instituição tem dado à Associação Viva o Centro e à luta pela requalificação do Centro de São Paulo". Gratas palavras. As duas entidades têm um objetivo em comum: promover a memória histórica de São Paulo. Queremos que São Paulo continue a ser dos brasileiros paulistas, daqueles que delinearam o perfil territorial ao expandir as fronteiras do Brasil, não permitindo que o território se limitasse apenas a uma estreita faixa litorânea.

O Instituto tem uma bandeira – que a história e a geografia regionais de São Paulo sejam incluídas no ensino fundamental e médio. Os jovens pouco se interessam pelo que não lhes diz respeito, o que está infelizmente ocorrendo em nossa rede de ensino, com total falta de motivação dos professores e de seus alunos.

É, pois, com alegria de treze listas que o Instituto dá continuidade a este Peabiru de grandes feitos, expressando seu reconhecimento e gratidão aos nossos homenageados, ao Governador Cláudio Lembo e ao Dr. Marco Antonio Ramos de Almeida, cujas presenças muito nos honram pelo muito que têm feito pela memória paulista e brasileira neste chão sagrado de Piratininga.

Termino com os versos do Poeta Guilherme de Almeida, membro do Instituto Histórico e Geográfico de São Paulo:

> De tudo que se irmana do planalto,
> Nasça um canto de amor à nova aurora
> Ao mundo novo, um homem novo, ao chão
> Novo em sua alegria, em sua paz
> Emérita cidade de São Paulo,
> Mãe branca, mãe indígena, mãe preta,
> Velai por nós!
> Amém.

Registro Fotográfico

Outorga de Colares do Centenário: Cláudio Lembo e Associação Viva o Centro; **Diploma de Gratidão:** a Marco Antonio Barros de Almeida; entrega de Certificados do I Curso São Paulo na História do Brasil.

Governador de São Paulo Claudio Lembo e Nelly Martins Ferreira Candeias.

Governador Cláudio Lembo exibindo o Colar do Centenário; Evanir Ferreira Carvalho aplaudindo.

Nelly Martins Ferreira Candeias e Marco Antônio Ramos de Almeida, superintendente da Associação Viva o Centro.

Jorge Pimentel Cintra entrega o certificado do I Curso "São Paulo na História do Brasil" à Maria Luíza S. Moreira Porto.

Hernâni Donato, Marly Therezinha Germano Perecin, Nelly Martins Ferreira Candeias, Nelly Donato, Armando Alexandre dos Santos, José Alberto Neves Candeias, entre outros.

CAPÍTULO
• 29 •

Jubileu de Brilhante da Revolução Constitucionalista

Da esquerda para direita: Hernâni Donato, Nelly Martins Ferreira Candeias,
Cárbia Sabatel Bourroul e Adilson Cezar.
25 de julho de 2007.

Palavras da Presidente

Amo São Paulo e amo esta tarde paulista, quando, juntos, recordamos a vocação maior desta cidade. Feliz ambiente, onde se exaltam vultos da nossa história e onde o passado e o presente se entrelaçam há 112 anos, para perpetuar os valores que nos mantêm unidos. Somos brasileiros e queremos nos sentir paulistas.

Há seis anos, tenho tido a honra de mencionar a profícua atividade dos membros do Instituto Histórico e Geográfico de São Paulo que participaram da Revolução de 32. Aqui se encontra instalado o Memorial'32, perpetuando os valores morais e éticos que pelo sentimento de amor à Pátria expressam nossa humanidade servindo de exemplo a gerações sucessivas.

Tudo que em São Paulo se tem feito de assinalável aqui se encontra registrado.

Quinze próceres constitucionalistas, titulares do Instituto Histórico e Geográfico de São Paulo, foram exilados logo após o término da Revolução. Foram amparados, numa convergência de esforços, pela devotada atuação de três mulheres paulistas, também membros deste Instituto, Olívia Guedes Penteado, Carlota Pereira de Queiroz e Carolina Ribeiro.

Foram os seguintes os confrades que, no amargor do destino, dignificaram a história dos paulistas: Pedro de Toledo, Júlio de Mesquita Filho, Prudente de Morais Neto, Aureliano Leite, Altino Arantes, Carlos de Souza Nazaré, Fábio da Silva Prado, Guilherme de Almeida, Francisco de Mesquita, Francisco Emídio Fonseca Telles, Álvaro de Carvalho, Antonio de Pádua Sales, Francisco da Cunha, Manuel Pedro Vilaboim, Paulo de Morais Barros, Vivaldo Coaracy.

Entre expressivas manifestações da época, evoco telegrama enviado por este Instituto, então presidido por José Torres de Oliveira, ao Governador Pedro de Toledo: "a encarnação viva do brio, da dignidade e dos anelos do povo paulista e brasileiro, prestando-lhe a homenagem da maior admiração e os testemunhos da sua mais perfeita solidariedade".

Além desses, outros companheiros de ideais e luta participaram da Revolução Constitucionalista para erguer no chão de Piratininga o magnífico edifício da democracia no Brasil.

Pela outorga do Colar do Jubileu de Brilhante, estamos relembrando protagonistas dessa heroica jornada, arrolando nomes de filhos e netos, que hoje aqui se encontram, orgulhosos dos seus pais e avós. Reportamo-nos também a entidades públicas e particulares que, por seus diretores, puseram sob o Comando das Forças Constitucionalistas recursos de que dispunham, mencionadas aqui em ordem cronológica: a Santa Casa da Misericórdia, 1543, a Faculdade de Direito, 1827, o Jornal "O Estado de São Paulo", anteriormente "Província de São Paulo", 1875, a Associação Comercial, 1894, a Cruzada Pró-Infância, 1930 e a Rádio Record, 1932.

Na presença do Capitão Gino Struffaldi, veterano de 32 e atual Presidente do MMDC, o Instituto Histórico e Geográfico de São Paulo presta homenagem aos 920 heróis que combateram e morreram pelo Brasil, muitos dos quais procedentes de outros Estados e de outros países. Contagiados pela convocação da mais justa causa, enfrentaram o horror da guerra cívica, por acreditarem nas leis e exigirem a imediata democratização do país.

Mas, a modo de evocação e de clarinada convocatória, o que nos reúne para celebrar data tão longínqua de guerra cívica que teve início em julho e terminou em outubro de 1932? O que nos mantém unidos, depois de 75 anos, para evocar apenas 86 dias de luta? O ipê amarelo, árvore símbolo do Brasil, também tem duração efêmera, floresce em julho e desaparece em outubro. Apenas três meses! A partir de julho as folhas caem e a árvore fica completamente despida. No início da primavera, em setembro e outubro, ela floresce, dando início ao espantoso espetáculo do ipê amarelo, verde e amarelo, como as cores da nossa bandeira. Como a Revolução Constitucionalista.

O patriotismo, razão de ser de uma Nação, é a explicação da resistência a desafios que têm que ser enfrentados com coragem e decisão, afirmação singular de amor às nossas raízes. E é isso que nos mantém unidos. A conquista cívica exerce influência moral sobre a Nação e deixa vestígios que, tênues a princípio, vão se acentuando e preenchendo espaços vazios. Com consciência cívica, o esforço para perpetuar essas conquistas assemelha-se a uma pedra atirada na vida interior das pessoas como na superfície de um lago: o primeiro círculo é estreito, quase imperceptível, mas multiplica-se, dando origem a outros círculos mais amplos, que também se reproduzem, concêntricos. Observando este auditório, na data em que se comemora o Jubileu de Brilhante da Revolução de 32, vejo neste momento um círculo amplo e um ipê florido, verde e amarelo, nesta trincheira paulista, que é o nosso Instituto.

Pro Brasilia fiant eximia.

E por São Paulo.

Amém.

Registro Fotográfico

Hernâni Donato, Nelly Martins Ferreira Candeias,
Adilson Cezar e Alencar Burti.

Outorga do Colar Evocativo do Jubileu de Brilhante

Rogério Ribeiro da Luz recebendo o
Colar do Jubileu de Brilhante.
À esquerda, Hernâni Donato e
Adilson César.

José Carlos de Barros Lima, Plínio Penteado de Camargo, Paulo Machado de Carvalho Filho, Marco Antônio Ramos de Almeida.

Maria Elisa Byington, Carlos Eugênio Teles Soares, Francisco Antonio Fraga.

Posse de novos membros

Membros Titulares: Eugenia Cristina Godoy de Jesus Zerbini, Evandro Faustino, Julio Abe Wakahara, Lincoln Etchebéhère Júnior, Paulo Tenório da Rocha Marques. **Membro Correspondente Nacional:** Dario Moreira de Castro Alves.

Júlio Abe Wakahara lendo termo de posse.

Wilma Lúcia Gagliardi,
Nelly Candeias e Júlio Abe Wakahara.

Outorga do Colar de Jubileu da Revolução Constitucionalista no Memorial' 32

Da esquerda para direita: Maria Cecília Naclério Homem, Cárbia Sabatel Bourroul, Walter Taverna, Nelly Martins Ferreira Candeias, Gino Struffaldi, Antonio Carlos Mendes, Mário Ventura e Maria das Mercês Pereira Apóstolo.

Cárbia Sabatel Bourroul, Nelly Martins Ferreira Candeias, Adilson Cezar e Gino Struffaldi, veterano da Revolução de 1932.

CAPÍTULO
• 30 •

São Paulo de Piratininga
454 anos

Quadro de Debret, *Palácio do Governo em São Paulo* (1827), mostrando o largo do Colégio. 25 de janeiro de 2008.

Palavras da Presidente

À memória do Padre José Affonso de Moraes Bueno Passos (*15.3.1924 + 6.7.2007), cujo apoio às gestões anteriores, 2002 a 2007, jamais será esquecido. Cartas a mim dirigidas constarão para sempre no arquivo histórico do Instituto Histórico e Geográfico de São Paulo.

Ao comemorar os 451 anos da fundação de São Paulo, no sétimo janeiro de minha gestão, a mais antiga instituição cultural privada de São Paulo comemora fora de sua sede, na colina de Inhapuambuçu, a data da fundação da cidade, relembrando neste dia de janeiro – "choupana de pau a pique e barro, coberto de palha, medindo dez passos de largura por catorze de comprimento".

No Pateo do Collegio, no local onde Manuel de Paiva celebrou a primeira Missa em Piratininga há 454 anos, hoje cedido pelo Diretor do Pateo do Collegio, Padre Carlos Alberto Contieri, a quem agradecemos. O Instituto Histórico e Geográfico de São Paulo, situado no triângulo histórico em cujos vértices ficam os Conventos de São Francisco, de São Bento e do Carmo, dá início às atividades sociais de 2008, após atravessar a mais grave crise da sua história institucional. Na citação do Padre Anchieta, Patrono do Instituto, *sed omnia sustinemus propter electos* – "mas a todas essas coisas suportamos, por amor dos eleitos".

Do gigantesco episódio da fundação da cidade de São Paulo, lapidado pela ousadia colonizadora dos portugueses, pelo apoio dos índios de Inhapuambuçu e pela presença dos jesuítas, alguns protagonistas quinhentistas permanecem para sempre na memória histórica de São Paulo: Martim Afonso de Souza, João Ramalho, Manuel da Nóbrega, Manuel de Paiva, José de Anchieta e os morubixabas Tibiriçá e Caiubi.

Transportadas por índios carregadores, entre o litoral e o planalto, Leonor Leme e outras mulheres europeias, enfrentaram também as veredas aspérrimas da Serra do Mar.

Injusto seria esquecer o nome de Ana Pimentel, mulher de Martim Afonso de Souza, Tema do estudo intitulado "Ana Pimentel, a primeira mulher à frente de uma Capitania no

Brasil", de autoria de Luisa de Paiva Boléo, membro correspondente internacional deste Instituto residente em Portugal, foi também citada por Janina Klawe, professora da Universidade de Varsóvia.

Ao aceitar o cobiçado cargo de governador da Índia, Martim Afonso designou Ana Pimentel, por procuração assinada em 3 de março de 1534, para zelar por seus negócios no Brasil. E aqui permaneceu ela por alguns anos, como consta no Dicionário de Mulheres Célebres, editado no Porto por Lello e Irmão, em 1981, para administrar a Capitania de São Vicente, com escrituras de doação assinadas por ela em Lisboa, em 1536, e em São Vicente, em 1540, segundo relata Adalzira Bittencourt[1].

Governadora da Capitania, Ana Pimentel foi a primeira mulher a exercer cargo executivo no Brasil. Após nomear Brás Cubas capitão-mor e ouvidor da capitania, em 1545, Ana Pimentel autorizou o acesso dos colonos ao planalto paulista, onde a terra era mais fértil e o clima mais ameno, cancelando proibição de Martim Afonso de Sousa. Com esse ato, os primeiros povoadores de Piratininga, homens e mulheres, lá se foram serra a cima.

Ao relembrar esse episódio na Igreja do Pateo do Collegio, desejo evocar os historiadores do Instituto Histórico e Geográfico de São Paulo que, nos séculos XIX e XX, tiveram decisiva atuação no registro do fenômeno da transformação da *célula mater* quinhentista na megalópole paulista. A eles deve-se o relato documental da fundação de São Paulo por portugueses, índios, jesuítas e mamelucos, outras etnias, cuja presença tem contribuído para manter esta cidade à altura do seu destino histórico.

Apresentam-se os nomes em ordem cronológica, tendo como ponto de referência o ano da posse no Instituto.

Século XIX – Theodoro Sampaio, 1894, fundador, Eugênio de Andrade Egas, 1898, Século XX – Washington Luiz Pereira de Sousa, 1901, Leôncio do Amaral Gurgel, 1902, Benedito Calixto de Jesus, 1905, José Carlos de Macedo Soares e Affonso Antonio de Freitas, 1907, Affonso de Escragnolle Taunay, 1913, Aureliano Leite, 1930, Padre Serafim Leite, 1934, Tito Lívio Ferreira, 1940, Ernesto de Souza Campos, 1942, Hélio Abranches Viotti, 1949, Jaime Cortesão, 1950, J.Wasth Rodrigues, 1956, Nilva Rogik de Mello, 1969, Carolina Ribeiro, 1982.

São Paulo deve o registro histórico de sua fundação, há 113 anos, cujos nomes se perpetuam nos logradouros públicos da nossa cidade, designando avenidas, praças e ruas, assim como escolas municipais e estaduais.

No século XXI, o registro histórico de São Paulo de Piratininga prossegue na cerimônia realizada por nossas duas entidades, Pateo do Collegio e Instituto Histórico e Geográfico

---

1 Adalzira Bittencourt, *A Mulher Paulista na História*. Livros de Portugal, S.A. Rua da Alfândega, 88 - Rio, 1954.

de São Paulo. Aqui se encontram Padre César Augusto dos Santos, autor do livro *Colégio de Piratininga – A Influência da Espiritualidade Inaciana na Fundação da Cidade de São Paulo*, e Hernâni Donato que lança hoje seu admirável livro *Pateo do Collegio, Coração de São Paulo*.

A homenagem que prestamos aos dois historiadores, Hernâni Donato e Padre César Augusto dos Santos, e aos outros já mencionados, é a de ler e meditar sobre seus escritos, imagens de vidas de estudo e de ação no Pateo do Collegio (1554) e no Instituto Histórico e Geográfico de São Paulo (1894).

Termino com versos de Guilherme de Almeida sobre Anchieta, patrono do Instituto Histórico e Geográfico de São Paulo:

> Pela glória que destes a esta Terra e a sua História,
> Pela dor que sofremos sempre nós.
> Pelo bem que quisestes a este povo,
> Ó novo Cristo deste Mundo Novo,
> Padre José de Anchieta, orai por nós!
> Amém.

Primeira Missa, Benedito Calixto.

Posse de novos membros

Placa Comemorativa do 454º aniversário de São Paulo: entregue ao Diretor do Pateo do Collegio, Padre Carlos Alberto Contieri, no dia 25 de janeiro de 2008.

Membros Titulares: Padre Carlos Alberto Contieri, Eni de Mesquita Samara, José D'Amico Bauab, Luiz Freitag, Michel Chelala, Paulo Oliver, Maria Amélia de Souza Aranha Mammana.
Membro Correspondente: Monsenhor Jamil Nassif Abib.

Programa Musical – 25 de janeiro de 2008
Canções e Serestas Brasileiras

Mtº Gualttieri Beloni Filho – coordenação, voz e violão
Márcio Valle – voz, tenor e violão
Dulce Goyos – soprano, convidada especial

I
Abismo de rosas – Américo Jacomino – "CANHOTO"
Cantares – Ronaldo Miranda/Walter Marinai
Modinha – H. Villa-Lobos
Madrigal – José Siqueira/Manuel Bandeira

Solidão – Carmen Vasconcellos e Emílio Moura
Perfil de São Paulo – Bezerra de Menezes

II
Lua Branca – Chiquinha Gonzaga
Uirapuru – Valdemar Henrique
Modinha – Recolhida por Luciano Galeta
Quando ela fala – Luis Melgaço/Machado de Assis
Chão de estrelas – Silvio Caldas/Orestes Barbosa
Minha Terra – Waldemar Henrique

Mensagem de Daniel Serrão
Membro correspondente de Portugal
27 de janeiro de 2008

Querida Nelly

Fico muito contente com o sucesso que foi a cerimônia da posse no dia 25, no clima de celebração histórica que soube criar. Associei-me com um segundo e-mail que enviei para o e-mail do Instituto e que terá chegado já às suas mãos, no meio de tantos outros.

Ter ideias belas e concretizá-las não é para todos, é só para os eleitos. O IHGSP bem pode abençoar a sua eleição, desde o primeiro mandato. Apesar de todos os entraves que fariam desistir quem não tivesse a sua têmpera de aço.

Com todo afeto de

Daniel Serrão

CAPÍTULO
•31•

200 Anos da Vinda da Família Real para o Brasil
Salão Nobre da Faculdade de Direito

Cerimônia realizada pelo Instituto Histórico e Geográfico de São Paulo e pela Faculdade de Direito da Universidade de São Paulo, com apoio da Imprensa Oficial do Estado de São Paulo.

Da esquerda para direita: Vice-Almirante Terenilton Souza Santos, Daniel Serrão, Nelly Martins Ferreira Candeias, Príncipe Dom Luiz de Orleans e Bragança, João Grandino Rodas, Dom Marcus de Noronha da Costa, Cônsul Geral de Portugal Dr. José Guilherme Queiroz de Ataíde.
26 de março de 2008.

Palavras da Presidente

Alteza Imperial e Real, Príncipe Dom Luiz de Orleans e Bragança, Prof. Dr. João Grandino Rodas, Diretor da Faculdade de Direito, cuja hospitalidade o Instituto agradece, D. Marcus de Noronha da Costa, Conde de Subserra, Prof. Dr. Daniel Serrão, Vice-Almirante Terenilton Souza Santos, Acadêmico Hernâni Donato, Presidente de Honra, membros da mesa, Senhor Cônsul Geral de Portugal Dr. José Guilherme Queiroz de Ataíde, meus senhores, minhas senhoras.

É uma honra receber Sua Alteza Imperial, Dom Luiz de Orleans e Bragança, Chefe da Casa Imperial Brasileira, sucessor dinástico de D. Pedro II, no momento em que se comemoram os 200 anos da vinda da Família Real para o Brasil.

Os contatos entre a Família Imperial e o Instituto Histórico e Geográfico de São Paulo antecedem o dia de hoje. No passado, o Instituto recebeu a Princesa Dona Maria Pia e sua filha, avó e tia de D. Luiz. Em 1956, o Príncipe D. Pedro Henrique de Orleans e Bragança, pai de Sua Alteza e então Chefe da Casa Imperial do Brasil, tornou-se Membro Honorário do Instituto. Em nossas atas, faz-se referência à belíssima exposição de aquarelas de sua autoria. Pintor de sensibilidade artística verdadeiramente notável, Dom Pedro Henrique foi eleito para a Academia Brasileira de Artes em 1972.

Em setembro de 2002, recebemos Suas Altezas Imperiais, D. Luiz de Orleans e Bragança, Chefe da Casa Imperial, e D. Bertrand de Orleans e Bragança, Príncipe Imperial do Brasil, por ocasião da comemoração dos 180 anos da Independência do nosso País.

O Instituto foi criado em 1894 no salão nobre desta Faculdade, razão pela qual nos encontramos aqui reunidos. Se analisarmos as duas entidades com critério interpretativo, veremos que vários aspectos as aproximam. Estevão Leão Bourroul, cujo retrato se encontra no auditório do Instituto, como um dos três de seus fundadores, foi redator-chefe do Boletim "O 11 de agosto", expressiva voz dos alunos desta escola. Desde 1894, a família Bourroul participa intensamente das atividades da nossa entidade, para benefício de todos.

José Carlos de Macedo Soares, presidente do Centro Acadêmico 11 de Agosto, foi membro do Instituto. Entre os nomes que marcam esta Faculdade encontram-se os de Rui Barbosa e de Prudente de Moraes, ambos presidentes honorários da nossa entidade.

Não apenas nomes e atuação de pessoas nos unem, mas também a proximidade geográfica. O Instituto e a Faculdade estão localizados na colina de Inhapuambuçu, chão de Tibiriçá na Piratininga quinhentista, a alguns passos do Pateo do Collegio, cujos valores missionários moldaram os primórdios desta Nação. Foi quando os jesuítas trouxeram a civilização e a Fé cristã às populações das terras descobertas.

Além disso, as duas entidades se encontram no triângulo da cidade velha, em cujos vértices ficam os conventos de São Francisco, de São Bento e do Carmo, reforçando a espiritualidade e a Fé que iluminam o nosso País.

Foi grande o empenho do Professor João Grandino Rodas, Diretor desta Faculdade, e o meu, como Presidente do Instituto e professora titular da Universidade de São Paulo, de celebrar, os 200 anos da transferência da Família Real portuguesa para o Brasil neste local, onde História, Direito e Fé se encontram – valores sagrados em nossa cultura.

Sob a invocação desses valores, nos reunimos para assinalar fato de tão extraordinário significado em seus efeitos, que aqueles que não fizeram ou não viveram a história, injustamente minimizam com afirmações frívolas, quando não absolutamente falsas.

Trata-se do empolgante segredo de Estado que, preparado com rara acuidade e percepção política contribuiu para a derrota de Napoleão na Europa e nas Américas. Nos sonhos de dominação de Bonaparte, que terminaram com seu amargurado exílio na Ilha de Santa Helena, Portugal e Brasil destinavam-se à França e à Espanha, após a eliminação da família Bragança, conforme consta no Tratado Secreto de Tilsit e de Fontainebleau, de 1807.

A viagem da Família Real, projeto muito estudado na corte lisboeta, alterou o rumo da história das nações.

Ao evitar-se que a Família Real portuguesa fosse aprisionada pelas tropas francesas, em Lisboa, optando-se por sua transferência para o Brasil, inviabilizou-se o projeto de Napoleão para a Península Ibérica. E Junot "ficou a ver navios", expressão que deriva, dizem, desse importante fato histórico.

No cais de Lisboa, no dia 30 de novembro de 1807, só restou ao general de Napoleão avistar ao longe as velas dos últimos barcos da esquadra portuguesa, e de perto ver e viver um plano fracassado de conquista política.

Napoleão Bonaparte, óleo de David (1797-1798),
quadro inacabado.

Vitorioso e alegre foi o desembarque do Príncipe Regente na Bahia e no Rio de Janeiro! Não há relato em toda a história da humanidade de quem tenha feito tanto, logo após o desembarque. Logo ao chegar, Dom João abriu os portos do Brasil e fundou as Faculdades de Medicina da Bahia e do Rio de Janeiro, onde se instalou a Corte.

E assim teve início o ensino superior neste país. Data áurea no calendário da educação no Brasil, coube a Dom Pedro I, em 11 de agosto de 1827, a fundação dos Cursos Jurídicos, ao criar simultaneamente cursos em São Paulo e em Olinda, que mais tarde ocupariam o decanato de duas universidades brasileiras. São fatos que não podem ser esquecidos.

Cento e sete anos depois, a Universidade de São Paulo foi criada no dia 25 de janeiro de 1934 pelo Governador Armando de Salles Oliveira, também ele membro do nosso Instituto.

Para a Faculdade que nos hospeda, este é um momento de histórica e grata recordação. É também um retorno às suas origens receber hoje um descendente do seu fundador, D. Pedro I, o Príncipe D. Luiz de Orleans e Bragança, Chefe da Casa Imperial do Brasil, cujo irmão, o Príncipe D. Bertrand de Orleans e Bragança, foi aluno desta escola.

No século passado, nossa entidade homenageou as figuras de D. Pedro I, D. Leopoldina e D. Pedro II, instituindo medalhas com as efígies de três grandes personagens da Família Imperial. Hoje outorga, pela primeira vez, o Colar dos 200 anos da Vinda da

Família Real, cujo medalhão contém a esfera armilar no anverso, como base da condecoração, símbolo dos descobrimentos de quem atravessou a solidão do mar olhando as estrelas no alvorecer do mundo.

Evoca a tenacidade dos portugueses, seu poder de conquista, o pioneirismo marítimo que levou Gil Eanes, Diogo Cão, Pedro Álvares Cabral, Vasco da Gama, Bartolomeu Dias, Fernão de Magalhães e seus homens a dilatar as terras e os mares, indo muito além da Taprobana. Eram os fortes, ainda mais fortes.

Instrumento de astronomia usado nas grandes navegações, a esfera armilar é modelo reduzido da esfera celeste. Símbolo pessoal de D. Manuel I, representava a expansão marítima dos Portugueses ao longo dos séculos XV e XVI, tendo sido incorporada por Dom João VI à bandeira do Reino Unido de Portugal e do Brasil.

Por feliz coincidência de concepção, o brasão do IHGSP e o da Universidade de São Paulo, este criado por J. Wasth Rodrigues, membro do nosso Instituto, também contêm a esfera armilar, a mesma que se encontra nas armas de Dom João VI. Mística sublime de um símbolo que perdura no brasão da Casa Imperial do Brasil, o colar do bicentenário representa a homenagem àqueles que trouxeram o ensino superior para o Brasil, entre numerosas realizações sobre as quais outros falarão, a seguir e certamente com mais conhecimentos.

É raro privilégio relembrar a história de todos os que construíram o Brasil, tendo como data limite a glória desta comemoração: os navegadores, os missionários, os índios e os negros, início da nossa miscigenação, os mamelucos, as heroicas famílias, as mulheres que deram origem ao povoamento de serra a cima e de sertão adentro, os bandeirantes à busca de um território ampliado. Ao tempo de Dom João V, o Tratado de Madri, por competência diplomática de Alexandre de Gusmão, santista, ministro e secretário de D. João V, o Tratado de Tordesilhas, revogou-se anulando o meridiano que dividia o Brasil entre Portugal e Espanha, e assim delineando a atual configuração do nosso território. Tudo isso culminou na vinda da Família Real para o Brasil, em 1808, impedindo que a antiga colônia portuguesa se fragmentasse em pequenos países, como ocorreu na costa oeste do continente.

Dom João VI construiu a identidade do Brasil e garantiu a unidade da Nação, tornando-a para sempre uma herança do heroico povo luso, sabiamente orientado por "aqueles Reis que foram dilatando a Fé e o Império", como registrou Camões no seu imortal poema.

E mais, todos aqueles que nestes cinco séculos tiveram força, glória e fé bastante para transformar um território selvagem, bravamente conquistado, em um país digno de suas tradições lusíadas. A obra portuguesa de descobrimento e de colonização fez-se com todos esses elementos – os de inteligência e os de ação, os de aventura e os de rotina, os de ciência e os de arte, os capazes de viver.

Historiadores e geógrafos que dedicaram suas vidas à memória da nação, professores que defenderam os valores que nos mantêm unidos, são exemplos de inteligência, de conhecimento científico, de bondade e de esclarecida visão, unidas hoje pelo místico símbolo da esfera armilar, que perdura na Família Real, na Universidade de São Paulo e no Instituto Histórico e Geográfico de São Paulo. Que o símbolo desta união nos permita alcançar, sempre juntos e na mesma direção, as coordenadas da esfera superior.

Os brasileiros têm enfrentado campanha maliciosamente articulada contra os valores, os símbolos e a glória de sua Pátria, a qual atinge os jovens até mesmo em seus livros escolares. Farsas pseudo-históricas são amplamente divulgadas no cenário globalizado da mídia, sob a forma de novelas romanceadas que deformam a história, fazendo prevalecer o burlesco dos relatos, sem interpretar o sentido de sociedade que o século XIX buscava.

Os sentimentos que hoje nos reúnem em volta das comemorações dos dois centenários da vinda da Família Real para o Brasil, refletem nosso zelo e preocupações pela integridade da cultura luso-brasileira, objeto de campanhas de desprestígio, de tentativas de ridículo, de esforços sistemáticos no sentido de desintegrar e até mesmo desmoralizar, no Brasil, as raízes culturais luso-brasileiras da nossa Pátria.

Este breve contato, além do orgulho de nos fazer relembrar um passado glorioso, salienta a cronologia da história documentada daqueles que descobriram, conquistaram, defenderam e transformaram um território colonial adolescente em Reino Unido, até mesmo com o sacrifício de suas próprias vidas e as de seus descendentes.

Cito as proféticas palavras de Dom João e de seu filho Dom Pedro:

"Manifesto de Dom João, Príncipe Regente, no dia 1º de maio de 1808, logo após a chegada da Família Real: A corte de Portugal levantará a sua voz do seio do novo Império que vai criar.

Dom Pedro I sobre o decreto de 1815 que elevou a colônia a Reino: Vossa Majestade acaba de lançar, após uma longa navegação, os alicerces de um Estado que deve ser um dia o primeiro do mundo".

Que Nossa Senhora dos Navegantes, sempre invocada onde quer que tenha navegado um português, Mãe protetora dos grandes homens dos grandes descobrimentos, e dos humildes pescadores açorianos contra as incertezas do mar, naufrágios e perdições de toda a sorte, continue a proteger e a abençoar a convergência luso-brasileira, aproximando cada vez mais as duas pátrias entrelaçadas, que sempre se sentiram unidas pela tradição histórica, respeito e mútua admiração.

Sobretudo, que a transmigração da Família Real, uma espécie de novo descobrimento do Brasil, seja conhecida, divulgada e estimada na verdade dos seus documentos e principalmente no significado de sua profundidade histórica. Por isso estamos aqui reunidos.

Termino com as palavras de Fernando Pessoa:

Fosse acaso, ou vontade ou temporal,
A mão que ergue o facho que luziu.
Foi Deus a alma e o corpo Portugal
Da mão que o conduziu.

Venerável Irmandade de Nossa Senhora da Lapa

Ao Instituto Histórico e Geográfico de S. Paulo
Na Pessoa da Sua Presidente Profa. Nelly Martins Ferreira Candeias

A Venerável Irmandade de Nossa Senhora da Lapa da Cidade do Porto, tendo tomado conhecimento da presença do seu Mesário, Prof. Daniel Serrão, na Cerimônia Evocativa dos Duzentos Anos da chegada ao Brasil do Príncipe Regente D. João VI, decidiu fazê-lo portador de um documento com transcrições das Atas das Reuniões da Mesa Administrativa da Real Irmandade, de mil oitocentos e trinta e cinco, nas quais foram tratados todos os aspectos do recebimento, conservação e exposição do "Coração Magnânimo" que o Augusto Imperador D. Pedro I legou, por morte, à "heroica Cidade do Porto".

A recolha documental foi feita pelo Ilustre Professor da Faculdade de Letras e Historiador, Francisco Ribeiro da Silva, Mesário desta Venerável Irmandade.

Porto, março de 2008
António Joaquim França do Amaral, Provedor

Registro Histórico

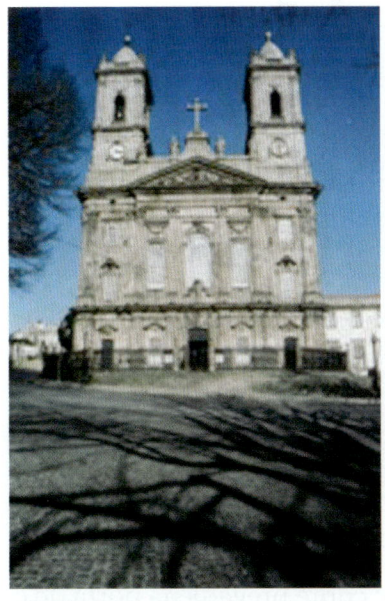

Igreja de Nossa Senhora da Lapa.

Urna contendo o coração de D. Pedro I.

António Joaquim França do Amaral, Provedor da Venerável Irmandade de Nossa Senhora da Lapa ao receber o Colar D. Pedro I do IHGSP.

Tradução da inscrição latina gravada na lâmina de cobre pregada na porta de carvalho que fecha o monumento onde está encerrado o Coração de D. Pedro IV, na Capela-Mor da Igreja da Venerável Irmandade de Nossa Senhora da Lapa, da Cidade do Porto:

"Eis o Coração daquele varão tão grande, que inflamado no amor da glória, e de gênio singularmente liberal para todos, primeiro (1826) outorgou a liberdade aos portugueses; depois (1832), oprimidos estes pelo mais acerbo cativeiro, por arma, e conselho, os restituiu de novo à liberdade; então (1834), batidas e de todos desbaratadas as inúmeras tropas do tirano, derrubado esse do sólio e expulso do Reino e colocada no sólio de seus avós Maria II, sua caríssima filha, convocou corte e consolidou o império conforme as exigências do tempo, por último (1834), quebrantado por tais e tantos trabalhos, e arrebatado por uma morte prematura, ao passar desta para melhor vida (24 de setembro), legou a esta nossa antiga, muito nobre, sempre leal, e invicta cidade, esta a melhor porção de si mesmo, este tão grande penhor de seu amor".

Urna contendo o Coração de D. Pedro,
Duque de Bragança.
Duas inscrições gravadas.

"D. Pedro, Duque de Bragança fundador da paz, doador e vingador das liberdades públicas, havendo, por impulso da divindade, e com a sua grandeza de alma, aportado às praias do Porto e tendo ali, pela força do exército que comandava, e pela grande e quase incrível ajuda que lhes prestaram os Portuenses, vingando, ao mesmo tempo, e com justas armas, a Portugal, tanto do tirano que o oprimia, como de toda a sua facção, elegendo Duque, por isso mesmo, e ainda em vida, aquele lugar onde tão mangnanimamente, expôs a própria vida pela Pátria, para nela, depois da morte, descansar o seu Coração; Amélia Augusta, amantíssima consorte do Duque, querendo de boa vontade, e com razão, cumprir o voto de seu Esposo, encerrou reverentemente nesta urna os despojos mortais do Coração de seu marido".

"Eu me felicito a mim mesmo por me ver no teatro da minha glória, no meio dos meus amigos Portuenses, daqueles a quem devo, pelos auxílios que me prestaram durante o memorável sítio, o nome que adquiri e que, honrado, deixarei em herança a meus filhos – Porto, 26 de julho de 1834. as) D.Pedro. Duque de Bragança".

Palavras de Daniel Serrão – Um Simbólico Coração Imperial

Eis-me aqui, Ilustríssimas Senhoras e Senhores, no Areópago desta antiga e nobre Instituição, embora sem méritos bastantes para receber tão grande honra e cativante distinção. Mas eu venho do Porto. E o Porto acolheu, em 1837, como dádiva generosa e prova de supremo amor, o Coração do Senhor Dom Pedro que foi Rei de Portugal, mas foi também o primeiro Imperador do Brasil como Nação Livre e Soberana. Sendo eu, com muita honra, Mesário da Venerável Irmandade de Nossa Senhora da Lapa da Cidade do Porto, que no seu Templo tem, à sua guarda, o Coração do nosso Rei e vosso Imperador, já vivi a intensa e perturbante emoção de o contemplar, de contemplar o Coração do Senhor Dom Pedro.

Parece, apenas, um órgão muscular conservado. Mas não é; e não é, porque nele está o espírito do Imperador. O espírito, disse eu. E disse bem. A muitos lugares do corpo humano tem sido atribuída a muito superior dignidade de serem a sede, o invólucro, o esconderijo, do espírito humano. Este espírito que nos faz tão orgulhosamente singulares entre todos os seres vivos da Criação.

Mas, pese embora a Damásio e ao seu tão louvado sistema límbico supratalâmico, por onde fluiriam as emoções e os afetos, o coração será sempre o escrínio emblemático da mais bela joia do espírito humano que é o amor. Só os seres humanos amam e só os seres humanos sabem que amam. Só os seres humanos vivem, na ternura dos afetos, a maravilhosa experiência de olhar o outro como um absolutamente outro e que nos interpela; que pode ser amado ou odiado, que pode ser salvo ou perdido, que pode ser acolhido ou rejeitado.

E é no coração humano, e no seu incessante palpitar, que situamos, gostosamente, este misterioso espírito. O qual, depois, se revela com todo o esplendor de uma verdade absoluta, no milagre do amor que os humanos partilham entre si.

Dom Pedro, ao legar o seu Coração à Cidade do Porto, não praticou um arrebatado gesto romântico que cairia bem no estilo da época em Portugal, marcado pela poesia de Almeida Garrett, seu companheiro de armas no cerco do Porto. Bem pelo contrário. Dom Pedro quis que o seu Coração entregue, por testamento à Cidade do Porto, adquirisse, na sua singeleza de um banal órgão corporal, o valor supremo de um símbolo imperecível.

Recordemos as palavras que a Venerável Irmandade reproduziu na parede do Sarcófago, "elegendo o Duque, ainda em vida, aquele lugar (a cidade do Porto), onde tão magnanimamente expôs a própria vida pela Pátria para nele depois da morte descansar o seu Coração".

Assim, Dom Pedro confere, ao Seu Imperial Coração, a missão de simbolizar o amor que o seu espírito sentia pela cidade e pelas suas gentes.

Simbolizar... A simbolização é a mais recente das capacidades da moderna inteligência humana e terá algumas dezenas de milhares de anos, apenas. Ao dar nomes a todos os animais da Terra, como assinala o Gênesis, Adão, ou seja o ser humano, representou-os na figuração de um símbolo linguístico, de uma palavra. No início da hominização cultural a palavra apenas simbolizava objetos do mundo natural. E foi o milagre grego que expandiu a capacidade de simbolização, ao tornar possível a representação, por palavras, das emergentes primeiras ideias abstratas. Esta descoberta do Logos marcou o último sobressalto qualitativo na evolução desta espécie a que tanto nos orgulhamos de pertencer.

Então, vivemos num mundo representativo, figurado pelas simbolizações, criadas pela nossa inteligência reflexiva, e depositadas, depois, em objetos exteriores intencionais. Destes, a palavra, falada e escrita, é hoje o mais rico e o mais poderoso instrumento de simbolização. Nela e por ela nos realizamos, na autenticidade de seres humanos culturais.

Dom Pedro, com o gesto de doar, transformou o seu Coração num símbolo cultural, numa representação concreta de um Amor abstrato. Com este ato, deu ao seu Coração imperial morto, uma vida imortal. Pelo espírito.

Quando o olhei, em solene Sessão da Mesa Administrativa da Venerável Irmandade de Nossa Senhora da Lapa da Cidade do Porto, no pequeno sarcófago que o contém, eu vi, nesse Simbólico Coração Imperial, um outro Império, o Império do amor entre todos os seres humanos, esse Império que Vieira profetizou como o Império do Espírito Santo.

Quando o olhei estremeci de júbilo e de respeito. Estava ali o símbolo imortal de um espírito humano, que muito sofreu porque muito amou.

Pareceu-me justo e adequado que, nesta soleníssima Sessão, na qual o Instituto Histórico e Geográfico de São Paulo comemora os duzentos anos da chegada ao Brasil, do Príncipe Regente D. João, eu, como português e portuense, viesse, nela, agradecer o simbólico gesto de seu Filho, o Senhor Dom Pedro, gesto que selou, definitivamente, o amor entre o Brasil e Portugal. Em penhor do qual entregou o seu próprio Coração, um Simbólico Coração Imperial.

Honra a Dom Pedro e honra ao amor indestrutível entre o Brasil e Portugal.

D. Pedro IV e a Venerável Irmandade de Nossa Senhora da Lapa, Cidade do Porto
Francisco Ribeiro da Silva[1]

1. Eventos que criam cumplicidades

O coração de D. Pedro IV e a Igreja da Lapa

A histórica relação entre D. Pedro IV e a Venerável Irmandade da Lapa procede de uma raiz afetiva de todos conhecida: na Capela-Mor da Igreja da Irmandade repousa o coração do generoso monarca-imperador que, em monumento mandou erigir a expensas da Câmara Municipal do Porto.

1.1. Que motivações teria D. Pedro para lhe ter ocorrido essa ideia tão invulgar, talvez única, de legar o seu coração a uma cidade, precisamente ao Porto?

Sem dúvida porque entre ele e esta cidade se desenvolveu uma fortíssima empatia durante um curto, mas dramático período que foi o do Cerco.

Como é sabido, o Rei-Soldado, pouco depois de levantado o sítio e após a vitória definitiva do Liberalismo, faleceu precocemente no Palácio de Queluz, às duas horas e meia da tarde do dia 24 de Setembro de 1834. Na véspera do triste apagamento, dia 23, pelas quatro horas da manhã, sentindo-se desfalecer, dirigiu-se aos brasileiros, manifestando-lhes a sua dedicação e aproveitando "para ditar algumas últimas vontades. Entre elas, destaca-se a de deixar o seu coração à heroica cidade do Porto, teatro da minha verdadeira glória".

Cumpridos os rituais fúnebres e passado o tempo conveniente, D. Maria II tratou de dar execução ao desejo do pai.

Mas em que santuário do Porto havia de ser guardada relíquia de simbolismo tão comovente? A rainha decidiu, o bispo conde frei Francisco de S. Luís comunicou a decisão e o povo portuense regozijou com a escolha: a igreja da Lapa era a indicada, visto que, em vida, o duque frequentara esse templo, ouvindo aí a missa militar semanal. Essa circunstância, aliás, levara-o a fazer doação à dita igreja de vários paramentos e alfaias litúrgicas procedentes de Mosteiros «abandonados» da cidade do Porto, os quais constam de um inventário transcrito no *O Livro de Atas da Irmandade*.

Mas a escolha da igreja da Lapa não foi unanimemente aplaudida. A Câmara Municipal havia escolhido a capela de S. Vicente, na Sé portucalense. Para o efeito, elaborara um programa, dera ordem aos juízes pedâneos das freguesias da Sé, S. Nicolau e Santo Ildefonso para manterem limpas e desentulhadas as ruas por onde havia de passar o cortejo, havia chegado a acordo com o cabido e até solicitara o apoio

---
[1] Texto enviado pelo autor e entregue durante a Cerimônia.

do presidente da Comissão dos Conventos Extintos, o qual se dispusera a oferecer as quatro alâmpadas que serviram na ocasião das exéquias do Duque de Bragança. Só no dia 6 de Fevereiro, o presidente da Câmara deu conhecimento à mesma da portaria da Secretaria de Estado dos Negócios do Reino em que se ordenava que o coração fosse depositado na Real Capela da Lapa. Alguns vereadores ainda tentaram opor-se à decisão, mas não houve outro remédio senão transferir para a Lapa a armação que estava preparada na Sé.

Assim, no dia 4 de fevereiro de 1835, zarpou do Tejo em direção ao Porto um navio de guerra – Jorge IV – que, à guarda do que fora ajudante de campo de Sua Majestade Imperial, coronel Baltasar de Almeida Pimentel, levava como carga o generoso legado. Lançou âncoras na Ribeira do Porto a 7 do mesmo mês, onde o aguardavam as Autoridades Administrativas, Militares e Religiosas da Cidade, bem como a Mesa Administrativa da Irmandade da Lapa, de cruz alçada, apoiada por uma multidão que o cálculo das testemunhas contabilizou em dez a doze mil pessoas, entre soldados, irmãos de confrarias, funcionários públicos e cidadãos. Logo o coronel Pimentel procedeu à entrega oficial do coração do duque de Bragança à Câmara do Porto, de que se lavrou auto. A chave da urna ficou em poder da mesma Câmara, o que ainda se verifica.

Dentro da urna de mogno vinha a urna de prata. Em relação aos dias de hoje, a urna de prata continua a ser a mesma, mas com o tempo ocorreram duas alterações: o coração já não se encontra diretamente em contato com a prata, antes se encerrou num escrínio de vidro, porque os peritos do Porto, professores das Faculdades de Medicina e de Farmácia, entenderam que o vidro oferecia melhores possibilidades de se fechar hermeticamente, como convinha, e assim os líquidos de proteção, atuariam de modo mais eficaz e por mais tempo. Pelo que hoje o coração está dentro de um vaso, de vidro que, por sua vez, se colocou dentro da original urna de prata. A outra alteração respeita ao caixão de mogno que havia sido mandado executar pela viúva Dona Amélia, duquesa de Bragança: o original teve que ser substituído, porque o tempo não deixou que a madeira se conservasse em boas condições até aos nossos dias. Mas conserva-se no cofre da Irmandade.

Há ainda outra nota acerca da urna que convém referir: é que nela foram gravadas duas inscrições, sendo uma em latim, outra em português, que respondem aos porquês acima levantados.

A tradução da latina é do seguinte teor: A DEUS OPTIMO E MAXIMO.

D. Pedro, Duque de Bragança, Fundador da paz, doador e vingador das liberdades públicas, havendo por impulso da Divindade, e com a sua grandeza de alma aportado às praias do Porto, e tendo aí pela força do Exército que comandava, e pela grande e quase incrível ajuda que lhe prestaram os Portuenses, vingando ao mesmo tempo, e com estas armas a Portugal, tanto do Tirano que o oprimia, como de toda a sua facção, elegendo o Duque por isto mesmo, e ainda em vida aquele lugar, onde tão magnanimamente expôs a própria vida pela Pátria para nele depois da morte descansar o seu Coração. Amélia Augusta a amantíssima consorte do Duque, querendo de boa vontade, e com razão cumprir o voto de seu Esposo, encerrou reverentemente nesta urna os despojos mortais do Coração de seu marido.

Do outro lado, há uma outra em português que foi retirada do texto da proclamação do próprio D. Pedro aos portuenses: EU ME FELICITO A MIM MESMO. Por me ver no Teatro da minha glória, no meio dos meus amigos Portuenses daqueles a quem devo pelos auxílios que me prestaram durante o memorável sítio, o nome que adquiri, e que honrado deixarei em herança a meus filhos. Porto, 27 de Julho de 1834. D. Pedro, Duque de Bragança.

Conduzida processionalmente e celebrados os ofícios fúnebres com a pompa e solenidade desejadas pela rainha, às quais a população aderiu espontaneamente, foi a vez de a Câmara Municipal fazer a entrega formal à Irmandade da Lapa que a assumiu em peso, na totalidade dos membros da sua Mesa Administrativa.

À guarda de honra que havia acompanhado desde Lisboa o coração imperial foram concedidas 10 insígnias da Ordem da Torre e Espada.

Depois da cerimônia protocolar, foi o caixão colocado na Capela-Mor do lado do Evangelho, debaixo de um magnífico e acolhedor dossel. De seguida, a Irmandade requisitou uma sentinela, que foi imediatamente concedida, para guardar o precioso legado. E assim se conservou até que a Câmara mandou edificar o monumento que foi inaugurado pouco mais de dois anos depois, precisamente a 20 de fevereiro de 1837.

Como pessoa de bem, a Irmandade julgou-se na obrigação de agradecer a distinção, escrevendo uma carta à viúva, duquesa de Bragança, e outra à rainha.

Mas, os agradecimentos da Irmandade tiveram outra expressão bem mais profunda e duradoura: foi o apego à defesa da liberdade e à memória de D. Pedro a que a Venerável Instituição jamais renunciou durante todo o século XIX, pelo menos até onde a documentação me permitiu chegar. Citarei aqui um pequeno texto que retirei do Livro de Atas da Irmandade e que exprime de modo eloquente a devoção da Irmandade ao rei e ao que ele representava, aí se trata D. Pedro como "O homem mais sublime, sem igual, na História do nosso País, Rei Filósofo, amigo do Povo e guerreiro não vencido que sacrificou a sua vida para fundamentar a liberdade legal".

1.2. A construção do monumento funerário

Desde a primeira hora, a Câmara Municipal do Porto sentiu como sua a obrigação de construir um monumento onde o coração imperial ficasse depositado em condições de segurança e de dignidade, mas também de acessibilidade para que, no futuro, os peritos pudessem examinar o estado de conservação do legado. Nesse sentido fez chegar à Secretaria da Irmandade um ofício não só a formalizar a intenção de proceder à construção do monumento, mas indicando o sítio onde desejava que ele fosse implantado e as formas projetadas. A respectiva planta havia sido aprovada em sessão da Câmara de 25 de abril de 1835, tendo-se então votado que na obra se empregasse o mais fino granito que pudesse extrair-se das pedreiras da cidade! A Mesa da Irmandade convocou, em consequência, uma Assembleia onde, segundo os Estatutos, tinham assento os antigos e atuais Mesários, cuja ordem de trabalhos era a análise da proposta camarária. A Assembleia efetuou-se em 7 de maio do mesmo ano de 1835 e para ela havia sido solicitada a presença de arquitetos da cidade.

Ao que parece, a Câmara pretendia construir o monumento no centro da Capela-Mor da Igreja. Discutida a proposta, pareceu aos presentes que o desenho não só introduzia um elemento assimétrico na Capela-Mor como a edificação roubaria o espaço necessário para a efetivação de grandes atos de culto que anualmente ali tinham lugar. Além disso, a construção impediria a vista do sítio onde era costume colocar-se o trono, quando Sua Majestade pretendesse visitar a cidade e assistir aí a atos de culto. Pelo que o projeto camarário foi rejeitado por unanimidade, oferecendo-se em alternativa, com o aval do arquiteto da cidade e de um conhecido mestre de obras, o arco do Altar de Nossa Senhora da Conceição, fronteiro ao Arco do Altar do Santíssimo Sacramento.

Mas a recusa da Irmandade não foi bem recebida na Câmara, abrindo-se uma crise que o bom senso das partes não permitiu que acabasse em ruptura. De fato, a resposta da Municipalidade não deixava grandes alternativas: ou se construía da forma que ela propusera ou escrever-se-ia a Sua Majestade a solicitar autorização para trasladar o coração para outra Igreja, que seria a da Sé, que pelos vistos era o templo de primeira escolha da Câmara.

Perante esta resposta, e sabendo que o Definitório não queria de forma alguma perder o honroso legado, o presidente da Irmandade tentou uma via conciliatória: propôs que à reunião do Definitório assistissem como convidados três vereadores para ver se se chegava a uma solução consensual.

A reunião com os representantes camarários realizou-se efetivamente, a Irmandade expôs as suas razões, cedeu, desistindo da capela lateral, mas propondo que o monumento se construísse do lado da Epístola (à direita da Capela-Mor) e não do lado do Evangelho e acrescentando, como último argumento, que a transferência para a Sé não encontraria lugar mais digno. Os representantes da Câmara, vereadores António Pedro Xavier, José Manuel Teixeira e José Francisco Fernandes ouviram, não apresentaram objeções, mas não puderam fazer mais que prometer que tudo transmitiriam à Câmara.

Ainda não foi desta vez que os problemas ficaram resolvidos. A Câmara Municipal insistiu em manter a sua proposta inicial: ou seria construído o monumento como ela indicava ou solicitar-se-ia à rainha a trasladação para outra Igreja, trasladação de que a Irmandade da Lapa nem queria ouvir falar. Por isso, cedeu completamente. Mas cedeu com elegância e nobreza e não sem obter algumas contrapartidas. Com elegância e nobreza porque reafirmou que:

1° Contrariamente ao que podia transparecer, as relações da Câmara e da Irmandade eram cordiais;

2° Seria de mau gosto estar-se a incomodar uma rainha em luto para resolver um problema que tinha que ser resolvido na cidade e pela cidade.

Quanto às contrapartidas, a Câmara comprometeu-se a:

1º Fazer todo o possível para não agredir a estética da Capela-Mor;

2° Repor a Igreja no estado em que estava, se, algum dia, fosse quando fosse, por qualquer razão, o coração do imperador fosse retirado do seu mausoléu.

1.3. Os exames técnicos ao estado de conservação do coração

Vasculhando na documentação conservada no Arquivo da Irmandade, do qual me socorro para a quase totalidade desta comunicação, foi possível reconstituir retroativamente o programa de exames periciais ao estado de conservação do coração de D. Pedro.

A primeira inspeção ocorreu em 7 de março de 1835, pouco depois da sua chegada ao Porto, em obediência a uma portaria da rainha D. Maria II. Fizeram-na professores de Medicina e Farmácia, na presença do prefeito da Província, do presidente da Câmara Municipal do Porto e da Mesa da Irmandade. A peritagem achou que estava tudo em boa ordem, mas que havia vantagens em guardar o coração num vaso de vidro, como acima foi referido. Foram então tiradas as medidas e feita a encomenda. A transferência para o contêiner de vidro realizou-se em 12 de abril do mesmo ano, na presença, dos peritos e das mesmas autoridades. Aconteceu, porém, uma surpresa: o vaso mostrou-se demasiado pequeno para conter o coração, pelo que foi utilizado apenas provisoriamente. Pelo que o encerramento definitivo teve lugar mais tarde, precisamente em 9 de Fevereiro de 1837.

E assim permaneceu até 24 de julho de 1858. Aliás, em 9 de junho de 1856, o visconde de Alpendurada, presidente da Câmara do Porto, informava a Irmandade de que pretendia mandar fazer um exame secreto ao Coração de D. Pedro e aos líquidos em que está mergulhado, visto que depois de 1837 ninguém mais tocara no vaso. Em consequência, naquele mesmo dia, por iniciativa do presidente da Câmara do Porto, foi feito novo exame pelo diretor da Escola Médico-Cirúrgica da mesma cidade, conselheiro doutor Francisco de Assis e Sousa Vaz e pelos professores de Anatomia Luiz Pereira da Fonseca, lente proprietário da cadeira, e José Alves Moreira de Barros, lente substituto da mesma, na presença das autoridades militares e municipais, bem como do presidente da Irmandade: conselheiro e ministro de Estado honorário Antônio Roberto de Oliveira Lopes Branco e demais mesários. E sendo examinado pelos sobreditos Professores o estado do coração e dos líquidos encontraram o luto que vedava a juntura da tampa que cobre o vaso de vidro rachado e amolecido em diversos pontos, e igualmente alguma diminuição no líquido conservador, efeito de evaporização; e como este se achasse turvo pela mistura de sais e líquidos em combinação, consequência necessária do processo empregado, foi substituído por álcool retificado (dezoito graus de Thessa). Mas o mais importante é que o coração se achava muito bem conservado, e sem quaisquer vestígios de alteração. De tudo foi lavrado auto de que se fez cópia autenticada para a Real Irmandade.

Em 22 de janeiro de 1872, efetuou-se novo exame ao régio coração, na presença das autoridades, a saber: governador civil do Distrito, Bento de Freitas Soares; general da Divisão, José de Vasconcelos Correia; general de Brigada João António Marçal; presidente do Tribunal da Relação, visconde de Midões; secretário-geral do Distrito, Joaquim Taibner de Morais; administradores dos Bairros Oriental e Ocidental, respectivamente Henrique de Carvalho Jales e Adolfo Soares Cardoso; vice-presidente e vereadores da Câmara Municipal; director da Escola Médico-Cirúrgica, conselheiro Manuel Maria da Costa Leite; facultativos da mesma Escola, Df. José Frutuoso Aires de Gouveia Osório e Df. João Pereira Dias Lebre, director e mesários da Irmandade. Trazida a urna e depositada sobre uma mesa forrada de pano verde, verificou-se o perfeito estado de conservação do coração. No entanto, julgou-se aconselhável mudar os líquidos, o que realmente se efetuou (AHVIL, Atas, Livro 3, fi. 47).

Cerca de dois anos antes da proclamação da República (Novembro de 1908), procedeu-se à renovação dos líquidos. Passados quase 30 anos, a Mesa da Irmandade achou por bem chamar a atenção da Câmara para o tempo que havia decorrido desde a última verificação e alertar para a conveniência de novo exame (Carta de 13 de janeiro de 1936). Como a Câmara se mostrou receptiva e o declara em carta de 12 de fevereiro de 1936, acreditamos que assim se fez.

2. Aprofunda-se a cumplicidade entre D. Pedro e a Lapa: a história das exéquias solenes anuais

A relação entre D. Pedro IV e a Lapa aprofundou-se postumamente porque a Venerável Irmandade tomou a seu cargo a realização anual de pompas fúnebres que tinham lugar no dia de aniversário da morte do imperador, ou seja, a 24 de setembro. As primeiras exéquias celebraram-se em 1835. Para a cerimônia foi convidada a comparecer em corpo a Câmara Municipal que aceitou o convite, não sem o voto contrário do presidente, João Manuel Teixeira de Carvalho, que (por razões não esclarecidas) entendia que a Câmara não só devia rejeitar o convite como também não permitir que a urna se abrisse como pretendia a Irmandade. Pregou nessas primeiras exéquias o arcebispo eleito de Lacedemônia.

2.1. Para tal cerimônia se tornar regular e não ficar dependente de esmolas ou donativos ocasionais, pareceu à direção da Irmandade que era indispensável a constituição de um fundo permanente cujo rendimento fosse capaz de garantir a perenidade dos sufrágios. O quantitativo mínimo foi fixado em 4000$000 – 4 contos de réis. Por si mesma, a Irmandade não poderia dispor de tão elevada quantia. Pelo que engendrou um processo para atingir esse objetivo, que seria o lançamento de uma subscrição pública segundo a qual cada subscritor pagaria 480 réis anuais durante 10 anos ou 4800 réis de uma só vez. Os subscritores de fora do Porto dariam de uma vez só a oferta que entendessem. Mas depressa o engenho dos mesários descobriu outros caminhos mais práticos.

2.1.1. Assim, a partir do próprio ano de 1837, foi lançada a ideia de se constituírem comissões locais para angariação de fundos. A primeira terá sido constituída em Lisboa. Formavam-na três personalidades, o referido arcebispo de Lacedemônia, o comendador Almeida e o senhor António Joaquim de Carvalho, que funcionavam respectivamente como presidente, secretário e tesoureiro. Os primeiros resultados não surgiram tão rapidamente como se desejava. Mas, em Dezembro de 1839, António da Silva Monteiro remetia uma lista de 28 subscritores que estavam disponíveis para pagar, mas exigiam recibo da Comissão. Em abril do ano seguinte, Paulo Martins de Almeida, secretário, declarava que cada um dos membros da Comissão tinha a sua lista de subscritores e que ele, pela sua parte, havia já granjeado 300$000 réis. Um outro militante da causa em Lisboa, o portuense João Pereira da Cruz Lima informava que fizera entrega de 55$200 réis a um tal Luiz Francisco da Silva e tinha mais 3 recibos de 1440 réis. Propunha-se mesmo elaborar e publicar na imprensa a lista nominal de todos os subscritores.

Mais tarde, em 9 de dezembro de 1840, o mesmo arcebispo de Lacedemônia, esmoler-mor do Reino informava a Mesa de que angariara um total de 500$140 réis que se achava em poder do Tesoureiro da Comissão de Lisboa.

Mas não é apenas em Lisboa que se faz a coleta. Também em Guimarães as coisas corriam de feição, visto que José Joaquim Dias de Castro informara que havia conseguido 4 subscritores, cada um com 480 réis anuais, pagos de uma só vez. Eram eles José Teixeira de Mesquita, coronel comandante do Batalhão nº18; Manuel de Freitas Costa Brandão; António Leite de Castro e ele próprio.

Braga afinava pelo mesmo tom, embora em 4 de julho de 1839 o encarregado da subscrição, Domingos José de Almeida, mostrasse algum ceticismo. Declara, de fato, que "além de serem poucos os apaixonados, as Instituições livres, nestes poucos tenho encontrado ingratos". Contudo, desenvolveu esforços para a constituição de uma Comissão bracarense, sob a superintendência do doutor António Vieira de Araújo, contador da Fazenda, por ter sido o primeiro a dar impulso à subscrição. E em 23 de abril do ano seguinte, o mesmo Domingos José de Almeida fornece à Irmandade uma lista com o nome das pessoas que se subscreveram para as exéquias ao duque de Bragança.

2.1.2. A subscrição das Câmaras Municipais.

Outro canal aparentemente mais prometedor experimentou a imaginação dos homens da Irmandade: foi o envio de uma carta-circular a todas (supomos) as câmaras municipais do país, solicitando uma contribuição generosa tanto quanto ditassem as possibilidades e a devoção ao rei desaparecido. Julgamos que se apontava como mínimo a subscrição anual de 480 réis. As cartas foram datadas umas de 20 de novembro de 1839, outras de 1 de janeiro de 1840. Resultaram pouco mais de 60 respostas, menos de 20% dos municípios do Reino. Embora a maior parte destas respostas seja positiva, não deixa de ser verdade que a maioria dos Concelhos terá permanecido muda e queda.

Quais os Conselhos que responderam?

As perguntas que esta representação pode sugerir são, a nosso ver, as seguintes:

Ocorrendo estes fatos em 1840, na vigência da Constituição de 1838, a configuração dos conselhos que responderam (e dos que não responderam) será suscetível de alguma interpretação política? Os autarcas adeptos de D. Pedro IV e da Carta Constitucional seriam apenas os constantes desta representação? O Reino estaria tão dividido? Por que tão grande indiferença dos concelhos ao pedido da Irmandade da Lapa? Por ser uma entidade privada, portanto sem verdadeiro peso político? Ou pura e simplesmente não se deve atribuir qualquer significado político ao conjunto das respostas obtidas?

2.1.3. Com a Câmara do Porto findou-se um acordo pelo qual esta se obrigava a contribuir anualmente com a quantia de 100$000 réis. Mas as vicissitudes da política, algumas questões de protagonismo e do direito de escolha dos músicos e do orador e provavelmente alguns mal-entendidos levaram a que este acordo se tivesse mostrado na prática sempre muito precária.

Historiemos rapidamente os principais passos e eventos desta difícil cooperação.

Ainda no decorrer de 1839, a primeira Câmara a ser consultada e inquirida foi naturalmente a do Porto, que manifestou a sua abertura para ofertar uma quantia certa e regular, mas em contrapartida pretendia tomar parte ativa nas cerimônias, dirigindo os convites, de acordo com a Real Irmandade.

A Irmandade inicialmente rejeitou o pretendido protagonismo da Câmara do Porto mas, mais tarde, em 3 de setembro de 1843, reunidos 3 000 000 de réis, mostra-se mais aberta a celebrar um acordo do qual constavam as seguintes cláusulas:

1ª O formulário do convite devia ser redigido nos seguintes termos: A Câmara Municipal de acordo com a Mesa da Real Irmandade de Nossa Senhora da Lapa.

2ª A Câmara contribuiria com 100$000 réis, em metal anuais, a satisfazer até 15 de Setembro de cada ano.

3ª A Mesa seria obrigada a cuidar da armação, dos convites aos padres, da música. A Irmandade pagaria estas despesas, mas a Câmara renunciava a qualquer ingerência na administração do fundo.

4ª Se houvesse anos em que a cerimônia, por falta de rendimento, não se fizesse com a pompa devida, a Irmandade daria disso conta à Câmara.

5ª Este contrato seria celebrado com as formalidades previstas na lei.

Ao que supomos, o acordo foi aceite tacitamente, mas não formalmente assinado.

Com efeito, em 16 de julho de 1844, a Irmandade escreve à Câmara, perguntando-lhe se, tendo em conta o contrato do ano passado, a Câmara estaria na disposição de fazer os convites. Era presidente interino Joaquim Augusto Kopke.

Em 16 de agosto de 1844, em resposta, o presidente da Câmara, conselheiro António Vieira de Magalhães, dirigindo-se ao Sr. Thomaz António de Araújo Lobo, vice-presidente da Irmandade, informa-o de que se nomeara uma Comissão para analisar a proposta da mesma Irmandade. A Comissão camarária até já exarara o seu parecer (que, infelizmente, não se encontra na documentação compulsada). Mas sabemos que a Câmara fez seu o parecer da Comissão.

A resposta da Irmandade à Câmara de 19 de agosto de 1844 informa-nos de que, por sua vez, a Irmandade criou uma Comissão para estudar a contraproposta da Câmara. Um dos pontos dessa proposta é que a Câmara propunha que aquele ato fúnebre se tornasse como Solenidade Municipal. De qualquer modo, a Irmandade parece inclinar-se a que se evitem no texto do contrato palavras que, no futuro, pudessem vir a criar problemas entre as duas partes. E acrescenta que se deve anular o contrato que já havia sido feito, mas não assinado e aceita ter de prestar contas anualmente à Câmara da gestão dos fundos das Exéquias.

Foram então redigidas novas bases para um contrato que foram as seguintes:

Bases do contrato entre a Câmara e a Irmandade da Lapa sobre as exéquias de D. Pedro (em 2 de setembro de 1844)

1ª A Câmara declarará por acórdão que as exéquias serão consideradas Solenidade Pública Municipal o que implicará a sua presença em corpo de Câmara, bem como a da Real lrmandade.

2ª A Irmandade suportará os custos pelo rendimento do fundo que atualmente tem que é de 3000$000 de réis (ou do que ainda viesse da subscrição pública) e ainda do contributo anual da Câmara Municipal que nunca poderá ser inferior a 100$000 réis.

3ª Que os 100$000 réis da Câmara serão pagos pela verba municipal votada no Orçamento destinada a Festas e Solenidades Públicas e serão entregues na Irmandade até ao dia 15 de setembro de cada ano.

4ª A Irmandade não poderá distrair para outro qualquer fim nem o capital acumulado, nem o seu rendimento, nem as subscrições anuais, nem a consignação municipal, nem qualquer soma dada para esse fim.

5ª A Irmandade será obrigada a apresentar à Câmara no prazo de um mês, após as exéquias de cada ano, o quadro das receitas e das despesas onde conste com toda a clareza as receitas e as despesas. A Câmara assinará em conformidade.

6ª A Mesa da Real Irmandade ficará responsável por quaisquer desvios de fundos.

7ª Só por comum acordo entre a Câmara e a Irmandade se poderão retirar os fundos que haviam sido depositados no Banco Comercial do Porto para os pôr a render em outro fundo mais lucrativo.

8ª Se por desgraça os fundos do Banco Comercial se perderem, cessará o contrato na parte que liga a Câmara à Irmandade. Nesse caso, a Câmara tomará sobre si a realização das exéquias, as quais por ela serão dirigidas. Em caso algum, as exéquias deixarão de se fazer.

9ª À Real Irmandade pertencerá:

– preparar o templo;

– convidar os padres e a música; mas dar-se-á preferência à Capela com melhor fama na cidade, salvo se pedir exorbitâncias em relação à Capela do ano anterior.

10ª O Convite ao Orador pertencerá à Irmandade, enquanto puder fazer essa despesa ou haja quem a faça gratuitamente, como até aqui tem sucedido. Mas se não houver rendimento será a Câmara a pagar e a convidar, mesmo que depois o Orador não queira paga. Mas "*o orador nunca poderá discursar em sua oração senão em honra e louvor do HERDE a quem as exéquias são dedicadas, cuja particularidade lhe será precisamenre recomendada pela Corporação que der a Oração*".

11ª Convites que é de estilo fazerem-se – às Autoridades, Corporações e cidadãos conspícuos do Município – serão feitos pelo presidente da Câmara sob a seguinte fórmula:

A Câmara Municipal desta Muito Nobre, sempre Leal, e Invicta Cidade de acordo com a Mesa da Real Irmandade de Nossa Senhora da Lapa a cuja guarda se acha entregue – o precioso legado que a esta Cidade deixou o sempre chorado Duque de Bragança, Libertador.

12ª No caso de não haver dinheiro por se não terem cobrado os rendimentos das ações ou títulos, e por isso a Irmandade não possa fazer as exéquias com a pompa devida, dará disso conhecimento em tempo útil à Câmara, para esta resolver ou emprestar dinheiro ao Cofre das Exéquias, quer ordenando que as Exéquias se façam de acordo com as forças do dito Cofre. Se a Câmara optar por esta segunda hipótese (o que se não deseja dos cidadãos do Porto), então a Real Irmandade poderá solicitar subscrições.

13ª Se a Mesa da Irmandade não der execução ao previsto no ponto 9°, então a Câmara mandará fazê-lo através dos seus empregados e a Real Irmandade será obrigada a franquear o templo, a emprestar as alfaias, ornamentos e mais objetos. Os convites nesse caso serão feitos só pela Câmara e a Irmandade será obrigada a entregar o dinheiro que tiver para esse fim.

14ª No caso em que a Câmara se recuse ao que é de seu encargo por este contrato, a Real Irmandade fará os convites em seu nome e usará de todos os meios ao seu alcance para que se cumpra este contrato.

15ª Quando a subscrição anual findar pela recusa dos subscritores (poucos já pagam), cessará também a obrigação da publicação das contas pela Imprensa.

A Câmara demorou algum tempo a opinar sobre as bases deste contrato. Em 10 de setembro de 1844, aproximando-se a data das Exéquias, a Irmandade ainda que procurando não dar a impressão de estar a pressionar a Edilidade, pergunta-lhe se, ela, este ano, estaria disposta a organizar os convites ou, mesmo que não os faça, se poderia dar a importância dos 100$000 réis, para ajuda das cerimônias que, em última análise, a Irmandade se dispunha a organizar.

Resposta da Câmara de 12 de setembro de 1844: a Câmara não pode participar nem sequer contribuir no corrente ano – sem que se tenha elaborado o contrato sobre que se acham encetadas as bases, e sem autorização do Tribunal competente. Assina o presidente interino, João Baptista de Macedo.

Em 21 de janeiro de 1845, a Câmara ainda não havia dado qualquer resposta sobre a aprovação ou rejeição daquelas bases. Constata-se então nova insistência da Irmandade para se desbloquear a situação. Sem resultado.

Em 17 de junho, a Irmandade volta ao pedido junto da Câmara. Desta vez, a Mesa Administrativa resolve abandonar a política de panos quentes e responsabiliza a Câmara pelo menor brilho que irá acontecer, visto que os subscritores anuais tinham já anunciado a cessação da dádiva em virtude do tal contrato com a Câmara. Por fim, apela para o patriotismo e sabedoria da Exma. Câmara afirmando que esta Heroica Cidade e o Magnânimo Imperador bem merecem a homenagem. E fica no ar a velada ameaça de dar conhecimento público à cidade da atitude da autarquia.

Resposta da Câmara de 19-6-1845

"... sente amargamente não poder concorrer para tal ato, por serem assaz precárias as suas circunstâncias do Cofre, em razão de terem diminuído consideravelmente os rendimentos Municipais. Mas está animada dos mais ardentes desejos".

Réplica da Irmandade: 30 de junho 1845

A Irmandade tomou conhecimento de que a diminuição das rendas da Câmara a impedia de contribuir este ano para o brilho das Exéquias: mas ficou por responder uma outra questão mais importante. E era esta: que a Câmara mui explicitamente declare se quer realizar ou retirar a convenção que havia feito com a Real Irmandade sobre as Exéquias de D. Pedro. A Irmandade pede uma resposta terminante.

Resposta da Câmara: 3 de julho 1845

Reitera a vontade de cobrar, mas insiste que os meios disponíveis no Cofre não lho permitem. Mas vai dizendo também que o acordo não tendo confirmação legal não pode produzir efeitos. Mas vontade não lhe falta. Fica-se com a impressão de que o presidente António Vieira de Magalhães quer pessoalmente, mas haverá outras objeções não pessoais...

A nova carta da Irmandade, assinada em 20 de agosto de 1845 pelo diretor Tomaz António Araújo Lobo, endurece o tom. A Irmandade sabe perfeitamente que a convenção feita entre a Câmara e ela própria está dependente da aprovação ou confirmação do Conselho de Distrito, mas igualmente sabe que se aquela convenção se não pode ainda dizer perfeita, pela falta daquela confirmação, há sem dúvida, que ela não tem sido tratada confidencialmente entre as duas corporações, tem sido um objeto sobre que as duas corporações tem tom de deliberações e objetos assim tratados têm o caráter público, tem o mesmo caráter de que estão revestidas as Corporações que dele se têm ocupado, Aliás, na sinopse que a Câmara havia publicado (relativa a 1 de janeiro a 1843 a Junho de 1844) constava a aprovação de 100$000 réis para as Exéquias. É uma deliberação oficial que a Câmara tem de cumprir a menos que não seja aprovada pelo Conselho de Distrito.

Foi em 3 de setembro de 1844 que a Irmandade ofereceu as primeiras bases de acordo. Não vale dizer que não há dinheiro porquanto sabe-se que em 18 meses a Câmara gastou 2899$760 em festas públicas. Não é possível que não haja nos cofres 100$000 réis não para cumprir não uma promessa, mas um dever nacional a cujo cumprimento a Câmara deveria ser a última a faltar. Nenhum só portuense deixará de aprovar a despesa que se fizer com esta finalidade, acrescentaram os mesários.

A resposta da Câmara é datada de 1 de setembro de 1845 e é assinada pelo presidente António Vieira de Magalhães, com novas bases de acordo e com a declaração de que a Exma. Câmara não pode vir a outro acordo.

Bases do acordo proposto pela Câmara

1ª – A cerimônia chamar-se-á SOLENIDADE PÚBLICA MUNICIPAL em acórdão municipal ou em qualquer outro instrumento legal (sendo a Câmara obrigada a assistir à mesma em corporação) bem como a Irmandade.

2ª – Esta solenidade será custeada pelo rendimento do fundo de 300$000 réis atualmente existente em ações no Banco Comercial e a Câmara suprirá o restante que faltar.

3ª – As ações continuarão a ser da responsabilidade da Irmandade, mas deve ser averbado no Banco o fim a que se destinam os rendimentos.

4ª – A recepção dos dividendos das ações fica a cargo da Irmandade, e logo que se pague, esse dinheiro entrará nos cofres do Município.

5ª – A Mesa da Irmandade fica responsável por quaisquer desvios que haja nos fundos e os seus rendimentos não poderão ser aplicados noutra coisa senão no que consta deste contrato.

6ª – Não podem ser retirados os fundos do Banco para, senão utilizados noutra coisa que ofereça melhor rendimento e maiores garantias, senão por comum acordo da Câmara e da Irmandade.

7ª – Sucedendo que por qualquer razão se percam os fundos e o rendimento, a Câmara cessará a sua parte neste contrato. Nesse caso, a Câmara chamará a si a organização das Exéquias e a despesa – mas em caso nenhum deixarão as Exéquias de se fazê-lo.

8ª – A Mesa da Real Irmandade fica obrigada a franquear gratuitamente o seu Templo e a ceder alfaias, paramentos e tudo o mais necessário a este ato.

9ª – A Câmara Municipal dará contas anuais da sua gerência e publicá-las-á para conhecimento público.

Resposta da Irmandade

Em 9 de setembro de 1845, o diretor responde em nome pessoal, usando um tom irônico. Começa por declarar que entende que a carta é uma resposta à sua de 20 de agosto, mas como em nada se lhe refere, não sabe bem.

Quanto às bases para novo acordo, irá submetê-las à próxima reunião da Mesa Administrativa. Mas desde já estranha que se lhe enviem novas bases para um acordo até porque isso era deitar fora e começar de novo todo um trabalho que havia sido começado há dois anos. Tal é a vontade e boa-fé com que por parte da Exma. Câmara este assunto é tratado. Aliás, existe já um contrato aprovado pelas duas partes que se não foi aprovado pelo Conselho de Distrito, foi por culpa da Câmara. Esta Exma. Camara, se bem que de diferente cor política das Câmaras transactas com tudo seus sentimentos são conformes com os daquelas em nada querer concorrer para as exéquias do Libertador dos Portugueses. A polêmica que a Irmandade tem travado com a Câmara é para ver se convence esta a cumprir o que lhe compete. Mas quem principiou há dez anos a fazer as Exéquias sem ter meios também as fará agora, sobretudo que já tem algum rendimento. Em todo o caso, deve lembrar-se que as subscrições anuais cessaram porque existia o tal acordo com a Câmara...

Quanto a este ano, as Exéquias far-se-ão como de costume, sem mais, até porque o dia já está próximo.

Em carta de 15 de setembro, novamente o diretor da Irmandade se dirige ao presidente da Câmara para o informar de que a Mesa da Irmandade na sua reunião de 11 de setembro decidiu não aceitar as novas bases propostas.

Por quê?

a) Já existiam bases aprovadas anteriormente.

b) As novas bases não dão o resultado ambicionado pela Irmandade e inserido no 1º contrato, de se perpetuar a solenidade das Exéquias.

A Irmandade propõe-se publicar todos os documentos relativos a esta polêmica.

Contudo, o governador civil tinha levado a cabo uma reunião entre a Irmandade e a Lapa que não dera resultado. Ficou marcada nova conferência para tempo oportuno. Quanto às Exéquias deste ano, far-se-ão com a solenidade de sempre. E termina aqui o dossiê guardado no Arquivo da Irmandade da Lapa.

3. As exéquias solenes

As cerimônias fúnebres foram realizadas regularmente, ano a ano, com pompa e circunstância no dia 24 de cada mês de setembro. Foram numerosos os casos de grandes oradores sagrados do Porto e de fora do Porto que disputaram a honra de serem preferidos para pronunciar a oração fúnebre. Outros foram convidados para o efeito. Entre os primeiros, lembraremos os nomes do prior António José Pereira Leite, pregador régio, e o do padre José Vieira de Sousa Coutinho que, aliás, acabou por não comparecer em 1870 por razões de doença, sem dar tempo para se arranjar substituto. Entre os segundos, destaca-se o nome do abade Augusto César da Cunha Meneses, de que se conhecem pelo menos dois sermões publicados, e avulta pela curiosidade o nome de Manuel Homem da Costa Cabral, sobrinho do conde de Tomar, convidado por carta do presidente da Irmandade, datada de outubro de 1863. Declara este convidado em carta remetida de Inflas 09-10-1863 que – aceito e tenho como grande honra e glória o pregar das virtudes do Dador das liberdades que gozamos, sem querer o menor estipêndio pelo meu trabalho.

Merece referência especial uma carta do padre Pereira Leite, dirigida ao diretor da Irmandade em 8 de dezembro de 1872. Pelos vistos a sua oração proferida nesse ano não agradara a muitos. Por quê? Porque as palavras que pronunciou lhe terão merecido na boca de muitos (a que ele chama intolerantes) o rótulo de reacionário o que o obrigou a defender-se nos jornais.

Na sua carta, o prior depois de recusar qualquer generosa oferta que a Exma. Mesa se propusesse fazer-lhe, declara que considera a acusação injusta porque havia feito a apologia franca e leal das instituições liberais, como era meu dever e minha fé. E continua:

– Somente não preguei a intolerância em nome da Liberdade. Demonstrei que foram os abusos odiosos do absolutismo que levaram à sua completa ruina e que só os excessos da liberdade seriam arma eficaz para a combater. Pedi em face de dois túmulos o esquecimento desse passado doloroso de 1828 a 1833, porque além de não haver já razão para essas tristes recordações junto dos dois túmulos dos chefes dos dois partidos, é no esquecimento dele que se poderão lançar as bases de uma nação forte e populosa. E os muitos partidos que há cuidam do bem-estar dos adeptos e interessam-se pouco pelos verdadeiros interesses da nação. Ausente da cidade há quase 7 anos e a noventa e tantas léguas, não tive conhecimento das alterações que houve no seu espírito político. Se o soubesse, sem renegar as minhas convicções, procuraria elogiar um pouco mais os novos ideais liberais.

Outra acusação que lhe fizeram foi a de falar poucas vezes no nome de D. Pedro IV. É que, declara, depois de 39 anos (1833 - 1872) pensou que seria descabido um sermão de lágrimas a respeito do Imperador, porque me parece que não há saudades que resistam tanto tempo, preferindo falar das instituições que fizeram querida a sua memória.

Como quer que seja, as críticas levaram-no à decisão de não publicar o sermão.

Com mais ou menos episódios e equívocos, a celebração das Exéquias deve ter decorrido normalmente durante o século passado e parte do presente, isto é, enquanto se manteve e deu rendimento o fundo das ações do Banco Comercial do Porto. Mas, depois da falência (ruinosa liquidação) deste em 1925, o entusiasmo deve ter esmorecido muito. Mas a efeméride, tal como acontece nos dias de hoje, era lembrada pelo menos com uma missa de sufrágio. (Diz-se na carta de 9-9-1937 da Irmandade à Câmara que, por falta de fundos, há anos apenas se celebra missa no dia do aniversário da morte).

Acrescente-se todavia que no dia 7 de fevereiro de 1937 se celebraram na Igreja da Lapa solenes exéquias comemorativas do 1º centenário da entrega do coração à cidade do Porto, tendo a Câmara Municipal contribuído com 2000$000.

Nesse mesmo ano (carta de 9-9-1937), a Irmandade declarou a intenção de reavivar as antigas exéquias solenes e dirigiu-se à Câmara a solicitar ajuda, remetendo-lhe cópia do acordo celebrado entre as duas instituições em 2 de setembro de 1844.

A Câmara responde que não pode fazer despesas com encargos culturais, mesmo de caráter contratual. Pelo que se limitou a exonerar a Irmandade do encargo das exéquias (carta de 14 de julho de 1938).

Conclusão
A igreja da Lapa, D. Pedro e o Brasil

A ligação da Irmandade da Lapa ao Brasil não é midiatizada apenas por D. Pedro e é anterior a estes episódios. De fato, o fundador da Irmandade, o padre Ângelo Sequeira, nasceu e morreu em terras brasileiras. Supomos que a maior parte dos portuenses, mesmo dos frequentadores da Igreja da Lapa, ignora este lado das ligações históricas entre Portugal e o Brasil.

Mas da parte das autoridades brasileiras subsiste um grande carinho pela Igreja da Lapa. Pressente-o a nossa recente experiência de Mesário da Irmandade, em que se têm sucedido várias visitas de personalidades e, sobretudo, atestam-no os muitos depoimentos de visitantes ilustres do Brasil exarados no Livro de Honra da Irmandade.

Se os sentimentos podem ser expressos simbolicamente, a Igreja da Lapa do Porto é exemplo eloquente da base afetiva que não pode estar ausente das relações entre Brasil e Portugal.

Palavras de D. Marcus de Noronha da Costa – A Transmigração da Família Real para o Brasil em 1807

Durante mais de cento e cinquenta anos os compêndios oficiais de história do ensino primário e secundário ensinaram sucessivamente às gerações escolares que o Príncipe Regente D. João, demais Família e cerca de 12 mil vassalos, lançaram-se em fuga desabrida, de forma atabalhoada, não planificada e vergonhosa rumo ao Brasil, não desejando nem tampouco querendo oferecer resistência às tropas do marechal Junot; assim o refutou desassombradamente o Prof. Eng. Francisco de Paula Leite Pinto, antigo Ministro da Educação no estado de autoridade do Doutor Oliveira Salazar em inequívoca comunicação, quando da sua recepção na Academia Portuguesa da História[1].

Nossa Senhora da Lapa.

A fuga permaneceu na historiografia nacional como uma verdade histórica e bastam os exemplos críticos de Pinheiro Chagas[2], Oliveira Martins[3] e Raul Brandão[4], não esquecendo também o Marquês de Fronteira (D. José Trazimundo de Mascarenhas), contemporâneo do evento, de o ter classificado da mesma maneira nas suas *Memórias*[5].

Quando em 1908, o 2º Marquês do Funchal (D. Agostinho de Souza Coutinho)[6], irmão de minha avó materna D. Isabel de Souza Coutinho Soares de Albergaria[7], ambos bisnetos do Rei D. João VI, publicou a monografia *O Conde de Linhares*, com uma exuberante dedicatória[8], acompanhada de notável apenso documental onde sobressai um documento intitulado: *Extrait de l'opinion que D. Rodrigo de Souza a remis au Prince du Brésil le 21 Août 1807 au Palais de Mafra - Avec quelques détails sur les Conseils d'Etat tenus à Mafra de 28 Août et le 2 Septembre de la même Année par le Général Thiébault*[9]; mas este não teve impacto na historiografia da época.

Em 1925, aparece o volume de estudos históricos do malogrado ensaísta António Sardinha, *Ao Ritmo da Ampulheta*, inserindo o ensaio *A Retirada para o Brasil*[10], e assim começa a reabilitação histórica da fuga, ao escrever:

"[...] *Lembrar que foi a 27 de Novembro de 1807, com Junot às portas de Lisboa, que o Príncipe Regente embarcou para o Brasil, é lembrar uma das datas menos compreendidas da nossa história e um dos seus episódios mais adulterados. Todo o furor do espírito liberalista se empenhou em considerar como uma fuga esse ato político prudente sem o qual haveríamos perdido de certo a nossa independência [...]*"[11].

Na mesma linha de refutação seguiram-se Alfredo Pimenta[12], Caetano Beirão[13], João Ameal[14] e a densa biografia de Ângelo Pereira sobre D. João VI, constituída na quase totalidade do texto pela transcrição de fontes documentais[15].

A fim de colocar a verdade histórica no seu devido lugar, o Prof. Alan K. Manchester[16] apresentou ao Congresso de História Sul-Americana patrocinado pela Universidade de Colúmbia em 1967 a comunicação intitulada *A transferência da Corte portuguesa para o Rio de Janeiro*, baseada em documentação inédita, desconhecida, não catalogada e conservada em caixa de lata no Arquivo Nacional do Rio de Janeiro, embarcada com o Príncipe Regente e não regressada a Lisboa depois da Revolução burguesa do Porto de 1820[17].

Perante a novidade e a desmistificação da tão proclamada fuga, o Prof. Américo Jacobina Lacombe[18], com a anuência do Prof. Pedro Calmon[19], presidente do Instituto Histórico e Geográfico Brasileiro, traduziu e publicou na revista do secular sodalício a comunicação do *scholler* estadunidense[20].

As fontes documentais do Prof. Alan K. Manchester consistem no volume das Atas das sessões do Conselho de Estado, *celebradas antes da partida da Família Real* para o Brasil e de alguns pareceres dos seus conselheiros que completam as razões da chamada fuga, a qual fora seriamente preparada pela inteligência política da época.

Este ensaio do professor estadunidense provocou certo mal-estar nos responsáveis do Arquivo Nacional, levando o Prof. Enéas Martins Filho a dar mais informações complementares numa conferência proferida no Real Gabinete Português da Leitura da cidade do Rio de Janeiro a 19 de Outubro de 1967, quando das comemorações do bicentenário do nascimento de D. João VI, intitulada *O Conselho de Estado Português e a Transmigração da Família Real para o Brasil em 1807* e aparecida em volume, no ano imediato, em edição do Ministério da Justiça/Arquivo Nacional[21].

Estes dois estudos históricos vieram complementar a obra básica de Oliveira Lima, *D. João VI no Brasil: 1808-1821*[22], devendo uma vez mais fazer-se justiça ao já citado historiador português Ângelo Pereira, por ter inserido no já longínquo ano de 1946, na sua obra *Os Filhos d'El-Rei D. João VI*, um extenso documento da Jornada de D. João VI ao Brasil em 1807[23], retirado de um códice do Gabinete Real, o qual não foi devidamente apreciado, nem tampouco citado pela historiografia portuguesa.

O Gabinete Real ou Real Gabinete foi o verdadeiro secretariado privativo do Príncipe Regente, e esteve ao cuidado de pessoas inteligentes e profissionalmente capazes para conduzirem a administração pública, provenientes na sua generalidade da chamada segunda nobreza[24] e foram recompensados com mercês régias; como José Egídio Alvares de Almeida, nascido no Brasil, agraciado por D. João com o título de visconde de Santo Amaro da Baía e depois marquês do mesmo título pelo Imperador D. Pedro I[25]; segue-se Matias António de Sousa Lobato criado pelo Rei Clemente barão e visconde de Magé[26], com iguais mercês nobiliárquicas a seu irmão Francisco José Rufino de Sousa

Lobato, superintendente do Palácio de Mafra de barão e visconde de Vila Nova da Rainha, por decreto dado no Rio de Janeiro a 5 de Maio de 1809[27]; não esquecendo a figura notável de jurisconsulto Tomás António Vila-Nova Portugal, ministro e secretário de Estado dos Negócios do Reino no Brasil, em 1808[28].

O outro órgão ouvido pelo Príncipe Regente foi o Conselho de Estado, corpo consultivo instituído pelo Cardeal D. Henrique quando regente na menoridade d'El-Rei D. Sebastião, estabelecido definitivamente com regimento próprio por alvará do citado monarca expedido de Leiria, a 8 de setembro de 1569[29], conservando sempre estas funções, até final do reinado de D. João VI.

Conforme as atas do Conselho de Estado e do documento anônimo *Jornada de D. João VI[30] ao Brasil em 1807* podem-se identificar os intervenientes e depoimentos nas sessões convocadas pelo Príncipe Regente e as personalidades em causa foram, respectivamente:

– O Marquês de Angeja, 4° do título e 6° Conde de Vila Verde, D. José Xavier de Noronha Camões de Albuquerque de Sousa Moniz, nasceu a 24 de abril de 1741, na freguesia de S. João de Praça de Lisboa, seguiu a carreira castrense atingindo em 1760 o posto de tenente-general, foi governador das Armas da Corte, acompanhou a Família Real para o Brasil, faleceu na cidade do Rio de Janeiro a 27 de dezembro de 1811 e foi sepultado no convento de Santa Teresa da capital carioca[31].

– Henrique José de Carvalho e Melo, 2° Marquês de Pombal e 2° Conde de Oeiras, nasceu em Lisboa em 1748, herdou muitos bens de seu pai, o déspota Sebastião José, especialmente o reguengo de Oeiras, teve várias comendas na Ordem de Cristo, foi gentil-homem da câmara da Rainha D. Maria I, seguiu com a Família Real para o Brasil e faleceu no Rio de Janeiro a 26 de abril de 1812[32].

– D. Fernando José Portugal e Castro, 2° Marquês de Aguiar, nasceu a 4 de dezembro de 1752, filho dos 3ºˢ Marqueses de Valença e 3ºˢ Condes de Vimioso, bacharel em leis pela Universidade de Coimbra, seguiu a carreira da magistratura servindo na Relação de Lisboa e na Casa Real da Suplicação[33]; entre 1790 e 1804, foi capitão-general e governador da capitania da Baía, que tinha largo movimento comercial através do seu porto, salientando-se sobretudo o açúcar (1.646.576$640 réis), o tabaco (668.863$000 réis) e o algodão (148.427$400 réis)[34]. Coube a D. Fernando enfrentar os primeiros desafios políticos contra o poder estabelecido no movimento revolucionário chamado dos boletins sediciosos, eclodido em 1798, onde a autoridade régia era posta em causa nos textos apreendidos, impregnados pela ideologia igualitária da Revolução Francesa[35]; os 41 implicados foram presos, o capitão-general mandou abrir as respectivas devassas, resultando a condenação à pena última de 5 implicados, 7 a serem desembarcados na costa de África fora dos domínios de Portugal, um degredado para Angola e outro para a ilha de Fernando de Noronha[36]. Pela maneira prudente como enfrentou e resolveu esta situação, o poder régio guindou-o a Vice-Rei do Brasil[37], regressando a Lisboa em 1806, onde é escolhido para presidente do Conselho Ultramarino[38]; seguiu com a Família Real para o Brasil, desempenhou diversos cargos públicos, entre os quais presidente do Real Erário, provedor das obras da Casa Real, secretário de estado da Guerra e Negócios Estrangeiros e ministro assistente ao Despacho[39]. Personalidade muito culta para o seu tempo, traduziu o *Ensaio sobre a Crítica* (Rio de Janeiro, 1810) de Alexandre Pope, com anotações e comentários; e os *Ensaios Moraes* (Rio de Janeiro, 1812) do mesmo, com notas suas e de *José Warton*[40]; faleceu no Rio de janeiro a 24 de janeiro de 1817 e foi sepultado na Igreja de S. Francisco de Paula, da capital *carioca*[41].

– D. José Luís de Vasconcelos e Sousa, 1º Marquês de Belas, nasceu a 8 de julho de 1740, casou-se com D. Maria Rita de Castelo Branco Correia da Cunha, filha herdeira dos 5ºˢ Condes de Pombeiro, era bacharel em Cânones pela Universidade de Coimbra, foi desembargador do Paço, deputado da Junta do Tabaco, diretor e inspetor do Colégio dos Nobres[42] e embaixador em Londres. No seu palácio reunia-se às quartas-feiras a Nova Arcádia, ou Academia das Belas Letras, sob a orientação do capelão da casa, Domingos Caldas Barbosa, com a participação de Bocage, José Agostinho de Macedo, Belchior Curvo Semedo e João Vicente Pimentel Maldonado[43]; o Marquês de Belas publicou a tradução de *Henrique IV ou Henríada*, de Voltaire, que a crítica literária da época atribuiu ao Padre Caldas Barbosa; seguiu com a Família Real para o Brasil, onde foi desembargador da Mesa da Consciência e Ordens e faleceu no Rio de Janeiro a 16 de abril de 1812[44].

– João Rodrigues de Sá e Melo, Visconde da Anadia, nasceu em Aveiro a 11 de novembro de 1755, foi ministro plenipotenciário em Berlim, membro do Conselho da Fazenda e secretário de Estado da Marinha e Domínios Ultramarinos, acompanhou a Família Real para o Brasil, faleceu e foi sepultado no convento de Santo Antonio do Rio de Janeiro a 30 de dezembro de 1809[45], convertendo-se nessas paragens em uma personagem de modos e costumes excêntricos.

– D. João de Almeida de Melo e Castro, 5° Conde das Galveias, nasceu em Lisboa a 13 de janeiro de 1756[47], foi deputado da Mesa da Consciência e Ordens[48], seguiu depois a carreira diplomática, foi ministro plenipotenciário em Haia, Roma, Londres e embaixador em Viena de Áustria. Já se encontrava na Grã-Bretanha quando se iniciaram as confrontações entre a França e as restantes nações europeias, que mais tarde muito afetaram a política internacional portuguesa sempre desejosa de manter uma neutralidade impossível. O Conde das Galveias conseguiu exercer com notável inteligência, dignidade e firmeza por mais de uma década a sua enviatura junto da Corte de Saint James; em 1801, foi chamado para o cargo de Secretário de

Estado dos Negócios Estrangeiros, dois anos mais tarde o Príncipe Regente teve de o demitir pelas pressões e exigências do general Lannes, sobre o chamado partido inglês; acompanhou a Família Real para o Brasil, aí sucedeu ao 1º Conde de Linhares na secretaria de Estado da Guerra e Negócios Estrangeiros em 1812[49] e faleceu no Rio de Janeiro a 18 de Janeiro de 1814[50].

Também participaram nas reuniões do Conselho de Estado:

– D. Rodrigo de Sousa Coutinho Teixeira de Andrade Barbosa, que nasceu em Chaves a 4 de agosto de 1745, depois de ter frequentado o Colégio dos Nobres em Lisboa[51], onde foi o mais brilhante aluno daquele estabelecimento de ensino[52], seguiu a carreira diplomática como ministro plenipotenciário junto da Corte de Turim, regressou a Portugal em 1725 para assumir a Secretaria de Estado da Marinha e Domínios Ultramarinos após a morte de Martinho de Melo e Castro; criou o Corpo de Engenheiros Construtores Navais, a Junta de Marinha, promoveu trabalhos geodésicos e viagens com fins científicos no Brasil e África Meridional, encorajando especialmente o matemático e já conhecido explorador da região amazônica Dr. Francisco José de Lacerda e Almeida a fazer a viagem entre Moçambique e Angola partindo de Tetê, mas veio a falecer na região do Cazembe[53]; assim como as expedições do mesmo gênero de Manuel Arruda da Câmara a diversas zonas geográficas do interior do Brasil[54]. Quando da morte de D. Tomás Xavier Teles da Silva, 1º Marquês de Ponte Lima, sucedeu-lhe na presidência do Erário Régio[55], que acumulava com o cargo de secretário de Estado da Fazenda[56], do qual foi demitido pela sua total incompatibilidade com o partido francês por imposição do general Lannes, representante diplomático da França junto do Príncipe Regente. Acompanhou a Família Real para o Brasil, onde foi novamente chamado por D. João para Secretário de Estado da Guerra e dos Negócios Estrangeiros[57], faleceu e foi sepultado no convento de Santo Antonio da cidade do Rio de Janeiro de 1817[58]. D. Rodrigo de Sousa Coutinho foi um homem de notável cultura, possuindo no seu palácio de Arroios uma magnífica livraria[59], desenvolveu profícua atividade editorial quando presidente da Junta Econômica, Administrativa e Literária da Imprensa Régia[60]; e presidente da Sociedade Real Marítima, Militar e Geográfica[61]; foi ainda sócio honorário da Academia de Ciências de Lisboa, tendo publicado nas *Memórias Econômicas* daquela instituição a *Memória sobre a Verdadeira Influência das Minas de Metais Preciosos na Indústria das Nações, Especialmente na Portuguesa.*

– António de Araújo de Azevedo, 1º Conde da Barca, nasceu a 14 de maio de 1754 na Casa da Sé, termo da vila de Ponte de Lima, no seio de uma família da chamada nobreza da província[62]; foi-lhe dada por seus pais uma esmerada educação, tendo frequentado, mas não concluído, o curso de Filosofia na Universidade de Coimbra. Em 1779, regressou a Ponte de Lima, onde se empenhou ardorosamente na formação da Sociedade da Economia dos Amigos[63], iniciativa feliz do Arcebispo Primaz de Braga, D. Gaspar de Bragança[64], que pugnava localmente pelo desenvolvimento do comércio e aperfeiçoamento da agricultura, divulgando graças à amizade do Abade Correia da Serra a cultura da amoreira, a fiação da seda e lutando pela concretização das obras na barra do rio Lima em Viana do Castelo. António de Araújo, foi encaminhado pelo Duque de Latões para a carreira diplomática, recebendo como primeiro posto o da Haia, onde foi acreditado na qualidade de ministro plenipotenciário, substituindo o Conde das Galveias, mas a sua ascensão como diplomata inicia-se quando Luís Pinto de Sousa Coutinho, futuro Visconde de Balsemão[65], secretário de Estado dos Negócios Estrangeiros, o encarregou de celebrar a paz com a França do Diretório representado por Charles Delacroix[66]; Araújo serviu-se de todos os meios, incluindo o da corrupção financeira, na qual gastou o erário público 160 contos de réis[67], na tentativa de obter um tratado de paz com a França[68].

A situação complicou-se quando Talleyrand assumiu a política externa francesa de que, para além do seu país aceitar vantagens territoriais nas fronteiras do Brasil com a Guiana[69], Portugal não romperia a secular aliança com a Grã-Bretanha, nos portos portugueses não podiam fundear mais de seis navios de cada uma das potências beligerantes[70] e o ministro do Diretório insistia na questão da indenização pecuniária de 10 milhões de francos a liquidar em três anos[71].

Para maior desaire do futuro conde da Barca, o tratado não foi ratificado por tenaz oposição de D. Rodrigo de Sousa Coutinho e culminou com a denúncia por um dos agentes de que se servia para comprar membros do Diretório e ministros nos trâmites das negociações secretas em que andava envolvido, levando-o ao encarceramento na prisão do Templo em Paris, acusado do crime de corrupção de altas figuras do Estado[72].

Ao ser restituído à liberdade, viaja pela Alemanha, em 1801 é acreditado na Corte de São Petersburgo como ministro plenipotenciário, onde permanece durante três anos[73].

Quando da derrota do chamado partido inglês, pelas imposições do general Lannes em 1804, o Príncipe Regente chama António de Araújo para secretário de Estado dos Negócios Estrangeiros e da Guerra, onde desenvolve, sobretudo no exército, algumas providências tendentes a modernizarem as forças castrenses nacionais e em 1806, depois da morte de D. Diogo de Noronha, conde de Vila Verde, assume a pasta dos negócios estrangeiros, do reino e ministro assistente ao despacho[74].

O futuro conde da Barca defendeu calorosamente o embarque da Família Real para o Brasil, seguindo a bordo da fragata Medusa, levando a sua livraria que depois legou à biblioteca do Rio de Janeiro, uma coleção de instrumentos para o estudo da química, outra mineralógica e a célebre tipografia completa, a primeira a funcionar regularmente na América Portuguesa[75].

Quando o Príncipe Regente chegou ao Brasil, resolveu mudar o governo, escolhendo o marquês de Aguiar[76] para substituir António de Araújo, que retoma os trabalhos científicos de onde sobressai a criação de um jardim botânico com mais de 1500 espécies indígenas e exóticas, catalogando-as com o nome de *Hortus Araujensis*.

Em 1814, foi chamado novamente para o governo, ocupando a pasta de secretário de Estado da Marinha e Domínios Ultramarinos[77], desenvolveu intensa atividade com a chegada ao Rio de Janeiro da missão artística francesa, contratada em Paris pelo nosso embaixador o Marquês de Marialva, chefiada por Joachim Lebreton, secretário-perpétuo da classe de Belas-Artes do Instituto de França e composta por Jean-Baptiste Debret, pintor de história, Nicolas A. Taunay, pintor de paisagem, o irmão Augusto, escultor, Grandjean de Montigny, arquiteto[78], François Ouvide, professor de mecânica, Simon Pradier, gravador em talha fina, e François Bonrepos, ajudante de escultor, entre outros.

Quando o Papa Pio VII restaurou a Companhia de Jesus, determinou aos soberanos de confissão católica readmitirem aquela Ordem nos seus Estados; o conde da Barca aconselhou D. João VI a não o fazer, porque as relações com a Santa Sé andavam tensas desde a não confirmação, como Arcebispo metropolita de Évora, de D. Frei Joaquim de Santa Clara[80] e a recusa de Roma para a extinção do Tribunal do Santo Ofício, após graves incidentes ocorridos na Ilha da Madeira.

Ao falecer o Marquês de Aguiar, coube a António de Araújo sobraçar todas as pastas do governo com a saúde bastante abalada, e veio a morrer a 16 de junho de 1817, sendo sepultado na igreja de S. Francisco de Paulo do Rio de Janeiro.

***

Vamos situar de uma maneira bastante sucinta as razões políticas que levaram à partida da Família Real para o Brasil.

O Príncipe Regente D. João aceita em 1793, pressionado pelo secretário de Estado dos Negócios Estrangeiros e da Guerra, Luís Pinto de Sousa Coutinho, mais tarde agraciado com o título de Visconde de Balsemão, enviar para a Catalunha a chamada Divisão Auxiliar, para lutar ao lado do exército espanhol contra a França Revolucionária; a campanha teve de início um bom augúrio graças ao espírito militar do general Ricardos, mas, com a sua morte inesperada, as tropas luso-espanholas sofrem no Inverno de 1794 severa derrota. Sem qualquer diligência junto do aliado, Manuel Godoy assina em junho de 1795 a paz em Basileia, deixando Portugal no isolamento político e sujeito a retaliação por parte da França.

Com a celebração da aliança de Santo Ildefonso entre Paris e Madri, o cerco a Portugal era cada vez mais evidente, o Rei Carlos IV de Espanha tenta pressionar o Príncipe Regente a abandonar a aliança com a Grã-Bretanha, mas este resiste; a 29 de janeiro de 1801, D. João recebe o ultimato franco-espanhol para fechar os portos à navegação inglesa e denunciar a aliança britânica, e em maio ocorre o episódio da Guerra das Laranjas, que durou duas semanas.

Esta campanha saudou-se com o Tratado de Badajoz, pelo qual Portugal pagaria à França uma indenização de guerra de 25 milhões de libras, no plano comercial aceitava a entrada no país dos têxteis franceses, no Brasil fazia concessões na fronteira com a Guiana e à Espanha entregava a praça de Olívença.

A paz de Amiens veio dar um certo desanuviamento à política europeia, dando a possibilidade ao Príncipe Regente de trocar embaixadores com o Primeiro Cônsul, seguindo para Paris o Morgado de Mateus, D. José Maria de Sousa Botelho, e Lisboa recebeu o general Jean Lannes, que logo procurou intrometer-se na política interna portuguesa, como nos chamados motins de Campo de Ourique, em 1803, onde se evidenciou Gomes Freire de Andrade.

As pressões do general Lannes sobre D. João levaram-no a demitir do governo D. Rodrigo de Sousa Coutinho e D. João de Almeida, substituídos no poder político por dois elementos do chamado partido francês, o Conde de Vilaverde e António de Araújo, mas o objetivo principal foi também atingido com a demissão do Intendente Geral da Polícia, o Dr. Diogo Inácio Pina Manique, principal opositor à divulgação das ideias revolucionárias; obtidos estes sucessos, o embaixador da França pôde dar largas aos seus instintos, especialmente aos roubos, como aconteceu com a pilhagem dos animais do Brasil levados do museu do palácio da Ajuda para Paris.

O general Lannes regressa a Paris e é substituído pelo homólogo Junot, que vinha acompanhado pelo secretário de legação, o Conde Rayneval, recebendo o novo embaixador da parte do Príncipe Regente diversas deferências, sendo agraciado com a grã-cruz da Ordem Militar de Cristo e esteve sempre presente em todas as recepções da Corte, mas pouco tempo se demorou em Portugal, porque seguiu imediatamente para junto de Napoleão quando este rompeu a paz de Amiens e o cenário belicista regressou novamente à Europa.

A Grã-Bretanha a 16 de maio de 1806 efetivou o bloqueio à França e Bonaparte responde de Berlim, depois da vitória sobre os Prussianos na batalha da Iena, com o bloqueio continental à Inglaterra a 21 de novembro do mesmo ano.

A 29 de julho o Sr. Hauteviu, alto funcionário da secretaria de Estado dos Negócios Estrangeiros da França, comunica ao Embaixador de Portugal, D. Lourenço de Lima, que o Corso deseja que o nosso país feche os portos à navegação britânica e confisque os bens dos súditos ingleses, respondendo o diplomata português que essa imposição violava a convenção de 19 de março de 1804, retorquindo – as razões de neutralidade tinham desaparecido – acrescentando a respectiva nota diplomática seria apresentada em Lisboa pelo Conde Rayneval.

Efetivamente, a 12 de agosto de 1806, foi entregue a António de Araújo de Azevedo pelo Encarregado de Negócios da França e pelo Embaixador de Espanha, o marquês de Campo Alange, a referida nota diplomática, cujo prazo expira a 1º. de setembro, compelindo as autoridades portuguesas a declarar guerra ao Reino Unido no prazo de vinte dias, fechar os portos nacionais à navegação britânica, os navios de guerra portugueses incorporavam-se aos franceses e espanhóis, o Príncipe Regente procederia ao sequestro de todos os bens móveis e imóveis dos súditos britânicos residentes no país, assim como estes deviam ser presos, o país teria de contribuir com dinheiro para a guerra e devia preparar 4 000 homens para guarnecerem as fortalezas de Lisboa, mas logo em agosto os franceses começaram a preparar um exército para invadir Portugal.

Perante este panorama, o Príncipe D. João houve por bem ouvir o Conselho de Estado e o Gabinete Privado, comparecendo além de António de Araújo de Azevedo, José Egídio Alvares de Almeida, encarregado do Gabinete, Tomás António Vila Nova Portugal, fiscal do Real Erário, o médico e confidente de D. João, Manuel Vieira da Silva, os guarda-roupas Francisco José e Matias António de Sousa Lobato e ainda D. Rodrigo de Sousa Coutinho e D. João de Almeida de Melo e Castro, antigo embaixador em Londres.

Todos os conselheiros presentes concordaram em aderir ao bloqueio continental, mas excluíram prender e confiscar os bens aos súditos britânicos e do texto da resposta à França tomaria conhecimento D. Domingos António de Souza Coutinho, futuro conde e marquês do Funchal, ministro de Portugal junto da corte de Saint-James.

D. Rodrigo de Sousa Coutinho foi de opinião contrária aos presentes, advogando a mobilização de 70 000 homens e 40 milhões de cruzados para fazer guerra à França e à Espanha e, caso não fosse feliz nesta, a Família Real deveria passar ao Brasil.

D. João de Almeida, com a sua experiência diplomática, aconselhou que Napoleão, depois da paz de Tilsit, poderia facilmente transferir tropas para a Península Ibérica, o bloqueio continental à navegação inglesa era prejudicial e teria como consequência imediata a quebra de abastecimentos ao país, bem como falou dos soberanos europeus acossados pelo vendaval napoleônico, ausentaram-se das suas capitais para preservarem a soberania e a sua independência, e concluiu propondo uma aproximação junto da Grã-Bretanha para que esta colocasse o seu poderio naval ao serviço de Portugal.

Por último foi aprovado pelos presentes que a esquadra do estreito de Gibraltar deveria com urgência regressar ao porto de Lisboa.

O Príncipe Regente convoca nova reunião do Conselho, sendo então aprovado o texto definitivo de resposta ao ultimato franco-espanhol, onde é salvaguardada a informação a Percy Clinton Sidney, visconde de Strangford, enviado britânico em Lisboa; nesta reunião de 21 de agosto levantou-se séria polêmica sobre a matéria de se preparar uma esquadra para transportar o Príncipe da Beira para o Brasil, acompanhado por uma Infanta, chegou-se ao pormenor de escolher a Princesa da Beira, viúva do malogrado Príncipe D. José, irmão mais velho de D. João, levando na comitiva dois generais e um regimento metropolitano.

Nova reunião a 30 de agosto, onde foi aprovada a jornada do Príncipe da Beira para o Brasil, fato que muita amargura trouxe a D. João pela afeição e carinho votado ao filho; houve nova oposição de D. Rodrigo de Sousa Coutinho, insistindo na guerra à França e na retirada da Família Real para o Brasil; foi aprovada a formação de uma esquadra composta por quatro vasos de guerra para transportar D. Pedro de Alcântara e respectiva comitiva, o Visconde de Anadia foi encarregado de se deslocar diariamente ao Arsenal da Marinha para inspecionar os fabricos nas unidades navais que iriam constituir a força naval e o Real Erário disponibilizou para o efeito 240 contos de reis e mais 100 contos mensais.

A 2 de setembro foi convocada para o Palácio de Mafra a reunião do Conselho, onde foi sugerida a substituição de D. Pedro de Alcântara pelo Infante D. Miguel, mas a proposta foi recusada, acentuando-se a deliberação de acelerar os preparativos da esquadra.

António de Azevedo de Araújo apresenta a 8 de setembro uma proposta ao Príncipe Regente, de que o título que deveria ser atribuído ao Príncipe D. Pedro de Alcântara seria o de Condestável e, na eventualidade de ficarem cortadas as comunicações marítimas entre o Reino e o Brasil, sugere a constituição de um conselho provisório composto por dois a quatro membros mais o Vice-Rei, para a assessoria do Príncipe localmente.

Nova reunião a 23 de setembro: o Príncipe D. João informa aos presentes que Napoleão tinha respondido da mesma forma, exigindo a declaração de guerra à Grã-Bretanha e o cerramento dos portos à navegação inglesa, dando como prazo limite para a sua execução o dia 1º de outubro!

As negociações continuam com os ingleses e, para lhes agradar, foi publicado um decreto que autorizava os comerciantes britânicos a retirarem das alfândegas portuguesas todas as mercadorias isentas de taxas de despesa.

A 29 de setembro o Visconde de Anadia, na qualidade de secretário de Estado da Marinha e Domínios Ultramarinos, informa por escrito a D. João que as naus Afonso de Albuquerque e D. João de Castro, a fragata Urânia e o brigue Voador estavam aparelhados para se fazerem à vela[99].

Entretanto chegaram a Lisboa notícias preocupantes de Paris: sem dar quaisquer satisfações ao embaixador de Portugal, D. Lourenço de Lima, Napoleão manda o governo francês embargar os navios portugueses ancorados em portos franceses.

A reunião do Conselho de Estado, no dia 30 de setembro, no palácio da Ajuda, correu sob um clima de densa apreensão e preocupação, porque expirava no dia imediato o ultimato napoleônico e o embaixador de Espanha e o encarregado de negócios de França solicitaram a restituição dos passaportes. A esta reunião faltaram por doença os marqueses de Angeja e de Belas e D. Rodrigo de Sousa Coutinho não fora convocado porque passava ao irmão D. Domingos, embaixador em Londres, as informações com os relatos das sessões! Tanto o marquês de Belas como D. Fernando de Portugal foram de opinião da confirmação do bloqueio continental e oposição firme à expulsão dos ingleses e sequestro de suas fazendas; para o experimentado na política internacional D. João de Almeida Melo e Castro, a saída inteligente seria o aceleramento da partida da Família Real e respectivos acompanhantes para o Brasil, porque o não cumprimento do ultimato francês arrastaria a invasão do país pelas tropas napoleônicas e a adesão ao bloqueio continental precipitaria um terceiro inimigo, o Reino Unido, que promoveria as independências das colônias[101].

As negociações com o Reino Unido continuavam dentro de um prudente secretismo, tendo D. Domingos de Sousa Coutinho recebido plenos poderes do Príncipe Regente para levar a bom termo as diligências, especialmente a compensação pelo cerramento dos portos à navegação inglesa, levando à assinatura da Convenção Secreta em 22 de outubro[102], pela qual Portugal fecharia os seus portos, mas garantia à Grã-Bretanha o direito de ocupar a Ilha de Madeira (como se efetivou), abriria um porto no Brasil para a importação dos produtos, especialmente os manufaturados, ingleses com taxas alfandegárias mais convenientes, e pelo seu lado o governo britânico comprometia-se a escoltar a esquadra que levaria a Família Real para o Brasil e só reconheceria como rei de Portugal o legítimo herdeiro da Casa de Bragança como esperar depois da instalação da Corte na América Portuguesa da celebração a breve trecho de um tratado de comércio entre ambos os países[103].

Durante o mês de outubro, o Príncipe Regente não convocou o Conselho, mas houve pelo menos três reuniões de conselheiros na residência de António Araújo de Azevedo. Na primeira, no dia 12, tomaram conhecimento da nota remetida pelo conde de Ega, embaixador em Madri, pelo qual o Rei Carlos IV desaprovava a partida do "seu neto", o Príncipe da Beira, para o Brasil, por esta decisão ser contrária aos interesses da Espanha; na segunda conferência, a 14 de outubro, os conselheiros foram do parecer da partida, dentro da brevidade possível, do Príncipe D. Pedro de Alcântara e redigiram a Aclamação aos Brasileiros, na qual D. João justificava a viagem do seu herdeiro[104] e também foi lido o parecer de Cipriano Ribeiro Freire, diplomata muito experimentado em Copenhage e Madri e nosso primeiro representante em Washington, onde, além de considerar urgente a partida do Príncipe da Beira para o Brasil, também deveria estar uma esquadra preparada para zarpar a fim de levar o Príncipe Regente e demais família para os livrar da pressão da França[105].

Perante a ameaça da invasão do país por tropas estrangeiras, foi publicado um decreto que mandava concentrar todas as alfaias de ouro e prata de culto em três lugares determinados[106], e o Cardeal Patriarca de Lisboa, D. José de Mendonça[107], celebrou o solene pontifical de *Collecta pro quacumque Tribulatione*, e ao mesmo tempo, no dia 18 de outubro, saiu da igreja do Convento da Graça, em procissão, a Imagem do Senhor dos Passos acompanhada por muito povo e grandes do reino[108].

Já em 9 de outubro o Conde de Redondo, administrador da Real Ucharia recebera ordens do Príncipe D. João para proceder ao embarque dos mantimentos necessários para a esquadra que levaria o Príncipe D. Pedro de Alcântara ao Brasil[109].

No dia 19 do mesmo mês, teve lugar nova reunião dos conselheiros determinando no dia imediato o fechamento dos portos à navegação britânica, medida complementar pelo abandono do país em quatro comboios com residentes ingleses[110].

Na reunião do dia 30 de outubro, para apreciação do ofício do nosso embaixador em França, D. Lourenço de Lima, datado de 17 do mesmo mês, no qual transmite a invectiva do Corso de querer eliminar a Dinastia de Bragança caso não siga o seu *diktat* na política europeia, pronunciado na recepção ao corpo diplomático no palácio de Fontainebleau no dia 15 do mês em curso[111] e entretanto as tropas de Junot já tinham ultrapassado os Pirineus a caminho de Salamanca.

Após a chegada de D. Lourenço de Lima a Lisboa, reuniu-se o Conselho de Estado a 1º de novembro, na presença do Príncipe Regente, e este fez a exposição objetiva dos acontecimentos vencidos em Fontainebleau, lembrando o *diktat* de Napoleão – se Portugal não fizer o que eu quero, a Casa de Bragança não reinará mais na Europa em dois meses[112] e os conselheiros estavam convencidos de que o Reino Unido não queria arriscar-se em vir em auxílio de Portugal, porque ainda não era conhecido o texto da convenção secreta assinada por D. Domingos de Sousa Coutinho[113] com Lord George Canning, mas ficaram cinco pareceres dos conselheiros; o do Marquês de Angeja, o mais curto e pragmático, defende a partida da Família Real para o Brasil; o de D. Fernando José de Portugal refletia as graves circunstâncias políticas que o país atravessava; o do Marquês de Pombal manifesta a apreensão de agora Portugal enfrentar dois inimigos, a França e a Grã-Bretanha, mesmo com o ato de generosidade do Príncipe Regente, de ter autorizado os súditos britânicos a levarem os bens móveis, e propõe enviar uma embaixada a Napoleão pedindo a suspensão da marcha do exército de Junot; para o Marquês de Belas a partida da Família Real para o Brasil aumentaria a pilhagem quando os franceses entrarem em Portugal; e o Visconde da Anadia sugeriu que se dissesse a Lord Strangdorf que Portugal fora obrigado a sequestrar os bens dos ingleses, mas na realidade os restituiria oportunamente e o porto de Lisboa continuaria aberto à partida destes.

Sem conhecimento ainda do Príncipe Regente e dos membros do Conselho, a 27 de outubro o general Duroc, representando a França, e Don Eugénio Izquierdo, pela Espanha, assinam o Tratado de Fontainebleau[114], pelo qual Portugal é esquartejado respectivamente: a província de Entre Douro e Minho, com a cidade do Porto, chamar-se-ia Lusitânia Setentrional e passaria ao Rei da Etrúria; o Alentejo e o Algarve chamar-se-iam Principado dos Algarves e ficariam no domínio de Godoy, Príncipe da Paz; a Beira, Trás-os-Montes e a Estremadura ficariam à espera da paz para então se ponderar qual o respectivo destino. O reino da Lusitânia Setentrional e o Principado dos Algarves seriam protetorados do Rei de Espanha; a Beira, Trás-os-Montes e a Estremadura, na hipótese de feita a paz regressariam ao domínio da Casa de Bragança, e o novo soberano seria também protetorado do Rei de Espanha[115]. Integrado nestas disposições a França invadia Portugal com 28 mil homens aos quais se juntariam 11 mil espanhóis para marcharem sobre Lisboa; além do mais, o Rei de Espanha ainda disponibilizaria 10 mil homens para invadir Portugal pelo norte e mais 6 mil pelo sul, e se a Grã-Bretanha enviasse tropas para Portugal, a França organizaria outro exército de 40 000 homens, o qual se concentraria em Bayonne.

O Príncipe D. João convocou nova reunião do Conselho de Estado a 8 de novembro, informando os presentes de que o seu embaixador em Espanha, o conde da Ega, fora intimado a abandonar Madri no prazo de 48 horas. Os membros deste órgão consultivo manifestaram a D. João a necessidade urgente de D. Lourenço de Lima, acompanhado pelo marquês de Marialva, partirem para Paris com um riquíssimo presente de brilhantes[117] para oferecerem a Napoleão e prosseguirem as negociações com o governo francês, bem como aconselharam a continuação de ultimarem os fabricos nos navios da esquadra destinados ao transporte da Família Real para o Brasil.

No dia anterior, o primeiro-ministro britânico determinara à Royal Navy de capturar a esquadra de guerra portuguesa se o governo de Lisboa não acatasse e cumprisse as cláusulas da convenção secreta de 22 de outubro; porém, D. Domingos de Sousa Coutinho avisava de Londres o Príncipe Regente de já ter zarpado a esquadra britânica para comboiar os navios de guerra e mercantes portugueses onde seguiria a Família Real rumo à América Portuguesa e, caso Portugal aderisse ao bloqueio continental, era inevitável a declaração de guerra por parte do Reino Unido.

Le Moniteur, órgão oficial do Império Francês, na edição de 11 de novembro estampa, tomando público, o texto do Tratado de Fontainebleau, cujos exemplares chegariam em breve a Lisboa, provocando profundas alterações na política externa portuguesa, sofrendo já a população citadina a falta de mantimentos, levando à regulamentação do uso de farinha por um edital de 16 de novembro[118].

Nesse mesmo dia, aparece à entrada da barra de Lisboa a esquadra britânica comandada pelo almirante Sir Willian Sidney Smith, e os dias seguintes foram preocupantes para o lado português; enquanto o futuro conde da Barca procura ainda estabelecer um acordo com a França, D. Rodrigo de Sousa Coutinho defendia a resistência armada à invasão das tropas francesas e a retirada imediata da Família Real para o Brasil, depois de tomarem conhecimento de os soldados de Junot já terem atingido a fronteira portuguesa.

Com o pragmatismo que caracteriza ao longo dos séculos a diplomacia britânica, Lord Strandfort instala-se a bordo da nau do almirante Sir Sidney Smith e dali escreve a D. João uma carta na qual esquece toda a política contrária praticada por Portugal contra o Reino Unido, desde que a partida da Família Real para o Brasil seja efetivada e anexa um exemplar incendiário do *Le Moniteur*.

O Príncipe Regente convoca na noite de 24 de novembro, no Palácio da Ajuda, já com o exército invasor à vista de Abrantes[119], nova reunião do Conselho de Estado e foi determinado a António de Araújo Azevedo entender-se politicamente com Lord Strangdorf, deveria sem mais delongas ativar-se o embarque da Família Real rumo ao Brasil, nomear-se uma Junta de Governo do Reino e escrever-se a declaração pública a dar conhecimento ao país da partida do Príncipe Regente como foi feita.

Apesar da revisão histórica da transmigração da Família Real Portuguesa para o Brasil já efetuada, ainda continuam em certa historiografia os epítetos da fuga precipitada e embarque atabalhoado, obrigando-nos uma vez mais a repor a verdade no seu justo lugar, refutando as conclusões mais conduzidas pelas ideologias[120], do que pela busca e interpretação das fontes documentais.

O tão apregoado embarque atabalhoado não foi assim; certamente devem ter ocorrido precipitações, mas o Príncipe Regente chegou ao ponto de autorizar qualquer súdito que o quisesse acompanhar, caso não tivesse lugar nos navios participantes da esquadra, a seguir nas embarcações mercantes particulares[121], designou José Joaquim d' Azevedo para superintendente geral do embarque, começando por seguirem para bordo os tesouros dos palácios reais e da Igreja Patriarcal[122], recebeu do almirante Manuel da Cunha Sotto Maior, comandante da esquadra portuguesa, os mapas de embarque de pessoas e cargas, instalando no cais de Belém uma barraca para receber e repartir pelos navios as pessoas e respectivos cômodos[123] e, concluindo, o afrancesado futuro conde da Barca ainda teve tempo de embarcar na fragata Medusa os papéis oficiais de Estado, a biblioteca pessoal e a tipografia recentemente adquirida na Grã-Bretanha, a qual estava encaixotada[124].

Concluo uma vez mais com uma frase clarividente do Prof. Francisco de Paula Leite Pinto:
"Há umas centenas de livros portugueses sobre a saída da Família Real, alguns são abomináveis, o que não impediu que tivessem sido aprovados oficialmente como manuais escolares"[125].

Registro Fotográfico

Vice-Almirante Terenilton Souza Santos, Daniel Serrão, Nelly Martins Ferreira. Candeias, Príncipe Dom Luiz de Orleans e Bragança, João Grandino Rodas e Dom Marcus Noronha da Costa.

S.A.I.R
Dom Luiz de Orleans e Bragança.

* ver Apêndice I

DATAS MAGNAS, SESSÕES CULTURAIS, POSSES

Nelly Martins Ferreira Candeias e D. Luiz de Orleans e Bragança.

Nelly Martins Ferreira Candeias e D. Marcus Noronha da Costa.

Nelly Martins Ferreira Candeias e
Eduardo Conde.

O heraldista do IHGSP, Lauro Ribeiro Escobar,
autor do projeto do Colar, e Nelly Martins Ferreira Candeias.

Daniel Serrão, Nelly Martins Ferreira Candeias, Eduardo Conde
e S.A.I.R. Dom Luiz de Orleans e Bragança.

Nelly Martins Ferreira Candeias e MABSA –
Maria Amélia de Arruda Botelho de Souza Aranha.

Daniel Serrão e Nelly Martins Ferreira Candeias.

Nelly Martins Ferreira Candeias cumprimenta S.A.I.R.
Dom Luiz de Orleans e Bragança. Ao fundo à direita,
Gustavo Cintra do Prado e Professor João Grandino Rodas,
Diretor da Faculdade de Direito, USP.

Professor João Grandino Rodas, Diretor da Faculdade de Direito da USP, cumprimenta S.A.I.R Dom Luiz de Orleans e Bragança.

O Cônsul Geral/Embaixador de Portugal, Dr. José Guilherme Queiroz de Ataíde e M. Amélia Arruda Botelho de Souza Aranha.

A Plateia do Salão Nobre da Faculdade de Direito.

Mesa de Cerimônia.

A transferência da corte portuguesa para o Brasil[2]
Kenneth Light

Trabalhei muitos anos como executivo. Só me dediquei à pesquisa depois da aposentadoria, pois sempre tive interesse pela história de nosso país, especialmente nos períodos da monarquia e do império.

Meu bisavô era barão (sua mulher, minha bisavó, faleceu quando eu tinha 15 anos), seu pai era conde e o avô, marquês. Retratos dos nobres na família, a amizade com a família imperial desde os tempos de D. Pedro II, o fato de os tri e tetravôs serem banqueiros de Sua Majestade o Imperador – SMI, tudo isso influenciou minha tendência para a pesquisa. Contudo, não desejava estudar o que outros já tinham estudado e escrito, provavelmente numa forma melhor do que eu pretendia, pois não estudei no Brasil após os nove anos de idade. Ao perceber que a viagem da corte portuguesa não fora descrita, parti para essa brecha.

Durante as pesquisas foram descobertas informações surpreendentes. Um exemplo foi a comprovação de que a decisão de D. João de vir para o Brasil foi muito mais uma manobra estratégica de um grande estadista do que uma fuga movida pelo medo, como muitos afirmam.

A meu ver, dois acontecimentos foram de suma importância e influência para o futuro de Portugal: a batalha de Trafalgar e o Tratado de Berlim. Para o Conselho de Estado, nomeado pelo príncipe regente de Portugal, D. João deve ter sido óbvio que, mais cedo ou mais tarde, Portugal seria convocado para aderir à política do Tratado de Berlim.

Portugal tentava se manter neutro porque não queria atrair para o seu território os países que se encontravam em guerra. No entanto, com a pressão que Napoleão exercia, viu-se forçado a ceder, aos poucos, colocando-se contra a sua mais antiga aliada, a Grã-Bretanha. O príncipe regente previa a invasão do seu país. Dois meses antes da partida, surgiu a ideia de enviar para o Brasil o príncipe D. Pedro, então uma criança de nove anos, com o intuito de assegurar a continuidade da dinastia dos Bragança, caso Portugal – como sua vizinha Espanha – viesse a cair sob o jugo de Napoleão.

Essa teria sido uma forma de ir preparando os seus navios, para a viagem de transferência, sem que a França ou a Espanha desconfiassem, porque, apesar de não terem mais seus representantes em Portugal, ambos mantinham espiões bem pagos. Mas o príncipe regente não concordou em separar a sua família.

---

[2] Comentários enviados por Kenneth Light a propósito de suas pesquisas sobre a transferência da Família Real para o Brasil.

O embarque foi no dia 27, porém, tiveram que aguardar até o dia 29 para esperar a chegada de ventos favoráveis, que os levariam para fora do rio Tejo. Ao verificar que vinham em paz, Sidney Smith cancelou o sinal para iniciar a batalha. Às 4h30min da tarde, ruidosa descarga de salvas anunciou o início da viagem histórica.

Vinte horas depois, o general francês Jean Andoche Junot invadiu Lisboa, mas Napoleão fora habilmente enganado. Anos mais tarde, em exílio, ele lamentaria sua malfadada decisão de invadir Portugal. Portanto, meu estudo não permite afirmar que a vinda de D. João tenho sido uma fuga. Ao contrário, prova que foi uma estratégia de mestre!

Condições de viagem

Como não existiam geladeiras, nem prazos de validade, a comida era quase toda estocada salgada ou seca. No início da viagem, transportaram-se animais para abate nos primeiros dias. Um problema a bordo foram os gorgulhos – pequenos insetos famintos que atacavam a comida mais importante, o pão – então denominado biscoito. Para a expulsão dos gorgulhões havia dois métodos: bater o biscoito contra uma superfície dura, encorajando-os a cair fora ou colocar uma quantidade deles num cesto, com peixes crus, em cima, para alimentá-los. Sendo algo saboroso para eles, deixavam os pães em paz. É difícil imaginar o que seria melhor comer – biscoito com gorgulho ou com sabor de peixe podre!

Outro detalhe sobre os hábitos da época: não havia banheiro a bordo. A nau Príncipe Real, durante a viagem ao Brasil, transportava a família real portuguesa e mais 1 054 pessoas. Como deve ter sido ficar sem higiene?

Ao terminar as pesquisas, fiz um levantamento iconográfico e descobri que a chegada no Rio só aparecia em dois leques comemorativos. Como tinha conhecimento de todos os detalhes para compor um quadro, contratei o maior pintor de marinhas desta época e presidente da Royal Society of Marine Artists, uma espécie de Instituto Histórico e Geográfico Brasileiro, com pintores na Inglaterra, porém, com uma história ainda mais antiga. O óleo retrata fielmente a cena da chegada da Família Real, dentro do possível.

Muita gente gosta de escrever sobre o local do ancouradouro. Utilizei um GPS para localizar e fotografar os arredores, pois tinha a certeza de que o pintor jamais viria à nossa baía. Gostei muito do resultado! É possível observar a imagem em detalhes na capa do meu livro. Desde então, tenho cedido a imagem, sem restrições, a todos que pedem (e pedidos chovem de Fortaleza à Porto Alegre), pois acredito que, para muitos, a visão ajuda a entender e a lembrar esse grande momento da história do Brasil colônia.

Como tenho dado muitas palestras, no Brasil e em Portugal, parte do "achado" já era conhecida por muitos historiadores e a minha pesquisa se fundamenta neles, porém todos reconhecem que meu livro passou a ser a fonte única das informações. Quando comecei o trabalho, em 1990, não imaginava que, em 2008, o livro iria despertar tanto interesse.

Minha maior satisfação é revelar uma imagem de um príncipe regente e rei, longe das caricaturas de ontem. É gratificante, pois há muita luta por essa mudança. Perguntas sobre a viagem são poucas, o que todos querem é a permissão para usar a imagem da chegada!

Transmigração da Família Real de Portugal, 1807-1808

Durante 18 meses, um estudo minucioso foi realizado com o intuito de recomendar ao artista que refletisse em sua obra os detalhes que constavam nos diários de bordo sobre a força e direção do vento, luminosidade e condições do mar, assim como, também, a alegria expressa por todos ao ver e a Família Real tão perto, após essa longa e perigosa jornada.

Examinando de perto a pintura, podemos ver:

Chegada da Família Real de Portugal. Rio de Janeiro, 7 de março de 1808.
Óleo sobre tela, 36 x 27 polegadas, 1999.

O autor desse quadro é Geoff Hunt RSMA. As iniciais em caixa alta, após o seu nome, correspondem a famosa e centenária *Royal Society of Marine Artists* – de Londres, da qual ele é presidente.

No centro, a nau *Príncipe Real* com seus 104 passageiros e 950 tripulantes acaba de fundear, depois de entrar no vento, usando sua carangueja. Quando D. João anunciou que só iria desembarcar no dia seguinte, nobres e outros partiram em pequenas embarcações para prestarem homenagens aos ilustres passageiros.

Ao lado esquerdo, a nau *Marlborough* que se encontrava na baía, dispara uma salva. Sua guarnição colocada nas vergas. Ao lado direito, pode-se observar a *Afonso de Albuquerque* que começa a ferrar suas velas em preparação para entrar no vento e fundear; já com uma de suas âncoras solta de proa. Atrás, vê-se a *Medusa*, com o futuro Conde da Barca a bordo, e a fragata *Urânia*, que escoltou a *Príncipe Real* durante toda a viagem. Ao lado, *Bedford*, suas responsabilidades de escolta agora no seu fim. O forte de Villegaignon, que não mais existe, também salva.

No pano de fundo, a costa de Niterói, a entrada da baía e o Pão de Açúcar.

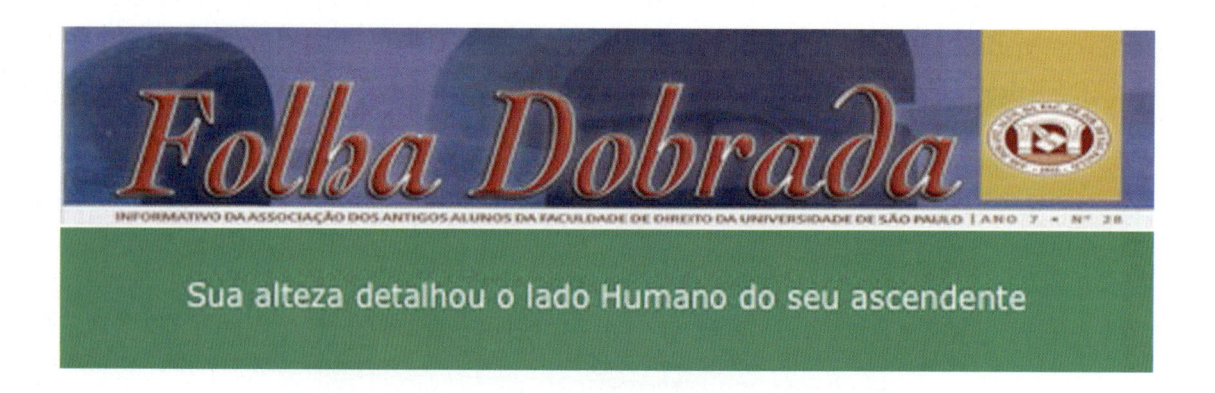

Uma visão real e realista dos efeitos benéficos para o Brasil da chegada da Família Real[3]

A esperada fala do Chefe da Casa Imperial do Brasil, D. Luiz de Orleans, encantou a todos. De maneira simples, com notável segurança e consistente conhecimento de causa, completou as exposições anteriores, muito ricas de datas, números, fatos e personagens. A palavra imperial veio mostrar aspectos repletos de humanidade dos integrantes da Corte, liderados pelo monarca, quando da sua passagem por aqui.

A figura de D. João VI aparece como mandatária de um império que dominava um volume considerável de colônias, nas mais diferentes latitudes do planeta, com rigor e domínio de situação. Seus gestos e determinação não "podem ser confundidos com atitudes

---

[3] Texto extraído do jornal *Folha Dobrada*, informativo da Associação dos Antigos Alunos da Faculdade de Direito da Universidade de São Paulo, ano 7, n.º 28.

ou demonstração de fraqueza. Ele tinha pensadores liberais, mas era firme e justo nas suas decisões administrativas. E jamais abriu mão da sua autoridade imperial".

Outros destaques da exposição de Sua Alteza foram no sentido de mostrar "o extremo carinho que ele demonstrava por esta colônia, sua relutância em nos deixar, instado pelo clamor do povo português, na metrópole". D. João VI partiu antevendo que, diante da "potencialidade do território tropical e a força do seu povo, seria inevitável sua independência". Tanto que, ao se despedir do Príncipe Regente, seu filho D. Pedro, "sentenciou a célebre frase que advertia dos perigos de 'algum aventureiro' tomar posse da coroa portuguesa, representada por ele (D. Pedro) na terra brasilis".

D. Luiz de Orleans e Bragança encerrou sua participação com um vibrante testemunho sobre o progresso que o nosso país vem experimentando, hoje uma das "10 mais importantes economias no cenário internacional". Salientou que tal posição foi alcançada graças à "inteligência, ao amor ao trabalho, à maneira ordeira e temente a Deus da nossa população" e, naturalmente, "devido ao espírito empreendedor que caracteriza o povo brasileiro, aliado a sua capacidade de administrar as riquezas naturais que, cada vez mais, são descobertas dentro de nossas fronteiras".

Por Carlos Roberto Chueiri
(Especial para *Folha Dobrada*).

Mensagens

Felicito calorosamente o Instituto Histórico e Geográfico de São Paulo e sua Presidente a Profa. Nelly Martins Ferreira Candeias pela brilhante Sessão Comemorativa dos 200 anos da chegada da Família Real Portuguesa ao Brasil, realizada na Aula Magna da Faculdade de Direito de São Paulo, sob os muito corteses auspícios de seu Diretor o Prof. João Grandino Rodas.

Digna recordação da marca inicial da História do Brasil como nação soberana.

26 de março de 2008

Luiz de Orleans e Bragança

Em primeiro lugar e com dever indeclinável
saúdo todos aqueles que levaram a bom porto,
com capitão eficiência e logística a celebração
na sala grande dos actos - (como se diria na
Universidade de Coimbra) a magnífica sessão
solene comemorativa do 2º Centenário da chegada ao
Brasil da Família Real Portuguesa, inteligentemente
promovida pelo - Instituto Histórico e Geográfico de
São Paulo - no mandato da presidência da Drª
D. Nelly Martins Ferreira Candeias.
   O Signatário sentiu-se profundamente honrado
por ter participado com uma "fala" neste evento múltiplo
ao que não só o dignifica como à Academia
Portuguesa de História - da qual é académico correspondente.
   A encerrar sentir-se muito acarinhado ao ser
agraciado com o Colar Comemorativo do 2º Centenário da
Vinda da Família Real para o Brasil -, no mesmo acto
em que a vénera foi também entregue a Sua Alteza Imperial
e Real o Príncipe Dom Luiz de Bragança, chefe da Casa Imperial
do Brasil
   São Paulo, 27 de Março de 2008
       Joaquim Veríssimo Serrão (Academia)

Quem teve ouvidos ouviu Clio, a musa que tece a História dos homens e dos povos soar a sua trombeta na tarde de 26 de março convocando São Paulo para o Salão Nobre da Faculdade de Direito. Trata-se de momento evocativo organizado pelo Presidente do Instituto Histórico: o da vinda ao Brasil da Família Real Portuguesa. A doutora Nelly invocou Nóbrega e Anchieta, fundadores da cidade; dom João que elevou a colônia ao nível de Reino; dom Pedro I, criador do Curso Jurídico e fictícia Presentes, dom Luís, descendente daqueles reis, o diretor da Casa, historiadores, professores, estudantes e o povo paulista representado por mais de setecentas pessoas. Itiuce, descursos enfocando a razão da fete, entrega de Colar instituido pelo IHGBP para memorar o feito de 1808. Por muitos, de certo, os ecos desse tarde lembrarão aos jovens do futuro aquelas horas em que um passado glorioso se fez presente. Quem participou não esquecerá o acontecido. Nem a própria Clio, z. de mil oros!

Hernâni Donato

Registro Histórico

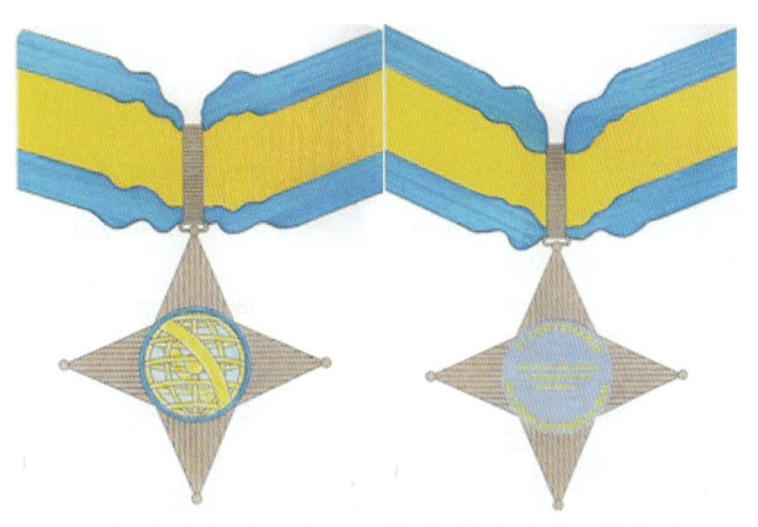

Desenho do Colar do 2º Centenário da Vinda da Família Real ao Brasil (frente e verso).
Autor do projeto, heraldista Lauro Ribeiro Escobar.

CAPÍTULO
· 32 ·

200 Anos da Imprensa Régia e 100 Anos da Associação Brasileira de Imprensa

Carlos Taufik Haddad inicia a cerimônia lendo a
primeira página do Correio Brasiliense.
27 de agosto de 2008.

CORREIO BRAZILIENSE

DE JUNHO, 1808.

> Na quarta parte nova os campos ara,
> E se mais mundo houvéra lá chegára.
>
> CAMOENS, c. VII. e. 14.

Introducçaõ.

O PRIMEIRO dever do homem em sociedade he ser util aos membros della; e cada um deve, segundo as suas forças Phisicas, ou Moraes, administrar, em beneficio da mesma, os conhecimentos, ou talentos, que a natureza, a arte, ou a educaçaõ lhe prestou. O individuo, que abrange o bem geral d'uma sociedade, vem a ser o membro mais distincto della: as luzes, que elle espalha, tiram das trevas, ou da illusaõ, aquelles, que a ignorancia precipitou no labyrintho da apathia, da inepcia, e do engano. Ninguem mais util pois do que aquelle que se destina a mostrar, com evidencia, os acontecimentos do presente, e desenvolver as sombras do fucturo. Tal tem sido o trabalho dos redactores das folhas publicas, quando estes, munidos de uma critica saã, e de uma censura adequada, representam os factos do momento, as reflexoens sobre o passado, e as solidas conjecturas sobre o futuro.

Devem-se á Naçaõ Portugueza as primeiras luzes destas obras, que excitam a curiosidade publica. Foi em Lisboa, na imprensa de Craesbeek, em 1649, que este Redactor traçou, com evidencia, debaixo do nome de Boletim os acontecimentos da guerra da acclamaçaõ de D. Joaõ o Quarto. Neste folheto se viam os factos, taes quaes a verdade os devia pintar, e desta obra interessante se valeo, ao depois, o Conde da Ericeira, para escrever a historia da acclamaçaõ com tanta censura, e acertada critica, como fez.

Palavras da Presidente

Quero manifestar meu regozijo por evocar a história da imprensa no Brasil e da Associação Brasileira de Imprensa, porque é a imprensa que perpetua a história, sem o que não estaríamos aqui reunidos.

Várias comemorações têm marcado o Instituto Histórico e Geográfico de São Paulo neste ano: os 400 anos do nascimento do Padre Antonio Vieira, os 200 anos da vinda da Família Real para o Brasil, os 100 anos da imigração japonesa e, na data de hoje, os 200 anos da imprensa régia e os 100 anos da Associação Brasileira da Imprensa. Incluo nesta cerimônia, por considerar oportuna, a lembrança dos 20 anos da Constituição de 1988, que muito tem a ver com o que aqui se relata.

Tomei posse como presidente deste Instituto 108 anos depois de sua criação e um ano após a minha aposentadoria como professora titular da Universidade de São Paulo. No início da minha gestão, em 2002, preocupei-me com a parte invisível da entidade – o fato de raramente se mencionar, nas sessões solenes e em outros eventos que aqui se realizavam, os nomes de mulheres que integraram o quadro social do Instituto.

Ao contrário, realçava-se a história de homens ilustres, membros desta entidade, cujas memórias se perpetuavam em telas, fotos, diplomas, medalhas, condecorações, bustos, estátuas, selos, carimbos, livros, artigos publicados em nossa revista, recortes de jornais, tudo cuidadosamente arquivado.

Com o tempo e merecidamente, seus nomes foram registrados em nomes de ruas, avenidas, praças e outros logradouros nesta cidade, no Estado de São Paulo, e até em outros estados do Brasil.

Como presidente, e em busca de linha de pesquisa, passei a rever fichas dos membros do IHGSP. Assim encontrei, e exumei, o nome da primeira mulher a tomar posse nesta casa – Marie Rennotte cujo ingresso ocorreu em 4 de maio de 1901, e cuja vida estudei intensamente. Quem era essa mulher? Marie Rennotte nasceu na Bélgica, em 1852. Fez o curso de magistério em Paris, onde se formou com distinção e chegou ao Brasil em 1878, aos 26 anos.

Em 1882, por solicitação da professora Martha Watts, foi para o interior de São Paulo, para trabalhar no Colégio Piracicabano, escola metodista, cujo principal objetivo era a instrução feminina. Ambas dedicaram-se de corpo e alma ao trabalho pedagógico de organização de um ensino moderno. A escola rompeu os grilhões do ensino feminino, voltado para o bastidor, agulhas e receitas culinárias, o que de forma genérica se denominava de "bons modos", e introduziu no seu programa curricular disciplinas como Álgebra, Aritmética, Literatura, Línguas, Botânica e Música – um desafio para a moral da época.

Pela visão humanística e excepcional cultura, Rennotte passou a colaborar na "Gazeta de Piracicaba", órgão da imprensa republicana, coordenado por Prudente de Moraes, por quem ela sentia justificada admiração. Naquele periódico publicou textos de essência variada sobre educação científica, escolaridade e formação da juventude, contribuição que provocou forte impacto regional.

Acentuou-se a consciência da injustiça a que eram submetidas as mulheres e a rápida disseminação dos escritos dos ideólogos franceses, particularmente de Olympe de Gouges e Condorcet, deu origem à imprensa feminina no Brasil. Suas colaboradoras previram, no regime republicano, a mudança redentora de suas injustas condições.

Rennotte contribuiu com matérias doutrinárias no jornal "A Família" e na revista "A Mensageira", e publicados na cidade de São Paulo, com mulheres dispostas, como ela, a compor um quadro de inteligência nacional na passagem do século XIX para o século XX.

Em 1891, a reivindicação feminista concentrou-se no direito de voto, pressupondo a óbvia elegibilidade das candidatas. Para infortúnio geral, os constituintes republicanos não concederam voto às mulheres e a exclusão continuou a ser o principal instrumento de dominação durante a República Velha. Os esforços despendidos pareciam ter sido em vão.

Em 1889, com quase 40 anos, Marie Rennotte foi para a Filadélfia com o intuito de se formar em medicina, tendo frequentado o Women's Medical College of Pennsylvania, onde obteve seu diploma como médica.

De regresso ao Brasil, dedicou-se à prática da medicina. Após defender sua tese, passou a dirigir a Maternidade São Paulo, tendo trabalhado também na Santa Casa de Misericórdia de São Paulo com o médico Arnaldo Vieira de Carvalho.

Fato raro na época, foi a única mulher a ter consultório médico na cidade de São Paulo. Um exemplo para outras que nela se inspiraram, como relata em suas memórias a médica Carlota Pereira de Queiroz, a primeira deputada da América Latina, também membro desta casa.

Sua postura profissional e seus escritos contribuíram para promover e fortalecer o feminismo em São Paulo, expressos na luta para que tivessem acesso ao ensino superior e a cargos públicos. Ainda hoje seu pensamento é atual.

Não admira, pois, que seu nome tenha sido indicado, em 1901. Foi a primeira mulher a ingressar nesta casa. Marie Rennotte faleceu em novembro de 1942.

Não chegou a ver os resultados de seus esforços. Somente depois da Constituição de 1988 as mulheres brasileiras começaram a sentir o tênue aroma da plena cidadania.

Einstein dizia que "a teoria só encontra aquilo que procura". É verdade. O que não se procura não se reconhece, ou não se vê, por isso meu empenho em salientar e divulgar neste momento a parte menos visível da história desta Instituição.

Por fim, quero referir-me à Teoria do Caos, que tem, como uma de suas mais conhecidas bases o denominado "efeito borboleta", teorizado pelo matemático Edward Lorenz, em 1963. Segundo ele, o bater de asas de uma borboleta pode provocar um tufão em outra parte do mundo, porque tudo se encontra interligado e qualquer pequena ação pode ter enormes consequências.

E é a isso que estamos assistindo neste momento, o alegre efeito do bater de asas de uma borboleta, atingindo toda a humanidade e não mais a metade apenas do gênero humano.

Agradeço a presença de todos neste momento em que a imprensa e a história se entrelaçam no IHGSP.

Palavras de Maurício Azêdo

Ilustre Professora Nelly Candeias, nossos cumprimentos pela iniciativa de pesquisar a trajetória e a vida dessa pioneira dos direitos femininos, Marie Rennotte, e pela diligência e pela competência com que se entregou à pesquisa para levantar os dados dessa mulher que, pelas suas palavras, ganha contornos admiráveis para todos nós. Nossas homenagens por esse seu trabalho. Ilustres membros da mesa, Paulo Markum, companheiro de muitas lutas, desde os anos 70, nosso Vice-Presidente Audálio Dantas e Presidente da representação da Associação Brasileira de Imprensa em São Paulo. Nosso amigo e companheiro Rodolfo Konder, membro do Instituto Histórico e Geográfico de São Paulo, personalidade intelectual e política, que teve a sensibilidade de propor à ABI a divisa que constitui a marca da celebração do seu centenário: "ABI 100 anos de luta pela liberdade".

Minhas senhoras e meus senhores, a ABI sente-se muito à vontade ao ser distinguida com essa homenagem do Instituto Histórico e Geográfico de São Paulo, porque a trajetória da ABI é marcada pelo relevo que ela tem dado a questões relacionadas as pesquisas históricas e a afirmação histórica no Rio de Janeiro e no país.

Temos entre os nossos membros mais destacados, agora e anteriormente, figuras que prestaram relevante contribuição ao conhecimento da nossa história, como o Professor Marcelo de Ipanema, falecido infelizmente, e sua esposa, professora Cybele de Ipanema, Presidente do Instituto Histórico e Geográfico do município do Rio de Janeiro, que fizeram um trabalho, paciente e competente, de levantamento da história do "Revérbero Constitucional Fluminense", um dos pilares no campo da imprensa da luta política pela firmação da nossa independência. Nossas raízes, portanto, mergulham nesse passado longínquo.

No passado mais recente, temos exemplos admiráveis de companheiros que se dedicaram ao mistério histórico, que, como todos sabem nesta casa, templo de culto da História, exigem competência, sensibilidade e, acima de tudo, disposição de servir, como disse a Professora Nelly Candeias, citando Einstein, ao procurar aquilo que se pretende comprovar.

Entre esses membros, um é o patriarca de nossa instituição, Barbosa Lima Sobrinho, que durante três mandatos exerceu a Presidência da ABI.

Alexandre José Barbosa Lima Sobrinho foi referido recentemente em homenagem que lhe prestou a Fundação Joaquim Nabuco de Pesquisas Sociais de Pernambuco. Foi referido pelo Presidente da Fundação Joaquim Nabuco, como a expressão da imprensa brasileira no século XX, porque teve uma existência longeva de 1897 a 2000, e, pôde ao longo de todo um século, viver os momentos mais destacados da imprensa brasileira.

Ainda muito jovem, Barbosa Lima Sobrinho definiu o papel da imprensa e como a sociedade deveria encarar a imprensa, num momento que tramitava no Congresso Nacional por iniciativa de um deputado de São Paulo, a Lei Adolfo Gordo, que pretendia castrar a imprensa como efetivamente castrou, ao ser aprovada pelo Congresso Nacional. Esse fato mereceu de Barbosa Lima Sobrinho um estudo, cujo sentido transcendeu aquele momento histórico por encarnar a reação mais autoritária aos costumes dos anos 20. Ainda hoje este seu trabalho, o problema da imprensa, guarda extrema atualidade e vigor.

Barbosa Lima Sobrinho foi membro da Academia Brasileira de Letras, chegou a presidir a Casa de Machado de Assis. Era aquilo que os antigos denominavam de polígrafo. Tinha uma competência técnica, um interesse cultural e uma preocupação intelectual tão diversificada, que o tornava capaz de fazer trabalhos sobre o problema da imprensa, sobre o povoamento do Piauí, sobre a importância da Língua Portuguesa para a unidade nacional.

Nos últimos anos de sua vida, lutou pela defesa da economia nacional, publicando um livro, que hoje é clássico para os estudiosos da economia globalizada, "Japão, o capital se faz em casa", onde mostra que a prosperidade japonesa do pós-guerra repousou sobretudo na captação de recursos no próprio território japonês e não numa dependência de sabor colonial a interesses de capitais externos.

Além de Barbosa Lima Sobrinho, tivemos nos anos 40 e 50, o eminente Presidente da ABI, Fernando Segismundo Esteves, que nas lutas intelectuais que se seguiram à derrubada do Estado Novo, fez um trabalho apostolar de divulgação de valores da nossa história, como, por exemplo, ao mostrar a importância de Castro Alves como poeta do povo e figura política e cultural digna de admiração. Fernando Segismundo foi autor de "Castro Alves explicado ao povo", desenvolvendo estudos sobre os mais variados períodos da História Nacional com diligência e proficiência.

E por fim, para realçar a ligação da ABI com os Institutos Históricos, além do relevo que se deve dar a luta da ABI por aquela divisa, que Rodolfo Konder definiu como a divisa "100 anos de luta pela liberdade", quero mencionar o jornalista e historiador Hélio Silva cujos estudos mais recentes abriram uma vertente insuspeitada na historiografia nacional, quando iniciou o levantamento, por meio de pesquisas, trabalhos jornalísticos, entrevistas e depoimento pessoal, por ter sido ele um jornalista que cobriu a área política, desenvolvendo temas a partir dos anos 20 em que esse País enfrentou ebulições de toda natureza.

Hélio Silva com quem tivemos o privilégio de conviver na ABI, como Presidente do Conselho Deliberativo, num dos momentos mais ásperos da vida nacional, que foi o apogeu e o clímax da ditadura militar, responsável inclusive pelo lançamento de bomba terrorista na sede da ABI, teve a sensibilidade de abrir essa vertente, a princípio descuidada pela Academia, sempre muito superior em relação àquilo que não parte dela própria. Hélio Silva teve a sensibilidade de definir os anos 20 até os anos 60, com o golpe militar de abril de 1964, como o Ciclo Vargas e na esteira dessa sua conceituação que abrangeu o período mais rico, mais tormentoso da História recente do País, a própria Academia se rendeu à evidência do acerto e da competência com que ele se debruçou sobre esse período histórico.

O trabalho inicial de Hélio Silva, nesse campo, tinha inclusive um sabor jornalístico muito forte – a história dos 18 no Forte, que ele denominou, como manchete, "sangue nas areias de Copacabana", um verdadeiro achado em termos de formulação de título e também de reprodução da verdade histórica.

Ao relatar sua história, a ABI sente-se muito honrada com a manifestação do Instituto Histórico e Geográfico de São Paulo e homenageada com a presença nesta cerimônia de uma figura que merece a admiração de todos os intelectuais do País, o escritor e historiador Hernâni Donato.

Quero agradecer, acima de tudo, a sensibilidade, o carinho e atenção dessa notável Presidente do Instituto Histórico e Geográfico de São Paulo, Nelly Candeias, que nos faz respirar competência e zelo em todas as dependências desta centenária Instituição de São Paulo.

Muito obrigado.

Maurício Azêdo

Registro Fotográfico

Da esquerda para direita: Carlos Taufik Haddad, Hernâni Donato, José Guilherme Queiroz de Ataíde, Nelly Martins Ferreira Candeias, Maurício Azêdo, Paulo Markum e João Grandino Rodas, em pé: J. B. Oliveira.

J. B. Oliveira entregando a Medalha Comemorativa do Jubileu de Diamante da Associação Paulista de Imprensa a Nelly Martins Ferreira Candeias.

Nelly Martins Ferreira Candeias exibe Medalha Comemorativa do Jubileu da Associação Paulista de Imprensa.

Maurício Azêdo,
presidente da A.B.I.

Carlos Taufik Haddad, Hernâni Donato, José Guilherme Queiroz de Ataíde, e Maurício Azêdo.

Outorga do Colar do Bicentenário da Vinda da Família Real para o Brasil

Paulo Markum, Nelly Martins Ferreira Candeias, Maurício Azêdo, Audálio Dantas e Hernâni Donato.

Mensagem de Maurício Azêdo

A Associação Brasileira de Imprensa ficou desvanecida com a iniciativa de Vossa Excelência e de seus dignos pares na Diretoria deste venerável Instituto Histórico e Geográfico de São Paulo de lhe prestar homenagem pela passagem do centésimo aniversário de fundação da Casa do Jornalista, através da concessão de honraria que figurará entre as que mais nos sensibilizam neste ano do nosso centenário. Além do reconhecimento aos membros desta instituição, queremos expressar nossa gratidão especialmente a Vossa Excelência, pelo empenho pessoal de incluir este Instituto entre as entidades que saúdam a data que a ABI festeja com justificadas galas.

Estamos diante de mais uma manifestação da generosidade com que Vossa Excelência acompanha a vida nacional, sobretudo no campo da cultura e da comunicação. Muito obrigado, Professora Nelly Candeias.

Para a ABI esta homenagem é magnificada pela importância que o Instituto Histórico e Geográfico de São Paulo alcançou em suas muitas décadas de atividade, durante as quais contribuiu para revelar e divulgar aspectos da formação deste Estado e desta Cidade, promovendo, estimulando ou apoiando estudos e pesquisas que deram o devido relevo à evolução administrativa, política, econômica e social da mais importante unidade da Federação. Revelando fatos e personagens, este Instituto Histórico ofereceu, como continua a oferecer, notável contribuição à definição da nossa identidade nacional e, também, da identidade da gente deste Estado. Tradições paulistas e paulistanas foram e são cultuadas graças a esse trabalho a que se devotam, coletiva ou individualmente, os ilustrados membros desta Casa da História.

Devemos dizer, sem arranhão na modéstia que só nos pode exaltar, que a Associação Brasileira de Imprensa cumpriu a seu modo, ainda que sem a fecundidade e a largueza do Instituto Histórico e Geográfico, tarefa idêntica no campo da valorização da trajetória histórica da nossa imprensa e dos dedicados profissionais que a mantêm desde que o repórter Gustavo de Lacerda, um catarinense radicado no Rio de Janeiro, teve a iniciativa de reunir oito de seus companheiros de atividade jornalística para fundar em 7 de abril de 1908 esta que é a mais antiga instituição de jornalistas do País. Entre as preocupações permanentes da ABI desde então figura a busca de informações e conhecimentos acerca dos veículos de imprensa que, uns com brilho, outros não tão felizes, construíram a História de 200 anos decorrida desde 1808, quando surgiram os marcos da nossa imprensa, "A Gazeta do Rio de Janeiro" e o "Correio Braziliense", este editado em Londres por um visionário gaúcho, Hipólito José da Costa Furtado de Mendonça, que editou a publicação, em condições extremamente adversas, desde 1808 até dezembro de 1822, quando, efetivada a Independência, deu por encerrada a sua missão cívica.

Não devo estender-me além desses pontos que mostram as afinidades entre a ABI e o Instituto Histórico e Geográfico de São Paulo no propósito que lhes é comum de servir ao País através da informação e, no caso do IHGSP, do saber. Mas não posso encerrar sem dizer-lhes de peito aberto e coração exultante que a ABI guardará este ato e esta homenagem como os que mais a cativam neste ano do seu centenário.

Muito obrigado, Presidente Nelly Candeias

Mensagem de Margarita Maris
6 de setembro de 2008

Aplausos para a Professora Dr^a. Nelly Martins Ferreira Candeias.

Nossa amiga prova que a fala de abertura de uma solenidade pode ser um texto rico de informação e, ao mesmo tempo, colorir-se de fino espírito crítico. Leiam e digam se não tenho razão.

Um abraço, amiga! Não é à toa que, pela terceira vez, V. foi eleita Presidente do Instituto Histórico e Geográfico de São Paulo. E mais que tudo, faço questão de repassar esta mensagem pessoal. Ela diz coisas demais para ficar restrita a uma só destinatária.

Por isso repasso.

Margarita Maris

20 anos de Linguagem Viva
Mensagem da Presidente Nelly Candeias
Setembro de 2009

Respondo ao amável convite que me foi formulado para escrever um texto por ocasião dos 20 anos do jornal literário Linguagem Viva. É uma honra para o Instituto Histórico e Geográfico de São Paulo e um privilégio para mim escrever por ocasião da celebração do vigésimo aniversário dessa publicação da cultura paulista.

Mas no espaço de uma página o que se pode dizer? Para que não se extinga a memória e o tempo, escolho lembrar o que senti ao me encontrar pela primeira vez com Rosani Abou Adal.

Na travessia deste mar da vida, que os últimos sete anos me têm proporcionado como presidente do Instituto Histórico e Geográfico de São Paulo, impressionou-me a sua presença durante a comemoração dos 200 anos da Imprensa Régia e do Centenário da Associação Brasileira de Imprensa, e em especial com a finalidade de homenagear alguns jornalistas.

A vida é feita de pequenas páginas que relatam encontros e proximidade pelo futuro que encerram. Não sendo de longa data nosso convívio, quero deixar registrada a imagem que Rosani Abou Adal me deixou naquela tarde - uma guerreira no campo de batalha, com forte personalidade e vocação para a liderança. Um exemplo de pessoa de multifacetados talentos e virtudes, em que predomina invulgar capacidade de trabalho, generosidade sem limites, dedicação, gosto e fortes convicções quanto ao que faz.

No momento em que uma cruel ausência de valores nos mergulha em assustadora crise moral, são pessoas como ela que nos fazem acreditar num São Paulo maior e num Brasil mais feliz. Nas palavras de Miguel Torga, "é nosso dever reconhecer o mérito de quem cumpre a vida". Rosani Abou Adal tem cumprido e sempre cumprirá a vida, firme na defesa de princípios e valores, que congregam a admiração e o respeito de todos que com ela convivem.

Foi para ajudar a preencher um vazio que Rosani, respondendo ao apelo intelectual de Adriano Moreira, piracicabano tão motivado quanto ela, alistou-se nessa original aventura do Linguagem Viva. E fizeram da publicação um fenômeno jornalístico-cultural.

Pelas mãos de Rosani o jornal literário Linguagem Viva ultrapassou a barreira comum entre nós da sobrevivência e descontinuidade, sem interromper a periodicidade de suas publicações. Estrela que não se apaga, ela não será esquecida por ter levado à frente o nobre ideário de uma agremiação de escritores.

Dia iluminado e feliz! Sinto-me honrada ao realizar esta comemoração no Instituto Histórico e Geográfico de São Paulo, onde, desde 1894, se promove e perpetua a memória da "Pátria Amada, Brasil".

CAPÍTULO
· 33 ·

100 Anos da imigração japonesa no Brasil

Solenidade realizada pelo Instituto Histórico de São Paulo no Palácio Anchieta, Câmara Municipal de São Paulo.
15 de setembro de 2008.

A Banda da Polícia Militar de São Paulo
executou os hinos do Brasil e do Japão.

Hino do Japão[1]

君が代は (Kimi ga yo wa.)　　　　　　Que seu reinado
千代に (Chiyo ni)　　　　　　Continue por mil, oito mil gerações
八千代に (Yachiyo ni)　　　　　　Até que seixos
さざれ石の (Sazare ishino,)　　　　　　Surjam das rochas,
巌となりて (Iwao to narite,)　　　　　　Cobertas de musgo.
苔の生すまで (Kokeno mussu made.)

---

1   O menor hino nacional do mundo.

Palavras da Presidente

Idioma japonês, traduzido[2]:

"Boa noite. Quem lhes fala é Nelly Candeias do IHGSP. Gostaria de me congratular com o Centenário da Imigração Japonesa para o Brasil".

Excelentíssimo Senhor Vereador Aurélio Nomura, Excelentíssimo Senhor Américo Utumi, a quem agradeço a realização desta cerimônia no histórico Palácio Anchieta, Excelentíssimo Senhor representante do Diretor da Escola **Superior de Agricultura Luiz de Queiroz da Universidade de São Paulo,** Professor demais autoridades que compõem a mesa, senhores homenageados, senhoras e senhores.

Por ocasião das festividades dos 100 anos da imigração dos japoneses no Brasil, o Instituto Histórico e Geográfico de São Paulo deseja homenagear este povo abençoado, que tanto tem contribuído para o desenvolvimento da nação brasileira.

Na alvorada do encontro entre o Ocidente e o Oriente, em 1546, pela audácia de Fernão Mendes, os navegadores portugueses encontraram as terras do daí nipon, "um povo mais além da China". Nessa histórica ocasião, os portugueses foram recebidos pelo príncipe da ilha a bordo do primeiro junco, o qual, ao interrogar os homens brancos, mostrou, com rara inteligência, ser homem curioso e inclinado a coisas novas.

Três anos depois do início das relações luso-japonesas, em 1549, São Francisco Xavier (1506-1552), um dos fundadores da Companhia de Jesus, o primeiro missionário cristão a desembarcar no Japão, referindo-se em seus escritos "a esse povo mais além da China".

Vou citar suas palavras: "pela muita informação que tenho de uma ilha de Japão (...). Por ser gente de muita arte e maneira e curiosa de saber (...), segundo me dão informação os portugueses que daquelas partes vieram (...). É gente mais curiosa de quantas terras são descobertas (...). É a melhor gente que até agora está descoberta". E diz encantado: "este povo é a delícia do meu coração".

---

2 Nelly Martins Ferreira Candeias iniciou e terminou sua fala em idioma japonês, pelo que agradece a Masato Ninomiya pelos textos traduzidos e a Wilson Takahiro Yanagisawa pela escrita em ideogramas.

E são essas mesmas palavras, ditas há seis séculos, que eu gostaria de repetir na abertura desta sessão, levando-as ao plural, pois sei também que expressam os sentimentos de todos os presentes: Este povo é a delícia dos nossos corações.

Sejam bem-vindos!

Encerramento em idioma japonês, traduzido:
Obrigada pela sua atenção. Viva o Centenário da Imigração Japonesa para o Brasil.

Discurso em ideogramas:

皆さん、今晩は。
サンパウロ歴史地理院の、ネリ カンデイアス です。
この度は、日本人 ブラジル移住 百周年 おめでとう ございます。
皆さん、ごせいちょう 有難とうございました。
ブラジル 日本移民 百周年、万歳。
訳　柳澤隆弘ウイウソン

Palavras de Marly Therezinha Germano Perecin

Nada poderia sensibilizar mais a um historiador que a oportunidade de participar de um evento cívico no interior desta instituição, a histórica Câmara de Vereadores de São Paulo, a mesma que há 5 séculos desfraldou no interior dos sertões de Piratininga a bandeira da liberdade e da expansão continental, em benefício da Pátria. Partilhando ainda do mesmo sentimento, agradeço a oportunidade de falar em nome dos homenageados, transmitindo a sua gratidão pelo reconhecimento oficial do mérito que se imputa às suas vidas de trabalho e dedicação ao país que os seus ancestrais elegeram.

Homens de luta e visão, justamente lembrados neste ano do Centenário da Imigração Japonesa no Brasil. Particularmente, agradeço o Diploma de Honra ao Mérito que o IHGSP me confere pela obra *Os Passos do Saber*, onde analiso as origens e o desenvolvimento do ensino científico aplicado à agricultura brasileira, através da Escola Superior de Agricultura Luiz de Queiroz, a ESALQ, por onde passaram com garbo e inteligência muitos dos homenageados presentes.

A minha experiência pessoal de historiadora me possibilitou nesta obra o que os documentos revelavam, através dos textos do idealizador, Luiz Vicente de Souza Queiroz, e dos acervos arquivísticos sobre os esforços, fracassos e a vitória final da ciência agronômica nos trabalhos pioneiros encetados na Fazenda São João da Montanha, em Piracicaba, em finais do século XIX e nas primeiras décadas do século XX.

A partir dos meados do século XX por aquela Escola haveria de passar a maior parte dos agrônomos e cientistas oriundos da histórica imigração japonesa ao Brasil. Os seus nomes alinham-se junto a outros, descendentes das variadas etnias que compõem a amálgama do povo brasileiro, na obra da construção coletiva da primeira Agricultura do planeta. Como em todos os tempos ao se empreender as epopéias hoje os grandiosos projetos nacionais a vida se incumbe de selecionar os melhores para o bem comum. Não se prescindem as contribuições da inteligência e do trabalho dos brasileiros oriundos do Povo do Sol Nascente.

Registro Fotográfico

Nelly Martins Ferreira Candeias e Aurélio Nomura, organizadores do evento.

Outorga do Colar dos 200 anos da Vinda da Família Real para dois ex-Ministros da Agricultura

Nelly Martins Ferreira Candeias, Roberto Rodrigues, ex-Ministro da Agricultura, e Aurélio Nomura.

Nelly Martins Ferreira Candeias, Allysson Paulinelli, ex-Ministro da Agricultura, e Aurélio Nomura.

Aurélio Nomura, Marly Therezinha Germano Perecin e o ex--Ministro da Agricultura, Roberto Rodrigues.

Américo Utumi, Aurélio Nomura e Marly Therezinha Germano Perecin.

Entrega do Diploma de Honra ao Mérito

Nelly Martins Ferreira Candeias, Hadjimi Icuno,
Américo Utumi e Aurélio Nomura.

Nelly Martins Ferreira Candeias, Minoru Tabata,
Américo Utumi e Aurélio Nomura.

Mário Yamashita.

Nelly Martins Ferreira Candeias, Isidoro Yamanaka, Américo Utumi e Aurélio Nomura.

José Alberto Neves Candeias, Nelly Martins Ferreira Candeias e Nozumo Makishima.

Nelly Martins Ferreira Candeias e Masato Ninomiya.

Kasato Maru, navio que trouxe o primeiro grupo
oficial de imigrantes japoneses para o Brasil, em 1908.

Biografia dos agraciados com o Diploma do IHGSP

Isidoro Yamanaka – Engenheiro agrônomo, funcionário da Secretaria da Agricultura do Estado de São Paulo, foi assessor de vários Ministros da Agricultura que necessitavam de pessoas que conhecessem a agricultura e o cooperativismo agrícola do Japão e do Brasil.

Hadjimi Icuno – Engenheiro agronomo, funcionário da Secretaria da Agricultura do Estado de São Paulo, ocupou vários cargos de chefia. Foi Presidente do Sindicato Rural de São Paulo e prestou relevantes serviços aos pequenos agricultores do Cinturão Verde de São Paulo. Recebeu o Premio de Mérito em Agronomia do ano 2008 da Associação dos Engenheiros Agronomos do Estado de São Paulo.

Osvaldo Kunio Matsuda – Herdando de seu pai, Mario Matsuda, fundador da Cooperativa Agrícola Mista de Adamantina, as qualidades de líder cooperativista, preside a Cooperativa com muita competencia, alçando-a na posição de 12ª empresa cooperativa de maior expressão econômica, segundo a revista Exame.

Shiro Miyasaka – Engenheiro agrônomo, prestou relevantes serviços aos agricultores imigrantes japoneses e às cooperativas agrícolas, na área da assistência técnica à produção agrícola. Aposentado, vive hoje em Campinas, dando assessoria à agricultura orgânica.

Mário Yamashita – Engenheiro agrônomo, preside a Associação Pró-Coloboração Internacional dos Agricultores, entidade fundada pela Cooperativa Agrícola de Cotia, Cooperativa Sul Brasil e Cooperativa Bandeirante, que tinha como objetivo o intecâmbio de jovens agricultores, filhos dos associados, para estágio nas propriedades agrícolas de associados das cooperativas do Japão, Estados Unidos e Holanda. Este importante programa, capacitou milhares de jovens, muitos deles empresários agrícolas de sucesso. Vale ressaltar que após a liquidação das Cooperativas fundadoras, Mário Yamashita continuou o programa, enviando jovens agricultores indicados pelos Sindicatos Rurais, Associações e Cooperativas aos Estados Unidos, ajudando na formação e capacitação de milhares de estagiários, que hoje, labutam com muito sucesso na área agrícola.

Junji Abe – Prefeito reeleito de Mogí das Cruzes, foi líder agrícola da região, deputado estadual, Presidente do Sindicato Rural de Mogi das Cruzes, Diretor da Federação da Agricultura do Estado de São Paulo. Batalhou pela melhoria das condições econômicas dos pequenos lavradores da região de Mogi e Suzano e como reconhecimento do seu trabalho, foi eleito e reeleito prefeito da sua cidade.

Minoru Tabata – Líder agrícola na região do Cinturão Verde de São Paulo, foi Presidente da Cooperativa Agrícola de Cotia-Cinturão Verde que congregou pequenos agricultores de vasta região que abastecia de hortifrutigranjeiros o mercado de São Paulo.

Nozomu Makishima – Engenheiro agrônomo da EMBRAPA - Empresa Brasileira de Pesquisa Agropecuária, prestou relevantes serviços às cooperativas agrícolas e aos agricultores japoneses na área da hortifruticultura.

Mensagens de Américo Utumi

9 de dezembro de 2008

Prezada Dra. Nelly,
Foi um grande prazer ajudá-la a promover esta significativa homenagem, conjuntamente com a Câmara Municipal, ao centenário da imigração japonesa ao Brasil.
Das centenas, quiçá milhares de festividades realizadas durante este ano, esta cerimônia é, sem dúvida, o evento que melhor irá retratar a grande contribuição da imigração japonesa ao desenvolvimento econômico e social do Brasil, porque, enfocou, exatamente as duas áreas onde ela deixou a sua principal marca: na agricultura e no

cooperativismo agrícola. Nem a vinda do representante da família imperial japonesa teve maior significado. Basta perguntar à qualquer brasileiro não descendente o nome do referido representante e ele não saberá responder. A sua presença festiva e midiática, na semana das comemorações, já caiu no esquecimento.

Espero que esta homenagem venha a resgatar o trabalho e sacrifício da comunidade japonesa e sua valiosa contribuição ao nosso país. E que fique perpetuada nos anais da Câmara Municipal de São Paulo e no Instituto Histórico e Geográfico de São Paulo, a saga desta brava gente que com o seu suor, pertinácia e competência escreveu com letras de ouro parte da história do desenvolvimento agrícola em nosso país.

Quanto à minha intervenção na cerimônia, fico muito desvanecido pela lembrança, mas quero delegar ao vereador Aurélio Nomura a função de fazer o discurso. Para tanto, já passei a ele alguns dados que seriam importantes ser mencionados.

Assim sendo, estarei muito feliz na platéia, aplaudindo os verdadeiros protagonistas, que com muita justiça, serão homenageados.

Em sua pessoa, Dra. Nelly, gostaria de agradecer ao Instituto Histórico e Geográfico de São Paulo por esta iniciativa. Ao prestar esta homenagem, ele o faz em nome de toda a comunidade japonesa e de seus descendentes.

Muito obrigado.
Américo Utumi

São Paulo, 29 de setembro de 2008 – Américo

Prezada Dra. Nelly,
Fiquei muito feliz em saber que a gravação da cerimônia ficou bonita.

Quero lhe afiançar que esta homenagem que a IHGSP prestou às pessoas que realmente contribuíram para que a comunidade japonesa pudesse realizar este trabalho tão dignificante de desenvolver a agricultura brasileira, foi um marco nos festejos do centenário.

Recebí muitos telefonemas de pessoas que desconheciam a realização deste evento, que infelizmente, não foi muito divulgado, principalmente, de amigos do Ministro Roberto Rodrigues, lamentando não ter podido estar presentes.

Mas, o que valeu mesmo, foi o sentido desta solenidade.

Muito obrigado à senhora e ao IHGSP. Se a senhora tiver uma cópia, por favor, me envie. Será uma lembrança que gostaria de mostrar à minha família e aos meus amigos.

Abraços,
Américo Utumi

Agricultura e cooperativismo
As maiores contribuições da imigração japonesa[3]
Américo Utumi

No apagar das luzes das comemorações do centenário da imigração japonesa no Brasil, a Câmara Municipal e o Instituto Histórico e Geográfico de São Paulo se uniram para fechar com chave de ouro as festividades que marcaram este memorável acontecimento. Em singelo evento realizado no Salão Nobre da Câmara Municipal, as instituições promotoras celebraram o centenário, em que enfocaram as duas maiores contribuições trazidas por esses bravos imigrantes ao desenvolvimento do nosso país: nas áreas da agricultura e do cooperativismo.

Com efeito, esses imigrantes, tão logo cumpriram os termos contratuais de permanência nas fazendas de café, e não tendo concretizado os sonhos de riqueza objetos de sua vinda, não tiveram escolha. Para sobreviver, decidiram permanecer no País, agora como agricultores independentes. Arrendaram pequenas áreas ou adquiriram terras com as economias feitas do seu trabalho nas fazendas.

Espraiando-se, no início, pelo interior de São Paulo, e mais tarde no norte do Paraná e sul de Minas Gerais, esses imigrantes passaram a produzir legumes, frutas, hortaliças e produtos avícolas para o mercado, introduziram novas variedades, melhoraram a qualidade, substituíram importações e alteraram a dieta dos brasileiros. Exemplos disso são inúmeros, como o pepino japonês, a alface americana, a acelga, o rabanete, entre outros alimentos. Sem contar os típicos produtos japoneses, que já foram incorporados ao gosto dos brasileiros, como o sushi e o sashimi.

Podemos citar ainda a introdução das tecnologias que esses imigrantes trouxeram, como a separação dessas aves por sexo, que antes não existia, a fabricação de suco congelado de frutas, entre outras que vieram para contribuir e inovar a culinária no Brasil.

A agropecuária, atividade de maior contribuição nipônica, sujeita às dificuldades próprias dos pequenos lavradores, que, sem escala e sem conhecimento da língua e do mercado, eram presas fáceis de comerciantes inescrupulosos, fez com que eles buscassem instrumentos capazes de colocar seus produtos sem as inconveniências da intermediação. Passaram, então, a formar cooperativas agrícolas, que além de comercializar a produção também buscavam no mercado os insumos necessários à sua atividade agrícola, tais como fertilizantes, defensivos agrícolas, sementes, máquinas e implementos. Muitas delas mantinham um setor de crédito rural para financiar seus associados.

---
3 Revista *DBO Agrotecnologia*.

O sucesso de tais cooperativas foi tamanho que o governo, interessado em fomentar e divulgar este tipo de sociedade, baixou o Decreto 22.239, em 1932, a primeira lei normativa das sociedades cooperativas, cinco anos após a fundação da primeira cooperativa de imigrantes japoneses, em 1927. Pode-se afirmar, sem sombra de dúvida, que a comunidade japonesa foi a grande introdutora do cooperativismo agrícola no Brasil.

E estas duas vertentes da contribuição da coletividade japonesa no desenvolvimento do nosso país foram representadas, nesta homenagem na Câmara, por dois grandes líderes desses setores no Brasil: Roberto Rodrigues, indiscutivelmente o nosso maior líder cooperativista, e Allysson Paulinelli, um dos expoentes da nossa agricultura, aos quais foram outorgados o Colar do Bicentenário da Chegada da Família Real ao Brasil. A Escola Superior de Agricultura Luiz de Queiroz e nove personalidades vinculadas à agronomia e ao cooperativismo foram, também, homenageadas com um Diploma de Mérito pela inestimável assistência prestada à comunidade rurícola japonesa.

Em seus discursos de agradecimento, ambos os homenageados, ex-ministros da Agricultura, Pecuária e Abastecimento, foram unânimes em ressaltar o importante e extraordinário papel da comunidade japonesa no desenvolvimento da agricultura brasileira.

Uma cooperativa agrícola, formada por esses imigrantes japoneses no início da década de setenta, implementou o primeiro projeto de assentamento dirigido no cerrado, na região de São Gotardo, Minas Gerais. Em terras que o mineiro não queria "nem dada nem herdada", os japoneses cooperados, com assessoria técnica de competentes engenheiros agrônomos, mudaram o visual agrícola de uma vasta área, substituindo as árvores retorcidas, matéria-prima de fornos produtores de carvão, única atividade econômica local, por um mar de soja, trigo, milho e café. E hoje, o melhor café do Brasil é o do cerrado. Além disso, a região se tornou a maior produtora de cenouras do País.

Não foi por outra razão que o governo do Japão, informado do sucesso do projeto das cooperativas, manifestou o desejo de investir no cerrado, dando lugar ao PRODECER – Programa de Desenvolvimento do Cerrado - que, contando com expressiva colaboração financeira do governo nipônico, abriu horizontes da agricultura para o enorme potencial do cerrado.

Estes projetos mudaram o perfil econômico e social de imensa parcela do território sul mineiro, criaram riquezas e proporcionaram desenvolvimento.

Vários outros, dos quais as cooperativas foram partícipes, tiveram resultados semelhantes. Em Curaçá, perto de Juazeiro, no norte da Bahia, num projeto irrigado da CODEVASF (Companhia de Desenvolvimento dos Vales do São Francisco e do Parnaíba), ao lado do Rio São Francisco, cooperados japoneses e seus descendentes produziam melões e uvas da melhor qualidade. A presença deles em Juazeiro foi alvo da curiosidade da população local, que nunca tinha visto um japonês naquelas paragens. Em São Joaquim, Santa Catarina, as pesquisas feitas pelo agrônomo e professor Kenshi Ushirozawa, vindo do Japão para estudar a possibilidade de produzir frutas de clima temperado naquela região, levaram a Cooperativa Agrícola de Cotia a implementar um projeto de assentamento, cujos associados, em pouco tempo, começaram a produzir maçãs e pêras de sabor e qualidade superiores às importadas.

Centenas de exemplos da valiosa participação dos agricultores japoneses e descendentes, via cooperativas, na melhoria da prática agrícola, poderiam ser citados. Justa, pois, a significativa homenagem que o povo paulistano, representado pela Câmara Municipal e pelo Instituto Histórico e Geográfico de São Paulo, prestou a estas personalidades. Elas muito ajudaram os imigrantes que, com o seu frutífero trabalho, suor e dedicação escreveram, com letras de ouro, parte da história do desenvolvimento da agricultura brasileira.

CAPÍTULO
• 34 •

200 anos da criação do Corpo de Fuzileiros Navais

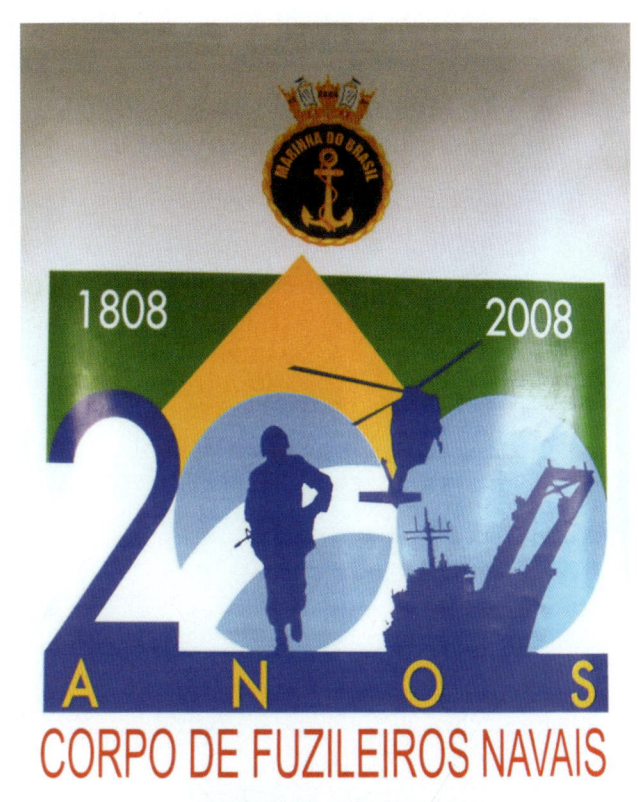

Cerimônia realizada pelo Comando do 8º Distrito Naval de São Paulo e pelo Instituto Histórico e Geográfico de São Paulo.
24 de setembro de 2008.

Honra é a força que nos impele a prestigiar a nossa personalidade; é o sentimento avançado do nosso patrimônio moral, um misto de brio e de valor. Ela exige a posse da perfeita compreensão do que é justo, nobre e respeitado, para elevação da nossa dignidade; a bravura para deafrontar perigos de toda ordem, na defesa da verdade, do direito e da justiça.

Almirante Joaquim Marques Lisboa
Marquês de Tamandaré,
Patrono da Marinha do Brasil

Palavras da Presidente

Excelentíssimos Senhores Membros da Mesa, Vice-Almirante Terenilton Souza Santos, cuja hospitalidade o Instituto agradece e na pessoa de quem saúdo as autoridades aqui presentes, Alteza Imperial e Real, Príncipe Dom Luiz de Orleans e Bragança, Chefe da Casa Imperial do Brasil, Alteza Imperial e Real Príncipe Dom Bertrand de Orleans e Bragança, Capitão-de-Mar-e-Guerra, Francisco Eduardo Alves de Almeida, Professor Kenneth Light, Comandantes Antonio Carlos Mendes e Sergio Caldas Restier Gonçalves, a quem agradeço a devotada colaboração.

Senhores e Senhoras,

No dia 24 de março, no âmbito das comemorações do bicentenário da partida da Família Real para o Brasil, o Instituto Histórico e Geográfico de São Paulo realizou uma cerimônia no salão nobre da Faculdade de Direito, com o apoio de seu diretor, Professor Doutor João Grandino Rodas.

Durante a cerimônia, o Colar do Bicentenário da Vinda da Família Real para o Brasil, criado neste ano por decreto do governador José Serra, foi outorgado pela primeira vez a sua Alteza o Príncipe Dom Luiz de Orleans e Bragança, Chefe da Casa Imperial Brasileira, sucessor dinástico de D. Pedro II.

Também receberam o colar os Professores Doutores João Grandino Rodas e Daniel Serrão, Dom Marcus de Noronha da Costa, D. Maria Amélia de Arruda Botelho de Souza Aranha, Lauro Ribeiro Escobar e Eduardo Conde.

O auditório do salão nobre da Faculdade de Direito estava repleto, com número estimado de mais de 800 pessoas.

Nele, sentia-se um certo clima de gratidão e respeito ao recordar-se os benefícios que a vinda da Família Real trouxera para o Brasil, a partir de 1808, e ao resgatar- se, com argumentos documentados em fontes sérias, a figura do Príncipe Regente, futuro Dom João VI, injustamente considerado como pessoa incompetente por historiadores superficiais, e não como Oliveira Lima o descreveu em sua magistral obra.

Também se contestou a maldosa afirmação sobre a transferência da sede da Monarquia para o Brasil, apresentando a travessia do Atlântico como deserção covarde e improvisada, e não como fruto de um elenco de opções logísticas, a serem aplicadas segundo contingências históricas, articuladas pela aliança com a Inglaterra, o mais antigo pilar da política externa portuguesa.

Até hoje, surpreendem-se os historiadores do mar com os entendimentos diplomáticos e planos logísticos de um empolgante segredo de estado, mantido com rigoroso sigilo por um monarca competente e bem-intencionado, que protagonizaria momentos decisivos da história luso-brasileira. Era difícil manter o sigilo àquela altura, com espiões de um lado e do outro, principalmente nas capitais ibéricas. Esse segredo de estado rompeu o Bloqueio Continental, alterou o rumo da história das nações e contribuiu para a definitiva derrota de Napoleão na Europa e nas Américas.

Hoje vamos evocar o bicentenário da vinda da Família Real para o Brasil, abordando desta vez aspectos relacionados à travessia do Oceano Atlântico e comemorar os 200 anos da criação dos fuzileiros navais.

Queremos celebrar o mar porque foi pelo mar que os portugueses chegaram ao Brasil, Cabo Verde, Guiné-Bissau, São Tomé e Príncipe, Moçambique, Angola, e Timor-Leste, bem como às regiões de Macau, Goa, Damão e Diu, onde permaneceu a língua portuguesa que une os povos que o mar separa mas que a afetividade aproxima.

Nas palavras de Vergílio Ferreira, citadas recentemente pelo embaixador de Portugal no Brasil, Francisco Seixas da Costa:

> Da minha língua vê-se o mar. Da minha língua ouve-se o seu rumor como de outros se ouvirá o da floresta ou o silêncio do deserto. Por isso a voz do mar foi a da nossa inquietação.

A melhor mensagem é aquela que se encontra em silêncio em nossos corações. Vamos ouvir a história do mar e, juntos, fazer navegar a barlavento a Soberania Brasileira.

Registro Fotográfico
Outorga do Colar do Bicentenário da Vinda da Família Real para o Brasil

8º Distrito Naval de São Paulo

Kenneth Light, autor do livro
*A transferência da capital e corte
para o Brasil,
1807 - 1808.*

D. Bertrand de Orleans e Bragança.

Nelly Martins Ferreira Candeias, Sérgio Restier, Celso Figueiredo Filho, Georgette Nacarato Nazo. À direita, Francisco Eduardo Alves de Almeida.

À direita Nelly Martins Ferreira Candeias, S.A.I.R., Dom Luiz de Orleans e Bragança com Oficiais do 8º Distrito Naval de São Paulo.

Oficial do 8º Distrito Naval
de São Paulo.

CAPÍTULO
• 35 •

São Paulo de Piratininga 455 anos

Sessão realizada no Páteo do Collegio.
25 de janeiro de 2009.

Palavras da Presidente

No oitavo janeiro de minha gestão, como presidente do IHGSP, desejo manifestar meu júbilo ao comemorar a data magna da cidade de São Paulo no Pateo do Collegio, chão sagrado de Piratininga, onde há 455 anos, Manuel de Paiva celebrou a Missa fundadora. Este espaço foi-nos generosamente cedido pelo Padre Carlos Alberto Contieri, seu Diretor, membro do nosso Instituto, que muito nos honra e dignifica.

"Com a morte de cada homem termina um universo físico e cultural especifico, mais ou menos rico, mas sempre original e irrepetível. O que o homem deixa quando morre – os seus escritos, os objetos culturais que criaram, a memória da sua palavra e dos seus gestos – tudo exprime uma realidade que está para além do corpo físico que esse homem usou para viver o seu limitado tempo pessoal. Mas ele viverá para sempre e atravessará os séculos por meio de outras gerações, se não for esquecido" (Daniel Serrão).

"O passado não é o que passou, o passado é o que ficou do que passou" (Tristão de Ataíde). E o que ficou do que passou na história, é constantemente lapidado pela imaginação, pelos sentimentos de vitória e de derrota, por simpatias ou antipatias, por ódio ou amor, levando a inevitáveis distorções dos fatos, às vezes intencionais ainda que velados, com desastrosas consequências particularmente no que diz respeito a livros didáticos dirigidos a escolares. "Facile credimus quod volumus".

É compromisso da história divulgar documentos e estudos realizados por historiadores altamente qualificados e, pela educação, cujo ícone maior na cidade de São Paulo é o Padre Anchieta, realçando glórias, símbolos e valores às novas gerações de cidadãos.

E parte da memória de São Paulo encontra-se arquivada no Instituto Histórico e Geográfico de São Paulo (criado em 1894) e no Pateo do Collegio.

A propósito da fundação de São Paulo, cidade onde nasci, vou citar palavras do historiador Padre Serafim Leite, membro do Instituto Histórico e Geográfico de São Paulo, em sua magistral obra sobre a História da Companhia de Jesus no Brasil.

"O princípio fora diferente e humilde como todas as coisas grandes. Mas tal como foi, é hoje o orgulho de São Paulo, porque é a própria origem, sem dúvida a mais bela do mundo. Nem sabemos se há outra cidade com origem semelhante. Poderia ser intento de escravização ou violência: poderia ser o de cobiça, ou cálculo mercantil; poderia ser qualquer outro ato de expressão ignorada, como foi a origem de tantas outras. São Paulo foi uma escola, ato deliberado de expansão intelectual, com o fim prático de formar homens que pudessem substituir os da Europa no Brasil que amanhecia".

Estamos reunidos em Inhapuambuçu, no Colégio de São Paulo de Piratininga, base cultural do Brasil quinhentista. Cadinho onde se fundiu a alma brasileira – europeus, índios e mamelucos, juntos, pela vocação miliar de navegantes, peregrinos, jesuítas, bandeirantes e diplomatas, caminhavam por clarividente predisposição, delineando as fronteiras de um território continental – por descobrir e conquistar, dividido por uma linha imaginária e imprecisa, fixada pelo Tratado de Tordesilhas.

Em Sagres, na aurora do mundo moderno, tendo o sigilo como norma de procedimentos, um infante, debruçado em altos penedos, sonhava com os ventos bons do mar oceano e com a conquista e ocupação de um território que desconhecia.

Conjugavam-se em Portugal, naquele momento, a vocação marítima de seu povo, a fé de sua gente, o gênio de dois membros da dinastia reinante, Dom Henrique e Dom João II e o sagaz Tratado de 1494.

Mas as bandeiras paulistas não respeitaram a linha demarcatória, nem o direito dos soberanos de Castela, e seguiram mais e mais para o oeste, fazendo recuar o meridiano fixado na cidade espanhola. E assim conquistaram para a coroa de Bragança mais de 6 milhões de quilômetros quadrados de território. No sertão era preciso inventar.

Nestes termos, vou falar sobre dois protagonistas da história do Brasil Colonial. O padre jesuíta Alexandre de Gusmão nasceu em Lisboa, em 1629, e faleceu em 1724 aos 95 anos de idade. Foi fundador e reitor do Seminário de Belém da Cachoeira (Bahia), e protetor de seu afilhado Alexandre Lourenço e do irmão Bartolomeu, dois dos doze filhos santistas de Francisco Lourenço e de Maria Álvares, família que vivia da generosidade de amigos. Os dois irmãos foram educados pelo eminente jesuíta. Mais tarde, por gratidão, ambos adotaram seu sobrenome.

Ao evocarmos fato histórico que uniu por laços de afeição, inteligência e convicção um padre jesuíta português e dois meninos santistas, o Instituto deseja prestar homenagem à comunidade luso-brasileira, porque das sementes lusíadas nasceu a árvore brasileira.

Coube a paulistas e a portugueses a glória de garantir a posse das terras conquistadas pelas bandeiras no século XVI, XVII e XVIII, algumas de origem oficial por determinação régia. Tudo pela defesa do território, cuja unidade constitui hoje o Brasil.

Terminada a educação formal na Bahia, Alexandre matriculou-se na Universidade de Coimbra. Doutorou-se em direito civil na Universidade de Paris, em Sorbone. Político e diplomata, Alexandre de Gusmão foi notável colaborador da política externa de D. João V, entre 1730 e 1750. Exerceu funções de secretário particular do rei com enorme influência nas decisões da metrópole sobre território, que outros não conseguiam ver.

Principal negociador do Tratado de Madrid, assinado em janeiro de 1750, delimitou fronteiras entre colônias da Espanha e de Portugal, dividindo o continente entre as duas Coroas. A ele deve-se o primeiro esboço das fronteiras, tais como as conhecemos hoje. Na história do Brasil esse tratado representa o primeiro passo para fixação dos contornos do nosso território.

Vou citar: " Trato de limite das conquistas entre os muitos altos e poderosos senhores D. João Quinto, Rey de Portugal, e D. Fernando Sexto, rei de Espanha, assinado em 13 de janeiro de 1759, em Madrid, e ratificado em Lisboa a 16 do dito mês, e em Madrid a 8 de fevereiro do mesmo ano. Em nome da Santíssima Trindade".

Assinado entre as duas Majestades Fidelíssimas, o Tratado de Madrid foi redigido pelo diplomata que adotou o sobrenome do seu padrinho jesuíta, através da obra paciente astuta, obstinada e clarividente nas palavras de seu principal biógrafo, Jayme Cortesão, membro do nosso Instituto. Com o documento, cerca de oito milhões de quilômetros quadrados passaram a incluir terras extra-Tordesilhas, transformando o reduzido território litorâneo das capitanias do Brasil Colonial num império imenso, onde, hoje, nos quatro pontos cardiais da Nação, um povo abençoado, de etnia mesclada e varíadíssima, fala o idioma português.

A ata de 15 de outubro de 1966 do Instituto Histórico e Geográfico de São Paulo refere-se à vida, obra e trasladação dos restos mortais de Alexandre de Gusmão, o paulista de Santos, o primeiro diplomata brasileiro. Por empenho da diretoria do Instituto, suas cinzas foram trasladadas da Igreja de Nossa Senhora do Carmo, em Lisboa, para o Instituto Histórico e Geográfico de São Paulo, nele ainda permanecendo. Um ano depois do traslado, essa relíquia deu origem à criação da Medalha Alexandre de Gusmão, a ser outorgada a seguir.

É esta a origem da medalha, cujo texto do diploma, vou ler:

"O Presidente do Instituto Histórico e Geográfico de São Paulo, cumprindo a resolução aprovada em sessão plenária de 14 de janeiro de 1967, bem como o disposto na Portaria nº 331, de 24 de julho de 1967, do Ministro da Educação e Cultura, confere a Medalha Cultural, em homenagem a Alexandre de Gusmão, o diplomata que alcançou para o Brasil o reconhecimento da área territorial conquistada pelos Bandeirantes.

São Paulo, 21 de janeiro de 2009. Assinam o diploma a Presidente, Nelly Martins Ferreira Candeias e o Secretário do Conselho da Medalha, Hernâni Donato, Presidente de Honra do Instituto.

Decorridos 344 anos do nascimento de Alexandre de Gusmão e 43 anos da criação desta medalha o Instituto Histórico e Geográfico de São Paulo recorda a epopéia da conquista e do reconhecimento do território da Coroa Portuguesa, onde portugueses-paulistas, enriquecidos pela presença de empreendedores de diferentes origens, revelam-se dignos continuadores da tarefa sobre-humana realizada por seus antepassados.

Sagres e São Paulo ligam Portugal ao Brasil, e estes países a outros e outros, entrelaçados agora pelo revezamento e pela luz, como a da tocha olímpica, de paz e compreensão.

Ao evocar a história dos navegantes, bandeirantes e diplomatas envolvidos no Tratado de Madrid, o Instituto Histórico e Geográfico de São Paulo deseja estender esta homenagem a todos os descendentes de imigrantes, das mais diferentes procedências, cujos realizações igualmente heróicas e assinaláveis, engrandeceram o Brasil de forma significativa.

Finalizando, cito Camões, para recordar: "essa gente ousada, mais que quantas no mundo cometeram grandes coisas, levando aos quatro ventos da Terra "a alma em pedaços repartida".

E que todos que aqui se encontram, com "a alma em pedaços repartida", contribuam para transformar mentira em verdade, ódio em amor, inveja em generosidade, soberba em humildade, preconceitos em tolerância à diversidade e descrença em fé. E que a Nação, hoje enaltecida, prossiga no caminho de sua merecida dignidade.

Amém.

Registro Fotográfico

Abertura da Cerimômia

Entrada do Porta Bandeira na Igreja do Páteo do Collegio.

Nelly Martins Ferreira Candeias e Adilson Cezar.

Padre Carlos Alberto Contieri S.J, Diretor do Páteo do Collegio.

O poeta Paulo Bomfim e Adilson Cezar, Presidente do Conselho de Honrarias e Mérito do Governo do Estado de São Paulo.

Hernâni Donato.

Outorga da Medalha Alexandre de Gusmão – Comando Aéreo Regional de São Paulo, Comando Militar do Sudeste de São Paulo e 8º Distrito Naval de São Paulo; Hubert Alquères, José Gregori, Prefeitura e Câmara Municipal representada por Antonio Carlos Rodrigues.

DATAS MAGNAS, SESSÕES CULTURAIS, POSSES

Entrega de Medalhas ao Comando Militar do Sudeste de São Paulo, 8º Distrito Naval e Comando Aero Regional de São Paulo.

Comando Militar do Sudeste de São Paulo, 8º Distrito Naval e Comando Aero Regional de São Paulo.

Outorga da medalha Alexandre Gusmão a Marcelo Cardinale Branco, representante do Prefeito da Cidade de São Paulo, Gilberto Kassab.

Hubert Alquères, José Gregori, Anselmo Langhi e Nelly Martins Ferreira Candeias.

Outorga da medalha Alexandre Gusmão a Marcelo Cardinale Branco, representando o Prefeito Gilberto Kassab, Hubert Alquères e José Gregori.

Outorga do Colar do Segundo Centenário da Vinda da Família Real para o Brasil – José Guilherme Queiroz de Ataíde e Marco Antonio Ramos de Almeida.

Marco Antônio Ramos de Almeida, Superintendente da Associação Viva o Centro, recebendo o Colar de Nelly Martins Ferreira Candeias e, Adilson César.

Da esquerda para direita, Marco Antônio Ramos de Almeida, Superintendente da Associação Viva o Centro e José Guilherme de Queiroz Ataíde, Cônsul de Portugal.

Colar do Segundo Centenário da Vinda da Família Real.

Posse de novos membros

Titulares: Acacio Vaz de Lima Filho, Henrique Nicolini, José Baptista de Carvalho, José Laurentino Gomes, José Raphael Musitano Pirágine, Kenneth Henry Lionel Light, Luthero Maynard, Marcel Mendes, Osvaldo Caron, Pedro Paulo Penna Trindade.

Correspondentes Nacionais: Expedito Ramalho de Alencar, Campinas – Francisco Eduardo Alves de Almeida, Rio de Janeiro - José Carlos Daltozo, Martinópolis – Paulo Gonzalez Monteiro, Santos.

O historiador Kenneth Light lendo o termo de posse em nome dos novos membros. À direita, o Professor Adilson Cezar.

O maestro José Raphael Musitano Pirágine recebendo o Diploma de Nelly Martins Ferreira Candeias; ao fundo, Laurentino Gomes.

O escritor Laurentino Gomes recebendo o Diploma de Nelly Martins Ferreira Candeias.

Da direita para esquerda: Acacio Vaz de Lima Filho, José Baptista de Carvalho, Kenneth Henry Lionel Light, José Laurentino Gomes, José Raphael Musitano Pirágine, Luthero Maynard, Osvaldo Caron, Marcel Mendes, Pedro Paulo Penna Trindade.

Cartas e mensagens

São Paulo, 3 de dezembro de 2008
Ilma. Sra.
Dra. Nelly Martins Ferreira Candeias
Presidente do Instituto Histórico e Geográfico de São Paulo

Prezada Senhora,
É para mim e para minha família motivo de muito orgulho ter sido honrado pela Diretoria do Instituto Histórico e Geográfico de São Paulo com a outorga do Diploma e Colar Comemorativo do 2º Centenário da Vinda da Família Real para o Brasil.

Considerando que tal honraria decorre fundamentalmente do trabalho que desenvolvo em prol da recuperação do centro de São Paulo, quero estender esta homenagem a toda Diretoria, Associados e funcionários da Associação Viva o Centro.

Aproveitamos para agradecer o apoio que V.Sa. e o IHGSP prestam a Associação Viva o Centro e à nossa luta comum em prol da recuperação do Centro de São Paulo.

Atenciosamente,
Marco Antonio Ramos de Almeida
Superintendente Geral
Associação Viva o Centro

Dear Nelly,
I write to congratulate you on the brilliant ceremony that you organized last Wednesday. I can only imagine how much work you must have put in 'behind the scenes'.
I am very proud to be a member of the Institute, that you preside, and look forward to actively participating in the future.
Um grande abraço,
Kenneth

23 de janeiro de 2009

Prezada Nelly,
Que linda festa você nos proporcionou no dia 21.

Tentei, por um longo tempo, esperar a fila de cumprimentos diminuir, para cumprimentá-la pessoalmente. Foi impossível! Principalmente, porque os pais do Paulo Monteiro estavam à nossa espera (minha e do Ricardo), para se despedirem e retornarem a Santos. E você estava solicitada por todos os lados.

Parabéns! Estou na primeira fila do seu Fã Clube, aplaudindo com vigor e gritando a plenos pulmões: BRAVO, NELLY, BRAVO, BRAVO!!!!! Sei que uma senhora bem-educada não deve gritar, mas você merece que eu esqueça o protocolo.

Tenho certeza de que, onde estiverem, os Gusmões aderem ao meu entusiasmo. Tanto o Gusmão jesuíta, quanto os Gusmões santistas...

Um abraço,
Laurete Godoy

FEDERAÇÃO DAS ASSOCIAÇÕES PORTUGUESAS E LUSO-BRASILEIRAS

Rio de Janeiro, 21 de janeiro de 2009

Exma. Sra.
Prof.ª Nelly Martins Ferreira Candeias
Presidente do
Instituto Histórico e Geográfico de São Paulo
São Paulo – SP

Em nome da Federação das Associações Portuguesas e Luso-Brasileiras e no meu próprio, venho cumprimentar V. Exia. e toda a sua Diretoria pela posse dos novos membros do Instituto, coincidindo com as comemorações dos 455 anos de fundação da Cidade de São Paulo.

Aproveito a oportunidade para louvar o trabalho admirável dessa Instituição em prol da preservação da memória da Cidade e do Brasil.

Com os protestos de elevada estima, subscrevemo-nos.

Atenciosamente,

Antonio Gomes da Costa
Presidente

Registro Histórico[1]

Ata da Sessão Extraordinária realizada às dez e trinta horas do dia quinze de outubro de mil novecentos e sessenta e seis, a fim de receber a urna contendo cinzas dos irmãos (digo) do doutor Alexandre de Gusmão, cognorninado o avô da diplomacia brasileira. Aberta a sessão, pelo presidente Aureliano Leite, tomaram assento à mesa cônsules e autoridades presentes. A urna que estava depositada na cripta da catedral metropolitana, vinda de Portugal, ficará neste Instituto Histórico e Geográfico de São Paulo, sob a guarda do museu "José Bonifácio". A retirada da urna da cripta da catedral obedeceu a cerimonial constante do programa previamente organizado. A missa foi rezada pelo bispo auxiliar Dom Gabriel Souto, cabendo a Monsenhor Paulo Florêncio da Silveira Camargo fazer o panegírico do homenageado, doutor Alexandre de Gusmão - após o que rumou o cortejo da Praça da Sé pelas ruas Barão do Paranapiacaba, Quintino Bocaiúva, José Bonifácio, Senador Paulo Egídio *e* Benjamin Constant até o Instituto Histórico. Uma guarda de honra, composta de elementos da Força Pública sob o comando do tenente-coronel Francisco Bianco Júnior, em auto oficial, conduziu a urna referida ao seu destino. À saída da Catedral, na Praça da Sé, prestou continência, tocando marcha batida a fanfarra do Instituto de Educação "Alexandre de Gusmão". Recebendo o Presidente Aureliano Leite a urna em apreço, deu a palavra ao deputado Antonio Silvio Cunha Bueno que, inicialmente, comunicou representar, na solenidade, o senhor Presidente da República, marechal Castelo Branco, falando em seguida em nome da grande Comissão, cujo entusiasmado discurso arrebatou a assistência, notadamente quando pôs em relevo o papel de Alexandre de Gusmão na fixação das fronteiras do Brasil, decorrentes do famoso tratado de Madrid, de mil setecentos e cinqüenta, de iniciativa do grande diplomata santista. Falou após o cônsul geral de Portugal, em São

---

1 *Revista do IHGSP*, n. 65, p. 471.

Paulo, doutor Luiz Soares de Oliveira, que leu a biografia de Alexandre de Gusmão. O orador seguinte foi o professor Tito Lívio Ferreira, que leu a moção apresentada em conjunto por ele próprio e pelo doutor Aureliano Leite ao plenário da reunião das Comunidades Lusíadas, acorrida em Lisboa em mil novecentos e sessenta e quatro, na qualidade de representantes do Instituto Histórico, naquele notável certame. E a seguinte a moção que transcreve nesta ata comemorativa do recolhimento de cinzas de Alexandre de Gusmão ao museu "José Bonifácio": – Moção. Os Presidentes e vice-presidentes do Instituto Histórico e Geográfico de São Paulo e mais componentes da representação da Comunidade Portuguesa de São Paulo apresentam ao exame do Primeiro Congresso da Comunidade Portuguesa no mundo a seguinte moção: considerando a necessidade premente de reviver, cada vez mais, os vínculos da Comunidade Luso-Brasileira para robustecer e dinamizar os laços de sangue e de cultura pulsantes entre Brasil e Portugal; considerando a vivência da História Luso-brasileira, escrita por mais de trezentos anos, pela vontade e decisão dos vassalos de sua Majestade o Rei de Portugal, onde avulta o nome do doutor Alexandre de Gusmão, natural de Santos, no atual Estado do Brasil (digo) de São Paulo; considerando que o Tratado de Madrid, assinado a treze de Janeiro de mil setecentos e cinquenta, há duzentos e catorze anos, entre Portugal e Espanha, pelo qual luso brasileiros e hispano americanos definiram, para o todo o sempre, as fronteiras da América Portuguesa com a América Espanhola, assegurou os fundamentos da unidade, continuidade e solidariedade dos Portugueses no Estado do Brasil, Província da Monarquia Portuguesa, foi obra do eminente homem de Estado o doutor Alexandre de Gusmão, secretário particular do Rei Dom João Quinto, Embaixador de Portugal junto à Santa Sé e presidente do Conselho de Ministros de Sua Majestade Fidelíssima; indicamos em conseqüência, que o primeiro congresso das Comunidades Portuguesas no Mundo interceda a quem de direito para que as cinzas do imortal Português nascido no Brasil, que tanto serviu à Monarquia Portuguesa, porque servia a Portugal e ao Brasil, com os lusos do seu talento e a sua cultura jurídica e intelectual, com a fidelidade íntegra do vassalo da Coroa e com a seu profundo conhecimento dos problemas políticos sul – americanos, possam repousar na cidade de Santos, berço do insigne diplomata luso-brasileiro do século XVIII. Caso seja impossível a realização da idéia apresentada, sugerimos que a trasladação das cinzas seja feita simbolicamente, para assinalar, por essa forma e de maneira evidente, um dos mais altos pontos da unidade indissolúvel e vivas das duas Pátrias irmãs - Portugal e Brasil - filhas legítimas do luso cristianismo e da Monarquia Portuguesa. São Paulo para Lisboa, vinte e cinco (25) de novembro de mil novecentos e sessenta e quatro. Aureliano Leite – Tito Lívio Ferreira. Deu ainda o professor Tito Lívio Ferreira cópia da seguinte ata: "Acta: Aos vinte e quatro de junho de mil novecentos e sessenta e seis, *às* catorze e trinta horas, na igreja de Nossa Senhora dos Remédios, sito á rua das Janelas Verdes, freguesia de Santos – a – Velho da cidade de Lisboa e que hoje é propriedade da Igreja Lusitana Evangélica de São Paulo (Católica Apostólica Evangélica), presentes o senhor Deputado Federal Antonio Silvio Cunha Bueno, acompanhado dos senhores doutor Orlando Bastos Vilela, do Departamento de Relações Culturais do Ministério dos Negócios Estrangeiros de Portugal, doutor Marcos de Salvo Coimbra, primeiro Secretario da Embaixada do Brasil em Lisboa, doutor Arthur Cupertino de Miranda, banqueiro e membro do Conselho consultivo da Sociedade de Estudos Brasileiros "Dom Pedro Segundo", doutor Nuno Simões, antigo Ministro, jornalista, economista e escritor, dom Antônio Lencastre Alvares da Cunha, Conselheiro do Instituto Histórico Guarujá – Bertioga, senhor Luiz Carlos Amorim, funcionário do Consulado-Geral do Brasil em Lisboa, na impossibilidade de identificarem-se os despojos, apesar de se conhecer o recinto onde foi enterrado Alexandre de Gusmão, isto é, a nave do Convento da referida igreja, procedeu-se o recolho de detritos encontrados na terra de referido local. Neste ato foram lidos os seguintes documentos:

1) "Na folha cento e trinta e dois e verso do livro cinco dos assentos de óbitos da freguesia de Santos o Velho da cidade de Lisboa, incorporado no arquivo dos registros paroquiais da mesma cidade, encontra-se um assento com o seguinte teor: "Aos trinta e um dias do mês de Dezembro de mil setecentos e cinqüenta e três, faleceu sem sacramento por morrer de um estupor, Alexandre de Gusmão, casado com dona Izabel Maria Teixeira Chaves; foi sepultado no Convento Nossa Senhora dos Remédios desta freguesia"; fiz este assento que assinei em Nt Supra. O cura João da Rosa. À margem: "Alexandre de Gusmão enterrado a nave do Convento dos Remédios".

2) Carta do senhor Coronel Pinheiro Corrêa, de vinte e oito de março de mil novecentos e sessenta e seis, dirigida ao senhor Cônego Eduardo Moreira, solicitando esclarecimentos sobre a sepultura de Alexandre de Gusmão".

3) Carta do senhor doutor Nuno Simões, dirigida ao Presidente do Instituto Histórico e Geográfico de São Paulo, senhor doutor Aureliano Leite, juntando esclarecimentos e informações sobre Alexandre de Gusmão".

4) Carta do senhor Amadeu Saraiva, com esclarecimentos sobre a sepultura de Alexandre de Gusmão": "A sepultura de Alexandre de Gusmão está localizada na Igreja Lusitana Evangelista de São Paulo, à rua das Janelas Verdes, antiga Igreja de Nossa Senhora dos Remédios que pertenceu a uma irmandade dos Carmelitas Espanhóis e em consequência da Lei que destituiu o Convento na época da perseguição religiosa desencadeada pelo Marquês de Pombal, ao tempo de dom José I, foram o Convento e a Igreja, abandonados em mil e oitocentos e trinta e quatro a mil e oitocentos e setenta e seis pelos mencionados

Carmelitas e finalmente, vendido a um inglês que, por seu falecimento deixou-os à seita protestante de sua confissão".

5) Carta do Instituto Histórico e Geográfico de São Paulo, de vinte sete de janeiro de mil novecentos e sessenta e seis, dirigida ao senhor doutor Nuno Simões, apresentando o senhor dom Antonio Lencastre Alvares da Cunha, para colaborar nos trabalhos da remoção dos restos de Alexandre de Gusmão". 6) Credencial conferida pelo Instituto Histórico ei Geográfico de São Paulo ao seu consócio Deputado Federal Antônio Silvio Cunha Bueno, dando-lhe poderes, para tratar da trasladação para São Paulo, Brasil, das cinzas da grande figura do diplomata Alexandre de Gusmão que se acham inumadas sob a nave do Convento de Nossa Senhora dos Remédios, conforme certidão do Arquivo Nacional da Torre de Tombo". A terra e os detritos pré–mencionados foram colocados em urna apropriada a qual foi lacrada na presença dos que assinam este documento e confiada à guarda do Deputado Federal Antônio Silvio Cunha Bueno, para os fins de integral cumprimento do mandato que recebeu do Instituo Histórico e Geográfico de São Paulo. Na presença do Deão da Catedral de São Paulo, Reverendíssimo João Soares de Carvalho, foi lavrada a presente ata, que depois de lida e aprovada por todos os presentes acima referidos, foi assinada.

– Reverendíssimo João Soares de Carvalho, (Deão da Catedral de São Paulo).

– Doutor Leopoldo de Figueiredo, representante do proprietário.

– Antonio Silvio Cunha Bueno, Deputado Federal do Brasil.

– Orlando Bastos Vilela, Departamento das Relações Culturais do Ministério dos Negócios Estrangeiros de Portugal.

– Marcos de Coimbra, primeiro Secretário da Embaixada do Brasil em Lisboa.

– Arthur Cupertino de Miranda - Conselheiro Consultor da Sociedade de Estudos Brasileiros "Dom Pedro 11".

– Nuno Simões - Antigo Ministro - jornalista-economista.

– D. Antonio Lencastre Soares da Cunha - Conselheiro do Instituto Histórico e Geográfico Guarujá - Bertioga.

– Luiz Carlos Amorim - Consulado Geral do Brasil em Lisboa.

– Arquiteto João de Queiróz de Abreu Castelo Branco do Banco* Português. Feita a leitura das atas acima transcritas, o orfeão do Instituto "Alexandre de Gusmão ", de Educação, ocupando a galeria do salão nobre do Sodalício, cantou o Hino do próprio Instituto de Educação "Alexandre de Gusmão". O senhor Presidente Aureliano Leite agradeceu a presença de autoridades, cônsules, senhores, personalidades e sócios do Sodalício que ocuparam todas as localidades da sala de conferências, suspendendo a sessão. Na ausência do senhor segundo secretário, foi por mim, Luiz Tenório Brito, lavrada a presente ata.

Cinzas de Alexandre de Gusmão[2]:

Aos 2 de julho do ano findo, às 17 horas, chegaram ao Aeroporto de Congonhas as urnas contendo cinzas, ou seja, terra dos locais em que foram sepultados Alexandre de Gusmão e Padre Bartolomeu de Gusmão, trasladados de Portugal e Espanha, graças aos bons ofícios do Deputado Federal Antonio Sylvio Cunha Bueno, e mais Ministro Nuno Simóes, Dr. Arthur Cupertino de Miranda, D. Antonio Lancaster, Amadeu Saraiva e outros. Aos 15 de outubro, o Instituto procedeu à trazida solene da urna com cinzas de Alexandre de Gusmão, o Avô da Diplomacia Brasileira, da Catedral Metropolitana para o Museu "José Bonifácio". Antes, foi celebrada missa na Catedral por D. Gabriel Couto, Bispo Auxiliar de São Paulo. Pronunciou a oração fúnebre Monsenhor Paulo Florêncio da Silveira Camargo. Seguiu-se sessão magna, neste Sodalício, alusiva ao acontecimento, presidida pelo Sr. Aureliano Leite, na qual oraram os Srs. Deputado Cunha Bueno e Luiz Soares do Oliveira, Cônsul Geral de Portugal em São Paulo. Participou dessa sessão uma delegação do Colégio "Alexandre de Gusmão".

---

2 Revista do *IHGSP*, n. 64, p. 286.

CAPÍTULO
• 36 •

Homenagem aos advogados juristas

2 de setembro 2009.

Palavras da Presidente

Senhores Membros da Mesa, autoridades aqui presentes, Senhores e Senhoras, sejam nossas primeiras palavras de reconhecido agradecimento a todos os que nos honram com suas presenças e nos acompanharam durante a mais grave crise por que passou o Instituto Histórico e Geográfico de São Paulo, desde sua fundação em 1894.

Essa crise manteve o Instituto e a cultura paulista em permanente estado de alerta desde 2002, mas desvaneceu-se no dia 27 de maio deste ano, graças à realização de Assembleia Geral Extraordinária, durante a qual um grupo significativo de pessoas, em sinergia admirável que durou apenas 12 minutos, deliberou sobre o novo estatuto e a eleição dos membros de seus órgãos dirigentes para o período 2009-2012.

Sinto neste momento a satisfação do dever cumprido – a mesma sensação que senti ao me aposentar, depois de trabalhar 25 anos na Faculdade de Saúde Pública da Universidade de São Paulo e em outras Faculdades na Inglaterra e nos Estados Unidos, onde estudei, pesquisei e lecionei, sem jamais imaginar que viria a ocupar o honroso cargo de Presidente do Instituto Histórico e Geográfico de São Paulo.

Em 2001, ao tomar conhecimento que meu nome fora indicado como candidata à presidência, em moção assinada por membros do IHGSP e da Academia Paulista de Letras, confesso que hesitei. Era certamente outro o plano de vida de dois professores aposentados da USP, meu marido e eu.

Hesitei, mas aceitei quando Hernâni Donato, nosso presidente de honra, mencionou o fato de que eu seria a primeira mulher a assumir essa honrosa posição desde a fundação do Instituto.

A primeira mulher presidente? Que hábil argumento... Era um longo passo feminista. É que, em 2001, ninguém do nosso quadro social sabia quem fora a médica e educadora Marie Rennotte, a primeira mulher a tomar posse neste Instituto, em 4 de maio de 1901. Hoje Marie Rennotte tem 5.480 citações no sistema de busca *Google*.

Tomei posse no dia 25 de janeiro de 2002.

Observando atentamente as pessoas no auditório senti a matriz da alma brasileira – europeus, índios, mamelucos, peregrinos, jesuítas, soldados, bandeirantes e diplomatas, todos delineando as fronteiras de um território continental ainda por conhecer e conquistar. Também senti o paulistanismo de quatrocentos anos a que se referiu Alcântara Machado, nos sentimentos de fé, coragem, honra, dignidade, persistência, a vontade de servir que une os homens e as mulheres num destino comum, demonstrada tantas vezes nos grandes momentos da história de São Paulo do período colonial ao período republicano.

Evoquei o penoso caminho pelas escarpas da serra a baixo e serra a cima, a fundação do Colégio de São Paulo no Inhampuampuçu de Piratininga – base cultural do Brasil que amanhecia, a entrada pelos ermos do sertão desconhecido, o bandeirismo, às vezes com sete anos de ausência, combatendo índios, feras, febres e paludes, pelo Tietê a baixo, trilhando as ramificações do Peabiru em todas as direções, mas sobretudo em direção ao sul e oeste; o delineamento de um território imenso, cheio de segredos de Estado, dividido pelo meridiano imaginário e impreciso do Tratado de Tordesilhas – desviado por um santista, Alexandre de Gusmão, o notável colaborador de D. João V.

Primeiro diplomata brasileiro, o negociador do Tratado de Madrid, movido por notável visão de estratégia geopolítica, procurava fixar os limites da colônia em acidentes geográficos bem nítidos da "terra brasilis" e assim rompeu a estreita faixa litorânea do período colonial e – "delenda est Tordesilhas", conquistou dois terços do território brasileiro, dando ao país sua dimensão continental.

Relembrei a vinda da Família Real para o Brasil, o Príncipe Regente D. João transformando a colônia em reino alguns anos depois de aqui chegar, o grito da independência, a criação por D. Pedro I dos estudos jurídicos no Brasil, *por graça de Deus e unânime aclamação dos Povos* e, mais tarde, a proclamação da República da qual participaram ativamente dois membros deste Instituto – Rui Barbosa e Campos Sales, este, um dos seus fundadores.

Em 1932, quinze próceres constitucionalistas, membros do Instituto sofreram a amargura do exílio após o término da Revolução, durante a qual numa convergência de esforços, foram acompanhados de perto pela devotada atuação de três mulheres paulistas, também partícipes deste Instituto, Olívia Guedes Penteado, Carlota Pereira de Queiroz e Carolina Ribeiro, que com eles carregaram a Bandeira Constitucionalista, sem esquecer Maria Soldado, humilde negra e mulher do povo que se tornou exemplo de paulista revolucionária.

São episódios soberbamente exibidos no Memorial'32 – Centro de Estudos José Celestino Bourroul, no quarto andar, onde se localiza a mais completa biblioteca do Brasil sobre esse movimento cívico, assim como no Centro de Memória Filatélica, instalado no terceiro andar do nosso edifício-sede.

As glórias de São Paulo encontram-se registradas em nosso acervo, desde 1894, em benefício das futuras gerações. Enfatizo as novas gerações, porquanto todo o ideal será improdutivo e todo o trabalho vão, se não se atingir gerações subsequentes.

Um ano após minha posse, na comemoração da fundação de São Paulo, janeiro de 2003, em plena colina do Inhapuambuçu, o eminente Professor Odilon Nogueira de Matos, então o mais antigo membro do Instituto, lamentou em inesquecível oração a descaracterização cultural de nossa terra, especialmente a moral, e ao mencionar os trinta milhões de habitantes paulistas, então residentes em São Paulo, perguntou:

"Onde estão eles? Serão paulistas mesmo ou simplesmente nascidos em território paulista?"– lembrando que em São Paulo residem brasileiros de todos os Estados e estrangeiros de vários países, mais paulistas do que muitos aqui nascidos.

Prosseguindo, clamou o Professor Odilon Nogueira de Matos que São Paulo precisava sofrer uma "pancada heroica", capaz de despertar as fibras do paulistanismo, para que assim pudesse revigorar as forças debilitadas com o passar do tempo pela inércia, desinteresse, comodismo, descaso pelo aviltamento ideológico do passado histórico da Nação, dos nossos símbolos e dos nossos heróis. Enfim, desejou que os paulistas voltassem a ser aquela "raça de gigantes", a que se referiu Saint-Hilaire.

Uma pancada heroica... foi isso que ocorreu a partir de primeira gestão iniciada em 2002: a pancada heroica durou exatamente seis vezes 365 dias e mais 146 dias, mas fez com que os brasileiros paulistas voltassem às trincheiras da História.

Neste entardecer paulista, dando continuidade a esse peabiru de grandes feitos, queremos expressar nosso reconhecimento e gratidão aos juristas homenageados, os advogados Rui Celso Reali Fragoso e José Emmanuel Burle Filho, pelo incondicional apoio concedido à legitimidade do Instituto e brilhante defesa da memória histórica de São Paulo. Acompanharam de perto a caminhada da Via Sacra Paulista, a que o Instituto foi submetido nestes últimos anos.

Em nome da Diretoria e dos Conselheiros, nossos agradecimentos ao advogado Miguel Parente Dias, cuja valiosa contribuição na redação do novo estatuto, na organização das duas Assembleias Gerais, em 8 e 15 agosto de 2007, e da Assembleia de setembro nesse mesmo ano em que se elegeu a nova diretoria, assim como competente participação na Assembleia de 27 de maio passado, contribuiu de forma decisiva para que a entidade pudesse voltar aos trilhos de sua trajetória histórica.

Que esta homenagem se estenda nas pessoas do Dr. Ives Gandra da Silva Martins e do Dr. José Carlos de Barros Lima, membros deste Instituto, e a todos os que contribuíram para reverência e culto da memória do Brasil paulista – o mesmo amor e respeito pela Pátria nos mantenha unidos neste chão sagrado de Piratininga.

Com glórias e martírios a memória paulista venceu. Temos agora condições de desfraldar a bandeira do Instituto – o aperfeiçoamento da história e da geografia regionais de São Paulo, na grade curricular do ensino fundamental e médio, para que os jovens se tornem irmãos pela cidadania e possam reconhecer a sociedade edificada pelas virtudes dos bandeirantes antigos e contemporâneos, interpretando a História como merece a alma do Brasil e suas legítimas tradições.

Este é um momento de grande alegria para todos nós, membros do Instituto, às vésperas dos seus 115 anos. Como o Instituto, também nós nos sentimos rejuvenescidos e com suficiente energia para dar continuidade a nossa vocação maior, – *non ducor, duco* – que nossos esforços possam garantir às próximas gerações a certeza da estabilidade institucional e o prosseguimento de conquistas cívicas e culturais essenciais à cidadania, nosso maior compromisso. Oxalá o mesmo ocorra daqui a 115 anos e que um dia alguém possa dizer um dia..."em 2 de setembro de 2009"...

Termino com as palavras que constam na bandeira e no logotipo desta entidade, nossa força maior: *Hic Domus. Haec Patria Est. Quotidie. Aliquid Addiscentem*, cuja tradução é "Aqui é a casa. Esta é a pátria. Algo se aprende todos os dias".

Palavras de Ives Gandra da Silva Martins

Excelentíssima Presidente do Instituto Histórico e Geográfico de São Paulo, professora Nelly Candeias, os nossos homenageados, todas as pessoas aqui presentes, meu confrade no Instituto dos Advogados de São Paulo, o Dr. Professor Rui Fragoso, querido amigo, que tudo fez para que tivéssemos o Instituto hoje sendo dirigido com tranquildade, depois de viver tormentos e tempestades. Navega, agora, em águas serenas, nossa instituição.

Quero fazer, rapidamente, duas considerações: uma sobre o Instituto dos Advogados de São Paulo que teve como dos mais importantes e dos mais atuantes Presidentes, o Professor Rui Fragoso.

O Instituto dos Advogados de São Paulo, como todos sabem, é também um Instituto que este ano comemora 135 anos. Fundado por Barão de Ramalho, em 1874, teve atuação intensa entre o império e o início da República. Figuras das mais notáveis presidiram-no como João Mendes Junior, que deu nome à praça ao lado.

O Instituto dos Advogados, fundado com certo atraso, porque em 1843, ao ser criado o Instituto dos Advogados no Rio de Janeiro, naquela ocasião entendia-se que São Paulo deveria, também, simultaneamente, ter seu Instituto como o do Rio. Os professores da Faculdade de Direito, todavia, decidiram que a Faculdade de Direito seria o Instituto dos Advogados de São Paulo, e que o Rio, Capital do Império, mas que não tinha nenhuma escola de leis, deveria ter um centro para discussão de temas jurídicos. Por esta razão no Rio de Janeiro, fundou-se o Instituto, já que não tinha a cidade uma Faculdade e São Paulo dele não precisaria, porque aqui se situava a Faculdade de Direito do Largo de São Francisco.

As pressões, porém, para que tivesse São Paulo a Casa do Jurista, levou em 1874, o Barão de Ramalho a fundar o Instituto dos Advogados, inclusive com ilustres figuras, uma delas, um dos ascendentes de todos os Mesquitas vivos, que foi Vieira de Carvalho. O Instituto progrediu com grandes figuras. Rui Barbosa, participava também de reuniões e Clóvis Bevilacqua, que deu nome à praça que temos aqui ao lado. Temos, portanto, o nome de dois membros do Instituto cercando o Instituto Histórico, com duas praças históricas.

A verdade é que se sentiu a necessidade, no Brasil, de se ter um órgão próprio do advogado que seria necessariamente aquela casa que os congregava. O Instituto dos Advogados de São Paulo passou a ser chamado Instituto da Ordem do Advogados de São Paulo. Percebeu-se, então, que o Instituto era mais uma Casa do Jurista, e que seria preciso um órgão que pudesse regular a advocacia. Nasceu assim a Ordem dos Advogados.

A OAB, portanto, descende do Instituto dos Advogados do Rio de Janeiro e São Paulo e os perfis, os estilos, os caminhos, passaram a ser coincidentes e diferentes. Coincidentes na defesa do Direito, mas diferentes na medida em que o Instituto dos Advogados passou a ser essencialmente a Casa do Jurista, enquanto a Ordem dos Advogados, necessariamente, a Casa do Advogado.

E qual é a distinção entre o jurista e o advogado? O advogado é aquele que tem a função da defesa das instituições nacionais e a defesa de todos os interesses que lhe são levados a pleitear junto aos tribunais ou de orientar através de consultoria os que os procuram. O Jurista não.

O Jurista pode ser – e é bom que seja advogado –, mas ele se coloca num patamar diferente. O jurista é um doutrinador, é um professor, é aquele que investiga, que procura conhecer o passado, o presente e as perspectivas do futuro. O jurista é aquele que, universalmente, estuda o direito, independente do conflito imediato que o advogado tem que enfrentar cada vez que é contratado para defender seus clientes. De tal maneira que passamos a ter duas casas: a Casa do Jurista, evidentemente com um número incomensuravelmente menor do que os advogados filiados à Ordem dos Advogados, e a própria Ordem dos Advogados.

Por que quis trazer aos senhores um pouco dessa história, também mais que centenária, junto do Instituto Histórico e Geográfico, que tem também uma história centenária, fundado que foi 20 anos depois do Instituto dos Advogados de São Paulo? Porque a figura do jurista e do advogado se encarna naquela do Rui Fragoso, meu Presidente no IASP.

Rui Fragoso mostrou-se um excelente advogado, ao lado de Burle, ao lado dos nossos colegas, ao enfrentar como enfrentou pressões das mais variadas em defesa dos legítimos direitos do Instituto. Foi bem-sucedido, ao ponto de hoje vivermos em absoluta tranquilidade, nesta casa. Mostrou, portanto, ele, a sua equipe, aqueles que com ele colaboraram, uma capacidade extraordinária para conseguir um esplêndido resultado e todos nós sabemos, que muitas vezes, teve que lutar exclusivamente com as armas de advogado, contra outras armas mais poderosas daqueles que conhecem a máquina judiciária internamente e que eram exatamente os adversários do Instituto. Então, como advogado, revelou – aquilo que todos nós já conhecíamos –, para os que não o conheciam, um excepcional representante da classe. Mas como jurista que também o é, como professor da PUC, como professor de Direito Comercial, como presidente da casa, tornou-se um dos mais importantes presidentes da história do Instituto.

O Instituto dos Advogados inclusive publicou, em sua gestão e de Tales Castelo Branco, a memória da História de São Paulo desde 1874, vinculando-a à história do Instituto. É impressionante verificarmos que, àquela época, em 1874, São Paulo tinha pouco mais 25 mil de habitantes, ano em que foi fundado o Instituto dos Advogados de São Paulo. Com todo o passado que conseguiram levantar, nós passamos hoje a ter na história da advocacia de São Paulo e em função dessas presidências, uma visão de como os advogados e os juristas, como os causídicos e os doutrinadores conseguiram forjar, formar, constituir, influenciar todo direito do país, como, aliás, o nosso contemporâneo de faculdade aqui presente, de quem fui calouro, e que não me judiou quando era meu veterano, José Gregori demonstrou, ao exercer a função de Ministro, no Ministério da Justiça.

Eis porque na figura do jurista e do advogado, daquele que é homenageado pelo IHGSP e na figura daquele que foi um dos mais importantes Presidentes da história do Instituto dos Advogados de São Paulo, em nome da Dra. Nelly, a ele e a seu sócio, nós todos queremos deixar consignada nossa gratidão porque acompanhamos não só seu trabalho admirável, mas também porque ao homenagear Rui Fragoso e seus companheiros, estamos homenageando, simultaneamente, o advogado e o jurista.

Palavras de Rui Celso Reali Fragoso

Professora Nelly Candeias, na pessoa de quem cumprimento todos os membros do Instituto Histórico e Geográfico, meu querido amigo, confrade no Instituto dos Advogados de São Paulo e Professor Ives Gandra da Silva Martins, também, meu prezado amigo ex-ministro da justiça advogado Dr. José Gregori, demais autoridades presentes, minhas senhoras, meus senhores:

Recebo com muita honra o colar que leva o nome do filho de Dom João VI e de Carlota Joaquina, o nosso libertador, o Imperador D. Pedro I, este recebimento é compartilhado com meu colega de escritório, o eminente jurista e professor Dr. José Emmanuel Burle Filho. Estamos muito emocionados e honrados. Assim como se diz que um elogio vale dependendo de quem o faz, ser saudado pelo Professor Ives Gandra e receber pelas mãos da Professora Nelly a outorga do Colar D. Pedro I, vale ainda mais.

A história centenária de preservação de cultura de nossa gente é o que representa o Instituto Histórico e Geográfico de São Paulo.

Saiba, professora Nelly, que recebo a homenagem, com humildade e estendo a todos os advogados do meu Estado, reconhecendo a necessidade da recuperação do prestígio da advocacia na sociedade brasileira e neste momento em que três advogados recebem esta honraria, desejamos seja ela compartilhada com outros colegas advogados do nosso país, muitos daqueles que enfrentam dificuldades e não passam por momentos tão sublimes como os que tenho vivido, especialmente os relatados pelo nosso mestre Ives Gandra da Silva Martins, ou como estes desta noite mágica.

Tive o privilégio de sentar na cadeira que um dia foi de Ives Gandra no Instituto dos Advogados de São Paulo e tendo agora o privilégio de receber das mãos da senhora, Professora Nelly – incansável lutadora, digna e honrada professora, exemplo de vida e sem dúvida a pessoa que mais lutou pela história e preservação do Instituto Histórico e Geográfico de São Paulo, a láurea é motivo de extremo júbilo. Professora Nelly, o fato de receber na sua gestão, essa condecoração sabendo dos momentos de agonia que enfrentamos, mas sempre com confiança na Justiça de nosso Estado, o que é um incentivo na crença que abraçamos uma causa justa, nada é mais recompensador para o advogado do que o reconhecimento do seu patrocinado. Mas, como disse Ésquilo: "a sabedoria amadurece por meio do sofrimento".

Enfim, a página da angústia é página virada, uma nova história, para mais um século, para mais séculos, é isso que o Instituto oferece às novas gerações. Eu me sinto extremamente envaidecido por poder envergar o colar D. Pedro I, mas repito nesse momento a distinção é estendida aos advogados do meu Estado, a advocacia triste, dura e injustiçada. A advocacia que vem de várias sequelas, muitas delas oriundas da proliferação sem critérios dos cursos de direito no Brasil.

No momento em que a senhora, Professora Nelly Candeias, mencionou que aquele que leva o nome dessa medalha instituiu o primeiro curso de Direito no Brasil, me fez lembrar a nossa realidade de mais de setecentos cursos de Direito no país, uma realidade injusta para aqueles que cursam uma faculdade de Direito e que terão pouca valia e quase nenhum aproveitamento no mercado de trabalho. Eu não faço comparações com nações estrangeiras, acho um equívoco muito grande comparar realidades diferentes, culturas distintas, mas apenas ouso lembrar que os Estados Unidos da América do Norte com 100 milhões de habitantes a mais do que nós brasileiros têm 185 cursos de direito. Somente o Estado de São Paulo conta com mais de 380 cursos de Direito, o Brasil já chegou a contar com mais 1000 cursos de Direito! Não é essa a vocação que D. Pedro I pensou e destinou aos futuros advogados, mas essa é a realidade do Brasil. É essa a realidade que nós advogados enfrentamos. E ainda mais, a sociedade não reconhece a importância do advogado. Assim, o futuro da advocacia encontra-se ligado não apenas às transformações sociais, mas, igualmente, à nossa capacidade de identificar, separar e avaliar o que, perante os objetivos e interesses atuantes na sociedade, se apresenta como relevante e, acima de tudo, ao determinar o que deve ou merece ser integrado no âmbito de nossas atividades.

Vivemos uma época em que a sociedade é regida pelo princípio dos interesses em que o primado da riqueza suplanta o mundo dos valores morais.

Há muito que o ser humano saiu de cena como medida legal de todas as coisas, para passar a ser apenas, na dogmática do Direito, enquanto mero sujeito, um dos elementos da relação jurídica, ao lado do objeto e do fato. Degradado de homem a sujeito tornamo-nos componentes de um sistema cuja valorização do ter é mais importante do que ser.

Mas mesmo ciente das dificuldades dessa sociedade surge o horizonte repleto de esperanças de uma sociedade mais justa, mais fraterna.

É neste contexto de onde a conjunção harmoniosa de modernização e de ética fecham, no quadro atual, a perspectiva da evolução desejada, que propugno, e constitui o maior de todos os desafios que importa vencer.

A advocacia precisa voltar a ser respeitada.

E assim este advogado sente-se honrado quando um jurista do porte de Ives Gandra da Silva Martins, reconhecidamente um dos maiores do Brasil, faz uma relação entre o jurista e o advogado, salta a bondade da alma boa, de um homem completo como Ives Gandra, um homem completo que na acepção dos judeus é o homem que congrega justiça e bondade. E este homem completo, jurista e advogado, que pretendeu com bálsamo no coração passar a aura de jurista para outro advogado, um advogado que com muita honra, esteve ao lado da Professora Nelly Candeias, em uma disputa injusta, mas com final justo.

O improviso pode levar a imprecisão.

Mas nesta noite improvisei e deixei só meu coração falar!

Muito obrigado!

Palavras de José Emmanuel Burle Filho

Dra. Nelly, meus cumprimentos, senhoras e senhores, membros da Diretoria do Instituto, quando nós agradecemos devemos ser informais. É com grande honra que efetivamente eu recebo o colar e o diploma. Vendo as origens do colar e do diploma posso constatar a importância do reconhecimento da Dra Nelly e da diretoria do Instituto, com o recebimento do colar e do diploma, mas, em momentos como esse, em que a alegria está presente, nós devemos fazer uma reflexão sobre a própria Ação Civil Pública e lembrar aos senhores, e talvez alguns desconheçam, que ela nos causou sofrimento, preocupações e emoções. Tenho certeza de que a Dra Nelly e a diretoria do Instituto ficaram algumas noites sem dormir, tamanha a preocupação que essa ação gerou no seio dessa casa.

Mas, fazendo a reflexão, volto a dizer, nós podemos constatar, voltando os olhos para o passado e o presente, que ela acabou sendo extremamente benéfica ao Instituto. Como disse a Dra. Nelly, hoje por e-mail, a repercussão da ação junto aos associados e à sociedade civil, gerou uma união que talvez nunca tenha existido, união essa que permitiu a realização de uma Assembleia Geral com expressivo comparecimento, e a eleição de uma nova diretoria pacificada e, assim, o afastamento do administrador provisório, que na realidade não existiu, porque a Dra. Nelly simplesmente teve de assumir as funções do administrador provisório e, assim, geriu o Instituto como se ela fosse efetivamente também administradora provisória no dia a dia e nas atividades que não dependiam de autorização judicial.

A fibra da Dra. Nelly foi fundamental no encaminhamento da defesa e na estratégia usada na ação. Percebam, por favor, a ação acabou gerando o quê? Basicamente a remoção de grande parte do acervo do Instituto, mas convenhamos, o Instituto, como outras entidades, enfrentava à época uma dificuldade financeira muito grande, que impedia a conservação adequada desse acervo. Então, concordamos com a remoção do acervo para a Secretaria de Cultura do Estado, com compromisso constante dos autos e a aceitação do próprio Ministério Público, que o Estado fará a restauração do acervo dentro da melhor técnica, sem nenhum ônus para o Instituto. A propriedade do Instituto está reconhecida também textualmente nos autos. O retorno do acervo ao Instituto, quando ele tiver instalações adequadas para esse recebimento, ocorrerá por expresso reconhecimento da própria Dra. Promotora que atuou em nome do Ministério Público. Então no final (aplausos) o Instituto vai ter a restauração de suas obras sem ônus, com grande benefício para a sociedade paulista e para a sociedade brasileira, por isso a nossa honra em receber o colar e o diploma, muito obrigado a todos.

Palavras de José Gregori

Poucas palavras, singelas, para dizer da minha satisfação de ter recebido convite tão generoso, da minha amiga Nelly, para estar presente nessa reunião. Muito pelo respeito e admiração que eu tenho por esse Instituto, mas, mais ainda, pelo respeito, admiração e afeto que eu tenho pela Presidente Nelly. Eu sabia que essa cerimônia não tem, evidentemente, as características, nem a natureza de um desagravo, mas era uma coisa que ensejaria a vontade de reafirmar o valor e a fidelidade que a presidente deste Instituto tem revelado ao longo desses anos todos.

Como sou testemunha desse empenho, desse carinho, dessa obstinação por manter viva uma instituição como essa, mais do que viva, atuante, soube que esse empenho e essa devoção estavam sendo contestados, então, eu fiz questão de estar presente neste momento em que todos comemoram não só a reafirmação de fidelidade da presidente Nelly a essa instituição, mas, ao mesmo tempo, verificar que esse país funciona como uma democracia e que as instituições funcionam do ponto de vista de fazer triunfar a lei, a justiça, desde que evidentemente elas sejam manejadas e apresentadas com correção, competência, combatividade, como foram nesse caso, pelo Dr. Fragoso, pelo Dr. Burle e depois a consolidação pelo Dr. Parente.

É muito bom saber que a democracia substantiva funciona nesse país, porque de tempos em tempos o noticiário nos mergulha numa situação de a gente ter algum tipo de dúvida sobre o funcionamento, mas aquilo que nos agrada é o objeto desse noticiário, é apenas um aspecto da nossa realidade, não cobre a realidade toda e a verdade é que, na contabilidade geral, os aspectos positivos, os aspectos substantivos suplantam as manchas de tempos em tempos.

Eu, sobretudo, digo isso principalmente aos jovens, porque os jovens, às vezes com legitimidade nos indagam, através do olhar, se realmente a redemocratização brasileira representou um avanço. E nós temos que dizer que sim e nos valermos de exemplos concretos como esse que estamos comemorando nesse instante, neste auditório, ao fim ao cabo triunfou a justiça, as instituições funcionaram e aqueles que estavam em dissintonia com a lei, com os valores que nós corroboramos na nossa legislação foram simplesmente deixados de lado porque eu, como homem dos direitos humanos, acredito apesar de todas as vicissitudes, apesar de todos os momentos que nos levam a dúvidas, acredito que a democracia triunfa, a lei triunfa, a justiça acaba sendo feita. Quem tivesse ainda dúvidas sobre isso basta lembrar e nós lembramos ontem em nível mundial, são 70 anos que alguns, pensando que com a força, com a violência, com a turbulência, esmagariam a democracia. Pelo contrário, foram deixados de lado pela história e hoje felizmente estão enterrados, não no esquecimento porque essas coisas precisam ser lembradas, e essa é uma da função do Instituto Histórico, quer dizer que houve momentos que alguns setores puseram dúvida na democracia, que puseram dúvidas na justiça, mas foram deixados de lado, pois o bem acaba sendo triunfante.

Sei que o Instituto e a Presidenta passou, como testemunharam os advogados, por momentos inconfortáveis, mas agora esta resposta à plenitude à presidência desse Instituto tem que continuar, essa São Paulo não pode ser só espaço de avanços materiais, de desenvolvimento material, não pode ser esse gigante que explode a cada dia, precisa ser um lugar forte, um lugar progressista, mas com compromisso com os valores humanos, com os valores democráticos e tão bem cultivados através da rememorização histórica como se faz aqui, não apenas do ponto de vista da memória de guardar o que passou, mas sobretudo com o compromisso e testemunho justíssimo de reviver aqueles valores que valem a pena acrescentar à história vivida, a outra história que será lembrada. Eu acho que essa é a missão moderna e legítima de um Instituto Histórico, e acho que isso tem sido feito, muito bem feito, e se depender de mim, contem com a minha modesta colaboração.

Para encerrar, me lembro de uma frase tão batida e tão própria do nosso Fernando Pessoa que vou adaptar para a presidente Nelly: "tudo vale a pena quando triunfa a justiça", obrigado.

Registro fotográfico

Inauguração de novo espaço no 3° andar do edifício-sede.

Da esquera para a direita: José Alberto Neves Candeias, Valdenizo Petrolli, Jorge Pimentel Cintra e Nelly Martins Ferreira Candeias.

São Paulo, 27 de maio de 2009

Ilustríssima Senhora Professora Doutora Nelly Martins Ferreira Candeias e Ilustríssimo Senhor Professor Doutor José Alberto Neves Candeias
São Paulo – SP

Prezados Beneméritos,

O Instituto Histórico e Geográfico de São Paulo, sensibilizado, recebeu de Vossas Senhorias, a valiosa doação dos recursos financeiros necessários para realizar reformas em salas do IHGSP, a serem utilizados por professores e alunos do Curso São Paulo na História do Brasil, que carece de espaço adequado para atividades de ensino, pesquisa e acesso a serviços de informática.

A Casa da Memória de São Paulo agradece a iniciativa do ilustre casal e o apoio à continuidade da secular entidade.

Hernâni Donato
Presidente de Honra

Rogério Ribeiro da Luz
Vice-Presidente

Jorge Pimentel Cintra
Secretário Geral

Geraldo Andrade Ribeiro Júnior
Tesoureiro Geral

Outorga do Colar D. Pedro I – Rui Celso Reali Fragoso, José Emmanuel Burle Filho e Miguel Parente Dias.

Rui Celso Reali Fragoso, Nelly Martins Ferreira Candeias, José Emmanuel Burle Filho e Miguel Parente Dias.

Posse dos novos sócios

Membros Titulares: José Alberto Neves Candeias, Miguel Parente Dias.

Saudação aos novos membros: Hernâni Donato.

Senhora Presidente, senhores membros da mesa, novos sócios da casa, senhoras e senhores amigos do Instituto que vieram nesta noite, Senhores Doutores José Alberto Neves Candeias e Miguel Parente Dias, para dar ideia da importância que atribuímos a este evento, lembro-lhes que quando o pai de Ferdinando Massaro perguntou quais matérias desejava estudar para fazê-las baliza da sua vida, respondeu: desejo seguir o maior e mais abrangente estudo do universo, aquele mais intimamente associado aos mais sagrados interesses da humanidade, o estudo da história.

O Instituto é também geográfico, pois não há como separar uma e outra dessas áreas e ciências sendo perfeita a definição dada por Afrânio Peixoto dessa soberba simbiose. Disse ele no seu livro *Terra e gente do Brasil*: "a Geografia será a ciência do passado, anunciada pelo presente e explicando o futuro". Viestes, pois, historiadores e geógrafos, José Alberto Neves Candeias, com o vosso ruflar das asas de borboleta, num livro que está fazendo e faz a literária repercussão mundial, e Miguel Parente Dias, participar dos trabalhos da casa, dando continuidade ao empenho que um século a instituição ama e serve com as armas e a seu modo, o Brasil, São Paulo, a gente e a terra de que somos parte.

Estais entrando e vos comprometendo com a causa que faz do Instituto o templo, a oficina dessa ciência, que se ocupa do homem e do solo, segundo os modernos conceitos defendidos por Fernand Brudel, segundo os quais três são os tempos a que um estudioso deve se ater: o tempo geográfico, o tempo social, o tempo individual. O tempo geográfico e o tempo social foram o grito do Ipiranga, o grito de independência foi no Ipiranga, o grito de 32 foi na Praça da República, e o tempo individual é aquele que vós desempenhareis com critério e sabedoria.

O que podeis esperar dessa casa? Convívio ameno, estímulo, auditório pronto a ouvir debates, difusão de cultura, apoio da vasta biblioteca, do rico arquivo que está sendo recuperado e que hoje tivemos confirmação da grata notícia de que voltará em muito melhores condições do que saiu.

Temos à sua disposição também todo precioso legado da sociedade de genealogia até há pouco funcionando na cidade, que pela mão do querido amigo e prestimoso historiador, homem de cultura, nos veio e está hoje em nossa casa, a volumosa quanto valiosa coleção filatélica, e, parte deste acervo que será o mais precioso existente no país, acerca da Revolução de 32, da Revolução de São Paulo, que é o Memorial'32, o legado precioso que a família Bourroul passou ao Instituto.

E o que o Instituto espera de vós quando vos abre as portas de coração? Que transcedeis o vosso querer, o vosso fazer ao empenho constante com que ele se prepara para acumular outro século sobre o século que já venceu – estudando, cultivando, divulgando a História e a Geografia do país, do Estado e da cidade aceitando que, como no dizer de Ortega Garcez: "A história é a realidade do homem. Ele não tem nenhuma outra, é nela que o homem chegou a ser o que é, pois o passado é o natural do homem. É para o cultivo desse passado e a construção desse futuro que vossos companheiros o recebem hoje".

Bem-vindos Alberto e Miguel já sois dos nossos, a casa é vossa.

José Alberto Neves Candeias, após
a leitura do termo de posse.

Mensagem de Rui Celso Reali Fragoso

1 de junho de 2010

Prezada Professora Nelly,
A questão da cidadania, da liberdade e da reparação da injustiça ocupa posição central na vida do ser humano. É aí que surge o advogado imprescindível para que as pessoas possam exercer a cidadania em plenitude ou ter assegurada a liberdade.
Defender os interesses do Instituto Histórico e Geográfico de São Paulo é garantir o exercício de cidadania aos paulistas.
Receber o Colar D. Pedro I de suas mãos foi uma redobrada honra.
Feliz 2010 e obrigado pelo presente.
Com admiração, receba meus cumprimentos

Rui Celso Reali Fragoso

Mensagem de José Emanuel Burle Filho

1 de junho de 2010

Presidenta Nelly,
Fico muito feliz com o desfecho.
Quando a conquista exige muita, muita luta, o sucesso é mais gratificante e saboroso. Parabéns ao marido José Alberto, inclusive pela constante ajuda e luta conjunta.
Aguardo cópia de tudo para comunicar o Juiz. Se não receber até 4ªf, vou comunicar ao Juiz.

Abraços

José Burle

CAPÍTULO
· 37 ·

Homenagem a Ives Gandra da Silva Martins

Da esquerda para direita: Fernando Leça, José Guilherme Queiroz de Ataíde, Cônsul Geral de Portugal, Nelly Martins Ferreira Candeias, Maria Odete Duque Bertasi e Ives Gandra da Silva Martins.
26 de novembro de 2009.

Palavras da Presidente

Exmo. Sr. Cônsul Geral de Portugal, José Guilherme Queiroz de Ataíde, Exma. Senhora Dra. Maria Odete Duque Bertasi, a quem cumprimento em nome das mulheres paulistas por ocupar o honroso cargo de Presidenta do Instituto dos Advogados de São Paulo, a primeira mulher a presidir o mesmo Instituto que, em 1899, rejeitou, por maioria de votos, o parecer de comissão que permitiria à mulher brasileira o exercício da advocacia, Dr. Fernando Leça, Presidente do Memorial da América Latina, Exmo. Senhor Professor Dr. Flávio Fava de Moraes, ex-Reitor da USP e diretor da Fundação da Faculdade de Medicina, Dr. José Furian Filho, Diretor dos Correios.

Exmo. Sr. Professor Doutor Ives Gandra da Silva Martins, a quem prestamos hoje nossa homenagem, expressão viva da vocação humanista desta entidade.

Ao comemorar os 115 anos do Instituto Histórico e Geográfico de São Paulo, é uma honra receber nesta casa de memória paulista representantes do Mackenzie e do Instituto dos Advogados de São Paulo, entidades que, em 1894, compartilharam da sua fundação e contemplaram, no decorrer do tempo, sua gloriosa consolidação.

Cento e quinze anos são tempo suficiente para evocar o mérito dos nossos predecessores por intermédio das gerações sucessivas de suas famílias. Aqui se encontram os descendentes daqueles que nos primórdios desta entidade contribuíram para o progresso da Nação, projetando-se na história, na geografia, no direito, na política e no magistério doutrinário. É um merecido tributo de reconhecimento e respeito por alguns daqueles que podemos chamar de nossos maiores: Leon Estevão Bourroul, Carlos Botelho e Horace Lane, fundadores; Leôncio do Amaral Gurgel e José Maria Whitaker tomaram posse na primeira década do século XX.

Lembrar seus nomes dignifica esta comemoração histórica e recorda o período inicial já distante da nossa existência associativa. Páginas sobre a história do Brasil e de Portugal, do período colonial à república, foram por eles publicadas na revista do Instituto, criada em 1895, páginas essas que cobrem de glórias tais precursores.

Nada ilustra melhor este momento do que as palavras de Rui Barbosa, nosso Presidente Honorário: "A pátria é a família amplificada. E a família, divinamente constituída, tem elementos orgânicos como a honra, a disciplina, a fidelidade, a benquerença, o sacrifício. É uma harmonia instintiva de vontades, uma desestudada permuta de abnegações, um tecido vivente de almas entrelaçadas... Multiplicai a família e tereis a pátria".

Em 1894, a cidade de São Paulo tinha apenas 150.000 habitantes dispersos pelas freguesias da Sé, Consolação, Santa Efigênia e Brás, 16.000 casas de moradia, 1.500 vazias e 300 em construção.

O Instituto foi criado no salão nobre da Faculdade de Direito, tendo, entre seus membros fundadores, bacharéis formados nos cursos jurídicos dessa escola, vários deles membros da Maçonaria e da Bucha, assim como poderosos cafeicultores, acadêmicos e cientistas de renome no Brasil e em outros países.

Alguns haviam participado da Convenção de Itu, em 1873. Procedentes de várias regiões da Província, 21 anos depois, passaram a ter atuação simultânea no Instituto dos Advogados de São Paulo e no Instituto Histórico e Geográfico de São Paulo.

Prudente de Morais, Américo Brasiliense de Almeida Melo, Jorge Tibiriçá e Bernardino de Campos integraram a elite dirigente da política de São Paulo e do Brasil e pertenceram às duas entidades.

Os três primeiros governadores de São Paulo e os três primeiros presidentes civis da República foram membros fundadores do Instituto, o qual teve Prudente de Morais como primeiro Presidente Honorário e Cesário Mota Júnior como presidente efetivo.

No ato da fundação desta entidade, o Instituto Mackenzie fez-se representar por dois norte-americanos: Horace Lane e Orville Derby.

Médico e educador, Horace Lane trouxe para o recém-criado Instituto, aspectos inovadores de uma pedagogia experimental em oposição à escola tradicional então em vigor na sociedade brasileira. Diretor da Escola Americana em 1870, inaugurou o Mackenzie College, em 1891, e cinco anos depois instalou a Escola de Engenharia. Subordinada ao Conselho de Ensino Superior de Nova Iorque, a escola exigia inspeção permanente e essa responsabilidade coube ao notável cientista Orville Derby, que residiu em São Paulo de 1893 a 1915.

Família Horace Lane.
Lauriston Job Lane, Rufus King Lane, Fanny Lane, Frederik S. Lane, Giles Willians Lane, Horace Manley Lane Tonier, Margareth Lane, Horace Manley Lane e Suzan Lane.
Foto cedida por Fred Lane.

Formados em universidades europeias e norte-americanas, esses profissionais e especialistas constituíram um quadro social interdisciplinar inédito em 1894, valioso mediador nos setores renovados da sociedade paulista e da brasileira.

Proclamada a República, o Instituto abrigou confraria de intelectuais que passaram a refletir sobre a reforma da instrução pública e da particular em São Paulo, magistralmente conduzida por Prudente de Morais. Seriamente preocupados com a consciência da Nação, coube-lhes avaliar a prática do ensino norte-americano, com o intuito de adaptá-lo ao sistema educacional do Estado.

Belga, formada na Escola Normal de Paris, Marie Rennotte chegou ao Brasil em 1878. Após exercer o magistério em São Paulo, foi contratada, em 1882, para lecionar como professora e orientadora educacional no Colégio Piracicabano, inaugurado em 1881, graças ao apoio de mulheres metodistas norte-americanas.

Em Piracicaba, ficou hospedada na casa de Prudente de Morais, futuro presidente da república, de quem se tornou amiga por afinidade ideológica. Com diploma emitido pelo "Women's Medical College of Pennsylvania, Philadelphia", em 1892, sua tese de doutoramento, *Influência da Educação da Mulher sobre a Medicina Social*, foi apresentada na Faculdade de Medicina e Farmácia do Rio de Janeiro, em 1895, "a fim de poder exercer sua profissão na República dos Estados Unidos do Brasil". A tese foi dedicada "ao Ilmo. Sr. Dr. Prudente de Morais Barros e a sua Exma. Senhora, com os respeitos da Autora".

Marie Rennotte foi a primeira mulher a tomar posse neste Instituto, no dia 4 de maio de 1901. Foi também a primeira médica a manter consultório no centro desta capital.

Com a proclamação da República, os cursos primário e normal passaram a merecer especial atenção das autoridades e dos intelectuais da época. Em 1894 e 1895, foram criadas quatro escolas-modelo na capital, mas, mesmo assim, esse esforço esteve longe de proporcionar ensino básico para a maioria das crianças.

Foram esses os primeiros passos deste Instituto, cuja história relatei em brevíssimas palavras.

Diz Miguel Torga que "é nosso dever reconhecer o mérito de quem cumpre a vida". Convictos de que só os melhores entram para a história, neste dia consagrado aos 115 anos do IHGSP, gostaríamos de expressar nosso tributo de reconhecimento e admiração ao Professor Doutor Ives Gandra da Silva Martins, alma coletiva do Instituto Histórico e Geográfico de São Paulo, do Instituto dos Advogados de São Paulo e do Mackenzie.

Na minha metáfora, o Doutor Ives Gandra da Silva Martins, diamante da mais rara lapidação a iluminar a história desta comemoração, simboliza a trindade das nossas instituições. Considerado "homem notável" nos quadros da Universidade Presbiteriana Mackenzie, recebeu os títulos de Professor Emérito de Direito Constitucional e Econômico. No Instituto dos Advogados de São Paulo, ocupou o nobre cargo de presidente. Neste sodalício, além de ter sido Vice-Presidente, realizou debates sobre os mais controvertidos assuntos do mundo contemporâneo e de interesse nacional, foi oficialmente indicado presidente da mesa da Assembleia Geral Extraordinária que aprovou o novo estatuto e reelegeu esta diretoria para a gestão 2009-2012.

Nessa Assembleia terminou a mais grave crise do Instituto desde a sua fundação. Virou-se uma gloriosa página da nossa história, após longa, penosa e ousada travessia. Nas palavras de Fernando Pessoa, "é preciso esquecer os caminhos, que nos levam sempre aos mesmos lugares. É o tempo da travessia, e se não ousarmos fazê-la, teremos ficado, para sempre, à margem de nós mesmos".

Síntese entre fé religiosa e mundividência científica e cultural, o Doutor Ives Gandra da Silva Martins busca a convergência de ideias que levem a um todo lógico e a resultados práticos para a resolução dos conflitos político-sociais que abalam a Nação.

Tantas realizações estariam incompletas se não referíssemos algo que nos parece essencial: seu talento inato e sua cultura notáveis têm sido colocados a serviço da pátria em benefício do Brasil, de Portugal e da Comunidade Luso-Brasileira, no seio da qual, como orador oficial, participa de solenidades históricas – "o mais português de todos os brasileiros", nas palavras de seu ilustre pai.

Não é fácil distinguir onde começa ou acaba o contributo de cada um, quando se fundem no amálgama da memória recíproca duas pátrias de língua portuguesa.

Cabem, muito a propósito da efeméride e dos personagens, as palavras do Professor Doutor Daniel Serrão, membro correspondente deste Instituto em Portugal, em mensagem que acabo de receber :

"Porto, 26 de novembro de 2009.
Caro Professor Ives Gandra da Silva Martins,
Conhecê-lo foi uma grande honra para mim. O Poeta, o Escritor, o Comunicador, o Jurista estão reunidos na sua personalidade, mas não se digladiam, completam-se... Lê--lo ou ouvi-lo é um privilégio de que me deixou desfrutar, com a gentileza da oferta das suas obras e a distinção de me convocar a participar de um debate na televisão brasileira. Encontrá-lo na Universidade do Minho, em Braga, foi a prova da universalidade da sua estatura de Jurista.

Na questão do processo, inqualificável, com o qual se desejou destruir uma Instituição como o Instituto Histórico e Geográfico de São Paulo, foi um gigante no vigor da argumentação e na sabedoria para conduzir um processo, inquinado à partida pelas sendas difíceis da justiça formal.

A Senhora que, com tanta dignidade e coragem, preside a Direção do Instituto, a Professora Nelly Martins Ferreira Candeias, deu-me conta, passo a passo, da evolução dos acontecimentos e das intervenções decisivas do Professor Ives Gandra para que a Justiça, a autêntica, fosse honrada e o pleito vencido. Por isso aqui estou a felicitá-lo, Professor, a agradecer-lhe e a desejar-lhe longa vida, para benefício e prestígio da Jurisprudência brasileira, já tão enriquecida com as suas posições e pronunciamentos nas matérias mais delicadas.

Com a amizade de Daniel Serrão"

Advogado e jurista, Ives Gandra da Silva Martins consubstancia, em sua alma serena, inteligência compreensiva e coração generoso, o espírito solidário e associativo deste Instituto, onde homens e mulheres escolhidos por qualidades morais e intelectuais se reúnem com a finalidade de defender e perpetuar, sempre pela história documentada, a verdade, a justiça, a ética, os direitos humanos, as tradições sagradas da nossa terra, da nossa gente e os feitos de nossos ancestrais.

Esta expressão da Pátria ampliada, que é o Instituto, leva-me a concluir, repetindo as palavras de Isaías, profeta também referido pelo Dr. Ives Gandra Martins em obra dedicada a sua esposa – *O Livro de Ruth*: "e tu contarás a teus filhos, e teus filhos contarão a seus filhos, e seus filhos contarão às futuras gerações".

E por assim pensar, vou relembrar que o Instituto foi fundado no dia 1º de novembro de 1894, em Assembleia realizada no salão nobre da Faculdade de Direito, a convite de Antônio de Toledo Piza e Almeida, Domingos José Nogueira Jaguaribe e Estevão Leão Bourroul, idealizadores dessa iniciativa e homens de convicções seguras.

Cento e trinta e nove intelectuais atenderam ao apelo, comparecendo pessoalmente, ou fazendo-se representar e, por aclamação, escolheram a primeira diretoria, em caráter interino, constituída por Cesário Mota Júnior, presidente; Domingos Jaguaribe, vice-presidente; Antônio de Toledo Piza, secretário; e Leão Estevão Bourroul, Carlos Reis e Cônego Valois de Castro, sem cargos especificados. Essa Assembleia aclamou Presidente de Honra o Doutor Prudente de Morais Barros.

Em 23 de dezembro do mesmo ano, a Assembleia elegeu a diretoria para o primeiro triênio formada por Cesário Mota Júnior, presidente; Conselheiro Antonio Duarte de Azevedo, vice-presidente; Carlos Reis, 1º secretário, Manoel Ferreira Garcia Redondo, 2º secretário; e Domingos Jaguaribe, tesoureiro. Estevão Leão Bourroul, um dos convocadores para a reunião fundadora, integrou em 1894 a Comissão de Regulamentos e Estatutos e, em 1910, a Comissão da revista.

Confio em que futuras gerações ligadas ao bem da Pátria, da cultura, especialmente da História e da Geografia, reunidas para solenizar outras datas e outras personalidades relevantes, recordem esta data, estes nomes, estas referências. Para isso foi criado o Instituto, para isso ele convocou os talentos aqui reunidos, no passado e no presente.

Senhores e Senhoras, encerro com a frase, em latim, que consta do histórico logotipo do Instituto, criado pelo sócio João Vieira de Almeida, em 1894:

Hic domus. Haec patria est. Quotidie. Aliquid addiscentem, cuja tradução é "Aqui é a casa. Esta é a pátria. Algo se aprende todos os dias".

Amém.

Palavras de Maria Odete Duque Bertasi[1]

Senhora Presidente do Instituto Histórico e Geográfico de São Paulo, Dra. Nelly Martins Ferreira Candeias, Doutor Ives Gandra da Silva Martins, demais autoridades que compõem a mesa, senhoras e senhoras. Foi com extrema satisfação que recebi o convite para participar desta Sessão Solene em homenagem aos 115 anos de fundação do Instituto Histórico e Geográfico de São Paulo e, mais honrada fiquei quando convidada para, em meu nome, e em nome do Instituto dos Advogados de São Paulo – entidade que tenho a honra de presidir – saudar o ilustre Dr. Ives Gandra da Silva Martins.

Começo, porém, relembrando fato histórico envolvendo as duas entidades, o Instituto Histórico e Geográfico de São Paulo, que completa 115 anos, e o Instituto dos Advogados de São Paulo, que no próximo dia 29 de novembro completará 135 anos de fundação.

De acordo com os estudos e levantamentos feitos por historiadores por ocasião das comemorações dos 130 anos de fundação do IASP, verificou-se que, no período de 1916 a 1928, portanto por longos doze anos, as reuniões do então Instituto da Ordem dos Advogados de São Paulo, antiga denominação do IASP, eram realizadas no Instituto Histórico e Geográfico de São Paulo. (Livro: *Memórias do IASP e da Advocacia, de 1874 aos Nossos Dias*, p. 208).

Este mesmo levantamento histórico revelou uma referência ao IASP, na ata da 3ª Sessão ordinária do Instituto Histórico e Geográfico de São Paulo no ano de 1899, durante a Presidência de Manuel Antonio Duarte de Azevedo.

Consta da referida ATA:

"*O Sr. Presidente (Duarte de Azevedo) comunicou à casa que, pelo Instituto dos Advogados de São Paulo, foi feita uma proposta ao Instituto Histórico para a cessão da Sala das Sessões para aí funcionar. Pediu a palavra o Sr. Dr. João Monteiro e declarou, como presidente do Instituto dos Advogados, que a cessão da sala era para aquele Instituto funcionar apenas duas vezes por mês, mediante retribuição que podia ser acordada entre as duas diretorias.*

O Sr. Miranda Azevedo propôs que a mesa ficasse autorizada a fazer o acordo, sendo sua proposta unanimemente aprovada" (op.cit, p. 75)".

A circunstância de terem sido realizadas neste Instituto Histórico as reuniões do Instituto dos Advogados, durante 12 anos (de 1916 a 1928) reveste-se de grande importância, não apenas porque aproxima as centenárias instituições, mas especialmente porque representou relevante colaboração ao Instituto dos Advogados de São Paulo em período em que se reorganizava institucionalmente.

---

1 Maria Odete Bertasi, primeira mulher a presidir o IASP.

Aliás, quando se trata da questão da organização e do resgate da história do Instituto dos Advogados de São Paulo, obrigatoriamente precisamos render nossas homenagens ao Dr. Ives Gandra da Silva Martins, na medida em que foi, sob sua profícua e festejada presidência, no ano de 1985, que ocorreu a descoberta, corroborada através de farta documentação, de que o Instituto dos Advogados fora fundado, não em 1916, como até então acreditava-se, mas sim no ano de 1874.

Por todas estas razões, é que reafirmo a minha satisfação pela oportunidade de estar participando desta Sessão Solene comemorativa dos 115 anos de fundação deste Instituto Histórico e Geográfico, que, por suas várias e reconhecidas atividades, tem mantido o ideário de seus fundadores.

Satisfação maior envolve, neste especial momento, o meu espírito, pela grata oportunidade de poder saudar pessoa que admiro e respeito, de cuja amizade e infinitas luzes de conhecimento e cultura tenho tido a satisfação de compartilhar nos últimos quase 30 anos, eis que o conheci ainda na década de 80.

O Dr. Ives Gandra da Silva Martins recebe hoje, para o júbilo de todos nós, seus admiradores, o Colar Dom Pedro I, máxima e justa condecoração outorgada por este centenário Instituto Histórico e Geográfico de São Paulo.

Permita-me, senhora Presidente, manifestar o desejo do Instituto dos Advogados de São Paulo de vivamente associar-se, como preito de reconhecimento e agradecimento, a esta merecida homenagem àquele que é exemplo de trabalho, ética e dedicação às grandes causas e interesses humanitários.

Saúdo, portanto, o ex-Presidente do Instituto dos Advogados de São Paulo, e ilustre membro deste Instituto Histórico, o Dr. Ives Gandra da Silva Martins, renomado jurista com reconhecimento internacional; inúmeras vezes agraciado com títulos honoríficos, comendas e ordens do mérito; professor emérito de várias universidades; presidente e ex-presidente de entidades não apenas da área jurídica, mas também de associações e academias ligadas às Letras e à Cultura; educador; autor de inúmeras obras e artigos diversos tanto no campo do direito, quanto em filosofia, história e literatura.

E termino esta breve saudação, oferecendo ao "Poeta" Ives Gandra, o seu próprio "Canto":

Canto do Poeta (Tempos e Lendas)
"Meu canto é nuvem...Solidão do eterno,
Espelho d´alma sempre, como o olhar.
Tem a frieza trêmula do inverno

E o desejo senil da lua par.
Meu canto é nuvem...Sensação da vida.
Cofre de sonhos como o coração.
Tem o calor da terra prometida
E o descortínio imenso da amplidão.
Meu canto é nuvem...Tentação da origem,
Luz diferente da distância escura.
Tem o brilho escondido da vertigem
E as trevas solitárias que procura.
Meu canto é nuvem... Pálido acalanto,
Que ao mundo nada causa e a mim espanto".

Muito obrigada!

Palavras de Ives Gandra da Silva Martins

O Instituto Histórico e Geográfico de São Paulo comemora 115 anos de existência. Num país que nem sempre cultua a memória de seus maiores nem valoriza as instituições geradoras do saber, a data merece todos os encômios de paulistas, paulistanos e brasileiros. É, a instituição, uma das mais relevantes da história deste país, tendo marcado sua presença em todos os fatos relevantes da República, à época em que os mais cultos eram aqueles que se habilitavam para dirigi-lo.

Sua história está intimamente ligada à do Instituto dos Advogados de São Paulo, que, este ano, comemora 135 anos e cuja eminente presidenta nos honra com sua presença.

Um antigo condutor da Instituição, o ínclito penalista Tales Castelo Branco, editou livro em que consta a trajetória do Instituto dos Advogados de São Paulo – IASP, vinculando-a também à história de São Paulo. É de realçar que, durante muitos anos, as reuniões da direção do IASP ocorreram na sede do IHGSP, graças à fidalguia de seus dirigentes. Havia, no passado, como hoje, muitos sócios comuns, que emprestavam e emprestam seu talento e brilho às duas instituições.

Tive o privilégio de saudar o eminente Professor Ruy Fragoso, quando recebeu o Colar Dom Pedro I, ele que também presidiu a mais antiga instituição da classe dos advogados do Estado de São Paulo, em clara demonstração dos laços culturais que ligam as duas instituições.

Tenho para mim que o Instituto dos Advogados de São Paulo, o Instituto Histórico e Geográfico e a Academia Paulista de Letras tornaram-se as três mais importantes instituições culturais do Estado e das mais respeitadas no Brasil, razão pela qual se justifica o gáudio de que somos todos tomados, no dia de hoje. Homenageia-se, hoje, o que São Paulo tem de melhor, ou seja, a sua cultura.

No meu caso, a alegria, imerecida, é ainda maior, pois é por um gesto de generosa amizade que recebo a Mais Alta Condecoração da Casa, ou seja: o Colar Dom Pedro I, nos 115 anos da entidade.

É inútil reiterar, nestas breves palavras, a afirmação já feita a esta admirável condutora dos destinos atuais do Instituto, que nada fiz para merecer tão alta honraria.

Atribuo-a à fraternidade de ideais e de sonhos que nos têm unido, na busca de caminhos mais permanentes para a evolução dos estudos históricos no país, muito embora, em sua incessante batalha, tenha eu sempre participado como modesto acólito, um seguidor vicário, um trabalhador auxiliar, que reconhece, em sua liderança, o sucesso da fantástica atualidade, em que vive o Sodalício.

Agradeço, sensibilizado, a homenagem – repito, imerecida –, prometendo, nos limites de minhas forças físicas, continuar a lutar a seu lado pelas metas da instituição.

Alegra-me, também, receber o Colar que lembra a figura maiúscula de Dom Pedro I, a que Pedro Calmon reconheceu a potencialidade de ostentar quatro coroas.

Ao contrário da insuficiência cultural de determinados frequentadores da mídia, que, inclusive, se auto-outorgaram o direito de desfigurar a imagem de Dom João VI, até em filmes, num misto de ignorância e preconceito, tenho a convicção de que o projeto Brasil Independente – conformado numa única nação que ocupa espaço geográfico semelhante ao ocupado pelo espanhol – só foi possível graças ao espírito do povo português, mas, fundamentalmente, graças às figuras de Dom João VI e Pedro I.

A Dom João VI se deve o mérito de ter organizado o Brasil para a independência, quando, em gesto de coragem, decidiu não se curvar a Napoleão, como ocorrera com as demais nações da Europa Ocidental, vindo para o país.

Quem se refere à precipitação em deixar Portugal desconhece a dificuldade de planejar-se a mudança de toda a Corte Imperial em uma esquadra, algo só possível – em época em que a logística não contava com as facilidades dos dias atuais – graças a cuidadoso planejamento, cujos meandros desconhecemos, até porque deveria ser mantido em segredo pelo maior tempo possível, a fim de não gerar dificuldades administrativas em Portugal.

Sua vinda ao Brasil e o governo que aqui exerceu, até o retorno a Portugal, consolidou de vez a formação de uma única nação, ao contrário do fracasso espanhol, que viu, nas guerras de independência, esfacelar-se o seu império em um grande número de pequenos ou médios países.

Graças a seu gênio, também, seu filho, Dom Pedro I, foi preparado para assumir o trono e manter a unidade luso-brasileira, com o que o pensamento geopolítico de Dom João VI pavimentou a estrada dos 1º e 2º Impérios e a formação de uma nação monolítica, indivisível, nada obstante os valores e as culturas diferentes em cada uma de suas regiões.

Dom Pedro I e seu pai são os verdadeiros fundadores da pátria independente, inclusive sendo a Constituição que Dom Pedro ofertou ao Brasil, após a dissolução da Constituinte, uma Carta de tal valor, que permaneceu de 1824 a 1891 a gerir os nossos destinos. Nenhuma das sete Constituições brasileiras durou tanto tempo quanto aquela outorgada por Dom Pedro I, considerada por mim, modesto constitucionalista, uma das mais modernas, à época, a ponto de influenciar a conformação da lei suprema belga, país que teve, no seu nascimento, o apoio quase que imediato do Brasil.

Dom Pedro I governou com talento, mas também com impetuosidade, que o levou, muitas vezes, a avaliar mal a colaboração de seus assessores diretos, como ocorreu no episódio do exílio dos Andradas. A posterior atribuição, aos seus ex-adversários, da missão de cuidar e preparar seu filho e futuro imperador para a condução do Estado brasileiro demonstra a força de seu caráter, de reconhecer e superar os erros de avaliação cometidos, o que apenas enaltece a sua figura monumental.

Reconquistando o trono de Portugal, ao vencer Dom Miguel, e reinando, logo a seguir, como Pedro IV até ser levado por morte prematura, permitiu, todavia, que uma brasileira, a sua filha, Maria da Glória viesse a ser a imperatriz de Portugal, governando por muitos anos a nação portuguesa.

O Colar Dom Pedro I, portanto, representa para mim uma homenagem indevida, que, todavia, me sensibiliza pela profunda admiração que tenho por Dom Pedro I e seu papel histórico na consolidação da nação brasileira, assim como pelo carinho que nutro pela Instituição que me o outorga. Transformo o dia de hoje, em dia de rara alegria, que, para um velho como eu, termina por representar o maior teste cardíaco que algum mortal pode passar.

Caríssimos membros do IASP, caríssima Maria Odete, caríssima Nelly Candeias, muito e muito obrigado pelo gesto, pela homenagem, nos 115 anos da fundação do nosso admirável Instituto.

Palavras do Dr. José Furian Filho

Autoridades presentes, Senhoras e Senhores, boa tarde.

É com muita satisfação que a empresa brasileira de correios e telégrafos assinala, com um carimbo comemorativo, os cento e quinze anos do Instituto Histórico e Geográfico de São Paulo – guardião da memória do nosso Estado, de sua cultura, sua história e suas proezas. Nesta celebração especial, é oportuno dizer que são imensuráveis os feitos e as contribuições desta entidade ao Estado de São Paulo e ao Brasil, desde os tempos de seus fundadores.

Cito, com orgulho, o nome dos três distintos homens que, naquele primeiro de novembro de 1894, na Faculdade de Direito do Largo de São Francisco, diante de intelectuais, políticos, ecleásticos e integrantes do poder judiciário, lançaram as bases para a gênese desta casa: os doutores Domingos José Nogueira Jaguaribe Filho, Antônio de Toledo Piza e Estevão Leão Bourroul. E assim se realizara a reunião inaugural.

De fins do século dezenove à primeira década do século presente, o Instituto Histórico e Geográfico de São Paulo verteu-se, pelo esmerado e contínuo trabalho de seus associados, num farol a iluminar a memória paulista e nacional, para onde convergem acadêmicos, pesquisadores e estudantes.

Tratando do tema preservar para o presente e para a posteridade, creio ser oportuno, nesta data, mencionar que este instituto abriga, desde agosto de 2005, em sua biblioteca, selos e peças postais disponibilizados para a pesquisa pública.

O Centro de Memória Filatélica materializou-se ainda na gestão da Doutora Nelly Martins Ferreira Candeias, atual presidente do instituto, que, generosamente, cedeu o espaço ao presidente da federação das entidades filatélicas do Estado de São Paulo, engenheiro Geraldo de Andrade Ribeiro Júnior, e acolheu o precioso acervo, doado por ele e diversos colecionadores. Esse material, desde então, passou a ser patrimônio de todos, paulistas e brasileiros.

O carimbo comemorativo ora lançado também faz alusão a uma exposição fotofilatélica, cujo tema escolhido para brindar esta festa foi "os pioneiros da aviação", de autoria da escritora e pesquisadora senhora Laurette Godoy.

A opção por esse tema foi uma deferência a um herói brasileiro do século XVIII que, até pouco tempo, era quase um desconhecido dos seus compatriotas, situação que se alterou graças a um vigoroso trabalho de resgate histórico promovido pela senhora Laurete de Godoy.

Estamos falando do Padre Bartholomeu de Gusmão, o precursor da navegação aérea, brasileiro, mas também ligado à pátria portuguesa, cujo invento maior, o balão de ar quente, completa trezentos anos em 2009.

Um homem cujo invento dois outros brasileiros pioneiros da aviação, Alberto Santos Dumont e Augusto Severo, tomaram como ponto de partida para suas realizações.

Este é o templo ideal para a apreciação dessa mostra filatélica.

Finalizando, gostaria de felicitar o jurista, escritor e professor emérito, Doutor Ives Gandra da Silva Martins, pelos relevantes serviços conferidos a esta casa, a São Paulo e ao nosso país.

Agradeço ao Instituto Histórico e Geográfico de São Paulo o convite à nossa participação e parabenizo os organizadores deste evento para o registro de tão importante ocasião.

Registro Fotográfico

Maria Odete Duque Bertasi, Nelly M. F. Candeias, Fred Lane e Ives Gandra da Silva Martins exibindo o Diploma do Colar.

Da esquerda para direita: Fernando Leça, Presidente do Memorial da América Latina e José Guilherme Queiroz de Ataíde, Cônsul Geral de Portugal.

Damásio Evangelista de Jesus.

DATAS MAGNAS, SESSÕES CULTURAIS, POSSES

José Maria M. do Amaral Gurgel exibindo a Condecoração de seu avô.

Sessão Musical

Sessão Musical com o violonista
Renato Cardoso.

Mensagem de Arno Wehling à
Presidente do Instituto Histórico e Geográfico Brasileiro

Rio de Janeiro, 11 de novembro de 2009

Ofício n.º 096/09
Exma. Sra. Nelly Martins Ferreira Candeias
DD Presidente do Instituto Histórico e Geográfico de São Paulo
Rua Benjamin Constant, 158
01005-000 – São Paulo – SP

Senhora Presidente:
Recebi seu honroso convite para estar presente às comemorações dos 115 anos de fundação do Instituto Histórico e Geográfico de São Paulo, mas, como informei, compromisso anterior assumido com o IPHAN, órgão do qual sou membro do Conselho Consultivo, impede minha presença nessa ocasião.

Entretanto, peço-lhe que receba, em meu nome e no da Diretoria do Instituto Histórico e Geográfico Brasileiro, os melhores cumprimentos pelo transcurso do 115º aniversário de fundação da – parafraseando nosso Presidente Pedro Calmon – Casa da Memória Paulista.

Solicito-lhe, igualmente, que faça chegar aos ilustres membros do Instituto Histórico e Geográfico de São Paulo nossa simpatia e admiração pelo trabalho até aqui realizado em prol da cultura paulista e brasileira.

A diretoria e o quadro social do Instituto Histórico e Geográfico Brasileiro reiteram seu compromisso de consolidar e ampliar as relações institucionais com o IHGSP, na certeza de que essa cooperação gerará fecundos resultados para o desenvolvimento da cultura científica do País.

Expressando-lhe meu profundo apreço e consideração

Cordialmente,

Arno Wehling
Presidente do Instituto
Histórico e Geográfico Brasileiro

CAPÍTULO
· 38 ·

São Paulo de Piratininga
456 anos

Painel de Azulejos dourados. Cruz de
madera do Século XVI, feita em Portugal.

Sessão realizada no Páteo do Collegio.
25 de janeiro de 2010.

Palavras da Presidente

O Instituto Histórico e Geográfico de São Paulo comemora a data magna da cidade e os 115 anos de sua própria fundação no Pateo do Collegio, espaço generosamente cedido pelo Padre Carlos Alberto Contieri, seu Diretor, a quem agradeço e cuja presença como membro do nosso Instituto muito nos honra e dignifica.

Nos monumentos da cidade grande, símbolos construtivos do Brasil, como a cruz, o leme, o livro e a lança nas mãos de pioneiros, evocam a fundação de São Paulo e a expansão marítima dos portugueses. Filmes, livros, revistas, placas e vitrais expressam a vocação histórica de um povo e a fé que os norteia.

Exaltam a epopeia da expansão marítima dos portugueses, situados no extremo de uma península, onde em Sagres, no alvorecer de um mundo novo, um Infante, inteligente e teimoso, debruçado em altos penedos sonhava com os ventos bons do mar oceano e com a posse de terras desconhecidas. Nas palavras de Miguel Torga, "era o resto do mundo que faltava – Porque faltava mundo!".

Ao tempo, D. João III, rei de Portugal e Dona Isabel, sua irmã, casada com o poderosíssimo Carlos V, imperador e rei da Espanha, tornavam difícil a política diplomática na península ibérica, o que distanciava os soberanos.

Entrelaçados por vínculos matrimoniais, envolveram-se os dois reinos ibéricos num vasto plano de expansão destinado a conquistar o domínio de terras descobertas, ou por descobrir, divididas pelo sagaz meridiano de Tordesilhas, respeitado apenas na estreita faixa litorânea das terras de Santa Cruz.

A expansão teve início no litoral de São Vicente, cujas terras austrais prometiam fácil acesso ao centro do continente e ao império inca no Peru, com suas lendárias e cobiçadas montanhas de ouro e prata.

O projeto português pretendia definir os limites do território americano pelo controle de dois cursos fluviais: o rio Amazonas ao norte e o rio da Prata, ao sul, ambos cercados pelos mitos duma Ilha Brasil.

Mas não era segredo. As Coroas da Espanha e Portugal conheciam os pormenores desses planos, conforme atesta o apenso documental do livro sobre a fundação de São Paulo de autoria do notável historiador e diplomata Jaime Cortesão, referente ao período de 1504 a 1553.

Em suas palavras, "nunca os portugueses melhor afiançaram suas capacidades para prever e aproveitar as vantagens de posição de qualquer ponto do globo, do que na dupla e simultânea fundação de São Vicente e de Piratininga".

Mas a política de expansão portuguesa foi ato fluido no tempo e múltiplo na ação, com profundas raízes pré-históricas, porque na vida nada acontece de repente.

O encontro de náufragos portugueses com índias da terra deu origem à mestiçagem, signo sob o qual se formou a nação brasileira. Traço característico do quinhentismo – foi a melhor solução encontrada pela colonização portuguesa para firmar-se no mundo novo.

A união de cunhatãs com portugueses foi hábil forma de a tribo incorporar estranhos à comunidade indígena. Eram regras de convivência, no passado colonial, que deram origem ao sincretismo cultural a partir da matriz tupi.

Dos primeiros portugueses que chegaram a São Vicente, em 1510, sobre os quais possuímos referências menos ambíguas, dois náufragos podem servir de protótipos da aliança familiar luso-tupi, em sua riqueza e variedade.

João Ramalho, casado com a filha de Tibiriçá, indianizou-se nos campos de Piratininga, contribuindo de forma notável para a fundação de São Paulo.

Gonçalo da Costa, casado com a filha do Bacharel e de uma índia da terra, permaneceu no litoral por mais de dez anos. Nobre, culto e bem-sucedido nos negócios – abastecia navios e fabricava bergantins. Conhecedor do Rio da Prata, participou dos planos de expansão de espanhóis e portugueses. Convidado por Dom João III, recusou-se a acompanhar Martim Afonso na expedição ao rio da Prata, preferindo trabalhar com castelhanos.

O hibridismo luso-tupi está na base do fenômeno mais característico da história brasileira – o bandeirismo, para o qual contribuiu Ana Pimentel. Casada com Martim Afonso de Souza, primeira mulher a exercer o cargo de governadora na América Portuguesa. Em 1546 Dona Ana Pimentel revogou a ordem de seu marido, que proibia a entrada de europeus nos campos de Piratininga. No entanto, raramente seu nome consta nos índices onomásticos e remissivos dos livros sobre a história de São Paulo no período quinhentista de São Paulo.

O hibridismo refletiu-se fortemente nos conhecimentos geográficos e na cartografia do Brasil. É evidente que sem os conhecimentos geográficos dos índios, que sabiam utilizar as conexões fluviais entre os afluentes do Paraná e do Paraguai e conheciam os caminhos a ponto de atravessar o continente, Portugal não teria conseguido o êxito de sua extraordinária expansão.

Esse mesmo confronto ocorreu em outros pontos do território, estreitando laços entre os chefes indígenas e europeus. Estes foram assumindo papéis preponderantes nas tribos. Falavam as línguas da terra, conheciam suas trilhas – andavam pelos peabirus do continente, onde se encontram pedras de uso astronômico e relógios solares semelhantes aos incaicos. Além disso, intermediavam negociações entre nações indígenas e representantes das potências europeias.

Desafios do fascínio pelo interior desconhecido dos grandes rios, vocação geográfica, mitos e mistérios da Lagoa Dourada no imaginário coletivo, tudo contribuiu para fortalecer as mestiçagens brasileiras – luso-tupi, hispano-guarani e franco-tupinambá. Os resultados da configuração têm sido estudados por antropólogos e sociólogos. Foram os mamelucos – filhos de europeus com cunhatãs, jovens índias, que deram origem ao povo brasileiro. Diz Gilberto Freyre que a hostilidade entre etnias no período do Brasil Colonial foi acompanhada também pela convergência de interesses, troca de experiências e sólida interdependência econômica.

Os portugueses dispunham de objetos de ferro – machados, facas, anzóis e tesouras. Os índios cuidavam da alimentação dos portugueses, fornecendo-lhes peixes, veados, antas, iguanas, mandioca e milho, até palmito para salada ofereciam ao capitão-mor.

Além disso, os portugueses foram acompanhados por índios nômades de sentido topográfico agudíssimo, os quais se distribuíam pelo litoral, planaltos central e meridional, amazônia ocidental setentrional e sertão do nordeste.

Com sólidos conhecimentos geográficos, os índios contribuíram para o êxito da expansão portuguesa. Ao ultrapassar os limites do tratado de Tordesilhas, para o oeste e para o sul do território, contribuíram com precisas informações sobre a hidrografia do interior do continente, localização de metais preciosos e até relatos sobre a presença do misterioso Pai Sumé.

O naturalista Alexandre Rodrigues Ferreira comenta a importância do intercâmbio cultural entre portugueses e índios com curioso exemplo. Ao perguntar a um índio quais eram os afluentes do Rio Branco, o nativo pegou uma corda de piaçá, com a qual formou o tronco do rio, depois foi prendendo filamentos representando seus tributários e por fim fez tantos nós quantas as aldeias dos índios nas posições respectivas.

Nessa mesma região, outro índio desenhou na areia com um bastão o mesmo rio. Quando o naturalista deu-lhe pena e tinta, para repetir no papel esse traçado, o índio assinalou cordilheiras marcadas por sucessivas séries de ângulos agudos e malocas quantificadas pelo tamanho segundo seus moradores com círculos maiores ou menores.

Nas palavras de Sérgio Buarque de Holanda, "para tanto é preciso ter um aproveitamento rigoroso da experiência anterior e um poder de abstração, que não se concilia com certas generalizações ainda correntes da mentalidade primitiva".

Já me referi aos principais fatores que determinaram o povoamento da nação brasileira. Na minha metáfora de símbolos, aproximo agora a cruz, ao livro e à lança, ao evocar o Padre Anchieta - a ação apostólica elevada ao mais alto expoente da dedicação e do amor à raça aborígene nas terras de Santa Cruz.

Autor da primeira gramática em língua tupi e animado pela fé, colocou a inteligência e a vontade na integração de um Brasil sem preconceitos de raça. Esta nação é o peabiru do padre Anchieta, patrono do nosso Instituto.

Em nossa sede encontra-se belíssimo quadro, fixando momento exponencial de sua vida, o de escrever na areia da praia de Iperoig, versos do poema "De Beata Virgine Dei Matre Maria", homenagem à Virgem Maria. Mas qual das designações da Virgem Maria Padre Anchieta invocava?

No museu do Pateo encontra-se imagem em bronze de Anchieta e réplica da imagem de Nossa Senhora da Candelária, padroeira das Ilhas Canárias, onde ele nasceu.

Estudo a respeito das designações da Virgem Maria (assim era invocada no período quinhentista), permite supor que ele tivesse dedicado seus versos à Nossa Senhora da Candelária, também denominada Nossa Senhora das Candeias e Nossa Senhora da Luz.

De acordo com documentação do Arquivo da Cúria Metropolitana, a primitiva capela de Nossa Senhora das Candelárias ou das Candeias foi construída, em 1579, por Domingos Luís, português, casado com Ana Camacho, mameluca, bisneta de João Ramalho e da índia Bartira – fato registrado no traslado da doação, datado de janeiro de 1579. O casal desejava "em um assento que tinham no piranga, fazer uma casa de Nossa Senhora da Luz".

Nesse mesmo ano, José de Anchieta envia carta ao capitão-mor Jerônimo Leitão, "Domingos Luís está acabando a igreja. Já lhe dissemos missa com muita festa". Referia-se claramente àquela ermida, primeira capela consagrada à Nossa Senhora em Piratininga. Isso aconteceu apenas 25 anos após a fundação oficial da Igreja e do Colégio dos padres da Companhia de Jesus.

Em 1603, a capela foi transferida para o atual bairro da Luz, onde se construiu um convento que hoje abriga o Museu de Arte Sacra de São Paulo. Lá se encontra a mais antiga imagem de Nossa Senhora da Luz, entre outras relíquias.

Termino esta saudação à cidade de São Paulo, feita até de forma pouco convencional, no mesmo local onde no século XVI ouvia-se a voz de Anchieta a recitar com os curumins seu cântico sagrado. Vou citar:

"Ó Virgem Maria
Tupã sy êtê,
Abapé ara póra
Oicó ende jabê?
Xe retama moopira".
Traduzindo:
"Ó Virgem Maria, Grande Mãe de Deus
Que outra criatura há igual a ti.
Minha terra venturosa".

Que a fé, a justiça, a tolerância e a solidariedade estejam sempre nos corações dos brasileiros paulistas.

Amém.

Palavras do Padre Carlos Alberto Contieri, S.J.

Quisera dar as boas-vindas a todos, neste dia em que nós comemoramos os 456 anos do Colégio dos Jesuítas. Nesse lugar onde hoje estão os nossos pés, a partir desse Colégio, é que surgiu a cidade de São Paulo. É importante também não esquecer que, num dia como este, o padre Manuel de Paiva, por delegação do padre Manuel da Nóbrega, provincial dos jesuítas, celebrou a missa de inauguração de São Paulo, exatamente no dia em que se comemorava a conversão do apóstolo Paulo, pois, era assim que os jesuítas compreendiam a sua missão.

Assim como São Paulo era tido como o apóstolo dos gentios, os jesuítas tendo chegado nessas terras antes de Santa Cruz, compreenderam também que a sua missão deveria se dirigir prioritariamente àqueles que eram considerados gentis, pois a Salvação de Deus, o amor que Deus nos fez experimentar na nossa humanidade, pela encarnação, pelo nascimento do Seu Filho, Nosso Senhor Jesus Cristo, era algo que dizia respeito, que continua a dizer respeito, a toda a humanidade indistintamente. E eles quiseram, eles desejaram que os indígenas, que aqueles que habitavam o Planalto de Piratininga, assim como todos os recantos de nosso País, pudessem experimentar através daquilo que, na época, eles chamavam a doutrina cristã, a vida que vinha pela Fé em Nosso Senhor Jesus Cristo.

Eles não tinham outro interesse senão a vida dos indígenas, dos colonos, de quem não importa quem fosse.

Certamente, o exercício da história não é o exercício de voltar ao passado, nenhum de nós aqui presentes podemos voltar sequer ao nosso passado pessoal, nem fazer com que o passado da nossa história se torne presente, essa não é a tarefa da história.

A tarefa da história é olhar para o passado, para aprendê-lo e compreendê-lo. A tarefa do historiador certamente é navegar através do exercício da inteligência nas águas cristalinas do passado para que nós possamos viver melhor no dia de hoje. Eu estava sentado aqui, olhando para aquela frase do Beato Anchieta que está naquele primeiro quadro, que é um poema na verdade da eucaristia que diz: *não se vende em praça pública, este pão de vida, porque é comida que se dá de graça.*

Se isso se pode dizer do Corpo de Cristo, nós poderíamos na verdade plagiar e comentar José de Anchieta e dizer que nós também não podemos permitir que a nossa História, seja vendida a troco de umas poucas moedas em praça pública ou em determinados palanques, pois a nossa História tem que ter a sua dignidade e tem que ser celebrada no seu lugar próprio.

Oxalá o nosso Instituto Histórico, oxalá a nossa reunião, a nossa reunião de cada ano, as reuniões que nós temos ao longo do ano no Instituto Histórico, nos permitam guardar como um tesouro, dizia São Paulo, em vasos de argila, a nossa História, para que ela não seja vulgarizada. Que o nosso exercício como membros do Instituto Histórico seja esse também de navegar nas águas cristalinas do passado, para que o nosso povo, não obstantes as enchentes, não morra de sede. Da sede do conhecimento, da sede da experiência, da sede de Deus. Não se vende em praça pública aquilo que nos é dado de graça.

Sejam todos bem-vindos, Deus nos ilumine e Deus nos abençoe a todos.

Registro Fotográfico da Cerimônia

Gustavo Nascimento da Silva com a Bandeira do IHGSP.

Rui C. M. Tucunduva, Neuza Andrade Ferreira Cardoso de Mello Tucunduva e Nelly Martins Ferreira Candeias.

Da esquerda para direita: José Alberto Neves Candeias, Padre Carlos Alberto Contieri, Fred Lane. Na segunda fila, Pedro Paulo P. Trindade, Elisabeth Silva Gomes Quintino e Damásio Evangelista de Jesus.

Posse dos novos membros

Membros Titulares: Luíza Nagib Eluf, Hélio Tenorio dos Santos, Lisindo Roberto Coppoli, Ricardo Cardozo de Mello Tucunduva.

Discurso de Posse: Ricardo Cardoso de Mello Tucunduva.

Saudação aos novos membros: Hernâni Donato.

Senhoras e senhores que honram o Instituto com a sua presença, Reverendo Padre Carlos Roberto Contieri, diretor desta Casa de Anchieta e membro e estimulador do Instituto, Professora Doutora Nelly Martins Ferreira Candeias, nossa Presidente, novos membros do Instituto Histórico e Geográfico de São Paulo.

Nas olimpíadas da velha Grécia, a prova coletiva mais bem considerada era aquela em que as equipes, em plena e desesperada correria, passavam a um companheiro postado ao lado da pista, o bastão simbolizador da vitória. A corrida significava o tempo deslizante; o bastão, mensagem de uma a outra geração; o empenho em não deixá-lo cair, e no passá-lo no momento e no modo certo, a razão de ser das associações, das nações, dos povos.

A senhora e os senhores chegam com o bastão posto no alto. Venceram. Antes dos quatro, centenas de geógrafos e historiadores passaram pela porta de nossa entidade e, servindo-a, ao longo de décadas, serviram a São Paulo e, pois ao Brasil, nas áreas da História, da Geografia.

Há hoje e aqui, uma profunda diferença. E em vosso favor. A senhora e os senhores vivem o diferencial que é o de tomar posse neste local não apenas histórico no material e no espiritual, mas também local sagrado, o útero, o coração, o braço de São Paulo. É preciso pensar nisso, os que tomam posse e os que presenciam.

Se deixarmos que o coração e a cabeça ouçam o que o palmo do chão ocupado por cada um e o minuto histórico que estamos vivendo, perceberemos o fluir dos séculos ao longo da história de São Paulo, da História do Brasil. E isso faz parte da vossa festa, senhora e senhores empossados.

Todos sabem de tudo isso. E se dispõem a receber o bastão, mantê-lo erguido no dia a dia dos trabalhos e dos estudos, prestigiando, apoiando, frequentando o Instituto. Começa a corrida para os quatro novos associados. Chegam com um passado recomendável. Tiveram dez membros apresentados e foram aprovados por uma comissão especial e em duas votações, aceitos pelo corpo associativo.

E agora são apresentados por ordem alfabética ao público presente neste Pateo.

Hélio Tenório dos Santos, Militar, capitão da Polícia Militar do Estado. Por trazer ao peito o distintivo do heroísmo representado pela Cruz de Sangue ali colocada pela Organização das Nações Unidas em cujas forças serviu, como oficial brasileiro, por dois anos no Timor Leste. Recebeu, também, a Medalha do Mérito Militar Terrestre. Seguiu cursos, comandou tropas, sendo sempre um historiador pesquisador da nossa história militar. Destacam-se nesse currículo os livros, *A barreira de Itararé na História Militar*, *A ação tática de João Cabanas*, *Centenário da Missão Militar Francesa*, *A ordem unida na evolução da doutrina Militar*.

Lisindo Roberto Coppoli, notabilizado e respeitado por haver dedicado 32 anos a profundas e sistemáticas pesquisas de registros sonoros em fitas, discos e vídeos, especialmente material alusivo às atividades da CIPA-CETESB. Dedica-se igualmente, multiplicando o tempo útil às figuras e eventos do populário paulista, empenho que lhe valeu acesso à Associação Brasileira de Folclore. Juntou a sua classificação de candidato ao nosso Instituto, exemplar do trabalho intitulado "História da educação/preservação Ambiental em São Paulo".

Luíza Nagib Eluf, Procuradora da Justiça em São Paulo, ganhou respeito nacional e importância internacional que a levaram a representar o Brasil em evento realizado em Pequim, China, em 1995. No país, mereceu o galardão de Mulher do Ano outorgado pelo Conselho Nacional da Mulher.

Sua experiência e seus estudos continuados nas áreas em que desenvolve atividades profissionais e culturais resultaram também em livros prestigiados pelos entendidos, livros como os de títulos: *Crime contra os costumes e assédio sexual*, *Brasileiro é assim mesmo*, *A paixão no banco dos réus*, *Retrato*, *Matar ou morrer – o caso Euclides da Cunha*, sendo este considerado o de maior profundidade dentre os muitos que abordaram o drama do grande escritor.

Ricardo Cardoso de Mello Tucunduva, com raízes no mais remoto paulistanismo remontante aos dias em que os fundadores se plantaram neste mesmo chão e que hoje ele se distinguiu nas lides jurídicas ao mesmo tempo em que cultuou a geografia e a história da sua cidade e do seu povo.

Unindo tais interesses e no propósito de fixar para uso geral os limites de direitos e deveres, pacientemente coligiu e detalhadamente redigiu o livro *Manual Prático do Direito do Consumidor*.

A imprensa geral e maiormente a especializada recolheram artigos, entrevistas e informações atinentes a São Paulo.

Depois disso, agradeço novamente ao Páteo do Colégio por mais essa deferência para com o Instituto Histórico e Geográfico de São Paulo, considerando que este evento faz parte dos festejos com que a cidade comemora a ocorrência de seus 456 anos, resta um chamado: Hélio Tenório dos Santos, Lisindo Roberto Cóppoli, Luíza Nagib Eluf, Ricardo Cardoso de Mello Tucunduva, entrai, o Instituto é vosso.

Obrigado a todos.

Registro Fotográfico – Novos membros

Luíza Nagib Eluf e Nelly Martins Ferreira Candeias.

Ricardo Cardoso de Mello Tucunduva, Sônia Maria Tomaniki Tucunduva e Nelly Martins Ferreira Candeias.

Lisindo Roberto Coppoli e Nelly Martins Ferreira Candeias.

Hélio Tenório dos Santos e Nelly Martins Ferreira Candeias.

Programa Musical

Hino Nacional Brasileiro
Piano, Maestro José Raphael Musitano Pirágine

Duas canções sobre poemas de Fernando Pessoa
Para coro e piano
Ceifeira e Canção do Pessoa
Música de Rafael Miranda

Pai Nosso em Tupi, Marlui Miranda
Tenor Gualtieri Beloni Filho

Pai Nosso (Seresta)
Para coro e piano
Música de José Raphael Musitano Pirágine

Laudete Dominum, W. A. Mozart
Para soprano solo, coral e piano

Dulce Goyos, soprano solista

Madrigal Cantares e Coral do Colégio
Oswaldo de Andrade

Regência
Maestro Gualtieri Beloni Filho

Pianistas
Rafael Miranda e Maestro José Raphael Musitano Pirágine

Coordenação Musical
Maestro Gualtieri Beloni Filho

Coral Madrigal Cantares.

Gualtieri Beloni Filho e Dulce Goyos
cantando o *Pai Nosso* em tupi.

Oração "Pai Nosso" em tupi antigo,
elaborada pelo Padre Ântonio de Araújo, em 1618

Oré r-ub, ybak-y-pe t-ekó-ar,
I moeté-pyr-amo nde r-era t'o-îkó.
T'o-ur nde Reino!
To-nhe-monhang nde r-emi-motara
yby-pe
Ybak-y-pe i nhe-monhanga îabé!
Oré r-emi-'u, 'ara-îabi'õ-nduara,.
e-î-me'eng kori orébe.
Nde nhyrõ oré angaîpaba r-esé orébe,
oré r-erekó-memûã-sara supé
oré nhyrõ îabé.
Oré mo'ar-ukar umen îepe tentação pupé,
oré pysyrõ-te îepé mba'e-a'iba sui.

Pai Nosso, em tupi guarani antigo Marlui Miranda, cantado pela primeira vez no IHGSP em 2008.

Maestro José Raphael Musitano Pirágine.

Registro Histórico
Reforma da Igreja Beato José de Anchieta por Cláudio Pastro

"A reforma foi uma necessidade porque o local não era adequado à eucaristia. Quando em 1979 terminou a construção, não foi previsto um altar. E o altar original, do século 17, foi destruído no fim do século XIX".

Padre Carlos Alberto Contieri S. J.

A imagem mostra o altar da igreja antes da reforma e o desenho da área do altar após a conclusão das obras.

Trinta anos após sua construção, a Igreja do Beato José de Anchieta, no Pateo do Collegio, foi reformada. O altar ganhou um painel de azulejos dourados, piso de granito cor de vinho e uma cruz de madeira do século 16, feita em Portugal. A cruz tem cerca de 1,90 m e está suspensa por um cabo de aço em frente ao painel dourado.

O altar é ladeado por colunas de madeira, do século XVII, conhecidas como colunas salomônicas, as quais ficavam no altar da antiga igreja que existia no local. Os azulejos, feitos numa empresa de Curitiba, têm o brasão dos jesuítas no centro.

Na parte destinada aos fiéis, existem painéis de azulejos azuis de estilo português. Quatro deles contam a história de Anchieta. Os dois outros referem-se à liturgia do batismo e a um texto do Evangelho segundo São João.

A pia batismal, o púlpito de onde são feitas as leituras, e a cátedra onde senta o presidente da cerimônia são de granito rosa. Tanto a pia como o púlpito ficam no centro da igreja, em cada uma das laterais. O local conta agora com nova iluminação de forma a valorizar a arquitetura do prédio.

De acordo com o padre Carlos Contieri, diretor do Pateo do Collegio, o espaço litúrgico da igreja ficou disposto da forma correta: "antes, no centro do altar tinha uma estátua de Anchieta quando deveria estar uma cruz". A respeito, afirma que o intuito da reforma não foi reproduzir a réplica da igreja original, mas reproduzir o que havia antes, e sim devolver ao presbitério o esplendor do barroco de maneira moderna.

Cláudio Pastro

Segundo o artista sacro Cláudio Pastro, autor do projeto da reforma, as mudanças não pretenderam retomar as linhas do que já existia, cuja configuração o incomodava: a escultura de bronze de Anchieta era para jardim e não para ficar num altar. Nome de prestígio na arte sacra do Brasil, Cláudio Pastro foi responsável por projetos artísticos de cerca de 300 igrejas, capelas e catedrais no país e no exterior, com desempenho reconhecido em nível internacional.

Nascido em São Paulo, em 1948, há mais de 30 anos dedica-se às artes plásticas: «beleza tem um sentido objetivo: "é ou não é", e independe do meu (subjetivo) parecer, do meu gosto. Assim, podemos afirmar: "gosto não se discute, se educa"», comenta Pastro em entrevista.

Cláudio Pastro dedica-se à arte sacra desde 1975. Cursou teoria e técnicas de arte na Abbaye Notre Dame de Tournay, na França, no Museu de Arte Sacra da Catalunha, na Espanha, na Academia de Belas Artes Lorenzo de Viterbo na Itália, na Abadia Beneditina de Tepeyac no México e no Liceu de Artes e Ofícios de São Paulo.

Tem realizado pinturas, vitrais, azulejos, altares, cruzes, vasos sagrados e esculturas para presbitérios, capelas, igrejas, mosteiros e catedrais, não só no Brasil, como também em outros países – Argentina, Bélgica, Itália, Alemanha e Portugal.

Fotos cedidas pelo Padre Carlos Alberto Contieri, diretor do Pateo do Collegio.

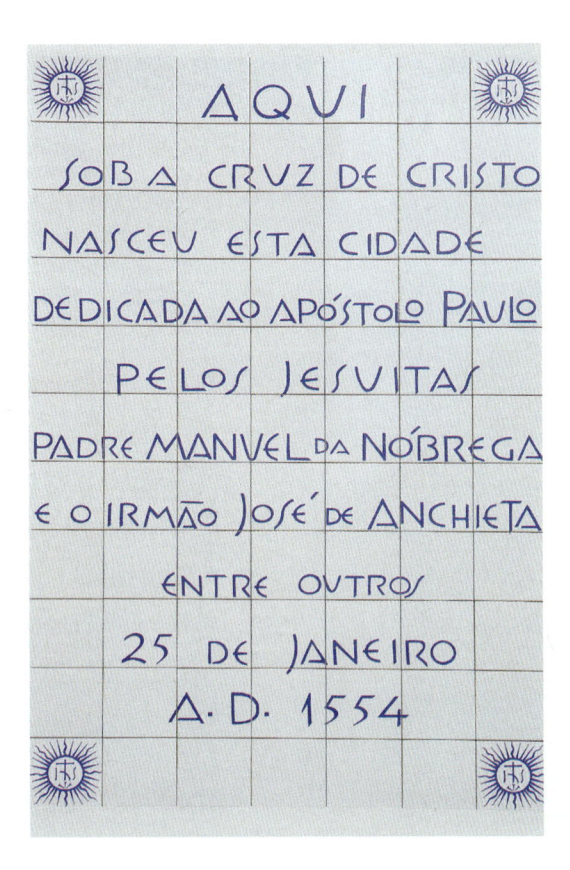

DATAS MAGNAS, SESSÕES CULTURAIS, POSSES

AQUI
SOB A CRUZ DE CRISTO
NASCEU ESTA CIDADE
DEDICADA AO APÓSTOLO PAULO
PELOS JESUÍTAS
PADRE MANUEL DA NÓBREGA
E O IRMÃO JOSÉ DE ANCHIETA
ENTRE OUTROS
25 DE JANEIRO
A.D. 1554

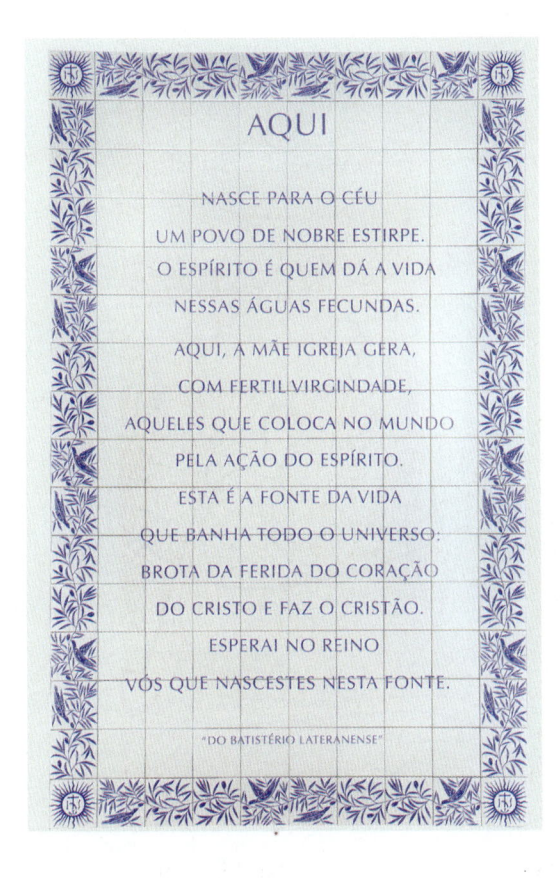

AQUI

NASCE PARA O CÉU
UM POVO DE NOBRE ESTIRPE.
O ESPÍRITO É QUEM DÁ A VIDA
NESSAS ÁGUAS FECUNDAS.

AQUI, A MÃE IGREJA GERA,
COM FERTIL VIRGINDADE,
AQUELES QUE COLOCA NO MUNDO
PELA AÇÃO DO ESPÍRITO.

ESTA É A FONTE DA VIDA
QUE BANHA TODO O UNIVERSO:
BROTA DA FERIDA DO CORAÇÃO
DO CRISTO E FAZ O CRISTÃO.

ESPERAI NO REINO
VÓS QUE NASCESTES NESTA FONTE.

"DO BATISTÉRIO LATERANENSE"

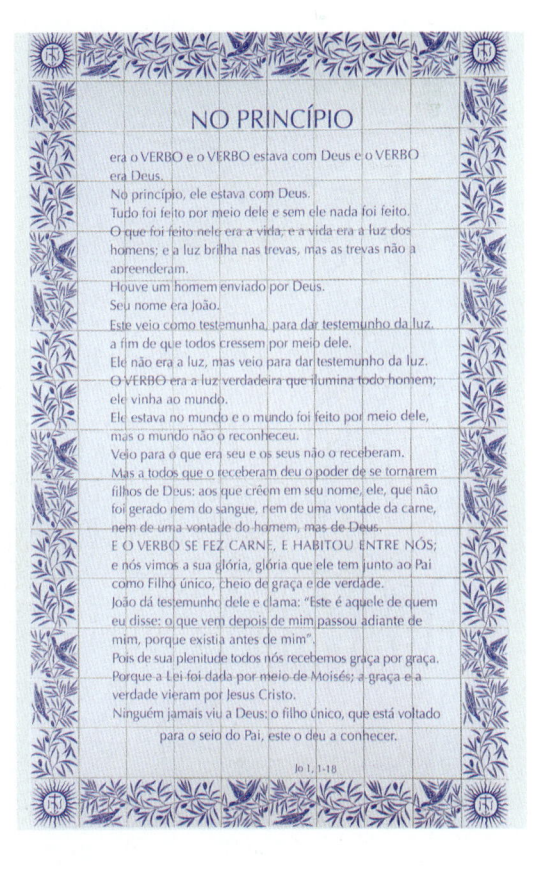

NO PRINCÍPIO

era o VERBO e o VERBO estava com Deus e o VERBO era Deus.
No princípio, ele estava com Deus.
Tudo foi feito por meio dele e sem ele nada foi feito.
O que foi feito nele era a vida, e a vida era a luz dos homens; e a luz brilha nas trevas, mas as trevas não a apreenderam.
Houve um homem enviado por Deus.
Seu nome era João.
Este veio como testemunha, para dar testemunho da luz, a fim de que todos cressem por meio dele.
Ele não era a luz, mas veio para dar testemunho da luz.
O VERBO era a luz verdadeira que ilumina todo homem; ele vinha ao mundo.
Ele estava no mundo e o mundo foi feito por meio dele, mas o mundo não o reconheceu.
Veio para o que era seu e os seus não o receberam.
Mas a todos que o receberam deu o poder de se tornarem filhos de Deus: aos que crêem em seu nome, ele, que não foi gerado nem do sangue, nem de uma vontade da carne, nem de uma vontade do homem, mas de Deus.
E O VERBO SE FEZ CARNE, E HABITOU ENTRE NÓS; e nós vimos a sua glória, glória que ele tem junto ao Pai como Filho único, cheio de graça e de verdade.
João dá testemunho dele e clama: "Este é aquele de quem eu disse: o que vem depois de mim passou adiante de mim, porque existia antes de mim".
Pois de sua plenitude todos nós recebemos graça por graça.
Porque a Lei foi dada por meio de Moisés; a graça e a verdade vieram por Jesus Cristo.
Ninguém jamais viu a Deus; o filho único, que está voltado para o seio do Pai, este o deu a conhecer.

Jo 1, 1-18

10 ANOS DA MEMÓRIA PAULISTA

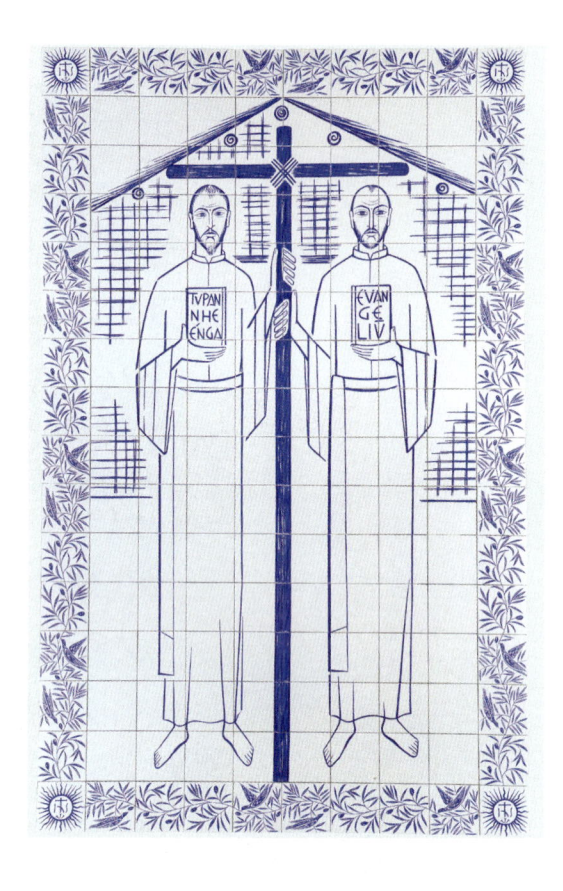

CAPÍTULO
· 39 ·

Inauguração de espaço cultural no IHGSP

Cárbia Sabatel Bourroul com seu filho Alexandre Camillo Bourroul e sua neta Ana Luíza Pisani Bourroul.

DATAS MAGNAS, SESSÕES CULTURAIS, POSSES

Banda de Músicos.
Cândido Portinari, 1960.

Sejam bem-vindos

Nelly Martins Ferreira Candeias, Presidente do Instituto Histórico e Geográfico de São Paulo, e Cárbia Sabatel Bourroul, Diretora do Memorial'32 - Centro de Estudos José Celestino Bourroul, convidam V.Sª para a inauguração do novo espaço cultural do Edifício Ernesto de Souza Campos.

28 de julho de 2010, às 17 horas
Rua Benjamin Constant, 158

RSVP: 3242-8064 ou e-mail: ihgsp@ihgsp.org.br

Programa Musical

I Parte

Comemoração do Centenário do Nascimento de "Vadico" - Osvaldo Gogliano

Feitiço da Vila
Conversa de Botequim
Feitio de Oração
Intérprete: Mário Albanese

Comemoração do Centenário do Nascimento de Adoniran Barbosa

Trem das Onze
Saudosa Maloca
Samba do Arnesto
Intérprete: Marco Antônio Rochael – clarinetista

Comemoração da Obra de Aníbal Augusto Sardinha – Garoto

Gente Humilde
Lamentos do Morro
Intérpretes: Luciana Elena Sarmento – violão
Viviane Linda Sarmento – violão

II Parte

Sonata ao Luar – L.V. Beethoven
Intérprete: David Pásqua – tecladista

Edelweis – R.C.Richard
Intérprete: Michelle Toffolo - violoncelista

Palavras da Presidente

Em setembro de 2004, o Ministro José Gregori disse: "O Instituto Histórico e Geográfico de São Paulo passou a ter outra vida, revitalizando sua atuação e influência. Desejo dizer que sei bem o quanto de preocupação e temor carregam os dias atuais. Parece incrível ter iniciado o novo século com tanta violência e com a emergência de tanto extremismo. Mas, de repente numa tarde tépida paulistana, de início de primavera, num lugar bem no centro da cidade gigante, tudo se torna tão ameno que esquecemos todo o entorno de angústias para, de novo, convivermos com a esperança e a elegância da nossa cultura".

Esta também é uma "tarde tépida paulistana", em que se inaugura no quarto andar do edifício-sede um novo espaço cultural. Também se lança, hoje, o distintivo da entidade contendo a esfera armilar, logotipo do Instituto, criado por João Vieira de Almeida, em 1894[1]. Nele se lêem as seguintes palavras, em latim *Hic domus. Haec patria est. Quotidie. Aliquid addiscentem*, cuja tradução é "Aqui é a casa. Esta é a pátria. Algo se aprende todos os dias".

Vou dar início à sessão musical com as palavras de Saramago:

"A viagem não acaba nunca. Só os viajantes acabam. E mesmo estes podem prolongar-se em memória, em lembrança, em narrativa. Quando o visitante sentou na areia da praia e disse: 'Não há mais o que ver', saiba que não era assim. O fim de uma viagem é apenas o começo de outra. É preciso ver o que não foi visto, ver outra vez o que já se viu, ver na primavera o que se viu no verão, ver de dia o que se viu de noite, com o sol onde primeiramente a chuva caía, ver a seara verde, o fruto maduro, a pedra que mudou de lugar, a sombra que aqui não estava. É preciso voltar aos passos que foram dados, para repetir e para traçar caminhos novos ao lado deles. É preciso recomeçar a viagem. Sempre".

E "recomeçando a viagem, sempre", estamos voltando aos passos que já foram dados, mas também traçando caminhos com a presença de novos membros e amigos do Instituto.

Vou mencionar os nomes de (a) membros titulares, aqui presentes, que ingressaram neste instituto durante a minha primeira gestão, (b) outros com ausência justificada, (c) e alguns não associados, mas todos corajosos amigos, que colaboraram intensamente a partir de 2002, quando juntos navegamos nas turbulentas águas de uma longa e penosa travessia. São eles: Antonio Ermírio de Moraes, Dom Antônio Maria Mucciolo, Armando Alexandre dos Santos, Dom Bertrand de Orleans e Bragança, Carlos Taufik Haddad, Carlos de Meira Matos, Padre César Augusto dos Santos, Damásio Evangelista de Jesus, Dom Luís de Orleans e Bragança, Eduardo Conde, Flávio Fava de Moraes, Francisco Giannoccaro, Geraldo de Andrade Ribeiro Júnior, Geraldo Nunes, Guy Christian Collet, Guido Arturo Palomba, Heinz e Edna Budweg, Hernâni Donato, Ives Gandra da Silva Martins, Jorge Caldeira, Padre

---

[1] Doação de José Alberto Neves Candeias.

José Affonso Bueno de Moraes Passos, José Alberto Neves Candeias, José Celestino Bourroul e Cárbia Sabatel Bourroul, José Maria Marcondes do Amaral Gurgel, Liliana Rizzo Piazza, Luis Eduardo Pesce Arruda, Marco Antonio Ramos de Almeida, Maria Elisa Byngton, Mário Albanese, Nelly Novaes Coelho, Octávio Bueno Magano, Paulo Bomfim, Rogério Ribeiro da Luz, Ruth Cardoso, Ruy Cardoso de Mello Tucunduva e Samuel Moraes Kerr.

Nossos agradecimentos muitos especiais, aos advogados e juristas que acompanharam nossa gestão, Carlos Miguel Aidar, Damásio Evangelista de Jesus, Ives Gandra da Silva Martins, José Emmanuel Burle Filho, Miguel Parente Dias, Octávio Bueno Magano e Márcio Magano, Rui Celso Reali Fragoso e a seus jovens colaboradores, alguns aqui presentes, cujas devotadas presenças nos permitiram assistir ao crepúsculo do passado e vislumbrar a aurora do futuro deste Instituto.

Volto a Saramago, dirigindo-me a todos que aqui se encontram: "A viagem não acaba nunca. Só os viajantes acabam. E mesmo estes podem prolongar-se em memória, em lembrança, em narrativa".

Sejam todos bem-vindos... com a clave de Sol.

Com a palavra o Maestro Mário Albanese.

Registro Fotográfico

Da esquerda para direita: José Carlos de Barros Lima, Cárbia Sabatel Bourroul, Ricardo Cardoso de Mello Tucunduva, Pedro Paulo Penna Trindade, Nelly Martins Ferreira Candeias e Rogério Ribeiro da Luz.

Da esquerda para direita: Ricardo Cardoso de Mello Tucunduva, Antonio Magalhães Gomes Filho, Nelly Martins Ferreira Candeias, Guido Palomba e Ruy Cardoso de Mello Tucunduva.

Abertura da Sessão Cultural.
Nelly Martins Ferreira Candeias.

Eduardo Conde e José Alberto Neves Candeias.

Ricardo Cardoso de Mello Tucunduva e
Sonia Maria de Mello Tucunduva.

Maestro Mário Albanese.

CAPÍTULO 40

Homenagem ao professor Damásio Evangelista de Jesus

Cerimônia realizada na Assembleia Legislativa de São Paulo.
3 de setembro de 2010.

Palavras da Presidente

Exmo. Senhor Damásio Evangelista de Jesus, Exmo. Senhor Rogério Ribeiro da Luz, Exma. Senhora Maria Odete Duque Bertasi, Exmo. Senhor Desembargador Ricardo Cardoso de Mello Tucunduva, e demais autoridades, senhoras e senhores, que honram o Instituto com a sua presença.

Assumir a presidência de um ato solene a realizar-se na Assembleia Legislativa é uma honra para o Instituto Histórico e Geográfico de São Paulo e uma demonstração de crença na supremacia dos valores paulistas. Reflete o amor que sentimos pelo Brasil Paulista, onde, desde o século XIX, duas entidades se entrelaçam, colaborando para o engrandecimento da Nação.

Nas palavras de Tristão de Ataíde, "o passado não é o que passou – o passado é o que ficou do que passou". E "o que ficou do que passou" aproxima a Assembleia Legislativa de São Paulo do nosso Instituto, pelos sentimentos de civismo, de ética e de crença nos valores da Nação e pelo dever de transmiti-los a gerações sucessivas.

De forma resumida, desde a fundação do Instituto em 1894, onze governadores/presidentes desta Casa de Leis pertenciam às duas entidades e oito foram fundadores do Instituto.

O Brasão de Armas do Estado de São Paulo, criado pelo desenhista, heraldista e historiador Wasth Rodrigues, membro do Instituto, foi instituído por ocasião da Revolução Constitucionalista de 1932. Foi utilizado inicialmente na Campanha do Ouro para o Bem do Brasil.

O principal foco de nossas considerações, neste momento, é a história da porta de entrada do edifício sede do IHGSP, na rua Benjamin Constant, 158, Centro Histórico da cidade.

Para quem entra e sai do nosso edifício-sede, ou transita pelo Benjamin Constant, a porta passa despercebida. À semelhança, porém, das toranas hindus ou dos toris japoneses – como na Rua Galvão Bueno, Bairro da Liberdade – a porta está impregnada de espiritualidade.

É relíquia transportada do antigo Palácio do Governo, situado no Largo do Palácio, hoje denominado Pateo do Collegio. Ladeado pelas secretarias de Estado, o prédio governamental foi reconstruído entre 1881 e 1886, conjunto urbano dos mais reproduzidos nas revistas da década de 1890.

A beleza das edificações e dos jardins da época impressionou viajantes estrangeiros. Marie Robinson Wright, jornalista norte-americana, a primeira mulher a escrever na National Geographic Magazine – "The Falls of Iguazu", em 1906, durante sua visita oficial ao Brasil em 1901 menciona o logradouro no seu livro *The New Brasil*. Nele encontra-se belíssima fotografia do Largo do Palácio do Governo, que não consta em nenhum dos sistemas atuais de busca virtual.

Nos primeiros anos do século XX, ocorreram profundas mudanças no urbanismo de São Paulo: um grupo de cidadãos requereu ao Congresso Legislativo do Estado licença para construir três avenidas com melhoramentos da época: a avenida principal teria início na atual praça Antonio Prado em direção aos Campos Elísios; a segunda ligaria o Teatro Municipal à estação da Luz e a terceira facilitaria a comunicação do viaduto de Santa Efigênia com o Largo do Arouche.

Para realização deste projeto, solicitava-se ao governo prédios e terrenos, concessão para estabelecimento de linhas de ônibus e automóveis, entre outras inovações. E assim aconteceu.

No centro histórico da cidade, prédios e casas foram demolidos, portas foram removidas, janelas foram arrancadas, fachadas desabaram, ruas foram desviadas e viadutos foram construídos – numa sucessão de impactos.

As reformas da cidade foram-se multiplicando com velocidade. Nas palavras do arquiteto Benedito Lima de Toledo, poucas vezes, na história do urbanismo, ocorreu fenômeno semelhante: uma cidade ser reconstruída três vezes sobre o mesmo assentamento. Em São Paulo, três cidades foram construídas e três foram destruídas em um século.

Durante 129 anos de existência, passaram por essa porta milhares e milhares de pessoas que assistiram ao ocaso do império, à abolição da escravatura, ao despertar da república, ao exílio da família real, à revolução constitucionalista de 1932 e à transferência da sede do governo para o Palácio dos Campos Elíseos, passando o edifício a ser ocupado pela Secretaria da Educação.

Em 1953, quando o Palácio foi finalmente demolido, a porta da entrada não se rendeu ao duro cerco. Continuou em pé, tornando-se pilar da memória paulista. Graças ao devotado empenho de Nicolau Duarte e Silva, então Vice-Presidente da diretoria, foi adquirida e doada ao Instituto, onde permanece até hoje – imponente portal do edifício-sede do Instituto Histórico e Geográfico de São Paulo.

No dia 25 de janeiro de 1954, por ocasião das comemorações dos 400 anos da fundação da cidade de São Paulo, inauguraram-se em duas cerimônias conjuntas, o edifício-sede Ernesto de Souza Campos e a porta do antigo Palácio do Governo.

E é por essa porta que o Dr. Damásio Evangelista de Jesus entra na memória histórica de São Paulo. A homenagem ao Professor Damásio tem fundamento mais significativo do que a simples enumeração de múltiplas atividades e brilhante atuação como jurista, professor e mestre de muitas gerações. Dirige-se àqueles que, como ele, tornam-se paradigmas, modelos de vida para outras gerações, exemplos que se perpetuam à luz da história documentada pelo poder e moralidade de seus ensinamentos.

Excepcional capacidade de trabalho revelada em tudo que faz – nobreza de espírito e honestidade são nobres pilares sobre os quais repousa sua vigorosa personalidade.

Sempre desejou seguir a carreira jurídica, a ponto de escrever um pensamento na porta interna do guarda-roupa do antigo Hotel Tapajós, em Bauru, onde morou durante alguns anos: "serei Juiz de Direito". Isso não ocorreu.

Advogado criminalista, Diretor-Geral da "Faculdade de Direito Prof. Damásio de Jesus", Presidente e Professor do Complexo Jurídico Damásio de Jesus, Doutor *Honoris Causa* em Direito pela Universidade de Estudos de Salerno (Itália), é autor de cerca de 40 livros publicados pela Editora Saraiva.

Atuou durante 26 anos no Ministério Público do Estado de São Paulo, aposentando-se em 1988, como Procurador de Justiça. Colaborou em trabalhos realizados para o Ministério da Justiça, a Prefeitura da Cidade de São Paulo, a Câmara dos Deputados, o Conselho Nacional de Política Criminal e Penitenciária e a Secretaria da Administração Penitenciária do Estado de São Paulo.

Representou o Brasil em reuniões das Nações Unidas para discutir sobre justiça penal, prevenção do crime, crimes de corrupção em transações comerciais internacionais, controle de porte e uso de armas de fogo.

Síntese de reflexões existenciais, o Dr. Damásio conta histórias ligadas à sua experiência pessoal e a seu cotidiano, transformando-as em ensinamentos que compartilha com alunos e amigos. Esses ensinamentos apresentam-se de forma divertida e alegre, virtude que a pedagogia exalta. De forma despretensiosa, o Professor Damásio constrói uma ponte entre moral, ética e questões de seu dia a dia.

Professor Damásio de Jesus, protagonista da vida, um dos valores intelectuais mais representativos de sua geração, sinto por Vossa Excelência a mais elevada admiração. Conhecê-lo foi uma honra para mim.

Gostaria de terminar esta apresentação com uma frase de Cora Coralina, que ilustra magistralmente o sentido de minhas considerações:

"Feliz aquele que transmite o que sabe e aprende o que ensina".

Obrigada.

Palavras de Maria Odete Duque Bertasi

Senhora Presidente do Instituto Histórico e Geográfico de São Paulo,

Demais autoridades que compõem a mesa, Senhores homenageados,

Senhoras e senhores,

É com muita emoção e justa honra que passo a integrar o centenário do prestigioso **Instituto Histórico e Geográfico**, uma das principais instituições científicas e culturais do País, que, dentre as várias atividades desenvolvidas ao longo de mais de um século de profícua existência, destacam-se a promoção do patrimônio histórico, artístico, cultural e urbano-ambientais, assim como a preservação de tradições, valores cívicos e morais da Cidade e do Estado de São Paulo.

Associar-me ao Instituto Histórico e Geográfico de São Paulo é certeza de participação em entidade cuja missão vem sendo cumprida com especial brilho pelas mãos fiéis e competentes da Historiadora e Professora Nelly Candeias, através de congressos, cursos, seminários, conferências, exposições e outros eventos ligados ao estudo da História e da Geografia, incluindo a Literatura, além de distinguir os pesquisadores e autores que têm contribuído para o desenvolvimento científico e técnico do Brasil.

Renovo meus agradecimentos pela indicação e apoio ao meu nome para integrar o Instituto Histórico e Geográfico de São Paulo, com especial preito de gratidão e reconhecimento ao seu ilustre membro, Dr. Ives Gandra da Silva Martins que, assim como eu, conselheiro nato e ex-presidente do Instituto dos Advogados de São Paulo, na pessoa de quem cumprimento todos os membros dessa centenária instituição.

Congratulo-me com os homenageados desta sessão solene, o Dr. Damásio Evangelista de Jesus, condecorado com a outorga do Colar D. Pedro I, e o Dr. Rogério Ribeiro Luz, com o Colar do Centenário. São justas láureas em reconhecimento por suas carreiras e pela missão, que abraçaram com a consciência do dever a cumprir, de iluminar os caminhos da sociedade, porque uma sociedade de cidadãos ativos, conscientes, participativos, espelha a verdadeira grandeza do Homem, com sua infinita capacidade de crescer e deixar sua marca indelével na História.

Agradeço a gentileza das palavras a mim dirigidas pelo Dr. Ricardo Tucunduva.

Inegavelmente, o Instituto Histórico e Geográfico de São Paulo, desde sua fundação em novembro de 1894, tem contribuído para a memória das tradições e sua preservação, porque, na verdade, passado e futuro pertencem ao presente, como nos lembra o poeta Paulo Bomfim em pensamentos que reproduzo:

"Somos reencarnação de nossos antepassados.
Um dia, ainda conseguiremos penetrar o enigma do tempo, despertando em nossa consciência milhares de consciências adormecidas, que trazemos em nós.
Aí, poderemos dizer que passado e futuro pertencem ao presente".

O Instituto Histórico e Geográfico de São Paulo guarda essa maravilhosa missão: manter viva a memória dos acontecimentos do passado, sem os quais jamais poderemos vivenciar, com plenitude, o futuro.

É uma imensa alegria poder participar de uma entidade que tem esse objetivo e preocupação.

A todos, o meu preito de gratidão pelo momento especial que nesta noite compartilhamos. Muito obrigada!

Outorga do Colar D. Pedro I: Dr. Damásio Evangelista de Jesus
Outorga do Colar do Centenário: Rogério Ribeiro da Luz.
Posse de novo membro titular: Maria Odete Duque Bertasi.

Registro Histórico

Fachada do Palácio do Governo de São Paulo, onde se vê
a porta doada por Nicolau Duarte Silva para o Instituto Histórico e
Geográfico de São Paulo por ocasião das comemorações do IV
Centenário da cidade de São Paulo.

Posse do Professor Damásio Evangelista de Jesus.
25 de janeiro de 2004.

Registro Fotográfico

Damásio de Jesus e Nelly Martins Ferreira Candeias
exibindo o Diploma do Colar D. Pedro I.

CAPÍTULO
• 41 •

São Paulo de Piratininga 457 anos

25 de janeiro de 2011.

Palavras da Presidente

Ao comemorar os 457 anos da fundação de São Paulo, os 117 anos do Instituto Histórico e Geográfico de São Paulo, no limiar do décimo ano da minha gestão, sinto-me honrada ao realizar esta cerimônia na Igreja do Beato Padre Anchieta, no Pateo do Collegio, espaço generosamente cedido pelo seu Diretor, Padre Carlos Alberto Contieri, a quem agradeço – e cuja presença como membro do Instituto nos dignifica.

Presidir ato solene nesta Igreja é acreditar na supremacia dos valores paulistas e expressar o respeito que sentimos pelo Brasil, onde, desde o século XIX, duas entidades históricas vivem em harmonia, colaborando para o engrandecimento do país.

A vida de um povo é feita por etapas. Cada geração contribui para o bem comum da humanidade. São Paulo orgulha-se do passado, vinculado à Companhia de Jesus, sob cuja sabedoria e proteção viveram as remotas gerações nas terras quinhentistas.

Neste espaço sagrado, o Instituto Histórico de São Paulo presta homenagem às Forças Armadas do Brasil – Exército, Marinha e Aeronáutica – e ao Professor João Grandino Rodas, Digníssimo Reitor da Universidade de São Paulo.

É difícil abreviar o extenso e encontrar na amálgama dos fatos históricos valores que moldam a civilização de um povo. A choupana de serra a cima tornou-se um símbolo e exemplo para outras gerações, ampliando o poder transformador da moralidade de seus ensinamentos. Foi construída para que os Tupis do Campo recebessem a mensagem do Evangelho: "crer em Jesus Cristo Redentor e batizar-se, para serem cristãos".

Esse ato transformou-se em importante matriz da organização política e social da Nação, pelo encontro de raças e expansão do cristianismo no alvorecer do Brasil Colonial.

Disse Anchieta, exatamente neste local: "a 25 de Janeiro do Ano do Senhor de 1554 celebramos, em paupérrima e estreitíssima casinha, a primeira missa, no dia da conversão do Apóstolo São Paulo e, por isso, a ele dedicamos nossa casa". ... *in angustiis sumus*.

Ao construir a igreja, que substituiu a choupana de pau a pique, o Padre Afonso Brás utilizou taipa de pilão nas paredes. Assim surgiu o Real Colégio de São Paulo.

Em 1556, inaugurou-se a segunda igreja, abandonada após expulsão dos jesuítas em 1640. Queixavam-se os moradores de São Vicente de que os índios, monopolizados pelos padres, causavam danos aos colonos, que se viam privados de seus serviços. Os jesuítas só regressaram ao Brasil em 1653.

A terceira igreja foi construída em 1667 no mesmo local, segundo anotações de Dutra de Moraes, confirmadas por planta baixa levantada por Theodoro Sampaio.

Em 1759, com a expulsão da Ordem das Terras portuguesas, o edifício passou a ser sede do governo, Palácio dos Governadores. Afonso de Taunay, Presidente de Honra do Instituto Histórico e Geográfico, *primus enter pares* relata que "a expulsão da Companhia de Jesus inaugurou um período de terrível ignorância em nossa terra de norte ao sul".

Era o começo do fim. Proclamada a República, o edifício que servia de palácio, espaço então denominado Largo do Palácio, passou ao domínio do Estado, pretendendo-se instalar na Igreja o Congresso Constituinte do Estado. A oposição do bispo diocesano resultou em pleito judicial entre Cúria e Governo com desfecho favorável àquela.

Isso aconteceu em 1896 por sentença do Supremo Tribunal, quando a opinião pública cindiu-se entre grupos com convicções opostas: a Cúria apelava para que a preservação do prédio histórico fosse respeitada; o Governo do Estado pretendia ocupar o espaço do Pateo do Collegio/Largo do Palácio. O pêndulo oscilava entre memória paulista e modernização do urbanismo, forças de poder desigual.

Na noite de 13 para 14 de março desse ano, forte vendaval ocasionou o desabamento de parte da fachada da igreja, pretexto oportuno para justificar sua demolição, júbilo de muitos e indignação de poucos.

Em 1896, demoliu-se a Igreja. O primeiro monumento histórico da cidade foi condenado. Theodoro Sampaio, fundador do Instituto, em 1894, foi incumbido pelo governo do Estado para acompanhar a demolição do templo: "triste incumbência para quem como nós sabia aquilatar essas relíquias". Isso ocorreu durante a primeira diretoria do Instituto presidida por Cesário Mota Júnior, período de 1894–1896.

O Palácio recebeu reparos e a torre transformou-se no torreão do Palácio, única expressão que restou das metamorfoses anteriores. O cobiçado espaço passou a ser conhecido como Largo do Palácio. Assim permaneceu por longo período, como atestam os documentos oficiais e a iconografia da época.

A história da igreja apagou-se da memória. Dos seis cartões-postais circulados entre a década de 1890 e 1910, que integram o acervo do Museu Paulista, apenas um traz a imagem e identificação da igreja.

Nos primeiros anos do século XX, ocorreu notável fenômeno no urbanismo de São Paulo: um grupo de cidadãos requereu ao Legislativo do Estado licença para construir três amplas avenidas com os melhoramentos da época.

Solicitava-se ao governo o direito de desapropriação de prédios e terrenos, a concessão para o estabelecimento de linhas de ônibus e automóveis, entre outras inovações. E assim aconteceu. No centro histórico da cidade, prédios e casas foram desapropriados ou demolidos, milhares de portas foram removidas, janelas foram arrancadas, fachadas desabaram, ruas foram desviadas e viadutos construídos.

As reformas da cidade foram-se multiplicando com espantosa velocidade. Na história do urbanismo, ocorreu fenômeno semelhante: uma cidade ser reconstruída três vezes sobre o mesmo assentamento. Em São Paulo, três cidades foram construídas e três cidades foram destruídas em um século.

Em 1953, o Palácio do Governo, a exemplo do que já acontecera com a Igreja do Pateo do Collegio, também foi demolido, mas a demolição trouxe benefícios: levou à descoberta de vestígios do antigo Colégio dos Jesuítas. Relíquias venerandas: restos de muros de taipa, madeiras e pregos da Piratininga quinhentista foram recolhidas por mãos piedosas de testemunhas atentas.

Isso ocorreu às vésperas das grandes comemorações do IV Centenário da Fundação de São Paulo, quando o Instituto Histórico e Geográfico de São Paulo assumiu considerável responsabilidade no conjunto das homenagens promovidas pelos poderes públicos e por entidades privadas.

Coube à sétima diretoria do Instituto, período de 1951–1957, presidida pelo Professor Ernesto de Souza Campo, assistir à demolição do Palácio e zelar pelas relíquias da Piratininga quinhentista – taipa, madeiras e pregos foram levados para o Instituto Histórico e Geográfico de São Paulo, onde permanecem até a presente data.

Fato curioso: graças ao empenho pessoal de um membro dessa mesma diretoria, Professor Nicolau Duarte Silva, a porta do Palácio foi adquirida e doada ao Instituto, onde se encontra até hoje – imponente portal do edifício-sede, na rua Benjamin Constant, 158.

Como cruzes, pregos e sinos, as portas também são símbolos metafóricos... As portas do Pateo e do Instituto se aproximaram e se irmanaram no simbolismo milenar da História. Conjunto iconográfico do patrimônio cultural, constituído por ilustrações da paisagem urbana do Pateo do Collegio e do Largo do Palácio, com data de 1887, mostra a porta da torre remanescente da demolição da terceira igreja, bem ao lado da porta do Palácio, que seria transportada para o edifício-sede do nosso Instituto, na já mencionada gestão de Ernesto de Souza Campos, tendo Afonso de Taunay, como presidente de honra.

Inclui o mencionado conjunto a fotografia "A fonte e o largo do Palácio", da autoria de Militão Augusto de Azevedo, onde se observam as duas portas contíguas, significando que ambas entidades caminharam juntas desde a fundação do IHGSP. Foram essas as pegadas impressas no chão da História.

Cristo disse "eu sou a Porta da Salvação".

Oxalá o mesmo ocorra daqui a 117 anos e que no dia 25 de janeiro de 2128, porque o verbo é Deus, alguém possa dizer: "no dia 25 de janeiro do Ano do Senhor de 2011... na Igreja do Beato Padre Anchieta no Pateo do Collegio, sob a direção do Padre Carlos Alberto Contieri, antecedido pelo Padre César Augusto dos Santos, o Instituto Histórico e Geográfico de São Paulo homenageou as Forças Armadas do Brasil, assim como a Universidade de São Paulo na pessoa do seu Reitor João Grandino Rodas, terceiro Reitor a tomar posse na entidade, precedido pelos Reitores Flávio Fava de Moraes (posse 1993 – 1997) e Ernesto de Moraes Leme (1951–1953), na presença de Hernâni Donato, sétimo presidente de honra, o qual teve como antecessores Prudente de Morais, Barão do Rio Branco, Rui Barbosa, Afonso de Taunay, Ernesto de Moraes Leme e Lycurgo de Castro Santos Filho.

Após a abertura oficial da cerimônia, relíquia da primeira igreja de Piratininga foi doada pelo Instituto Histórico e Geográfico de São Paulo e entregue ao Diretor do Pateo do Collegio, assim como documento sobre a demolição da Igreja do Pateo, em 1896, da autoria de Theodoro Sampaio, publicado na Revista do IHGSP, volume II, 1898.

Prego utilizado na primeira igreja do Pateo do Collegio, 1554.

Durante a solenidade receberam a Medalha Comemorativa do IV Centenário de São Paulo: Antonio Magalhães Gomes Filho, Cárbia Sabatel Bourroul, José Alberto Neves Candeias, Marco Antonio Ramos de Almeida e Rogério Ribeiro da Luz.

Em seguida, outorgou-se o Colar D. Pedro I às Forças Armadas do Brasil e ao Reitor da USP, Professor João Grandino Rodas.

Durante a solenidade, deu-se posse a dez novos membros, os quais foram saudados por Hernâni Donato.

Foi mestre de cerimônias o Professor Jorge Pimentel Cintra, da Escola Politécnica da Universidade de São Paulo, coordenador do Curso São Paulo na História do Brasil, Secretário-geral da então Diretoria, e, Nelly Martins Ferreira Candeias, Presidente do Instituto Histórico e Geográfico de São Paulo, e titular dessa mesma universidade".

Amém.

Registro Fotográfico

Entrada do Porta-Bandeira na Igreja do Beato Padre José Anchieta.

Em pé, Padre Carlos Alberto Contieri, sentados da esquerda para direita, João Grandino Rodas, Cárbia Sabatel Bourroul, José Alberto Neves Candeias. Na segunda fileira, Nelly Martins Ferreira Candeias, em pé atrás, Jorge Pimentel Cintra.

Forças Armadas do Brasil. À esquerda Professor João Grandino Rodas.

DATAS MAGNAS, SESSÕES CULTURAIS, POSSES

Rogério Ribeiro da Luz, Marco Antonio Ramos de Almeida, Nelly Martins Ferreira Candeias, Cárbia Sabatel Bourroul, Antonio Magalhães Gomes Filho e José Alberto Neves Candeias.

Hernâni Donato, Nelly Martins Ferreira Candeias e Cárbia Sabatel Bourroul.

Da esquerda para a direita; Jorge Henrique Monteiro Martins, Teresa Maria Malatian, Ciro de Araújo Martins Bonilha, Carlos Ricardo Epaminondas de Campos, Benedito de Godoy Moroni, Eduardo Alberto Escalante, Gonçalo Mesquita da Silveira de Vasconcelos e Sousa, José Luiz Gomes do Amaral, Manoel Elpidio Pereira de Queiroz Filho.

Coral do Hospital Oswaldo Cruz.

Padre Carlos Alberto Contieri exibindo a relíquia da primeira igreja de Piratininga doada pelo Instituto Histórico e Geográfico de São Paulo.

Outorga do Colar D. Pedro I: Forças Armadas do Brasil e Professor João Grandino Rodas.

Entrega da Medalha Comemorativa do IV Centenário da Fundação da Cidade de São Paulo: Antonio Magalhães Gomes Filho, Cárbia Sabatel Bourroul, José Alberto Neves Candeias, Marco Antonio Ramos de Almeida e Rogério Ribeiro da Luz.

Posse dos novos membros
Membros Titulares: Benedito de Godoy Moroni, Carlos Ricardo Epaminondas de Campos, Ciro de Araújo Martins Bonilha, Eduardo Alberto Escalante, Gonçalo Mesquita da Silveira de Vasconcelos e Sousa, Jorge Henrique Monteiro Martins, José Luiz Gomes do Amaral, Manoel Elpidio Pereira de Queiroz Filho, Ricardo Luiz Silveira Costa e Teresa Maria Malatian.
Em nome dos novos membros: José Luiz Gomes do Amaral.
Saudação aos novos membros: Hernâni Donato.

Sessão Musical

Hino Nacional: executado pelo maestro José Raphael Musitano Pirágine e cantado por Marieta Guedes Pirágine.

Pai Nosso em tupi-guarani de Marluy Miranda, cantado pelo Tenor Gualtieri Beloni Filho.

Coral do Hospital Alemão Oswaldo Cruz: Regência do Maestro David Wesley

Pai Nosso: música de Raphael Pirágine, arranjo para três vozes do Maestro Gualtieri Beloni Filho

Registro Histórico

Memória sobre a Igreja do Collegio dos Jesuítas de S. Paulo
Revista do IHGSP, volume II, 1898, p.1-10

Theodoro Sampaio

Obedecendo aos desejos deste Instituto, venho hoje, decorridos certamente quase dois meses depois do desastre ocorrido na velha igreja do Collegio dos Jesuítas, trazer-vos alguns dados referentes a essa vetusta construção, o primeiro monumento histórico desta cidade, agora derruído e definitivamente condenado.

Incumbido pelo governo do Estado da demolição do velho templo, triste incumbência para quem como nós sabia aquilatar essas relíquias, realçadas por mais de três séculos de veneração, para quem, cultivando a História-Pátria, aprendeu a ver nessas paredes tombadas e carcomidas os testemunhos da nossa infância nacional que ora desaparecem, bem podemos dizer como Volney diante das ruínas de Balbec: *"Procurei os antigos ou pelo menos as suas obras e só encontrei mal apagados vestígios, semelhantes aos que deixam ao pisar os caminhantes a areia movediça"*.

De fato, dentro em breve não restarão do velho templo, sob cuja sombra surgiram e cresceram tantas gerações dos conquistadores dos sertões brasileiros, senão vestígios mal apagados, algumas relíquias venerandas recolhidas por mãos piedosas dos que não queimam hoje o que ontem adoraram, daqueles que aprenderam no culto do passado a preparar para essa pátria estremecida um futuro melhor.

Serão, decerto, vestígios mal apagados de uma época que se foi, mas de modo algum, não serão objetos indiferentes aos que sabem como os dignos membros deste Instituto venerar nessas relíquias os esforços dos que nos deram a posse desta terra, daqueles que primeiro aqui lançaram os fundamentos da sua atual prosperidade.

Descrever ainda que em breves linhas esse monumento, o seu caráter, a sua posição no centro dessa cidade modernizada de que fora ele outrora o embrião, a sua influência na civilização paulista é, por certo, assunto para mais elevada competência do que a nossa; mas ainda sim tentando-o, ressalve-nos a modéstia um intuito superior: – guardar nos nossos arquivos os característicos do derruído momento, para que um dia o historiador que lamentar a sua perda, não lamente também a nossa indiferença, que seria um crime de leso-patriotismo.

Há muito que já não era senão ruínas o templo aqui erguido pelos primeiros apóstolos do Novo Mundo.

O desabamento do seu telhado e de uma parte de suas paredes já fendidas e desaprumadas, ocorrido na noite de 13 para 14 de março passado por efeito das chuvas torrenciais da estação, não é senão o começo de um total aniquilamento porque, por tristíssima contingência das coisas desse mundo, até as ruínas perecem.

Quiseram os nossos dissentimentos que sobre essa terra sagrada onde repousam as cinzas de tantos varões ilustres, sobre o templo onde primeiro ecoaram os cânticos piedosos dos catecúmenos de Piratininga, pesasse a mão da justiça com um interdito que valeu-lhes por formal condenação.

Por isso, já lá vão seis anos que emudecera o velho campanário. Um silêncio de túmulo reinava na nave deserta sobre cujo soalho carcomido e em parte arrancado chovia copiosamente nas noites tempestuosas.

Do teto, já em parte deformado, com as telhas quebradas e o forro apodrecido, desciam goteiras abundantes que, lavando as paredes, gretando-as em vários pontos, acabaram por derruí-las, tanto é certo que nada há mais aniquilador do que o silêncio do abandono.

Sobre os altares despidos empilhavam-se os destroços de desabamentos parciais. As imagens apeadas dos altares estavam recolhidas na capela-mor onde menos sensível era o descalabro do tempo. Alfaias já ali não existiam havia muito tempo.

Uma como que sentença de morte, que lentamente se cumpria, pesava sobre o velho monumento.

Debalde, alguma coisa tentávamos para, ao menos, atenuar os efeitos da inevitável destruição. Por amor de duas escolas leigas que, ampla sacristia e nas suas dependências se instalaram, alguns reparos ligeiros, interessando ora dos telhados, ora as paredes que, aos poucos iam, ainda sim cedendo da sua solidez e estabilidade, conseguíamos realizar no intuito de evitar desastres irremediáveis.

Sabia-o o Governo que essas obras aprovara e as mandara pagar. Para atestá-lo aqui, temos presente o nosso digno consócio e presidente deste Instituto, o Dr. Cesário Motta Júnior, então secretário do Interior do Governo do Dr. Bernardino de Campos, a esse tempo afanosamente empenhado em difundir a instrução popular e em levantar o nível do ensino ao ponto em que hoje vemos.

E assim se foi mantendo o arruinado edifício até há bem poucos dias.

Em meados de março, porém, notando nós que na parede, meeira do palácio do governo e da igreja do Collegio algum grave desarranjo se dava, pois a água da chuva, penetrando copiosamente, lavava a referida parede, cujo papel caía apodrecido e alagava o soalho já bastante danificado, levamos o fato ao conhecimento do Dr. Bernardino de Campos que, para providenciar, veio pessoalmente examinar o lugar ameaçado.

Autorizou-nos logo a entendermo-nos com o Revmo. Bispo Diocesano, a pedir-lhe em seu nome as chaves da igreja para se efetuarem os reparos que fossem de mister de um e de outro lado, e sem demora, autorizou-nos a efetuá-los.

De bom grado, acendeu ao delicado pedido o Revmo. Bispo e desde então ficamos nós em condições de encetar as obras de reparação, se o tempo constantemente chuvoso, por dias sucessivos, não nos impedisse de iniciar qualquer trabalho, afetando as obras superiores do arruinado edifício.

Aguardávamos a cessação das chuvas para proceder ao exame no telhado e no interior da igreja, quando nos vieram as mãos às chaves da sacristia, então em poder de um dos professores, com as quais poderíamos ter ingresso no interior da nave quando fosse oportuno ali trabalhar, e que tornavam dispensáveis aquelas que o Exmo. Bispo nos entregara em confiança.

Restituídas estas, continuamos a esperar pela cessação do mau tempo para iniciar as obras que já tardavam. Na noite imediata, porém, pela onze horas, mais ou menos, ruía com grande fragor o telhado da velha igreja e com ele parte da parede meeira, a mesma que primeiro atraíra a nossa atenção e também algumas peças da cantaria de um dos ângulos externos da torre, adjacente à mencionada parede, as quais, segundo indícios, parece que foram as primeiras a desabar, abalando com sua queda o teto já muito danificado, e assim provocando o desequilíbrio de toda aquela construção.

Tanto bastou para que em alguns espíritos se levantasse a injusta suspeita de um deliberado propósito da parte do governo em fazer desaparecer o vestuto monumento. Ele que não o pudera alcançar pela força do direito, derribava-o agora pela calada da noite como um despeitado criminoso!

Não, não carecemos de levantar o aleive que assim como surgiu também prontamente se desfez. Isso só podia desonrar-nos a todos, arguentes e arguidos.

Não, na terra paulista, onde, aliás, a constante prosperidade também insufla o espírito de irreverência, governantes e governados, todos sabíamos prezar o valor desse momento.

Se a descrença avassala o espírito inovador do século expirante, não é ele, por isso, menos esclarecido. Se para muitos o velho templo se não impunha pelo ideal da crença; se essa construção não nos cativava pelo apuro da estética; para todos, porém, ela se erguia como uma relíquia veneranda, como o santuário das nossas mais caras tradições; ela recordava o berço daquelas gerações de aventureiros que nos deram o Brasil, o maior dos territórios americanos; ela recordava-nos ainda na sua modestíssima aparência o muito que temos caminhado, perseguindo o nosso ideal civilizador através de três séculos de vicissitudes.

Para nós, a obra de Nóbrega, de Manuel de Paiva, de Anchieta, de Tibyreçá e de tantos varões ilustres que os sucederam nesse piedoso empenho, não era assim um objeto desprezível e inoportuno a atravancar-nos o terreno reclamado para maior realce das modernas e aparatosas construções.

Sempre pensamos que, se essas relíquias das passadas eras, se pudesse conservar de pé, a despeito de todos os nossos dissentimentos, que ela se conservasse no mesmo sítio em que aquelas almas piedosas a elevaram. Creio ser este o sentir de quantos amam sua pátria nesses testemunhos seculares, que são os marcos miliários a assinalar-nos a rota civilizadora através da História.

Mas para aqueles mesmo que não veem no arruinado monumento mais que uma pesada e paupérrima construção a desfear, pela sua vizinhança, os novos palácios que a moderna riqueza vai erguendo em torno do antigo Pateo do Collegio, para esses mesmos o templo de Anchieta não era uma relíquia sem veneração.

Neste ponto não havia divergência. O que nos dividia era o modo de compreender o ideal, ou o respeito pelo passado que, ao sentir deles, não devia primar as exigências progressistas e razoáveis do seu tempo. Sem faltar com a devida veneração, entendiam eles que, *servatis servantis*, o velho monumento podia desaparecer sem prejuízo desse ideal ou desse respeito às tradições.

Façamos-lhes essa justiça.

Quis, porém, a sorte que, antes mesmo de pronunciada pelos tribunais a última e definitiva sentença, ruísse por terra o velho monumento, confundindo com uma solução radical os litigantes.

O templo jesuítico, cujos primeiros fundamentos datam de 1554, está irremediavelmente perdido. Derruídas as paredes, gretadas e carcomidas as que permaneceram de pé, nada de estável e duradouro se poderá reerguer com essas ruínas irreparáveis.

Clamem debalde os que não querem ver no alheio sentimento senão o desejo inconsiderado de eliminar o que todos veneramos.

Sobretudo, não exageremos.

Entre a veneração e o fetichismo não há, de fato, mais que uma linha. Só a boa razão e o critério esclarecido no-la fazem bem distinguir e não ultrapassá-la.

Demolir aquelas paredes para no mesmo sítio levantar-se nova igreja é exagerar os sentimentos, é desconhecer as necessidades da sua época, é confundir o ideal imperecível com o seu representativo material, contingente, como se a destruição deste acarretasse a irremediável perda daquele. Mui sabiamente definiu e resolveu essa questão o Revmo. Bispo Diocesano, cultor tão inteligente das coisas da Pátria como é pela sua fé e por dever do seu cargo acérrimo defensor das coisas sagradas, quando em resposta a uma consulta do Secretário do Interior se pronunciou nestes termos:

"Ao atento ofício que se dignou V. Exa. de dirigir-me em data de 18 deste andante, relativo ao desmoronamento da igreja do Collegio, cabe-me responder cientificando a V. Exa. que o que a esse respeito ficou assentado de combinação com o Exmo. Sr. Dr. Presidente do Estado foi, que terminados os trabalhos de desentulho no interior da igreja, se demolisse das paredes o que, a parecer do distinto profissional, que conosco estava, o Dr. Theodoro Sampaio, ameaçava cair.

Se, pois, examinando as ditas paredes, o digno engenheiro achá-las arruinadas a ponto de exigirem ser desde já demolidas, eu não posso opor embaraço algum a um alvitre que se impõe a boa razão e ao bom senso, e ratifico o que entre mim e o Exmo. Sr. Dr. Bernardino de Campos ficou combinado".

Depois de lembrar algumas providências adequadas a resguardar os objetos do culto, os altares, púlpitos, obras de ornamentação que ainda podem ter ulterior e idêntico emprego, conclui o Sr. Bispo:

"Tudo mais será acautelado de acordo, como até hoje, e de modo a se conservarem com o religioso decoro, as relíquias preciosas que naquela igreja no lembram a história do alvorecer desta terra abençoada, rica de glórias e de heróis. Com essas precauções e cuidados casam-se perfeitamente os nobres sentimentos patrióticos que nutrimos e afagamos, aliados às caras tradições religiosas de nossa pátria; sentimentos que se manifestam assim com a calma e eficácia próprias da religião que os anima, sem faltar à caridade com temerários e odiosos juízos, e sem ofender ao próximo que nos merece respeito e acatamento".

Eis a linguagem do critério esclarecido e da moderação; eis aí como fala um homem que sabe sentir pela religião e pela pátria.

Venere-se o que é digno de veneração; resguarde-se com religioso decoro tudo quanto puder ser resguardado, deixe-se de pé, ou demolido aquilo que o profissional reconhecer que pode ou não permanecer de pé.

Mas da velha igreja tudo está comprometido irremediavelmente.

Quem quer que ali penetre com a consciência desanuviada de preconceito depara logo com ruínas, onde as numerosas fendas das paredes pendidas, o apodrecido das madeiras, a falta de equilíbrio e de recíproca amarração entre o que ficou de pé, lavram a iniludível e condenatória sentença.

Assim, dentro em breve, não restarão do templo de Anchieta senão relíquias trasladadas e essa terra sagrada onde tantas gerações passaram pelo sono derradeiro.

E, contudo, não ficam profanados os objetos do culto, as cinzas, os ossos, as inscrições tumulares pelo fato da sua trasladação. Antes é prova de verdadeira piedade recolhê-los em lugar condigno, realçar-lhes o mérito em mais sólida construção, onde aos vindouros se mostre como num Panteão os restos venerandos dos que, na derruída igreja, repousavam à sombra dos altares. Melhor, muito mais elevado desígnio é este do que aquele exagerado sentimento dos que tendo esses restos por intangíveis, os deixariam perecer entre ruínas que ninguém pode conservar.

Do monumento que ora desaparece salvemos para a História a minuciosa descrição dele, a sua planta topográfica, as fotografias da sua fachada, do seu interior, e de cada um dos seus altares e dependências; salvemos tudo quanto possa um dia recordar-nos o que ele foi como arte, como tradição e como representativo da nossa fé.

Resgatemos antes os nossos dissentimentos, erguendo à memória dos fundadores do Collegio, que são também os desta cidade, um monumento imorredouro como o bronze, sobrepondo ao monumento que desaparece, outro monumento ainda mais conspícuo, e que este seja uma memória tão digna deles como também o representativo fiel do nosso progresso de três séculos.

Demos-lhes por primeiro embasamento as pedras toscas, retiradas daquelas paredes demolidas; por pedestal a velha cantaria que a moderna arte souber aproveitar; e, na coluna de bronze que sobre ele se erguer, dos primeiros apóstolos desta terra, ao lado dos quais não destoam, por certo, inscrevam-se os nomes de Tibyreçá e de Cai-Uby, nomes bárbaros que a História salvou como simbolizando o heroísmo e a suma dedicação dos primeiros convertidos.

Esqueçamos assim os ódios sectários para só mover-nos o culto reparador e edificante, tributado aos próceres da nossa nacionalidade.

Aqui neste terreno, sim; distingam-nos a cada um de nós a sinceridade do sentimento, o alevantado da ideia, o fervor das homenagens, como a solicitude e alacridade em desonerarmo-nos de uma dívida que já tarda.

Qualquer, porém, que seja o modo de a resgatarmos, que esse monumento não simbolize nem perpetue jamais as nossas dissensões mal apagadas, mas a paz e a concórdia entre os Brasileiros como sendo o sentimento unânime da nação agradecida.

Iconografia do Pateo do Collegio

Conjunto iconográfico do patrimônio cultural constituído por ilustrações da paisagem urbana do Pateo do Collegio e Largo do Palácio[1] de 1817 até a demolição do Palácio

---

1 Sobre as metamorfoses do espaço ocupado pelas edificações situadas no Pateo do Collegio e Largo do Palácio ver Solange Ferraz de Lima, Pateo do Collegio, Largo do Palácio, in Anais do Museu Paulista, São Paulo. N. Ser. v. 61/82 (1998-1999). Editado em 2003.

do Governo em 1954, cuja porta foi doada por Nicolau Duarte Silva para o edifício-sede do Instituto Histórico e Geográfico de São Paulo e inaugurada no dia 25 de janeiro de 1954.

Marco inicial da cidade, onde os jesuítas ergueram o Colégio de São Paulo.

O mais velho documento iconográfico paulistano até hoje descoberto, de autoria do Capitão-General Dom Luís Céspedes Xeria, datado de 1628, existente no Archivo General de Índias, em Sevilha.

O colégio e a igreja dos missionários jesuítas.

Igreja do Colégio – aquarela de José Wasth Rodrigues.

Palácio do Governo em São Paulo, 1827.
Coleção Aluizio Rebelo de Araújo e Ana Helena Americano de Araújo, SP – Brasil
Aquarela de Debret.

Largo do Palácio (Pateo do Collegio), 1862.

Largo do Palácio, 1862/63.
Albúmen.

Palácio do Governo, 1887.

Largo do Palácio, vendo-se, à direita, o Edifício do antigo
Correio Geral, c.1892.

Palácio da Presidência. Antigo convento jesuítico, reformado entre 1881 e 1886. Obra atribuída a Eusébio Stevaux. Foto de Kowalsky & Hensler, por volta de 1892.

Palácio do Governo do Estado de São Paulo, no início do período republicano, após a demolição da igreja jesuítica e a construção do torreão de autoria do arquiteto Ramos de Azevedo, Foto de Gaensly & Lindemann.

Largo do Palácio, c.1900, visto em direção à Rua do Carmo, atual Rua Roberto Simonsen.
(fotógrafo desconhecido)

Fachada do Palácio do Governo; situado no Pateo do Collegio, também conhecido na época por largo do Palácio. (foto de 1902)

A fonte e o largo do Palácio.
Foto de Militão Augusto de Azevedo, 1887.

Largo do Palácio, c.1926. Laicizado, nada lembra o
Colégio dos Jesuítas,
Cartão-Postal. Ed. Preising.

Cartões-postais do Palácio do Governo do Estado de São Paulo, Coleção, Maria Cecília França Monteiro da Silva.

Em 1953, o Palácio do Governo foi demolido. No ano seguinte, o Pateo foi devolvido a Companhia de Jesus. A taipa do antigo colégio pode ser apreciada ainda no Palácio interno do Memorial Jesuítico, bem como as fundações da igreja de 1667.

Assinatura de Nicolau Duarte Silva

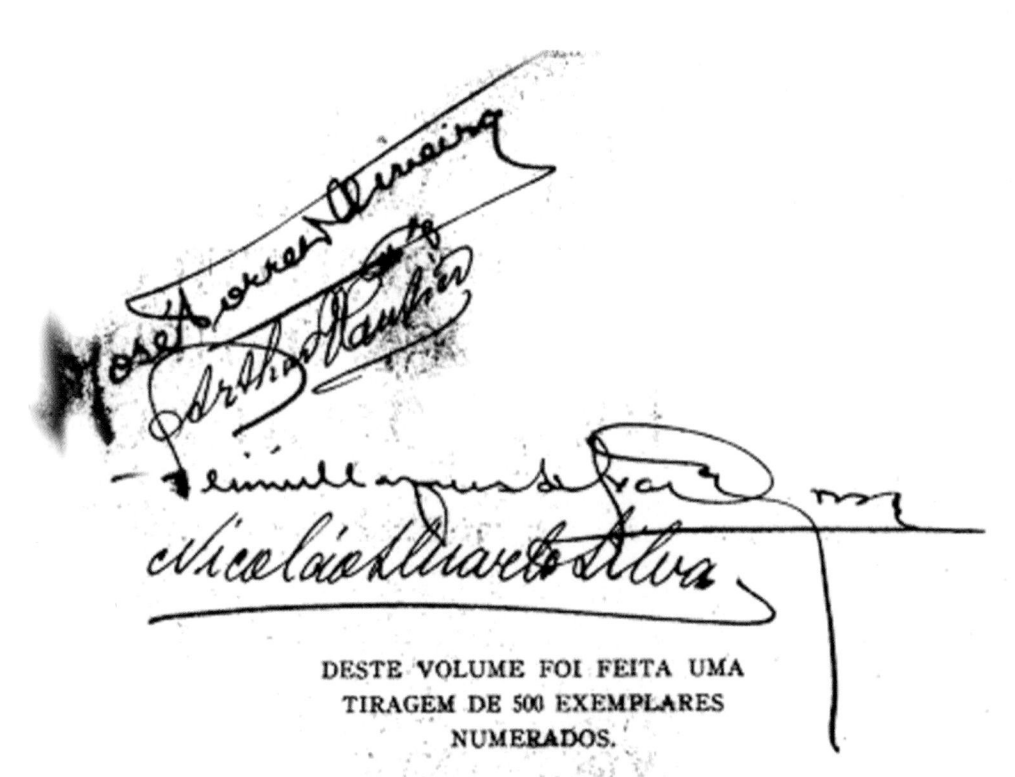

DESTE VOLUME FOI FEITA UMA
TIRAGEM DE 500 EXEMPLARES
NUMERADOS.

TODOS OS VOLUMES SÃO
RUBRICADOS PELO
PRESIDENTE DO INSTITUTO.

N.º 1

CAPÍTULO
• 42 •

Dia Internacional da Mulher

30 de março de 2011.

Palavras da Presidente

Exmos. Senhores membros da mesa,

Professor Antonio Magalhães Gomes Filho, Diretor da FD/USP, Luísa Viana de Paiva Boléo, representando neste momento os membros correspondentes internacionais, Dra. Maria Odete Duque Bertasi,

Dr. Manuel Alceu Affonso Ferreira,

Sra. Cárbia Sabatel Bourroul, diretora do Memorial'32,

Dr. Kenneth Light, cujas informações contidas no livro *A Viagem Marítima da Família Real – A transferência da corte portuguesa para o Brasil* alteraram a história do Brasil e resgataram a imagem de D. João VI,

Senhoras homenageadas, Cárbia Sabatel Bourroul, Célia Leão, Helena Ribeiro, Luísa Viana Paiva Boléo, Maria Elisa Byington, Maria Luíza Marcílio, Marly Germano Perecin e Nelly Novaes Coelho,

Autoridades aqui presentes, Senhores e Senhoras, Amigos de São Paulo, em nome da Diretoria e do Conselho da Medalha deste instituto, cumprimento todos os que aqui se encontram, alguns vindos do interior e do litoral do Estado de São Paulo, do Rio de Janeiro e de Lisboa, Portugal.

Presidir uma solenidade dedicada exclusivamente a mulheres neste Instituto é acreditar na supremacia dos direitos humanos e na marcha da história humana no sentido da equalização dos desiguais, nas admiráveis palavras de Norberto Bobbio.

É uma honra realizar solenidade em memória da Professora Esther de Figueiredo Ferraz, membro deste Instituto, primeira Ministra da Educação do Brasil e primeira Reitora da Universidade Presbiteriana Mackenzie.

Meus cumprimentos a Luísa Viana de Paiva Boléo, historiadora portuguesa, membro correspondente internacional, cuja presença nesta casa de memória enriquece os laços da comunidade luso-brasileira em São Paulo.

Filha de Manuel de Paiva Boléo, professor catedrático da Universidade de Coimbra, filólogo e linguista português, cujo legado intelectual e cívico culminou na fundação da *Revista Portuguesa de Filologia*, única revista científica de Linguística com reconhecimento internacional.

Luísa Boléo, investigadora histórica, defensora dos Direitos da Mulher e biógrafa de mulheres notáveis tem recebido convites para participar como oradora em congressos e moderadora em debates.

Em 2005, tornou-se sócia correspondente internacional do Instituto Histórico e Geográfico de São Paulo. Foi representada na solenidade de posse pelo Professor José Alberto Neves Candeias.

Sua comunicação no Congresso Internacional "O Rosto Feminino da Expansão Portuguesa", cujo título foi "Ana Pimentel, a primeira mulher à frente de uma capitania no Brasil", aproximou-nos.

A primeira mulher à frente de uma capitania no Brasil? Ao regressar a Portugal, para ocupar o cargo de capitão-mor da armada da Índia, Martim Afonso de Sousa deixou, como lugar-tenente da capitania, o vigário Gonçalo Monteiro, e, como procuradora, sua mulher, Ana Pimentel. A incumbência de administrar a capitania foi-lhe passada por procuração, em 3 de março de 1534.

O papel de Dona Ana Pimentel, primeira donatária no Brasil, não ocupa o espaço que merece na história de São Paulo. Muito se tem escrito sobre seu marido, Martim Afonso de Sousa, um grande homem. Pouco se tem dito sobre ela, apesar dos documentos que comprovam sua eficiente presença na Capitania de São Vicente. Foi a primeira mulher a exercer o cargo de governadora na América Portuguesa, com os poderes a ele inerentes.

Em 1545, Dona Ana Pimentel nomeou Brás Cubas capitão-mor e ouvidor da capitania. Ao contrariar as ordens dadas por seu marido, autorizou o acesso dos colonos ao planalto paulista. Ana Pimentel deu o primeiro passo para que os portugueses subissem serra a cima e entrassem pelo sertão adentro.

Nada expressa melhor a essência da comunidade luso-brasileira do que a atuação de Ana Pimentel na capitania de São Vicente no alvorecer do quinhentismo.

Sempre gostei de ler biografias de mulheres. Sempre me atraiu também o estudo da assimetria entre os dois gêneros – o fato de as sociedades diferenciarem os dois sexos em termos de hierarquias e funções. Metade da humanidade, a parte feminina, viveu durante milênios uma existência clandestina e em grande parte esquecida.

Ao tornar-me membro deste Instituto, passei a organizar documentos dispersos sobre mulheres, colocados em locais de difícil acesso, com a certeza de que, entre elas, eu encontraria pessoas convictas de integração, solidariedade e tolerância.

Enumerei documentos das mulheres por ordem cronológica. O conhecimento de cronologia das posses permitiu-me perguntar, neste auditório, no dia 4 de maio de 2001: "alguém sabe quem foi a Dra. Marie Rennotte?".

Nascida na Bélgica, normalista, educadora, médica com consultório no triângulo histórico da cidade, ninguém ouvira falar em Marie Rennotte neste Instituto.

Com forte personalidade e vocação para a liderança, Marie Rennotte contribuiu para o ensino feminino e para a emancipação das mulheres da sociedade paulista e brasileira. Exemplo de vida profissional, seu espírito inovador favoreceu o movimento feminista e provocou rápida disseminação de ideias em São Paulo.

Amiga de Prudente de Moraes, Marie Rennotte trabalhou pela República, vendo no regime republicano a mudança redentora das condições femininas que então prevaleciam. As reivindicações concentraram-se no direito ao voto, pressupondo a elegibilidade das candidatas. Enganaram-se.

Na Assembleia Constituinte da primeira constituição republicana do Brasil, em 1891, o deputado Pedro Américo assim se expressou:

"A maioria do Congresso Constituinte, apesar da brilhante e vigorosa dialética exibida em prol da mulher-votante, não quis a responsabilidade de arrastar para o turbilhão das paixões políticas a parte serena e angélica do gênero humano".

Os constituintes não concederam voto às mulheres e a exclusão continuou a ser o principal instrumento de dominação.

Até hoje, a visão prospectiva de Rennotte continua a manifestar-se. Problemas abordados em sua tese de doutoramento continuam sem solução.

Além de Marie Rennotte, também honra esta casa a presença de mulheres que atuaram ativamente na política. Carlota Pereira de Queiróz, professora e médica, foi a primeira constituinte e deputada federal do Brasil. Olívia Guedes Penteado lançou a candidatura de Carlota à Constituinte e ao Congresso. Ambas lutaram pela igualdade jurídica entre sexos e fortaleceram o movimento feminista no Brasil.

Hoje nomes de mulheres paulistas perpetuam-se no Memorial '32, a maior biblioteca sobre a Revolução Constitucionalista, instalada no quarto andar deste edifício, por generosidade da Família Bourroul, sob firme direção de Cárbia Sabatel Bourroul.

A propósito do tema mulheres célebres, e de forma pouco convencional, a exemplo do que ocorreu há dez anos neste auditório, gostaria de fazer-lhes uma segunda pergunta: alguém, neste auditório, sabe quem foi Jerônima Mesquita? (silêncio).

Com a palavra o historiador Kenneth Light:

De origem abastada e aristocrática, Jerônima Mesquita era filha de Maria José Vilas Boas de Siqueira Mesquita e de José Jerônimo de Mesquita, família de cafeicultores bem-sucedidos.

A família destacava-se na época pela forma como tratava seus escravos, dando-lhes acesso a aulas de música e a uma sala, onde instalaram sua própria orquestra, que passou a tocar durante os jantares.

Mesquita foi um dos primeiros fazendeiros de Leopoldina a libertar os escravos, antes da Lei Áurea, em 1886. Como reconhecimento, o imperador Pedro II concedeu-lhe o título de Barão.

Jerônima Mesquita (Leopoldina, 30 de abril de 1880 – 1972) foi uma enfermeira, líder feminista brasileira, responsável pela fundação do Movimento Bandeirante do Brasil e do Conselho Nacional de Mulheres.

Em sua homenagem, 30 de abril foi considerado o Dia Nacional da Mulher no Brasil. A data foi instituída pela Lei nº. 6.791 de 9 de junho de 1980, assinada pelo presidente João Figueiredo.

Jerônima de Mesquita, assinatura em 10.11.1986

Sede da fazenda Paraíso, no Município e Comarca de Leopoldina, Minas Gerais.

Palavras de Maria Odete Duque Bertasi

Senhora Presidente do Instituto Histórico e Geográfico de São Paulo, Nelly Candeias, Senhor Diretor da Faculdade de Direito da USP, Dr. Antonio Magalhães Gomes Filho, Demais autoridades presentes, Senhoras homenageadas, Dra. Gilda de Figueiredo Ferraz, Senhoras e Senhores,

É fato inquestionável que nos dias de hoje se torna cada vez mais necessário para o desenvolvimento de todas as atividades humanas, a figura soberana da mulher, por seus atributos de personalidade, dedicação e identificação com as causas da ética, da dignidade profissional e da valorização da cidadania.

Mais do que o divino e eloquente símbolo da vida, de gerar, a mulher soube compartilhar seus pensamentos e avançar nas carreiras, mercê de sua agudez de espírito, inteligência e persistência na consecução de seus objetivos.

É inegável que esses avanços na conquista dos direitos estão traduzidos em um conjunto de ações e iniciativas nas quais mulheres souberam se fazer ouvir e respeitar.

Mas, para se alcançar essa segura constatação da importância da presença e participação da mulher em toda a sociedade, foi necessária a atuação precursora e exemplar de mulheres que se mostraram à frente de seu tempo e que tiveram coragem de se expor e de enfrentar desafios de toda a sorte para buscar espaço e consolidar suas carreiras.

Exemplo de dedicação, cultura e competência nas várias atividades desenvolvidas, com ênfase nos estudos jurídicos, identifico a querida professora Esther de Figueiredo Ferraz, de saudosa memória, e cujo nome ostenta, para minha grata satisfação e justo orgulho, a condição de minha patrona neste centenário Instituto Histórico e Geográfico de São Paulo, tão bem comandado pelas mãos competentes e fiéis da Dra. Nelly Candeias, a quem rendo homenagens e manifesto especial preito de gratidão por esta oportunidade.

Esther de Figueiredo Ferraz concluiu o curso de Direito na Faculdade de Direito da Universidade de São Paulo, onde recebeu os prêmios "Carvalho de Mendonça" (Direito Comercial), "João Arruda" (Filosofia do Direito), "Duarte de Azevedo" (Direito Civil) e "Livreiro Saraiva".

Durante muitos anos foi a encarregada do gabinete Psicotécnico do "Instituto Profissional Feminino de São Paulo".

Como mestra, lecionou: Português, Francês, Latim, Matemática, Psicologia, Sociologia, Lógica e História da Filosofia.

Esther de Figueiredo Ferraz foi Livre Docente de Direito Penal da Faculdade de Direito da Universidade de São Paulo, professora de Direito Judiciário penal da Universidade Presbiteriana Mackenzie, também de São Paulo. Atuou como advogada no foro de São Paulo, onde brilhou profissionalmente.

Militou não apenas no foro cível e criminal, como um dos seus mais destacados membros, mas também no assessoramento das autoridades governamentais que muito se valeram dos seus vastos conhecimentos jurídicos, seja na elaboração de códigos e leis da maior importância, como representante em congressos e conferências, ou ainda integrando comissões encarregadas de estudos jurídicos mais importantes.

Foi a primeira mulher a ser admitida como associada do Instituto dos Advogados de São Paulo – entidade centenária fundada no ano de 1874.

Foi a primeira mulher a ocupar uma cadeira na Ordem dos Advogados do Brasil (OAB), em 1949, tendo sempre feito parte da sua "Comissão de Ética".

Foi membro do Conselho Estadual de Educação de São Paulo, de 1963 a 1964, no governo de Ademar de Barros, e do Conselho Federal de Educação, entre 1969 e 1982.

Em 1966 a 1967, foi diretora do Ensino Superior do Ministério da Educação e Cultura, durante o governo do presidente da República, Marechal Humberto de Alencar Castelo Branco.

Durante o governo de Laudo Natel, em São Paulo, de 1971 a 1975, foi secretária da educação. Foi a primeira reitora da Universidade Presbiteriana Mackenzie.

Membro da Academia Paulista de Letras. Primeira mulher a dar aulas na Universidade de São Paulo.

Foi a primeira mulher a possuir um cargo de ministra no Brasil, ocupando a pasta da Educação no governo do general João Figueiredo, de 24 de agosto de 1982 a 15 de março de 1985, ocasião em que promoveu uma reforma universitária que aperfeiçoou os planos de carreira para professores e defendeu a criação das escolas técnicas federais.

Autora de diversos livros, dentre eles *Prostituição e Criminalidade Feminina e Mulheres.*

Frequentemente recebeu inúmeras honrarias, destacando-se a da Ordem do Mérito Nacional da Educação e a Medalha Barão de Ramalho, outorgada pelo Instituto dos Advogados de São Paulo. Essas são referências biográficas pesquisadas e extraídas da internet.

A saudosa Professora Esther de Figueiredo Ferraz dizia que toda vez que falava às mulheres, se debruçava sobre a figura de uma filha de Eva no empenho de penetrar-lhe a intimidade do ser, de distinguir-lhe a "curva da alma", de identificar-lhe os anseios, os sonhos e as aspirações, de avaliar a força contida em sua aparente fraqueza, no medir, enfim, o peso do "feminino" nos destinos do mundo para torná-lo mais rico, mais solidário e mais habitável.

E cada vez que assim fazia – comentava a querida Esther –, sentia-se invadida por uma intensa alegria, uma alegria que tinha suas raízes no pensamento contido na frase de Gertrude Von Le Fort, no livro *Mulher Eterna*, que ensina:

"O mundo é certamente movido pela força viril, mas ele não pode ser fecundado no sentido profundo do termo a não ser pelo signo da mulher".

A professora Esther deixou o plano material em que nos encontramos e foi morar no céu, junto às ESTRELAS.

A ela, Esther, à nossa presidente, Nelly Candeias, a todas as homenageadas, os meus cumprimentos traduzidos no poema de Mário Quintana (*Espelho Mágico*):

> Se as coisas são inatingíveis... ora!
> Não é motivo para não querê-las...
> Que tristes os caminhos se não fora
> A mágica presença das ESTRELAS!

Registro Histórico

Esther de Figueiredo Ferraz.

Caroline Ramos lendo soneto escrito para a data.

Da esquerda para direita, Antonio Magalhães Gomes Filho, Luísa Viana de Paiva Boléo, Maria Odete Duque Bertasi, Nelly Martins Ferreira Candeias, Manuel Alceu Affonso Ferreira, Cárbia Sabatel Bourroul, Kenneth Light e Célia Leão.

Da esquerda para a direita, Luísa Viana Paiva Boléo (vermelho), sentada Célia Leão, em pé atrás Nelly Novaes Coelho, Marly Germano Perecin, Helena Ribeiro, Cárbia Sabatel Bourroul e Maria Elisa Byington.

Manuel Alceu Affonso Ferreira, Kenneth Light e Nelly Martins Ferreira Candeias.

Luísa Viana de Paiva Boléo.

Maria Odete Duque Bertasi.

Manuel Alceu Affonso Ferreira.

Giselle Reis, Nelly Martins Ferreira Candeias e Raphael Pirágine.

Medalhas Imperatriz Leopoldina[1].

---

1   Matriz e medalhas, doação de Nelly Martins Ferreira Candeias

Registro Histórico

Medalha Imperatriz Leopoldina

A insígnia representa feliz concepção artística do Prof. Alberto Lima, Chefe do Gabinete Fotocartográfico do Ministério da Guerra, trazendo, no anverso, a efígie da Imperatriz Leopoldina, e, no reverso, além do símbolo do IV Centenário da Fundação de São Paulo, os dizeres atinentes à trasladação dos restos mortais da Imperatriz Leopoldina para o Panteão do Ipiranga.

São do seguinte teor o Regimento da Medalha e a portaria ministerial que lhe dá cunho oficial:

"Fica instituída pelo Instituto Histórico e Geográfico de São Paulo, de acordo com a deliberação aprovada em sessão de 16 de abril de 1955, uma medalha comemorativa da trasladação dos despojos de Dona Maria Leopoldina Josefa Carolina, primeira imperatriz do Brasil, do Convento de Santo Antônio, do Rio de Janeiro, para o Panteão situado sob o Monumento da Independência, no Ipiranga, capital do Estado de São Paulo; acontecimento histórico promovido pela instituição em comemoração ao IV Centenário da fundação de São Paulo.

Para concessão da medalha, cujas condições são especificadas nos artigos e parágrafos que se seguem, fica também constituído um Conselho formado pelos componentes das comissões técnicas de Heráldica e Numismática, como membros natos e três elementos da diretoria escolhidos pela mesma – presidido o Conselho pelo presidente efetivo, em exercício, do Instituto Histórico e Geográfico de São Paulo.

Artigo 1º – Será conferida a medalha aos que participaram dos trabalhos de trasladação dos restos mortais da Imperatriz Leopoldina, do seu sepulcro provisório no Convento de Santo Antônio, no Rio de Janeiro, para o seu jazigo, perpétuo, no Monumento da Independência em São Paulo.

Artigo 2º – Será também conferida a todos os sócios do Instituto Histórico e Geográfico de São Paulo, que a solicitarem ao Conselho.

Artigo 3º – Poderá ser conferida também a pessoas de reconhecida categoria social, científica e cultural, desde que haja propostas por escrito e assinada por cinco sócios do Instituto, após consulta prévia ao Conselho.

Artigo 4º – Será gratuito o diploma que confere a medalha cujas despesas de confecção serão indenizadas, na Tesouraria do Instituto, na base de quinhentos cruzeiros pelos que forem distinguidos.

§ Único – os que desejarem miniatura, roseta ou passadeira, deverão adquiri-las separadamente.

Artigo 5º – O Conselho terá um livro de registro onde serão assentadas todas as concessões feitas e outro para as atas das sessões.

Artigo 6º – As propostas para concessão da medalha serão apresentadas e apreciadas numa sessão destinada à consulta prévia e submetidas à votação e aprovação em uma sessão subsequente.

§ Único – Considerar-se-ão aprovadas as propostas que obtiverem dois terços de votos favoráveis no Conselho, o qual só poderá reunir-se com a presença da maioria de seus membros.

Artigo 7º – O uso da medalha obedecerá, para os civis, às normas estabelecidas pelo Itamarati, e, para os militares, ao que determinarem os regulamentos respectivos.

Artigo 8º – Aos sócios do Instituto que comparecerem oficialmente às comemorações relativas à nossa independência e às visitas oficiais ao Panteão onde repousam os restos mortais da Imperatriz Leopoldina, recomenda-se o uso da insígnia.

Artigo 9º – Os casos omissos, de acordo com os Estatutos do Instituto, serão resolvidos pela Diretoria, assistida pelo Conselho e presidida pelo presidente em efetivo exercício".

Portaria Ministerial

A portaria n.º 266, de 1º de outubro último, declarando de caráter cultural a medalha em apreço, reza:

"O Ministro do Estado da Educação e Cultura:

Considerando que o Instituto Histórico e Geográfico de São Paulo instituiu uma medalha comemorativa da trasladação dos despojos da Imperatriz Dona Maria Leopoldina Josefa Carolina, da Capital da República para o Panteão situado no Monumento da Independência, no Ipiranga, em São Paulo;

Considerando que o ato da trasladação dos despojos da Imperatriz Leopoldina teve a assistência do Governo Federal;

Considerando o sentido histórico das solenidades programadas por ocasião da trasladação,

Resolve, em reconhecimento ao mérito da iniciativa do Instituto Histórico e Geográfico de São Paulo, declarar de caráter cultural a medalha comemorativa instituída pelo referido Instituto, referente à trasladação dos despojos da Imperatriz Leopoldina.

Cândido Mota Filho".

Medalha Imperatriz Leopoldina.

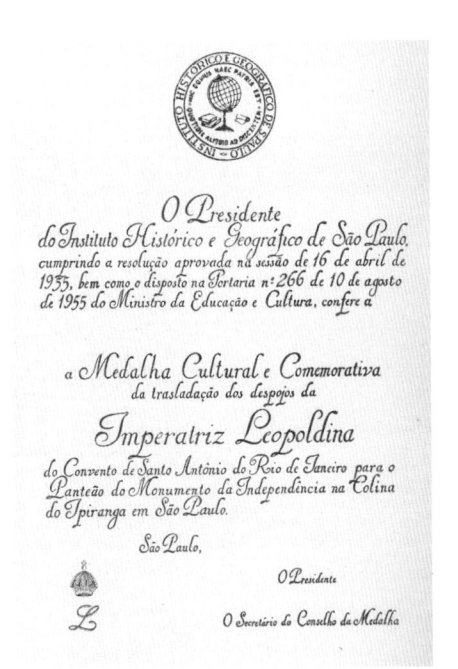

Diploma.

O General Porfírio da Paz, Prefeito Municipal de São Paulo, discursando junto ao monumento do Ipiranga no dia da trasladação da Imperatriz Leopoldina para o Panteão da Independência.

CAPÍTULO
• 43 •

Posse de novos membros

19 de setembro de 2011.

Palavras da Presidente

Excelentíssimo Senhor Presidente do Supremo Tribunal Federal, Ministro Ricardo Lewandowski, Excelência Reverendíssima Dom Antonio Maria Mucciolo, Arcebispo Emérito de Botucatu, Ilustríssimos Senhores – Doutor Marco Antonio Ramos de Almeida, Dr. Roque Marcos Savioli – Senhor Professor, emérito advogado e jurista, Ives Gandra da Silva Martins, Senhores e Senhoras,

Esta é uma típica noite paulistana de início de primavera, em que, num clima de intimidade e de empatia espiritual, confrades e amigos se reúnem no chão sagrado de Piratininga. Onde, em 1894, se fundou o Instituto Histórico e Geográfico de São Paulo, instituição fortemente dinamizada pela reflexão histórica e memorialista, em luta perene pelo bem comum da sociedade e avanço da humanidade.

Nos seus sempre jovens 117 anos de vida, a mensagem que o Instituto transmite é a de reconhecer que a memória histórica é um dos maiores benefícios que nossa breve existência terrestre tem para nos oferecer.

Estou firmemente convencida de que aqueles que, ao sentirem a essência dessa verdade, se dedicarem à missão de preservá-la, levarão outros e outros a encontrar na história o sentido da brasilidade.

Para todos os que lutam por um Brasil melhor, a preservação da memória histórica, em seus ásperos contornos, exige o dispêndio de enorme energia para mostrar e demonstrar que é digno e gratificante viver numa sociedade memorialista.

No momento em que a ausência de valores e de esperança nos mergulha em assustadora crise moral, habilmente conduzida pela mídia em prol de um consumismo individual e globalizado, três novos membros entram pelo Portal desta Casa de Memória – antiga porta do Palácio do Governo do Estado de São Paulo, trazendo nas mãos suas tochas olímpicas, cuja luz de inspiração divina, nos faz acreditar num São Paulo maior e num Brasil mais justo e feliz.

Em clima de celebração pelo inesperado encontro de caminhos, os novos membros titulares, figuras exponenciais da cultura e da sociedade brasileira, revigoram nossas forças para lutar contra a mentira histórica, a violência das relações interpessoais, o preconceito e o descaso pelos conceitos fundamentais da educação e do convívio social – a moral e a ética.

Neste mundo de propostas desencontradas, prevalece um hedonismo primário que afeta relações sociais, principalmente no espaço das instituições de grande porte e de forte presença intelectual. Espaços que congregam pessoas jurídicas e físicas, como o governo, os três poderes, as Forças Armadas, a Igreja, escolas e universidades, sindicatos e outras entidades políticas, econômicas, religiosas, sociais e culturais.

Esse hedonismo primário, de fácil acesso, conduzido pela ambição do lucro imediato, muitas vezes criminoso, configura o perfil de uma juventude sem rumo, atenuando insegurança e abandono pelo uso irrestrito do celular e de entrelaçamentos virtuais.

Poucos jovens, conhecem o significado de datas comemorativas, de bandeiras, hinos, nomes dos heróis da Pátria – como se o passado estivesse desvinculado do presente e do futuro da história, cujo sentido nem sequer entendem.

Nesse revezamento das intenções do Instituto, para manter viva a memória de São Paulo e do Brasil, caberá aos nossos confrades, transmitir às gerações vindouras, o sentimento avançado do nosso patrimônio moral e a consciência do que é justo e digno de ser lembrado, para que a Nação se mantenha no caminho de sua vocação histórica.

Cito as inspiradas palavras de Saramago, escritor que muito admiro: "A viagem não acaba nunca. Só os viajantes acabam. E mesmo estes podem prolongar-se em memória, em lembrança, em narrativa. Quando o visitante sentou na areia da praia e disse: 'Não há mais o que ver', saiba que não era assim. O fim de uma viagem é apenas o começo de outra. É preciso ver o que não foi visto, ver outra vez o que já se viu, ver na primavera o que se viu no verão, ver de dia o que se viu de noite, com o sol onde primeiramente a chuva caía, ver a seara verde, o fruto maduro, a pedra que mudou de lugar, a sombra que aqui não estava. É preciso voltar aos passos que foram dados, para repetir e para traçar caminhos novos ao lado deles. É preciso recomeçar a viagem. Sempre".

Senhores e Senhoras, estamos recomeçando a nossa viagem a cada dia, uns chegando e outros partindo, estes com o sentimento nobre de missão cumprida.

Encerro esta abertura com a frase, em latim, que consta do histórico logotipo do Instituto, criado pelo sócio João Vieira de Almeida, em 1894: HIC DOMUS. HAEC PATRIA EST. QUOTIDIE. ALIQUID ADDISCENTEM, cuja tradução é "Aqui é a casa. Esta é a Pátria. Algo se aprende todos os dias".

Sejam bem-vindos e que Deus abençoe a todos.

Amém.

Posse dos novos membros

Membros Titulares: Ricardo Lewandowski, Marco Antonio Ramos de Almeida, Roque Marcos Savioli.

Discurso de recepção: Ives Gandra da Silva Martins

O Instituto Histórico e Geográfico de São Paulo, fundado em 1894, tem o privilégio de receber, hoje, três personalidades nacionais de renome internacional para enriquecer ainda mais o quadro de seus associados.

Ao lado da Academia Paulista de Letras, fundada em 1909, e do Instituto dos Advogados de São Paulo, fundado em 1875, constitui uma das três grandes instituições culturais do Estado, sendo, portanto, suas pesquisas históricas e geográficas, a dimensão maior da cultura paulista, neste campo.

É de se lembrar que o saudoso confrade Alfredo Ellis Jr. e sua filha Myriam Ellis, esplêndidos historiadores, sobre a maneira de ser própria da gente bandeirante, vislumbravam a existência de uma autêntica "civilização paulista".

E o Instituto Histórico e Geográfico, como grande expressão de nossa cultura, tem, portanto, a missão de preservar os valores que, nos cinco séculos de existência – desde as distantes subidas ao Planalto dos reinóis estabelecidos em São Vicente e em Santos até sua fundação em 1554 – permitiram a Alexandre de Gusmão, em 1750, através do Tratado de Madri, assegurar a distensão do território brasileiro, conquistado por bandeirantes, em suas três formatações de bandeiras, que desventraram o interior brasileiro, ou seja, a do apresamento, do ouro e do pastoreio.

É nesta Casa mais do que centenária, em festa hoje, que recebemos as três notáveis personalidades, que passam a integrar nosso quadro institucional.

Liga-me a Ricardo Lewandovsky especial amizade, desde os tempos em que proferíamos conferências juntos no Brasil e em Portugal – nas comemorações, em Coimbra, dos quinhentos anos da descoberta do Brasil ou na Escola de Magistratura do Tribunal de Justiça de São Paulo, que dirigiu com particular eficiência e brilho –, razão pela qual não é difícil sobre ele falar.

Formou-se pela Faculdade de Direito de São Bernardo, à época em que juristas de perfil aristotélico-tomista conduziam a instituição, como os Ministros José Geraldo Alckmin, Sydney Sanches e os jus naturalistas Clóvis Lema Garcia, Adib e Farid Cassab. Tinham fantástica formação filosófica.

Foi professor titular e vice-diretor dessa Faculdade, além de ter se formado, como bacharel, na Escola de Sociologia e Política de São Paulo, onde fui conselheiro alguns anos, celeiro, à época, de grandes debates sobre a formação e os destinos do Estado Brasileiro.

Seu mestrado e doutoramento, em 1982 e 1983, na Faculdade de Direito do Largo de São Francisco, permitiram-lhe, em 1994, obter o título de livre docente daquela instituição, com a tese "Pressupostos materiais e financeiros da intervenção federal no Brasil". E, em 2003, enfrentando concorrentes de expressão, obteve o título de professor titular do Departamento de Direito do Estado de São Paulo, substituindo o querido contemporâneo dos bancos acadêmicos Dalmo Dallari, de quem, em 1956, fui diretor secretário, na presidência por ele exercida da Academia de Letras da Faculdade de Direito da Universidade de São Paulo.

É Ministro da Suprema Corte desde 16 de maio de 2006, substituindo outro grande amigo, o Ministro Carlos Mário Velloso, sendo o atual presidente do Tribunal Superior Eleitoral.

Forma, com sua esposa Yara de Almeida Lewandovsky e seus três filhos, uma família exemplar, católica apostólica romana, lembrando a lição de São José Maria Escrivá, no ponto 600 do "Caminho", que diz: "Frei Exemplo é o melhor pregador".

Yara é muito amiga de Ruth, minha mulher, que tem por ela especial admiração. Como companheira de toda a vida, tem dedicado a Ricardo incondicional apoio, que representa, indiscutivelmente, um dos fatores maiores de sua brilhante carreira.

Mais não falo sobre este admirável novo confrade do Instituto, pois se tivesse que me referir a todo o seu brilhante currículo como advogado e magistrado, como professor e escritor, como pai de família e como amigo, como homem justo, passaríamos a noite inteira – e estou convencido de que o auditório não se cansaria, tantas e tão estupendas são as facetas e as ações de Ricardo Lewandovsky.

Meu conhecimento dos dois outros membros que passam a ser também nossos confrades decorre do justo renome que adquiriram no cenário nacional e de alguns contatos, no curso de nossas vidas.

Marco Antonio Ramos de Almeida é engenheiro civil formado pela Escola Politécnica da USP, tendo sido diretor de Relações Internacionais do Bank Boston e Diretor de Publicidade e Comunicação da instituição, à época em que o Banco, no Brasil, era dirigido pela estupenda figura de Henrique Meirelles, que veio a ser, inclusive, o presidente mundial da referida instituição financeira.

Dirigiu também o Grupo Forma espaço, assim como foi membro do Conselho Curador da Fundação Padre Anchieta e do Comitê Executivo do Pró-Centro para revitalização urbana de São Paulo. Participou da Federação Comercial de Leasing, como diretor executivo.

Hoje é superintendente da Associação Viva o Centro, conselheiro da Associação Comercial de São Paulo – de cujo Conselho Superior tenho a honra de participar – além de ser membro do Colegiado da Rede Nossa São Paulo, do Conselho Deliberativo do

Instituto São Paulo contra a Violência, da Comissão Executiva da Operação Urbana Centro e do Conselho Municipal de Turismo de São Paulo (Centro).

O IHGSP enriquece-se, pois, com seu ingresso na instituição.

Por fim, recebemos também Roque Marcos Savioli, conceituado médico, formado pela Faculdade de Ciências Médicas de Santos, doutor em Cardiologia pela Faculdade de Medicina da Universidade de São Paulo e Reitor da Universidade de Saúde Suplementar do Instituto do Coração do Hospital das Clínicas da Faculdade de Medicina da USP. É autor de inúmeras obras, entre as quais *Milagres que a Medicina não contou*, *Fronteiras da Ciência e da Fé*, em francês *La guérison des trois coeurs* e a *Novena para curar a depressão* publicada também em francês, italiano e castelhano.

Com sólida formação cristã, seus livros mostram a inexistência de incompatibilidade entre fé e religião, lembrando o notável jornalista e escritor sobre assuntos espaciais Fred Heeren, que, em seu livro *Mostre-me Deus* prefaciado pelo Prêmio Nobel de Física George Smoot, observa que, quanto mais os cientistas pesquisam as profundezas do Universo, mais são obrigados a concluir que só uma inteligência formidável poderia tê-lo criado. Conclui que é imensamente mais fácil acreditar em Deus do que negá-lo, principalmente, se levar em consideração o equilíbrio perfeito entre a expansão e a formação de corpos celestiais. É de se lembrar que, se no primeiro segundo do Big Bang a velocidade de expansão do universo fosse uma fração de cem mil trilhões de segundo mais lenta, o Universo teria colapsado. E se fosse uma fração de cem mil trilhões de segundo mais veloz, os corpos siderais nunca teriam se formado!

Três notáveis figuras do cenário nacional e internacional, que agora adentram este sodalício, para torná-lo culturalmente ainda mais rico.

Caros confrades, a partir de agora esta casa é sua.

Instituto Histórico e Geográfico de São Paulo

Sala de Artes Paulistanas

Programa Musical

19 de setembro de 2011

Pequeno Recital de Oboé e Piano

Marin Marais: Três Danças Francesas Antigas
J.S. Bach: Sinfonia da Cantata 156

E.Villani-Côrtes: Cinco miniaturas
Prelúdio
Toada
Choro
Cantiga de Ninar
Baião

Oboé: Gilson Barbosa
Piano: Janaína Gargiulo

Curador musical: Maestro Samuel Kerr

CAPÍTULO
• 44 •

São Paulo de Piratininga 458 anos

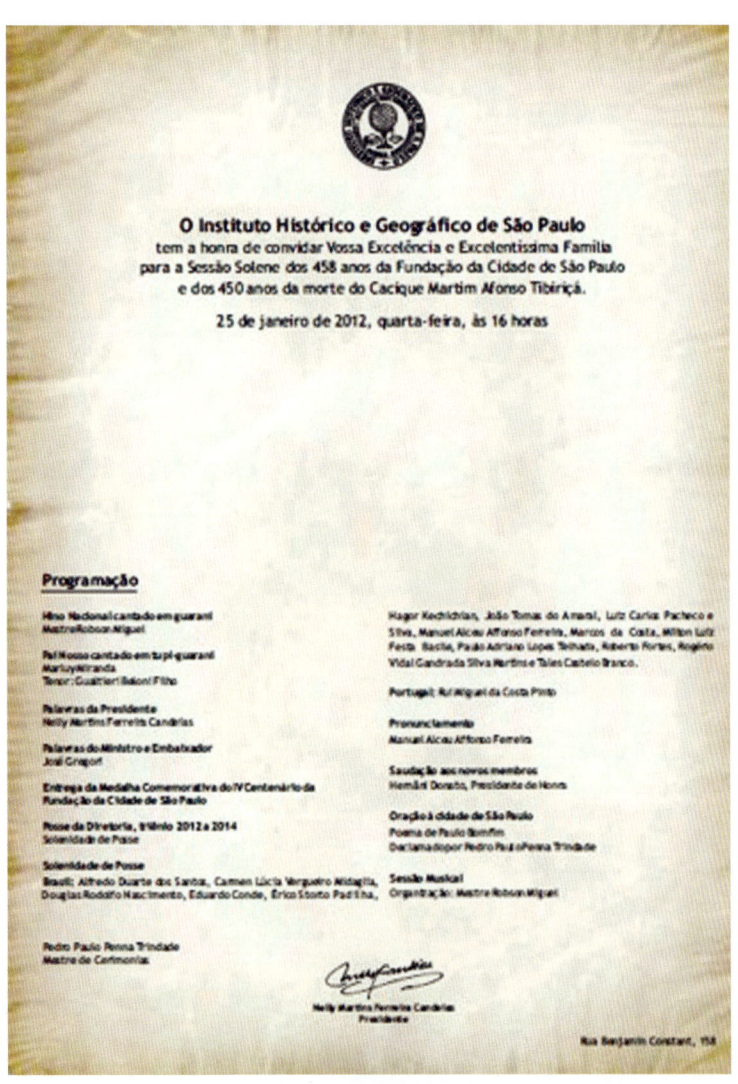

Homenagem ao Cacique Martim Afonso Tibiriçá.
25 de janeiro de 2012.

Palavras da Presidente

Na honrosa função de presidente do IHGSP, com responsabilidades acrescidas por generosa reeleição, estamos comemorando hoje os 458 anos da fundação de São Paulo, os 450 anos da morte do Morubixaba Martim Afonso Tibiriçá, os 117 anos da fundação desta entidade e a posse da diretoria para os anos de 2012-2014, para que se fixe a grandiosidade deste evento na memória e na alma das gentes que aqui se encontram, muitos da mesma cepa.

Comove-me o sentimento de estarmos reunidos no chão sagrado de Piratininga, nas terras do Cacique Tibiriçá, de onde os índios podiam avistar os altos de São Bento, da Boa Vista, do Colégio e do Carmo.

Há cerca de 14 000 anos, gente que caminhava pelo mundo, fixou-se na parte meridional da América. Durante milênios, por aí trafegaram nativos, atraídos pelo desbravamento, à procura de recursos de toda a espécie, ouro, prata, pedras preciosas, madeiras...e por sonhos, que esses sempre existem. Caminhavam pelas antiquíssimas trilhas – orientados pelo Sol, e por outras estrelas e constelações. Pela luá contavam o tempo – os mesmos caminhos percorridos por povos ancestrais, a *finis terrae*, muito antes da vinda dos europeus.

Foco de peregrinações de indígenas, os Peabiru, também denominados "caminhos pisados" e "veredas dos pés postos", compunham vastíssima rede de trilhas. Milhares de quilômetros ligavam as orlas de dois oceanos, e os nômades iam de Areguipa a São Vicente, ou vice-versa, não pelos mares imensos, como navegavam os portugueses, mas caminhando pelo mundo a fora – a pé.

Em 1500, Pedro Álvares Cabral achou o Brasil e Pero Vaz (que também caminhava) enviou carta para o reino, contendo a primeira descrição dessa terra maravilhosa.

A América do Sul ficou dividida entre os reinos ibéricos, com áreas de colonização litorânea ocidental-pacífica para Castela – e a oriental-atlântica para Portugal.

Pelas "veredas" caminhavam nativos, e mais tarde no tempo, pela vocação miliar de peregrinos, passaram a caminhar também portugueses e espanhóis. Eram terras por descobrir e conquistar, divididas por uma linha retíssima, mas imprecisa na localização, fixada pelo Tratado de Tordesilhas.

Havia nas terras brasileiras unidade de raça e de língua. Aborígenes de origem comum falavam dialetos da mesma língua, da qual a identidade dos nomes geográficos, das plantas e animais são convincentes provas. Eles próprios se denominavam de Tupinambá, o que parecia refletir o primitivo tronco nacional, palavra composta por duas: tupi e abá-abá. A palavra abá (que significa varão) deixava de constar se a amizade se desfizesse. A palavra tupi, isolada, passava a significar inimigo.

As veredas de pé posto, os "caminhos pisados" ou peabiru, aproximavam etnias de diversas origens e no alvorecer do quinhentismo já demarcavam para o povo de Ramalho os limites do solo da futura nação, ao fixar pelos acidentes geográficos os pontos cardeais do continente.

Na aurora do renascimento português, D. João III, filho de D. Manuel I, herdou «um império vastíssimo, mas disperso». O rei de Portugal sonhava com os ventos bons do mar oceano e com conquista e ocupação de um território que desconhecia.

No cais de Lisboa, lamentava o Velho do Restelo:

"Ó glória de mandar.
Ó vã cobiça, desta vaidade a quem chamamos fama!
Ó fraudulento gosto, que se atiça
C'ua aura popular que honra se chama".

Aos poucos, foi surgindo e prevalecendo uma nova etnia nas terras do Brasil, a partir principalmente da miscigenação entre colonos ibéricos e índios. O mesmo ocorreu entre europeus e africanos, e a miscigenação deu origem aos mulatos, cafuzos e mamelucos.

Todos continuaram a caminhar pelas "veredas dos pés postos", o peabiru: índios, europeus, mamelucos, colonos, espiões, escravos, aventureiros, náufragos, fugitivos, corsários, peregrinos, jesuítas, judeus e cristãos novos, bandeirantes e diplomatas – percorriam, por clarividente predisposição, percursos fortemente marcados por aspectos religiosos, culturais e mercantilistas. Até Pai Sumé deixou pegadas nessas trilhas.

Soldados nativos da província de Curitiba escoltando selvagens.
Jean Baptiste Debret.

A tradição teogônica e a espiritualidade dos indígenas se manifestavam de várias formas. Em tempos anteriores à chegada dos europeus, a mítica colina de Piratininga era centro de fé e romarias. O espaço fazia parte da "geografia sagrada" dos aborígenes quinhentistas – cerimônias xamânicas, jejuns rituais, retiros solitários, orações individuais e coletivas, congregavam os índios ao redor de seus "sacerdotes", xamãs e pajés.

Entre os rios Anhangabaú e Tamanduateí, bem no Inhapuambuçu, o ponto final de atração da rede de transporte por trilhas era uma enigmática pedra. Itaecerá, – a "pedra do raio" tinha valor simbólico para a mitologia indígena. Apesar da frequência de trovoadas nesses climas carregados de eletricidade, os tupis não tinham familiaridade com o fenômeno, que consideram como manifestação de ira. A pedra do raio era sagrada no rito indígena e o infinito Orbe difícil de explicar. Nesse mesmo local, havia três cemitérios de indígenas.

Na década de 30, Tibiriçá firmou aliança com os portugueses que chegaram ao litoral do Brasil, chefiados por Martim Afonso de Sousa, donatário da capitania e fundador de São Vicente.

Em 1545 (1546), a esquecidíssima Ana Pimentel, casada com Martim Afonso de Souza, primeira mulher a exercer o cargo de governadora na América Portuguesa, contrariando ordens do marido ausente, que ao chegar a São Vicente, havia proibido a entrada de europeus nos campos de Piratininga, autorizou o acesso dos colonos ao planalto.

Com tal autorização, homens e mulheres, encurralados na estreita faixa litorânea da capitania de São Vicente, vieram serra a cima à procura dos campos do planalto, onde a terra era fértil e o clima ameno – foram os primeiros habitantes de São Paulo.

No vastíssimo continente, uns dependiam dos outros. Para os europeus espantados que aqui desembarcavam, a percepção dos nativos sobre os acontecimentos naturais era melhor do que se supunha, conforme atestam viajantes e historiadores do quinhentismo.

Alicerçados em sólida cultura, sabiam os doutos jesuítas que, para serem bem-sucedidos, serra a cima/serra a baixo e sertão adentro, teriam que contar com a parceria dos indígenas.

Com sólidos conhecimentos geográficos, os índios podiam contribuir para o êxito da expansão portuguesa. Assim ultrapassaram os limites do tratado de Tordesilhas, para oeste e para sul do território, conhecedores profundos da hidrografia do interior do continente, e da localização de madeiras, pedras e metais preciosos. Eram interesses mútuos, reconhecia o enigmático Cara Pálida, João Ramalho.

Guias por excelência do sertão, os índios brasileiros possuíam notável sentido de orientação e percorriam dezenas e dezenas de léguas rapidamente, guiando-se pelo curso do sol, pelas estrelas, contando o passar do tempo pelas fases da lua, primeira lua, segunda lua, terceira lua... Cosmógrafos, os nativos tinham notável astronomia de orientação.

Nas palavras de Sérgio Buarque de Holanda, "para tanto é preciso ter um aproveitamento rigoroso da experiência anterior e um poder de abstração, que não se concilia com certas generalizações ainda correntes da mentalidade primitiva".

No dizer de muitos, a escolha do local onde se fixaram os jesuítas foi mais uma questão de indicação de Tibiriçá do que decisão dos religiosos. O princípio moral estava com os jesuítas, mas autoridade, força, ação executiva, atributos do poder civil, estavam nas mãos de Tibiriçá, que via na paz das nações a causa maior, a urgência principal, a batalha fundamental da humanidade.

Convergência das veredas dos pés postos, justo na colina Inhabuambuçu, por desígnio do Muribixaba Tibiriçá, o Olho da Terra, e do cara pálida João Ramalho, seu genro, os jesuítas ergueram a primeira escola de meninos. Mamelucos – filhos de europeus com cunhatãs, jovens índias deram origem ao povo brasileiro. Juntos fundaram uma forma de viver em que pessoas diferentes se misturaram para sempre.

Chefe de enorme parte da nação indígena, estabelecida nos campos de Piratininga, com sede na aldeia de Inhapuambuçu, o poderoso Morubixaba Tibiriçá, o Olho da Terra, era irmão de poderosos caciques Piquerobi, o Lambari Verde, pai do terrível Jaguanharó, e Caiubi e índios que também se salientaram durante a colonização do Brasil, um inimigo dos portugueses, o outro colaborador dos jesuítas. E como bradou o índio Sepé lá no distante sul, "esta terra é nossa".

O mais simbólico protagonista na construção da identidade paulista foi Tibiriçá, o Olho da Terra, principal líder tupiniquim do planalto. Coube a ele incorporar a seu grupo o primeiro branco a chegar no seu território tribal. João Ramalho, casado com a filha de Tibiriçá, tornou-se líder informal dos tupiniquim, dando origem ao desabrochar de mamelucos nas terras do planalto. Tibiriçá assistiu à fusão do homem ibérico com a terra nova e as raças aborígenes.

No dia 25 de janeiro de 1554, numa manhã cheia de luz e de bênçãos, o padre Manuel de Paiva celebrou a missa no planalto, no interior de uma choça de pau a pique, coberta de folhas de palmeira, humilde e simples, erguida pelos guainases de Tibiriçá.

Em expressiva citação, diz Tito Lívio Ferreira que "a grandeza de São Paulo atual estava fadada a nascer como Cristo numa espécie de manjedoura". Num encontro de contrastes, foi junto a essa "espécie de manjedoura" que o Morubixaba Tibiriçá se converteu ao catolicismo, tendo sido batizado com o nome de Martim Afonso. Uma espécie de manjedoura...

Intercala-se aqui simbólico acontecimento. A presença de Tibiriçá foi realçada por Grão Vasco, o principal nome da pintura portuguesa, nos séculos XV e XVI.

Entre 1500 e 1506, Grão Vasco pintou uma tela mítica, cujo tema era a chegada dos Reis Magos ao Presépio no dia de natal.

Adoração dos Magos, óleo sobre madeira de carvalho, c.1501-1506, oficina de Vasco Fernandes. Museu de Grão Vasco, Viseu.

De acordo com a tradição cristã, os Reis Magos representavam os três continentes então conhecidos, Europa, África e Ásia. Grão Vasco teve o mérito de introduzir em quadro belíssimo o continente americano, representado por um índio, a quem se pode atribuir o nome de Tibiriçá. Na simplicidade do Presépio, o profético pintor colocou na tela o quarto Rei Mago, um indígena, ao lado da manjedoura. Tibiriçá transformou-se no quarto Rei Mago, mito fundador, de rara lapidação, que não cessa de se expressar com novas linguagens e novos valores de tal modo que, quanto mais parece ser outra coisa, tanto mais é a repetição da mesma.

No dia 9 de julho de 1562, Martim Afonso Tibiriçá deu aos jesuítas a maior prova de fidelidade. Ao levantar a bandeira e um tacape de pau pintado, enfeitado de diversas cores, repeliu com bravura o ataque à vila de São Paulo, por índios chefiados por seu sobrinho Jaguanharó, filho de seu irmão Piquerobi (relato de Simão Vasconcellos). Irmãos contra irmãos, sobrinhos contra tios, filhos contra pais, muita coisa estava por trás das cortinas quinhentistas. Talvez a mais séria fosse o território espiritual de duas religiões antagônicas. Talvez...

O grande chefe Martim Afonso Tibiriçá faleceu no dia 25 de dezembro de 1562, contagiado por um dos surtos epidêmicos que após o surgimento dos aldeamentos dos europeus atingiram o planalto de Piratininga. O Vigilante da Terra morreu "de peste", cinco meses após a Guerra de Piratininga. Morreu no dia de Natal de 1562, o representante do quarto continente, exatamente no dia em que se comemora o nascimento de Cristo, a imagem magistralmente pintada por Grão Vasco.

Não chegou a contemplar a Paz de Iperoig, o primeiro tratado de paz celebrado entre índios e colonizadores brancos nas Américas.

Em carta ao superior da companhia, em 16 abril de 1563, o padre Anchieta anotou:

"Morreu nosso principal e grande amigo, e protetor Martim Afonso, o qual depois de se haver feito inimigo de seus próprios irmãos e parentes por amor a Deus e à sua Igreja, e depois de lhe haver dado Nosso Senhor a vitória sobre seus inimigos, estando ele com grandes propósitos e muito determinado a defender a causa dos cristãos, e nossa Casa de São Paulo, que ele bem sabia haver sido edificada em sua terra por amor dele e de seus filhos, quis Deus conceder-lhe o galardão por suas obras, dando-lhe uma doença de câmaras de sangue, da qual não havia melhora. No dia do Natal de Nosso Senhor Jesus Cristo, morreu para nascer em nova vida de glória, como esperamos. Foi enterrado em nossa igreja, com muita honra".

Em 1896, ao demolir-se a igreja do Collegio, os restos mortais de Tibiriçá, tão justamente denominado "o primeiro cidadão de São Paulo", foram colocados em urna registrada no anuário da velha igreja jesuítica. Por ordem da autoridade diocesana a urna foi transportada para a Igreja do Sagrado Coração de Maria, onde permaneceu por longo tempo.

Em 25 de janeiro de 1931, na gestão de José Torres de Oliveira e de Nicolau Duarte Silva, Ricardo Daunt, membro deste instituto, pediu que a urna fosse trasladada de modo mais solene para a cripta da catedral de São Paulo. O padre e historiador Fernando Pedreira de Castro, presente à solenidade, escreveu:

"Aos 25 de janeiro de 1933, às 14 horas, o vigário geral Dom Gastão Liberal Pinto, o doutor José Torres de Oliveira, presidente do citado instituto, e outras pessoas, receberam das mãos do padre Vicente Conde, a urna de mármore, a qual, depois de examinada e verificado seu conteúdo, foi de novo lacrada e trasladada para a cripta da nova catedral, tendo sido depositada numa das câmaras mortuárias ali existentes, ao lado das que abrigam os restos mortais dos bispos de São Paulo e do regente Feijó".

Exatos 450 anos após sua morte, Tibiriçá continua servindo de exemplo e metáfora.

No dizer do Padre Abranches Viotti, (pag. 287), "se adotarmos o parecer do próprio Anchieta, o fundador principal será Tibiriçá, considerado pelos padres fundadores, observador e benfeitor da casa de Piratininga".

Para Hernâni Donato, "não é preciso repetir quem foi o cacique Tibiriçá nem o que fez, a não ser insistir em que sem ele nem Martim Afonso teria desembarcado em paz, nem Nóbrega teria jornadeado a salvo por Santo André, Maniçoba e Piratininga, nem Paiva e os outros doze teriam oficiado e assistido em paz à missa de 25 de janeiro de 1554, nem a igreja, a escola, as cabanas de 9 de julho de 1562 teriam assistido à guerra que lhes moveram os índios confederados. Tibiriçá tornou São Paulo possível".

Para mim, quem fundou Piratininga foi o quarto rei Mago. Foi Martim Afonso, sim, o brasileiro que levou o continente às mãos de Cristo, como profetizou Grão Vasco, o maior pintor quinhentista do renascimento português.

Como um rizoma, a ele se devem os ramos que lentamente deram origem a base cultural do Brasil, ao Homem Brasileiro, àqueles que forjaram a nação moderna, com o pensamento, a fé e o coração. Martim Afonso Tibiriçá foi o primeiro humanista indígena do continente, o fiel tradutor de signos de dois mundos diferentes.

A ele se deve o despertar progressivo da consciência nacional, de uma consciência étnica, histórica e cultural que já aspirava ao convívio político como nação.

Segundo Foucault, existem momentos na vida em que a questão de saber – se pensar, diferentemente do que se pensa, e perceber diferentemente do que se vê – é indispensável para continuar a olhar ou a refletir.

A comemoração de São Paulo é certamente o momento para... pensarmos e refletirmos... sobre a memória do Instituto Histórico e Geográfico de São Paulo, nossa memorável "capitania hereditária", nossa trincheira Paulista.

Faço votos para os que hoje tomam posse, a nova diretoria e os novos membros deste instituto, assim como todos que me acompanharam no penoso peabiru da minha gestão, possam caminhar, juntos, pelas "veredas de pés postos" da memoria paulista, com a mesma sabedoria quinhentista que norteou os nativos, os portugueses e os jesuítas.

Faço votos, também, que ao percorrer estes nossos caminhos pisados, possam enxergar os galhos dobrados dos arbustos, perceber o movimento do sol e da sombra durante o dia, a posição das estrelas e das constelações durante a noite e contemplar as três fases da lua, ao longo de suas vidas por muitas e muitas luas... sem perder de vista o tênue bater de asas das borboletas.

Porque só assim se cria e se mantém uma Nação.

Amém.

Palavras do Ministro José Gregori

Hoje é dia de festa na cidade. Festa traz sempre alegria, regozijo. A cidade faz 458 anos que significa mais de quatro séculos. Nada mais apropriado que o Instituto Histórico e Geográfico participe e festeje também.

Mas seu festejar tem muito de específico, pois, o olhar do instituto não se importa, apenas, com o "agora" é importante, mas as causas, os antecedentes, enfim, o que foi preciso para construir o "agora", são também, importantes, pois, significa que a história não é um "flash" do acaso, mas um processo com raízes que amadurecem até desabrochar no fato do acontecimento. A professora Nelly Candeias, Presidente do Instituto, faz bem, como sempre, mantendo a tradição, em comemorar o nascimento da cidade na perspectiva dos que contribuíram para isso, destacando, no feixe de participações e agentes criadores, aqueles que já habitavam a terra, que já estavam por aqui, nas aldeias indígenas.

Não é fácil imaginar, séculos depois, como é que o aborígene tomou conhecimento da presença do adventista. Dois mundos totalmente diferentes que se encontram ou se defrontam. Vencida a estupefação inicial, como achar os códigos que tornam possível a comunicação e, depois disso, a língua comum que torna possível a convivência?

Sabemos hoje, depois de muito estudo e pesquisa, que essa vida dos pioneiros na mesma terra não foi idílica, pois encontrou dificuldades, desentendimentos, lutas, quiçá guerras, mas a verdade é que se achou um denominador comum que acabou por selar uma aliança que tornou possível a vila de São Paulo, centrada na choupana rústica de Anchieta se tornar a cidade mais aberta, acolhedora e propiciadora de vida e prosperidade da América do Sul e uma das maiores do mundo.

São Paulo não poderia ter aberto seus braços, firmes, densos e generosos, a tanta gente de tantos lugares se aquele início decisivo tivesse gerado impasses insuperáveis. Daí, como destacou Nelly Candeias, o papel e a importância agregadora de Tibiriçá.

Parece-me que não há dúvida de que São Paulo, como uma Babel moderna, recebeu, assimilou e projetou colônias inteiras de nacionais e estrangeiros com suas histórias, hábitos, idiomas e credos.

Nada disso teria sido possível – eu insisto, se naquele começo a intolerância e o rechaço tivessem inviabilizado o arraial de Piratininga.

Devemos, pois, recordar que as sementes de tolerância, de não discriminação, de não xenofobia germinaram e tornaram possível essa civilização paulistana, múltipla, diversificada que tem uma identidade própria, que une e integra todos na democracia atual, a qual estamos construindo.

Nesse aspecto de acolhimento e de superação de diferenças dentro do qual se procura pautas de conveniência construtiva, prevaleceram os valores dos Direitos Humanos que, ao fim e ao cabo, lutam sempre pela paz que reúna todos sob o signo de fraternidade.

Se de um lado saudamos a união do gibão com o arco, a flecha e a sotaina missionária nascentes que depois se multiplicaram em todas as raças de todas as latitudes, de outro, não podemos deixar de reconhecer que nem todos os que chegaram nessa nova CANAÃ tiveram a oportunidade de realizar seus destinos.

São Paulo tem, portanto, essa dualidade, esse claro-escuro que torna difícil decifrá-la. Com tanta prosperidade, como também, tanta desigualdade? Não é fácil a resposta.

Mário de Andrade disse uma vez: "Ponho-me a pensar que minha terra é como as estrelas de Olavo Bilac, difícil entender". Mário de Andrade tinha razão. São Paulo é difícil. Não é para apressados e muito menos para trêfegos. São Paulo é para apaixonados.

E, nesse sentido, não serão propostas radicais que resolverão, mas a dura e persistente procura de ações e trabalho que minorem a desigualdade, propiciando a todos a oportunidade de realização. Os fundadores, diante dos desafios, superam os obstáculos, porque não fizeram a aposta máxima do "tudo ou nada".

Foi esforço e trabalho contínuo de Tibiriçá, Anchieta, Nóbrega e João Ramalho que nos conduziram até aqui. Que, afinal, fecundaram o DNA dessa cidade.

Daqui por diante é tarefa nossa, de todos e de cada um, mas pensando no todo, no geral, na abrangência, na inclusão, para que São Paulo continue esse gigante, mas também, seja a cidade do progresso e da prosperidade compartilhada.

Registro Fotográfico

Cacique Tukumbó Dyeguaká.

Índia tucuna We'e'na[1].

---

1 Presidente Nacional das Mulheres Indígenas.

Julio Abe Wakahara, We'e'na, Cacique Tukumbó Dyeguaká, Nelly Martins Ferreira Candeias e Cacique Netuno.

Ministro José Gregori.

Manuel Alceu Affonso Ferreira.

Hernâni Donato.

José Alberto Neves Candeias.

CAPÍTULO
•45•

In finis

Nelly e José Alberto.
São Paulo Invicto.

Este livro foi elaborado a partir dos dados do Instituto Histórico e Geográfico de São Paulo, e documentos pertencentes ao meu arquivo pessoal, onde se encontra a história das famílias de Daniel e Ermelinda Martins Ferreira e de Alberto e Angelina Candeias.

Chego ao fim deste trabalho com a consciência de que a história do Instituto permanecerá na memória da Nação. Na travessia deste mar da vida, no tortuoso caminho da minha gestão, conheci homens e mulheres tão heroicos e combativos quanto outros, cujas vidas ilustram a revista do Instituto Histórico e Geográfico de São Paulo, a partir de sua fundação.

Esses que entraram pela porta de entrada do antigo Palácio do Governo, nos primeiros anos do século XXI, permanecerão para sempre na memória desta Casa de História para perpetuar a contribuição dos que antecederam.

Termino minhas reflexões com a certeza de que, sem eles, o Instituto Histórico e Geográfico de São Paulo não teria sobrevivido para entregar sua tocha olímpica e gloriosa mensagem às gerações vindouras. Que cada um deles aceite meu reconhecimento e compartilhe comigo a doce sensação de missão cumprida.

DECLARAÇÃO

Membro do Instituto Histórico e Geográfico de São Paulo há muitos anos, declaro, com absoluta e sincera convicção, ter acompanhado e participado da gestão da Dra. Nelly Martins Candeias na presidência da entidade, com firmeza, responsabilidade e competência, atribuindo-lhe a qualidade de excelência na tutela da memória paulistana.

Essa qualificação da presidência, a par do prestígio, idoneidade e capacidade de seus membros, permitem a mim declarar que a entidade tem plenas condições de conservar seu acervo, constituído de livros e peças, conferindo à sua finalidade, por intermédio de trabalho permanente e preocupação constante, certeza da aprovação geral.

São Paulo, 12 de março de 2010.

Damásio de Jesus

Declaração
Damásio Evangelista de Jesus.

Declaração

Na qualidade de diretora do Memorial 32 – Centro de Estudos José Celestino Bourroul, desde 9 de julho de 2005, cuja biblioteca e museu sobre a Revolução Constitucionalista encontram-se instalados no quarto-andar do Edifício Sede do Instituto Histórico e Geográfico de São Paulo (fundado em 1894), declaro e estou convicta de que a entidade tem plenas condições de cuidar de seu patrimônio cultural de acordo com seus objetivos estatutários.

Tenho acompanhado a gestão da Doutora Nelly Martins Ferreira Candeias, Professora Titular aposentada da Faculdade de Saúde Pública da Universidade de São Paulo, Presidente do Instituto Histórico e Geográfico de São Paulo, eleita em 2002 e reeleita agora em seu terceiro mandato por aclamação. A ela deve-se a recuperação financeira do instituto, após pagamento de dívidas herdadas da gestão anterior, assim como o novo Estatuto, atualização do quadro social e reformas realizadas no terceiro, sétimo e oitavos andares de sua sede própria no Edifício Ernesto de Souza Campos, na Rua Benjamin Constant nº 158, Centro, nesta Capital, além de iniciativas de valor cívico e cultural para a memória histórica de São Paulo.

São Paulo, 26 de março de 2010.

Cárbia Sabatel Bourroul

**Declaração
Cárbia Sabatel Bourroul.**

Declaração

A elogiosa tradição do Instituto Histórico e Geográfico de São Paulo (IHG/SP) foi conquistada pela dedicação e descortino de pioneiros da sua destacada trajetória por períodos com certas dificuldades e certamente de muitas conquistas.

Sempre pautou sua missão com versatilidade de objetivos e coerentes diretrizes que possibilitaram construir um riquíssimo acervo bibliográfico e de obras de arte que valorizaram sobremaneira o nosso patrimônio cultural.

Como decorrência é mandatório que sempre haja plena responsabilidade e sólido compromisso institucional na sua gestão administrativa conduzida por pessoas probas e competentes. Tais requisitos têm sido comprovados de forma inequívoca pela atual Diretoria do IHG/SP, sob a presidência da Profa. Dra. Nelly Martins Ferreira Candeias portadora de excelente carreira acadêmica exercida como Professora titular da Universidade de São Paulo.

Do exposto considero que o IHG/SP através de seus atuais dirigentes está apto a cuidar com esmero e propriedade de todo o seu patrimônio cultural para o bem de São Paulo e do Brasil.

São Paulo, 09 de abril de 2010.

Prof. Dr. Flávio Fava de Moraes
Professor Emérito do Instituto de Ciências Biomédicas /USP e Ex-Reitor da USP

**Declaração
Flávio Fava de Moraes.**

Declaração

OSVALDO CARON, Desembargador Aposentado do TRIBUNAL DE JUSTIÇA DE SÃO PAULO e Professor Titular aposentado e Professor Emérito da FACULDADE DE DIREITO DE SÃO BERNARDO DO CAMPO, ora Advogado, integrando, como Secretário Adjunto, a atual Diretoria do Instituto Histórico e Geográfico de São Paulo, declara para os fins de direito que a Professora Doutora NELLY MARTINS FERREIRA CANDEIAS, Professora Titular aposentada da FACULDADE DE SAÚDE PÚBLICA da UNIVERSIDADE DE SÃO PAULO, na qualidade de Presidente, eleita e reeleita, agora em seu terceiro mandato trienal, tem condições intelectuais e morais para continuar sua gestão à frente do mencionado e centenário INSTITUTO HISTÓRICO E GEOGRÁFICO DE SÃO PAULO (fundado em 1.º de novembro de 1894), com sede própria no Edifício Ernesto de Souza Campos, na Rua Benjamin Constant n.º 158, CEP 01005-000, Centro, nesta Capital, mormente ante a completa recuperação financeira da entidade, com seus estatutos regularmente arquivados no 1.º Serviço de Registro Civil de Pessoas Jurídicas, e, por isso, também em condições institucionais e administrativas para receber de volta todo o acervo de livros, esculturas, pinturas e demais quadros e peças que constituem seu patrimônio cultural, adquirido ou recebido em doação, ao longo dos anos, especialmente nas áreas da História e da Geografia de São Paulo.

São Paulo, 22 de março de 2010.

OSVALDO CARON

**Declaração
Osvaldo Caron.**

Declaração

HERNÂNI DONATO

Declaração

Com a vivência de mais de 50 anos de frequência sistemática no Instituto Histórico e Geográfico de São Paulo, inclusive com o exercício de dois mandatos na Presidência do mesmo e tendo acompanhado as reformas, as melhorias recentemente introduzidas

declaro a firme certeza de que a entidade tem plena capacidade para acolher e disponibilizar todo o seu acervo tradicional e o mais que lhe for confiado à exemplo do legado do Instituto Genealógico.

Em verdade,

São Paulo, 17 de março de 2010
Hernâni Donato

Declaração Hernâni Donato.

PARTE 2

MULHERES DO INSTITUTO HISTÓRICO E GEOGRÁFICO DE SÃO PAULO

Carta circular – Início do contato com mulheres do IHGSP

São Paulo, 16 de agosto de 2001,

Prezada Companheira,

Estou enviando uma lembrança da "Comemoração do Centenário de Marie Rennotte", sessão realizada no dia 4 de maio de 2001, no mesmo dia em que a primeira mulher a ser eleita tomou posse no Instituto Histórico e Geográfico de São Paulo no ano de 1901. Foi empolgante fazer o estudo de sua biografia.

Ao ser eleita 1ª secretária da atual diretoria, chamou-me a atenção o fato de Marie Rennotte, ilustre médica e professora, assim como outras mulheres que ingressaram no Instituto, no início do século XX, encontrarem-se totalmente esquecidas!

Revendo fichas antigas, registrei um quadro social composto de 85 nomes de mulheres que fizeram ou que fazem parte do Instituto. Contamos também com pequeno arquivo de fichas com informações sobre elas, longe, ainda, daquilo que se pretende obter. Por essa razão, peço-lhe que me envie, para registro, seu *curriculum vitae* e uma fotografia.

Sem mais para o momento, aproveito a oportunidade para agradecer sua atenção, enviando-lhe meus mais cordiais cumprimentos.

Nelly Martins Ferreira Candeias
Professora Titular da USP (aposentada)
Diretora-Secretária do IHGSP

CAPÍTULO
• 46 •

Lygia Ambrogi

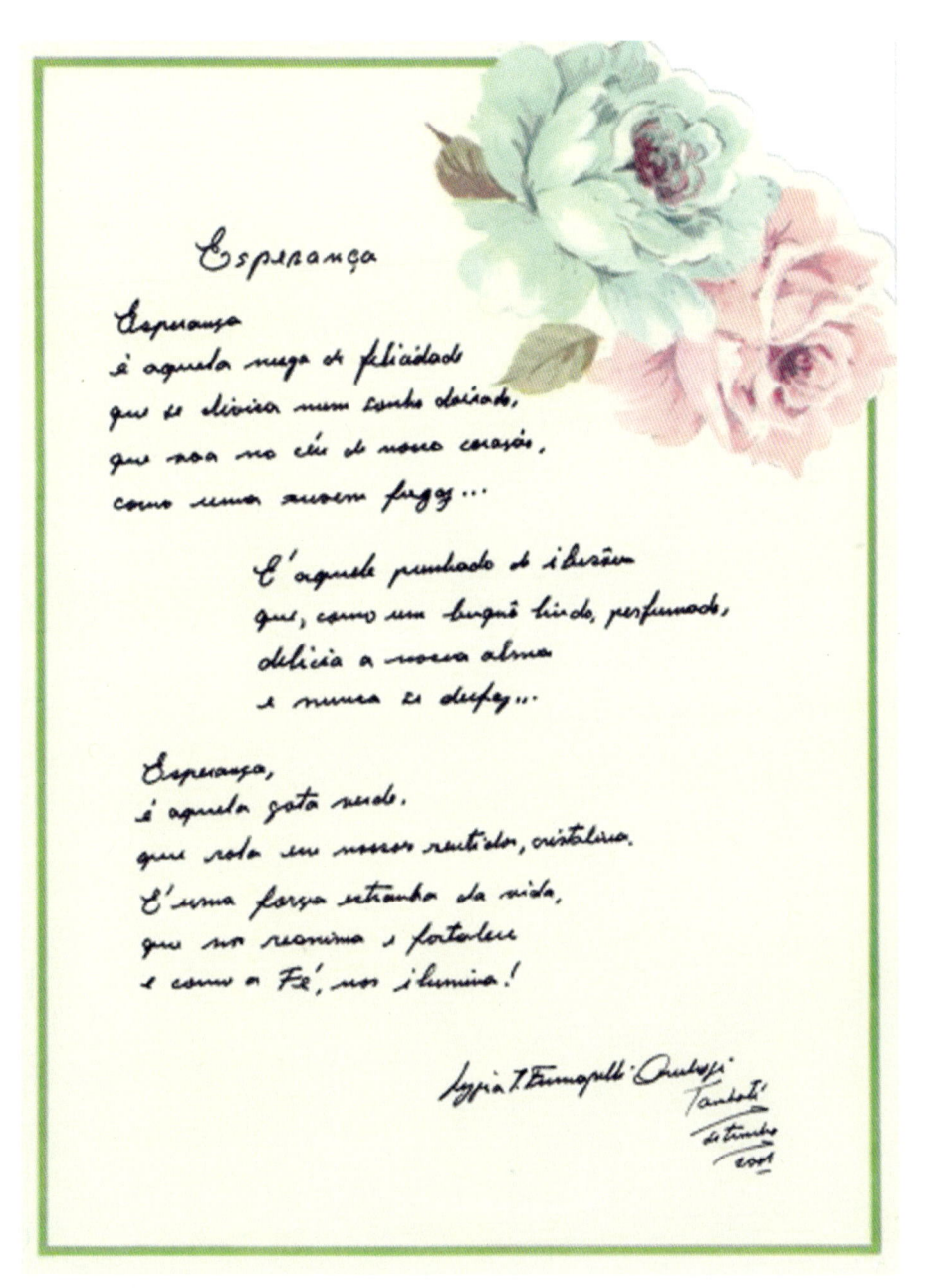

Esperança

Esperança
é aquela migalha de felicidade
que se divisa num sonho dourado,
que voa no céu do nosso coração,
como uma nuvem fugaz...

É aquele punhado de ilusões
que, como um buquê lindo, perfumado,
delicia a nossa alma
e nunca se desfaz...

Esperança,
é aquela gota suave,
que rola em nossos sentidos, cristalina.
É uma força estranha da vida,
que nos reanima e fortalece
e como a Fé, nos ilumina!

Lygia T. Ferrazzoli Ambrogi
Taubaté
setembro 2001

Poesia enviada por Lygia Ambrogi à Nelly Candeias, em setembro de 2001.

São Paulo, 27 de setembro de 2001

Querida Lygia,

Acabo de receber envelope contendo carta, reportagens e a poesia de sua autoria "Esperança".

Tem sido árduo estudar as mulheres do quadro social do Instituto Histórico e Geográfico de São Paulo, pois a biblioteca, assim como a documentação da entidade encontram-se desordenadas. Mesmo assim, organizei um arquivo com os nomes das sócias e datas de ingresso. Além disso, coloquei em sala da diretoria o retrato de Marie Rennotte, a primeira mulher a tomar posse no dia 4 de maio de 1901.

Quando me for possível, pretendo criar um arquivo com fichas, informações, fotos e currículos das mulheres que pertenceram ao quadro social.

Encontrei uma tela com o retrato de Lídia Resende, num depósito abandonado, há anos, atrás de uma estante empoeirada, a qual foi oferecida ao nosso Instituto por Affonso de Taunay. Ninguém sabia quem a pessoa era!

O material que, a meu pedido, sócias ou famílias têm-me enviado, encontra-se em minha casa, por estar a biblioteca do Instituto sem controle técnico. Não consegui encontrar livros e separatas da autoria das mulheres que pertenceram ou pertencem ao quadro social do IHGSP e nem meu artigo sobre a história da Faculdade de Saúde Pública, publicado por ocasião da comemoração dos 50 anos da Universidade de São Paulo, doado esse em 1996!

Pretendo arquivar toda essa documentação no Instituto, mas só levarei esse material para lá quando sentir clima de segurança e zelo[1].

Publiquei um artigo sobre Marie Rennotte no *Jornal da USP*. Quando tiver tempo, enviarei uma cópia para você. Contém fotos antigas.

Com muita estima, agradeço sua atenção e generosas palavras.

Até breve,
Nelly Candeias

---

[1] A documentação sobre mulheres foi arquivada no IHGSP em 2010, tendo os livros sido devidamente classificados por Ivone Cavalcante, bibliotecária do Memorial'32, Centro de Estudos José Celestino Bourroul.

CAPÍTULO 47

Marie Rennotte

Retrato de Marie Rennotte.
1ª mulher a tomar posse no IHGSP
no dia 4 de maio de 1901.

Marie Rennotte, 1852 – 1942

Afinal quem foi essa mulher? Cem anos depois do ingresso de Marie Rennotte no Instituto Histórico e Geográfico de São Paulo, parecia impossível trazer para o presente uma imagem que sentíamos estar desvanecida pelas "cinzas do passado". Meu estudo sobre a história de sua vida, a partir de documentos arquivados no IHGSP e da consulta da Revista do Instituto Histórico e Geográfico de São Paulo, exumou a figura admirável de Marie Rennotte, professora e médica. Pesquisas de autoria de Maria Lúcia de Barros Mott (Faculdade Adventista de Enfermagem) e de Maria Lúcia Spedo Hilsdorf (Faculdade de Educação, USP) revelam-na como um exemplo de competência, determinação e idealismo.

Belga de origem, Marie Rennotte nasceu em Wandre em 1852, tendo imigrado para o Brasil em maio de 1878. *Mademoiselle* Rennotte, como era então conhecida, destacava-se entre as mulheres da sociedade paulista por sua sólida formação profissional, por falar vários idiomas, fato raro e desejável na época, e, além disso, por defender o ideário feminista.

Fez o curso de magistério em Paris, como atestam os diplomas do "Cours Normaux, Societé pour l'Instrucion Élementaire", de 1874, e o "Brevet de Capacité pour l'enseignement – Institutrice IIème ordre", de 1875, documentos arquivados no Instituto Histórico e Geográfico de São Paulo. Passaporte belga emitido no Rio de Janeiro, em 1885, por ocasião de sua viagem à Buenos Aires, descreve-a como pessoa com 1,60m de altura, olhos acinzentados, cabelos loiros, nariz reto, queixo e rosto arredondados.

Quem se interessar pela história da instrução feminina, tema dos mais veementemente defendidos por Marie Rennotte, deve recorrer ao excelente texto de Maria Thereza Caiuby Crescenti (tese de doutoramento, USP) *Mulheres de ontem? Rio de Janeiro – Século XIX*. Lá encontra-se citado e interpretado o documento "Polianteia comemorativa da inauguração das aulas para o sexo feminino do Imperial Liceu das Artes e Ofícios" (1881), divulgando as respostas de 4 mulheres e 127 homens de letras, convidados a se manifestarem sobre a educação feminina em nosso meio. Eis uma das respostas ali registradas: "Nada mais quimérico do que certas doutrinas hoje em voga, sobre uma igualdade mal entendida do homem e da mulher, nada mais desmoralizador do que lançar a mulher na concorrência industrial com o homem. Ser mãe e esposa é quanto basta à sua glória, à felicidade sua e nossa", acreditava Miguel Lemos. Assim se pensava na época. A maioria dos homens de letras da Polianteia considerava a instrução feminina como algo ligado exclusivamente à missão de esposa e de mãe, proclamando que a eles, sim, caberia sustentar a família.

Isso ocorreu na segunda metade do século XIX, quando ainda se pensava que o essencial, para as donzelas, era ter o pé pequeno, comer pouco, mostrar-se ligeiramente enfastiada e, dependendo da classe social, tocar piano e aprender a dançar. E com clausura! Ainda havia quem dissesse que as mulheres deveriam sair de casa apenas três vezes durante suas vidas: para serem batizadas, para casarem e para serem enterradas. Que programa!

Em 1882, no confronto de opiniões e divergências sobre quais deveriam ser os papéis das mulheres na sociedade paulista e brasileira, quando a maioria masculina ainda se mostrava contrária à emancipação feminina, Marie Rennotte, mulher de ideias avançadas, foi contratada para lecionar no Colégio Piracicabano, fundado por metodistas do sul dos Estados Unidos na cidade de Piracicaba, em 1881, ano esse em que ali se fundou a terceira Igreja Metodista no Brasil. Que contraste de convicções!

Colégio Piracicabano, inaugurado em 1881.   Reformado e ampliado em 1918.

Ao contrário das escolas tradicionais católicas de currículo humanista clássico, a proposta educacional dos colégios protestantes valorizava o ensino das matérias científicas, privilegiava os métodos empíricos e propugnava a coeducação, ao lado de um tratamento menos discriminatório quanto aos papéis sexuais. Por solicitação de *Miss* Watts, pastora metodista e professora responsável pelo recém-inaugurado Colégio Piracicabano, Marie Rennotte passou a exercer a docência, ministrando cursos nas áreas de ciências. Foi justamente essa preocupação com o ensino das ciências exatas e naturais um dos elementos que deu a essa escola um caráter de inovação nas discussões do programa de ensino dirigido a mulheres.

Marie Renotte em Frente ao Colégio Piracicabano.

Americana de nascimento, *Miss* Watts mal falava o português, razão pela qual decidiu solicitar a colaboração de *Mademoiselle* Rennotte, que acabou por se tornar porta-voz das diretrizes educacionais da nova escola. Foi ela que apresentou e defendeu o conteúdo dos programas de ensino do Colégio Piracicabano, em artigos publicados na "Gazeta de Piracicaba". *Mademoiselle* Rennotte era mulher valente. Não recuou diante de nada ou de ninguém. Mulher de convicções, desafiou corajosamente o catolicismo ultramontano presente na cidade e enfrentou as irmãs do Colégio D'Assumpção de Nossa Senhora, questionando a eficiência dos respectivos sistemas de ensino, como consta na "Gazeta de Piracicaba", em 28 de janeiro desse mesmo ano. Eram freiras dessa escola que ditavam as normas do catolicismo junto às moças de Piracicaba, lutando contra a influência dos protestantes na cidade.

O fato é que os republicanos de Piracicaba passaram a contar, no momento exato, com uma professora capaz de levar avante o ideário liberal da educação, mediante a luta pela emancipação feminina na educação e no trabalho. Isso ocorreu com o sólido apoio das clites progressistas e dos recém-chegados colégios americanos protestantes. O protestantismo trazia para o Brasil os valores da sociedade burguesa – ideias que, na França e nos Estados Unidos haviam desferido dois golpes na sociedade aristocrática, através de suas revoluções, lembrando que "todos os homens foram criados iguais, que foram dotados, por seu criador, de certos direitos inalienáveis, entre os quais estão a Vida, a Liberdade e a Busca da Felicidade". O protestantismo era considerado como opção religiosa do ideário liberal e democrático.

Para mostrar ferrenha oposição ao regime político do segundo império, republicanos paulistas passaram a utilizar-se das ideias trazidas para o Brasil pelos já referidos americanos sulistas. Prudente de Moraes, seu irmão Manoel e alguns adeptos uniram-se aos americanos de Santa Bárbara, em São Paulo, com o intuito de criar escolas americanas. A metodologia de ensino nas escolas protestantes passou a atrair a atenção de pessoas interessadas no progresso das escolas paulistas, em especial aquelas ligadas à instrução feminina.

Uma poderosa representação da igreja reformada americana decorria da aliança entre protestantismo e maçonaria, fato que exerceu importante papel no estabelecimento dos norte-americanos sulistas no Brasil. Prudente de Morais, um dos 35 fundadores e primeiro Venerável da Loja Maçônica de Piracicaba, instalada em 24 de novembro de 1875, encarregara-se, pessoalmente e em companhia de seu irmão Manoel de Moraes Barros, da defesa de vários dos imigrantes envolvidos em processos civis na justiça de Piracicaba. Ao chegar a Piracicaba, em 1881, *Miss* Martha Watts foi recebida pelo próprio Prudente de Morais, futuro presidente da república, de quem se tornou amiga por afinidade ideológica. *Miss* Watts e *Mademoiselle* Rennotte valiam-se de poderosos aliados e com eles se aconselhavam e conviviam.

Os valores que surgiram nas duas últimas décadas do século XIX passaram a atrair homens e mulheres interessados em modernizar a Nação, mediante discussão de mudanças radicais nas condições religiosas, culturais e políticas da sociedade brasileira. Acreditavam com variada intensidade no poder da educação, nas ideias liberais, nos valores republicanos, no papel dos protestantes, na ciência positivista, nos católicos, nos maçons e anticlericais. Que perigo! Entre gregos e troianos, Dom Pedro II não via com bons olhos essas inovações, por considerá-las ameaça de desintegração da ordem vigente. Ao visitar Piracicaba em 2 de dezembro de 1886, ocasião em que se hospedou na casa do Barão de Rezende, o imperador registrou seu desagrado por ver bíblia protestante como livro de juramentos na mesa da presidência.

Com forte personalidade e vocação para a liderança, Marie Rennotte contribuiu de forma significativa para o ensino feminino e para propostas de emancipação das desalentadas mulheres da sociedade paulista e brasileira. Conheciam as ideias feministas de Olympe de Gouges (1745 – 1793) e de Mary Wollstonecraft (1759 – 1797), na Europa, e de Nísia Floresta Brasileira Augusta (1810 – 1885) e Francisca Senhorinha da Motta Diniz (séc. XIX, datas ignoradas), no Brasil, autoras de textos famosos sobre o do feminismo no Brasil.

Marie Rennotte participou na luta pela emancipação das mulheres, contribuindo para explicar causas e consequências da desigualdade entre os sexos. São dela as seguintes palavras: "Numa das definições que acima dei da palavra de que é objeto este artigo, avancei que liberdade não podia significar faculdade ou livre arbítrio de nada fazer, pois que a ela está ligada a ideia de ação. Visto que a ação traz consigo a ideia de responsabilidade de um autor e que a mulher, que faz parte da constituição da humanidade 'assume uma responsabilidade igual à do homem perante a sociedade', ela deve, pois, gozar dos mesmos direitos que este, porque não há lei que naturalmente não apresente duas fases, não há decreto ordenando, nem o seu corolário que proíbe, porque não há édito que impõe sacrifícios sem conceder ao mesmo tempo privilégios" – *Mulher e Liberdade, A Família*, Rio de Janeiro, 25 de maio de 1889.

Além de professora, Marie Rennotte foi também médica ilustre. O arquivo do Instituto Histórico e Geográfico de São Paulo possui seu Diploma de Medicina, emitido no Women's Medical College of Pennsylvania, Philadelphia, em 1892, quando tinha cerca de 40 anos. Onze anos antes, em 1881, Maria Augusta Generoso Estrella (1861 – 1946), a primeira médica brasileira, também havia se formado nos Estados Unidos.

Ao regressar ao Brasil, e de acordo com a lei brasileira, teve que revalidar seu diploma para exercer a profissão. Para isso, apresentou à Faculdade de Medicina e Farmácia do Rio de Janeiro tese intitulada "Influência da educação da mulher sobre a medicina social". A publicação de 44 páginas contém a seguinte dedicatória: Ao Ilmo. Sr. Dr. Prudente de Moraes Barros e a sua Exma. Senhora, com os respeitos da Autora. Rio de Janeiro, 19 de abril de 1895. A tese é dedicada, também, a sua amiga *Miss* Watts, pastora metodista responsável pelo Colégio Piracicabano.

Em sua tese, Marie Rennotte critica amargamente o conteúdo da educação dirigida a meninas, dizendo que "ignorantes da forma natural do corpo humano e das leis de seu desenvolvimento, as mães vestem as filhas como se fossem bonecas. Para conseguir esses requisitos de beleza feminina, os membros são, sem compaixão nem misericórdia, lentamente trucidados. Os pés são colocados em sapatos por demais estreitos, o centro da gravidade deslocado por saltos altos, demandando a tensão constante de certos músculos para a preservação do equilíbrio. A cintura é esmagada numa prisão de ferro e barbatanas, que interfere no crescimento do organismo. Os órgãos toráxicos, abdominais e pelvianos, são desumanamente violentados e suas funções pervertidas sem nenhuma compaixão pela vítima". Além disso, comenta que "o sistema educacional não prepara as jovens para assumirem as responsabilidades da vida, daí surgindo a necessidade de os médicos se manifestarem a respeito da reforma do ensino público, para que este se torne a base do edifício social, uma vez que *first wealth is health*".

Folha de rosto da tese de Maria Rennotte, apresentada à Faculdade de Medicina e de Farmácia do Rio de Janeiro, em 1895.

A propósito da instrução feminina em São Paulo, refere-se às características do intervalo para recreio nas escolas, comentando que, "ao invés de se aproveitar esse momento para estimular o gosto pelos exercícios do corpo, dizem às meninas que os jogos são coisas de rapazes, inconvenientes, portanto, para as donzelas. Além disso, propagam que saúde e vigor são qualidades plebeias e que um apetite satisfeito com pouco, timidez e fraqueza são atributos mais próprios a senhoras de bom-tom. Essas condições são comparadas com o que ocorre durante o recreio dos meninos, cujas condições são-lhes, ao contrário, totalmente favoráveis".

Nas palavras de Marie Rennotte, "Influências de hábitos irrefletidos, instigações de ignorantes, sugestões de amas, caprichos e conselhos de avós contribuirão para que as jovens pensem que é pecado comer carne às sextas-feiras, que peixe não é carne, que o papa é infalível, que estes e outros fatos do mesmo quilate devem ocupar o lugar de honra na memória da futura supersticiosa. As jovens senhoras deixarão os bancos da escola com as cabeças cheias de datas e sem terem exercitado jamais suas faculdades de reflexão".

Na parte final do trabalho, diz: "em nome da mulher, a favor da sociedade e em benefício da nação, peço vossa benévola intervenção na reforma de um ensino que concorre para fazer de vossos filhos cretinos, de vossos irmãos raquíticos, de vossas filhas espectros, fantasmas e meros fonógrafos sob o ponto de vista intelectual".

A carreira de Marie Rennotte foi brilhante, ressalta Maria Lúcia Mott, biógrafa dessa grande mulher. Dois anos depois de formada, começou a trabalhar na Maternidade São Paulo, cuja fundação é atribuída ao médico Bráulio Gomes, e cuja manutenção, organização e supervisão ficaram a cargo de um grupo de mulheres da elite paulista.

Em junho de 1899, a Dra. Rennotte demitiu-se. Registram as atas da diretoria da maternidade sua gratidão, acompanhada por voto de louvor pelos relevantes serviços prestados, como médica interna, e pela organização da enfermaria das mulheres pobres.

Em 1906, passou a trabalhar na Clínica Cirúrgica da Enfermaria da Santa Casa de Misericórdia, como atesta o livro de frequência dessa entidade, ocasião em que colaborou com o eminente professor e médico Arnaldo Vieira de Carvalho. Em 1912, tomou parte da Diretoria da Cruz Vermelha e idealizou a fundação de um hospital para crianças, o qual foi inaugurado em 1919, no bairro de Indianópolis, em São Paulo.

A Dra. Marie Rennotte foi a primeira mulher a fazer parte do Instituto Histórico e Geográfico de São Paulo, eleita em 4 de maio de 1901, por indicação de Eduardo Prado, Orville Derby e Denamérico Rangel, e do qual fez parte até a data de seu falecimento, em novembro de 1942. Seu túmulo perpétuo encontra-se no Cemitério dos Protestantes na Consolação. Uma grande mulher!

Fontes e Bibliografia

Catálogo do Arquivo Histórico do Instituto Histórico e Geográfico de São Paulo, São Paulo, 1976.

Elias Netto, Cecílio, *Almanaque 2000*. "Memorial de Piracicaba, século XX", Instituto Histórico e Geográfico de Piracicaba, Jornal de Piracicaba, Universidade Metodista de Piracicaba, Piracicaba, 2000.

Hilsdorf, Maria Lúcia Spedo, *Escolas americanas de confissão protestante na província de São Paulo, um estudo de suas origens*. Mestrado apresentado à Faculdade de Educação, USP, São Paulo, 1977.

Jornal Gazeta de Piracicaba, coleção do Instituto Histórico e Geográfico de Piracicaba.

Mott, Maria Lúcia, De educadora à médica: trajetória de uma pioneira metodista, *Revista do Cogelme*, n. 15.dez.1999, p. 115-126.

_____. *Maria Rennotte, uma médica paulista no início do século*. Médicis, Cultura, Ciência e Saúde, ano 2, 7a. ed., nov.dez. 2000, p. 43-45.

_____. Revendo a história de enfermagem em São Paulo (1890 – 1920), *Cadernos Pagu* (13) 1999, p. 327-355.

Rodrigues, Maria Leda Pereira. *A instrução feminina em São Paulo, subsídios para sua história até a proclamação da República*. Tese apresentada na Faculdade de Filosofia, Ciências e Letras "Sedes Sapientiae", da PUC, São Paulo, 1962.

CAPÍTULO 48

Marie Robinson Wright

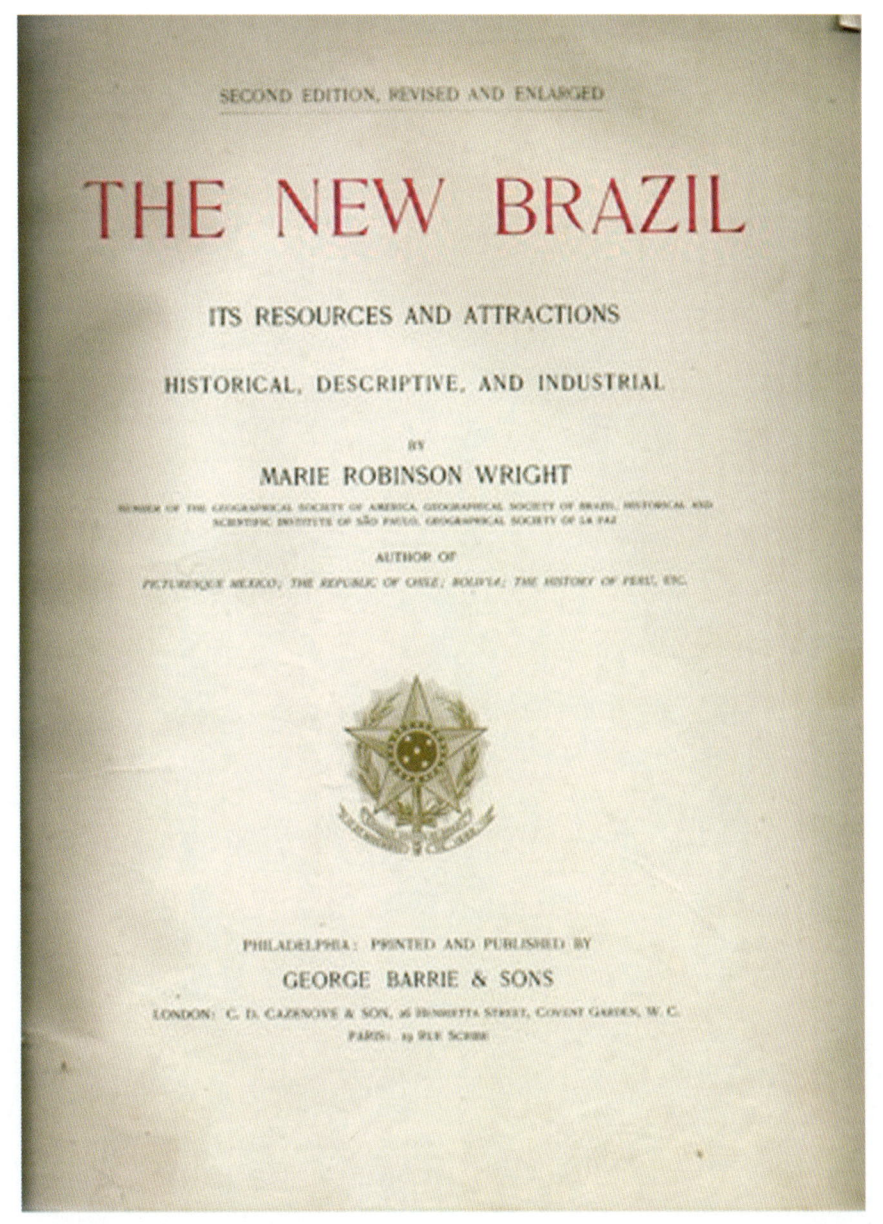

Capa do Livro de autoria de Marie Robinson Wright, segunda mulher a tomar posse no IHGSP em 20 de julho de 1901.

Marie Robinson Wright, 1866 – 1914

> *"No coração da América Latina*
> *Há uma obra-prima de natureza cênica!"*
> Marie Robinson Wright

Vida e obra

Jornalista, escritora e historiadora, Marie Robinson Wright foi a segunda mulher a tomar posse no Instituto Histórico e Geográfico de São Paulo, em 20 de julho de 1901, poucos meses após o ingresso da médica e educadora Marie Rennotte. Filha de abastada família de fazendeiros americanos, Marie nasceu em 1866 em Newman, Geórgia. Viúva aos 20 anos, mãe de duas crianças e sem ter como mantê-las, decidiu entrar para a carreira jornalística, passando a trabalhar no *Sunny South*, jornal semanal de Atlanta. Anos depois, mudou-se para Nova Iorque, onde trabalhou como correspondente do *New York World*. No início da década de 1890, Marie deu início a suas viagens pela América Latina, passando a escrever livros sobre Brasil, México, Chile e Peru, sempre ilustrados com gravuras que coletou nos estúdios de fotógrafos famosos.

No livro *A mulher no Rio de Janeiro no século XIX*, índice de referências em livros de viajantes estrangeiros, lê-se que Marie Wright esteve no Rio de Janeiro em 1889. Seu nome encontra-se no item Educação, à p. 95, descrita como pessoa interessada em assuntos sobre escolas para meninas, professoras, mulheres escritoras, imprensa feminina, mulheres profissionais, médicas, advogadas e arquitetas.

Seu nome consta na revista *A Mensageira*, publicação feminina dirigida por Prisciliana Duarte de Almeida, composta por crônicas, sonetos, artigos e informações para as interessadas no tema "direitos das mulheres". Relata-se que, em outubro de 1899, Marie Wright e *Miss* Hartman chegaram ao Brasil com o intuito de percorrer a república brasileira.

Assim se registra a passagem das duas escritoras em nosso meio:

"Tão agradável quanto inesperada foi a honrosíssima visita com que nos distinguiram as ilustres escritoras norte-americanas, *mistress* Robinson Wright e *miss* Hartman, que ora percorrem a república brasileira, procurando conhecer de perto a nossa grandiosa pátria (...). A eminente jornalista e celebrada historiadora, tida geralmente como a primeira escritora contemporânea da América do Norte, – mostrava-se visivelmente satisfeita e muito bem impressionada com o Brasil. As ilustres escritoras visitaram a Escola Normal, foram à Cantareira e percorreram os principais pontos da capital paulista, tendo sido recebidas no Palácio, pelo coronel Fernando Prestes, ilustre presidente do Estado. Em Piracicaba, visitaram o Dr. Prudente de Moraes, ex-presidente da República (...) ".

Marie Robinson Wright veio ao Brasil em busca de informações que viriam a fundamentar o livro de sua autoria, *The New Brazil, its resources and attractions, historical, descriptive and industrial*, publicado em 1901. A obra é dedicada ao Dr. Affonso Augusto Moreira Pena, Presidente dos Estados Unidos do Brasil, "líder entre os grandes homens que estão moldando o destino do mundo ocidental e dos mais célebres estadistas na criação da Nova República". O livro comemora o centenário da abertura dos portos brasileiros ao comércio do mundo. Em sua introdução, redigida em "Philadelphia, November 25, 1907", lê-se: "it is fitting that the Brazilian people should honor the memory of the Portuguese Monarch, King Dom João VI, by celebrating the centennial of the important event brought about by his royal command".

Ao constatar a inexistência de uma sociedade sufragista no país, Marie faz oportunos comentários sobre o incipiente feminismo no Brasil, afirmando que, muito embora as mulheres tivessem um pouco mais de liberdade, o movimento continuava a ser pouco agressivo. De fato, só em 1934, as mulheres brasileiras conseguiram exercer o direito de votar e serem votadas, graças, principalmente, ao obstinado empenho de Berta Lutz, filha do cientista Adolfo Lutz. O comentário da autora era pertinente.

Com o título *As ruas são embelezadas por numerosas árvores frondosas*, Ernani Silva Bruno registra em *Memória da Cidade de São Paulo, Depoimentos de moradores e visitantes/ 1553 – 1958*, texto do referido livro, *The New Brasil*, no qual Marie descreve São Paulo como: "(...) florescente centro comercial e educacional, com uma população de 250 000 habitantes. O governo municipal apresenta características avançadas e progressistas, reveladas por métodos liberais que se manifestam em todos os detalhes da administração". "(...) A maior parte da cidade é de construção moderna, com ruas largas e bem pavimentadas, cruzando-se em ângulos retos; quarteirões com belos edifícios comerciais, palacetes, colégios circundados por belos jardins gramados e *cottages* aninhados sob frondosas árvores". "(...) O principal ponto de atração de todos os visitantes da cidade é o Ipiranga, o magnífico monumento erigido em 1885 no lugar onde foi proclamada a independência do Brasil em 1822. (...) O Museu do Ipiranga possui tesouros de grande interesse histórico e científico; valiosas e curiosas relíquias e também algumas das melhores pinturas de artistas brasileiros. (...) Outros modernos melhoramentos que satisfazem as necessidades dos moradores são: os benefícios da luz elétrica e do gás, um ótimo serviço de águas e de drenagem e os serviços telefônicos, telegráfico e postal".

O livro comemora o centenário da abertura dos portos brasileiros ao comércio do mundo. A respeito desse fato, assim se expressa a autora: "Sinto que é uma honra e um privilégio escrever o livro oficial comemorativo da Exposição Nacional de 1908, na celebração do centenário da abertura dos portos ao comércio mundial, e alegro-me com o sucesso da magnífica exposição das indústrias nacionais, tão artisticamente apresentada nos belos palácios e pavilhões da Praia Vermelha".

The National Geographic Magazine

Marie Robinson Wright destacou-se por ter sido a primeira mulher a publicar artigo na revista *The National Geographic Magazine*, fato raro na época. Trata-se de "The Falls of Iguazu": "No coração da América do Sul, no lugar em que três repúblicas se encontram, Brasil, Argentina e Paraguai, a Natureza escolheu o lugar para uma obra-prima de grandeza cênica, que só pode ser comparada à poderosa Niagara em majestade, sendo considerada por alguns dos viajantes que a conheceram, como ainda maior do que a contraparte norte-americana". Tinha empenho de salientar o lado bom dos povos e dos países que visitou.

Marie Robinson Wright no IHGSP

Consta no volume XIX da "Revista do Instituto Histórico e Geográfico de São Paulo", que Marie pertenceu ao grêmio "graças ao interesse que sempre manifestou pelos países sul-americanos e ao seu livro *The New Brasil*. Escreveu muito e viajou não menos. (...) Colaborou no *New York World* e no *Illustrated Statfford*, viajou a América do Sul, atravessou por vezes os Andes e escreveu coisas assaz interessantes a propósito do Brasil, da Argentina, do Peru e do México. Foi uma escritora, senhora de grande renome e *globetrotter* infatigável".

Marie Robinson Wright morreu aos 47 anos. Elogio póstumo foi pronunciado por Francisco Morato na sessão solene de 1º de novembro de 1914, data em que o presidente do Instituto Dr. Luiz de Toledo Piza e Almeida, comunicou que o Instituto acabara de perder um dos nomes que abrilhantavam o quadro dos seus sócios honorários, pois, dos Estados Unidos da América do Norte, o telégrafo transmitiu a infausta notícia do falecimento de *Miss* Marie Robinson Wright, a quem se devia o interessante livro *The New Brasil*.

Obras raras em edições belíssimas, os livros da autora encontram-se nas bibliotecas do Museu Paulista, do Instituto de Estudos Brasileiros, Universidade de São Paulo e na Biblioteca Municipal Mário de Andrade.

O Instituto Histórico e Geográfico de São Paulo possui um exemplar do livro *The New Brasil*, segunda edição revista e ampliada, onde se lê: "À Biblioteca do Instituto Histórico e Geográfico de São Paulo oferece Manoel Rodrigues Ferreira. São Paulo, 8/3/1995".

O valor histórico e a beleza de suas publicações justificam plenamente o fato de Marie Robinson Wright ter sido a segunda mulher a tomar posse nesta Casa de Memória paulista, em 1901.

Bibliografia

Marie Robinson Wright. *Picturesque Mexico*, J.P. Lippincott Co., 1897.

_____. *The New Brazil, Its Resources and Attractions, Historical, Descriptive and Industrial*, second edition, revised and enlarged – Philadelphia, printed and published by George Barrie & Son. London: C.D. Cazenove & Son, Paris.

Marie Robinson Wright, *Republic of Chile*, George Barrie & Sons, London, 1904.

Marie Robinson Wright, "The falls of Iguazu". *National Geographic Magazine*, Aug., v. XVII, 1906. p. 456-460.

Marie Robinson Wright, *Peru, The Old and the New*. G. Barrie & Sons, Philadelphia, 1908.

Marie Robinson Wright, *Mexico, A History of Progress*. G. Barrie & Sons, Philadelphia, 1911.

Marie Robinson Wright, "The New Brazil", in: Ernani Silva Bruno. *Memória da cidade de São Paulo. Depoimento de moradores e visitantes*, 1553/1958. Série Registros 4, Publicação do Departamento do Patrimônio Histórico de São Paulo, 1981, p. 115-138.

Miriam L. Moreira Leite et al. *A mulher no Rio de Janeiro no século XIX, um índice de referências em livros de viajantes estrangeiros*. Fundação Carlos Chagas, São Paulo, 1982, p. 153 e 167, p. 20.

A Mensageira, Notas pequenas, Mistress Robinson Wright e Miss Hartman. v. II, n.33, 1899, p. 182-183.

Revista do Instituto Histórico e Geográfico de São Paulo. Falecimento de Marie Robinson Wright. Voto de pesar, em 23/3/1914. Necrológio por Francisco Morato, v.19, 1914, p.1171 e 1143.

Registro IHGSP

Falecimento de Mary Robinson Wright. Voto de pesar em 23 de março de 1952. Necrológio por Francisco Morato, v. 19, 1143.

Mary Robinson Wright,
Sócia honorária, 20 de julho de 1901.

Registro Histórico
Fotos publicadas no Livro *The New Brasil*

A cachoeira de Iguassu. Foto publicada no livro *The New Brazil* de Marie Robinson Wright, 1907.

Largo do Palácio. Foto publicada no livro *The New Brazil* de Marie Robinson Wright, 1907.

Contribuição de Maria Elisa Byington

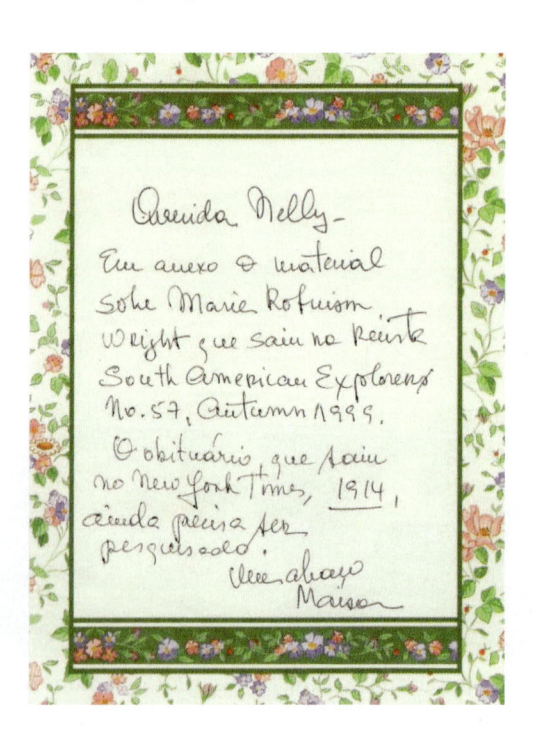

South American Explorers

Marie Robinson Wright

In late 1908, the Sucre daily *La Mañana* carried an advertisement for a new book:

¡Ojo! ¡Ya llegó! ¡Ojo!
Bolivia. Ya llegó esta importantísimo obra, escrita en inglés y español por el eminente escritor yanque—Marie Robinson Wright

No library should lack this book, the notice continued, which contained detailed information about the topography and customs of the furthest corners of the Republic.

Titled *Bolivia, the Central Highway of South America, a Land of Rich Resources and Varied Interest*, Wright's work surveyed the country's history, government, culture, mining, agriculture, and industry. It also included an account of her two-month journey into the hinterlands. The octavo volume, which sold for 25 Bolivianos, was lavishly illustrated with more than 300 photographic reproductions.

Wright was born in 1866 in Newnan, Georgia, to a wealthy plantation family. While still a teenager, she married Hinton P. Wright, a young justice on the Georgia Supreme Court. Wright had killed her brother in a "boyish quarrel," and her family disinherited her after the marriage. Widowed at the age of twenty, with two young children and no means of support, she embarked on a writing career with *Sunny South*, a literary weekly in Atlanta. A few years later, she moved to New York City and became a "special correspondent" for the *New York World*.

In the early 1890s, Wright began traveling to Latin America. What attracted her to the southern latitudes is unknown. Based on those trips, she wrote what proved to be a popular series of books, including *Picturesque Mexico* (1897), *The New Brazil* (1901) *The Republic of Chile* (1904), *Bolivia* (1907), and *The Old and New Peru* (1908), published in handsome, gilt-edged quarto editions by George Barrie & Sons in Philadelphia. She was also one of the first women to write for the *National Geographic Magazine* ("The Falls of Iguazú," August 1906).

Bolivia and Wright made a happy pair. "The magnificent scenery," she trilled, "the glorious climate, the absolute security with which one may travel unmolested from one end of the country to the other, and, above all, the gracious and kindly welcome received everywhere... inspire me with the desire to make better known both the land and its charming people." One observer said that Wright had "a gift of seeing the bright side of the peoples and countries she visited." Her effusive rhetoric notwithstanding, Wright was no dilettante. She made her way, by whatever means necessary, to the distant quarters of the lands she wrote about, logging a thousand miles by stagecoach, horse, and mule in Bolivia, and three thousand miles by mule in Mexico. Mexican President Díaz made her an honorary citizen.

Wright laced her books with hundreds of illustrations she had gathered from the studios of leading photographers. Her Peruvian volume opens with a full-page portrait of President José Pando and closes with the evocative image of a native weaver in Chulapo. In between are views of churches and museums, streets and bridges, guano islands and sugar plantations, trains and diligences, llamas and mules, deserts and jungles.

Wright died in 1914 in Liberty, NY, at age 47. In her obituary, the *New York Times* referred to her having made "a record trip across the Andes," without specifying what the record was. The *Bulletin of the Pan American Union* predicted that "Wright will be quoted long after much of the ephemeral literature of the day has been forgotten." It has not turned out that way. Her peripatetic exploits are virtually unknown today. But Wright's works are ardently sought by collectors of Latin American books, if not for her breezy prose, then certainly for the pictures.

CAPÍTULO 49

Amélia Machado Cavalcanti de Albuquerque

Viscondessa de Cavalcanti, Tela de Bonnat, 1889, Museu de Belas-Artes.

Amélia Machado Cavalcanti de Albuquerque, 1852–1946

> *O mistério alegre e triste*
> *de quem chega e parte.*
> Álvaro de Campos

Amélia Machado de Coelho e Castro nasceu no Rio de Janeiro, filha do Dr. Constantino Machado Coelho de Castro e de D. Mariana Barbosa de Assis Machado. Foi a sexta mulher a ingressar no Instituto Histórico e Geográfico de São Paulo, em 5 de agosto de 1905, após Marie Rennotte (1901), Mary Robinson Wright (1901), Júlia Lopes de Almeida (1902), Veridiana Valéria da Silva Prado (1902) e Ibrantina Cardona (1905).

Célebre por sua beleza e elegância, D. Amélia foi considerada uma das mais notáveis damas da corte no segundo reinado. Fato pitoresco, que lhe diz respeito, envolveu o nome de Pedro Luiz Pereira de Sousa, poeta, jornalista e político de muito prestígio no Rio de Janeiro. Conta-se que, numa recepção no Palácio Isabel, Pedro Luiz valsava com Amélia, futura Viscondessa de Cavalcanti, quando, inesperadamente, entrou no Salão Nobre o Imperador D. Pedro II. Na vertigem da valsa e encantado com sua parceira, Pedro Luiz fingiu não ter visto D. Pedro II, tendo acenado à orquestra para que continuasse a tocar, fato que não passou despercebido ao Imperador. Meses depois, o nome do jornalista e político foi lembrado para ocupar importante cargo, tendo sido imediatamente vetado pelo monarca com esta frase irônica: "Pedro Luiz é um homem que ainda valsa". Pedro Luiz era parente de Washington Luiz, último presidente da República Velha.

Amélia casou-se com o senador Diogo Velho Cavalcanti de Albuquerque (1829 – 1899), filho de Diogo Velho Cavalcanti de Albuquerque e de Angela Sophia Cavalcanti Pessoa. Bacharel em Direito pela Faculdade de Direito de Olinda, Diogo Velho foi deputado provincial, deputado geral, Senador do Império pelo Rio Grande do Norte e Ministro de Estado, tendo sido agraciado com várias comendas.

Pelos serviços prestados ao Império, por decreto imperial de 30 de maio de 1888, D. Pedro II concedeu-lhe o título de "Visconde com honras de grandeza". Os Viscondes de Cavalcanti, Diogo e Amélia, foram coproprietários do engenho Baixa Verde, Comarca de Nazaré da Mata, em Pernambuco. Parte de suas terras foram vendidas a "The Great Western Company of Brazil Ltda.", para construir a estrada de ferro Nazaré-Timbaúba.

"Tudo ajudava àquele casal para o sucesso social que o assinalava, desde a inteligência do futuro Visconde às finas graças e formosura de D. Amélia Cavalcanti... O grande fulgor do Salão da Viscondessa de Cavalcanti durou de 1875 a 1878, período em que seu marido foi Ministro, mas, depois disso, continuou a ser um dos mais elegantes centros da alta sociedade do Rio, às quintas e aos domingos".

Na fase final da Monarquia, em 1889, às vésperas da República, com o intuito de prestar homenagem à dedicação e lealdade de Diogo Velho, D. Pedro II nomeou-o Comissário do Brasil junto à Exposição Universal em Paris. Estabelecido o regime republicano, os Viscondes preferiram permanecer na França. O advento da República interrompeu, assim, a carreira de um homem de Estado que, aos cinquenta anos, já havia ocupado os mais importantes cargos político-administrativos no Brasil e que teve o mérito de jamais abandonar seu amigo, o Imperador destronado.

Ao adoecer, com grave prognóstico, o Visconde expressou o desejo de regressar ao Brasil, tendo falecido em Juiz de Fora, Minas Gerais, em junho de 1899. Pouco se disse dele na época, apenas algumas sentidas orações fúnebres por parte daqueles que tiveram o privilégio de privar de sua intimidade. Convinha à conspiração republicana e aos adeptos do sistema vigente apagar a memória do grande estadista da monarquia.

Viúva, a Viscondessa voltou para a França, onde residiu durante 26 anos.

Catálogo de Medalhas

Em 1889, a Viscondessa de Cavalcanti publicou no Rio de Janeiro, o *Catálogo das Medalhas Brasileiras e das Estrangeiras Referentes ao Brasil*, de sua coleção particular. Foram impressos 25 exemplares, 5 em papel de Japão e 20 em papel de Holanda. Essa rara publicação descreve 115 medalhas, cujas datas vão de 1596 a 1888.

Em 1910, segunda edição aumentada e ilustrada, com tiragem de 100 exemplares, foi publicada em Paris. Nela, descrevem-se 294 medalhas, com datas de 1596 a 1903, incluindo-se o período do Brasil República. Lê-se na segunda edição:

> "Les médailles ne sont pas seulement des objects d'art, ce sont aussides monuments historiques. Les événements y sont marqués plus sûrement que dans les

livres, et leur témoignage, sans être irrécusable, est plus naif et plus authentique, plus sûr que celui de l'histoire parce qu'il ne faut qu'un instant et un trait de plume pour écrire une erreur ou un mensonge, tandis qu´íl en coûte tant de peines et de jours pour les modeler et les fondre, encore pour les graver! Chaque medaille est un abrégé de la petite histoire écrite en marge de la grande, et qui est celle des individualités marquantes dont les traits sont désormais transmis à la posterité par la main du sculpteur ou du graveur (Charles Blanc)".

As medalhas estão descritas em termos dos seguintes períodos históricos: Brasil Colonial, Ocupação Holandesa; Brasil Colonial, Domínio Português; Brasil Império, Primeiro Reinado – D. Pedro I; Segundo Reinado – D. Pedro II; O Brasil República, que está incluído na segunda edição. Algumas das classificações apresentam subtítulos temáticos.

As medalhas da coleção

É interessante mencionar as duas medalhas mais antigas da coleção da Viscondessa. Referem-se ao Brasil Colonial durante a ocupação holandesa e foram cunhadas no ano de 1596. Trata-se da *Sidere Proficiant Dextro Neptunia Regna*, a qual diz respeito às expedições comerciais dos holandeses. Em guerra contra o rei da Espanha e Portugal, organizou-se uma expedição marítima à América portuguesa para fazer um carregamento de pau-brasil, com conivência de portugueses da Colônia, que desconsideraram, assim, as severas ordens do Reino. Nesse mesmo ano, a *Nunc Spe Nunc Metu* comemorou a esquipação da primeira frota holandesa destinada ao Brasil.

A Viscondessa possuía, também, a primeira medalha referente ao Brasil Colonial, sob domínio português. Trata-se da "René Duguay-Trouin", cujo nome relaciona-se à história do Brasil, pela expedição realizada ao Rio de Janeiro. Perpetua a memória de sete naus de guerra, oito fragatas e dos 5 684 homens que conquistaram a cidade em 1711.

Medalhas sobre Portugal começaram a surgir a partir de 1800. No Catálogo, em nota de rodapé, menciona-se o nome de Zeferino Ferrez, primeira pessoa a introduzir a gravura de medalhas no Brasil, em 1820.

A propósito dos catálogos publicados pela Viscondessa, no volume XV da *Revista do Instituto Histórico e Geográfico de São Paulo*, 1910, p. 455, lê-se: "A Exma. Sra. Viscondessa de Cavalcanti ofereceu sua obra em dois volumes sob o título *Catálogo de Medalhas Brasileiras...*". Infelizmente, os dois volumes oferecidos pela Viscondessa ao Instituto não foram encontrados pela autora deste artigo.

Museu Mariano Procópio

O Museu Mariano Procópio, em Juiz de Fora, o primeiro a ser criado em Minas Gerais, marco de pioneirismo da cidade, é obra de Alfredo Ferreira Lage (1865-1944). Primo de Amélia Cavalcanti, Alfredo era filho de Mariano Procópio Ferreira Lage, construtor da primeira estrada de rodagem macadamizada no Brasil, no período de 1856 a 1861, a qual ligava Juiz de Fora a Petrópolis.

Nesse museu, a Sala da Viscondessa de Cavalcanti possui 95 peças. Da coleção doada, fazem parte moedas greco-romanas com a efígie do imperador Júlio César e raros exemplares de medalhas cunhadas na Europa, referentes à ocupação holandesa na Bahia, em 1624, e em Pernambuco em 1631. Os principais acontecimentos no Brasil – com destaque para os períodos colonial e imperial – estão retratados em moedas e medalhas, cunhadas em ouro, prata e bronze, nessa magnífica coleção. São peças referentes à aclamação de D. João VI, rei de Portugal, Brasil e Algarves (1820), à chegada de Dona Leopoldina, arquiduquesa da Áustria, ao Brasil (1817), e à coroação de D. Pedro II (1841).

Viscondessa de Cavalcanti

Além das medalhas que pertenceram à Viscondessa, encontra-se na sala curioso objeto pessoal. Trata-se de um leque, de madeira e papel, com 102 cm de abertura por 35 cm de raio, contendo 69 mensagens escritas por personalidades brasileiras e estrangeiras durante período de 55 anos. O primeiro a assinar esse leque foi D. Pedro II, em 1890. Nele se encontram mensagens da Princesa Isabel, de Tommaso Salvini, Carlos Gomes, Alberto Santos Dumond, Alexandre Dumas Filho, Machado de Assis, Eça de Queiroz, Getúlio Vargas e outros. A Viscondessa assinou seu leque em 1945, um ano antes de sua morte. Devidamente protegido, o leque permite observar assinaturas em ambos os lados.

Museu Nacional de Belas-Artes

O riquíssimo acervo do Museu Nacional de Belas-Artes originou-se da pequena coleção de 54 telas, trazidas para o Brasil pela Missão Artística Francesa, em 1816, às quais logo se acrescentaram obras de propriedade do D. João VI. A coleção compõem-se primordialmente de pinturas brasileiras do século XIX e início do século XX, muito embora haja, também, uma pequena, mas representativa, coleção de pintura estrangeira, com quadros da Escola Barroca italiana e telas de Eugène Boudin.

O conjunto de pintura brasileira reúne obras de Rodolfo Amoedo, Antonio da Silva Parreiras, Víctor Meireles, Henrique Bernardelli, Eliseu Visconti, Dario Vilares Barbosa, João Zeferino da Costa, Pedro Américo, Décio Vilares e Almeida Júnior. Aí se encontram obras-primas, como *O Último Tamoio*, de Amoedo, *Primeira Missa no Brasil* e *Batalha de Guararapes*, de Meireles, *Maternidade*, de Bernardelli, *Gioventù*, de Visconti, *Óbulo da Viúva*, de João Zeferino da Costa, e *A Batalha do Avaí*, de Pedro Américo. Nesse museu, encontra-se o retrato da Viscondessa de Cavalcanti, pintado por Léon Bonnat (1833 – 1922), em 1889, e doado no ano de 1926.

O Instituto Histórico e Geográfico Paraíbano possui retratos a óleo da Viscondessa de Cavalcanti e de seu marido, ambos da autoria de Labatut, os quais haviam pertencido anteriormente à D. Virgínia Cavalcanti de Albuquerque, irmã do Visconde.

Este breve relato mostra alguns fatos relevantes da vida de Amélia Machado de Coelho e Castro, cuja presença marcou profundamente a sociedade brasileira pelo seu vivíssimo talento, por sua beleza e generosidade. Estrela que não se apaga, a Viscondessa de Cavalcanti merece ser lembrada pelo muito que fez pela cultura de nosso País.

> *A Sra. Viscondessa de Cavalcanti não cedeu nunca*
> *de seu império de distinção, elegância e formosura.*
> *E, ainda hoje, é pena que apareça tão pouco,*
> *porque reinaria ainda.*
> Wanderley Pinho, 1942

Bibliografia

Barata, Almeida C. E. de; Cunha Bueno, A.H. *Dicionário das Famílias Brasileiras*, Ibero América, s.d.

Blake, A. V. Alves Sacramento. *Dicionário Bibliográfico Brasileiro*. Edição do Conselho Federal de Cultura. Guanabara, 1970.

Catálogo das medalhas brazileiras e das estrangeiras referentes ao Brazil, da colleção numismática pertencente à Viscondessa de Cavalcanti. 2ª edição augmentada e illustrada, Pariz, 1910.

Collecção Numismática Brazílica pertencente à Viscondessa de Cavalcanti. *Catálogo das medalhas brazileiras e das estrangeiras referentes ao Brazil*, 1889.

Pinho, W. *Salões e damas do segundo reinado*. Com desenhos de J. Wasth Rodrigues. Livraria Martins Editora, São Paulo, 1942.

Revista do Instituto Histórico e Geográfico de São Paulo, v. X, p. 588, 1905.

Revista do Instituto Histórico e Geográfico de São Paulo, v. XV, p. 455, 1910.

Taunay, Affonso de E. *O Senado do Império*. Senado Federal, DF, 1978.

Veiga Júnior, J. "Os Viscondes de Cavalcanti", *Revista do Instituto Histórico e Geográfico Paraíbano*. Palestra realizada em sessão de 22 de agosto 1937, p. 85- 92.

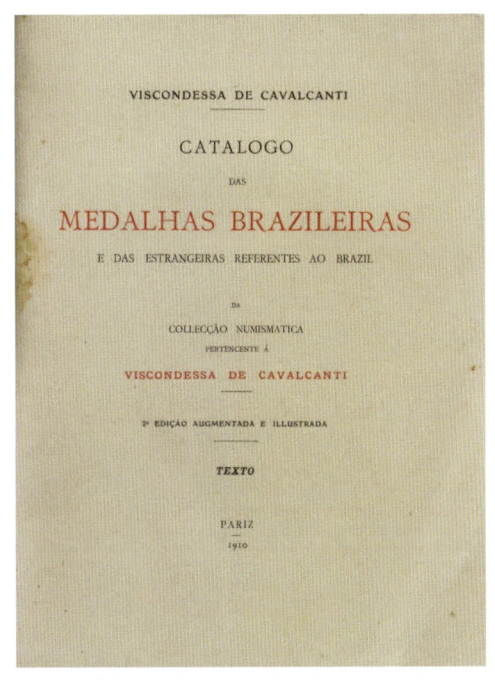

Capa do Catálogo das Medalhas Brazileiras.

CAPÍTULO
• 50 •

Olívia Guedes Penteado
e a Revolução de 32

Olívia Guedes Penteado e a Revolução de 32[1]

> *O que me extasiava era a sua disposição,*
> *a sua coragem, a sua alegria,*
> *sua simplicidade de alma,*
> *seu amor pelo próximo, sua fé no Brasil.*
> Prof. Goffredo da Silva Telles Jr.

Dona Olívia Guedes Penteado nasceu em Campinas, no Largo da Matriz Velha, em 12 de março de 1872. Era filha dos Barões de Pirapitinguy, José Guedes de Souza, poderoso fazendeiro de café no Município de Mogi-Mirim, e de Dona Carolina Leopoldina de Almeida e Souza. Genuinamente paulista, sua ancestralidade teve origem em Fernão Dias Pais Leme por sucessão direta. A família liga-se também a Amador Bueno, a Tibiriçá, o cacique de Piratininga, e a João Ramalho. Dona Olívia passou a infância na propriedade paterna, na Fazenda da Barra, em Mogi-Mirim, tendo estudado em casa com professores particulares e, durante algum tempo, no Colégio Bojanas. Posteriormente, a família transferiu-se para São Paulo, passando a residir na rua Ipiranga, tornando-se o Barão de Pirapitinguy grande proprietário e capitalista. Aos dezesseis anos, casou-se com seu primo, Ignácio Penteado, do ramo dos Penteados de Campinas, que acabara de regressar da Europa, onde permanecera por vários anos em viagens de lazer e estudo.

Dona Olívia ingressou no Instituto Histórico e Geográfico de São Paulo em 6 de maio de 1932, poucos dias antes de eclodir a Revolução Constitucionalista, tendo sido a décima mulher a tomar posse nessa entidade: "o Sr. Presidente acentuou o brilho e a imponência daquela noite, por motivo da posse de três ilustres representantes da intelectualidade feminina paulista – Olívia Guedes Penteado, Ana de Queiroz Teles Tibiriçá e Maria Xavier da Silveira".

---

[1] Artigo publicado no Boletim da Academia Paulista de História, Ano XV-Nº 108, 2003.

Dona Olívia em 1932

Preocupada com as condições das viúvas e órfãos de voluntários, Dona Olívia trabalhou intensamente durante a Revolução de 1932, acompanhada por Carlota Pereira de Queiroz. Graças à sua articulação e à de Pérola Byington, viria a ser a primeira deputada federal no Brasil. Prefeito de São Paulo durante esse período, seu genro, Goffredo da Silva Telles, assim se referiu à atuação de Dona Olívia no período da Revolução Constitucionalista:

"Durante o movimento constitucionalista de 1932, a sua esclarecida vontade e a imperturbável serenidade de ânimo que era o traço mais forte de sua personalidade, desempenharam importante papel: ela colaborou ativamente no trabalho de todas as senhoras paulistas em prol da causa que São Paulo defendia. Não poupou esforços nem sacrifícios. Tomou parte em todas as iniciativas femininas tendentes a minorar o sofrimento dos que combatiam, socorrendo as famílias que aqui haviam ficado e animando com sua confiança aos combatentes que embarcavam para a frente de combate. Mais tarde, findo o movimento, quando todos os paulistas se uniram pelo bem de São Paulo, para sufragar nas urnas aqueles que deviam ser os portadores de seu pensamento e da sua vontade na Assembleia Constituinte, ela continuava, com a mesma serenidade, no seu novo posto de animadora cívica, trabalhando nas primeiras linhas de Chapa Única. Mas a energia batalhadora do seu coração não ultrapassou a luta. Saiu dela sem ressentimentos nem ódio. Voltou a ser aquela que tinha sido a vida inteira, sorridente e acolhedora, esquecida dos adversários da época".

Diz seu neto, Goffredo da Silva Telles Jr.:

"Aqui lembrarei apenas que os ideais aparentes do movimento empolgaram a população – e que Olívia Penteado se empenhou em servi-los, de corpo e alma. Durante todo o tempo da luta, que foi um tempo heroico, de sacrifícios e de privações, ela assumiu o cargo de Diretora do Departamento de Assistência Civil. Sem qualquer hesitação, doou joias valiosas, na 'Campanha de Ouro para o Brasil', destinada a reforçar os fundos necessários à manutenção das frentes de combate. Depois, no ano seguinte, nas eleições gerais de 1933, minha avó lançou e apadrinhou a candidatura de Carlota Pereira de Queiroz, médica, à Assembleia Nacional Constituinte e ao Congresso Nacional. Doutora Carlota foi a primeira mulher a ser deputada federal no Brasil".

Para que não se esqueça, parece-nos interessante reproduzir parte da oração proferida por Dona Olívia Guedes Penteado durante a Revolução Constitucionalista.

Às Mulheres Brasileiras

"(...) Não há terra como o nosso Brasil. Nós paulistas o sabemos. E, portanto, quando tomamos armas contra os opressores de nossa terra, sabemos e sentimos que não estamos dando combate a nossa pátria. Longe de nós ter qualquer rancor contra os nossos irmãos dos outros Estados. A luta que travamos é contra a opressão, contra o erro, contra o crime. (...) Quem se bate pelo regime da justiça, da liberdade e do direito, será sempre apontado na história da nossa terra, como o defensor da verdadeira, da suprema causa da nacionalidade. Esta causa – vós já sabeis – é a causa da Lei. Temos a certeza de que nossos filhos, que ora seguem frementes de entusiasmo sagrado, poderão em breve, ó brasileiras de todos os Estados, abraçar os vossos filhos, que, também constitucionalistas, os esperam com a mesma vibração, a fim de que, juntos, irmãos e brasileiros, possam gritar a quarenta milhões de brasileiros – Tendes agora a Lei! Viva o Brasil!".

A morte de Dona Olívia

Dona Olívia faleceu em 9 de junho de 1934, vítima de apendicite, após um mês de sofrimento. Assistida por sua amiga Carlota Pereira de Queiroz e por Aluysio de Castro, médico vindo especialmente do Rio de Janeiro para acompanhá-la, e que assim se expressou a respeito da sua morte:

"Há sempre no fim de uma grande vida um grande exemplo. Os que assistiram à Dona Olívia Penteado, nas suas derradeiras horas, puderam contemplar, na fortaleza e na candura do seu ânimo, alguma coisa grandiosa, como quando a graça divina se reverbera na expressão humana".

Seu esquife foi carregado em mãos de acompanhantes, que o levaram pelas ruas de São Paulo. "Constitui uma tocante e expressiva consagração a homenagem que S. Paulo prestou, na tarde de anteontem, à memória de D. Olívia Guedes Penteado, por ocasião de seu sepultamento" (*O Estado de São Paulo*, 12 de junho de 1934, Falecimentos).

Recorda Goffredo da Silva Telles Jr:

"Havia uma silenciosa multidão na nossa rua, diante de nossa casa. Quando saímos com o caixão e o entregamos aos bombeiros, para que eles o colocassem lá em cima, no carro, sentimos um movimento do povo, uma aproximação compacta de gente, em torno de nós. (...) E então vimos o total inesperado. O povo silenciosamente se assenhorou do esquife embandeirado. Homens desconhecidos, segurando as alças do féretro, puseram-se a caminho. E o levaram, na força de seus braços, pelas ruas de São Paulo, até a sepultura distante, no Cemitério da Consolação. A multidão anônima seguiu atrás. E dispersou ao fim do enterro. Que povo era aquele? Eu não sei; ninguém sabe, nem saberá jamais".

Foi sepultada no Cemitério da Consolação, na Rua 35, túmulo 1, ao lado do marido. O túmulo é encimado por escultura de Brecheret, "A descida da Cruz", obra adquirida por ela em Paris, no Salão do Outono, em 1923. Logo após a sua morte, Guilherme de Almeida, na Seção que mantinha em *O Estado de São Paulo*, fez-lhe sentida homenagem:

> *"(...) Dona Olívia era o poema da vida. A ideia da vida, o ritmo da vida e a beleza da vida entrelaçavam-se, nela, tão essencialmente bem, que ela impunha a vida, como um poema impõe a verdade que defende, por menos verdadeira que seja essa verdade. (...) Ela apenas encontrou, no seu aparente desaparecimento, uma nova forma de viver...".*
>
> Guy

Assim a relembrou Maria de Lourdes Teixeira:

> *"Essa figura nobilíssima de mulher, bela, fidalga e ultracivilizada, ficará em nossa história literária e artística como uma das inteligências precursoras que emergiram da sociedade 'ancien régime' para a compreensão de um Brasil novo construído por uma mentalidade nova".*

Dona Olívia foi mulher excepcional, cujo talento se reflete em vários momentos da atuação cívica e cultural na história do Brasil. Seu estilo de vida, provocando encontros e desencontros, abriu espaço comum a homens e mulheres de seu tempo, fazendo com que a igualdade dos direitos humanos e das oportunidades, pelas quais lutava discretamente, contribuíssem para diminuir a diferença das identidades que retardavam a emancipação feminina.

Jamais será esquecida porque lutou contra os preconceitos do seu tempo.

Foi uma *Mulher Paulista*!

Bibliografia

J. Rodrigues, "A mulher paulista no movimento pró-constituinte", E.G. *Revista dos Tribunais*, 1933.

O Estado de São Paulo/Domingo, 10 de julho de 1934/página 8/Falecimentos.

O Estado de São Paulo/terça-feira, 12 de junho de 1934/página 4/Falecimentos.

Almeida, Guilherme de /sob o pseudônimo de Guy/Dona Olívia/crônica/ *O Estado de São Paulo*/ Domingo, 10 de junho de 1934/página 2, *A sociedade*.

Dantas, Arruda, *Dona Olívia (Olívia Guedes Penteado)*, Sociedade Impressora Pannartz, São Paulo, 1975.

Dantas, Arruda, "Lembrança de Dona Olívia Guedes Penteado", *Jornal de São Paulo*, Suplemento "Literatura & Arte", n. 29, 5 de março de 1950.

No tempo dos modernistas; *D. Olívia Penteado, a Senhora das Artes*. Denise Mattar. Org. S. Paulo: FAAP – Fundação Armando Álvares Penteado, 2002.

Revista do Instituto Histórico e Geográfico de São Paulo, v. 38, p. 251, 1934. Olívia Guedes Penteado, Voto de pesar, por José Soares de Melo.

CAPÍTULO
• 51 •

Francisca Pereira Rodrigues

Francisca Pereira Rodrigues, 1896 – 1966

*Em prol de São Paulo maior, como parte
integrante de um Brasil mais feliz.*
Chiquinha Rodrigues

Professora, política, romancista e autora de livros infantis, Francisca Pereira Rodrigues, Chiquinha, como era conhecida, nasceu em Tatuí, São Paulo, em 4 de maio de 1896, filha de Maria de Barros Pereira e de Adauto Pereira. Diplomada pela Escola Normal de Itapetininga, exerceu o magistério na cidade de Itu.

Chiquinha viveu acontecimentos políticos da época, lutando pelos direitos de cidadania da mulher. Acompanhou de perto a árdua luta pelo voto feminino, tendo contribuído para atenuar dois desafios de seu tempo: o não acesso a serviços públicos e à vida política do país. Dedicou sua vida à emancipação das mulheres e à conquista dos direitos legais femininos.

Nas eleições suplementares de 1936, foi eleita deputada para a Assembleia Legislativa do Estado de São Paulo, cargo que exerceu até a decretação do Estado Novo, em novembro de 1937, ocasião em que os Legislativos foram fechados no Brasil. Em 1945, foi prefeita de Tatuí, a primeira e única mulher a ocupar esse cargo.

Bandeira Paulista de Alfabetização

Em março de 1933, Chiquinha Rodrigues fundou a Bandeira Paulista de Alfabetização, cujo papel teve impacto no sistema de ensino do Estado de São Paulo. Como presidente dessa entidade, fundou 3 859 escolas primárias, 15 escolas profissionais, 39 clubes agrícolas e 185 hortas escolares. Além disso, distribuiu 25 895 livros didáticos, 1 649 folhetos educativos sobre agricultura e higiene, e 389 objetos de utilidade escolar.

Em 1937, presidente da Bandeira Paulista de Alfabetização, distribuiu, em escolas rurais e grupos escolares, livros para leitura complementar, sementes de hortaliças e um decálogo sobre alimentação e higiene. Criou também a Sociedade Luís Pereira Barreto com o objetivo de difundir atividades educacionais.

Por ocasião da comemoração do IV Centenário da Cidade de São Paulo, em 1954, realizou o Congresso Interamericano de Educação de Base, promovido pela Bandeira Paulista de Alfabetização e pela Sociedade Luís Pereira Barreto, durante o qual apresentou tese com título *São Paulo dentro do Brasil*: "O presente volume é a expressão sincera de um agradecimento comovido do paulista de hoje aos brasileiros de sempre e aos estrangeiros aqui chegados, desde 1884 até agora, pelo trabalho intenso que, ao nosso lado, aqui desenvolveram com pertinácia e acerto, em prol de São Paulo maior, como parte integrante de um Brasil mais feliz". A convite de Ernesto de Sousa Campos, então presidente do Instituto contribuiu com o artigo *Ensino Primário em São Paulo*, publicado no livro *São Paulo em quatro séculos*, obra comemorativa organizada pelo Instituto Histórico e Geográfico de São Paulo, editada sob os auspícios da Comissão do IV Centenário da Cidade de São Paulo.

Participação na vida política

Em 30 de junho de 1932, comissão de mulheres foi recebida pelo presidente Getúlio Vargas no Palácio do Catete para entrega de memorial com mais de 5 000 assinaturas. Pleiteava-se a indicação da líder feminista Bertha Lutz para compor comissão com o objetivo de elaborar o anteprojeto da nova Constituição Brasileira. Uma semana depois, eclodiu em São Paulo a Revolução Constitucionalista.

Três semanas após o fim das hostilidades, em outubro de 1932, Getúlio Vargas criou uma comissão de anteprojeto, composta por 23 componentes, nomeando Bertha Lutz e Nathércia da Cunha Silveira.

O alistamento eleitoral foi realizado no Brasil inteiro. Em maio de 1933, na eleição para a Assembleia Nacional Constituinte, e pela primeira vez em âmbito nacional, a mulher brasileira passou a ter direto de votar e ser votada. A médica paulista Carlota Pereira de Queiroz foi eleita, tornando-se a primeira deputada brasileira. Nessa mesma legislatura, tomaria posse a bióloga e advogada Bertha Lutz, segunda deputada e segunda mulher a ingressar nos quadros do serviço público no País. Além delas, também, Almerinda Farias Gama, representante classista, foi indicada pelo Sindicato dos Datilógrafos e Taquígrafos e pela Federação do Trabalho do Distrito Federal para a Câmara Federal.

No ano de 1934, realizaram-se eleições no país. Na cidade de São João dos Patos no Maranhão, Joanna da Rocha Santos, do PSD, foi eleita prefeita do município. Para Assembleias Legislativas, as mulheres obtiveram êxito em vários Estados da federação. Em Santa Catarina, a professora Antonietta de Barros tornou-se a primeira mulher deputada no Estado e a primeira negra a assumir o cargo no Brasil. Em Alagoas, foi eleita a médica Lili Lages; na Bahia, a advogada Maria Luíza Bittencourt; e no Rio Grande do Norte, Maria do Céu Pereira Fernandes. Em São Paulo, foram eleitas Chiquinha Rodrigues, Maria Thereza Nogueira de Azevedo, diretora da Associação Cívica Feminina, e Maria Thereza Silveira de Barros Camargo.

Contudo, o período democrático foi efêmero. Em 10 de novembro de 1937, o Estado Novo extinguiu o Poder Legislativo por quase dez anos. Não obstante, dera-se grande passo em direção à emancipação das mulheres brasileiras.

A Ponte do Funil

Cabem aqui comentários sobre a inauguração da Ponte do Funil na qual muitos políticos paulistas estiveram presentes e, entre eles, a deputada Chiquinha Rodrigues. A construção de uma ponte sobre o rio Piracicaba, que ligasse os municípios de Santa Bárbara e de Limeira, para facilitar a comunicação e relações de comércio entre as duas cidades, constituía de longa data aspiração do povo de Santa Bárbara.

Em 1909, a Câmara Municipal da cidade expressou ao Governo Albuquerque Lins o desejo de construir ponte denominada de Ponte do Funil, solicitando ao Congresso Estadual verbas financeiras para a construção. No orçamento do Estado de 1910, consignou-se a quantia de 20:000$000 para construção de ponte sobre o rio Piracicaba. Contudo, as circunstâncias fizeram com que esta só fosse inaugurada em 1937, 27 anos depois do início da reivindicação.

A deputada Chiquinha Rodrigues fez parte da comitiva presente na data da inauguração. O jornal *O Constitucionalista de Santa Bárbara* (S. Paulo), Ano I, de 18 de julho de 1937, fez reportagem sobre a inauguração da Ponte do Funil: "recepção aos secretários do governo e altas autoridades, coquetel na Usina Santa Bárbara, visita à grande estabelecimento industrial; inauguração do Clube de Trabalho, da Escola de Aradores e da Ponte do Funil. Além disso, churrasco na Ilha da Amizade; desfile, banquete na Usina Santa Bárbara e um baile no Clube Barbarense. Tudo isso em regozijo pela realização do grande melhoramento desejado pelas populações de Santa Bárbara e de Limeira – inauguração oficial da Ponte do Funil. Julgava-se que a Ponte do Funil contribuiria para estreitar vínculos de amizade e de cooperação recíproca entre duas cidades vizinhas: "A nossa terra viveu um dos seus grandes dias; o auspicioso acontecimento foi celebrado com grandes festas e, de todas as cidades vizinhas, grande foi o número de pessoas que afluíram a esta cidade para assistirem aos festejos e para abrilhantá-los com a sua presença". A respeito da recepção, lê-se no referido jornal: "A fim de participar das festas, partiu da capital, em carros especiais, ligados ao trem das 7 horas e 5 minutos, uma comitiva oficial do governo do Estado, da qual faziam parte os Srs. Drs. Ranulpho Pinheiro Lima, Secretário da Viação e interino da Agricultura, e seu oficial de gabinete Sr. Luciano Nogueira Filho; Cantídio de Moura Campos, Secretário da Educação, e seu oficial de gabinete Aluízio Lopes de Oliveira; Cesário Coimbra, Presidente do Instituto de Café; Francisco Machado de Campos, presidente da Câmara Municipal; Márcio Martins Ferreira, representando o Sr. Sylvio Portugal, Secretário da Justiça; deputados Francisca Rodrigues e Elias Machado; engenheiro Antonio Prudente de Moraes, Presidente do Instituto de Engenharia; Domício Pacheco e Silva, diretor do Departamento das Municipalidades e Sra. (...) Falou também sobre o ato o prof. Antonio Fernandes Gonçalves, em nome da população da margem direita do rio Piracicaba, beneficiada por aquele grande melhoramento. Os Srs. Prefeitos de Santa Bárbara e Limeira, então, cumprimentaram-se cordialmente em nome das populações das suas cidades".

O nome de Chiquinha Rodrigues foi mencionado pela imprensa a propósito do festejo na Ilha da Amizade nesse dia. Na Ilha da Amizade, a cerca de 50 metros da ponte, realizou-se churrasco oferecido à comitiva oficial pelas municipalidades de Santa Bárbara e de Limeira. Em local aprazível, foram servidos churrasco, peixes, chope e refrescos, em atmosfera de grande cordialidade. Nessa ocasião, saudaram os membros do governo, em nome do município de Santa Bárbara, os Srs. Carlos Steagall e o prefeito Plácido Ferreira. Coube à deputada Chiquinha Rodrigues agradecer as saudações recebidas e fazer brinde de honra ao governador Cardoso de Mello Netto e ao Dr. Armando Salles de Oliveira.

O Funil da Ponte

A Ponte do Funil ou o Funil da Ponte? Vale ressaltar esse efêmero episódio, típico de acontecimentos políticos, pelo que veio a acontecer com a tão festejada Ponte do Funil, mais tarde ironicamente denominada pela imprensa local como o Funil da Ponte. Em reportagem de Virgílio Pinto, publicada no *Jornal D'Oeste*, Ano XXXI, Santa Bárbara d'Oeste, 22 de Março de 1980, lê-se:

"Será que as autoridades responsáveis não pensaram no alargamento daquela ponte? Será que o 'funil da ponte' vai ser um problema sem solução? (...). O que está no Rio Piracicaba não se pode chamar de ponte, mas pinguela.

(...) Hoje aquele local, ou aquela coisa, não deveria ser identificado como Ponte do Funil, mas como funil da ponte, visto que a estrada se estreita em ambos os lados do rio, o que, por essa razão, já mandou gente... para outro lado da vida, com passe sem retorno".

"O fato é que, hoje em dia, as más condições da tão festejada Ponte do Funil não refletem as palavras de um dos membros da comitiva política por ocasião de sua inauguração no ano de 1937: 'trabalhemos todos, paulistas! – para que hoje, amanhã e depois possamos dizer orgulhosamente: Isto é São Paulo' ".

Publicações

Além da tese "São Paulo dentro do Brasil", Chiquinha Rodrigues publicou os livros: *Em marcha para a civilização rural*, S. Paulo, Imprensa Oficial, 1935; *Bandeira Paulista de Alfabetização*, S. Paulo, Imprensa Oficial, 1935; *Tendências Urbanistas da Nossa Civilização*, S. Paulo, Imprensa Oficial, 1936; *Primeiro Congresso Brasileiro de Ensino Rural*, 1937; *Pelo Caboclo do Brasil*, S. Paulo, Emp. Gráf. "Revista dos Tribunais", 1937; *O Braço Estrangeiro*, S. Paulo, Imprensa Oficial, 1938; *Antevisão de Jesuíta*, S. Paulo, Editora Edanee, 1939; *Confidências de Suzana*, romance, S. Paulo, Editora Edanee, 1939; *Grandes Brasileiros*, biografias, S. Paulo, Tip. Galena, 1939, 16 p.; *Primeiro Livro da Bandeira*, Edit. Maria Auxilium, 1940; *2º Livro da Bandeira – Vamos Conhecer as Riquezas do Brasil*, S. Paulo, Ed. "A Capital"; *Trajetória Luminosa, interpretação da Bíblia para crianças*, 36 p., ils. ; *Menina de Ouro*, literatura infantil, 1947; *Seu Pafúncio corre mundo*, 1947, 36 p., ils; *Dança das flores*, 1947, ils; *História e Brincadeira*, 1947; *Primavera em meu quarto*, 1947; *Álbum de Aquarelas "A"*, 1947; *Álbum de Aquarelas "B"*, 1947; *Carnaval de Flores "A"*, 1947; *Carnaval de Flores "B"*, 1947; *Horas Alegres*, 1947.

Presença no IHGSP

Chiquinha Rodrigues tomou posse no Instituto Histórico e Geográfico de São Paulo em março de 1941, a 17ª mulher a ingressar nessa entidade. Como consta no volume 29 da *Revista do Instituto*, à página 358, representou o Brasil no Congresso de Toponímia e Antroponímia em Bruxelas. O volume 45, p. 318, registra impressões da viagem aos Estados Unidos da América. No volume 46, p. 344, faz-se referência à apresentação sobre o tema "Missões educativas – ruralismo", realizada em 5 de junho de 1946.

Chiquinha faleceu no dia 10 de outubro de 1966, mas seus ideais permanecem vivos na memória da emancipação feminina. Viveu no futuro de seu tempo, enfrentando as disparidades jurídicas que impediam livre acesso à cidadania feminina. Não será esquecida.

Referências bibliográficas

Bittencourt, Adalzira. *A mulher paulista na história*. Rio de Janeiro, Livros de Portugal, 1954.

Dicionário Mulheres do Brasil: de 1500 até a atualidade – biográfico e ilustrado/ organizado por Schuma Schumaher, Érico Vital Brasil.– Rio de Janeiro, Jorge Zahar Ed., 2000.

Melo, Luís Correia de. *Dicionário de Autores Paulistas*. Comissão do IV Centenário da Cidade de São Paulo, São Paulo, 1954.

Revista do Instituto Histórico e Geográfico de São Paulo, volumes 29, 45 e 46.

Rodrigues. *São Paulo dentro do Brasil.*São Paulo-Brasil, 1554-1954.

Jornais consultados

O Constitucionalista (16/7/1937, 2/10/1937); *Jornal D'Oeste* (2/3/1980); *Todo Dia* (13/5/2003).

CAPÍTULO
• 52 •

Carolina Ribeiro

Carolina Ribeiro, 1892 – 1982

Nem todos os paulistas morreram em 32.
É preciso erguer de novo o penacho de São Paulo.

Carolina Ribeiro, uma estátua na Praça

Antes da proclamação de 1889, a Praça da República chamou-se Largo 7 de Abril e, anteriormente à abdicação de D. Pedro I, Largo dos Curros, por ali existir vasto campo utilizado para touradas. O edifício da Escola Normal, construído e inaugurado em 1894, projeto do engenheiro e arquiteto Francisco de Paula Ramos de Azevedo, passou a marcar a fisionomia da praça pela linguagem arquitetônica e pela função educacional. Situada na cidade nova sobre a Colina do Chá, entre 1902 e 1904, na gestão do prefeito Antonio Prado, a praça foi contemplada com projeto de paisagismo de Arsênio Puttemans e Antonio Etzel, transformando campo de terra batida num largo ajardinado com espécies vegetais ornamentais, pontes e espelhos d'água.

A praça conta com riquíssimo acervo de obras escultóricas que homenageiam educadores e políticos. Além de três esculturas ornamentais, outras dez esculturas se destacam: J. E. Macedo Soares, Caetano de Campos, Oscar Thompson, Luiz Lázaro Zamenhoff, Bernardino de Campos, Carolina Ribeiro, Cesário Motta, Carlos Gomes Cardim, R. S. Smith Baden Powel e Álvares de Azevedo. A estátua de Carolina Ribeiro localiza-se do lado esquerdo de quem está de frente para a antiga Escola Caetano de Campos.

Menina de Tatuí

Carolina Ribeiro nasceu em Tatuí, em janeiro de 1892, filha de José Dionísio Ribeiro e Ana Rosa de Oliveira Ribeiro. Foi alfabetizada aos cinco anos de idade numa escola isolada dessa cidade. Completou o primário e cursou a escola complementar na escola Modelo de Itapetininga, passando a exercer o magistério a partir de 1908, aos 16 anos.

Como educadora, participou de inúmeras atividades. Em 1939, assumiu a direção da Escola Normal Modelo da capital, cargo que exerceu até 1948, quando restabeleceu o antigo nome Escola Normal Caetano de Campos. Nesse período conseguiu que a escola se transformasse no Instituto de Educação, o maior centro de estudos do setor primário do Estado de São Paulo, "*célula-mãe* do movimento educacional". Depois de exercer importantes funções, assumiu a Secretaria da Educação do Estado de São Paulo.

No panorama do ensino brasileiro, foi nome de destaque e prestígio por mérito e tempo dedicado ao trabalho. Sua carreira abrangeu vários postos de ensino: professora primária, secundária, diretora de grupo, ginásio, escola normal, superintendente do Ensino Secundário, diretora do Serviço Social do Estado, chefe de um dos hospitais da Cruz Vermelha, chefe do Serviço de Assistência no MMDC, em 1932.

Carolina Ribeiro, cuja estátua passa despercebida no torvelinho de propostas visuais da praça, foi a primeira mulher a ocupar o cargo de Secretária de Estado da Educação de São Paulo, em 1955, aos 64 anos, a convite do governador Jânio Quadros. Nessa ocasião, criou Institutos Experimentais que revolucionaram profundamente os métodos de ensino primário no Brasil.

Sua vida de trabalho refletiu a máxima de que "quem olha para trás não caminha para a frente".

O ensino através da História

Por ocasião do Quarto Centenário da Fundação da Cidade de São Paulo, em 1954, Carolina Ribeiro foi a única mulher a colaborar no livro comemorativo publicado pela Prefeitura do Município de São Paulo, ao lado de outros ilustres membros do Instituto Histórico e Geográfico de São Paulo: Afonso de Taunay, Pe. Hélio Abranches Viotti, Sérgio Buarque de Holanda, Hélio Damante, Ernani Silva Bruno, Tito Lívio Ferreira, Alfredo Ellis Júnior, Ernesto de Souza Campos e Cel. Luís Tenório de Brito.

No texto "O ensino através da História", Carolina retrata tempos do Brasil Colonial até a criação da Escola Normal, cuja descrição apresenta de forma magistral: "Eis o ano de 1554, ressoando através dos tempos até nossos dias; são vozes inseguras de curumins, no planalto de Piratininga, a cantar e a rezar em coro, sob as toscas palhas, entre paredes de pau e barro, no apertado espaço de '14 passos por 10', na primeira escola de São Paulo, ali, onde nasceu, como um presepe humilde, a cidade megalópole que 'mais cresce no mundo'". Vozes infantis; e, entre elas, mais grave e firme, rege a melopeia, a do irmão José (...) de quem o Superior da Ordem escrevia: "Aí lhe mando o Irmão José, que por fraco e doente, de pouco vai servir à Companhia" projeta-se através dos séculos, por tradição oral – mais por devoção cordial – consagrado o Taumaturgo – pela gente de Piratininga; pois a razão tem razões que a História desconhece.

E mais adiante: "Sonhos somente são agradáveis como sonhos. E a realidade do ensino tem de ser realidade, social e estatística. (...) Rangel Pestana, o jornalista de pulso, traça rumos e focaliza a importância de uma grande Escola Normal, como base para a educação do povo. É a grande hora da renovação, e um grande nome se impõe para essa empresa: Caetano de Campos".

Em abril de 1973, na Sala de Sessões da Assembleia Legislativa, apresentou-se o Requerimento nº. 87, contendo a biografia da Professora Carolina Ribeiro, com os termos: "Requeremos, nos termos regimentais, a inserção, na Ata dos trabalhos desta Assembleia Legislativa, de um voto de congratulações com a emérita professora Carolina Ribeiro, presidente da Obra de Preservação dos Filhos de Tuberculosos; dando-se ciência da manifestação desta Casa à homenageada, à Liga do Professorado Católico de São Paulo, ao Movimento de Arregimentação Feminina e ao Clube Soroptimista de São Paulo".

Assinado: Dulce Salles Cunha Braga.

Oradora brilhante, foi organizadora e diretora da Escola Normal de São Paulo. De suas conferências, as mais notáveis são: "Deixa-me voltar ao meu trabalho", no Clube Piratininga de São Paulo, "São Paulo era assim", também no Clube Piratininga; "Para que Clube de Sociologia na Escola?"; "Coração de Jesus e Santa Margarida Maria"; "São Francisco de Salles e o seu tempo"; "A Mulher Funcionária"; "Uma casa – a mulher nas lutas pela vida"; "As vocações sacerdotais e a mulher"; "As missões no Brasil"; "Congresso Eucarístico Nacional"; "A Eucaristia e Maria Virgem Mãe"; "Uma biblioteca"; "A Liga das Senhoras Católicas"; "A liga do Professorado Católico"; "Porque me ufano de ser paulista"; "Esta Cruz"; "Poema – A História do Brasil". Editou: "Crônicas", "Discursos e Conferências" e "Parques Infantis".

Carolina Ribeiro foi membro do Instituto Histórico e Geográfico de São Paulo, onde ingressou como sócia honorária em 23 de maio de 1960. A respeito, assim se expressou Vinício Stein de Campos, na homenagem prestada, em 1982, por ocasião de seu falecimento: "A mestra admirável, educadora talhada nos moldes daquele nunca assaz louvado magistério paulista que mereceu em certa fase de nossa vida republicana, a qualificação de melhor e mais eficiente do Brasil, dirigiu em sua longa e brilhante atividade pedagógica o Instituto Caetano de Campos, escola modelar associada para sempre à sua imagem de educadora completa, de sólida formação profissional e cívica. Administradora de tirocínio atualizado e seguro, alma e motor da prestigiosa casa de ensino, que tão alto se alcandorou na história luminosa de nossas instituições escolares. Lembremo-nos ainda de sua não menos brilhante passagem pelo mais alto posto de ensino público paulista – a Secretaria de Estado dos Negócios da Educação".

O professor Almeida Magalhães, ao pronunciar-se sobre a inclusão de Dona Carolina Ribeiro no quadro social do Instituto, na categoria de honorária, lavrou em sua proposta o seguinte parecer: "personalidade por tantos títulos ilustres, a professora Dona Carolina Ribeiro colaborou com este Instituto nas comemorações da Revolução Constitucionalista, proferindo, então, conferência que, muito aplaudida, é trabalho que a torna credora desta casa. "Tratava-se da oração em que historiava a participação feminina na epopeia de 9 de julho e a que ela deu o título: *A Mulher Paulista em '32*.

Além de ter revolucionado o ensino primário e secundário no Brasil, foi uma das coordenadoras do Movimento das Mulheres em 1932, sendo por isso considerada mulher-símbolo de São Paulo. Serviu a causas nobres, vinculando-se à modernização e à construção da cidadania dos jovens, quando a identificação da mulher com atividades profissionais, que hoje parece tão natural, era alvo ainda de preconceitos e discussões. A ela, nossas homenagens.

Faleceu a eminente professora em abril de 1982, aos 90 anos de idade, tendo sido enterrada no Cemitério da Consolação. A missa de sétimo dia foi celebrada em abril na Igreja de Santa Cecília, onde se distribuiu cartão de falecimento:

> São Paulo, abril de 1982
> Carolina Ribeiro não nos deixou.
> Sua presença continua pelos exemplos de fé,
> civismo, ideal, dinamismo.
> O agradecimento sincero de sua família.

Bibliografia

Assembleia Legislativa do Estado de São Paulo, *Requerimento Nº. 87*, de 1973.

Bittencourt, Adalzira. *A Mulher Paulista na História*. Livros de Portugal, S.A.,1954.

Bruno, Hernani S. *História e Tradições de São Paulo*. Livraria José Olympio Editora, Rio de Janeiro, 1954.

Escobar, Miriam. *Esculturas no Espaço Público em São Paulo*. Vega Engenharia Ambiental, s.d.

Folha de São Paulo, Morreu, aos 90, a ex-secretária Carolina Ribeiro, 16 de Abril de 1982.

Gerodetti, J.A.; Cornejo, C. *Lembranças de São Paulo*. v.1, Studio Flash Produções Gráficas, 1999.

Martins, Antonio Egydio. *São Paulo Antigo*, 1554-1910. Paz e Terra, 2003.

Melo, Luís Correia de. *Dicionário de Autores Paulistas*. Comissão do IV Centenário da Cidade de São Paulo, São Paulo, 1954.

Michalany, D. *São Paulo no Limiar de seu Quinto Século*. Gráfica Editora, Michalany S.A.,1955.

Moura, Paulo Cursino de. São *Paulo de Outrora – Evocações da Metrópole*. Comp. Melhoramentos de São Paulo, São Paulo, s.d.

O Estado de São Paulo, Carolina Ribeiro, 20 de abril de 1982.

Porto, A. R. *História da Cidade de São Paulo, Através de Suas Ruas*. Carthago Editorial, São Paulo, 1996.

Ribeiro, Carolina. "A Mulher Paulista em 32", *Revista do Instituto Histórico e Geográfico*, LIX, p. 247 –75, 1962.

Revista do Instituto Histórico e Geográfico de São Paulo, v. 79, p. 239-40, 1984.

IV Centenário da Fundação da Cidade de São Paulo, Gráfica Municipal, São Paulo, 1954.

CAPÍTULO 53

Alice Piffer Canabrava

Alice Piffer Canabrava, 1911 – 2003

> *O homem, diferentemente de outros seres orgânicos, (...)*
> *cresce além do seu trabalho, sobe as escadas de seus conceitos*
> *e emerge na dianteira de suas realizações.*

Historiadora e economista, Alice Piffer Canabrava nasceu em Araras em outubro de 1911, onde fez estudos primários. Diplomou-se na Escola Normal Caetano de Campos, na Capital, tendo iniciado sua vida profissional, como professora, em escolas do interior de São Paulo. Ao regressar à Capital, em 1935, ingressou na Faculdade de Filosofia, Ciências e Letras da Universidade de São Paulo, doutorando-se em ciências em 1937.

Atividade profissional com base no *Diário Oficial*

Nomeada segunda assistente, em 1938, passou a exercer o cargo de primeira assistente da cadeira de História da Civilização Americana, na referida Faculdade, em 1942, período dedicado às pesquisas históricas, que resultaram no livro *História da Civilização Americana*. Em 1947, passou a exercer a função de Professora Catedrática da disciplina História Econômica Geral do Brasil.

Em 1951, prestou concurso na cátedra de História Econômica Geral do Brasil, da Faculdade de Ciências Econômicas e Administrativas, FEA, da Universidade de São Paulo, tendo defendido a tese *O desenvolvimento da cultura de algodão na Província de São Paulo: 1861-1875*. Foram membros da Comissão Julgadora os Profs. José Joaquim Cardoso de Mello Neto, Afonso d'Escragnole Taunay, Paul Hugon, Sérgio Buarque de Holanda e Theotônio Maurício Monteiro de Barros Filho. No mesmo ano, assumiu a função de Diretora da Faculdade de Ciências Econômicas e Administrativas, FEA, cargo que exerceu de 1954 até 1957, tendo, como antecessores no cargo, os professores José Reis, Ernesto de Moraes Leme e Breno Arruda.

Vale lembrar que, antes de 1959, a FEA/USP contava com apenas três catedráticos, nomeados em caráter efetivo mediante concurso de títulos e provas: Alice Canabrava, Mário Wagner Vieira da Cunha e Dorival Teixeira Vieira. Sua atividade na Universidade foi diversificada. Foi Chefe do Departamento de Ciências Culturais, de 1960 a 1969, tendo participado ativamente no Conselho Técnico-Administrativo e na Congregação de sua Escola. Participou do Conselho Universitário, de 1967 a 1970, assim como de Chefias e Conselhos de institutos e fundações. Foi Chefe do Conselho Deliberativo de 1966 a 1968.

Alice Canabrava foi membro do Instituto Histórico e Geográfico de São Paulo a partir de 1943. Sócia emérita, foi a 16ª mulher a ingressar na entidade. Foi fundadora e membro da Academia Paulista de História, onde tomou posse em dezembro de 1972, tendo ocupado a Cadeira 8, cujo patrono é João Antonio Andreoni. Pertenceu à Associação dos Geógrafos Brasileiros e à Associação Paulista de Estudos Históricos. Colaborou na *Revista do Arquivo Municipal*, no *Boletim da Faculdade de Filosofia, Ciências e Letras* e na *Revista do Instituto de Administração*.

Em 1940, participou do VII Congresso de Geografia e, em 1950, do 1º Seminário Internacional de Estudos Luso-Brasileiros, em Washington. Pertenceu à Associação Nacional dos Professores Universitários de História – ANPUH, atuando como Secretária Geral e presidente, no período de 1961 a 1981, criou e dirigiu a *Revista Brasileira de História*, em 1981.

Trabalhos publicados

Entre suas publicações, encontram-se: *O Comércio Português no Rio da Prata 1560-1640*, S. Paulo, Ed. Faculdade de Filosofia, 1944, tese de doutoramento; *A indústria de açúcar nas Ilhas Inglesas e Francesas do Mar das Antilhas, 1697/1755*, São Paulo, 1946, Tese de Livre-Docência; *Tendência da bibliografia sobre a história administrativa do município*, São Paulo, Ed. Instituto de Administração, 1947; *Fontes primárias para o estudo da moeda e crédito em São Paulo, no século XVI*, São Paulo, Ed. Instituto de Administração, 1948; *O Desenvolvimento da Cultura de Algodão na Província de São Paulo, 1861/75*, São Paulo, 1951; *Cultura e Opulência do Brasil por suas Drogas e Minas*. De João Antonio Andreoni (André João Antonil), *Introdução e Vocabulário*, São Paulo, Ed. Nacional, 1967; *Decadência e Riqueza*, RH, vol. 50 (100), 1974; *A evolução das posturas municipais de Sant'Ana de Parnaíba, 1829-1867*, e outros. Foi coautora na *História da Civilização Brasileira*, Tomos I e II, sob direção de Sérgio Buarque de Holanda, São Paulo, Difel, 1961 e 1971.

História da Faculdade de Economia e Administração

À emérita professora deve-se a obra *História da Faculdade de Economia e Administração da Universidade de São Paulo, 1946-1981*, constituída por dois volumes e 1061 páginas, publicação que coordenou e organizou, por ocasião da Comemoração do 35º Aniversário da FEA/USP e do Cinquentenário da USP, em 1984. Para sua elaboração, criou-se Comissão Especial, da qual Alice Canabrava fez parte, conjuntamente com os professores Laerte de Almeida Moraes, Antonio Peres Rodrigues Filho, Ruy Aguiar da Silva Leme, Luiz de Freitas Bueno, Milton Improta e Dorival Teixeira Vieira, "para colher dados e subsídios junto às fontes que forem julgadas necessárias, realizar entrevistas pessoais, pesquisas, etc., e tudo o que mais for útil à concretização de sua finalidade". Foi indicada como Coordenadora da Comissão pelo Prof. Dr. Sérgio de Iudícibul, Diretor da Faculdade de Economia e Administração, em carta de fevereiro de 1982.

Com o título *A Instituição*, no volume I, apresenta-se a perspectiva histórica da Faculdade de Economia e Administração, dos Institutos e Fundações, Unidades de Apoio e Entidades Associativas de Estudantes, incluindo-se, ao final, os Documentos Oficiais da Faculdade. Inclui-se nele artigo de Alice Canabrava, *As condições sociais, econômicas e políticas da Fundação* (p. 7-33). Na terceira parte do livro, às páginas 521-611, *As Publicações*, encontram-se artigos de sua autoria. No volume II, *Personalia*, apresentam-se quadros da administração acadêmica, corpo docente e discente, pesquisadores e corpo administrativo.

Alice, adeus

No dia 25 de agosto de 2000, estive com Alice em sua casa, na Rua Macapá, 29. Com ternura, disse-lhe que nossas vidas apresentavam dois pontos em comum. Ambas estivemos oficialmente envolvidas nas Comemorações do Cinquentenário da USP. Nessa ocasião, fui indicada pelo Diretor da Faculdade de Saúde Pública, Professor Oswaldo Paulo Forattini para escrever, como única autora, a *Memória Histórica da Faculdade de Saúde Pública da Universidade de São Paulo, 1918-1945* (Rev. Saúde Públ., S. Paulo, 18:2-60. Número Especial, 1984). Disse-lhe que, como ela, dediquei importante período da minha vida à Universidade de São Paulo, onde, durante 25 anos, trabalhei com paixão sem limites.

Senti, durante minha rápida visita, que Alice se encontrava distante deste mundo. Não conversou comigo. Não sei se entendeu o que lhe disse. Apenas sorriu e apertou minha mão. Recordo com emoção e saudade essa extraordinária mulher, cuja presença muito enaltece a Faculdade de Economia e Administração da Universidade de São Paulo, o Instituto Histórico e Geográfico de São Paulo e a Academia Paulista de História.

Foi uma professora com propostas difíceis e resultados obtidos. Alice não será esquecida. É uma honra tê-la conhecido. Seu nome será lembrado pelos relevantes trabalhos que prestou à Universidade de São Paulo, a serviço de causas nobres e sempre vitoriosas. Faleceu a eminente professora, na cidade de São Paulo, em fevereiro de 2003.

CAPÍTULO 54

A emancipação feminina no Brasil

No início do século XIX, prevalecia no Brasil a ideia de que a mulher deveria ser educada para assumir o papel de esposa e mãe, justificando-se o baixo nível da educação feminina por valores morais e sociais ligados à preservação da família. Às mulheres, atribuía-se a incapacidade intelectual inata e aos homens a inteligência e o poder de decisão. Condições injustas bloqueavam o acesso das mulheres ao ensino superior, particularmente aos cobiçados cursos de medicina e de direito, criados pelo Príncipe Regente Dom João e por Dom Pedro I.

Nas últimas décadas do século XVIII, rupturas em cascata começaram a ocorrer na Europa ocidental. Em 1788, Condorcet reivindicou direitos de educação, emprego e participação política para mulheres. Um ano depois, os ideólogos da Revolução Francesa deram os primeiros passos jurídicos na identidade dos direitos humanos ao incluir nos mesmos a igualdade dos dois sexos.

Precursora do abolicionismo, da República e da igualdade de gênero, Nísia Floresta Brasileira Augusta foi a primeira mulher a defender a educação feminina no Brasil, em 1832, ao relacionar o desenvolvimento intelectual da mulher à qualidade da sua educação. À Nísia, deve-se a divulgação do ideário das reivindicações francesas, com ênfase no acesso à instrução, a cargos públicos e à inclusão na vida política da Nação.

Mulheres de elite, cuja educação se prendia aos papéis de esposas e mães, absorveram as ideias revolucionárias que Nísia trouxera da França, onde residiu durante 28 anos, e passaram a interpretar os textos de Olympe de Gouges (1759) e de Mary Wollstonecraft (1792), ideólogas da igualdade de gênero na Europa.

As constituições republicanas

Em meados do século XIX, a injustiça a que as mulheres eram submetidas e a rápida disseminação de novas ideias deram origem à imprensa feminina no Brasil, cujas colaboradoras viram no regime republicano a mudança redentora de suas injustas condições. A reivindicação feminista concentrou-se no direito de voto, já pressupondo a elegibilidade das candidatas. Porém, na Assembleia Constituinte, reunida em 1891, para elaborar a primeira constituição republicana do Brasil, os homens debateram o sufrágio feminino, mas não concederam voto às mulheres e a exclusão continuou sendo o principal instrumento de dominação.

Em 1932, Getúlio Vargas promulgou o Código Eleitoral Brasileiro, garantindo o direito de voto às mulheres, embora com restrições. A conquista deveu-se à liderança de Carlota Pereira de Queirós, professora e médica, a primeira constituinte e deputada federal do Brasil, e à Bertha Lutz, bióloga, advogada e líder feminista. A Carta promulgada teve curta duração. Em 1935, Vargas suspendeu suas garantias e, em 1937, por golpe de Estado, extinguiu o legislativo por quase dez anos.

A ruptura democrática fortaleceu o movimento feminista no sentido de que o princípio de igualdade jurídica entre os sexos deixara de ser uma ideia nova e estava em franca ascensão no Brasil.

A emancipação feminina como tema global

O conceito de direitos humanos tem sido apoiado por convenções, tratados e ratificações. Em 1948, a Declaração Universal dos Direitos Humanos, proclamada pela Assembleia Geral da ONU e assinada pelo Brasil na mesma data, ainda sob o impacto das atrocidades cometidas durante a 2ª Guerra Mundial, comprometeu-se a promover os direitos humanos sem distinção de raça, sexo, língua ou religião. Esse documento foi traduzido em 360 idiomas.

Um vento de reformas profundas soprou na Europa e as concepções de cidadania, abordando os direitos civis, políticos e sociais, não tardou a atingir outros continentes. Com o passar dos anos, tornou-se evidente que a Declaração Universal dos Direitos Humanos não fora suficiente para garantir a prática de direitos específicos.

Cinco importantes fóruns deram continuidade à busca de igualdade de gênero: a Convenção dos Direitos Políticos das Mulheres de 1952 e 1956, a Convenção para a Eliminação de Todas as Formas de Discriminação contra a Mulher, de 1979; a Conferência de Nairóbi, em 1985; e a Quarta Conferência Mundial da Mulher, realizada em Beijing, em 1995. Nesta, um dos postulados prioritários foi a participação da mulher na vida política, em condições de igualdade, nos níveis de decisão econômica e nas formulações de políticas financeiras. No Brasil, o Decreto nº 4.377, referente à Convenção de 1979, adotada pela Resolução 34/180 da Assembleia Geral da ONU, nesse ano, foi assinado em 1981 e ratificado em 1984.

O estudo de assimetrias entre os dois gêneros justificou o protagonismo ecumênico da sociedade civil internacional. Vale destacar o Programa das Nações Unidas para o Desenvolvimento – PNUD/ IDH, disponibilizando dados comparativos entre os países, e a Organização Internacional dos Parlamentos – IPU, estabelecendo conexões virtuais entre mulheres de 148 parlamentos nacionais em seis grupos geopolíticos do mundo.

A Constituição de 1988 e a participação no poder

Com o retorno do regime parlamentar e a inserção dos princípios democráticos no País, surgiu uma relação de convergência entre a Política e a Moral. A Constituição de 1988 tornou-se o marco da cidadania feminina, ao reconhecer a igualdade entre os sexos, como direito fundamental. A partir dessa data, as mulheres passaram a sentir-se cidadãs com livre acesso à educação, à participação na vida política e ao emprego.

A plenitude da cidadania e do civismo feminino surgiu com a promulgação da Constituição de 1988, 200 anos após a reivindicação revolucionária de Condorcet, 156 anos após a primeira denúncia feminista de Nísia Floresta Brasileira Augusta, 55 anos após a eleição da primeira deputada brasileira e 40 anos após o Brasil ter assinado a Declaração dos Direitos Humanos.

Jamais as feministas das primeiras décadas do século XX poderiam imaginar que tal evolução ocorreria na segunda metade desse mesmo século.

O Brasil 2008

Apesar de mais da metade da população brasileira ser feminina, a representatividade das mulheres nos quadros dos poderes públicos e nas instâncias decisórias está longe de corresponder a essa porcentagem, porém, as condições femininas, expressas em estatísticas de procedência séria, mostram notáveis resultados da luta pela igualdade de gênero neste País. De acordo com dados divulgados pelo Censo da Educação Básica do INEP, as mulheres são maioria na educação superior em todas as regiões do Brasil. A taxa de participação delas nas IES é maior do que no conjunto da população brasileira. Mais de 60% dos concluintes na educação superior são do sexo feminino. Essa conquista levará as mulheres a ocupar mais e mais cargos na política executiva e na administração pública no Brasil. Agora é apenas uma questão de tempo.

O efeito borboleta e a dimensão mundial[1]

Pode estudar-se a plenitude da cidadania feminina no Brasil a partir de dois ângulos distintos. Segundo Einstein, a teoria só encontra aquilo que procura. O que não procura não reconhece ou não vê. Por isso, é fundamental mudar o ponto de vista, rever a teoria e explorar novos horizontes.

Cálculos na Teoria do Caos, utilizados para entender fenômenos meteorológicos, crescimento de populações, variações no mercado financeiro e outros, têm como uma de suas mais conhecidas bases o chamado *efeito borboleta*, teorizado pelo matemático Edward Lorenz, em 1963. Segundo ele, o bater de asas de uma borboleta pode causar um tufão em outra parte do mundo, porque tudo se encontra interligado e qualquer pequena ação pode ter enormes consequências.

Isso ocorreu na Revolução Francesa ao reconhecer-se a discriminação entre os dois sexos. O tênue bater de asas de uma borboleta provocou o declínio do poder masculino e fortaleceu a emancipação feminina, ao incluir, pela igualdade jurídica, a outra metade do gênero humano na sociedade civil contemporânea.

Nas admiráveis palavras de Bobbio, foi um dos sinais mais seguros e encorajadores da marcha da história humana no sentido da equalização dos desiguais.

---

[1] Artigo publicado em: *1988 – 2008: 20 anos da constituição cidadã* / André Ramos Tavares / org. – São Paulo, Imprensa Oficial do Estado de São Paulo, 2008, 312p. il.

PARTE
• 3 •

O *ESTADO DE SÃO PAULO* FÓRUM DOS LEITORES

CAPÍTULO 55

Cartas referentes a mulheres (2002 a 2009)

Mulheres Paulistas
4 de agosto de 2002

Muito oportuno o comentário da leitora Sylvia O. Guedes Ladosky sobre o papel das mulheres paulistas na Revolução Constitucionalista (*Exortação* 1.8.02/ A3). A propósito, menciono parte do discurso proferido, em 1932, por Olívia Guedes Penteado, membro do Instituto Histórico e Geográfico de São Paulo: "Não há terra como o nosso Brasil. Nós paulistas o sabemos. E, portanto, quando tomamos armas contra os opressores de nossa terra, sabemos e sentimos que não estamos dando combate a nossa pátria. Longe de nós ter qualquer rancor contra os nossos irmãos dos outros Estados. A luta que travamos é contra a opressão, contra o erro, contra o crime. Quem se bate pelo regime da justiça, da liberdade e do direito, será sempre apontado na história da nossa terra como o defensor da verdadeira, da suprema causa da nacionalidade. Esta causa – vós já sabeis – é a causa da Lei. Temos a certeza de que nossos filhos, que ora seguem frementes de entusiasmo sagrado, poderão em breve, ó brasileiras de todos os Estados, abraçar os vossos filhos, que, também constitucionalistas, os esperam com a mesma vibração, a fim de que juntos, irmãos e brasileiros, possam gritar a quarenta milhões de brasileiros – tendes agora a Lei! Viva o Brasil!".

Setenta anos após a Revolução Constitucionalista, as mulheres paulistas continuam a serviço de São Paulo e do Brasil "pela suprema causa da nacionalidade".

Pela Igualdade
25 de outubro de 2002

Excelente o Editorial *Respeito à mulher* (A3, 24/2002), onde se comenta que as mulheres brasileiras, "ainda sofrem com o desrespeito a direitos fundamentais" e que "os esforços para a sua devida valorização e pelo fim das desigualdades ainda estão longe de ser suficientes".

E pensar que o famoso texto *Direitos das mulheres e injustiça dos homens*, traduzido por Nísia Floresta Brasileira Augusta (1810 – 1885), foi oferecido às brasileiras e aos acadêmicos brasileiros em 1832. Há precisamente 170 anos! Nísia foi uma grande educadora, precursora do abolicionismo, da República e da emancipação da mulher no Brasil. Vale lembrar aqui a contribuição de Olívia Guedes Penteado, Carlota Pereira de Queiroz e Carolina Ribeiro, membros do Instituto Histórico e Geográfico de São Paulo, no que diz respeito à brilhante atuação das mulheres em São Paulo e no Brasil! Será que teremos que esperar mais 170 anos para assistir ao fim das desigualdades?

Comunidade Solidária
26 de dezembro de 2002

João Mellão Neto (20/12/2002) menciona o merecido prêmio que FHC recebeu da ONU, como a personalidade que mais se destacou no mundo no campo do desenvolvimento humano, referindo-se à melhoria dos indicadores sociais durante sua gestão.

Como sócia fundadora da Associação de Apoio ao Programa Capacitação Solidária, tendo Ruth Cardoso como Presidente do Conselho da Comunidade Solidária, tive o privilégio de acompanhar de perto metodologia, iniciativas, atividades, resultados e avaliação do Programa Capacitação Solidária, durante os seis anos de sua atuação. O programa contribuiu para que 114 956 jovens de baixa renda e escolaridade tivessem a oportunidade de participar dos cursos de capacitação profissional, despertando a atenção de milhões de colaboradores solidários de todo o país – e até de 19 outros países – que, através da Internet ou do 0800, promoveram quatro milhões de gestos solidários e tiveram a oportunidade de conhecer e participar do "Capacitação Solidária", colaborando para a capacitação de 63 554 jovens de oito regiões metropolitanas. Por isso, e muito mais, é preciso que, ao mencionar o desenvolvimento social e os avanços nos indicadores sociais no Brasil, não se apague da memória da Nação o impressionante trabalho de Ruth Cardoso e seu talento como hábil articuladora de colaborações. Sem ela, é justo que se diga, os resultados não teriam sido os mesmos.

Minorias no STF
9 de fevereiro de 2003

A propósito do texto de Mariângela Gallucci, *Planalto quer um negro e mais uma mulher no STF*, (A6, 4.2.03), reporto-me à *A Mensageira – Revista Literária dedicada à mulher brasileira* (1898 – 1899), dirigida por Presciliana Duarte de Almeida, primeira mulher eleita para a Academia Paulista de Letras (1909), e que abordava aspectos relacionados aos direitos das mulheres. Com o título de *A mulher no tribunal* (Ano II, n. 33, 1899, p. 184) informa-se às preocupadas leitoras paulistas que "o Instituto dos Advogados rejeitou por maioria de cinco votos o brilhante parecer da comissão de justiça, legislação e jurisprudência daquela ordem permitindo à mulher brasileira o exercício da advocacia". Onze votaram a favor e 16 votaram contra. "Em vista de semelhante resultado, propôs o Dr. Fernando Mendes que o Instituto fosse coerente e representasse ao Congresso Federal para que fossem cassados os diplomas dados às advogadas e à inscrição de seus títulos, feita nos tribunais, e vedada a matrícula das senhoras nas faculdades de direito". Tal não ocorreu, tendo prevalecido, na época, a proposta do projeto do Senador Pires Ferreira, concedendo o livre exercício das profissões liberais às mulheres diplomadas. Que as mulheres conquistaram grande parte dos direitos pelos quais lutavam desde o século XVIII é um fato. Cumpre mencionar aqui o nome da juíza Ellen Gracie Northfleet, primeira ministra do Supremo Tribunal Federal, cuja presença intelectual e história de vida honra a todos os brasileiros. Porém, se a democracia pressupõe igualdade e, no presente caso, igualdade na proporção dos cargos ocupados, temos de reconhecer que os esforços despendidos pelas mulheres e pelos negros, em nosso país, são muito maiores do que os resultados obtidos.

Lição de vida
22 de fevereiro de 2003

A respeito da matéria da aposentada de 81 anos que é caloura da PUC (11/2, A10), faço as seguintes observações: O documento "Polianteia comemorativa da inauguração das aulas para o sexo feminino do Imperial Liceu de Artes e Ofícios", Rio de Janeiro, 1881 – reúne o pensamento de quatro mulheres e 127 homens de letras convidados a escrever sobre a educação feminina. A respeito desses resultados, duas opiniões merecem ser registradas. Cláudio Lemos: "Nada mais quimérico do que certas doutrinas hoje em voga sobre uma igualdade mal entendida do homem e da mulher, nada mais desmoralizador do que lançar a mulher na concorrência industrial com o homem. Ser mãe e esposa é quanto basta à sua glória, à felicidade sua e nossa".

Joaquim Nabuco: "A posição social da mulher na vida moderna tende a rivalizar com a do homem; a indústria não conhece sexos; inteligência, aptidão, honestidade são grandes qualidades de operários que a mulher possui em grau elevado (...) prepará-la para a luta pela vida na qual ela deve aparecer como concorrente e não como enjeitada (...) é uma grande obra de moralização pública". Felizmente esta é a opinião que prevalece em sociedades como a nossa. Convido os estudiosos que lidam com dados sociodemográficos em nosso meio a refletirem sobre a seguinte questão: o que seria do Brasil se, de repente, as mulheres deixassem de trabalhar? Parabéns, Dona Ana Prado Ferreira! O importante foi não desistir, mostrando que ser mãe e esposa é tão importante como ser pai e marido, mas, em ambos os casos, não é suficiente para garantir a glória e a felicidade de cada um.

Filhas de Piratininga
10 de julho de 2003

Muito me comoveram as palavras do leitor Sr. Luiz Carlos Sayão Giannoni (9/7). Somos representantes de um legado, porém, acho que ainda se fala pouco do papel das mulheres paulistas na Revolução Constitucionalista. "A alma da mulher paulista foi, na arrancada de julho, a que mais vibrou. O seu entusiasmo patriótico foi, por assim dizer, o animador mais forte da mocidade valorosa que para a luta partiu, levando como escudo a ideia nobre que defendeu denodadamente. A epopeia escrita pela mulher paulista não orgulha apenas São Paulo, mas também o Brasil, porque ela reafirmou a têmpera rígida de uma raça forte" (J. Rodrigues, *A Mulher Paulista no Movimento Pró-Constituinte*). Vale lembrar a significativa participação de Olívia Guedes Penteado, Carlota Pereira de Queiroz e Carolina Ribeiro, membros do Instituto Histórico e Geográfico de São Paulo (IHGSP), assim como o abnegado e heroico trabalho da Liga das Senhoras Católicas, da Cruz Vermelha Brasileira, filial de São Paulo, e da Cruz Azul de São Paulo. E o que dizer da campanha do ouro? "A abaixo assinada, Theodora Corrêa, com 83 anos de idade, moradora à Rua Guayanases, nº 106, nesta capital, desejando concorrer, na medida de suas forças, para o bem de São Paulo, vem pela presente entregar a V.Sa. a única joia que possui, constando de um cordão de ouro com uma cruz e uma figa, pesando 46 gramas. Essa joia conta cerca de 200 anos, tendo vindo de geração em geração, como presente de casamento, a cada uma das portadoras, até chegar às suas mãos. É uma relíquia de família, como veem, mas para o bem de São Paulo vale muito a sua renúncia. Atenciosas saudações. Theodora Corrêa". Como se revelaram heroicas e sublimes as filhas benditas de Piratininga!

Condição Feminina
23 de janeiro de 2004

Mudanças nas condições das mulheres nos últimos anos (27/12, A7) mostram que, "ainda que em menor número no mercado, há exatamente o mesmo número de mulheres e homens ocupados com curso superior completo, ou 2,3 milhões de pessoas". E pensar que no documento *Polianteia*, comemorativo da inauguração para o sexo feminino do Imperial Liceu de Artes e Ofícios, publicado no Rio de Janeiro em 1981, apenas 23 dos 127 colaboradores (quatro mulheres) concordaram que "a educação da mulher representa sua emancipação!". As opiniões femininas coincidiram com a maioria dos homens, aceitando o papel feminino voltado apenas à família e engrandecimento da Pátria. Dados recentes mostram que ser mãe e esposa é tão importante como ser pai e marido, porém, não são suficientes para garantir a glória e a felicidade de ninguém.

O Caminho do Mar
26 de abril de 2004

Interessante a matéria publicada em *Cidades* (21/4, C/5), "Casais estreiam passeio no Caminho do Mar". Para percorrer esse fascinante caminho histórico, os interessados devem levar repelentes, protetor solar, água, lanche leve, capa de chuva ou impermeável e boné, usando roupas leves, tênis com solado antiderrapante e saquinhos de lixo. Mochilas devem deixar as mãos sempre livres. Informa-se que os participantes vão percorrer 9 quilômetros com a vantagem de ser o percurso de volta feito com comodidade em uma van. A propósito do Caminho do Mar, vale lembrar as palavras do Padre Anchieta: "vão lá por umas serras tão altas que dificultosamente podem subir nenhuns animais, e os homens sobem com trabalho e às vezes de gatinhas por não despenharem-se, e por ser o caminho tão mau e ter ruim serventia, padecem os moradores e os nossos grandes trabalhos". Surpreende verificar que, no século XVI, mulheres brancas subiram a Serra do Mar, enfrentando as mais árduas circunstâncias. Nossa homenagem especial a Leonor Leme, nascida na Ilha da Madeira, mulher de serra a cima, uma das primeiras a subir a Serra de Paranapiacaba, de São Vicente a Piratininga, onde passou a residir com seu marido em 1587, há cerca de 417 anos! Leonor Leme deu origem a uma das mais importantes famílias da história paulista e brasileira, cujo desempenho foi preponderante na primeira fase de São Paulo colonial. A propósito, um dos mais famosos de seus descendentes foi Fernão Dias Pais, o Caçador de Esmeraldas.

Desaforadas
13 de março de 2005

Causou espanto a desajeitada fala do Presidente Lula no Dia Internacional das Mulheres: "não sejam tão desaforadas" (9/3, A16). Por ironia do destino, isso ocorreu justamente no Rio Grande do Norte, onde, em 1810, nasceu a feminista, escritora e educadora Nísia Floresta Brasileira Augusta, que ficou famosa ao publicar, em 1832, a obra *Direitos das Mulheres e Injustiças dos Homens*. Além disso, por empenho do grande político Juvenal Lamartine de Faria, o Rio Grande do Norte foi o primeiro Estado brasileiro a conceder o voto à mulher. As duas primeiras mulheres que se alistaram como eleitoras no Brasil foram as professoras Julia Barbosa e Celina Vianna, ambas do Rio Grande do Norte. Ora, depois de 173 anos da famosa publicação de Nísia Floresta, o Presidente Lula recomenda: "vai devagar com essa pressa de poder". Por acaso ignora que as mulheres estão sub-representadas em todos os corpos legislativos do mundo e que a média mundial de representação feminina é apenas de 9%?

Retratos do Brasil
10 de março de 2006

Parabéns pelo Caderno *Retratos do Brasil* publicado, ontem, em *O Estado de São Paulo*, por ocasião da Comemoração do Dia Internacional das Mulheres. Todas nós ficamos orgulhosas ao ler a história de vida de tantas companheiras de luta e de trabalho. Contudo, eu gostaria de ter visto incluído nesse rol de méritos o nome da Professora Ruth Cardoso. Em apenas nove anos, a Alfabetização Solidária atendeu cinco milhões de brasileiros, espalhados por 2 066 municípios, localizados muitas vezes nos mais inacessíveis rincões de pobreza do Brasil. E um país só cresce com a educação de seu povo. Que não se apague da memória da Nação o seu admirável trabalho!

Ruth Cardoso, adeus
26 de junho de 2008

Lamento profundamente a morte de Ruth Cardoso. Como sócia fundadora da Associação de Apoio ao Programa Capacitação Solidária, tive o privilégio de conviver com ela e de acompanhar de perto sua brilhante atuação. A Alfabetização Solidária atendeu milhões de brasileiros em centenas de municípios, localizados muitas vezes nos mais inacessíveis rincões de pobreza do Brasil. Pela qualidade técnica e impressionante criatividade metodológica, o programa foi divulgado e apreciado em cerca de 19 países deste e de outros continentes, fruto de seu pertinaz trabalho e talento como hábil articuladora de colaborações. Ruth foi também uma das mais excepcionais professoras da Universidade de São Paulo. Que não se apague da memória da Nação o seu admirável trabalho!

Constituição Cidadã
4 outubro de 2008

Parabéns pelo Caderno *20 Anos de Constituição*, publicado em *O Estado de São Paulo* (2 de outubro). Ao implantar os princípios democráticos depois de longa ditadura militar, a Constituição Cidadã tornou-se marco fundamental dos direitos humanos no Brasil. A partir dessa data, as mulheres passaram a sentir-se cidadãs com direitos à igualdade na educação, participação na vida política e acesso ao emprego. O sentimento feminino de plena cidadania ocorreu em 1988, 156 anos após a primeira denúncia feminista de Nísia Floresta Brasileira Augusta (1810-1885), 54 anos após a eleição de Carlota Pereira de Queiroz, a primeira constituinte e deputada federal do Brasil (1934), e 40 anos após o Brasil ter assinado a Declaração dos Direitos Humanos (1948), documento traduzido em 360 línguas pela ONU. Que este vento de reformas em defesa da igualdade e da justiça continue a soprar em benefício dos direitos civis, políticos e sociais de todos os brasileiros.

Não publicadas
Exclusão feminina

Impressionam os comentários a respeito das condições de trabalho das mulheres brasileiras (Ce 6, 18/11/04). Quanto à exclusão no mercado de trabalho, retratam os estudos a desigualdade entre os sexos e o racismo que ainda predominam em nosso meio. A pesquisa *Perfil Social, Racial e de Gênero das 500 Maiores Empresas do Brasil e suas Ações Afirmativas* comprova tal desigualdade, afirmando que apenas 3% delas têm políticas claras de promoção de equidade de gênero, com programas de redução de desigualdades salariais e de capacitação profissional específicos para melhorar a qualificação das mulheres. Além disso, o salário é 20,5% menor que o do homem. Apesar dos visíveis avanços na luta pela participação feminina na sociedade brasileira, não há dúvida de que a opinião masculina ainda prevalece contra a da mulher. A propósito, em dezembro de 1897, Xavier de Carvalho enviou, de Paris, oportuno artigo para *A Mensageira, Revista literária dedicada à mulher brasileira*, Ano 1, n.7, de 15 de janeiro de 1898, onde se lê: "A mulher é ainda hoje considerada, quase por toda a parte, como um ser física e socialmente incompleto... Há a hipocrisia dos costumes, há umas certas convenções anacrônicas e que filósofos impotentes chamam a moral, há o grande abismo dos preconceitos; ...é o homem que nos parlamentos fabrica os códigos injustos e as leis opressivas; é o homem que se opõe na questão econômica à reivindicação tão sensata das mulheres nos centros industriais: o trabalho igual, salário igual; é o homem que lhe cria todos os embaraços a obstáculos nas carreiras chamadas liberais, etc." Isso foi dito há precisamente 107 anos! Ainda bem que devagar se vai ao longe...

A emancipação feminina no Brasil

No início do século XIX, prevalecia no Brasil a ideia de que a mulher deveria ser educada para assumir o papel de esposa e mãe, justificando-se o baixo nível da educação feminina com valores morais e sociais ligados à preservação da família. Às mulheres atribuía-se a incapacidade intelectual inata e aos homens a inteligência e o poder de decisão. Condições injustas bloqueavam o acesso das mulheres ao ensino superior, particularmente aos cobiçados cursos de medicina e de direito, criados pelo Príncipe Regente Dom João e por Dom Pedro I.

Nas últimas décadas do século XVIII, rupturas em cascata começaram a ocorrer na Europa ocidental. Em 1788, Condorcet reivindicou direitos de educação, emprego e participação política para mulheres. Um ano depois, os ideólogos da Revolução Francesa deram os primeiros passos jurídicos na identidade dos direitos humanos ao incluir entre eles a igualdade dos dois sexos.

Precursora do abolicionismo, da República e da igualdade de gênero, Nísia Floresta Brasileira Augusta foi a primeira mulher a defender a educação feminina no Brasil, em 1832, ao relacionar o desenvolvimento intelectual da mulher à qualidade da sua educação. À Nísia deve-se a divulgação do ideário das reivindicações francesas, com ênfase no acesso à instrução, a cargos públicos e à inclusão na vida política da Nação.

Mulheres de elite, cuja educação se prendia aos papéis de esposas e mães, absorveram as ideias revolucionárias que Nísia trouxera da França, onde residiu durante 28 anos, e passaram a interpretar os textos de Olympe de Gouges (1759) e de Mary Wollstonecraft (1792), ideólogas da igualdade de gênero na Europa.

A emancipação feminina como tema global

O conceito de direitos humanos tem sido apoiado por convenções, tratados e ratificações. Em 1948, a Declaração Universal dos Direitos Humanos, proclamada pela Assembleia Geral da ONU e assinada pelo Brasil na mesma data, ainda sob o impacto das atrocidades cometidas durante a 2ª Guerra Mundial, comprometeu-se a promover os direitos humanos sem distinção de raça, sexo, língua ou religião. Esse documento foi traduzido em 360 idiomas.

Um vento de reformas profundas soprou na Europa e as concepções de cidadania, abordando os direitos civis, políticos e sociais, não tardou a atingir outros continentes. Com o passar dos anos, tornou-se evidente que a Declaração Universal dos Direitos Humanos não fora suficiente para garantir a prática de direitos específicos.

Cinco importantes fóruns deram continuidade à busca de igualdade de gênero: a Convenção dos Direitos Políticos das Mulheres de 1952 e 1956, a Convenção para a Eliminação de Todas as Formas de Discriminação contra a Mulher, de 1979; a Conferência de Nairóbi, em 1985, e a Quarta Conferência Mundial da Mulher, realizada em Beijing, em 1995. Nesta, um dos postulados prioritários foi a participação da mulher na vida política, em condições de igualdade, nos níveis de decisão econômica e nas formulações de políticas financeiras. No Brasil, o Decreto nº 4.377, referente à Convenção de 1979, adotada pela Resolução 34/180 da Assembleia Geral da ONU, nesse ano, foi assinado em 1981 e ratificado em 1984.

O estudo de assimetrias entre os dois gêneros justificou o protagonismo ecumênico da sociedade civil internacional. Vale destacar o Programa das Nações Unidas para o

Desenvolvimento – PNUD/ IDH, disponibilizando dados comparativos entre os países, e a Organização Internacional dos Parlamentos – IPU, estabelecendo conexões virtuais entre mulheres de 148 parlamentos nacionais em seis grupos geopolíticos do mundo.

Outras cartas publicadas no Fórum dos Leitores

Colônia Coreana
14 de julho de 2002

William Woo tem toda a razão de se orgulhar de seu pai chinês, de sua mãe japonesa e de ser casado com uma coreana. Em 1994, por ocasião da visita oficial de um professor da Universidade Nacional de Seul, recebemos vários representantes da comunidade coreana, residentes em São Paulo, na Faculdade de Saúde Pública, Universidade de São Paulo. Trinta e um anos depois da chegada dos primeiros coreanos ao Brasil (1963), nossa sociedade contava já com cerca de 317 engenheiros, 64 médicos e oito advogados. Desses, cinco tinham títulos de doutorado e de Ph.D. A contribuição dos coreanos e de seus descendentes na indústria, no comércio, na agricultura, na prestação de serviços e em atividades sociais, em São Paulo, têm sido muito significativa.

Três vinténs de pedágio
10 de março de 2003

A matéria publicada por Washington Novaes, *Vítimas ou corresponsáveis* (7/4, A2), faz interessantes comentários sobre problemas de transporte coletivo, com pertinentes considerações do engenheiro Adriano Murgel Branco. Para aqueles que se encantam com evocações de São Paulo antigo, vale mencionar, para registro da memória, grave problema de trânsito, ocorrido no século XIX, em pleno coração da cidade, no Vale do Anhangabaú. Refiro-me à proposta da construção do Viaduto do Chá, que surgiu "para evitar um trânsito sincopado pelos pedestres". Jules Martin planejou a sua execução, em 1879, com o intuito de melhorar o trânsito da cidade. Os trabalhos do viaduto tiveram início em 1888, depois de acirrada discussão, e terminaram, quatro anos depois, em 1892. O festejo de sua inauguração foi o acontecimento máximo do ano, como registra fotografia da época, na qual aparece todo enfeitado de bandeiras. Ao centro, instalou-se grande portão que se fechava à noite. De 1892 até 1897, data na qual passou à municipalidade, cobrou-se três vinténs de pedágio. Oxalá não decorram 13 anos entre a discussão do atual problema do trânsito da cidade e suas possíveis soluções. Como salientou Edward Glaeser, São Paulo terá "um futuro desastroso: ou paga o pedágio, ou vai pagar pelo congestionamento cada vez maior". O melhor mesmo é optar pelo pagamento de "três vinténs", se for para o bem comum dos cidadãos paulistas e brasileiros.

Lá e Cá
23 de março de 2003

Interessante o comentário de um brasileiro a respeito da decisão de permanecer ou não em Amã (A12,12/3): "minha família e meus amigos fazem pressão para voltarmos e dizem que somos loucos de ficar aqui. Eu digo a eles que aqui a segurança é muito forte, com polícia na rua, e que estamos mais seguros aqui que no Brasil". Terá razão? Releio manchetes publicadas recentemente: *Alckmin quer bota-fora de "Beira-Mar" no 30º dia; Carro do ministro da Justiça é roubado em SP*. Fico na dúvida se o brasileiro que reside em Amã tem ou não razão quanto a seus comentários sobre permanecer na Jordânia ou regressar ao Brasil. Eis a questão.

Carradas de razão!
22 de abril de 2003

A respeito dos debates em torno do problema do lixo em São Paulo, quero lembrar que, em 1833, a propósito do desasseio da cidade, disse um fiscal ter tirado "vinte e três carradas de Lixos da Ladeira que desce para a Ponte do Piques (...) a 60 réis a carrada" (...), e que se retiraram "36 carradas de estrume da rua da Quitanda e do beco da Lapa, a 80 réis cada uma". (...). De acordo com o registro histórico da época, "em 1844, a cidade de São Paulo vivia continuamente suja" e, nesse mesmo ano, "foram designados para despejo, entre outros, o lugar atrás da cadeia e o beco do Palácio", este em pleno coração da cidade (Nuto Sant'Anna, *São Paulo Histórico*, vol.II). Se considerarmos que, em 1825, 25 321 moravam na cidade de São Paulo e, em 1866, cerca de 47 697, tendo hoje 10 305 000 milhões de habitantes, e a região metropolitana aproximadamente 17 517 000 milhões de habitantes, é preciso considerar com respeito as dificuldades técnicas para resolver o problema do lixo, reconhecendo que, além de medidas governamentais, a solução depende, também e muito, da atitude e educação de cada um de nós, cidadãos paulistas. É alarmante pensar que na cidade de São Paulo se recolhem 15 mil toneladas de lixo por dia e que cada brasileiro, que viva até 70 anos de idade, vai produzir 25 toneladas de detritos. Haja "carradas"!

Bandeira, hino, heróis...
27 de julho de 2003

Muito oportuno o comentário do leitor Sr. Fernando Brisolla de Oliveira (22/7) a propósito da ausência da bandeira brasileira durante a comemoração da vitória de Barrichello. Esse e outros "esquecimentos" estão preocupando vários setores de nossa sociedade. Até as escolas estão se "esquecendo" de homenagear esse importante símbolo do Brasil! O mesmo ocorre com o Hino Nacional, com datas comemorativas, heróis da pátria e episódios históricos que só enaltecem o País. Precisamos defender nossa memória histórica. Cumprimento *O Estado de São Paulo* pela excelente matéria *A Bandeira do Brasil*, publicada em *O Estadinho*, no dia 5 de julho de 2003. Vale ressaltar, também, o valioso trabalho da Comissão Cívica e Cultural da ACSP. Brasil, nós te amamos! "Sobre a imensa Nação Brasileira, nos momentos de festa ou de dor, paira sempre, sagrada Bandeira, pavilhão de justiça e de amor!".

Analfabetismo Zero
9 de março de 2004

Preocupantes os dados apresentados sobre condições do ensino público (16/2, A2). Em São Paulo, em 2001, muitos professores de Física e Química não tinham formação mínima para lecionar, trabalhando em caráter excepcional por não ser possível preencher os quadros. Faltam 250 mil professores, com formação superior, no ensino fundamental de 5ª a 8ª séries e no ensino médio. Em estudo comparativo sobre a capacidade de leitura de alunos em 41 países, o Brasil colocou-se em 37º lugar! O que determina a qualidade de ensino de um país não é sua riqueza, é a igualdade na distribuição de renda. E, nesse ponto, sabe-se, também, que o Brasil tem ocupado os últimos lugares.

Túnel 9 de Julho Para Sempre
9 de julho de 2005

Com base na Lei Federal nº 9.093/95, que autoriza cada Estado a escolher uma data magna para a sua história, o governador Mário Covas (PSDB) promulgou em 5 de março de 1997 a Lei nº 9.497, que instituiu o dia 9 de julho como feriado civil em São Paulo. No dia 9 de julho de 1932, teve início a Revolução Constitucionalista, movimento deflagrado pelos paulistas contra a ditadura de Getúlio Vargas. Essas lutas tiveram como resultado a convocação da Assembleia Nacional Constituinte. O dia 9 de julho é uma expressão de civismo e amor à Pátria, mostrando a união da sociedade em torno de um valor comum: a luta pela constituição e pelos ideais democráticos. É natural, portanto, que essa data cívica seja venerada pelos Paulistas e passada a outras gerações também por meio de nomes concedidos a logradouros públicos, como ruas, avenidas, viadutos, etc. sendo estes legitimados pela história, tradição, imaginário da Nação e pela cultura popular. A Avenida 9 de julho começa no centro da cidade, na confluência da Avenida 23 de maio (que lembra o MMDC), passando sob a Avenida Paulista pelo Túnel 9 de julho, que assim se denomina pelo querer do povo, há mais de 60 anos, e que evoca os nomes de combatentes e exilados que participaram nessa nobre luta. A Avenida 23 de maio conduz ao Obelisco comemorativo da revolução, onde se encontra o Panteão com os restos mortais dos combatentes e de outros participantes. Causou descontentamento, portanto, a proposta de dar ao Túnel 9 de julho, patrimônio paulista, outro nome com o intuito de homenagear um ilustre médico e professor da Faculdade de Medicina da USP, cujo nome permanecerá para sempre na história médico-científica de São Paulo e do Brasil. Merece homenagens, sim, mesmo por merecê-las, entenderia e pediria que lhe fossem prestadas em outro sítio. O Túnel é do 9 de julho. Solicitamos que, com esse nome, seja incluído em definitivo no coração do povo e da História Paulistana. Também o IHGSP reverencia o ilustre médico, cujo nome ficará bem em qualquer outro logradouro, enquanto o Túnel 9 de julho não pode ter outro nome senão o de 9 de julho.

IDH do Brasil
12 de setembro 2005

Preocupa-me a colocação do Brasil no Índice de Desenvolvimento Humano, IDH, preparado pela Organização das Nações Unidas (7/9, A22 e 23) – 63º na posição dos países. O Programa das Nações Unidas para o Desenvolvimento, Pnud, utiliza dados de renda, educação e saúde, de cada país, para fazer cálculos e divulgar resultados. No que diz respeito à desigualdade social, e apesar da frequência de promessas sob luz de holofotes, confirma o que todos nós já sabemos: a distribuição de renda continua tão desigual quanto nos anos anteriores. Nesse aspecto, o "grupo dos oito" reúne os seguintes países: Namíbia, Botsuana, Suazilândia, Lesoto, Guatemala, República Centro-Africana, Chile e Brasil. É óbvio que tais condições têm reflexo sobre o ensino público no Brasil, uma das três variáveis do IDH. Sabe-se que, em São Paulo, muitos professores não têm formação mínima para lecionar, trabalhando em caráter excepcional por não ser possível preencher os quadros. Faltam 250 000 professores com formação superior no ensino fundamental, de 5ª a 8ª séries, e no ensino médio (dados de 2004). E pensar que a China, com 1,3 bilhão de habitantes, cresceu oito posições no ranking do IDH em apenas um ano! Como conseguiu tal avanço? "Elementar, meu querido Watson...".

Anjo Paulista
15 de novembro de 2005

Comovente o depoimento de Geraldo Nunes, "...pensei primeiro em Deus, na minha esposa, na minha mãe...". "Agora posso ir aonde quiser. Tenho asas" (12/11, C4). Meus agradecimentos ao Comandante Leonardo Rebuffo, cuja competência técnica salvou "o anjo da guarda do trânsito de São Paulo" e da memória paulista.

"Reportagem: O anjo da guarda do trânsito de São Paulo mostrou que também tem um ótimo anjo da guarda. O helicóptero onde se encontrava o jornalista Geraldo Nunes caiu e as pessoas sobreviveram.

Quem conhece o trânsito da Marginal Pinheiros de uma sexta-feira às 8 da manhã, em véspera de feriado, sabe que não há espaço para nada. Até as motos encontram dificuldade para andar. Agora, some-se a isso um rio, centenas de prédios altos e um helicóptero com uma pane no motor.

Pronto, está completo o cenário para uma tragédia de proporções dantescas.

Acontece que quem estava neste helicóptero era Geraldo Nunes, o anjo da guarda do trânsito de São Paulo. E aí a coisa muda de figura. Uma clareira é aberta na avenida, o helicóptero consegue ultrapassar a usina, faz um pouso forçado e se acaba. Mas ninguém, absolutamente ninguém, se machuca. Parece coisa de Hollywood. Mas foi o resultado da competência do comandante da aeronave, da percepção rápida dos motoristas, da solidariedade de vários cidadãos, e, claro, inegavelmente da ação do anjo da guarda do Geraldo.

A Rádio Eldorado cobre o trânsito de São Paulo há 15 anos. Sempre ajudando os motoristas a encurtarem seu caminho. Ontem foi o dia da retribuição. Da solidariedade dos motoristas e cidadãos que estavam no local.

Assim, a Rádio Eldorado só tem a agradecer. À competência do Comandante Leonardo Rebuffo, à solidariedade de centenas de ouvintes-repórteres, que ligaram para a rádio querendo saber o estado do Geraldo Nunes, ao cidadão César Tavares Lugo, que além de retirar o Geraldo do que restou do helicóptero, ainda o trouxe até a rádio para que ele pudesse entrar no ar. E, claro, ao anjo da guarda do Geraldo, que mostrou que é dos bons.

Ironia do destino: a Eldorado, pioneira no serviço de repórter aéreo, hoje virou notícia e causou transtornos ao trânsito. A Eldorado quer se desculpar pelo congestionamento provocado pelo acidente, prometendo sempre aprimorar sua programação com informações precisas e prestação de serviços, para auxiliar o cidadão a fugir do trânsito da cidade de São Paulo".

Bandeira do Brasil
21 de novembro de 2007

A propósito do oportuno comentário do leitor Pedro Paulo Penna Trindade, *Bandeira esquecida* (20/11), quero mencionar o belíssimo fôlder do 19 de novembro, dia da bandeira do Brasil, amplamente distribuído nas escolas de São Paulo, com o patrocínio e apoio da Associação Comercial de São Paulo – Comissão Cívica e Cultural, do Instituto Histórico e Geográfico de São Paulo, da Sociedade de Veteranos de 32 MMDC e da Federação das Associações Comerciais do Estado de São Paulo, FACESP. Gostei de ver, também, a imagem da nossa bandeira no Caderno Metrópole (15/11,C2), relembrando o civismo, o patriotismo e o nosso devotado compromisso com a *Pátria Amada, Brasil*.

Não publicadas
Túnel 9 de julho para sempre

Impossível calar! O Instituto Histórico e Geográfico de São Paulo volta à trincheira. Não lhe agrada essa necessidade de fazê-lo. Mas não há como não fazê-lo quando um estratagema astucioso pretendeu mudar – e agravar ao nível de pré-conflito étnico – a tão claramente exposta reivindicação do nome do Túnel citadino que por querer popular não pode ter outro nome se não o de 9 de julho. Quiseram – em matéria inserida na edição de 17 de dezembro, página C7 desse jornal, transformar a definição do nome 9 de julho em declaração de guerra a uma das várias comunidades que coabitam em paz nesta São Paulo acolhedora. Não se trata disso, nem de minimizar a figura do médico que, de certo fazendo honra aos méritos com que é memorado, seria o primeiro a dizer que não lhe diminuem tais méritos ao dar seu nome a outro local, enquanto se nega e obscurece um episódio basilar da História Paulista ao retirar do Túnel o nome que todos os dias lembra a milhões de paulistanos, paulistas, brasileiros de outros Estados e estrangeiros, um momento e um gesto de glória e martírio para a gente paulista. Não haja confusões, nem distorções, nem intrigas com a comunidade libanesa, a qual com certeza, por muitas provas testemunhou seu amor por Piratininga, tendo sido especialmente homenageada pelo Instituto Histórico e Geográfico de São Paulo. Nem contra ninguém. Sim, por São Paulo, sim pelo espírito liberal que, em 1932, cobrou a vida de quase mil soldados da Lei.

Promessas não cumpridas

É interessante analisar os resultados desta eleição em função das "promessas não cumpridas", comentadas por Norberto Bobbio em *O Futuro da Democracia*, texto que visa a desfazer alguns equívocos já consagrados pela opinião pública nos países de regime democrático: (1) a sociedade democrática não é centrípeta, é centrífuga; (2) por ser pluralista em sua essência, a democracia, além de não eliminar oligarquias no poder, salienta a presença de vários tipos de elites em luta pelo poder legitimado (ou aparentemente legitimado...) pela conquista do voto popular – ou seja, (3) não consegue derrotar por completo o poder oligárquico e nem é capaz de preencher todos os espaços nos quais se exerce um poder que toma decisões vinculatórias para um inteiro grupo social; (4) também não consegue eliminar o poder invisível, pois, ao lado de um estado visível, há sempre um estado invisível; (5) finalmente, quanto aos pressupostos da pertinência de eleitores instruídos, vale ressaltar que existe, e é bem visível, o fenômeno da apatia política nas democracias mais consolidadas, que apresentam elevados níveis de escolaridade – um grande número de pessoas não se interessa por aquilo que acontece em "palácio". Não obstante a discussão de promessas que não podem ser cumpridas, muitas vezes por complexidade técnica, existe um valor que merece ser preservado: apenas nos governos democráticos os cidadãos podem livrar-se de seus governantes por meio de técnicas de convivência, capazes de resolver conflitos sociais com mais transparência e menos recursos à violência. A geografia eleitoral acaba de mostrar, claramente, que a principal tarefa do novo presidente é diminuir a distância entre o Brasil moderno e o Brasil arcaico (*Veja*, ano 39, nº. 43, p. 71). A meu ver, essa foi a maior prova de eficiência do regime democrático em nosso País, e a maior lição para todos nós, Brasileiros e eleitores convictos.

Células tronco de embriões humanos[1]

O problema do uso, em investigação científica, de células-tronco retiradas de embriões humanos, que por esta intervenção são destruídos, tem sido, infelizmente, discutido em termos políticos (A16/18/4) e até religiosos, quando, atualmente, é apenas uma questão científica. São duas as perguntas científicas a colocar: há uma probabilidade real, no plano científico, de obter resultados terapêuticos em doenças humanas como consequência destas investigações a partir de células-tronco embrionárias humanas?

Há uma alternativa, menos grave, para obter estes mesmos resultados terapêuticos beneficentes para as pessoas doentes? A resposta à primeira pergunta é **não**. Não há nenhum projeto experimental cujos resultados sugiram que, um dia, no futuro, as células-tronco embrionárias serão usadas para tratar qualquer doença humana. A resposta à segunda pergunta é **sim**. As células com função estaminal, retiradas do sangue do cordão umbilical, estão sendo usadas com sucesso para substituir o tecido hematopoiético na medula óssea,

---

[1] Texto redigido a partir de notas remetidas pelo Prof. Daniel Serrão.

destruído por radioterapia ou quimioterapia, com mais sucesso que a clássica transplantação de medula óssea de doador, salvando vidas humanas. E os resultados experimentais e vários ensaios clínicos em seres humanos, mostram resultados muito otimistas na melhoria das consequências dos enfartos cerebrais e cardíacos, usando células mesenquimatosas da medula óssea que têm capacidade tronco-pluripotente. Vasta literatura científica o comprova. Esta é a situação no plano científico e terapêutico. Cabe aos investigadores a escolha. E certamente que, por estas razões científicas, todos darão preferência às células-tronco, com função estaminal, obtidas de indivíduos adultos, sempre que o objetivo das suas pesquisas seja o de obter meios para tratar doenças humanas que no momento não têm outro tratamento. Porque irão obter bons resultados em pouco tempo.

Bate-boca ou bateboca?

A reforma ortográfica para eliminar a dupla grafia da língua portuguesa em oito países de quatro continentes, com cerca de 240 milhões de falantes, é um assunto de interesse geopolítico, diplomático, econômico, social e cultural. Importante projeto da UNESCO-ONU, "visa a promover o acesso ao conhecimento pela tradução de documentos do rico acervo da Unesco (...), pela potencialidade econômica que representam os recursos naturais da Comunidade dos Países da Língua Portuguesa, pela possibilidade de cooperação que oferece, pelo ritmo encorajador da sua presença no ciberespaço (...)". Uns são contra e outros a favor da ortografia unificada para o idioma português. Como disse Mário de Andrade, "não me interessa discutir se esta ou aquela é a ortografia que presta ou não. O essencial é termos uma ortografia. Que se mande escrever cavalo com três eles, isso não têm importância. Precisamos é de acabar com a bagunça".

Mudanças no ensino médio

Segundo Michelet, "é o povo que desencadeia a mudança, a paz, a guerra, a força e a fraqueza, a saúde e a doença dos regimes, portanto, depende do povo que a pátria seja um vínculo de servidão ou um vínculo de liberdade". Para ele, dois procedimentos contribuem para o desaparecimento da nacionalidade: "o primeiro é ignorar a história ou conhecê-la por fórmulas vazias, como os filósofos que nunca a estudam, ou, então, por lugares comuns literários; o segundo é ignorar a natureza, tanto quanto se ignora a história, esquecendo que os caracteres nacionais não derivam de forma alguma de caprichos, mas enraízam-se profundamente na influência do clima, da alimentação, das produções naturais de um país, que se alteram um pouco, mas não desaparecem nunca". Causa apreensão ler (A22, 1/07) que entre as quatro grandes disciplinas (eixos) que o CNE aprovou ontem para o ensino médio no Brasil, trabalho, ciência, tecnologia e cultura, não constem a História e a Geografia. São muitas e variadas as queixas que o Instituto Histórico e Geográfico de São Paulo tem recebido a respeito dos malefícios causados pelo desconhecimento da História e da Geografia regionais em nossas escolas, prioridade na formação das novas gerações. É preciso promover os Direitos Humanos pelo apoio do sentimento cívico, patriótico, ético e moral da sociedade civil organizada. E, para isso, nada mais apropriado do que a História e a Geografia.

São Paulo 2010

Cumprimentamos *O Estado de São Paulo* por ocasião da comemoração de seus 135 anos, assim como pelos 11 prêmios recebidos em 2009, desejando a todos um 2010 sem censura, em benefício dos direitos civis, políticos e sociais de todos os Brasileiros.

O Instituto Histórico e Geográfico de São Paulo, fundado em 1894, acaba de comemorar 115 anos, fortalecido, revitalizado e com as instalações dos seus oito andares totalmente reformadas e restauradas. A porta da entrada do IHGSP, na rua Benjamin Constant, 158, relíquia histórica transportada do antigo Palácio do Governo, situado no Pateo do Collegio, foi inaugurada juntamente com o edifício-sede Ernesto de Souza Campos, em 25 de janeiro de 1954. Essa porta abre-se agora para a contemporaneidade das ideias de um quadro social enriquecido por novos membros e para todos aqueles que honram e respeitam a memória histórica dos Brasileiros Paulistas. *Pro Brasilia fiant eximia*.

As constituições republicanas

Em meados do século XIX, a injustiça a que as mulheres eram submetidas e a rápida disseminação de novas ideias deram origem à imprensa feminina no Brasil, cujas colaboradoras viram no regime republicano a mudança redentora de suas injustas condições. A reivindicação feminista concentrou-se no direito de voto, já pressupondo a elegibilidade das candidatas. Porém, na Assembleia Constituinte, reunida em 1891, para elaborar a primeira constituição republicana do Brasil, os homens debateram o sufrágio feminino, mas não concederam voto às mulheres e a exclusão continuou sendo o principal instrumento de dominação.

Em 1932, Getúlio Vargas promulgou o Código Eleitoral Brasileiro, garantindo o direito de voto às mulheres, embora com restrições. A conquista deveu-se à liderança de Carlota Pereira de Queirós, professora e médica, a primeira constituinte e deputada federal do Brasil, e à Bertha Lutz, bióloga, advogada e líder feminista. A Carta promulgada teve curta duração. Em 1935, Vargas suspendeu suas garantias e, em 1937, por golpe de Estado, extinguiu o legislativo por quase dez anos.

A ruptura democrática fortaleceu o movimento feminista no sentido de que o princípio de igualdade jurídica entre os sexos deixara de ser uma ideia nova e estava em franca ascensão no Brasil.

A Constituição de 1988 e a participação no poder

Com o retorno do regime parlamentar e a inserção dos princípios democráticos no País, surgiu uma relação de convergência entre a Política e a Moral. A Constituição de 1988 tornou-se o marco da cidadania feminina, ao reconhecer a igualdade entre os sexos, como direito fundamental. A partir dessa data, as mulheres passaram a sentir-se cidadãs com livre acesso à educação, à participação na vida política e ao emprego.

A plenitude da cidadania e do civismo feminino surgiu com a promulgação da Constituição de 1988, 200 anos após a reivindicação revolucionária de Condorcet, 156 anos após a primeira denúncia feminista de Nísia Floresta Brasileira Augusta, 55 anos após a eleição da primeira deputada brasileira e 40 anos após o Brasil ter assinado a Declaração dos Direitos Humanos.

Jamais as feministas das primeiras décadas do século XX poderiam imaginar que tal evolução ocorreria na segunda metade desse mesmo século.

O Brasil 2008

Apesar de mais da metade da população brasileira ser feminina, a representatividade das mulheres nos quadros dos poderes públicos e nas instâncias decisórias está longe de corresponder a essa porcentagem, porém, as condições femininas, expressas em estatísticas de procedência séria, mostram notáveis resultados da luta pela igualdade de gênero neste País. De acordo com dados divulgados pelo Censo da Educação Básica do INEP, as mulheres são maioria na educação superior em todas as regiões do Brasil. A taxa de participação delas nas IES é maior do que no conjunto da população brasileira. Mais de 60% dos concluintes na educação superior são do sexo feminino. Essa conquista levará as mulheres a ocupar mais e mais cargos na política executiva e na administração pública no Brasil. Agora é apenas uma questão de tempo.

O efeito borboleta e a dimensão mundial

Pode estudar-se a plenitude da cidadania feminina no Brasil a partir de dois ângulos distintos. Segundo Einstein, a teoria só encontra aquilo que procura. O que não procura não reconhece ou não vê. Por isso é fundamental mudar o ponto de vista, rever a teoria e explorar novos horizontes.

Cálculos na Teoria do Caos, utilizados para entender fenômenos meteorológicos, crescimento de populações, variações no mercado financeiro e outros, têm como uma de suas mais conhecidas bases o chamado *efeito borboleta*, teorizado pelo matemático Edward Lorenz, em 1963. Segundo ele, o bater de asas de uma borboleta pode causar um tufão em outra parte do mundo, porque tudo se encontra interligado e qualquer pequena ação pode ter enormes consequências.

Isso ocorreu na Revolução Francesa ao reconhecer-se a discriminação entre os dois sexos. O tênue bater de asas de uma borboleta provocou o declínio do poder masculino e fortaleceu a emancipação feminina, ao incluir, pela igualdade jurídica, a outra metade do gênero humano na sociedade civil contemporânea.

Nas admiráveis palavras de Bobbio, foi um dos sinais mais seguros e encorajadores da marcha da história humana no sentido da equalização dos desiguais.

PARTE 4

DISCURSOS E PALESTRAS

CAPÍTULO 56

Discursos

Brasílio Augusto Machado de Oliveira
Patrono da Cadeira 30 da Academia Paulista de História[1]

Senhoras e Senhores, colegas e amigos, recomenda a tradição que, em solenidades como esta, o novo titular, ao fazer o seu discurso de posse, refira-se à vida e à obra do patrono da cadeira, do fundador e de seu antecessor imediato.

Trata-se do empenho de recordar, para a memória da história de São Paulo, a trajetória percorrida por quem luta pelos valores da Nação.

Cremos estar no caminho certo ao trazer para o presente nomes de quem, no passado, se dedicou à nobre missão de zelar pelo patrimônio comum da nossa Pátria. À semelhança dos homens, também instituições têm forma de consciência, que se manifesta pelo dever cívico de lembrar fatos históricos e pessoas que contribuíram para engrandecimento e moralização da pátria, nossa razão de ser. Se aqui nos encontramos, na Academia Paulista de História, é porque amamos São Paulo e queremos exaltar valores que enobrecem a Nação.

A propósito de exaltar a memória da nação, assim se expressou Brasílio Augusto Machado de Oliveira, patrono da cadeira 30 desta Academia, no discurso Onze de Agosto, pronunciado na Faculdade de Direito de São Paulo em 1883: "o povo vai se acostumando a distanciar da recordação das coisas vivas a memória das coisas mortas, como se não devêssemos nas tradições da história ganhar alento para afrontar os perigos de hoje e eliminar as indecisões de amanhã".

---

[1] Discurso proferido por Nelly Martins Ferreira Candeias ao tomar posse na Academia Paulista de História, em dezembro de 2000, em sessão solene realizada no Salão Nobre da antiga Casa de Dona Veridiana Prado, hoje Clube São Paulo.

Brasílio Machado nasceu na cidade de São Paulo a 4 de setembro de 1848, filho do brigadeiro José Joaquim d'Oliveira (1790–1867), e de D. Leocadia Thomazia de Lima. Vulto proeminente da história militar, social e científica da Nação e Paulista coberto de glórias, José Joaquim, pai de Brasílio, sempre serviu à Pátria que amou e honrou de forma notável.

Depositário do arquivo que o pai lhe deixara, Brasílio herdou a devoção pelas coisas do espírito e o amor por São Paulo e pela pátria.

Em manifestações da atividade intelectual, não se pode recordar pessoas apenas pelos méritos que deixaram. É preciso considerar, na memória histórica, a influência que tiveram no seu tempo de vida, com testemunho dos contemporâneos e com a impressão dos que com elas conviveram.

Para retratar Brasílio recorro às palavras de seu filho, Alcântara Machado, autor do livro Brasílio Machado, e do neto, Antonio, brilhante contista, cuja morte prematura entristeceu a cultura paulista. Lembro também comovidos depoimentos daqueles que tiveram o privilégio de com ele conviver, como alunos da Faculdade de Direito de São Paulo, Reynaldo Porchat e Pelágio Lobo, ou que, como Cordeiro Leite, exaltaram a memória do tribuno em memorável oração. Deles procedem recordações que tenho a honra de vos oferecer nesta romaria de infinita saudade.

Brasílio Machado foi um belo homem. "Alto, magro, bem trajado, a palidez do rosto contrastando com o fulgor dos olhos grandes que mais brilhavam pelo acentuado das sobrancelhas carregadas, cabelos pretos, maneiras fidalgas, bela cabeça, porte senhorial, gesticulação sóbria e apropriada, dicção clara, voz quente e maviosa, Brasílio Machado, quando falava, atraía para logo seduzir"; ... "boca rasgada sensual e iluminando, espiritualizando, magnificando as linhas vigorosas da face, uns olhos verdes que contrastavam com o moreno da tez e ardiam como esmeraldas abrasadas pela incidência de um feixe de luz".

"De feição externa ríspida, era homem de grande severidade. Difícil de se abrir em intimidades, cerimonioso e de poucas expansões, essa era a forma de valorizar as suas preferências. Foi esse um dos traços de caráter na nobre árvore dos Machado de Oliveira", porque de feitio idêntico foi Alcântara Machado, Antonio e Brasílio Machado no dizer de Pelágio Lobo. Era preciso conquistar-lhe uma pequena dose de confiança inicial para então penetrar na sua intimidade e confiança. Feitio natural, índole de recolhimento, talvez herança atenuada de um ancestral bandeirante, dessa gente dura, valente e destemida que entrou sertão adentro e só pôde vencer e voltar vivo ao campo nativo de Piratininga, porque aprendera a desconfiar de tudo – da água parada, do índio submisso, da onça fugidia, do próprio agregado, escravo ou serviçal".

Brasílio estudou no Seminário Episcopal, fundado por D. Antonio Joaquim de Melo. Anos passados no Seminário despertaram-no para humanidade e fé religiosa, aspectos que viriam a marcar sua personalidade mística.

Em 1868, ingressou na Faculdade de Direito de São Paulo. Aguardavam calouros para saudá-los e veteranos, Rui Barbosa, Castro Alves e Salvador Mendonça. Nas cátedras da Academia, pontificavam José Bonifácio, o moço, e Joaquim Inácio Ramalho, entre outros. Brasílio diplomou-se em 1872 e doutorou-se em 1875. Como poeta, sofreu intensamente a influência de Castro Alves, de quem foi colega e amigo. Daí, talvez, seu entusiasmo pela poesia, que o levou a publicar três coletâneas de versos: *Madressilvas*, em 1876, *Perpétuas*, em 1882 e *Ave-Maria*, em 1900.

São de *Madressilvas* versos dedicados à Piracicaba, onde pela primeira vez a bela cidade paulista é assim evocada:

"Sacode os ombros, ó noiva da colina,
Que a luz da madrugada encheu o largo céu
E arranca-te das mãos o manto da neblina
Que ondula sobre o rio, enorme e solto o véu".

Em *Perpétuas*, reúne as poesias que escreveu ao perder uma filha:

"... São saudades
Em horas de pesar amanhecidas...
Inclinadas parecem que balançam
Como sinos dobrando por finados.
Se morrem, na semente redivivem.
A dor renova a dor. E são perpétuas".

Última e terceira coletânea de versos, *Ave-Maria*, paráfrase da saudação angélica, *Ave-Maria*, é dedicada à Maria Santíssima pelas mãos de Maria Leopoldina (de Souza Amaral), sua mulher, cujo nome perpetua:

"Se eu pudesse, no espaço escreveria
Com as letras das estrelas teu Nome
Ave-Maria!".

Não foi por poesias que Brasílio se notabilizou. Absorvido pela política, pela advocacia e pelo magistério, raramente se dispunha a fazer versos. Jurisconsulto de alto saber, escritor de aprimorada elegância, poeta de não comum inspiração, político que marcou a imprensa, "com a sua natural majestade, foi o príncipe da tribuna judiciária de São Paulo", nas palavras de Pelágio Lobo.

Orador comparável a José Bonifácio, o Moço e a Joaquim Nabuco, conquistou a notoriedade com a oração pronunciada, em 1881, na Sessão Comemorativa do Tricentenário da morte de Camões, quando, em nome do jornal "A Constituinte", fez um discurso, que foi publicado em quatro edições sucessivas. Dele são várias frases, cujo trecho de maior efeito diz: "Portugal, essa nação pequenina, que a Espanha comprime e que o Oceano alarga... Essa nova Grécia dos argonautas da glória".

Igualmente famosa foi oração sobre Carlos Gomes. Seguem-se-lhes discurso inaugural do Instituto de Advogados de São Paulo e conferência sobre Anchieta, que mereceu o elogio público de Machado de Assis. "Ao ver e ouvir os notáveis discursos proferidos por Brasílio na cátedra da academia, nos salões de conferência e no tribunal do Júri, ficava-se, diz Porchat, com uma impressão indelével de sua encantadora eloquência".

Seu cargo de maior projeção foi o de Presidente da Província do Paraná, para o qual foi escolhido pelo Gabinete do Conselheiro Dantas, onde, em 1884, revelou talentos em administração. Nessa ocasião, trabalhou intensamente pela campanha abolicionista, com o mérito de dar à província que governava a obrigatoriedade do ensino primário. Com a queda do ministério liberal, Brasílio demitiu-se e regressou a São Paulo.

De volta a São Paulo, em 1885, aos 37 anos, monarquista convicto e católico declarado, viu com amargura a derrocada do regime e o advento da República com ideário positivista. A República propunha mudanças que a mentalidade católica não podia aceitar, como separação entre Estado e Igreja, secularização de cemitérios e reconhecimento do casamento civil.

Isso o levou a fundar o Partido Católico, com José Vicente de Azevedo, Miranda Azevedo, Luís Gonzaga de Silva Leme e outros. A finalidade da agremiação, exposta em manifesto em 1890, não conseguiu mobilizar adeptos em número suficiente e o Partido não conseguiu eleger seus candidatos. Brasílio abandonou a política partidária, mas não ideias religiosas. Datam de então passos decisivos em direção da advocacia e do magistério, onde fez carreira notável.

Ao separar a Igreja do Estado, os constituintes republicanos abalaram o sentimento católico do país, um perigo à Igreja Católica. Em 1894, nas palavras de Antonio, seu neto, assim Basílio considerou catolicismo brasileiro em face da República:

"há entre nós franco empenho em agravar o pérfido preconceito de que a Igreja Católica é adversária intransigente do atual regime político. Não falta quem descubra na cruz a arma das rebeliões e em cada católico um conspirador disfarçado... Nosso objetivo único se resume numa pátria fortalecida pelo espírito do catolicismo. A Igreja... nada tem de comum na sua origem com essas instituições nascidas ao sopro instável da política e das ideias humanas".

Por seu empenho em reconquistar o espaço perdido pela Igreja Católica com o advento da República e já distinguido em 1900 por Leão XIII com a *Cruz Pro Eclesia* e Pontífice, recebeu de Pio X, em 1910, o título de Barão de Santa Fé.

Dizem que foi José Bonifácio, o moço, quem o encorajou a ingressar no magistério superior, a defender tese e a fazer concurso para Professor Catedrático da Faculdade de Direito de São Paulo. Aprovado como lente substituto em 1883. Em 1890, aos quarenta e dois anos e já no regime republicano, tornou-se Professor Catedrático de Filosofia de Direito e em 1891, Professor Catedrático de Direito Comercial, onde muito se distinguiu.

No dizer de Alcântara Machado, Brasílio tinha um quê indefinível, uma autoridade que lhe outorgava a presença, por mais estranho que fosse o auditório. "Na cátedra, a presença do professor era impressionante".

Durante exercício da função como professor catedrático da Faculdade de Direito de São Paulo, foi distinguido com nomeação do governo federal para instalar o conselho superior de ensino, criado em 1911, ocasião em que muito fez pelo ensino secundário e superior do país. Foi nesse posto que se aposentou para voltar a São Paulo, onde desejava terminar seus dias.

Na breve oração proferida, em 1941, em nome da Associação dos Antigos Alunos da Faculdade de Direito, ao ser colocado o busto de Brasílio Machado no salão do júri, Pelágio Lobo recordou o Padre Antonio Vieira quando, no Sermão da Sexagésima, ao discorrer sobre o prestígio dos oradores sacros e influência sobre os ouvintes, acentuou que o lastro moral daquele que fala em público tem influência decisiva sobre quem o ouve e sobre a repercussão da matéria do discurso:

"O melhor conceito que o pregador leva ao púlpito, qual cuidais que é? É o conceito que, da sua vida, têm os ouvintes".

É preciso concluir a memória deste Paulista, fundador e primeiro presidente da Academia Paulista de Letras, membro do Instituto Histórico e Geográfico Brasileiro e do Instituto Histórico e Geográfico de São Paulo, que à Pátria prestou significativos serviços. Como jurista, tribuno, jornalista, professor, político e administrador, Brasílio surpreendeu as pessoas que o rodeavam, por sua competência e por tudo submeter a sua fé. Se foi um homem da Nação, foi também Homem de Deus, *Vir Dei*. Bem merece a gratidão e o respeito que lhe dedicamos, recordando seu nome e sua obra.

Brasílio faleceu no dia 5 de março de 1919. Morreu, como viveu, crendo
"no pavilhão das Treze Listas
na santa união de todos os Paulistas,
na comunhão da Terra adolescente,
na remissão da nossa pobre gente,
numa ressurreição do nosso bem,
na vida eterna de São Paulo, – Amém!".

Como ternamente escreveu seu filho, "não conheceu a melancolia do crepúsculo e a imagem que deixou é a de um sol que, de repente, em pleno esplendor, mergulha na escuridão".

José Leite Cordeiro[2]

José Pedro Leite Cordeiro nasceu em Campinas, a 14 de julho de 1914, filho do Dr. Linneo Cordeiro e da Sra. Dulce Hermínia Leite Cordeiro, ambos oriundos de tradicionais famílias bandeirantes. Médico, biógrafo, genealogista e historiador, realizou estudos primários e secundários em Campinas e na cidade de São Paulo, tendo ingressado na Faculdade de Medicina de São Paulo, em 1932, onde se diplomou em 1937. Aperfeiçoou-se em técnica cirúrgica e cirurgia experimental com o Professor Benedito Montenegro, catedrático dessa Escola.

Em 1939, casou-se com Maria Isabel Platt de Macedo Soares, filha de José Cássio de Macedo Soares e de Maria do Carmo Platt de Macedo Soares, de quem teve um único filho. Dona Maria Isabel Bellah nasceu em São Paulo, no solar de seu tataravô, Barão de Souza Queiroz, onde hoje se encontra a Biblioteca Mário de Andrade. Formou-se no Colégio "Des Oiseaux", em cujas classes obteve numerosas distinções.

Leite Cordeiro contou com convívio e a amizade do Embaixador, Secretário e Ministro de Estado, José Carlos de Macedo Soares, então Presidente da Academia Brasileira de Letras e do Instituto Histórico e Geográfico Brasileiro. Lá iniciou suas primeiras pesquisas.

Em junho de 1944, aos 30 anos de idade, ingressou no Instituto Histórico e Geográfico de São Paulo, onde atuou oito anos, como orador oficial, eleito cinco vezes como presidente.

---

2 Discurso proferido por Nelly Martins Ferreira Candeias ao tomar posse na Academia Paulista de História, em dezembro de 2000, em sessão solene realizada no Salão Nobre da antiga Casa de Dona Veridiana Prado, hoje Clube São Paulo.

Em março de 1956, tomou posse na Academia Paulista de Letras, onde ocupou a cadeira 19, cujo patrono é o Barão de Piratininga, ocasião em que foi saudado pelo historiador Aureliano Leite. Foi o oitavo membro dessa entidade, no período de 1975 a 1978. Membro da Academia Portuguesa de História, em Lisboa, teve a honra de ocupar uma das dez cadeiras destinadas a brasileiros, entre as 40 cadeiras dessa entidade.

Trabalhos de investigação histórica, baseados na ampla documentação disponível nos arquivos nacionais e portugueses, enriqueceram significativamente a bibliografia paulista. Entre ampla produção bibliográfica, encontra-se: *São Paulo e a invasão holandesa*, livro dedicado a Aureliano Leite, "pelo estremecido amor que dedica a São Paulo" ; "Brás Cubas e a Capitania de São Vicente", trabalho de pesquisa e revelação histórica, pelo qual recebeu o prêmio Joaquim Nabuco da Academia Brasileira de Letras, e "O Engenho de São Jorge dos Erasmos". Esse estudo despertou a atenção de historiadores paulistas para compreensão dos primeiros passos da estratégia da economia portuguesa no Brasil Colonial.

A história do primeiro engenho paulista, "O Engenho de São Jorge dos Erasmos", foi narrada por frei Gaspar da Madre de Deus, monge beneditino, primeiro historiador paulista de obra impressa, segundo Taunay. As "Memórias para a História da Capitania de S. Vicente", impressas em 1797, por Frei Gaspar da Madre de Deus, não contêm o terceiro tomo, cujos originais se perderam. A relevância dessa obra para a história de São Paulo justificou a reimpressão por Varnaghen, em 1847, e por Taunay, em 1920.

Intelectual com vocação para o estudo de documentos originais, obstinado "vasculhador de alfarrábios", como foi denominado, Leite Cordeiro, amigo e parente de Taunay, encontrou, em Portugal, um apógrafo inédito das "Memórias", que parece ter sido rascunho do livro de Madre de Deus. Esse achado contribuiu para que Leite Cordeiro se debruçasse sobre a história da economia portuguesa no Brasil colonial, atraído pelo desafio de interpretar fatos obscuros para a historiografia da época.

"O Engenho de São Jorge dos Erasmos" refere-se à cultura canavieira na Capitania Vicentina, onde surgiram os primeiros engenhos de açúcar, pontos de apoio para o estabelecimento definitivo da colonização portuguesa no sul. Um deles, movido à água, possuía capela sob a invocação de São Jorge, cemitério, habitações para operários e demais dependências de um engenho grande.

Em 1516, o rei D. Manuel procurou introduzir o cultivo da cana e a tecnologia da fabricação do açúcar no Brasil. "Naquele mesmo ano", relata Leite Cordeiro, "além de machados, enxadas e outras ferramentas, enviou à colônia um homem prático e capaz, com instruções para instalar um engenho de açúcar, mandando fornecer-lhe ferro, cobre e mais todo material necessário para a construção".

Hábil mensageiro do rei, a expedição de Martim Afonso de Souza, a São Vicente, em 1532, pode considerar-se ponto de partida para a indústria açucareira no Brasil. Segundo a citação do padre Simão Vasconcelos, a indústria "foi a primeira que teve a planta de cana-de-açúcar"... "Foi na vila de São Vicente que se fabricou o primeiro açúcar no Brasil".

O estudo de Leite Cordeiro contém o mapa desenhado por João Teixeira Albernáz, no século XVI, com comentários de Enzo Silveira. Nele, assinalando o planalto, lê-se a comovente inscrição "Vila de São Paulo, 9 léguas da barra".

O Engenho dos Erasmos é patrimônio cultural da Universidade de São Paulo, por doação concretizada no salão nobre da Prefeitura Municipal de Santos, em janeiro de 1958. A mesa dos trabalhos foi integrada pelo Prof. Dr. Gabriel Teixeira de Carvalho, reitor dessa universidade, pelo Prof. Dr. Luis Antonio Gama e Silva, catedrático de Direito, consultor jurídico, pelo Dr. Francisco Malta Cardoso, representante da Associação dos Usineiros de São Paulo, e pelo Sr. Otávio Ribeiro de Araújo, um dos doadores do terreno, onde se encontram as ruínas do engenho.

Dois aspectos marcam a contribuição desse historiador à cultura brasileira: investigações históricas, dirigidas à verificação e complementação da historiografia do passado paulista, e trabalhos como idealizador de publicações de interesse histórico.

Deve-se a Leite Cordeiro a publicação do "Catálogo de Documentos para a História de São Paulo", constituído por 15 volumes, com cerca de cinco mil e quinhentas páginas de texto, contendo documentos inéditos, existentes no Arquivo Histórico Ultramarino, em Lisboa, a publicação do "Dicionário de Bandeirantes e Sertanistas", da autoria de Luiz Correia de Melo, e a edição em fac-símile, em oito volumes, do Almanaque Literário de São Paulo, editado por José Maria Lisboa, no período de 1876 a 1885. Cumpre realçar, também, a Reedição das "Plantas da Cidade de São Paulo" e a criação da Biblioteca da Academia Paulista de Letras, que se propôs a editar obras esgotadas e raridades bibliográficas, de interesse para a cultura paulista.

Theodor Rosenthal, ao falar sobre Leite Cordeiro, por ocasião de sua posse na Academia Paulista de Letras, mencionou que grande parte das energias desse historiador foram dirigidas para estudo da penetração portuguesa em terras brasileiras.

Na opinião do acadêmico Dutra de Moraes, sua obra de valor incontestável, valeu-se da coparticipação de historiadores brasileiros e portugueses. Foi o trabalho conjugado desses especialistas que permitiu comparar as informações da historiografia luso-brasileira ao longo do tempo e revelar a história como a verdadeira *magistra vitae*.

Após "cumprir a jornada antes que a noite chegasse", Leite Cordeiro faleceu em janeiro de 1986, aos 71 anos de idade.

Entidades culturais manifestaram a desolação de sua perda e uniram-se para abrir espaço a sua memória na cidade de São Paulo. E assim o fizeram para orgulho da gente paulistana. Sua herma, em bronze, castiça expressão de respeito e saudade, tradução da unidade dos sentimentos da nação, foi colocada em pedestal no Largo do Arouche, de frente para a Academia Paulista de Letras. Entidade que honrou e amou.

Isaac Grinberg[3]

Isaac Grinberg nasceu em Mogi das Cruzes, no Estado de São Paulo, em junho de 1922, filho de Max Grinberg e Ignacita Grinberg.

A vocação para jornalismo manifestou-se ao assumir o cargo de redator-chefe de *O Gymnasiano*, jornal dos alunos do Ginásio do Estado, em Mogi das Cruzes. Em 1938, tornou-se redator do Jornal *O Liberal*, principal periódico da cidade, função que desempenhou até 1941. Mudou-se então para São Paulo, a fim de exercer a função de redator do jornal *O Dia*, ocasião em que obteve registro no Ministério do Trabalho como jornalista profissional.

Transferiu-se em seguida para o Rio de Janeiro, onde criou a agência de notícias, "News Press", período em que, como redator, passou a enviar matérias para jornais de vários Estados do país. Trabalhou também no jornal *O Globo*, na seção diária "Uma pergunta por dia", coluna publicada na primeira página, onde as principais personalidades brasileiras, da época, respondiam a questões formuladas pelo jornalista.

Em 1951, deixou o Rio de Janeiro para fundar e dirigir a *Folha de Mogi*, primeiro jornal diário de Mogi das Cruzes, que era mimeografado, para onde levou o primeiro linotipo de cidade. Em 1978, aposentou-se, como Jornalista Profissional, após 38 anos de exercício da profissão.

Porém, havia muito iniciara sua atuação como historiador. Pesquisador obstinado, leu e divulgou documentos originais da história de sua cidade, tendo desenvolvido pesquisas no Arquivo Histórico Ultramarino de Lisboa, de onde trouxe documentos ligados à história de Mogi das Cruzes.

---

[3] Discurso pronunciado por Nelly Martins Ferreira Candeias na sessão solene de sua posse na Academia Paulista de História, em dezembro de 2000.

Após trabalho de pesquisa, de estudo e de critério, Grinberg ofereceu à cidade dez livros históricos, que o amor pela tradição ilustra, onde Mogi das Cruzes é tratada em várias dimensões – histórica, geográfica, cultural e sentimental, sem deixar de considerar, também, aspectos da sua atividade produtiva e econômica.

A propósito de sua produção literária, diz o historiador Odilon Nogueira de Mattos, que, excetuando Taunay, "não conhece ninguém que haja escrito dez livros sobre uma mesma cidade, como o fez Isaac Grinberg, ou, ao contrário, invertendo os termos, não sabe de nenhuma outra cidade brasileira que tenha merecido dez livros de um mesmo historiador".

Os livros podem ser analisados em função de três elementos: revisão da historiografia de Mogi das Cruzes, empenho de perpetuar a memória da cidade e sua própria memória e abordar em livros didáticos assuntos úteis para professores e alunos.

Sobre o valor de sua obra, assinam prefácios dos livros, Odilon Nogueira de Mattos, Paulo Bomfim, Pedro Calmón, José Pedro Leite Cordeiro, Aureliano Leite e Ernesto Leite.

Como historiador, Grinberg iniciou seus estudos no arquivo da Prefeitura Municipal. Em seu primeiro livro, *História de Mogi das Cruzes*, publicado em 1961, adotou o método cronológico, dedicando linhas a cada acontecimento, forma esta adotada por outros autores de obras sobre São Paulo, como o Brigadeiro Machado de Oliveira, Manuel Eufrásio de Azevedo Marques, José Jacinto Ribeiro e Aureliano Leite. Nesse livro, tudo se registra em quatro séculos da vida histórica, política, econômica e social de Mogi das Cruzes. Para Carlos Drummond de Andrade, a obra deve ser considerada modelo para a historiografia municipal, pelo método adotado, objetividade e riqueza de documentação. Na opinião de Leonardo Arroyo, trata-se de livro minucioso, rico de dados pesquisados nas melhores fontes históricas da cidade e adequada bibliografia. O método cronológico do inventário de fatos facilita a consulta.

No livro intitulado *Mogi das Cruzes de 1601 a 1640*, após fazer decifração paleográfica e cônscio do valor do seu trabalho, Grinberg divulgou cinquenta e cinco primeiras atas da Câmara de Mogi das Cruzes. Diz Pedro Calmón, ao prefaciar o livro, que atas semelhantes só se conheciam as de São Paulo, dadas a conhecer graças ao governo de Washington Luís Pereira de Souza e ao investigador Afonso de Taunay. Pouco resta dos papéis do século XVII. Os da Bahia perderam-se com a invasão dos holandeses, em 1624, os de Pernambuco, período de 1631 a 1654 desapareceram durante incêndio, o mesmo ocorrendo, no Rio de Janeiro, com documentos do cartório da Câmara, em 1798.

O estudo permite elucidar dúvidas sobre comportamento das autoridades locais, com o mérito de retificar Afonso Taunay quanto a ideias urbanistas da época. Grinberg demonstra qualidades de historiador, ao fazer levantamento na historiografia anterior, trabalho penoso, interrompido por verificações e contraverificações.

Nessa obra, o autor relata o despontar de Boegi, Vylla da Senhora Santa Ana, onde surgem mamelucos, filhos de índias e boavas (homem de botas), contemplando, juntos, a cruz de estrelas na madrugada da nação.

Para manter interesse pela obra, o texto é ilustrado por Manuel Victor Filho, que reproduz roupas, armas e ambientes do povoado.

No livro *Mogi das Cruzes de Antigamente*, Grinberg mostra talento de memorialista, ao registrar a parte humana da cidade, equilibrando investigação com arte da comunicação escrita e visual. No dizer de Paulo Bomfim, trata-se de um livro escrito com o coração, onde saudade caminha ao lado da erudição, pelas mãos de historiador jovem que se debruça com ternura sobre o que o tempo vai transformando em lenda.

A obra vale-se de informações e relatos de grande número de pessoas, relembra as revoluções de 1924, de 32, a 2º Grande Guerra, e futebol, carnaval, bonde, os táxis, o carro número 1 da cidade, os santos, o chafariz, as estátuas, cada pormenor a agudez de suas reflexões.

Também de natureza memorialista, o livro *Mogi das Cruzes do meu tempo* reporta-se aos tempos de menino e moço do autor, anos 20, 30 e 40. Em estilo simples e forte, fatos e reminiscências sucedem-se, entrelaçados a lembranças pessoais. *Memórias fotográficas de Mogi das Cruzes* mostra versatilidade do autor, cujos recursos intelectuais parecem inesgotáveis.

Embora pesquisa histórica tenha sido atividade marcante, Isaac Grinberg também se dedicou à vida universitária. Foi Diretor da Faculdade de Comunicação Social "Brás Cubas"; Diretor do Desenvolvimento da Federação das Faculdades Brás Cubas e Pró-Reitor Comunitário e Diretor de suas Bibliotecas.

Educador por vocação, preocupou-se com a falta de civismo da juventude brasileira. No livro *Retrato de Mogi das Cruzes*, volta-se para o estudo do bairro, para temas folclóricos, para campanhas que levem a mocidade a interessar-se pelo estudo da cidade, onde reside, e a responsabilizar-se pelo destino da nação. A obra termina com capítulo sobre "Civismo", onde divulga símbolos nacionais, letras de hinos e de canções, e o terno poema "Mogi das Cruzes", de Paulo Bomfim, onde se lê:

"Mogi das Cruzes sonhada
Num sonho de bandeirante,
Mogi das Cruzes presente
No coração de São Paulo".

O livro termina com as palavras de Rui Barbosa:

"A Pátria não é ninguém: são todos. E cada qual tem no seio dela o mesmo direito à ideia, à palavra, à associação. A Pátria não é um sistema, nem uma seita, nem um monopólio, nem uma forma de governo; é o céu, o solo, o povo, a tradição, a consciência, o lar, o berço dos filhos e o túmulo dos antepassados, a comunhão da lei, da língua liberdade. Os que a servem são os que não invejam, os que não infamam, os que não conspiram, os que não desalentam, os que não emudecem, os que não se acobardam, mas resistem, mas se esforçam, mas pacificam, mas discutem, mas praticam a justiça, a admiração, o entusiasmo".

A obra mostra que Grinberg acompanhou o progressivo distanciamento das gerações paulistas em relação à história de São Paulo. Por isso procurou transformar seu estilo em instrumento vivo, natural, divertido e caleidoscópico, optando por expressão espontânea, de rara sensibilidade e ternura humana. Com intenção cívica deu, ao povo da sua terra, mais alma, mais sentimento moral e mais vida pelo coração. No dizer de Odilon Nogueira Mattos, "felizes as cidades que têm quem lhes evoque a memória com tanta dedicação e proficiência".

Grinberg foi agraciado com várias condecorações: medalha Imperatriz Leopoldina, Medalha Marechal Rondon, Medalha Nina Rodrigues, Medalha D. Pedro II, Colar D. Pedro I, Medalha de Ouro da Prefeitura Municipal de Mogi das Cruzes, Troféu Dom Quixote da Sociedade Espanhola de Mogi das Cruzes. Foi eleito Intelectual do Ano também nessa cidade. Como historiador, recebeu o Troféu Itapeti de Mogi das Cruzes.

Em abril de 2000, Mogi das Cruzes perdeu esse jornalista, historiador, memorialista e educador. Faleceu na capital de São Paulo, depois de cumprir a missão de rever o passado da cidade em seus aspectos históricos, sociais, culturais e sentimentais. Nas palavras de Leite Cordeiro, oxalá outros seguissem suas pegadas em relação a cada um dos municípios brasileiros.

O perfil ficaria incompleto se não nos reportássemos a qualidades pessoais de Isaac Grinberg, jornalista, historiador, memorialista e educador, como atestam aqueles que tiveram o privilégio de conhecê-lo. Foi exemplo de idoneidade, civismo, otimismo, generosidade e respeito ao próximo, cujos valores revelou e divulgou. Tudo marcado com amor pela humanidade. Como em uma de suas crônicas, "somos todos Irmãos".

Grinberg imortalizou a história da cidade que tanto amou, e a memória de seus avôs, pais, irmãos, esposa, filhas e netos, cujos nomes, discretamente, menciona nas dedicatórias e no texto de seus livros. Sua obra faz-nos lembrar as palavras do profeta Isaías:

" e tu contarás a teus filhos,
e teus filhos contarão a seus filhos
e seus filhos contarão às futuras gerações".

CAPÍTULO 57

Palestras

República Guarani: As Ruínas de São Miguel[1]

No século XVI e princípios do século XVII, padres jesuítas espanhóis fundaram aldeias, denominadas de missões, orientadas pela religião católica, onde índios viviam de acordo com princípios da cultura ocidental na região oeste do território, hoje pertencente ao Brasil, Uruguai, Paraguai e à Argentina. Foram criados povoados, que ficaram conhecidos como os "sete povos das missões". A etnia desses povos era variada, predominando traços de índios guaranis. Os "Sete Povos" eram formados pelas aldeias de São Francisco Borja (1682), São Nicolau (1687), São Luiz Gonzaga (1687), São Miguel Arcanjo (1687), São Lourenço Mártir (1690), São João Batista (l697) e Santo Ângelo Custódio (1707), nas terras do Rio Grande do Sul.

São Miguel, Patrimônio da Humanidade

São Miguel, uma das mais antigas missões dos Sete Povos, foi o primeiro lugar a ser tombado pelo Instituto do Patrimônio Histórico e Artístico Nacional – IPHAN, como símbolo de agregação territorial, unidade nacional e identidade do povo gaúcho.

Nessas ruínas, uma igreja contém o único exemplar de torre e frontaria remanescentes dos povos jesuíticos e dos índios guaranis que se localizavam, nos séculos XVII e XVIII, no Brasil, Argentina, Uruguai e Paraguai. Lá se encontram restos de paredes, de fundações e de pavimentação de construções, casas de padres e de índios, oficinas,

---

1 Palestra proferida por Nelly Martins Ferreira Candeias, apresentada com transparências, como membro representante do Estado do Rio Grande do Sul no Clube dos 21 Irmãos Amigos, São Paulo, e publicada no Boletim dessa entidade.

colégios e cemitérios, testemunhos da primeira civilização implantada por europeus. É de destacar características sociais, econômicas, culturais e religiosas inovadoras e inexistentes na época.

A construção da Igreja de São Miguel Arcanjo teve início em 1735. Foi concluída dez anos depois, pelo arquiteto italiano, padre jesuíta, Grean Battista Primoli. A igreja possuía três naves com cinco altares dourados, cobertos de imagens de santos, em pedra e madeira, talhadas pelos próprios índios. Construída com enormes blocos de pedras, alguns com cerca de mil quilos, assentados uns sobre os outros graças a recorte tecnicamente bem calculados. Do lado direito da frontaria da igreja, há torre com 25 metros de altura, onde originalmente havia cinco sinos. Um deles, pesando mil quilos, encontra-se ainda no museu existente junto às ruínas. Acredita-se que esse e os demais sinos tenham sido fundidos na missão de São João Batista, onde se instalou a primeira fundição da América Latina. Na análise de Darcy Ribeiro em *As Américas e a Civilização*, as missões representam "a tentativa mais bem-sucedida da Igreja Católica para cristianizar e assegurar um refúgio às populações indígenas, ameaçadas de absorção ou escravização pelos diversos núcleos de descendentes de povoadores europeus e para organizá-las em novas bases, capazes de garantir sua subsistência e seu progresso". Em 1983, reconheceu-se São Miguel como patrimônio da humanidade, testemunho histórico do Novo Mundo, gerado pela expansão europeia do século XVII e ação inovadora dos jesuítas.

O Nome da Cidade

O nome São Miguel Arcanjo significa "o que está com Deus". Chefe dos Exércitos celestiais e padroeiro da Igreja Católica Universal, São Miguel representa o anjo do arrependimento e da justiça, mencionado três vezes na Bíblia Sagrada.

No capítulo 12 do livro de Daniel, lê-se: "Ao final dos tempos aparecerá Miguel, o grande príncipe que defende os filhos do povo de Deus. E então os mortos ressuscitarão, os que fizeram o bem, para vida eterna, e os que fizeram o mal para o horror eterno". No capítulo 12 do livro do Apocalipse, lê-se: "Houve uma grande batalha no céu. Miguel e seus anjos lutaram contra satanás e suas legiões que foram derrotadas, e não houve lugar para eles no céu. A antiga serpente, o diabo, o sedutor do mundo foi atirado no precipício. Ai da terra e do mar, porque o demônio desceu, a voz com grande ira, sabendo que lhe resta pouco tempo". Na carta de São Judas consta: "O Arcanjo Miguel, quando enfrentou o diabo, disse que o Senhor o condene". Por isso, São Miguel apareceu muitas vezes atacando o dragão infernal.

É interessante referir que o nome do guerreiro dos exércitos celestiais encontrava-se exatamente no local onde ocorreriam sangrentas batalhas do período colonial, as Guerras Guaraníticas.

As Guerras Guaraníticas

Dá-se o nome de Guerras Guaraníticas para o episódio de cruel massacre dos nativos e de seus amigos jesuítas por soldados de Portugal e Espanha, ocorrido nas terras do Rio Grande do Sul em decorrência das decisões expressas no Tratado de Madri.

Durante o século XVII, o movimento missionário enfrentou problemas na América do Sul, em áreas de litígio entre colonialismo espanhol e português. No Sul do Brasil, a população indígena dos Sete Povos das Missões foi submetida ao Tratado de Madri (1750), principal tratado de limites, assinado por Portugal e Espanha para definir áreas colonizadas. O Tratado de Madri exigiu a transferência dos nativos para a margem ocidental do Rio Uruguai. Portugal e Espanha concordaram em trocar os Sete Povos das Missões, que ficou para Portugal, pela colônia do Sacramento que passou a pertencer à Espanha. A decisão foi tomada por acordo entre Portugal, Espanha e a Igreja Católica, com emissário para impor obediência aos nativos.

Os jesuítas viram-se numa situação delicada: se apoiassem indígenas seriam considerados rebeldes; se não os apoiassem perderiam a confiança deles. Uns permaneceram ao lado da coroa. Outros, como o Padre Lourenço Balda, da Missão de São Miguel, apoiaram nativos, organizando a resistência desses índios à ocupação de suas terras e à escravização.

Indígenas missioneiros opuseram-se à decisão do Tratado de Madri por não se considerarem bens permutáveis à disposição dos caprichos de monarcas europeus. Acreditaram que as terras lhes haviam sido reservadas por Deus, por intermédio de São Miguel Arcanjo. Contrários às ideias da comissão, deram início à luta por ação armada. Em janeiro de 1756, 1700 espanhóis e 1600 portugueses, rebocando

10 canhões, invadiram as Missões. Na Batalha de Caiboaté, momento culminante dessa guerra, centenas de missioneiros foram massacrados, poucas baixas se registrando nos exércitos invasores. Foi-lhes fácil derrotar a desorganizada armada guarani, com canhões de bambu envoltos em couro, mobilizada em torno de seu herói, o índio Sepé.

Sepé-Tiaraju foi um índio guarani de São Miguel das Missões, que organizou guerrilhas para impedir o avanço dos exércitos português e espanhol na denominada Guerra Guaranítica, nos anos 1754-56. Diz a lenda que, quando Sepé morreu, ao preparar emboscada aos espanhóis na República dos Guaranis em 1756, os índios olharam para o céu e viram um cavaleiro galopando sobre um cavalo de fogo, envolto por luz intensa e com uma lança na mão. Era Sepé indo ao encontro de Tupã.

Essa derrota provocou a morte de muitos guaranis, assim como destruição do trabalho de várias gerações, fazendo desaparecer enorme quantidade de índios catequizados.

Co yvy oguereco yara

Ao atravessar o pórtico da entrada das ruínas de São Miguel das Missões, lê-se o brado heroico de Sepé-Tiaraju lá inscrito *Co yvy oguereco yara*, República dos Guaranis. Hoje lugar onde passado e futuro se encontram na memória histórica dos povos que concretizaram sonhos e delinearam destinos de um continente.

O tema das Guerras Guaraníticas tem muito a ver com os objetivos dos Clubes dos 21 Irmãos – Amigos no Brasil: integração dos povos, fé, esperança, caridade, defesa da unidade e identidade dos cidadãos. Foram valores como esses que transformaram o País na Nação que hoje nos mantêm unidos.

Nas palavras do Profeta Daniel, "ao final dos tempos aparecerá Miguel, o grande príncipe que defende os filhos do povo de Deus. E então os mortos ressuscitarão, os que fizeram o bem, para a Vida Eterna e os que fizeram o mal para o horror eterno".

Diziam os índios guaranis ao tempo das Guerras Guaraníticas: "Esta terra tem dono. Ela nos foi dada por Deus e por São Miguel".

Assim foi e assim será. Os que fizerem o bem serão louvados e os que fizerem o mal serão desprezados. Mostra a história que a verdade sempre prevalece e se perpetua na memória dos povos. E se Deus é Brasileiro, como muitas vezes se afirma, São Miguel é certamente Gaúcho.

Revolução Constitucionalista de 32
Clube dos 21 Irmãos Amigos

Em 1932, cerca de 40 mil brasileiros de São Paulo e Mato Grosso e 120 mil de outros Estados da União participaram de operações militares como batalhas campais, ações de guerrilha nas montanhas e combates. Outros 200 mil homens se apresentaram como voluntários das tropas constitucionalistas em São Paulo. A maioria descendia de imigrantes. Outros eram migrantes de Minas Gerais, Bahia, Rio de Janeiro e do Rio Grande do Sul.

Quanto a mulheres, 72 mil trabalharam como voluntárias, o que equivalia a 15% da população feminina do Estado de São Paulo. Algumas mudaram-se para cidades próximas dos combates, onde atuaram como enfermeiras, farmacêuticas, divulgando cenários da Revolução Constitucionalista.

Por conflituosos e múltiplos que tivessem sido os objetivos pessoais de cada um, a convergência de esforços para alcançar um fim tornou-se evidente no universo documental – visual, escrito e sonoro, dirigido ao povo de São Paulo. Mulheres e homens, provenientes de diversos segmentos sociais, étnicos e econômicos, acreditavam na Bandeira Constitucionalista e exigiam imediata democratização do país.

Em São Paulo, sentimento patriótico contido na ideia da configuração geográfica do Brasil pelos bandeirantes, associado ao orgulho pela independência do País em solo paulista, contribuíram para a mobilização popular, maior do que os constitucionalistas poderiam imaginar entre as datas dos dois famosos manifestos de 32, 16 de julho e 2 outubro.

A Revolução de 32 não se limitou ao Estado de São Paulo, envolvendo outros Estados da federação como Pará (Óbidos), Amazonas, Ceará, Mato Grosso, Minas Gerais, Rio de Janeiro e Rio Grande do Sul, por convicção constitucionalista. Esse é um aspecto que considero valioso para o Clube dos 21 Irmãos de São Paulo, que zela pela integração federal. Várias pessoas estão estudando o papel dos outros Estados brasileiros na Revolução Constitucionalista.

Depoimentos vão surgindo, a partir das informações de documentos de procedência séria. Estudos provam e comprovam que a Revolução em São Paulo não foi separatista. Comunicação ideológica deformou, na época, e continua deformando a história, com vista a influenciar a política dos outros Estados brasileiros contra a política paulista.

O primeiro Manifesto ao Povo Brasileiro, com data de 16 de julho de 1932, afirmava: "enganam-se os que supõem que a atitude de São Paulo esconde propósitos separatistas"... E o que dizer da Bandeira paulista? A única que contém a bandeira brasileira?

Os dois manifestos ao Povo Brasileiro de 1932, julho e outubro, foram assinados por membros do IHGSP. Para que se perpetuem na história desta Casa de Memória, menciono os nomes de 15 membros do Instituto exilados naquela ocasião:

Pedro de Toledo, Carlos de Souza Nazaré, Paulo de Morais Barros, Francisco da Cunha, Francisco Emidio Fonseca Telles, Guilherme de Almeida, Aureliano Leite, Altino Arantes, Álvaro de Carvalho, Antonio de Pádua Sales, Francisco de Mesquita, Júlio de Mesquita Filho, Manuel Pedro Vilaboim, Prudente de Morais Neto e Vivaldo Coaracy.

E quanto às mulheres? Os intelectuais constitucionalistas contaram com a presença de três grandes mulheres, também do IHGSP: Olívia Guedes Penteado, Carolina Ribeiro e Carlota Pereira de Queirós, tendo sido esta a primeira deputada da América Latina. O apoio delas ocorreu em todos os sentidos. A Campanha do Ouro, articulada por José Maria Whitaker, tornou-se viável graças às doações das mulheres.

Tenho especial carinho por carta enviada por uma senhora paulista durante a Campanha do Ouro: "A abaixo assinada, Theodora Corrêa, com 83 anos de idade, moradora à Rua Guayanases, nº 106, nesta capital, desejando concorrer, na medida de suas forças, para o bem de São Paulo, vem pela presente entregar a V.Sa. a única joia que possui, constando de um cordão de ouro com uma cruz e uma figa, pesando 46 gramas. Essa joia conta cerca de 200 anos, tendo vindo de geração em geração, como presente de casamento, a cada uma das portadoras, até chegar às suas mãos. É uma relíquia de família, como veem, mas para o bem de São Paulo, vale muito a sua renúncia. Atenciosas saudações. Theodora Corrêa".

Isabel e o Fim do Império

Dona Isabel Cristina Leopoldina Augusta Micaela Gabriela Rafaela Gonzaga de Bragança e Bourbon nasceu no Rio de Janeiro, em 29 de julho de 1846 e faleceu em Eu, na França, em novembro de 1921. Foi Princesa Imperial e regente do Império do Brasil por três ocasiões, na qualidade de herdeira de seu pai, o Imperador D. Pedro II e da Imperatriz Dona Teresa Cristina. Foi a primeira Chefe de Estado das Américas e uma das nove mulheres a governar uma nação durante o século XIX. Cognominada Redentora, por ter abolido a escravidão no Brasil, ao assinar a Lei Áurea, em maio de 1888, foi também a primeira senadora do Brasil, cargo a que tinha direito como herdeira do trono segundo a Constituição do Império do Brasil de 1824.

A Lei Áurea extinguiu a escravidão no Brasil em decorrência das fortes pressões internas e externas, provocadas por políticas republicanas que acusavam a monarquia por ainda manter a escravatura. Escravos continuavam a fugir e exército deixara de assumir o papel de capitão do mato. O trabalho escravo tornara-se economicamente indesejável, frente à concorrência da mão de obra imigrante, menos dispendiosa e mais qualificada.

A palavra Áurea vem do latim *Aurum*, cujo significado é "feito de ouro", "resplandecente", "iluminado". Expressa o grau de magnitude das ações humanas. Há quem acredite que a Lei Áurea recebeu tal designação por ter sido promulgada no dia 13 de maio, data do falecimento de Dom João VI, bisavô da Princesa, e não apenas, como dizem outros, por ter sido assinada com belíssima pena de ouro, contendo 27 diamantes e 25 rubis.

O exílio da Família Real

Extinta a monarquia em 15 de novembro de 1889, o Marechal Manoel Deodoro da Fonseca, chefe do Governo Provisório Republicano, expediu, no dia seguinte, a mensagem comunicando a deposição da dinastia imperial e extinção do sistema monárquico representativo. Nesse mesmo dia, o ex-imperador D. Pedro II recebeu ordem para que a família imperial deixasse imediatamente o Brasil. Assim escreveu a Princesa Isabel em *Memória para meus filhos*: "no dia 16 às duas horas da tarde chegou a Comissão do Governo Provisório com uma mensagem a Papai exigindo sua retirada para fora do país". A princesa Isabel relata que os filhos chegaram de Petrópolis, onde estavam, etc. (...) "A ideia de deixar os amigos, o país, tanta coisa que amo, e que me lembra mil felicidades, fez-me romper em soluços. Nem por um momento desejei uma menor felicidade para minha pátria, mas o golpe foi duro".

Atemorizada pelos acontecimentos, partiu a Família Real, ignorando o futuro que os esperava. Ainda no porto, um oficial se dirigiu à Princesa, dizendo-lhe: "Vossa Alteza compreende que esta transformação era necessária", ao que ela lhe responde: "pensava que se daria, mas por outro modo; a nação iria elegendo cada vez maior número de deputados republicanos e então, tendo a maioria, nos retiraríamos".

Na madrugada do dia 17 de novembro de 1889, teve início o embarque da família imperial no navio Parnaíba e transferência para o navio Alagoas, acompanhado pelo navio Riachuelo, enquanto estivessem em águas brasileiras. Diz Raul Pompeia, "culpa, tristeza e mesmo certa vergonha. Em vez da luz forte do sol, temos o escuro da noite, em lugar da recepção calorosa, a partida solitária, sob olhares escondidos. Assim seguiram para Portugal aqueles que, a partir de 1808, transformaram uma colônia adolescente numa poderosa Nação, evitando a fragmentação do território conquistado, tal como ocorreu no oeste do continente. Sem a Família Bragança, o Brasil teria se transformado num conjunto de países muito menos poderosos".

Omissões históricas, preconceitos e discriminações

O Brasil não foi o último país a erradicar a escravatura, a não ser que se considere apenas as Américas no século XIX. Em entrevista publicada no "Caderno Ideias" do *Jornal do Brasil*, em 2001, o canadense Paul Lovejoy, professor da Universidade de York, pesquisador e autor do *Atlas Histórico da Escravidão*, comenta que a Nigéria, de onde vieram cativos para o Brasil, libertou os escravos apenas nos anos 30 do século XX. Outros países, como Arábia Saudita e Mauritânia, eliminaram a escravidão por volta de 1960. De acordo com depoimento de Pierre Verger, fotógrafo e escritor francês (Fundação Pierre Verger), negros africanos atacavam povos no interior da África, marcando com ferro incandescente as iniciais do comprador nos prisioneiros. Traficantes riquíssimos como os europeus, negociavam o preço dos escravos e trabalhavam em navios tumbeiros. Fazendeiros utilizavam escravos em suas propriedades africanas.

Alberto da Costa e Silva (in *Um rio chamado Atlântico*, Editora Nova Fronteira), ex-presidente da Academia Brasileira de Letras e embaixador na Nigéria, o maior africanólogo em língua portuguesa revela peculiaridades e fatos históricos de uma África que ainda não conhecemos. Segundo ele, escravos africanos pertenciam aos reis e aos grandes do Daomé, reino africano situado na África Ocidental. O tipo de trabalho pouco diferia do americano em dureza e crueldade. Na sua visão, o oceano Atlântico foi, durante séculos da escravatura e nos primeiros anos depois da abolição, um rio largo e comprido que tinha margens no Brasil e na África ocidental. O autor diz que a cultura africana é um dos alicerces da cultura brasileira, porém, o modo de vida do outro lado do Atlântico também foi influenciado pelo Brasil. Há, portanto, necessidade de conhecer de forma documentada, as duas margens desse rio.

Por ser injusta e pouco democrática a distância social entre o Brasil negro e o Brasil branco, é natural que o imaginário do povo sobre a escravidão contenha distorções ideológicas.

É necessário interpretar, com seriedade, a origem dos preconceitos e das discriminações existentes em nosso meio, para então introduzir os resultados obtidos nos livros didáticos que frequentemente os omitem.

Em matéria publicada especialmente para a *Folha de São Paulo*, os jornalistas Leandro Naloch e Nei Lopes analisam os enredos maniqueístas dos temas das escolas de samba que desfilam no carnaval, observando que neles os afrodescendentes são sempre caracterizados como heróis libertadores, e os outros como seus opressores. Exalta-se menos, ou raramente, o papel do negro na formação do povo brasileiro e na miscigenação, sem mencionar que mulheres negras compartilharam da intimidade dos grandes proprietários das fazendas, em cujas casas moravam e até tinham filhos com eles.

Os dois Brasis

É enorme a distância entre o Brasil moderno dos brancos e o Brasil arcaico dos negros. Nas palavras de Norberto Bobbio, "ao lado de um Estado de poder visível, há sempre um Estado de poder invisível que passa despercebido". Cento e vinte anos depois da abolição da escravatura, quais são as condições socioeconômicas da comunidade negra no Brasil? No momento em que tanto se fala das políticas públicas e dos sistemas de cotas no Brasil, basta entrar na sala das grandes universidades brasileiras, públicas ou privadas, para observar o grave problema ainda não resolvido pela república brasileira. Como dizia Joaquim Nabuco, "acabar com a escravidão não basta; é preciso abolir a miséria".

Estudo realizado na Universidade de Brasília mostra que professores brancos representam 99% do quadro das universidades públicas brasileiras, num país em que os afrodescendentes representam 47% da população. Muito embora haja visíveis avanços no controle de preconceitos e discriminações de raça, particularmente após a Constituição de 1988, os ideais dos direitos humanos e da cidadania estão longe de ser alcançados. O banco de dados do Programa das Nações Unidas para o Desenvolvimento (PNUD), que utiliza o cálculo do Índice de Desenvolvimento Humano (IDH/PNUD), assim como dados provenientes da Fundação João Pinheiro, permitem comparar as condições sociais dos negros entre países e no Brasil. O IDH dos brasileiros negros coloca-se na 107ª posição em 175 nações, equivalendo a El Salvador e China, ao passo que os brancos brasileiros encontram-se na 46ª posição nesse mesmo conjunto de nações!

Nas estatísticas apresentadas pela Pesquisa Nacional por Amostra de Domicílios – PNAD 2001 – o rendimento médio familiar, *per capita*, dos negros do Brasil, foi de 1,15 salários mínimos. O mesmo índice entre os brancos foi de 2,64 salários mínimos. A taxa bruta de escolaridade entre negros brasileiros foi de 84% e a dos brancos de 89%.

A taxa de alfabetização das pessoas maiores de 15 anos também apresentou variação positiva para o contingente branco (92,3%) – mais de 10 pontos percentuais superior ao ocorrido entre os negros, cujo índice de alfabetização foi de 81,8%. Lamentavelmente, no que tange ao indicador da esperança de vida ao nascer para o período 1990–1995, a esperança de vida ao nascer foi de 70 anos para os brancos e 64 anos para os negros.

Conforme dados do Instituto Brasileiro de Geografia e Estatística (IBGE), em 2001, apenas 15,8% dos negros puderam concluir curso de graduação, enquanto entre brancos esse índice atingiu 53,6%. No período entre 1992 e 2001, o número de crianças e adolescentes negros no mercado de trabalho foi duas vezes maior do que o de brancos, impedindo, assim, ascensão social pela educação. Agrava-se a condição dos brasileiros negros pelo difícil acesso a cargos com poder de decisão. Nas eleições de 2000, apenas 15 parlamentares negros foram eleitos entre as 513 cadeiras da Câmara do Brasil (2,8%).

Racismo como tema global

O conceito de direitos humanos tem sido apoiado por convenções, tratados e ratificações. Em 1948, a Declaração Universal dos Direitos Humanos, proclamada pela Assembleia Geral da ONU e assinada pelo Brasil na mesma data, ainda sob impacto das atrocidades cometidas durante a 2ª Guerra Mundial, comprometeu-se a promover os direitos humanos sem distinção de raça, sexo, língua ou religião. O documento foi traduzido em 360 idiomas. Como tema global, publicou-se a "Convenção Internacional sobre a eliminação de todas as formas de discriminação racial", assinada pelo Brasil em 1966 e ratificada em 1968, com decreto assinado em 1969. Nela se expressam liberdades fundamentais para todos, sem discriminação de raça, sexo, idioma ou religião.

Um dos principais objetivos da Convenção é criar um povo unido, sem classificar os Brasileiros em função das raças ou raças resultantes. Como aqui se sugere, é preciso estudar mais profundamente não apenas o que aconteceu em maio de 1888, mas também em novembro de 1889, no início da república. Talvez possamos nos aproximar dos ideais da cidadania expressa na Constituição de 1988 e, ao garantir a igualdade dos direitos humanos para todas as etnias, contribuir para tornar ainda maior esta Nação.

Como consta nos documentos da época, creio ser essa a intenção do ato da Princesa Isabel, "prefiro perder o reino do que não libertar os escravos". Foi essa também a terna mensagem do Imperador, que fora do Brasil, enviou-lhe um telegrama, onde se lia "Abraço à Redentora".

Bibliografia

Barman, Roderick J. Trad. de Luiz Antônio Oliveira Araújo. *Princesa Isabel do Brasil – Gênero e poder no século XIX,* Editora Unesp, 2005.

Carvalho, José Jorge. *Inclusão étnica e racial no Brasil – a questão das cotas no ensino superior,* Attar Editorial, 2005

Cerqueira, Bruno da Silva Antunes de (org.). *D. Isabel I, a Redentora.* Rio de Janeiro, 2006.

Daunt, Ricardo Gumleton. *Devaneios de uma época imperial.* Revista do Instituto Histórico e Geográfico de São Paulo, 1970.

Schwarcz, Lilia Moritz. *As barbas do Imperador: Dom Pedro II, um monarca nos trópicos.* São Paulo, Companhia das Letras, 1998.

Racismo no Brasil: percepções da discriminação e do preconceito racial no século XXI. orgs. Gevenilda Santos e Maria Palmira da Silva – São Paulo. Editora Fundação Perseu Abramo, 2005, 8:38.

Comemoração do Natal no Clube dos 21 Irmãos Amigos – 2004

O tema é Natal. Eu gostaria de citar Miguel Torga escritor e poeta português. Ele nasceu em agosto de 1907, em São Martinho da Anta, Trás-os-Montes, e faleceu em janeiro de 1995. É considerado um dos maiores escritores portugueses contemporâneos. Entre sua vasta obra, encontra-se *Diário*, que escreveu a partir de janeiro de 1932 até dezembro de 1993, período de 61 anos. Nessa obra encontra-se poesia e texto sobre o Natal, que leio a seguir:

São Martinho da Anta, 24 de dezembro de 1962

Natal

Um anjo imaginado.
Um anjo dialético, atual,
Ergueu a mão e disse: – É noite de Natal,
Paz à imaginação!
E todo o ritual
Que antecede o milagre habitual
Perdeu a exaltação.

Em vez de excelsos hinos de confiança
No mistério divino,
E de mirra e de incenso e oiro
Derramados
No presépio vazio,
Duas perguntas brancas, regeladas
Como a neve que cai,
E breves como o vento,
Que entra por uma fresta, quezilento,
Redemoinha e sai:

À volta da lareira
Quantas almas se aquecem
Fraternamente?
Quantas desejam que o menino venha
Ouvir humanamente
O lancinante crepitar da lenha?

Coimbra, 24 de dezembro de 1985

"Natal. E, só pelo fato de o ser, o mundo parece outro. Auroreal e mágico. O homem precisa cada vez mais destas datas sagradas. Para reencontrar a santidade da vida, deixar vir à tona impulsos religiosos, comer e beber ritualmente, dar e receber presentes, sentir que tem família e amigos, e se ver transfigurado nas ruas por onde habitualmente caminha rasteiro. São dias em que estamos em graça, contentes de corpo e lavados de alma, ricos de todos os dons que podem advir de uma comunhão íntima e simultânea com as forças benéficas da terra e do céu. Dons capazes de fazer nascer num estábulo, miraculosamente, sem pai carnal, um Deus de amor e perdão, contra os mais pertinentes argumentos da razão".

E assim termino. A melhor mensagem de Natal é aquela que aquece os corações daqueles que nos acompanham na caminhada pela vida.

Em nome da Diretoria do Clube dos 21 Amigos de São Paulo, desejo a todos um Feliz Natal e um Ano Novo cheio de Paz, Amor, Saúde e Amizade.

Deus esteja sempre conosco.

Um trem à minha espera

Sou agora professora titular aposentada, RDIDP, da Universidade de São Paulo. Responsável pelo estudo intitulado "Memória da USP", por sugestão do então reitor Flávio Fava de Moraes, tive o privilégio de conhecer a opinião de 220 professores aposentados que devolveram, preenchidos, questionários que lhes foram entregues por ocasião de um dos recadastramentos promovidos pela Reitoria. Muitos me procuraram pessoalmente na Faculdade de Saúde Pública, tão envolvidos se sentiram com depoimentos pessoais e histórias de vida. Fiz assim novos amigos com os quais até hoje me comunico. José Alberto Neves Candeias, meu marido, professor titular aposentado do Instituto de Ciências Biomédicas, foi um dos docentes que participaram desse estudo. Juntos, ele e eu, trabalhamos 65 anos para a Universidade de São Paulo!

Na minha vida acadêmica tudo funcionou "como um trem sobre trilhos". Como se a estação de uma ferrovia estivesse sempre à minha espera. Fui eu quem entrou no trem e fiz com que as coisas fossem acontecendo nas estações da minha vida.

Entro na aposentadoria com a alegre sensação de missão cumprida. De acordo com critérios que adotei para descrever os dados quantitativos do estudo dos aposentados, incluo-me na faixa etária com 61-70 anos (intervalo de classe discreto...), representando 32,6% do total de professores que responderam ao questionário.

Comparando-me com dados levantados, faço parte dos 84% que, de acordo com a pesquisa, se voltassem ao passado reiniciariam a mesma vida profissional; dos 33% e dos 28% que consideraram atividades de ensino e condições das atividades acadêmicas em relação à comunidade, "totalmente satisfatórias". Isso significa que me sinto realizada nos três níveis de funções universitárias: ensino, pesquisa e serviços à comunidade.

Quanto a programas de ensino, trabalhei conjuntamente com professores de universidades estrangeiras. Trouxe para o Brasil, com obstinada regularidade, graças ao apoio de agências financiadoras, professores, educadores e pesquisadores da área que hoje se denomina Promoção em Saúde levei para USP o grande teórico Lawrence W. Green, cujo modelo de planejamento – PRECEDE, foi aplicado em grande número de países do mundo. Embora nem todos concordem com o *approach* (ainda bem), o fato é que frequentemente alunos de pós-graduação referiam-se a ele como instrumento valioso para diagnóstico, planejamento e prática do componente educativo de programas na área da saúde. O modelo, que encontrei em revista científica, arrumava o caos da prática, mostrando, de forma clara, as características de etapas sequenciais. Por reconhecer a originalidade desse esquema teórico, trouxe para São Paulo o autor que, como eu, fora aluno da Faculdade de Saúde Pública da Universidade da Califórnia em Berkeley. Tínhamos muito em comum. Lembro-me de que, certa vez, no exterior, alguém se referiu a Green como a ovelha negra da educação em saúde. Isso prova que temos de prestar atenção às ovelhas negras que cruzam os caminhos de nossas vidas...

Além de Green, outros professores e professoras das Universidades de Houston, Los Angeles e Chapel Hill trabalharam comigo no Departamento de Prática de Saúde Pública da FSP. Snehendu Kar (UCLA), indiano que vive em Los Angeles, conseguiu estabilidade (*tenure*) nas universidades americanas. Nossa amizade se intensificou ao saber que ambos fomos indicados para estudar na Universidade de Berkeley, pela professora Dorothy Nyswander, por ocasião de visitas à Índia e ao Brasil.

Além de seu profundo conhecimento técnico-científico, o que me atraiu em Snehendu foi a imensa cultura que tinha, entre outros, em filosofia e música erudita. Era hábil analista da política departamental de sua escola. Via o todo com rapidez espantosa, fato que observei na FSP quando, em palestra imprevista, descreveu a situação da pós-graduação na UCLA. Foi brilhante.

Meu mais recente esforço, nesse sentido, foi trazer para o Brasil precioso livro sobre Promoção em Saúde, publicado na Inglaterra, e, logo a seguir, seu editor, Gordon MacDonald. Realizamos um programa com grande impacto interinstitucional.

Tendo mencionado meu hábito de adquirir livros no exterior, gostaria de registrar fato que considero pitoresco e que muito nos fez rir, meu marido e eu, durante uma de nossas idas a Londres. Ao voltar para o hotel com novos livros nas mãos, comentei, após dar uma olhada na bibliografia citada, que, em Londres, também havia pessoas com o sobrenome Candeias. Quando verifiquei, o nome era meu próprio! Mais do que alegria passageira, salienta-se, a importância de publicar trabalhos fora do País em inglês. Quantos bons estudos foram realizados no Brasil, sem atingir a comunidade científica internacional. A ciência é como os esportes nas Olimpíadas. O país tem que aparecer, até porque, muitas vezes, são de nossa autoria conhecimentos que prevalecem e se multiplicam... É questão de treino.

Aspecto interessante no que diz respeito a pesquisas foi o fato de eu ter enveredado por um caminho completamente inesperado na minha trajetória científica. Realizei dois estudos sobre metalúrgicos. O levantamento dos dados foi extremamente penoso. Em relação a metalúrgicos na ativa, cujo delineamento prévio foi de natureza tripartite, recebi autorização (pasmem!) para entrevistar 452 pessoas em seus locais de trabalho, desde que.. só se... Isso ocorreu. Durante cerca de quatro meses levantei-me às 5 da manhã, para estar na fábrica às 7, visto que só poderia entrevistar operários antes do início de suas atividades na fábrica. Dados levantados por esse estudo contribuiram para a compreensão dos aspectos educativos da saúde ocupacional. Diogo Pupo Nogueira, Professor Emérito da Faculdade de Saúde Pública, Mestre, colega e amigo, a quem muito devo, acompanhou com entusiasmo e paciência meu "caminho de Santiago de Compostela". O estudo despertou o interesse de poderoso sindicato de São Paulo, levando à realização de um segundo estudo sobre metalúrgicos. Entrevistei, em seus domicílios, 303 aposentados. Portanto, meu estudo atingiu 755 trabalhadores de ambos os sexos! Foi, talvez, o período mais agitado da minha vida acadêmica. Terminados os dois estudos, o processo de negociação prévia e os resultados alcançados passaram a constituir o conteúdo programático de meus cursos de pós-graduação, dos pontos de vista teórico e prático.

No que se refere a serviços à comunidade, foi imensa a variedade de situações vividas por mim. Não quero que meu relato se transforme em cansativo CV. Trabalhei com noruegueses, finlandeses, suecos, japoneses, coreanos, portugueses, italianos, ingleses, norte-americanos, canadenses, uruguaios, chilenos, colombianos e argentinos. Além disso, participei intensamente de grupos de trabalho empresariais e sindicais. Riquíssima experiência!

Recentemente, consegui trazer meninos da Febem à Faculdade de Saúde Pública. Nunca vi tanta polícia na minha vida... Os meninos tocaram música erudita no saguão da biblioteca da faculdade. No dia seguinte, como parte do programa de Promoção em Saúde, de caráter internacional, ocasião em que o já mencionado Gordon MacDonald se encontrava aqui, ônibus e caminhões chegaram à faculdade, trazendo meninos e tambores. Ao meio-dia em ponto, para não incomodar professores e alunos, teve início a apresentação dos Meninos do Morumbi, moradores de favelas. Nunca a faculdade me pareceu tão alegre e cheia de vida como nesse dia. Repercutiram tambores e repercutiram nossos corações! O barulho era inteligente com súbitas mudanças de ritmo, com disciplina, com difíceis e silenciosíssimas interrupções, com admirada obediência às ordens do jovem maestro. Disso desejo registrar o seguinte fato: vi pessoas que subiram a escadaria e entraram na faculdade como se nada de diferente estivesse acontecendo. Parecia não estarem ouvindo tambores! Foi um grande ensinamento que se resume com poucas palavras: tem gente que ouve e tem gente que não ouve tambores...

Com desafios e conquistas, o tempo foi passando e eu comecei a me aproximar da data da aposentadoria. Pensei, como outros, que fosse parar de trabalhar, que me dedicaria inteiramente a alguns *hobbies*, a escrever sobre minhas reminiscências e saudades, à *la recherche du temps perdu*... Isso não aconteceu.

A aposentadoria não foi um ocaso na minha vida profissional; ao contrário, foi um amanhecer deslumbrante. Atualmente faço parte da diretoria do Instituto Histórico e Geográfico de São Paulo, o qual vem gradativamente mudando o seu modo de ser, à procura do século XXI. Não me afastei da USP, porque com ela vou trabalhar pelo convênio acadêmico que estão por celebrar essas duas instituições, o IHGSP e a nossa universidade. Continuo fazendo parte da comissão de outorga do Prêmio Mafpre para professores (1998) e para alunos (1999, 2000) e de que muito me orgulho, porque o prêmio foi proposto e trazido para a USP por mim.

Estou levando a experiência que adquiri na USP e em universidades estrangeiras para outros cenários. A vida acadêmica é ampla, e cheia de oportunidades e realizações. Como cidadãos, não poderíamos deixar de compartilhar nossa experiência com outras pessoas e em outros locais. É dever cívico de quem ama a Pátria.

Fico por aqui. Meu trem acaba de chegar nesta estação da minha vida. Estou alegremente de partida.

Arrivederci!

Fonte: http://www.usp.br/jorusp/arquivo/2000/jusp531/caderno/opiniao.html

Memória do Teatro Municipal de São Paulo

"O foyer *logo se transformou no grande ponto de encontro.*
Ali as pessoas se exibiam, conversavam.
Não havia nada mais luxuoso na cidade".

No final do século XIX, a cidade de São Paulo sofreu transformações econômicas e sociais, em decorrência da expansão da lavoura cafeeira em várias regiões paulistas, da construção da estrada de ferro Santos-Jundiaí e do fluxo de imigrantes europeus. A população de São Paulo passou de 130 mil habitantes, em 1895, para 240 mil em 1900. A área urbana cresceu, rompendo os limites do perímetro do triângulo, fazendo surgir linhas de bondes elétricos, reservatórios de água e a iluminação a gás. O parque industrial paulistano começou a formar-se, transformando Brás e Lapa em bairros operários, junto a indústrias próximas aos trilhos da estrada de ferro inglesa, nas várzeas alagadiças dos rios Tamanduateí e Tietê. A região do Bexiga foi ocupada por imigrantes italianos.

Três grandes realizações urbanísticas marcaram a última década do século XIX: abertura da Avenida Paulista e construção da Estação da Luz, em 1891, e do Viaduto do Chá, em 1892, obra de Jules Martin, primeira pessoa a perceber a importância de ligar o "centro velho" com a "cidade nova", que surgira na Rua Barão de Itapetininga e entorno.

O poder público municipal ganhou nova fisionomia. No período colonial, a cidade era governada por uma Câmara Municipal, instituição que reunia funções legislativas, executivas e judiciárias. Em 1898, com a criação do cargo de Prefeito Municipal, cujo primeiro titular foi o Conselheiro Antônio da Silva Prado, os poderes legislativo e executivo se separaram. Trens, bondes, eletricidade, telefone, automóvel, seguidos de protestos e reclamações dos moradores da cidade, acompanharam as mudanças. A cidade se expandiu, exigindo calçamentos, praças, viadutos e parques.

Navios carregados de produtos finos, para damas e cavalheiros da alta sociedade paulista, passaram a transportar imigrantes italianos, visando a amenizar a crise social e econômica, gerada pela transição do trabalho escravo para o trabalho livre. Em 1910, 40 mil portugueses e 100 mil italianos residiam em São Paulo. Os novos imigrantes foram sendo assimilados pelas grandes fazendas e recém-instaladas indústrias, após passarem por período de adaptação em hospedaria situada no bairro do Brás. A propósito, na coluna "Há um Século", do Jornal *O Estado de São Paulo*, referente ao ano de 1897 e com o título *Immigração*, lê-se que 287 fazendeiros haviam procurado 2 265 famílias na hospedaria da capital.

A criação do Teatro Municipal
Junho de 1903

O Teatro Municipal foi idealizado no ano de 1895 para atender ao apelo de italianos influentes e apaixonados pela Ópera, residentes em São Paulo. Com a aprovação da Câmara Municipal, em 1903, o Prefeito Antônio Prado lançou a pedra fundamental em terreno desapropriado no Morro do Chá. A 3 de fevereiro de 1903, o Vereador Gomes Cardim apresentou à Câmara Municipal o seguinte projeto de lei:

Art. 1º – Fica a prefeitura autorizada a entrar em acordo com o Governo do Estado sobre a transferência do terreno que este destina à construção de um teatro.

Art. 2º – Como condições de transferência poderão ser aceitas as de limite ao destino do terreno transferido e lotação mínima do teatro a construir.

Em sessão de 5 do mesmo mês e ano, o projeto foi aprovado. Promulgou-se a Lei nº. 627, tendo o prefeito enviado à Câmara exposição de motivos, da qual se extrairam os seguintes tópicos:

"Nos termos da autorização que me destes pela Lei nº. 627, de 7 de fevereiro de 1903, firmei com a Fazenda do Estado, em 10 de maio do mesmo ano, o termo de cessão, por este feito no município, dos terrenos desapropriados para a construção de um teatro, nesta Capital, entre as ruas Barão de Itapetininga, Formosa, Conselheiro Crispiniano e o futuro prolongamento da Rua 24 de Maio.

Realizando este acordo e tendo a Câmara entrado na posse da propriedade, sujeitei à Vossa consideração, em 4 de abril, as plantas e orçamento da construção, apresentadas pelos arquitetos Dr. Francisco de Paula Ramos de Azevedo, Domizziano Rossi e Cláudio Rossi, cuja competência profissional, bastante conhecida em São Paulo, oferecia, como então vos disse, suficiente garantia para a aprovação do projeto por eles organizado, ao mesmo tempo que vos pedia para fazer executar as obras do teatro por administração, em empreitadas parciais, por me parecer esse o melhor sistema de execução de trabalhos de tal natureza. Prontamente, acedendo a esse pedido, decretastes a Lei nº. 643, de 23 de abril de 1903, autorizando a Prefeitura a despender a quantia de 2.308:155$280 com as referidas obras, como vereis do relatório e mapas anexos apresentados por arquitetos, em 14 de maio seguinte, de conformidade com a citada Lei nº. 643. A 26 de junho tiveram início os trabalhos de fundação do teatro, executando-se, durante o ano, outras obras, como vereis do relatório e mapas anexos apresentados à Prefeitura, pelo engenheiro diretor da construção, Dr. Ramos de Azevedo".

O terreno onde o Teatro Municipal seria construído estava localizado no Morro do Chá, tendo pertencido anteriormente ao Coronel Proost Rodovalho, concessionário de enterros, a Gustavo Sydow, dono de serraria, a Abilio Vianna e Rodolfo Miranda. Construído entre 1903 e 1911 pelo escritório Ramos de Azevedo, segundo projeto de Domizziano Rossi e Claudio Rossi, o Teatro Municipal pertence à fase madura do ecletismo no Brasil, quando técnicas construtivas e material de construção, variado e custoso, foram adotados de modo a reproduzir fielmente padrões acadêmicos internacionais. A equipe, que durante nove anos dedicou-se ao projeto e gerenciamento das obras, estabeleceu contato a empresas existentes na Europa, trazendo a São Paulo elementos decorativos, ainda hoje presentes em sua arquitetura.

A importância do edifício e prestígio dos modelos europeus, ao qual foi comparado, ao tempo de sua construção, encontram-se no livro *O Brazil Actual*, na descrição de Artur Dias publicado em 1904. Chama-se atenção para ornamentos estilo Luiz XV da fachada e a sobriedade do conjunto, dentro da tradição clássica italiana.

No recinto doirado do Municipal, a magnificência do auditório correspondia a realizações cênicas de um repertório eclético e de perspectivas artísticas com pinturas murais realizadas por Oscar Pereira da Silva. Vale lembrar aqui artigo de Affonso de Freitas Júnior, membro do Instituto Histórico e Geográfico de São Paulo (citado por Loureiro):

"No teto do salão nobre do Teatro Municipal de São Paulo, pintadas no próprio forro, há três cenas da antiguidade grega, imaginadas e executadas por Oscar Pereira da Silva. Eu vi o artista em 1910, sobre altos andaimes, pintando diretamente no estuque. A cena do centro do teto refere-se à Origem do Teatro Grego e a do seu lado direito à Música, enquanto a da esquerda é dedicada à Dança".

Lembrou-se ao público paulista do fogo que destruiu o Teatro São José, fazendo-se referência a dispositivos contra incêndio, localização da orquestra, colocada abaixo do nível da plateia, de acordo com proposta de Wagner, e tamanho da sala de espetáculos, pouco menor que as da Ópera de Paris e de Viena.

Confusão na Noite de Gala
To be or not to be?

A inauguração oficial do Teatro Municipal de São Paulo deu-se em 12 de setembro de 1911, oito anos e meio depois do início das obras, noite marcada por fatos imprevisíveis, que abalaram os organizadores da festa. A estreia solene fora marcada para 11 de setembro, porém, os cenários enviados pela companhia lírica não chegaram a tempo. Não houve outra alternativa senão transferir o espetáculo para a noite do dia seguinte. E assim foi.

A inauguração do teatro causou o primeiro grande problema de trânsito da cidade. Na Praça da República, o congestionamento era total. Veículos vinham de todas as direções, saindo da Rua Sete de Abril, desciam a Rua Conselheiro Crispiniano. Atravessavam o Viaduto do Chá, desembocavam na Rua Xavier de Toledo e chegavam pela Barão de Itapetininga. Caleças, tílburis, landôs e cerca de cem automóveis. Houve quem dissesse cento e cinquenta. Muitos, chegaram, depois de começar o segundo ato (...). Os homens de fraque e as mulheres exibindo notável diversidade de toaletes, da *faille liberty-gris-fer* ao *voilage* de *mousseline changeant*, guarnecidas com franjas de vidrilhos, consideravam uma afronta não ser vistos, conduzidos por seus cocheiros de libré ou *chaffeurs* fardados. Terminado o espetáculo, nova confusão, pelo mesmo motivo (Jorge Americano, Loyola Brandão).

Para a inauguração, escolhera-se a ópera Hamlet de Ambroise Thomas, fato que ocasionou indignação e protestos. A proposta desagradara os nacionalistas. *To be or not to be*? Muitos exigiam que se tocassem obras brasileiras, particularmente as de Carlos Gomes, lembrando que a ópera *Il Guarany*, baseada no romance de José de Alencar, fora apresentada ao público em 1870, no Teatro Scala de Milão, assim como em outras grandes cidades europeias. Até Verdi assistira à *récita* de *Il Guarany!* Além disso, *Hamlet* já tinha sido representada no Teatro São José, em 1886.

A escolha dessa ópera levantara protestos pela voz respeitável do Vereador Alcântara Machado, que transmitira representação, nesse sentido, do Centro de Ciências e Letras de Campinas e, pela imprensa, por intermédio de Armando Prado. A comissão, constituída por Ramos de Azevedo, Numa de Oliveira, Manuel Pedro de Villaboim e Alfredo Pujol, teve que ceder às pressões dos descontentes. Para serenar ânimos e evitar apupos, a Empresa Celestino da Silva resolveu alterar o programa e a abertura de *Il Guarany* foi executada, sob regência do Maestro E. Vitale.

Foi esse o *leit-motif* da noite de gala, porém, o programa inaugural, que deveria ter início às 21 horas, só começou às 22 horas. Por causa desse transtorno e considerando-se a hora, a apresentação do Hamlet, tendo no principal papel o barítono Tita Ruffo, teve que ser interrompida, não chegando ao fim. Terminado o espetáculo, a uma hora da manhã, repetiu-se o desfile de elegância, mas o congestionamento do tráfego tornou a imobilizar a pequena praça e as ruas Barão de Itapetininga e 24 de Maio, espaço reservado para estacionamento de veículos, perturbando mais uma vez o humor das 1816 pessoas que compareceram ao espetáculo. Muitos saíram frustrados. A inauguração do Teatro Municipal foi irritante e cansativa, mas certamente inesquecível.

Bibliografia

Amaral, Antonio Barreto do. *História dos velhos teatros de São Paulo*. São Paulo, Governo do Estado, 1959.

Americano, Jorge. *São Paulo naquele tempo*. Editora Saraiva, São Paulo, 1957.

Bens Culturais Arquitetônicos no Município e na Região Metropolitana de São Paulo. Secretaria dos Negócios Metropolitanos, São Paulo, 1984.

Brandão, Ignácio de Loyola. *Teatro Municipal de São Paulo: grandes momentos*. Fotografia Romulo Fialdini, Cristiano Mascaro; ilustrações Roberto Stickel. DBA Artes Gráficas, São Paulo, 1993.

Bruno, Ernani Silva. *História e tradições da cidade de São Paulo*. V. III. São Paulo, Livraria José Olympio Editora, Rio de Janeiro, 1953.

Cerqueira, Paulo de Oliveira Castro. *Um século de ópera em São Paulo*. Editora Guia Fiscal, São Paulo, 1954.

Freitas, Sônia Maria de. *E chegaram os imigrantes... (o café e a imigração em São Paulo)*. São Paulo, 1999.

Leite, Aureliano. *História da Civilização Paulista*. Livraria Martins, São Paulo, s/d.

Loureiro, Maria Amélia Salgado. *Evolução da casa paulistana e a arquitetura de Ramos de Azevedo*. Voz do Oeste/Secretaria do Estado da Cultura, São Paulo, 1981.

Luz, Rogério Ribeiro da. *Centro Velho de São Paulo Memória – momento*. Masso Ohno Editor, São Paulo, 1999.

Loureiro, Maria Amélia Salgado. *A evolução da casa paulistana e a arquitetura de Ramos de Azevedo*. Vozes do Oeste/ Secretaria do Estado da Cultura, São Paulo, 1981.

Versaci, Francisco. *Teatro Municipal, a casa de 4 500 contos de réis. Memória*. Ano IV, n. 12, 1991.

A cartografia portuguesa no Brasil Colonial

> *Ó enigma visível do tempo,*
> *o nada vivo em que estamos!*
> Álvaro de Campos

Introdução

Encontram-se entre os documentos portugueses mais antigos desenhos avulsos, ou reunidos, sob a forma de atlas, de Luiz Teixeira, João Teixeira Albernaz I e João Teixeira Albernaz II – membros de notável família de cartógrafos lusitanos. Durante cinco ou seis gerações, essa família de competentes profissionais contribuiu significativamente para a cartografia, como notáveis técnicos do seu tempo nesse setor.

O precioso legado dos portugueses, alusivos aos séculos XVI e XVII, tem sido objeto de cuidadosos estudos, valendo ressaltar, aqui, a edição de Avelino Teixeira da Motta e Armando Cortesão, *Portugaliae Monumenta Cartographica*, onde se podem encontrar desenhos, informações biográficas e bibliográficas.

A Biblioteca do Instituto Histórico e Geográfico de São Paulo possui essa obra e, além disso, duas cópias manuscritas, fac-similares do *Razão do Estado do Brasil* e do *Livro que dá Razão do Estado do Brasil*.[2]

---

2   Os livros foram doados por Nelly Martins Ferreira Candeias e Lauro Nogueira Furtado de Mendonça.

A *Razão do Estado do Brasil* merece um estudo cartográfico, tão grande é a importância das cartas ali contidas – 22 no códice do Instituto Histórico e Geográfico Brasileiro, 18 no apógrafo da Biblioteca Municipal do Porto e 19 no Atlas, sem texto, da Biblioteca Nacional, de Paris, intitulado *Livro em que se mostra a Descrição de toda a Costa do Estado do Brasil e seus portos, barras e sondas delas*, datado este de 1627. A atenta leitura desses textos levou-nos a fazer algumas considerações de interesse para a História do Brasil Colonial.

Razão do Estado do Brasil

Procedentes de um original perdido, existem apenas cinco apógrafos conhecidos da *Razão do Estado do Brasil*, três dos quais datam do século XVII. A cópia mais antiga pertence a Biblioteca Municipal do Porto, com data de 1616.

Com a cota "Cód. 126", existe códice anônimo de princípios do século XVII, com 120 folhas, incluindo dezoito cartas. Estas e a folha de rosto de pergaminho e restantes 29 folhas de papel. O título é *Razão do Estado do Brasil no Governo do Norte somente Asi como o Teve D. Diogo de Menezes até a Anno de 1612*. Ao alto, veem-se armas de Portugal, em baixo as dos Castros, à esquerda, dentro de uma oval, um vulcão lançando chamas; à direita, em fundo de chamas, as palavras Ad Altiora. Junto a margem inferior está escrito, em letra seiscentista, A El Conde Marq. de Eliches. Na parte superior do fólio, há vestígios de o pergaminho ter sido raspado, talvez para apagar os nomes dos possuidores.

A notícia mais antiga da cópia portuense é de autoria de Antonio Morais Silva, constando na primeira edição de seu primeiro Dicionário da Língua Portuguesa, em 1789. Na 4ª edição dessa obra, em 1831, informou-se que o documento pertencera à livraria do segundo Visconde de Balsemão. Foi comprado na Holanda, em 1781, pelo primeiro Visconde, Luís Pinto de Sousa Coutinho, Governador de Mato Grosso de 1769 a 1772. O códice passou depois para a Biblioteca Pública Municipal do Porto, fundada em 1833, onde se encontra até hoje.

Em 1839, Varnhagen interessou-se pelo estudo desse documento, mencionando apreciação feita por um "jovem e habilíssimo literato do Porto" que, na época, não deixou divulgar o seu nome. Posteriormente, foi identificado pelo historiador e paleógrafo, Magalhães Basto, como sendo Diogo Kopke. Este afirmava ser o códice do Porto uma cópia, e não o original que lhe dera origem, alegando que a numeração das folhas, contendo as cartas, não condiziam com o que se indicava no texto. Além disso, afirmava que o códice fora redigido em 1613 e que o autor teria sido o Capitão ou o Sargento-mor do Brasil no tempo do governador D. Diogo de Meneses, afirmação desmentida por vários historiadores. Em 1854, Varnhagen fixou-se no nome de Diogo Campos Moreno, Sargento-mor do Brasil no tempo daquele governador.

Referência à obra encontra-se inserta no já mencionado *Portugaliae Monumenta Cartographica*, na 2ª edição, Lisboa, Imprensa Nacional, 1987, com o título *Anônimo – João Teixeira Albernaz I, Dezoito Cartas no Códice Razão do Estado do Brasil*, c. 1616. O artigo referente à história do Códice, incluindo problemas de datação, autoria do texto e mapas, descreve a história do documento, contendo cartas geográficas e plantas da autoria do famoso cosmógrafo português, João Teixeira Albernaz. Poucos são os códices que contêm obras homogêneas sobre o período colonial e que se encontram, como no presente caso, um no país que deu origem ao documento e o outro no estrangeiro. Os dois códices possuem cartas geográficas e plantas da autoria do famoso cosmógrafo português, João Teixeira Albernaz.

Como homenagem à passagem dos 500 anos da descoberta do Brasil, o manuscrito fac-similar, *Razão do Estado do Brasil* (c.1616), foi integralmente publicado, nas Edições João Sá da Costa, Lisboa, 1999, Códice 126 da Biblioteca Pública Municipal do Porto. Na publicação, anexo ao fac-símile, encontra-se estudo cartográfico de Armando Cortesão e A. Teixeira da Motta.

Outra cópia do original perdido pertence à mapoteca do Instituto Histórico e Geográfico Brasileiro, sendo cerca de dez anos posterior à primeira, c. 1626/1627. O manuscrito fac-similar, cujo título é *Livro que dá Razão do Estado do Brasil*, foi publicado pelo Instituto Nacional do Livro/Ministério da Educação e Cultura, Rio de Janeiro/GB/Brasil/1968. A edição brasileira realizou-se por ocasião da comemoração do V Centenário de Nascimento de Pedro Álvares Cabral.

Em 1958, o historiador brasileiro Hélio Viana fez magnífico estudo comparativo entre os códices do Porto, do Rio de Janeiro e de atlas com data de 1627, assinado por João Teixeira Albernaz I, o qual se encontra em Paris. Revisando pesquisas de Kopke e Varnhagen, esse historiador apresentou argumentos, mostrando que, de fato, Diogo de Campos Moreno, e não D. Diogo Menezes, é o verdadeiro autor do texto *Razão do Estado do Brasil*. Segundo João Francisco Lisboa, "D. Diogo de Campos Moreno era tático... prudente e contemporizador, nada queria fiar do acaso, dissipava-se em cálculos e aprestos, em cada porto que aportava, o seu primeiro cuidado era traçar e erguer fortalezas, e ordenar as campanhas e esquadras de soldados segundo as regras mais apuradas da ciência e disciplina militar".

Para Armando Cortesão "no campo da história da cartografia, é forçoso reconhecer que as realizações de uma geração ou de uma nação se apoiam naquelas que as precederam, aperfeiçoando-as". Nesses termos, vale lembrar livro da autoria do Professor Nestor Goulart Reis, da FAU/USP, e seus colaboradores, Beatriz Piccolotto Siqueira Bueno e Paulo Júlio Valentino Bruna, *Imagens de Vilas e Cidades do Brasil Colonial*. Durante longo período de sua vida, 40 anos por ocasião do lançamento do livro, o Prof. Goulart Reis fez pesquisas em bibliotecas e arquivos do Brasil, em desenhos e gravuras originais, assim como em imagens de fotografias, com vistas ao estudo da urbanização e do urbanismo no Brasil. Além desse levantamento, frequentou arquivos brasileiros e portugueses, complementando achados com informações obtidas na Holanda e na França. No livro de Goulart e colaboradores, apresentam-se cartas incluídas na *Razão de Estado do Brasil*, com comentários a respeito do excelente nível técnico dos desenhos estudados, muitos deles de autoria de engenheiros militares portugueses, formados pelas denominadas Aulas de Arquitetura, durante os séculos XVII e XVIII.

As invasões brasileiras no Brasil Colonial

Com a morte de D. Henrique, em 1580, Portugal tornou-se domínio espanhol, tendo-se rompido amistosas relações do reinado de D. Manuel, o Venturoso, com a Holanda. Aclamado Felipe II da Espanha (Felipe I de Portugal), os holandeses tornaram-se inimigos dos espanhóis, o mesmo ocorrendo com aqueles que, anteriormente, já se haviam declarado como inimigos – França, Inglaterra e Holanda, os dois últimos compradores das mercadorias portuguesas de além-mar, principalmente do açúcar brasileiro.

A história do Brasil Colonial revela as causas que levaram Dom Felipe III da Espanha (II de Portugal) a solicitar a elaboração desse importante documento. O período da dominação espanhola durou 60 anos, de 1581 a 1640, tendo abrangido os reinados de Felipe II, Felipe III e Felipe IV, em Portugal, I, II, III, respectivamente. Durante o domínio dos três Felipes, o Brasil foi governado por D. Manuel Teles Barreto (1583-1587), D. Francisco de Sousa (1592-1601), D. Diogo Botelho (1607-1610) e D. Gaspar de Sousa, este no ano de 1616.

Dois fatos históricos ocorreram no Brasil sob domínio espanhol: invasões francesas e holandesas, tentativas frustradas de colonização, e a expansão geográfica, realizada principalmente por entradas e bandeiras. Nas regiões norte e nordeste, sentia-se a necessidade de expulsar os franceses, que açulavam os índios e negros contra os portugueses, e de conhecer melhor, para dominar, essa grande área do território brasileiro. O fato é que, a partir do século XVI, holandeses e franceses tentavam ocupar os territórios já conquistados por portugueses.

Outro componente político pesava nas decisões da Coroa Portuguesa. O trajeto mais curto, em milhas marítimas, entre a Europa e a chamada costa Leste-Oeste, do que entre a Europa e a Bahia, onde se encontrava a sede do governo-geral do Brasil, precisava ser considerado. Isso levou à criação do Estado do Maranhão que, em 1621, compreendia as Capitanias do Ceará, Maranhão e Grão-Pará, pertencentes à Coroa, a primeira e a terceira com capitães-mores dependentes do governador do novo Estado, com sede em São Luís.

Foi, pois, condição de beligerância e de competição entre portugueses, holandeses e franceses, a par de problemas relacionados à conquista, comércio, posse das terras e política de sigilos, que exigiu a presença física de engenheiros militares, cartógrafos e profissionais especializados em terras do Brasil. Garantiu-se assim a produção de cartografia manuscrita de nível técnico excepcionalmente elevado.

Sabem os cartógrafos que o confronto entre reinos, assim como lutas, corpo a corpo, com diversas etnias, estenderam-se ao longo da costa do Brasil Colonial. Além disso, a presença de indígenas hostis e negros, a eles aliados, contribuíam para aumentar a preocupação da Coroa Portuguesa em relação à posse dos territórios brasileiros. Era preciso ter acesso às características das terras conquistadas pelos portugueses. Isso ocorreu mediante a elaboração do códice *Razão do Estado do Brasil*.

O primeiro atlas do Brasil

O códice revela por onde andavam os portugueses nos séculos XVI e XVII, caminhos e dificuldades que encontraram e notícias que trouxeram a uma Europa inquieta, mas interessada. Excluídos casos de grandes figuras portuguesas, como Vasco da Gama e Pedro Álvares Cabral, é raro conhecer, com aproximado rigor, os caminhos percorridos por navegadores, viajantes e aventureiros. É isso que *Razão do Estado do Brasil* registra por ordem de Felipe III da Espanha e II de Portugal, dirigida a D. Diogo de Menezes e Sequeira:

"Eu mandei ao governador D. Diogo Menezes que para bom governo do dito Estado e para das cousas dele ter mais inteira notícia, mandasse ordenar um Livro no qual se assentassem todas as capitanias dele, declarando-se as que são da Coroa e as que são dos donatários, com as fortalezas e fortes que cada uma tem e assim a artilharia que nelas há, com a declaração necessária do número das peças, peso e número de cada uma, as armas e munições, que nelas ou nos meus armazéns houvesse, gente que tem de ordenança, oficiais e ministros, com declaração dos ordenados, soldos e despesas ordinárias que se fazem em cada uma das ditas capitanias, e assim do que cada uma delas rende para minha Fazenda, pondo-se ao dito livro título de *Livro do Estado*, o qual tivesse em seu poder, e fosse reformando nele cada ano o que se mudasse, alterasse ou acrescentasse ou diminuísse nas ditas capitanias, assim no tocante a sua fortificação como à artilharia, armas, munições, capitães e gente de guarda; e porque o dito governador não me enviou cópia do dito Livro, vo-lo entregará e me enviareis a cópia, e o ireis continuando em o reformar na maneira que fica dito, enviando-me também cada ano uma folha por vós assinada, para mim o saber; e não tendo ordenado o dito Livro o fareis da mesma forma".

Em regimento de 31 de agosto de 1612, dirigido ao novo Governador-Geral, Gaspar de Souza, refere-se essa ordem e diz-se que não fora recebida cópia de tal livro no Reino, pelo que ele devia providenciar para que o livro se organizasse, como não estivesse feito, e se mantivesse atualizado anualmente. Pouco depois da entrega do documento a D. Gaspar de Souza, que se encontrava ainda na Europa, chegou do Brasil o Sargento-mor Diogo de Campos Moreno, trazendo provavelmente o original ou as notas que deram origem à *Razão de Estado do Brasil*.

E assim surgiu o mais antigo atlas de um território americano! Trata-se de um levantamento administrativo, militar, econômico e estatístico, além de histórico e geográfico, das capitanias brasileiras. Foi possível prepará-lo porque, já nos tempos da Colônia, encontravam-se em território brasileiro profissionais sérios, com elevados níveis de competência profissional e sólidos conhecimentos técnico-científicos, sobre a terra, o céu e o mar. Foram esses os mensageiros do Rei que garantiram a supremacia portuguesa em território brasileiro no período colonial.

A aprendizagem pelo homem do seu lugar no mundo, o estudo da humanidade em sua dimensão global, a percepção ampliada a respeito da natureza científica dos fenômenos e a sensibilidade geográfica ocorrem sempre em função do grau de desenvolvimento de determinada cultura. Isso torna-se evidente nos grandes feitos dos portugueses ao conquistarem os mares por meio de observações astronômicas, com o intuito de determinar a posição de seus navios em alto-mar, com manuseio de quadrantes e astrolábios, e com pilotos interpretando as limitações de instrumentos para, ao final, fincar marcos no solo tão duramente conquistado. São heróis. Haja vista o diminuto número de pessoas que existiam em Portugal, em comparação com outras poderosas populações da época, como mostram os dados demográficos desse tempo.

Não foi à toa que 'as armas e
os barões assinalados'
passaram muito
além da Taprobana.

Bibliografia Consultada

Armando Cortesão e A. Teixeira da Mota. 2ª ed. Lisboa, Imprensa Nacional, 1987.

Diogo de Campos Moreno, Sargento-mor do Estado do Brasil. *Livro que Dá Razão do Estado do Brasil – 1612*. Edição crítica, com introdução e notas de Hélio Vianna. Comissão Organizadora e Executiva das Comemorações do Tricentenário da Restauração Pernambucana, Arquivo Público Estadual, Recife, 1955.

Livro que Dá Razão do Estado do Brasil. Instituto Nacional do Livro, Ministério da Educação e Cultura, Rio de Janeiro, GB, Brasil, 1968. (Edição Comemorativa do V Centenário de Nascimento de Pedro Álvares Cabral).

Rezão do Estado do Brasil (c.1616), Códice 126 da Biblioteca Pública Municipal do Porto, seguido de um *Estudo Cartográfico* de Armando Cortesão e A. Teixeira da Mota. Edições João Sá da Costa, Lisboa, 1999.

PARTE 5

COLABORAÇÕES: CONFERÊNCIAS, POESIAS, PALESTRAS E DISCURSOS

Nas atividades culturais que o
Instituto Histórico e Geográfico de São Paulo
promoveu durante a gestão desta diretoria,
prestigiadas figuras honraram-nos com
conferências e palestras sobre temas de interesse
para o Brasil e Portugal,
abertas à participação dos associados e do público.

Reuniram-se, neste capítulo, este contributo para que se perpetue na memória paulista:

Armando Alexandre dos Santos
Augusto Rua Pinto Guedes
D. Luiz de Orleans e Bragança
Hernâni Donato
João Alves das Neves
Jorge Pereira de Sampaio
Kenneth Light
Luís Carlos Bassalo Crispim
Luís Eduardo Pesce Arruda
Paulo Bomfim

CAPÍTULO
• 58 •

Paulo Bomfim

Eu te amo São Paulo.
Poesias de Paulo Bomfim, declamadas de 2003 a 2009.

Voluntário Paulista
31 de julho de 2002

Em Cunha deixei meus olhos
O rosto de minha noiva

Em Buri ficaram as mãos
A carícia decepada

Em Eleutério meus lábios
O riso da mocidade

Em Sapecado meus pés
Os caminhos sem retorno

Em Vila Queimada a chama
Do sonho dos vinte anos

Em Cruzeiro o corpo em cruz
Aguarda a ressurreição

No Rio das Almas sua alma
A bênção de minha mãe

Do Túnel renascerei
O Voluntário Paulista

Poema da Independência
18 de setembro de 2002

Aqui em chãos de Setembro
Há um príncipe e sua espada
Desembainhada no tempo,
Há um príncipe e seu cavalo
Galgando serras selvagens,
Serras-potros corcoveando
Com crinas de mata virgem
E cascos brancos de espuma.

Aqui em chãos de Setembro
Há um príncipe e seu destino,
E a História se faz planalto
E um sangue forte percorre
As artérias do Ipiranga,
Sangue moço, sangue audaz
Gritando um grito de vida,
Um brado de independência
Que é vitória sobre a morte.
Aqui em chãos de Setembro
Oramos pelo Brasil,
Evocamos nossos mortos,
Cultuamos nossos heróis
E entregamos ao futuro
A força da nossa fé,
O sol místico que nasce
Das manhãs da nossa história,
O grito que se repete
Do príncipe e imperador,
A palavra independência
Livre e forte ressoando
Como um prado de protesto

Entre os caminhos do tempo,
Sobre o silêncio da morte.

Sete fadas, sete luas
Montam guarda a sete dias
Por onde vem caminhando
O príncipe cavaleiro
E sua espada encantada,
O imperador e o destino
Criando outros destinos
Entre as estrelas que crescem
Aqui em chãos de Setembro.

D. Pedro II

Se um século passou de sua morte,
E o banimento fez-se pranto e bruma,
A saudade imperial nasce da espuma
Que a nave foi deixando além da Corte.

As barbas brancas, o sereno porte,
E os olhos cor do céu para onde se esfuma
Ao som do mar bramindo o canto forte.

Canto de terra, canto de saudade,
Prece nascida sob a dor do exílio
Que a todos exilou de uma verdade.

E Pedro é pedra basilar segundo
A voz da História que retoma o brilho,
O dom de Pedro retornando ao mundo.

Oração à Cidade de São Paulo
25 de janeiro de 2003

Eu te amo, São Paulo, em teu mistério de chão antigo, em teu delírio de cidades novas; e porque teus cafezais correm por meu sangue e tuas indústrias aquecem o ritmo de meus músculos; pela saga de meus mortos que vêm voltando lá do sertão, pela presença dos que partiram, pela esperança dos que vêm vindo – eu te amo, São Paulo!

Em teu passado em mim presente, em teus heróis sangrando rumos, em teus mártires santificados pela liberdade, em teus poetas e em teu povo de tantas raças, tão brasileiro e universal – eu te amo, São Paulo.

Pela rosa dos ventos do sertão, pelas fazendas avoengas, pelas cidades ancestrais, pelas ruas da infância, pelos caminhos do amor – eu te amo, São Paulo!

Na hora das traições, quantos tantos se erguem contra ti, no instante das emboscadas, quando novos punhais se voltam contra teu destino – eu te amo, São Paulo.

Pelo crime de seres bom, pelo pecado de tua grandeza, pela loucura do teu progresso, pela chama da tua história – eu te amo, São Paulo!

Desfazendo-me em terra roxa, transformando-me em terra rubra, despencando nas corredeiras do meu Tietê, rolando manso nas águas do Paraíba, vivendo em pedra o meu destino nos contrafortes da Mantiqueira, salgando pranto, dor e alegria na areia branca de nossas praias, na marcha firme dos cafezais, nas lanças verdes do canavial, no tom neblina deste algodão, na prece de nossos templos, no calor da mocidade, na voz de nossas indústrias, na paz dos que adormeceram – eu te amo, São Paulo!

Por isso, enquanto viver, por onde andar, levarei teu nome pulsando forte no coração, e quando este coração parar bruscamente de bater, que eu retorne à terra donde vim, à terra que me formou, à terra onde meus mortos me esperam há séculos; por epitáfio escrevam apenas sobre meu silêncio, minha eterna e primeira confissão – eu te amo, São Paulo!

Aquele Menino
4 de outubro de 2003

Eu sou aquele menino
Que o tempo foi devorando
Travessura entardecida
Pés inquietos silenciando
Na rotina dos sapatos,
Mãos afagando lembranças,
Olhos fitos no horizonte
À espera de outras manhãs.
– Ai paletós, ai gravatas,
Ai cansadas cerimônias,
Ai rituais de espera-morte!
Quem me devolve o menino
Que esses passos solenes,
Sem pensamentos grisalhos,
Sem o sorriso cansado!
Que varandas me convidam
A ser criança de novo,
Que mulheres, que meninas,
Me tentam a cabular
As aulas do dia a dia?
Eu sou aquele menino
Que cresceu por distração.

Paulo Bomfim

O milagre paulista[1]
25 de janeiro de 2004

A cidade nasceu numa taba,
Fez-se o sol na manhã quinhentista,
Os tambores da guerra anunciavam
Que surgia o milagre paulista.
Pauliceia foi burgo e é metrópole,
Foi aldeia e arraial sertanista,
Bandeirismo de agora retrata
O perfil do progresso paulista!
A cidade nasceu de uma prece,
No planalto que longe se avista,
Foi no amor pela índia Bartira
Que Ramalho tornou-se paulista.
A cidade surgida de um templo,
Nossa grei, nosso chão de conquista,
São as raças formando Janeiros,
Sob a luz da Bandeira Paulista.

---

[1] Poesia composta por Paulo Bomfim por ocasião da comemoração dos 450 anos da Fundação de São Paulo, com música do maestro Mário Albanese, por solicitação da Presidente.

O Milagre Paulista
Letra: Paulo Bomfim
Música: Mário Albanese
♩ = 100
Allegro
A cida_de nasceu numa ta_ba Fez-se sol na man-
-hã quinhen tis _ ta Os tambo_res de gue_rra anunci_
a _ vam Que surgi _ a O mi-la gre Pau_lis_ta
-céi_a Foi burgo e é metrópole Foi al_deia e arraial serta-
-nis _ ta Bandei _ rismo de agora Re_tra_ta
Copyright by Edições Jequibau - 2003 - São Paulo - Brasil

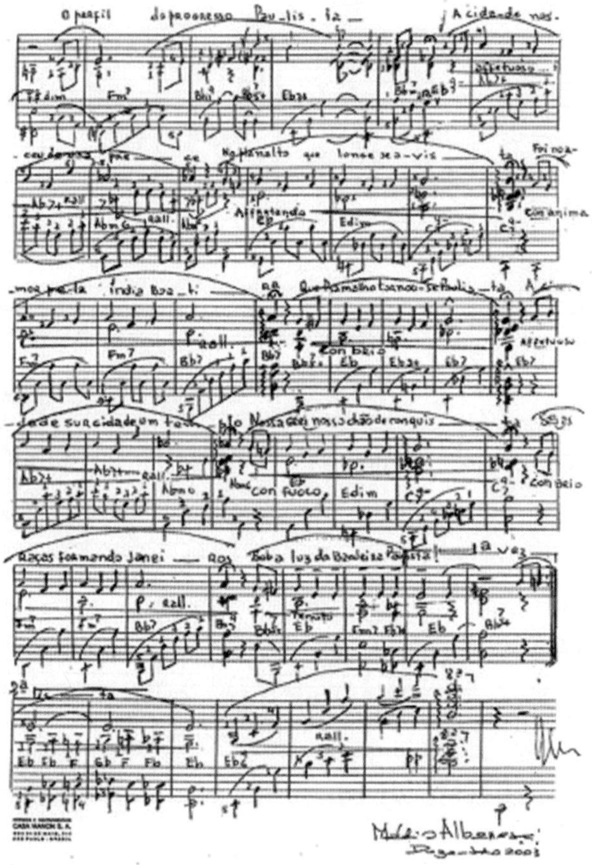

Minha Insólita Metrópole
25 de janeiro de 2007

Minha insólita metrópole, capital de todos os absurdos! Música eletrônica em fundo de serenata, paisagem cubista com incrustações primitivas, poema concreto envolto em trovas caboclas.

Cidade feita de cidades, bairros proclamando independência, ruas falando dialetos, homens com urgência de viver.

Oceano feito de ilhas. Ilhas chegando, ilhas sangrando, ilhas florindo.

Os céus cansados do concreto que arranha. Cresce o mar das periferias.

No barco dos barracos, navega um sonho. No fundo de cada um dos cidadãos do mundo, dorme a província.

Ali a velha igreja com seu campanário esperando a mantilha da noite.

Anúncios luminosos piscam obsessões. O asfalto é irmandade de credos.

No centro, todos os vícios e todas as virtudes convivem nas esquinas da São João.

Os domingos são quadrados. Cabem dentro da tela de cinema, do aparelho de televisão, da página do jornal, do campo de futebol.

O metrô é mergulho no inconsciente urbano. Nele o mesmo silêncio dos elevadores. Convívio de sonâmbulos, de antípodas da fila de ônibus e do trem de subúrbio onde há tempo para o cansaço florir num sorriso.

Aqui o verde é esperança cobrindo o frio de existir.

Teatros e o balé da multidão, museus contemplando o quadro dos que se agitam, orquestras e a sinfonia de uma época em marcha. Nestes tempos modernos, Carlito operário ou estudante, comerciário ou burocrata, é técnico em sobreviver.

Planalto dos desencontros, porta dos aflitos, rosa de ventos onde até o futuro tem pressa de chegar.

Mal-amada cidade de São Paulo, EU TE AMO!

**Oração à cidade de São Paulo
21 de janeiro de 2009**

Emérita cidade de São Paulo,
Vosso princípio fez-se o meu princípio!
Armaram-se esses arcos ancestrais,
Vossas penas formaram minhas penas,
Meu voo, meus cocares guaianases!
Vosso colégio batizou-me um dia,
E Anchieta colocou em mim a fronte
O sal dos oceanos da poesia.
E fui muro de taipas guarnecendo
O crepitar de fogos no silêncio;
Ah! Silêncios primeiros inspirando
O amor em madrugadas mamelucas!
Ai flechas, arcabuzes, escopetas
Tingindo de vermelho a tarde antiga!

"Caminho Velho do Mar",
Trazei meus passos de volta!
Oh! "Rua de Santo Antônio",
Casai São Paulo com a glória!
Rua de "Martim Afonso",
Guiai-nos na eternidade!
Tabatinguera, parai
Em vossos dias ousados!

Sinos do meu São Paulo, despertai
Aqueles que morreram em beleza!
Bronzes da Sé, de São Bento,
Dos Remédios, São Gonçalo,
Oh! dobres de São Francisco,
Orações da Boa Morte,
Preces da luz, evocai
A saga de Manoel Preto

A febre de Fernão Dias,
As lutas do Pai Pirá,
Os martírios do Anhanguera,
As monções flutuando em sangue,
O verde das descobertas,
E os gibões que se encantaram,
Na mata virgem do tempo!

Evocai vossos dobres
Aqueles que não chegaram
Dos nordestes holandeses,
Dos litorais de corsários;
Dos paulistas, que semearam
Com rasgos da valentia,
Campos do sul e do oeste,
As terras do Paraguai,
O túnel, Vila Queimada,
E o ardor de Monte Castelo!

Emérita cidade de São Paulo!
Taba ancestral, arraial sertanista,
Burgo estudante, província menina,
Rosa de imigração, rosa cabocla,
Profecia de Anchieta, luz de prece
De Frei Galvão; Emérita cidade,
Guardai-nos dos momentos de fraqueza!
Que neste paço o passo seja dado
Rumo ao porvir, as margens do amanhã
E das raças, dos credos e de classes,
De tudo que se irmana no planalto,
Nasça um canto de amor à nova aurora.
Ao mundo novo, ao homem novo, ao chão
Novo em sua alegria e em sua paz.
Emérita cidade de São Paulo,
Mãe branca, mãe indígena, mãe preta,
Velai por nós!

CAPÍTULO
• 59 •

Augusto Rua Pinto Guedes
6 de novembro de 2002

Sessão Cultural subordinada ao tema "O Mar".

(Tentativa de reconstituição de nossas palavras proferidas de improviso ao final daquele evento, por solicitação de sua ilustre presidente Professora Doutora Nelly Martins Ferreira Candeias).

A parte histórico-científica

A palestra magistral sobre a marinharia e Lauro Nogueira Furtado de Mendonça a gesta dos descobrimentos portugueses, de autoria do Comandante da Marinha Brasileira Mendonça Furtado, brilhante, profunda, histórica e cientificamente documentada abriu com chave de ouro a sessão.[1]

A parte artístico-musical

Apresentação do Coral Feminino do Rotary Clube de São Paulo, que primou pela afinação musical, cuidada escolha do repertório apresentado e elegância formal e pessoal das cantoras.

O recital de poesia

Apresentação de composições poéticas atinentes ao tema – O MAR – de autoria dos mais expressivos poetas da literatura portuguesa e brasileira, e leitura e declamação de poesias de autoria dos próprios criadores presentes, em que não faltou nem o Príncipe dos Poetas Brasileiros, nosso admirado e querido Paulo Bomfim.

A apresentação, coordenação, encerramento e adequados comentários da Presidente Professora Doutora Nelly Martins Ferreira Candeias, delicada, sensível e elegante, e a qualidade intelectual dos participantes e da assistência em que se encontravam muitas

---

[1] *História Naval Brasileira* – Quarto Volume, Lauro Nogueira Furtado de Mendonça, SDM, 2001, 186 páginas, ilustrado. Retrata a Marinha Imperial de 1870 a 1889, abordando os aspectos administrativos, de pessoal, o material, os sinistros marítimos, comissões de destaque, os serviços de hidrografia, cartografia e navegação, a vida cultural, entre outros.

figuras exponenciais da cultura e da sociedade paulistana criaram naquele espaço um clima de intimidade, elevação e empatia espiritual, que nos estimularam a proferir também ligeiras palavras de saudação e reconhecimento, especialmente pela considerável parcela da sessão em que Portugal esteve presente, desde a gesta dos descobrimentos portugueses à "arte de marear" de que foi pioneiro mestre, e ainda nos influencia em sugestões patentes na poesia de nossos melhores poetas que foram recitados como Fernando Pessoa, Miguel Torga, etc., etc.

E, numa síntese dissemos:

"Esta sessão sobre "O MAR" redundou num permanente hino a Portugal nas suas facetas históricas de país de navegadores e poetas, tendo como constante pano de fundo O MAR!...

Como também nascemos em Portugal e acalentados pelo "vírus" da poesia, recorrendo à nossa memória, vamos com um mínimo de citações tentar uma rápida síntese da obra de alguns poetas portugueses sobre o tema "O mar":

Fernando Pessoa

Ó mar salgado, quanto do teu sal
São lágrimas de Portugal!
Por te cruzarmos, quantas mães choraram,
Quantos filhos em vão rezaram!
Quantas noivas ficaram por casar
Para que fosses nosso, ó mar!

Valeu a pena? Tudo vale a pena
Se a alma não é pequena.
Quem quer passar além do Bojador
Tem que passar além da dor.
Deus ao mar o perigo e o abismo deu,
Mas nele é que espelhou o céu.

Nós mesmos, quando aqui chegamos no já longínquo ano de 1952, escrevemos a "Canção do Emigrante por amor", que se inicia assim:

"Eu vim do outro lado do mar,
Deixei a terra dos jardins em flor...".

Senhoras e Senhores,

A sessão já vai longa. Como sabem, toda a obra de arte, incluindo a poesia, constitui, para além da beleza intrínseca e formal numa busca das grandes sínteses – O chamado "Leit Motiv" – isto é, procura traduzir um infinito mundo de conceitos num mínimo de palavras!...

Um poeta português nosso amigo e colega na Universidade de Coimbra – Joaquim Namorado, matemático e professor, tem no seu livro *Incomodidade* uma exposição poética que persegue este princípio e engloba – "O mar",

Aventura nos mares do Sul
"...Eu não fui lá!..."

Muito obrigado.

Raízes[2]

Antes de nós, houve o mar e a travessia,
com a tenacidade anônima, sem glória,
que só quem já emigrou, além-mar, um dia, pôde, de fato, provar.

Mais dura que a travessia,
deve, antes, ter sido, a despedida...
Coragem de soltar amarras centenárias
e a fibra de ir além dos continentes.

É essa, a história dessa gente, irmão,
e, embora nos pareça já remota,
ela é parte de nós, nosso começo.

Quando essa gente chegou,
ficou atrás dela o mar,
e o sonho que acalentava
quis o destino mudar.

---
2   Poesia declamada por Sólon Borges dos Reis.

Foi o mar que trouxe Antônio,
raiz que veio do mar,
o sonho que o animava
era, por certo, voltar.
Bernardino era raiz
que veio também do mar,
trocou, mais tarde, seu sonho
pelo sonho de ficar.

O mar que deixou Antônio
quis Bernardino levar,
um que sonhara partir,
outro querendo ficar...
Não é estranho esse impulso
que te encoraja a lutar,
essa eterna inquietação
vem, meu irmão, do mar.

E essa tristeza funda
que plange dentro de ti,
herança da emigração,
vem, meu irmão, do mar.

Esse calor de Vesúvio
que abrasa o sangue nas veias
como as lavas do vulcão
que rasga com fogo a terra,
que ama a terra que rasga
que beija a terra que treme,
o mar te pode explicar.

E essa brisa de calma
que alterna com a ânsia quente
e põe sossego na alma

como o Mondego, ao passar,
sussurra por Santa Clara,
cicia pelo Choupal,
o mar também sabe explicar.
Além, além do mar, além da travessia,
de onde saiu – o sonho era voltar –
ficaram as origens dessa gente,
nossa gente,
que trouxe a cor do céu na cor do olhar.

Nostalgia[3]

Nunca estive num farol em pleno mar.

Solitário, no oceano,
penhasco sob a torre,
a torre estirando a luz,
a luz, baliza no mar.

Sozinho na escuridão,
réstia branca sobre as ondas,
que são as ondas? Açoites,
querem a pedra castigar?
Ondas também são carícias,
Sussurro de confidências,
de preces ou versos tristes,
no mundo escuro do mar...

Mais triste que o véu da noite,
a solidão cobre o mar.
A noite afunda nas águas,
Até o fundo do mar.

---

3   Poesia declamada por Sólon Borges dos Reis.

Nunca pisei nos rochedos
Que têm o farol no mar.
Por que, então, esta saudade
do farol em pleno mar?

Sagres[4]

Vinha de longe o mar...
Vinha de longe, dos confins do medo...
Mas vinha azul e brando, a murmurar
Aos ouvidos da terra um cósmico segredo.

E a terra ouvia, de perfil agudo,
A confidencial revelação
Que iluminava tudo
Que fora bruma na imaginação.

Era o resto do mundo que faltava
(Porque faltava mundo!)
E o agudo perfil mais se aguçava,
E o mar jurava cada vez mais fundo.

Sagres sagrou então a descoberta
Por descobrir,
As duas margens da certeza incerta
Teriam de se unir.

Miguel Torga

Carolina Ramos

Meu viver não é tristonho...
do mar, copiando a inestida,
eu jogo espumas de sonho,
por sobre as pedras da vida!

---

4 Poesia declamada por Nelly Martins Ferreira Candeias.

Registro Fotográfico

INSTITUTO HISTÓRICO E GEOGRÁFICO DE SÃO PAULO

Tema
Trilogia - Mar, Navio, Marinheiro

Conferencista
Comandante Lauro Nogueira Furtado de Mendonça

Expositor das maquetes
Guy Collet

Coral da ASFAR
Poesias sobre o mar

6 de novembro de 2002
Quarta-feira, 16 horas

Rua Benjamim Constant, 158

Nelly Martins Ferreira Candeias
Presidente

Augusto Rua Pinto Guedes e Nelly Martins Ferreira Candeias.

Paulo Bomfim.

Carolina Ramos.

Sylvio Bomtempi.

Nelly Martins Ferreira Candeias e o Coral Feminino
do Rotary Clube de São Paulo.

Nelly Martins Ferreira Candeias e Liliana Rizzo Piazza.

Coronel Luiz Eduardo Pesce Arruda.

Nelly Martins Ferreira Candeias entre oficiais da Marinha Brasileira.

CAPÍTULO
• 60 •

S.A.I.R. Dom Luiz de Orléans e Bragança

11 de junho de 2003

A Princesa Isabel e o Conde D'Eu, tendo atrás, de pé, seu filho D. Luiz de Orleans e Bragança e sua nora D. Maria Pia de Bourbon-Sicilias; e os três filhos desse casal, Henrique, D. Pia Maria e D. Luiz Gastão.

Devo dizer inicialmente que não é pequena a satisfação que sinto ao estar aqui convosco, entidade centenária que me traz à memória recordações familiares, o tradicional Instituto Histórico e Geográfico de São Paulo. Digo "recordações familiares" porque, com efeito, minha família sempre teve em grande consideração este Instituto pelos dotes de inteligência e pela cultura dos que dele participam e por saber conciliar o progresso com a tradição, vendo o presente e o futuro como uma continuação harmônica de um passado glorioso.

Isto dito, entro no que é o tema que me foi proposto. Convidaram-me a que vos falasse de meu bisavô, o Conde d'Eu. Confesso que não foi pequeno o embaraço em que me vi, para tratar, numa breve conferência, da personalidade tão rica em aspectos vários, do esposo da Princesa Isabel, a Redentora. Impossibilitado de tratar de todos os aspectos interessantes, precisei decidir-me por um. E acabei optando por tratar de um aspecto da vida e da personalidade de meu bisavô que sempre me atraiu particularmente: o fato de ele, sendo francês, autenticamente francês, entranhadamente francês, sendo francês preponderantemente na origem, francês na formação, francês na sua cultura, no seu modo de conceber a vida, ele, no entanto, veio para o Brasil já homem feito e aqui, pouco a pouco, se deixou de tal modo influenciar pelo espírito, pela mentalidade, eu quase diria pelo imenso coração deste grande Brasil, que se abrasileirou, que chegou a amar este país como a sua segunda Pátria, e por ele mais de uma vez arriscou sua vida, tendo mesmo, talvez, perecido vitimado por seu amor ao Brasil.

Daí, então, ter decidido dar a esta conferência o subtítulo "O Brasil conquista um Marechal que por ele expôs sua vida".

Infância e Juventude do Conde D'Eu

O Príncipe Gastão de Orleans, Conde d'Eu, nasceu em Neuilly-sur-Seine, no ano de 1842, filho do Príncipe Luís de Orleans, Duque de Nemours, e da Princesa Vitória de Saxe-Coburgo. O Duque de Nemours era o segundo filho de Luís Filipe, que foi rei dos franceses de 1830 a 1848.

Toda a primeira infância do meu bisavô decorreu no ambiente da Corte do Rei Luís Filipe. Ora, nessa Corte tinha o Brasil uma influente representante na pessoa da Princesa Da. Francisca de Bragança, irmã mais moça do Imperador D. Pedro II. A Princesa Da. Francisca, que casou em 1843 com o Príncipe de Joinville, terceiro filho do Rei Luís Filipe, haveria de conquistar uma posição de grande influência na Casa Real da França, e sempre desempenharia funções como embaixatriz do Império brasileiro.

O conde d'Eu em 1847.

Foi a essa irmã que D. Pedro II se dirigiu quando, em 1864, pensou em casar suas duas filhas, minha bisavó a Princesa Isabel e Dona Leopoldina. A essa altura, os Orleans já haviam sido destronados, e a Princesa de Joinville vivia na Inglaterra. Muito de acordo com os costumes da época, ela logo gizou dois casamentos. A herdeira do Trono casaria com o Príncipe Augusto de Saxe-Coburgo, e Da. Leopoldina desposaria o Conde d'Eu. Feitos em correspondência íntima, de família, os acertos necessários, partiram para o Brasil, a fim de conhecerem as princesas, os dois pretendentes que, aliás, eram primos, ambos netos de Luís Filipe e sobrinhos da Princesa de Joinville.

No Rio – a história é muito conhecida – o Conde d'Eu e a Princesa Isabel logo sentiram profunda afinidade, o mesmo acontecendo entre o Príncipe Augusto e a Princesa Da. Leopoldina. De sorte que as duas filhas de D. Pedro II casaram, conforme o desejo de sua tia Da. Francisca, com os dois noivos que esta indicara, mas trocados os pares.

Princesa Isabel e Conde D'Eu.

Ao casarem em 1864, o Conde d'Eu contava 22 anos, a Princesa Isabel 18. Apesar de sua pouca idade, ele já trazia certo renome militar, pois lutara heroicamente em Marrocos, como oficial a serviço da coroa espanhola, merecendo os maiores elogios de seu general, D. Leopoldo O'Donell, bem como a medalha da Ordem Militar de São Fernando. Seguira regularmente uma escola militar de Artilharia, em Segóvia, e concluíra o curso com excelente aproveitamento, como Capitão de Cavalaria e Tenente de Artilharia do Exército espanhol.

As primeiras impressões do jovem recém-chegado ao Brasil

Podemos bem imaginar as estranhezas que terá sentido, em suas primeiras semanas de Brasil, um jovem habituado a um ambiente de todo em todo diverso. As primeiras cartas íntimas ao pai e à irmã Margarida contêm certas manifestações dessa estranheza, a par de uma predisposição notável para compreender e amar a terra que deveria ser a sua. "O país que nos cerca é magnífico, muito mais avançado em civilização do que podia esperar, e o público é muito amável", escrevia a 6 de setembro de 1864, uma semana após ter aportado ao Brasil, e pouco mais de um mês antes de seu casamento.

O português, o Príncipe se esforçou por dominar, e logo passaria a exercitá-lo, não só com a Princesa, mas também escrevendo em nosso idioma ao Imperador, de início, como é explicável, com muitos erros ortográficos, mas logo dominando-o quase até à perfeição. O Imperador, aliás, ajudou muito seu genro nesse aprendizado, dirigindo-se a ele sempre em português, o que o forçava a praticá-lo.

Pouco a pouco, o Conde d'Eu foi-se deixando tomar pelo encanto do Brasil. Não perdeu o senso crítico, e em cartas privadas queixa-se da falta de planejamento, da improvisação, das contemporizações que já naquela época caracterizavam o modo de ser e de agir de muitos de nossos patrícios. Mas é inegável que o Brasil o fascinou e que ele soube compreender até o fundo o Brasil e os brasileiros. Veja-se, por exemplo, esta carta, datada de 9 de setembro de 1868, em que descreve uma viagem efetuada com a Princesa pelo Vale do Paraíba e pelas estações de águas do sul de Minas Gerais:

Tomamos também as águas. É uma parada higiênica nas nossas viagens através do Brasil, viagens que cada vez mais nos interessam. O Rio de Janeiro é, sem dúvida, incomparável como natureza, e, sob o aspecto intelectual as ocupações instrutivas não me faltam. Mas qualquer esforço que se faça para animar um pouco a vida social, não se consegue pleno êxito: ela permanece sempre monótona e, consequentemente, não se chega à intimidade, o que é, aqui, bastante difícil de se entender. Não é senão penetrando o interior dessas vastas regiões, ainda que incompletamente povoadas, que se apreciam verdadeiramente os traços característicos do Brasil. É parando nas residências dos plantadores que passam a sua vida inteira a vigiar seu açúcar e seu café (só não cuidam de os aperfeiçoar), que se pode observar devidamente toda a cordialidade e, como diria, todo o esplendor da hospitalidade brasileira verdadeiramente proverbial. (....) Mas há um lado negro, bem negro: a natureza criminosa do trabalho que serve de base a toda essa opulência. E reformar esse processo de atividade sem transformar em desertos os lugares onde brilham hoje os cafezais, eis o problema sobre o qual eu teria muito que dizer.

Na Guerra do Paraguai

Na data do casamento – 15 de outubro de 1864 – foi lavrado decreto pelo qual era concedida ao esposo da Princesa Imperial a patente de Marechal do Exército Brasileiro.

Em dezembro daquele mesmo ano, rebentava a Guerra do Paraguai, a longa e sangrenta guerra que tanto marcaria a vida do Segundo Reinado.

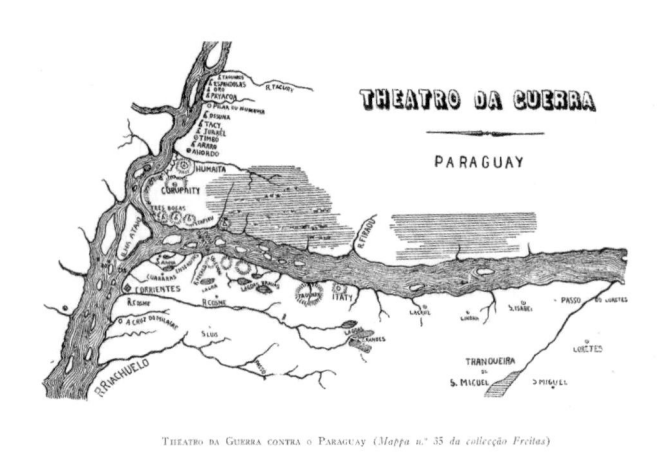

Theatro da Guerra contra o Paraguay (mapa nº 35 da colleção Freitas)[1].

Em 22 de março de 1869, o Conde d'Eu foi nomeado Comandante-Chefe de todas as forças brasileiras, na Guerra do Paraguai. Após anos de luta sob o comando de Caxias, Assunção fora tomada, mas López se retirara com muitas tropas e abundante armamento. Começaria a fase mais ingrata da guerra. Ingrata porque desgastante, perigosa, e sem atrair aplausos do público. Este se encontrava cansado com o conflito, e só queria vê-lo acabado o quanto antes. Qualquer demora resultaria em desprestígio para o Comandante e, consequentemente, para a Família Imperial. Por outro lado, meu bisavô, com apenas 27 anos, se via na dificílima posição de sucessor do grande Duque de Caxias.

O que a imprensa hostil apresentava – e lembro que no Império a imprensa gozou de uma liberdade incomparavelmente maior do que em qualquer fase da República era o genro do Imperador, um rapaz que se deixara ficar comodamente no Rio de Janeiro na fase difícil da guerra, e só depois de vencido o adversário vinha, precisamente por ser genro do Imperador, colher os frutos fáceis da vitória.

---

[1] *Revista do Instituto Histórico e Geográfico de São Paulo*, volume XXII, 1923, p.208.

Hoje, felizmente, a documentação está ao alcance de qualquer historiador sério. Sabe-se perfeitamente que o Conde d'Eu não quisera aceitar a nomeação como Marechal do Exército brasileiro, quando de seu casamento. Foi só porque o Imperador fechou a questão que ele aceitou.

Sabe-se também que o Conde d'Eu insistiu de todas as formas possíveis com o sogro e com o Governo para que o deixassem ir à guerra sob as ordens de Caxias ou de qualquer outro general. Mais de três anos durou essa insistência. Duas vezes, pelo menos, ela chegara a tal ponto que o Imperador (o qual era contrário a que o genro participasse ativamente da luta, por recear que isso trouxesse dificuldades com nossos aliados argentinos e uruguaios) se vira obrigado a consultar o Conselho de Estado, opinando este no mesmo sentido do monarca.

Quando, por fim, mudadas as circunstâncias o Imperador mudou também de parecer e quis que o Conde d'Eu assumisse o comando geral, meu bisavô relutou, pois não era um posto tão elevado que pretendia. Afinal, obedeceu e foi para o Paraguai, onde se cobriria de glória, e onde o esperava uma campanha longa, difícil, com duas grandes batalhas e muitas escaramuças perigosas, até a morte de Solano López.

Devendo comandar generais muito mais idosos, alguns deles veteranos cobertos de louros – como é o caso de Osório, então Visconde e depois Marquês do Herval, Polidoro Jordão, Câmara, Mena Barreto, Joca Tavares e muitos outros – o Conde d'Eu soube fazer-se estimar e respeitar por todos, não apenas por ser genro do Imperador, mas por seu valor pessoal e por sua capacidade de comando.

Pedro Américo, *Batalha do Avaí*, Óleo sobre tela, Rio de Janeiro, Museu de Belas Artes.

Batalha naval do Riachuelo, Victor Meirelles de Lima.

Narra Câmara Cascudo que o jovem Marechal era tão atento a todos os pormenores de suas funções, que corria nos acampamentos o dito de que ele sempre dormia com um olho aberto. Recebia imediatamente a qualquer militar que o procurasse, ainda que fosse um simples soldado. E instituíra audiências públicas semanais para quem quer que desejasse queixar-se de algo. Seus relatórios para o Ministro da Guerra eram minuciosos, mas ao mesmo tempo sucintos, indicando um espírito metódico, sério e consciencioso.

Repetidas vezes arriscou a vida em circunstâncias delicadas, especialmente nas duas batalhas de Peribebuí e Campo Grande. Nesta última, seu ajudante de ordens, Capitão Almeida Castro, chegou a segurar-lhe as rédeas do cavalo para impedir-lhe que avançasse em meio à artilharia inimiga.

Batalha de Campo Grande

Dotado de excelente memória, guardou as fisionomias e muitas vezes os nomes dos que lutaram sob suas ordens. Anos depois, tinha particular gosto, quando reconhecia um antigo combatente, em chamá-lo, para recordarem juntos os momentos difíceis que haviam passado a serviço do Brasil.

A Proclamação da República

Nos assuntos políticos brasileiros, sistematicamente se abstinha de interferir. Compreendia sua delicada posição como príncipe-consorte, e não procurou fazer valer sua natural influência sobre a Esposa, mesmo nos três períodos em que esta, na ausência do Imperador, foi Regente do Império.

A proclamação da República não o surpreendeu, pois longamente a previra, como demonstra a correspondência íntima com o Duque de Nemours. No dia do golpe, foi muito discreta sua atuação. Como militar, se assumisse o comando da situação, e conclamasse o apoio das tropas fiéis, facilmente teria sufocado a revolta. Mas preferiu não chamar a si esse encargo que competia ao Imperador. Este, num primeiro momento, não se deu conta da gravidade do levante, e depois preferiu ceder sem resistência, para evitar que corresse sangue brasileiro. Mais tarde, já a bordo do navio que o transportava para o Velho Mundo, D. Pedro II diria que, se soubesse que a revolta era circunscrita a uns poucos amotinados no Rio de Janeiro, sem nenhum apoio significativo no restante do Brasil, teria tomado outra atitude.

Dois dias após o golpe, já a bordo da canhoneira "Paraíba", o Conde d'Eu julgou dever despedir-se de sua segunda Pátria com um manifesto que me parece bem o caso de reproduzir aqui:

Aos brasileiros – a todos os amigos que nesta terra me favoreceram com a sua sincera e para mim tão prezada afeição – aos companheiros que, há longos anos já, partilharam comigo as amarguras da vida de campanha, prestando-me estimável auxílio em prol da honra e segurança da Pátria Brasileira, – a todos os que na vida militar ou na civil até há pouco se dignaram comigo colaborar, – todos aqueles a quem, em quase todas as províncias do Brasil, devo finezas sem-número e generosa hospitalidade, e – a todos os Brasileiros em geral um saudosíssimo adeus e a mais cordial gratidão.

Não guardo rancor a ninguém e não me acusa a consciência de ter cientemente a alguém feito mal.

Sempre procurei servir lealmente o Brasil na medida de minhas forças.

Desculpo as acusações menos justas e juízos infundados de que por vezes fui alvo.

A todos ofereço a minha boa vontade em qualquer ponto a que o destino me leve.

Com a mais profunda saudade e intenso pesar afasto-me deste país, no qual vivi, no lar doméstico ou nos trabalhos públicos, tantos dias felizes e momentos de imorredoura lembrança.

Nestes sentimentos, acompanham-me minha muito amada esposa e nossos ternos filhinhos, que debulhados em lágrimas conosco empreendem hoje a viagem do exílio.

Praza a Deus que, mesmo de longe, ainda me seja dado ser em alguma coisa útil aos Brasileiros e ao Brasil (...).

Bordo da canhoneira Parnaíba, no ancoradouro da Ilha Grande – 17 de novembro de 1889, Gastão d'Orleans.

É tão eloquente essa despedida que dispensa quaisquer comentários.

No exílio, um lar brasileiro.

Após a proclamação da República e a consolidação do novo estado de coisas, o Conde d'Eu continuou a acompanhar com interesse tudo quanto dizia respeito ao Brasil. Nos assuntos políticos brasileiros e na orientação aos monarquistas de nosso país, ele não interferia. Era só à Princesa Isabel, Chefe da Casa Imperial e Imperatriz *de jure,* na perspectiva dos brasileiros que se mantinham fiéis aos ideais monárquicos e à dinastia deposta que competia essa tarefa.

O Conde d'Eu, entretanto, continuou mantendo intensíssima correspondência com os amigos que deixara na sua terra de adoção. No estilo, no modo de ser, na afetividade manifestada nessa correspondência, bem podemos sentir quão profundas eram as marcas de influência brasileira na alma do velho Marechal. Selecionei alguns trechos de cartas dirigidas pelo meu bisavô à Da. Amanda Paranaguá Moniz, Baronesa de Loreto, amiga de infância da Princesa Isabel e companheira de seus folguedos infantis. Eram escritas com letra já trêmula, num português fluente e elegante no qual, às vezes, escapava um ou outro pequeno erro ortográfico ou sintático. Passo a ler trechos de algumas dessas cartas, cujos originais estão depositados no Rio de Janeiro, no Instituto Histórico e Geográfico Brasileiro.

A primeira é datada de Boulogne-sur-Seine, de 4 de abril de 1914, poucos meses antes de eclodir a Primeira Guerra Mundial.

Senhora Dona Amanda,

Com grande prazer recebemos, a Princesa e eu, suas tão afetuosas e interessantes cartas escritas de Poços de Caldas a 9 de março, e bem assim o lindo cartão-postal de 28 de fevereiro, representando aquele aprazível e delicioso lugar de clima tão ameno. Quanto desejaria eu poder ainda percorrer a cavalo os pitorescos arredores como outrora com a Princesa os de Lambari e Caxambu. De Caldas, só conheço o Hotel da Empresa, onde passei algumas horas na ocasião de visitar os doentes de Santos e de Botucatu em março de 1888. Bastante estimamos saber que se lembram de nós algumas das pessoas que encontramos, especialmente o tão distinto Dr. Rodrigo Octavio, cuja visita aqui excelentes impressões nos deixou.

Não é só pelas saudades dos lugares aprazíveis e hospitaleiros do *hinterland* brasileiro que se manifesta a sensibilidade, a afetividade do Conde d'Eu. Prossegue a carta, dando notícia do falecimento de um irmão de sua nora, minha avó, a Princesa Da. Maria Pia de Bourbon-Sicílias:

Já saberá que nós estamos sob o peso do desgosto do falecimento de um dos irmãos da querida Pia, o Príncipe Francesco: sucumbiu a 26 de março, na idade de 26 anos, na Suíça, onde há uns três anos achava-se, lutando-se em vão contra a moléstia pulmonar que o assoberbava.

Formado no século XIX, de acordo com os costumes do tempo, o Conde d'Eu aprendera a evitar a terrível palavra tuberculose... Continua a carta:

Há muito achava-se resignado e só pondo sua esperança na felicidade eterna. Suas últimas palavras à desolada mãe foram Je ne vois plus, *e logo depois* le ciel! le ciel! *O pai não pôde lá estar por não permitir seu estado de saúde que se expusesse ao frio da Suíça; e à Pia assim como ao Luiz pediu que o ficassem acompanhando em Cannes durante esses dias de tão dolorosos transes. As exéquias tiveram lugar no dia 31, em Cannes (....), no meio de imensa assistência profundamente aflita, ficando o corpo depositado no respectivo cemitério até erguer-se uma capela funerária. Os pais e irmãos acham-se desconsolados, encontrando, porém, resignação na sua piedade cristã.*

A mesma sensibilidade se revela na notícia que dá a seguir à Baronesa de Loreto:

Em Eu faleceu anteontem Mme. Masson, consorte de nosso jardineiro; sucumbiu ao desenvolvimento de um fibrome kistose, *nunca tendo querido consentir na operação que teria sido necessária! Recebeu todos os Sacramentos com pleno conhecimento. Era pessoa muito dedicada e que muita falta há de fazer, principalmente ao marido e aos filhos, aliás, ambos casados e empregados em Paris. Também lhe sobrevivem os pais, retirados em lugarejo próximo à floresta, onde parece que o pai fora professor público.*

Depois de noticiar com sentimento a morte da esposa do jardineiro, passa às notícias caseiras:

Nas saúdes de nossos familiares não têm havido, mercê de Deus, novidades. Mas a Princesa ficou de momento muito cansada com sua tenda de Caridade, tendo assistido nas Galeries de la Charité dois dias seguidos, sexta e sábado passado, das 2h. até depois das 6 da tarde. Voltando sábado à casa perto das 7h., foi logo para a cama, queixando-se de dores no peito e costas que, mercê de Deus, cederam logo à aplicação de sinapismos ordenados pelo Dr. P., de Boulogne-sur-Seine. Contudo, não pôde ir à Missa no dia seguinte, Domingo da Paixão, nem receber na 2ª. feira. Mas 3ª. já saiu e breve voltou à sua atividade habitual, indo também à missa na freguesia ontem, 6ª. feira, apesar de queixar-se bastante da fraqueza nas pernas.

A fiel amiga Da. Mariquinhas Tosta também já não se ressente nada, Deus louvado, do ligeiro abalo nervoso de que foi acometida repentinamente a meados de fevereiro (....). A Condessa Monteiro de Barros chegou com boa saúde com os filhos Barão e Baronesa de Nioac, e já mais de uma vez nos deu o prazer de estar aqui conosco. Os amigos São Joaquim continuam por enquanto em Nice; as boas Penhas (....) frequentemente estão aqui, já restabelecida a Titinha da icterícia que a atormentou algumas semanas.

Fala em seguida do tempo, dá outras notícias de amigos comuns, comenta o assassinato do diretor do jornal "Le Figaro" escândalo que, no momento, prendia todas as atenções. O fecho da carta é também muito indicador de uma mentalidade e de uma maneira de ser tipicamente brasileiras:

Desculpe tão longa escrita. A Princesa, sabendo que lhe escrevia, pede desculpa de não o fazer desta vez: ainda está um pouco abatida em consequência do pequeno incômodo que teve. Ela muito lhe agradece as boas cartas de 28 de fevereiro e 10 de março e comigo envia--lhe, assim como a Da. Argemirinha, Zezinho e sua boa família, saudosíssimas lembranças muito afetuosas, Gastão d'Orleans.

A Primeira Guerra Mundial

A eclosão da Guerra modificou profundamente os hábitos da Família Imperial exilada. Meu avô, o Príncipe Imperial D. Luiz, e seu irmão mais moço, D. Antonio, alistaram-se no Exército inglês e lutaram bravamente. Ambos haveriam de falecer em consequência da Guerra. Meu avô faleceria em 1921, com apenas 42 anos de idade, em decorrência de uma tuberculose óssea contraída nas trincheiras geladas do Yser, onde servira como oficial de ligação do Alto Comando aliado. E meu tio-avô encontrou a morte num desastre de aviação, ao fim da Guerra, ainda mobilizado.

O Conde d'Eu, apesar de seus 72 anos, alistou-se na guarda cívica que policiava as ruas da França, para permitir que os jovens fossem todos combater no *champ d'honneur*. A Princesa desdobrou-se no atendimento aos feridos, nos hospitais militares. Mas em meio a tantas preocupações e riscos, sempre estiveram vivas as recordações saudosas do distante Brasil, como se pode ver pela carta seguinte, escrita em Eu, a 2 de janeiro de 1915:

Senhora Dona Amanda,

Tenho presentes suas cartas de 26 e 27 de novembro e 1 de dezembro, que sempre nos dão muito prazer, tanto à Princesa como a mim.

Tivemos muita satisfação em ver o retalho que narra a sessão de demissão do fiel amigo Cons. João Alfredo na qualidade de Presidente do Banco do Brasil. Se por um lado sentimos que ele deixasse cargo em que tão importantes serviços prestava, por outro compartilhamos do justo orgulho que devia sentir ao ver proclamada a administração que deixava como "a mais brilhante e profícua" dos anais daquele importantíssimo estabelecimento. Pretendo breve escrever congratulando-me com esse distintíssimo amigo.

(....) Muito agradecemos os recados que nos transmite das fiéis amigas Noca, Maria Francisca do Amaral, Rosinha Pinto Lima, Hortensinha Mello, Candinha Figueiredo e nossa comadre Inês Mendes, sentindo a moléstia do Nerval de Gouvêa e da Viscondessa da Cruz Alta, e ainda mais a morte da pobre Bibi Abreu, e da cunhada do Dr. Cerqueira Pinto, e do bom amigo Rangel de Vasconcellos, que víramos em Boulogne-sur-Seine. Pêsames às famílias sobreviventes. (....)

Não pudemos ter aqui o Luiz e o Antonio para festejar conosco nem o Natal, com a Missa de meia-noite e comunhão concorridíssima na freguesia (....). O Luiz, cujo posto atual fica daqui a menos de três horas de automóvel, apareceu no dia 29 à tarde por dois dias, e comungou com a Pia. Estivera com o Antonio, que está um pouco mais longe, mas também esperava aparecer aqui por estes dias. (....)

Chegou nesta semana mais uma turma de 80 feridos, ou antes doentes, pois quase todos estão de pés gelados (pela permanência nas trincheiras inundadas), inutilizados, endurecidos como se fossem balas de canhão! Dizem que, de 850 chegados ultimamente ao Havre, 650 estão neste estado, de pés gelados! É terrível!

A Princesa, que ainda ultimamente se fatigou visitando todos os hospitais militares e (....) cada um dos feridos, ou doentes ou convalescentes, franceses ou belgas, uns 300 (pois os ingleses, perto de 500, estão no Treport, até onde não pôde ir), e agora se ocupa com inúmeros cartões de Bons Anos, principalmente para o Brasil, se une a mim para enviar-lhe, e a todos os seus, as mais afetuosas e saudosas lembranças, Gastão d'Orleans.

Embora longos, de tal forma esses trechos de cartas revelam os lados brasileiros da alma do Conde d'Eu, que achei o caso de lê-los aqui. E não resisto a acrescentar ainda um outro, de uma carta que começa abruptamente, sem as palavras "Senhora Dona Amanda", com que costumavam começar as missivas:

Eu, 18 de setembro de 1915.

Hoje faz 51 anos do nosso feliz noivado e 50 da rendição de Uruguaiana; amanhã, se não me engano, ou um pouco depois, 49 do menos feliz combate de Curupaiti, do qual resultou ser seu benemérito pai chamado da pasta da Justiça para a da Guerra, cabendo-lhe assim presidir a uma das fases mais importantes e mais bem-sucedidas da Guerra do Paraguai.

Desculpe, Senhora Dona Amanda, este preâmbulo; as datas sempre me trazem recordações.

Depois que lhe escrevi, tivemos o prazer de suas prezadas cartas de 20 do próximo passado mês, narrando sua comunhão, por ocasião da festa de 15, na pitoresca Capela da Glória do Outeiro: quantas saudades!

(....) Não sei como omiti pedir-lhe que agradecesse também ao Dr. Oliveira Borges, Da. Miloca e família, a Missa e orações na saudosa Igreja de Nossa Senhora Aparecida, em que mais de uma vez rezei, cabendo-nos até libertar aí, em dezembro de 1868, um homem que levavam preso para a guerra.

Por essas cartas, assim como por outros testemunhos que nos ficaram, vê-se que a Princesa Isabel e seu Esposo haviam constituído em Boulogne-sur-Seine e no Castelo d'Eu um como que prolongamento do Brasil.

O Retorno ao Brasil

A Divina Providência reservava para o velho Marechal um consolo que, infelizmente, a Princesa Isabel não pôde ter: rever, antes de fechar os olhos para sempre, o Brasil.

Falecido em 26 de março de 1920, meu avô D. Luiz, cognominado "o Príncipe Perfeito", a República julgou que o perigo monarquista estava definitivamente afastado. Em 3 de setembro do mesmo ano, o Presidente Epitácio Pessoa assinou o decreto 4 120, revogando os dois primeiros artigos do decreto 72-A, de 21 de dezembro de 1889, por força dos quais fora banida minha Família do território nacional. Ao mesmo tempo, foi autorizado o regresso ao Brasil dos restos mortais do Imperador D. Pedro II.

O estado de saúde da Princesa não lhe permitiu transpor ainda uma vez o Oceano, para acompanhar os despojos veneráveis. Veio em seu nome o Conde d'Eu, com D. Pedro de Alcântara, o único filho que a Guerra poupara, sendo por toda a parte recebido com carinho e com mostras de reconhecimento: no Rio, em Petrópolis, no Instituto Histórico e Geográfico Brasileiro (do qual era Presidente de honra e o mais antigo sócio vivo), em São Paulo.

Meu bisavô desejaria prolongar indefinidamente esse reencontro com a Pátria a que o ligavam tantas e tantas recordações, e onde tão boas amizades cultivava. Mas a saúde periclitante da Princesa requeria que ele voltasse logo à França. Para lá viajou, e lá perdeu, em novembro de 1921, a fiel companheira de 57 anos.

O último dever em relação ao Brasil

Após esse rude golpe, sua constituição, até essa altura robusta, alterou-se. No ano seguinte, foi convidado para retornar ao Brasil e participar dos festejos do centenário da Independência. Aceitou pressuroso o convite, porque considerava um derradeiro dever, em relação ao Brasil, vir pessoalmente apresentar aos brasileiros seus dois netos, meu pai D. Pedro Henrique – então menino de 12 anos, Chefe da Casa Imperial e herdeiro dinástico imediato da Princesa Isabel – e meu tio D. Luiz Gastão, então Príncipe Imperial do Brasil.

Seu estado de saúde muito precário tornava imprudente a viagem. Mas tal era o empenho do meu bisavô em cumprir o que considerava um dever, que o médico julgou preferível não contrariá-lo. Deixou-o vir.

Quase no momento de seu navio, o "Massilia", aportar no Rio de Janeiro, o Conde d'Eu faleceu, confortado com os Sacramentos da Santa Igreja.

As exéquias, celebradas no Rio de Janeiro, revestiram-se de muita pompa, e todo o Brasil sentiu aquela perda. Seu esquife foi levado para a França, pois ele desejara repousar junto à Princesa Isabel.

Mas ainda deveria retornar ao Brasil. Em 1953, foram solenemente trazidos para nosso território, e repousam atualmente em Petrópolis, os restos mortais da Princesa Isabel e do Conde d'Eu. Ao chegarem, receberam honras fúnebres do Governo brasileiro, a Princesa, como Chefe de Estado, o Conde d'Eu, como Marechal do Exército.

A Justiça que meu bisavô tão esperara, de parte deste Brasil que tanto amou e pelo qual não hesitou em arriscar a própria vida, tardara muito.

Mas afinal viera.

A rendição do Uruguaiana, 1865.
Surrender of Uruguaiana during the War of Triple Alliance, 1865

Retrato da Família Imperial:
Conde D'Eu, Isabel e os três filhos, D. Pedro II, Pedro
Augusto e a Imperatriz Teresa Cristina.

Princesa Isabel

CAPÍTULO
• 61 •

João Alves das Neves
5 de outubro de 2004

Um dos primeiros colonizadores do Brasil.

A definição é do historiador Valle Cabral, que preparou em 1886 a 1ª edição das "Cartas do Brasil": "O Pe. Manoel da Nóbrega, um dos primeiros civilizadores desta terra, representa papel muito importante na sociedade brasileira e exerceu tanta influência que seu nome será sempre lembrado. Sua fama era geral em todo o Brasil e também aos sertões do Paraguai chegou a grande nomeada de seus trabalhos, das suas virtudes".

Valle Cabral refere-se com interesse ao estudo do Pe. Antônio Franco, "Vida do Padre Manoel da Nóbrega" (1719) e o biógrafo queixa-se da pouca atenção que em Portugal lhe conferiam, embora Nóbrega tenha sido um Homem e um Sacerdote merecedor de todas as homenagens, louvava-o como "fundador da nossa Província do Brasil", pois ele soube reunir inumeráveis virtudes, como religioso e como "português do Brasil" e nesta condição ninguém mais certo do que ele, conforme escreve Antônio Franco: "Era acérrimo defensor da liberdade dos Brasis, sem querer admitir à confissão algum que nisso fosse culpado. Sentia sumamente os roubos e assaltos que se faziam neles; chorava-os, bradava sobre isso publicamente e para remediar o que podia da sua parte, se meteu com os Tamoios, como dito é, para fazer pazes com eles e aplacar a justa ira de Deus contra os Portugueses pelos muitos roubos e mortes que tinham feito neles". E na presença do capitão-mor Estácio de Sá repreendeu severamente aqueles que tinham cativado e vendido os índios, crime de que Deus os não absolveria.

Na verdade, era obsessiva a defesa dos índios e a censura aos que os mantinham como escravos, sem cuidá-los, deixando-os "viver como gentios e morrer como bestas", sem participar da sua cristianização. Enfim, usando-os, mas não os ensinando a respeitar os outros seres humanos, libertando-os da antropofagia, condenada insistentemente por Nóbrega, conforme esclarece o seu amigo e ex-professor Martin de Azpilcueta Navarro: "Se acontece que tomem alguns dos contrários na guerra, trazem-nos presos algum tempo e dão-lhes as suas filhas por mulheres e para que os sirvam e guardem, e depois os matam e comem, com grandes festas e com ajuntamento dos vizinhos que vivem ao redor; e se destes tais ficam filhos, também os comem, ainda que sejam seus sobrinhos e irmãos, e dizem que só o pai tem parte nele e a mãe não tem nada".

A propósito do canibalismo dos índios, o historiador Serafim Leite anota que "o caso mais impressionante foi o da nau do Bispo (o primeiro do Brasil, D. Antônio Fernandes Sardinha), que dando à costa a 15-16 de junho de 1556, algumas léguas ao norte da Bahia, exceto três pessoas (um português e dois índios) todas as demais, uma centena, foram mortos e comidos pelos índios". Acrescenta o historiador Pedro Calmon: "A D. Pedro Fernandes Sardinha e seus companheiros, os selvagens sacrificaram sem piedade. Foram mortos e devorados – espantoso fim de um Prelado, dois cônegos, capitães e mulheres, que encheu de indignação e pesar a Colônia. A vingança teria um chefe, o filho do Provedor-mor Antônio Cardoso de Barros, e uma consequência mais larga: a conquista da terra dos Caetés, abrindo a intercomunicação das Capitanias o caminho que eles assolavam" (in *História do Brasil*).

No "Diálogo sobre a Conversão do Gentio" (Bahia 1556-1557), O Pe. Manoel da Nóbrega põe na boca de "Matheus Nogueira" as seguintes palavras: "Se alguma geração há no mundo, por quem Cristo N. S. isto diga, deve ser esta, porque vemos que são cães em se comerem e matarem, e são porcos no vício e na maneira de se tratarem, e esta deve ser a razão porque alguns Padres que do Reino vieram os vejo resfriados, porque vinham cuidando de converter a todo o Brasil em uma hora, e vê-se que não podem converter um em um ano por sua rudeza e bestialidade".

O mesmo Matheus Nogueira volta ao assunto, páginas adiante: "E muitos outros da Aldeia, os quais ainda que alguns não deixem a vida viciosa por exemplo de outros maus cristãos que vem, todavia se deles terem fé, pois o principal pecado e que lhe mais estranham, deixarão que é matarem em terreiro e comerem carne humana. Quem não sabe que indo à guerra estes e tomando contrários os matarão e enterrarão?".

Outra preocupação constante do Pe. Nóbrega, ao longo das suas cartas, é o do ensino, tema do livro *História da Educação Luso-brasileira*, de Tito Lívio Ferreira, que historia a fundação de vários colégios jesuítas no Brasil – os da Bahia, São Vicente/São Paulo, Rio de Janeiro e de outras cidades. São mencionados 2 Reais Colégios (Salvador e Olinda) e os 18 de outras regiões, além de mais 15 seminários, recolhimentos e o Colégio Feminino e citados outros de Salvador.

Na polianteia *Nóbrega*, publicada em 1970 pelo Instituto Histórico e Geográfico de São Paulo, encontram-se mais de 50 trabalhos abordando as várias facetas da vida e obra do Pe. Manoel da Nóbrega, e num deles, "...Para voltarem homens de confiança", declarou o historiador Hernâni Donato: "Ensinar era prover. Prover comida, roupa, utensílios os mais elementares. Raramente como nas modestas escolas instaladas em Salvador, São Vicente e no Espírito Santo, haja ocorrido tão insistente integração de necessidades a serem previstas e atendidas pelo líder. No caso, Nóbrega. Precisava de ferramentas, de máquinas, de teares, de transporte antes de chegar ao objetivo primeiro: dar aulas".

Ilustração

Fundação de São Paulo, tela de Oscar Pereira da Silva.

Fundação do Rio de Janeiro (com a cruz Padre Manoel da Nóbrega)
Tela de Antônio Firmino Monteiro.

CAPÍTULO
• 62 •

Luís Carlos Bassalo Crispino
18 de fevereiro de 2005

Júlio Cezar Ribeiro de Souza e a invenção do dirigível.

Júlio Cezar Ribeiro de Souza foi um pesquisador paraense que se inspirou em aves para desenvolver dirigibilidade aérea, sofreu plágio e foi esquecido pela História. Em 1880, as tentativas do homem em conquistar o ar dividiam-se em duas grandes correntes: a aviação e o balonismo. A aviação não tinha êxito devido principalmente à falta de motores potentes o suficiente para que os primeiros modelos alçassem voo. Já no balonismo, a ascensão não era impedimento. A dificuldade estava na dirigibilidade. Cerca de 170 anos após o brasileiro Bartolomeu Lourenço de Gusmão ter realizado a primeira ascensão de um balão com ar quente, outro brasileiro deu aos aeróstatos a sonhada dirigibilidade. O cientista paraense Julio Cezar Ribeiro de Souza uniu características do balonismo e da aviação e assim criou um sistema de navegação aérea original, baseado no voo dos pássaros planadores, preconizando a estrutura fusiforme dissimétrica dos balões. Essa forma se expressa num formato mais volumoso da proa e afilado da popa. Este desenho viria a ser o dos consagrados zepelins que cruzaram o Atlântico e deram a volta ao mundo na primeira metade do século 20.

Julio Cezar Ribeiro de Souza nasceu na Vila de São José do Acará, no atual estado do Pará, em 13 de junho de 1843, e ficou órfão de pai ainda criança. Em Belém do Pará, fez estudos primário e secundário antes de transferir-se para o Rio de Janeiro, então capital do Império e aí completou o curso preparatório da Escola Militar. Em 1866, seguiu para Montevidéu, onde se integrou às forças militares brasileiras na Guerra do Paraguai. Foi durante a guerra, em 1867, que houve o primeiro uso militar de balões de observação na América do Sul. Em 1868, quando ocupava o posto de segundo-cadete do 3º Batalhão de Artilharia a pé, teve seu pedido de escusa do serviço militar recusado pelo comando militar brasileiro. Em seguida, foi deslocado para o Paraguai, de onde retornou ao final de 1869.

A partir de 1870, ele se ocupa do jornalismo e magistério, além de cargos como funcionário público. Apesar de seu talento como jornalista, poeta e para línguas, foi sem dúvida a navegação aérea a maior das contribuições de Julio Cezar Ribeiro de Souza. Segundo seus relatos, datam de 1874 os primeiros estudos sistemáticos do voo dos pássaros em busca de uma teoria para viabilizar a navegação aérea. Mas foi só em 1880 que saíram publicados os resultados dessas pesquisas. Em 29 de julho desse ano, escreveu uma carta ao presidente da Província do Pará revelando ter encontrado o ponto de apoio dos corpos mais leves que o ar e solicitando uma audiência reservada para, na sua presença e na dos homens da ciência da Província, expor sua teoria. Ainda nesta carta registrou que, caso ficasse reconhecido o mérito de sua descoberta, esperava que fossem solicitados ao governo do Império os meios para que se pudesse mandar construir na Europa um balão segundo seu modelo e que lhe fossem garantidos os privilégios da invenção.

Com a audiência, as opiniões se dividiram, o que o levou a fazer, ainda em Belém, demonstrações públicas com protótipos de balões para comprovar suas teorias. Júlio Cezar Ribeiro de Souza já havia utilizado balões pequenos, com até 2 metros de comprimento. Para a demonstração, constrói um balão de 6 metros de comprimento e 2 metros de maior diâmetro, experimentando-o na presença de poucas pessoas, no dia 30 de agosto de 1880. Em seguida, preparou um balão ainda maior, com papel coberto de gelatina, que deveria ser preenchido com hidrogênio, produzido no gasômetro da cidade. A experiência não ocorreu no dia marcado porque não foi possível a produção do gás. O inventor paraense logo se convenceu de que, mesmo que conseguisse produzir o hidrogênio, o material de que dispunha para fabricar balões era inadequado.

Em nota publicada em jornal local, esclarece à população a impossibilidade de realizar uma experiência definitiva de seu invento no Pará, anunciando que deveria brevemente embarcar para a capital do Império. No Rio de Janeiro, dirige um ofício ao Instituto Politécnico Brasileiro, pedindo uma sessão pública para expor sua teoria, o que ocorre em 15 de março de 1881, quando é feita a leitura de sua Memória sobre a Navegação Aérea, documento que se encontra atualmente no Arquivo Nacional. A comissão designada para analisar seu trabalho emite parecer favorável, que passa a ser discutido nas reuniões do Instituto. A Assembleia Provincial do Pará aprova a concessão de uma subvenção no valor de 20 contos de réis para a construção de um balão de acordo com seu sistema, condicionada à aprovação do parecer da comissão, o que ocorre em seguida, juntamente com a concessão da patente brasileira de seu sistema de navegação aérea, aplicável à navegação submarina.

Júlio Cezar Ribeiro de Souza viaja para França em setembro de 1881 a fim de providenciar a construção de seu balão. Em Paris, contrata os serviços da Casa Lachambre para este fim e procura patentear sua invenção em algumas das principais capitais europeias. A patente francesa foi a primeira a ser obtida, em 25 de outubro daquele ano. Dois dias depois, faz a leitura de uma versão em francês de sua *Memória sobre a Navegação Aérea* diante da Sociedade Francesa de Navegação Aérea (SFNA).

Pronto o balão Victoria, em homenagem à sua esposa, com dez metros de comprimento e dois metros de maior diâmetro, realiza experiências em Paris nos dias 8 e 12 de novembro, obtendo êxito, conforme noticiado pela imprensa parisiense. No primeiro dia dessas experiências, Julio Cezar foi recebido como membro associado da SFNA. Em seguida, retorna a Belém, deixando encomendada na Casa Lachambre a construção de um grande dirigível, capaz de realizar voos tripulados. Curiosamente, Alberto Santos Dumont, cerca de 16 anos mais tarde, contrataria os serviços dessa mesma Casa para a construção dos seus primeiros balões.

De volta ao Pará, Julio Cezar repete, na manhã do Natal de 1881, as experiências realizadas na França, cujo êxito é noticiado com entusiasmo pela imprensa local. No início de 1882, viaja para o Rio de Janeiro onde também faz demonstração pública no dia 29 de março, na Escola Militar, de que tinha sido aluno, em presença do imperador Dom Pedro II e de grande número de pessoas.

Pelo fato de o Victoria ser um balão de testes, sem capacidade para deslocar o peso de um homem, devia ser conduzido do solo, por meio de manobras que consistiam em largar as extensas cordas que o prendiam, a fim de que se percebesse que não era levado pelo vento como um balão comum, mas, ao contrário, navegava na direção de sua proa, mesmo que oposta à corrente de ar. As pessoas que assistiram à experiência, provavelmente por não entenderem que pouco além disso poderia ser feito com um balão com aquelas dimensões, ou por não terem sido devidamente alertadas para o tipo de experimento que seria realizado, ficaram desapontadas.

Muitas pessoas presentes à experiência no Rio de Janeiro não entendiam que, antes de construir um balão dirigível de grandes dimensões, demandando enorme quantidade de recursos, era necessária a realização de experiências com um protótipo de dimensões reduzidas. O objetivo de Julio Cezar, plenamente alcançado na França, segundo atestaram especialistas na área, não foi compreendido pelas pessoas que assistiram à demonstração na Escola Militar. E isso dificultou a obtenção dos recursos para a conclusão do dirigível encomendado em Paris.

A experiência no Rio deflagrou um intenso debate sobre as ideias de Julio Cezar, tanto no Instituto Politécnico como na imprensa carioca, o que se estendeu por alguns meses até a aprovação por unanimidade no Instituto de uma moção em favor da viabilidade teórica do processo, em 23 de junho de 1882. Obtida a autorização, o inventor retorna a Paris em dezembro desse ano e contrata definitivamente os serviços da Casa Lachambre para a construção do seu grande balão. Pressionado pelos custos de estada em Paris, volta a Belém para aguardar a conclusão do dirigível. Após o recebimento de um telegrama do construtor, retorna à França, mas sem recursos para encher o balão com hidrogênio e consciente das dificuldades em fazer a experiência no Brasil, devido à falta de pessoal capacitado, solicita à prefeitura de Paris permissão para realizar uma exposição paga de seu balão, o que lhe é negado. Aparentemente sem alternativa, retorna com o balão e seus acessórios para Belém.

Em julho de 1883, na capital paraense, Julio Cezar Ribeiro de Souza tenta obter 16 contos de réis para a produção dos quase três milhões de litros de hidrogênio necessários ao enchimento do balão. Com esse objetivo, recebe autorização do bispo do Pará para expor seu dirigível no interior da catedral de Belém, e realiza conferências no Teatro da Paz. Os recursos só são obtidos quase um ano depois de seu retorno, fornecidos pela província do Amazonas, e a tentativa de ascensão do balão, que foi denominado Santa Maria de Belém, com 52 metros de comprimento e 10,4 metros de maior diâmetro, foi marcada para a manhã do dia 12 de julho de 1884, em Belém. A exemplo do que ocorrera na primeira exposição pública, em 4 de outubro de 1880, dificuldades relacionadas à produção de hidrogênio impediram a ascensão do balão. A explicação para isso foram perfurações nas mangueiras de condução do gás por derramamento acidental de ácido e por danificação de uma das baterias auxiliares.

Em seguida, Julio Cezar recebe a notícia de que, em 9 de agosto de 1884, os capitães franceses Charles Renard e Arthur C. Krebs, no dirigível militar La France, com aproximadamente as mesmas medidas (52,4 metros de comprimento e 8,4 metros de maior diâmetro) que o Santa Maria de Belém, haviam realizado pela primeira vez na história um percurso fechado a bordo de um balão, retornando ao ponto de partida após percorrerem aproximadamente 7 600 metros durante 23 minutos. O La France possuía a estrutura fusiforme dissimétrica preconizada por Julio Cezar, sem que seus projetistas tivessem feito qualquer referência às teorias do inventor brasileiro, apesar de estas terem sido patenteadas na França quase três anos antes daquela data.

Esse acontecimento faz com que Julio Cezar Ribeiro de Souza escreva um longo protesto intitulado "A Direção dos Balões", publicado na imprensa paraense, em português e posteriormente em francês, e encaminhe ao Instituto Politécnico Brasileiro um requerimento solicitando a prioridade do sistema de balões fusiformes dissimétricos, cujo parecer favorável é aprovado pelo Instituto em 2 setembro de 1885. Após esta aprovação, a Assembleia Provincial do Pará concede um novo auxílio no valor de 25 contos de réis a Julio Cezar. Ele retorna à Europa disposto a provar a primazia de seu invento. Após uma breve passagem por Londres, chega a Paris no início de maio de 1886, propondo-se debater publicamente o assunto com Renard e Krebs. Uma vez que os capitães franceses não aceitam o debate, Julio Cezar, de posse de um novo balão de testes do seu sistema, denominado Cruzeiro, realiza experiências em 11 e 16 de junho daquele ano, na presença da representação brasileira em Paris, após o que retorna a Belém.

O Plágio dos Militares Franceses

No Pará, dedicou-se a escrever um livro em francês intitulado "Fiat Lux", segundo suas próprias palavras: "(...) expondo com a máxima minúcia a teoria de navegação aérea e o meu sistema nela fundado, e provando à sociedade, não só que o sistema tantas vezes experimentado na França, com pleno êxito pelos capitães franceses Renard e Krebs, é apenas um plágio, e plágio caricato do meu, como, apesar dos mistérios que o põem fora do alcance de um exame minucioso, já o declarou o Instituto Brasileiro, e, antes deste, publicações científicas da Europa (...)". Julio Cezar passou a publicar em partes, na imprensa paraense, a partir do início de junho de 1887, uma tradução deste livro para o português. A série foi interrompida em agosto seguinte, quando já enfermo, falecendo em 14 de outubro, vítima de beribéri, enfermidade relacionada à deficiência de vitamina B1. Nesse momento, ocupava o cargo de chefe de seção da secretaria do governo da Província do Pará.

As dificuldades em fazer reconhecer a primazia de um brasileiro na conquista do ar não atingem isoladamente este paraense notável. Os irmãos franceses Joseph Michel e Etienne Montgolfier são considerados por muitos como os pioneiros na ascensão de balões de ar quente, apesar de o padre santista Bartolomeu Lourenço de Gusmão ter realizado em Lisboa as primeiras ascensões públicas do gênero mais de setenta anos antes, no início de agosto de 1709. Mesmo o mineiro Alberto Santos Dumont, que também aplicou as ideias de Julio Cezar em seus balões, teve a primazia de suas realizações questionada diante dos irmãos Orville e Wilbur Wright. Embora seja inconteste que foi Santos Dumont quem projetou e pilotou o primeiro engenho "mais pesado que o ar" a erguer-se do solo por meio de um motor próprio, realizando um voo ao longo de 60 metros, em 23 de outubro de 1906.

Julio Cezar Ribeiro de Souza foi o homem que, após vários anos de minuciosas observações e exaustivos estudos do voo dos pássaros, estabeleceu as bases da aeronáutica e aerodinâmica modernas, ao propor, em 1880, fundamentado em uma teoria de navegação aérea, o tipo fusiforme dissimétrico ou assimétrico dos balões, tendo realizado as primeiras experiências que comprovaram suas teorias em Paris, em novembro de 1881.

Poucos meses antes de sua morte, Julio Cezar deixou registrada na imprensa paraense a seguinte frase que expressa sua desilusão: "O mundo inteiro está completamente mistificado pelos felizes plagiários do meu invento, para quem, num país de economias, chovem os milhões para balões colossais do meu sistema, quando eu só tive migalhas no país dos grandes esbanjamentos, onde a ciência está completamente mistificada".

CAPÍTULO
• 63 •

A canção da polícia militar
outubro de 2006

Canção da Polícia Militar de São Paulo

Antecedentes

Todas as organizações cantam: cantam os fiéis e os corais nas igrejas, cantam os soldados e policiais nos quartéis, cantam os funcionários de empresas orientais ao iniciar-se o expediente, cantam os escolares, cantam os escoteiros, cantam os membros de clubes de serviço, canta o povo nos eventos esportivos e artísticos, cantam as corporações, as cidades e nações interpretando seus hinos.

Há registro da presença da música na Polícia Militar desde os primórdios da Corporação. Já em 07 de abril de 1857, foi organizado o conjunto musical do então denominado Corpo Policial Permanente, que se destinou a auxiliar à instrução e proporcionar lazer aos membros da Milícia.

Foram esses músicos que acompanharam os "Permanentes", desde o Carmo até a Estrada das Lágrimas, quando se despediam dos entes queridos e marchavam para descer a Serra do Mar rumo ao porto de Santos[1] e, dali, rumo ao teatro de operações do Paraguai, recebendo-os, posteriormente, de volta do *front*, quando retornavam a São Paulo.

A esse tempo, a Corporação não possuía um hino, limitando-se seus integrantes a entoarem canções patrióticas, religiosas, sobretudo em honra à Nossa Senhora da Conceição, e militares (aproveitadas do Exército Imperial), tais como o Hino de guerra, do poeta Pedro Luiz, cantado em todas as fileiras[2]:

> "Quem não vê dardejar a vitória
> Raios d'ouro, no céu, tão azul?
> A vingança quer hinos de glória!
> Grita ao fogo o pampeiro do sul!

---

[1] Fato registrado, por exemplo, por Campos, Pedro Dias in *O espírito militar paulista*. SP, Estab. Gráfico Rossetti & Rocco, 1923, p. 72.
[2] Idem, p.71 e 72.

Pela Pátria! Por Deus! Pelo mundo!
Rugem feras no negro covil...
Fiquem mudas à voz da bombarda!
Rolem mortas aos pés do Brasil!

No deserto – bandeira à frente
Respirando vingança, marchai!
Ninguém saiba quem foi mais valente...
Arda em chamas o vil Paraguai.

Pela Pátria! Por Deus! Pelo mundo!

O covarde manchou nossa terra...
Chora – pátria! Teu choro é fatal!
Teu soluço – é o estrondo da guerra!
O teu pranto – metralha infernal.

Pela Pátria! Por Deus! Pelo mundo!...

Lave o sangue do monstro o caminho.
Onde o monstro de rojo passou;
Em ruínas fumegue seu ninho...
Ira santa o Brasil despertou!

Pela Pátria! Por Deus! Pelo mundo!...

Treme o solo ao tropel dos guerreiros;
Treme o céu ao troar dos canhões;
Mas não sabem tremer brasileiros.
Nem seus braços, nem seus corações.

Pela Pátria! Por Deus! Pelo mundo!...

Lá na tenda o guerreiro suspira
Pela mãe que chorando ficou...

Entre bombas e balas se atira
Se o clarim da batalha soou!

Pela Pátria! Por Deus! Pelo mundo!...

Já de fumo e de glória cercada,
A bandeira de um povo se ergueu;
Se sair gotejante, humilhada...
Diga a história que o povo morreu.

Pela Pátria! Por Deus! Pelo mundo!...

Rompem louros do chão da carnagem!
Surgem louros adiante de vós!
Espumante – no rio selvagem
Corra o sangue da tribo feroz!

Pela Pátria! Por Deus! Pelo mundo!...

Pela Pátria! Por Deus! Pelo mundo!
Rugem feras no negro covil...
Fiquem mudas à voz da bombarda!
Rolem mortas aos pés do Brasil!"

A memória da Guerra do Paraguai registra também um rico cancioneiro popular, em que as poesias eram muitas vezes acompanhadas apenas por violão, fato ao qual alude, por exemplo, o Tenente Alfredo D'Escragnolle Taunay em sua obra *A Retirada de Laguna*.

Assim foi que, após o 7º de Voluntários da Pátria, Unidade à qual estavam incorporados os "Permanentes" paulistas, cruzou o rio Paraná, ocupando Itapiru, a 12 de abril de 1866, um integrante do Batalhão enviou, pouco depois do ataque à Ilha do Ataio, a uma moça com a qual tencionava casar-se, a seguinte despedida rimada:

"Adeus, mulata, qu'eu morro,
Sem tornar a te ver.
A guerra do Paraguai

Está custosa de vencer.
Muita gente tem morrido
Muito mais tem que morrer;
Adeus, querida, qu'eu morro
Sem tornar a te ver"[3]

O cancioneiro da Corporação foi enriquecido pela presença das duas Missões Francesas (1906/1914 e 1919-1924).

O rigor disciplinar das inspeções, o cuidado com o uniforme impecável, tudo isso foi registrado pelo olho acurado e pela memória privilegiada de Carlos Rodrigues Mendes[4] que, quando menino em Cachoeira Paulista, ouvia os policiais militares do Destacamento cantarem, esperando o Oficial subalterno que chegaria de trem para a inspeção:

"Sordado, tá de guarda,
Vai limpá seus amarelo
Lá vem o Seo Tenente
Co' a vara de marmelo".

A iconografia registra, por exemplo, no filme oficial do centenário da Força Pública (cena que enfoca um churrasco, realizado na Invernada do Barro Branco, São Paulo) e em imagens fotográficas colhidas de tropas que efetuavam manobras por aquela Invernada[5], a presença de músicos entre os policiais militares, particularmente sobraçando ou executando violão, o que parece lógico, por tratar-se de instrumento de cultura popular, compatível com a modesta procedência socioeconômica e origem geográfica dos efetivos da Força.

O primeiro ensaio de uma canção que identificasse a Força Pública como um todo revelou-se durante os episódios que antecederam o movimento Constitucionalista de 32. Poucas horas após os graves acontecimentos ocorridos na Praça da República, em 23 e 24 de maio, e que resultaram na morte de Martins, Miragaia, Dráuzio e Camargo, o radialista César Ladeira adentrou às dependências da rádio Record e pediu a Azevedo Neto, o discógrafo (hoje DJ) da emissora, que colocasse uma marcha militar como fundo para difundir a notícia aos ouvintes. Quase acidentalmente, o operador tomou o primeiro disco disponível sobre o tema e veiculou a primeira faixa: Era a marcha "Paris Belfort".

---

3 In Campos, Pedro Dias de. *O Espírito militar paulista*. op.cit. p.83.
4 Mendes, Carlos Rodrigues. *Depoimento oral ao autor*, 1998.
5 Ver, por exemplo, in *Esboço histórico do Centenário da Força Pública*, de Euclydes de Andrade e Hely Ferreira da Câmara, ed. Original de 1931, posteriormente reproduzida pela IMESP em 1982.

Essa canção francesa, composta por Joseph Farigoul, motivada pela guerra franco-prussiana de 1870, foi trazida a São Paulo provavelmente pelos componentes da missão francesa de instrução da Força Pública (1906/1914 – 1919/1924) e adotada pela alma popular como um entusiástico e verdadeiro hino do movimento Constitucionalista que eclodiu a 09 de julho de 32, inclusive recebendo letras adaptadas.

Passados os anos, essa marcha pode ser considerada como um hino não oficial, mas tão querido da Corporação e, por extensão, do próprio Estado de São Paulo[6].

Embora possamos afirmar que não tenha sido adotada formalmente como hino de uso exclusivo pela Força Pública, pois todas as forças Constitucionalistas, indistintamente, a empregaram, "Paris Belfort" adquiriu uma estreita identidade com a Corporação.

Após a derrota das armas constitucionalistas para as forças da ditadura, assistimos ao redirecionamento da Força para a atividade policial, em detrimento da tradição bélica que imperou desde o início da Velha República.

A remodelação do ensino policial militar, resultando em gerações de Oficiais com maiores qualificações humanísticas, jurídicas, literárias e científicas, passou a conceder espaço para manifestações mais intelectualizadas por parte da Oficialidade.

Assim, em princípio de 1952, o Tenente Elêusis Dias Peixoto, jovem Oficial do BG, estimulado pelo Comandante de sua Unidade, Coronel Guilherme Rocha, compõe a "Canção do Batalhão de Guardas", com música de Milton Leonel, apresentada pela primeira vez em público no dia 17/10/1952[7], e instituída juntamente com o Estandarte da Unidade, inaugurando a fase das canções tipicamente policiais militares.

Marcante também foi a composição da letra, em 1956, pelo Cadete Ilo Mello Xavier, sobre música preexistente do maestro Clíneo Monteiro França, do "hino da Escola de Oficiais", oficializado a partir de abril de 1957.

Contemporâneo desse momento, o Maestro Bento da Cunha, do Corpo Musical, gravou em LP a marcha "Força Pública", de sua autoria. Depois, o Maestro Rubens Leonelli comporia "A Gloriosa Força Pública".

Entretanto, nenhum desses dobrados possuía letra e, portanto, não identificavam a Corporação.

Dessa maneira, as primeiras canções policiais militares passaram a fazer parte da cultura miliciana, que, entretanto, se ressentia de um Hino que louvasse os feitos gloriosos da Corporação como um todo.

---

[6] Ressalte-se que o Dr. Ruy Codo, quando Deputado Estadual, foi o autor da Lei Est. 337, de 10/07/74, que instituiu o "Hino dos Bandeirantes", de Guilherme de Almeida, como Hino Oficial do Estado de São Paulo.

[7] Informação constante do Livro Histórico do BG 1964/1973, depositado no Centro de Formação e Aperfeiçoamento (CFA).

A canção da polícia militar[8]

Relata-nos Laura Della Mônica[9] que foi em início de 1964 que o então comandante Geral da Força Pública, General João Franco Pontes[10], fez prosperar a ideia de uma canção que, no dizer da referida pesquisadora, "... evocasse seu passado de glórias para ser cantada nas solenidades marcantes e dias de festa nacional".

Ainda no primeiro bimestre daquele ano, enviou uma delegação, acompanhada de um expediente e subsídios, ao poeta Guilherme de Almeida, convidando-o a aceitar a incumbência de escrever o poema. Guilherme de Almeida aquiesceu ao pedido, mas os meses se passavam e a letra não vinha.

Em face da ansiedade do Comandante Franco Pontes, Guilherme o tranquilizava: "– Comandante, a inspiração não se força, vem naturalmente". Finalmente, numa manhã em que fazia a barba, em dezembro, teve o poeta a inspiração necessária. Lançou a letra no papel, datilografou o texto e remeteu-o ao Comandante Geral. A letra da Canção estava pronta: faltava a melodia. Foi esta confiada ao Capitão Músico PM Alcides Jacomo Degobbi, que a concluiu com celeridade.

A orquestração ficou a cargo de outro artista, o recém-promovido 2º Tenente Músico PM Nelson dos Santos, mas deveria ser concluída em tempo exíguo, dentro de quarenta e oito horas, de sábado para segunda-feira. Guilherme de Almeida ainda pediu a Nelson dos Santos: "– Eu quero que o maestro jogue, no arranjo, reminiscências do 9 de julho. O maestro saberá escolher o momento adequado". E assim, o Tenente Nelson dos Santos logrou apresentar o trabalho no prazo avençado, fazendo constar do arranjo uma sequência de notas da melodia "Paris Belfort", quando da passagem "Legião de Idealistas...".

Agora, aconteceriam ensaios da Banda de Música completa, e cerca de duas dezenas de seus integrantes foram designados para cantar o poema[11].

A primeira audição foi realizada no auditório do Corpo Musical, com a presença de Guilherme de Almeida e do Comandante Geral Franco Pontes.

Em 15 de dezembro de 1964, no quartel do antigo Centro de Formação e Aperfeiçoamento (hoje Academia de Polícia Militar do Barro Branco), com a presença de ilustres personalidades, foi apresentada ao público externo.

Foi um êxito para os dois músicos policiais militares, que receberam citação especial.

---

8 Os detalhes deste subtítulo foram colhidos pelo autor por depoimento oral, colhido com o Tenente-coronel Mus. Res. PM Nelson dos Santos, em 19 de abril de 2005, quando o mesmo encontrava-se em sua residência.
9 Mônica, Laura Della. *História da Banda de Música da Polícia Militar do Estado de São Paulo*. 2 ed. – especial: Tipografia Edanee S/A, SP, 1975, p.106-107.
10 Gen. Div. do EB, nomeado por Decreto de 1.º fev, 1963 e exonerado por Decreto em 06 Jun 66.
11 Vale recordar que a Força Pública não possuía coral. O coral da Polícia Militar é oriundo da Guarda Civil, tendo sido organizado em 1962.

Surgia assim a *Canção da Polícia Militar*, originalmente intitulada *Cento e Trinta de Trinta e Um*, posteriormente aprovada pelo Decreto Estadual n.º 44.439, de 21/01/1965 e transcrito no Boletim Geral n.º 17, de 28/01/1965.

Os autores

Guilherme de Almeida

Nasceu em Campinas, em 1890. Formou-se em Direito pela Faculdade do Largo de São Francisco em 1912. Nos anos seguintes, conciliou o exercício da profissão de advogado com trabalhos como jornalista literário, tradutor e, principalmente, poeta. Em 1917, teve publicado seu primeiro livro, *Nós*; seguiriam-se *A Dança das Horas* (1919), *Messidor* (1919), *Livro de Horas de Sóror Dolorosa* (1920), e *Era uma vez...* (1922). Participou da Semana de Arte Moderna de 1922, e foi o primeiro modernista a entrar para a Academia Brasileira de Letras, em 1930. Em 1932, combateu, na condição de soldado voluntário, incorporado às forças Constitucionalistas. Contrariando seu desejo de permanecer no *front*, foi empregado mais como redator de vibrantes peças de propaganda paulista. Considerado pela ditadura como um dos líderes intelectuais do movimento, foi preso, deportado e exilado em Portugal. De volta ao Brasil, continuou produzindo ensaios, traduções e poemas. Sua produção de caráter modernista concentra-se em três livros publicados em 1925: *Encantamento*, *Meu* e *Raça*.

Posteriormente adotou uma poética mais tradicional, o que deve ter contribuído para que fosse eleito Príncipe dos Poetas Brasileiros, em 1958, pelo *Correio da Manhã*.

Faleceu em São Paulo em 1969.

Alcides Jacomo Degobbi

Nasceu em 1919 em Descalvado. Ingressou na Força Pública em 16 de setembro de 1939 no Centro de Instrução Militar. Foi transferido para a Reserva em 01 de junho de 1966. Serviu no 2º BC, 1º BC, BG, Quartel-general, 4º BC e no Corpo Musical. Membro do Conselho Regional Provisório da Ordem dos Músicos do Brasil – Regional SP, em 1962.

Possui em sua folha elogios de 18 Comandantes Gerais, do Chefe do Estado-Maior do Exército francês, do Chefe da Casa Militar da Presidência dos EUA e do Governador Jânio Quadros.

É autor da canção da Força Pública – "Cento e Trinta de Trinta e Um"[12].

Faleceu em 1999.

---

12 A biografia oficial do Maj. Mus. PM Alcides Jacomo Degobbi, fornecida pelo C. Mus. registra que a "Canção da Polícia Militar" foi apresentada em primeira audição no Teatro Municipal de São Paulo, quando do aniversário da Milícia, em 15 de dezembro de 1964. O fato está em desacordo com a pesquisa de Laura Della Mônica, em sua obra citada que, conforme linhas atrás, teria se dado no pátio do C. Mus. hoje Academia de Polícia Militar do Barro Branco (APMBB).

Nelson dos Santos

Nasceu em 1930 em São Paulo – SP. Ingressou na Força Pública em 07 de dezembro de 1953, no CFA. Serviu no Corpo Musical de 1954 a 1983.

Foi transferido para a Reserva em 31 de março de 1983.

Recém-promovido a 2º Tenente, foi o autor do arranjo da canção da Força Pública – "Cento e Trinta de Trinta e Um".

A canção da polícia militar

Letra de Guilherme de Almeida
Música do Cap. Mus. PM Alcides Jacomo Degobbi
Arranjo do 2º Ten. Mus. PM Nelson dos Santos

Sentido! Frente, ordinário, marcha!
Feijó conclama, Tobias manda
E na distância, desfila a marcha,
Nova Cruzada, nova Demanda,
Um só por todos, todos por um
Dos cento e trinta de trinta e um!

Refrão
Legião de idealistas,
Feijó e Tobias,
Legaram-na aos seus,
Tornando-os vigias
Da lei e Paulistas
"Por mercê de Deus"!

Ei-los que partem. Na paz, na guerra
– Brasil Império, Brasil República –,
Seus passos deixam, fundo, na terra
Rastros, raízes: é a Força Pública!
Multiplicando por mil e um
Os cento e trinta de trinta e um!

Refrão
Legião de idealistas...

Missão cumprida em Campos das Palmas;
Laguna, heroísmo na "Retirada";
Glória em Canudos; e de armas e almas,
Ao nosso Julho da Clarinada
Sob as Arcadas vêm, um a um,
Os cento e trinta de trinta e um!

Refrão
Legião de Idealistas...

A jornada épica do herói

No modelo formulado por Joseph Campbell, podemos identificar claramente a linha narrativa da "Canção da Polícia Militar" como "o percurso padrão da aventura mitológica do herói". Trata-se de uma "magnificação da fórmula representada nos rituais de passagem: separação – iniciação – retorno – que podem ser considerados a unidade celular do monomito.

Um herói – no caso um corpo único composto por heróis – vindo do mundo cotidiano se aventura numa região de prodígios sobrenaturais; ali encontra fabulosas forças e obtém uma vitória decisiva. O herói retorna de sua misteriosa aventura com o poder de trazer benefícios aos seus semelhantes[13].

A "Canção da Polícia Militar" é uma reedição das sagas épicas e novelas medievais, nas quais Guilherme de Almeida parece buscar a fonte inspiradora. Considerando, porém, que a força da Instituição policial militar está em seu conjunto, e não no egocentrismo da individualidade, a canção cuida de despersonalizar os heróis individuais, mas destacar o conjunto de heróis que corporificam virtudes de toda uma geração, agindo, como os mosqueteiros românticos de Alexandre Dumas:

"Um por todos, todos por um".

---

13 Campbell, Joseph. *O herói das mil faces*. 14 ed. SP, Cultrix-Pensamento s/d, p.36.

A jornada	O texto	Explicação
Separação ou partida.	Sentido! Frente, ordinário, marcha!/ Feijó conclama, Tobias manda/E na distância, desfila a marcha.	O chamado da aventura (não há como recusar, pois os nomes tutelares da instituição – Feijó e Tobias – indicam o caminho a seguir).
O auxílio sobrenatural.	– Nova cruzada, nova demanda!/(...) Legião de idealista,?(...) vigias da lei e Paulistas: "Por mercê de Deus".	A missão é uma cruzada, extrapola o cumprimento da lei e ganha contornos de uma epopeia medieval, pelo triunfo dos paladinos do cristianismo frente aos cultores do mal.
A passagem pelo primeiro limiar.	Ei-los que partem, Na paz, na guerra/ – Brasil Império Brasil República.	Começa a aventura.
A iniciação: o caminho das provas.	Missão cumprida em Campos das Palmas. Glória em Canudos.	O herói é testado.
O ventre da baleia.	Laguna, heroísmo na "Retirada".	O herói é atirado ao desconhecido, dando a impressão de que morreu.
A sintonia com o pai.	Por mercê de Deus!	O pai concede a força necessária aos heróis para vencerem a escuridão, a morte; Não é por mérito exclusivo do herói, mas por concessão do pai, que nele depositou a credibilidade e a ele confiou os instrumentos necessários à superação.
Apoteose.	(...) e de armas em almas, ao nosso Julho da Clarinada.	A jornada alcança o ápice.
O retorno.	Sob as Arcadas vêm, um a um, /Os cento e trinta de trinta e um.	O herói retorna à cidade, à comunidade paulista coberto dos louros do triunfo.
A herança.	Seus passos deixam, fundo na terra/ Rastros, raízes: é a força pública!/ Multiplicando por mil e, um a um,/Os cento e trinta de trinta e um.	O herói, mais que cumprir sua jornada épica, também traz o conhecimento e os frutos da vitória para partilhar com os seus. seu exemplo se difunde, como se multiplicam os efetivos da milícia.

Explicando a canção
A música como fruto de seu tempo

Segundo Raquel Glezer[14], a História apresenta-nos grandes desafios, pois não há como perceber ou reconstituir fielmente o mundo desaparecido. Busca, isso sim, formas de análise daquilo que sobreviveu do mundo desaparecido. Cada geração pensa o mundo com os equipamentos que a sociedade lhe deu. O conflito de versões decorre, em grande parte, dos equipamentos sociais diferentes com que cada geração foi aquinhoada.

Dessa maneira, é condição básica levarmos em conta, para bem interpretá-la, que a letra da "Canção da Polícia Militar" foi materializada em uma época diversa da atual, impactada por forte fervor patriótico decorrente do movimento cívico-militar de 1964, ocorrido meses antes.

Foi a obra composta para uma instituição ainda marcada por fortes valores e tradições bélicas, herdadas da "Missão Francesa" (que havia partido de São Paulo havia apenas 40 anos e cujo último remanescente, o Capitão Frederic Stattmuller, havia falecido fazia cerca de dois anos). Há que se ressaltar também que Guilherme de Almeida foi profundamente impressionado em sua formação cívica pelo movimento Constitucionalista de 32, do qual foi um dos próceres.

Tentar desvincular esses fatos, interpretando a canção à luz de uma axiologia contemporânea implica, sob o aspecto historiográfico, na submissão ao vício do anacronismo, qual seja, tentar interpretar fatos passados sob a ótica do presente.

Assim, por exemplo, nossa geração poderia hesitar em classificar Canudos como um feito glorioso. Isso é compreensível. Após os anos 70, relata-nos ainda a Professora Raquel Glezer, ocorreu uma mudança na perspectiva da análise histórica, no viés analítico, com a valorização dos movimentos sociais pela historiografia. Até então, tais movimentos (greves, movimento sindical e campanhas bélicas assimétricas, como Canudos) eram vistos como ameaças às instituições e à própria integridade nacional.

Há, pois, que se levar em conta, inicialmente, a época e as circunstâncias em que a canção foi redigida, as fontes historiográficas disponíveis naquele momento e, sob o aspecto axiológico, o fato de que, chamado a participar da 4ª expedição, o efetivo do "Batalhão Paulista", tão logo desembarcou no Teatro de operações, viu-se engolfado em um violento conflito armado, contra oponentes conhecedores do terreno, fortemente motivados por uma visão messiânica e não dispostos ao diálogo ou a fazer prisioneiros legalistas. O cumprimento da missão, de escolta de víveres e munições, destinados a sustentar as tropas em

---

14 Profa. Dra. Raquel Glezer, em entrevista ao autor. FFLCH, USP, 08/05/2005.

operação e a participação no ataque final à cidadela do "Conselheiro", sob esse aspecto, justifica, para o autor, a condição de "campanha gloriosa".

Exegese da canção

Feijó conclama – O padre Diogo Antonio Feijó, ministro da Justiça da Regência Trina, face à insegurança do país, assolado por graves perturbações, extinguiu, a 10 de outubro de 1831, todos os corpos até então encarregados da segurança pública, determinando que cada Província organizasse, na Capital respectiva, um único corpo policial, composto exclusivamente por voluntários, em serviço permanente, e que se encarregasse de "... manter a tranquilidade pública e auxiliar a Justiça". Surgia, desse modo, a célula-mãe das polícias militares brasileiras.

Tobias manda – Como Presidente do Conselho da Província de São Paulo (cargo hoje correspondente a Governador do Estado), o Brigadeiro Rafael Tobias de Aguiar deu provimento à determinação de Feijó, criando, em 15 de dezembro de 1831, o Corpo de Guardas Municipais Voluntários, "célula-mãe" da atual Polícia Militar.

Os cento e trinta de trinta e um – O poeta faz alusão ao efetivo inicial da Milícia (130 homens, sendo 100 infantes e 30 cavalarianos) e ao ano de sua criação (1831).

Seus passos deixam, fundo na terra, rastros, raízes – a proteção à vida dos tropeiros e colonos de Campos das Palmas, dos colonizadores pioneiros do oeste paulista, a erradicação do cancro cítrico e o combate à doença de Chagas pelo interior, a hercúlea tarefa empreitada pelo então Capitão Edgard Pereira Armond, rasgando a serra do mar e ligando Caraguatatuba e, por extensão, todo o litoral norte à malha rodoviária e, por conseguinte, à própria civilização, o trabalho social desenvolvido por policiais militares voluntários na formação cívica de milhares de crianças, são apenas algumas exemplos que confirmam esta assertiva.

Multiplicando por mil e um, os cento e trinta e um – o poeta lança o vaticínio de que a Corporação que, em 1831, nasceu modesta (130 homens), por seus serviços se transformaria numa grande instituição, patrimônio do povo paulista, o que hoje é realidade.

Missão cumprida em Campos das Palmas – missão cumprida na libertação do caminho, assolado por delinquentes e índios marginalizados hostis, no Sul do atual Estado do Paraná (então parte da Província de São Paulo) e na colonização e desbravamento da área (1839/45).

O Capitão Hermógenes Carneiro Lobo Ferreira, após liberar das ações dos delinquentes as vias de acesso que ligavam São Paulo às regiões produtoras do Rio Grande do Sul, realiza o primeiro levantamento cartográfico da região do rio Iguaçu e seus afluentes.

Lobo Ferreira incrementou o comércio e a produção, fundou colônia agropecuária, firmou a paz com índios bravios e cooperou no estabelecimento da cidade de Palmas. Em seu relatório de prestação de contas ao Governo da Província de São Paulo, Lobo Ferreira afirmou haver cumprido a missão que lhe havia sido atribuída, o que inspirou Guilherme de Almeida a utilizar tal frase.

Laguna, heroísmo na "Retirada" – a Guerra do Paraguai entrava já em seu terceiro ano quando, a 20 de abril de 1867, a coluna de marcha do Exército Imperial, à qual se encontravam incorporados os efetivos do Corpo Policial Permanente, invadiu o território paraguaio.

Penetrando na região pantanosa de Laguna, guarnecida por numerosa e adestrada força de cavalaria paraguaia, avançou a coluna sob as vistas do inimigo que se retirava estrategicamente, arrasando tudo, visando a atrair as forças brasileiras para dentro do território paraguaio.

A 1º de maio deu-se o primeiro encontro, quando, a despeito de haver vencido o combate, não pôde a coluna brasileira resistir à superioridade das forças paraguaias, sendo obrigada a retirar-se, de regresso ao território pátrio, em 08 de maio de 1867, sob comando do Coronel Carlos de Moraes Camisão.

Por 35 dias e noites, sem alimentos, água ou roupas adequadas, enfrentando condições climáticas inclementes, varando pântanos insalubres, vitimada por doenças tropicais (tifo, cólera e outras) retirou-se a coluna brasileira, sempre acossada pelo inimigo superior em recursos, que não poupava a vida mesmo de enfermos, abandonados aos seus cuidados e misericórdia.

Utilizava, ainda, o inimigo, a técnica de atear fogo aos capões de mato onde os brasileiros, exaustos, buscavam abrigar-se. Finalmente, os remanescentes conseguiram retornar ao solo brasileiro. Dos 1650 integrantes originais da coluna, restaram vivos 700.

Os que regressaram não abandonaram ao inimigo seus canhões ou bandeiras.

O Tenente de Engenharia do Exército Imperial Alfredo D'Escragnolle Taunay, partícipe desse episódio, sobre ele escreveu o épico *A Retirada da Laguna*.

Anos depois, quando a sorte mostrava-se desfavorável às armas alemãs na I Guerra Mundial, o Alto-Comando do Exército teutônico mandou imprimir e distribuir nas trincheiras milhões de exemplares dessa obra de Taunay, devidamente traduzida para o idioma alemão, empregando-a como instrumento de estímulo e alento às tropas extenuadas na luta contra os Aliados[15].

Glória em Canudos – o grave problema social que serviu de fermento para a explosão da luta em Canudos já havia degenerado em luta aberta entre forças do Governo da República e forças irregulares sob a liderança carismática do Antônio Conselheiro.

---

15 In Melo, Edilberto de Oliveira. *O Salto na Amazônia e outras histórias*. IMESP, SP, 1982.

Coube originalmente, ao "Batalhão Paulista" (atual 1º BPChq – BTA) escoltar víveres e munições para as tropas em operação. Os "Conselheiristas" tinham por hábito atacar tais colunas de suprimento, logrando com isso alcançar três intentos: desmoralizar a tropa regular, apropriar-se de víveres e munições e privar as tropas governamentais desses recursos, imprescindíveis ao prosseguimento da luta.

Levando a bom termo essa missão, ainda que com baixas a contabilizar, credenciou-se a Unidade paulista a ser escolhida pelo Comando das operações para constituir uma das linhas de vanguarda no ataque à cidadela de Canudos. As operações de escolta e o posterior combate casa a casa, visando a ocupar Canudos, resultaram na morte de 12 milicianos.

Dezenas de componentes do 1º Batalhão foram feridos, inclusive seu Subcomandante, Major José Pedro de Oliveira que, mais tarde, quando da crise desencadeada pela contratação da Missão Francesa, foi indicado para exercer o Comando Geral da Força Pública, iniciando o ciclo de Comandantes Gerais oriundos das próprias fileiras da Corporação.

No retorno a São Paulo, a Unidade foi recebida em triunfo pelas autoridades e pelo povo, que, inclusive, doou, mediante subscrição popular, um padrão de pedra ao 1º Batalhão, hoje erigido em seu pátio interno, em memória dessa campanha e dos mortos da Unidade.

Aos milicianos que retornavam, o Governo de São Paulo outorgou a medalha "Honra e Valor"[16], a primeira condecoração criada pelo governo paulista, pois durante o Império as províncias não podiam outorgar honrarias do gênero.

E de armas e almas, ao nosso Julho da Clarinada – essa frase evoca o movimento Constitucionalista irrompido a 9 de julho de 1932, quando São Paulo fez soar a Clarinada, convocando os paulistas, de nascimento ou de coração, para pegar em armas a fim de restaurar a Lei Magna, a liberdade e a democracia em solo brasileiro, afrontado pela imposição de uma ditadura, que se perpetuava no poder, à margem da lei, desde 1930

O alistamento massivo de voluntários, moços e idosos, crianças e adolescentes, o engajamento das mulheres, das comunidades étnicas, dos imigrantes, do clero, dos alunos e docentes das faculdades, dos profissionais liberais, dos artistas, operários, comerciantes e empresariado, construiu o maior movimento cívico-militar e o mais importante movimento de opinião pública da história brasileira.

Guilherme de Almeida, ele mesmo soldado voluntário em 32, evoca o movimento como "nosso Julho da Clarinada", da chamada dos paulistas às armas.

---

16 Embora concedida aos veteranos de Canudos, na forma de uma fita verde-amarela, a ser posteriormente trocada pela peça em metal, a medalha "Honra e Valor" não chegou a ser cunhada pelo Governo de São Paulo.

Sob as arcadas, vêm, um a um,... – Após cumprirem sua missão, os "130 de 31" retornam, passando sob arcadas. Primeira observação importante: os policiais militares passam "sob", por debaixo das arcadas, e não "sobre" as Arcadas, o que exigiria deles dotes de sofisticado equilibrismo.

Como Guilherme de Almeida não deixou explícita a fonte de sua inspiração, três hipóteses podem ser formuladas:

A primeira hipótese

As arcadas são símbolos universais e milenares.

No Japão, o "Tori" é uma espécie de arco, destinado a introduzir pessoas no recinto sagrado do templo. No ocidente, Peyrou, Via Domícia (20DC), Montpellier (França), também possuem seu arco do triunfo. Também no ocidente, os arcos evocam as entradas fortificadas das cidades antigas e são erigidos, desde a Era Romana, como símbolos de grandes conquistas militares. Sob as entradas em arco das cidades, desde então, desfilam as tropas que retornam vitoriosas da missão, como Julio César desfilou ao retornar da Gália.

Os arcos do triunfo, assim, evocam as campanhas vitoriosas de Tito e de Setímio Severo (Roma) e de Napoleão Bonaparte, com seu Grande Arco.

Sob o grande Arco, debaixo do qual passou em triunfo a carreta funerária conduzindo o esquife de Napoleão, quando do retorno de seus restos mortais de Santa Helena, desfilaram as forças aliadas, após a vitória na I Guerra Mundial.

Em ato de grande expressão simbólica, também sob o Arco do Triunfo desfilaram as tropas alemãs em 1940, quando da queda de Paris. Ali, Hitler deliciou-se com a vingança imposta aos franceses.

Os franceses, no Dia da Libertação, em 1944, por sua vez, vingaram-se da humilhação anterior, desfilando sob as mesmas arcadas.

Marco Central de Paris, o Arco do Triunfo harmoniza-se com o Petit Carrousel, as Tulherias, a Praça da Concórdia, o Obelisco, a Avenida dos Champs Elysées e o Grande Arco de La Défènse, compondo um dos mais belos, expressivos e famosos conjuntos arquitetônicos do mundo.

Várias vezes, também no Brasil, forças vitoriosas desfilaram, no retorno de suas campanhas, sob Arcos do Triunfo, como ocorreu, por exemplo, ao retornarem de Canudos e da Campanha da Itália (FEB).

Cidades interioranas, ao receberem políticos importantes, também adotavam como hábito, na Velha República, erigir arcos do triunfo.

Assim o poeta, após traçar um retrato das várias intervenções bem-sucedidas da Polícia Militar na história paulista e brasileira, afirmaria que os integrantes da Corporação retornam em triunfo à sua sede, com o sentimento do dever cumprido, e o respeito e a gratidão da comunidade.

Mas, como dissemos, outras interpretações também são aceitáveis.

A segunda hipótese

As Arcadas evocariam a forma arquitetônica presente no Convento de São Francisco, onde se instalou a Faculdade de Direito de São Paulo. Nesse edifício, o maior celeiro de líderes políticos da história brasileira e paulista, e sensório jurídico do país, foi instalado o posto central de alistamento de voluntários civis durante o Movimento Constitucionalista de 1932.

Depois de alistados, os voluntários eram conduzidos a campos de treinamento, onde eram entregues aos cuidados de monitores e instrutores da Força Pública que os adestravam brevemente, antes de seguirem para o *front*.

Esse momento histórico representou um dos pontos culminantes da integração entre a Polícia Militar e a comunidade paulista, à qual serve.

A terceira hipótese

Recordaria as arcadas do Convento do Carmo, cuja ala térrea sediou o primeiro aquartelamento ocupado, de 1832 a 1906, pela Polícia Militar.

Dessa forma, a "Canção da Polícia Militar", fruto da genialidade poética de Guilherme de Almeida, valorizada pela competência e vibração de Degobbi, é um digno resumo, a espelhar os dramas, os desafios e as vitórias dessa Força que serve a comunidade e protege as pessoas contra atos ilegais, nas cidades, nas ruas e estradas, nos céus, nas águas e florestas de São Paulo.

CAPÍTULO
• 64 •

Jorge Pereira de Sampaio
janeiro de 2006

Relicário contendo os cabelos de
Inês de Castro.
Coleção Pereira de Sampaio.

Inês de Castro
Iconografias

A figura de D. Inês de Castro tem entusiasmado dramaturgos, poetas, romancistas, músicos e artistas de todas as áreas. A par da Literatura, também em vários ramos das Artes Plásticas tem sido constantemente evocada – para além das inúmeras ilustrações que acompanham as diversas publicações acerca do tema e gravuras, ao longo dos séculos dezanove e vinte. Neste último, são imensas as representações em pintura e escultura representando o Rei Justiceiro e a sua amada "de colo de garça". Joaquim Veríssimo Serrão refere que esta questão tem sido encarada de forma desigual à luz da história, da poesia e da lenda, e Maria Leonor Machado de Sousa, uma das maiores especialistas nesta temática, salienta a forma como, nas diversas artes, tem sido este tema tratado de maneiras tão distintas.

O Mosteiro de Alcobaça recebeu a primeira manifestação artística e o primeiro retrato da Castro – a sua estátua jacente. Sobre o túmulo de Inês, muito se tem escrito e investigado. Diria que a estátua jacente representará o mais próximo daquilo que tenha sido o retrato da Rainha coroada depois de morta. Contudo, existem teorias que apontam noutras direcções, questionando essas semelhanças dos retratos com os supostos retratados, nessa época.

Certo é que a gravura vai ser a grande responsável pela sua divulgação iconográfica, apesar de muitas vezes ser retratada à maneira renascentista.

Em gravura, tão em voga no século XIX, os vários episódios relacionados com Inês foram, por vezes, agrupados e distribuídos em diversos painéis, existindo conjuntos de quatro ou seis gravuras, em edições portuguesas ou bilingues – neste último caso, localizamos algumas séries luso-francesas e outras franco-espanholas. Apresentam-se em preto e branco ou em cores e os episódios variam entre os encontros dos dois amantes, o seu casamento, D. Inês mostrando os filhos ao Rei, a sua morte e também a sua coroação. Iconograficamente, as gravuras apresentam as personagens vestidas numa interpretação romântica com trajes de finais da Idade Média, tal como o gosto da sua colocação em cena; por vezes, o traje aproxima-se mais do século XVI. No episódio em que Inês se encontra coroada, sentada num trono ao lado do Rei, não localizamos nenhuma gravura em que aparecesse com aspecto de féretro – pelo contrário, viva e de rosto semelhante ao que caracteriza os restantes quadros das várias séries.

Com a massificação ainda maior através de litografias e estampas, a fantasia vai ao ponto de colocar Inês na entrevista com o Rei na Sala do Capítulo do Mosteiro de Alcobaça, local que não faz sentido na história de Inês em vida.

Uma cena é, contudo, rara – D. Inês beijando a mão de D. Constança, já moribunda, perante o olhar de D. Pedro – publicada no jornal *O Mosaico*, feita por Legrand em 1840.

Manuel Vieira Natividade, que aos túmulos de Alcobaça dedicou importante trabalho, em 1910, refere diversos quadros: a *Coroação de Inês de Castro* e outro de Martinez Cubbels, *Juramento de Inês como Rainha* no Museu de Madrid, Inês de Castro e Afonso IV, do Museu de Arte Antiga, o de Columbano, a *Exumação e Coroação de Inês de Castro* do Conde de Forbin, outro de Vieira Portuense, outro de Christino da Silva e os desenhos de Macedo.

Dando um salto no tempo, os anos oitenta e noventa do século vinte assistiram a diversas exposições de artes plásticas em que o mote foram os amores de Pedro e Inês – em 1983, Mário Silva comemorou com uma exposição inesiana os seus vinte e cinco anos de carreira e, em 1989, em Edimburgo, as artistas portuguesas Paula Rego, Helena Almeida e Ruth Rosengarten expuseram sob o título "Inês de Castro".

A Galeria Soctip, em Lisboa, em 1991, sob orientação de Luísa Barahona Possollo levou a cabo uma coletiva sob o tema "Trovas à morte de Inês" em que, entre outras artistas, participou Lima de Freitas e Margarida Cepêda; a Galeria Conventual, em Alcobaça, em 1994 e 1995, intituladas "A Nostalgia do Impossível" e "Regresso a Pedro e Inês e outras histórias"; a Sociedade Histórica da Independência de Portugal, em 1997, "Amores de Pedro e Inês"; e, em 1998, o Hotel Quinta das Lágrimas organizou na Sala da Cidade (antigo Refeitório) no Mosteiro de Santa Cruz, em Coimbra, uma colectiva reunindo algumas das principais obras feitas em Portugal na segunda metade do século vinte, intitulada "Lágrimas de Pedro e Inês".

O túmulo de Inês em Alcobaça parece ser a fonte mais próxima da realidade no que diz respeito aos seus retratos, em data e, por esse motivo, a mais fidedigna. Além de várias representações em edículas, a estátua jacente é a mais forte e a única coeva dos acontecimentos.

Em 1880, Penoso fez gravura a partir de desenho de D. Luís Vermell, que abre a obra "Ignez de Castro, Iconographia, Historia, Litteratura", por ocasião das comemorações do tricentenário de Camões, representando a estátua jacente. Fernão Lopes descreve a obra encomendada pelo Rei: "(...) mandou obrar um muymento de alva pedra, todo muy sutilmente lavrado, pondo, elevada sobre a tampa de cima a imagem della com corôa na cabeça como se fôra Rainha (...)". Recentemente, as mesmas estátuas foram tema de dissertação de Mestrado de Isabel Leite, em desenho, atualmente no acervo da Fundação Inês de Castro, e com a particularidade de serem próximas do tamanho natural.

Acácio Lino pintou em 1918 a deposição do corpo de Inês no túmulo em Alcobaça, perante o olhar de D. Pedro e da Corte, numa cena que pode ser fiel à realidade histórica. Mais tarde, em 1946, pintou "Inês de Castro no jardim".

Passados quase oitenta anos, Miguel Telles da Gama, para uma exposição sobre o amor em Portugal na Biblioteca Nacional em 1994, inspirou-se no túmulo de Inês para o seu grande díptico, ao mesmo tempo em que, na parte inferior do quadro, apresenta um jogo de equilíbrio em que a coroação é mote.

Em 1811, a violação dos túmulos pelos franceses trouxe a descoberto um novo dado: Vieira Natividade refere que algumas madeixas teriam sido levadas à Corte no Rio de Janeiro; um outro punhado de cabelos foi visto na colecção do Conde de Pourtales; outro em Coimbra, na colecção de Miguel Osório de Castro, ao tempo o proprietário da Quinta das Lágrimas e um outro, em Alcobaça, em mãos de Bernardino Lopes de Oliveira. Actualmente, temos conhecimento de um destes relicários com cabelos de Inês na colecção do Museu Nacional de Machado de Castro, outro na do Dr. José Miguel Júdice e outro nas Colecções Pereira de Sampaio, que eram da Colecção Velho Cabral. Se é certo que a cor do cabelos do Museu é ruiva já os restantes são louros, tal como são descritos na "Castro" de António Ferreira – "cabelos d´ouro". Assim a representou Lima de Freitas, em 1984 e Pinho Diniz, no seu quadro "Inês de Coimbra" em 1997. Já Luzia Lage, também em 1997, preferiu apresentá-la de cabelo escuro e Luís Pinto Coelho, no mesmo ano, mostrou uma Inês sem cabelo.

São diversas e diversificadas as formas como Inês tem sido representada em retrato sozinha. O mais antigo que se conhece é uma gravura baseada certamente num quadro seiscentista que em tempos foi do Conde de Redondo e que há muitos anos se encontrava perdido, em que é representada com um penteado volumoso com os cabelos adornados por laços e, ao peito, uma Cruz do Templo.

A obra de Vieira Natividade tem um desenho de António Carneiro numa interpretação da edícula da Fonte dos Amores no túmulo.

De resto, existem pequenas gravuras com retratos de Inês, publicados em alguns livros.

Francisco Telechea, em 1990, pintou uma aguarela em que o seu rosto está coberto por um véu opaco e esvoaçante. Carlos Eirão pintou, em 1997, uma Inês sonhadora e, no mesmo ano, Pedro Pinto-Coelho representou-a despida e deitada, vendo-se, ao fundo, as Armas de Portugal.

Lima de Freitas tal como Margarida Cepêda, em "Coroação de D. Inês" (1987) e "Sonho do Rei Saudade" (1991) representam diversas vezes o par amoroso sempre juntos, entre a vida de um e a morte do outro. De resto, Lima de Freitas, na sua magistral obra neofigurativa expressionista, teve nos amores de Pedro e Inês uma obsessão. Isabel Laginhas, em 1997 usou uma linguagem desconstruída, quase cubista, no seu retrato. Em 1990, Joaquim Carvalho, pintou este tema em retrato sob o título "Pedro e Inês ou a barca dos amantes", tal como, em 1994, Margarida Belém e, em 1997, Eduardo Alarcão. João Nascimento fez para a exposição do Palácio da Independência uma tela em que o romantismo está bem presente.

Quase todas as edições ilustradas d´Os Lusíadas apresentam figurações do Canto III, maioritariamente com a morte de Inês. Numa edição de 1735, Bonnart é autor, sendo o cenário uma floresta. Já numa outra gravura de 1776 tudo acontece em cima de um estrado numa praça pública, repleta de assistência. A obra de Xavier Coutinho "Camões e as artes plásticas", está plena de imagens inesianas.

Em «Inês de Castro pressentindo os assassinos», Francisco Metrass apresenta uma Inês rodeada dos filhos, num quadro em que concorreu, em 1855, à Exposição Universal de Paris. Metrass, tal como Acácio Lino, dedicou-se bastante a temas históricos. Desde há poucos anos, o Museu de Arte Antiga conta no seu espolio com uma representação de Inês, da autoria de Vieira Portuense em quem curiosamente, está na entrevista com o Rei e três filhos.

Brulov e Columbano apresentam também uma cena anterior ao assassinato em tela que chamou "Súplica de Inês de Castro", com os filhos presentes.

Para a exposição que aconteceu em 1997 no Palácio da Independência, Paulo Guilherme D´Eça Leal pintou "Os brutos matadores". Também, na mesma mostra, Teresa Trigalhos apresentou os assassinos num quadro de grande dinamismo que intitulou "Pusilanimidade". Dois artistas representaram Inês morta, caída por terra – Velhô, em 1991, e Alexandra Moraleja, em 1994.

O quadro de 1997 de Manuela Pinheiro da Coleção Fundação Inês de Castro representa um D. Pedro adorando a sua amada num leito de morte que, num outro plano, paira sobre a sua cabeça.

Barahona Possollo, em 1995, representou uma Inês morta, vestida de negro, a cujos pés se encontra D. Pedro, em atitude de total amargura. Em 2004, uma outra imagem do mesmo artista apresenta-a sentada, completamente nua, com uma flor de romã numa das mãos e uma romã na outra – como símbolo de Prosérpina. É loura, de olhos fechados e pose magestática, lembrando uma estátua egípcia – figuração bastante presente no percurso de Barahona Possollo.

De Coimbra a Alcobaça, em «estrada de lumes sagrados», seguiu o cortejo com os restos mortais de Inês, de forma a ser definitivamente imortalizada no seu belíssimo túmulo. Segundo uma lenda sem fundamento histórico credível, deu-se no imponente Mosteiro uma cerimónia de coroação do féretro e de beija-mão por todos os presentes. O primeiro quadro conhecido com a cena da coroação foi o do Conde de Forbin que, em Portugal às ordens de Junot, pintou por volta de 1812. Desaparecido, foi reproduzido a água-forte pelos irmãos De Villierz.

Uma gravura francesa inserida numa edição camoneana de 1816 apresenta o episódio da coroação e beija-mão com a seguinte legenda: "Le Roi Dom Pèdre fait rendre les honneurs royaux au corps d´Inès, morte depuis sept ans".

Uma representação semelhante encontra-se na obra "Factos Memoráveis da História de Portugal desde a Antiguidade até aos nossos dias" de Luís António Macedo, datada de 1826, com a legenda "El-Rei D. Pedro 1.º faz tributar as Reaes honras ao corpo de D. Ignes de Castro sette annos depois de morta".

Gillot Saint-Évre, em 1829, pintou "Le couronnement d´Inès de Castro". A cena lembra um impactante cenário onde as personagens se movimentam. Foi exposto em Londres e foi oferecido pelos Duques de Orleans a Vitor Hugo, a cuja Casa - Museu hoje pertence, situada na Pl. Des Voges. Uma colecção privada de Alcobaça tem uma aguarela do século dezanove que repete o referido quadro.

Em 1849, Pierre Charles Comte pintou também sob o mote da coroação da morta, vendo-se um fidalgo de joelho ao chão em acto de beija-mão. Esta obra é pertença do Museu de Belas Artes de Lyon.

Um outro quadro do século dezanove, de Layraud, está hoje em parte incerta, embora dele restem gravuras. O artista fora convidado para vir a Portugal por D. Fernando em 1886, tendo pintado alguns retratos da Família Real e outros de assuntos nacionais e, entre estes, "Inês de Castro et Pierre Le Justicier". Salvador Martinez Cubbels, em finais do século dezanove, foi autor de uma outra notável obra com o mesmo episódio mas em que D. Pedro se encontra sentado, dominando a cena com uma postura feroz.

A cena do beija-mão tem momento alto no quadro de Margarida Cepêda feito para a exposição de 1997 no Palácio do Largo de S. Domingos. Este episódio leva-nos a Afonso Lopes Vieira: "este é o enterro da esposa que nunca teve marido, da rainha que nunca teve trono. Porém, o querer de El-rei sujeita-nos as vontades e até a mão da morta beijaríamos se a ele apetecesse ordenar tal beija-mão".

Nélia Caixinha, em três exposições, sendo duas coletivas na Galeria Conventual em Alcobaça (1993 e 1994) e numa individual, feita no Museu da Água (2000), em

Lisboa, recorreu sobretudo a símbolos. Num notável tríptico atualmente na Colecção da Fundação Inês de Castro, apresentou, numa arcada de um claustro, uma espada, uma açucena e uma coroa, representando D. Pedro, D. Inês e D. Afonso IV. Na exposição da *Mãe d´Água das Amoreiras*, o cálice, a coroa real e a espada estão presentes como atributos ligados pela autora a esta história que tanto a fascina.

Sofia Padez dedicou o romance de Pedro e Inês como tema de uma mostra individual que fez para a Galeria Diferença, em Lisboa (1995), em que diversos painéis/caixa em madeira e vidro guardavam objectos simbólicos, num contraponto entre masculino/feminino.

Também a obra de Espiga Pinto está carregada de simbologia ligada a Inês e ao mapa dos seus amores, em que a personagem se encontra plena de serenidade ou em constante movimento. Com a vida e a morte como um jogo.

Na sua escultura monumental "Relicário" (1997), em forma de cruz, José Aurélio colocou uma coroa, um punhal, um vaso de vidro com uma lágrima e um cabelo como referenciais de Inês e do seu "calvário".

Simões de Almeida fez, em 1880, uma escultura representando Inês que ofereceu à Duquesa de Palmela, atualmente no espólio da Procuradoria-Geral da República.

Em 1997, Cutileiro fez para o Hotel Quinta das Lágrimas uma escultura representando uma Inês sem rosto, porém, coroada e com as mãos presas aos braços da cadeira.

Armando Martinez Vásques, em 2003, foi autor de uma imensa escultura sob o mote "Inês perdoa a Montemor", tendo a particularidade de se tratar de um artista galego, a mesma origem de Inês.

Em 2004, José Aurélio criou uma imagem semelhante para escultura e medalha representando uma Inês de perfil, em que o seu olho é o mesmo de Pedro que, por sua vez, surge igualmente de perfil mas em sentido oposto. Desse modo, o rosto de um projeta-se na sombra do outro, apresentando as duas imagens um ar medievo. Ainda o mesmo artista alcobacense utilizou um modelo similar para a elaboração de duas joias em ouro e prata e para uma peça em cristal francês de Daum, feita em Nancy.

O romance de D. Pedro I e D. Inês de Castro constitui a mais internacional história de amor da História de Portugal e, graças aos seus fabulosos túmulos, Alcobaça é, desde sempre, lugar sagrado dos seus amores. Ao longo de 2005, Alcobaça comemorou esta História, assinalando os 650 anos da morte de Inês de Castro. Nas artes plásticas, José Aurélio teve o seu "Relicário" itinerante no adro do Mosteiro; Alexandre de Melo comissariou a exposição "O nome que no peito escrito tinhas" reunindo Paula Rego, Julião Sarmento, Adriana Molder, João Pedro Vale e Vasco Araújo em Alcobaça e José de Guimarães, Ana Vidigal, Catarina Campino, Costa

Pinheiro, Julião Sarmento, Pedro Proença, Rui Sanches e Joana Vasconcelos, em Coimbra. Por seu lado, Albuquerque Mendes e Paulo Reis coordenaram "Lágrimas" em que quatro artistas representantes do Brasil – Nelson Leirner, Vitor Arruda, Karim Lambrecht e Courtney Smith – e quatro portugueses – Ângela Ferreira, António Olaio e João Onofre e o próprio Albuquerque Mendes – criaram peças específicas para lugares nobres do Mosteiro – a Sala dos Monges, a Sala do Capítulo, o Refeitório, a Cozinha e o Dormitório. Em ambas as mostras, uma realidade é constante, segundo o que foi apresentado pelos comissários: as peças criadas irão para além de uma retratação dos acontecimentos ou mesmo das personagens. Em vez disso, as exposições reunem obras que podem ser vistas como uma evocação das figuras de D. Pedro e D. Inês num sentido mais amplo, como reflexões atuais sobre tópicos em relação aos quais essas figuras constituem referências exemplares - as relações entre paixão e tragédia, desejo e morte, ou amor e poder, ou ainda as situações específicas do homem e da mulher no contexto das relações sentimentais e sociais. Esta perspetiva lembra-nos a fala de D. Pedro a seu escudeiro Afonso Madeira, em António Patrício: "O meu reino é maior do que tu pensas: Portugal é uma província apenas... O meu reino de segredo, sem fronteiras, o meu reino de amor abrange a Morte, a sua natureza de mistério...".

Concluindo...

De uma forma mais óbvia e romântica, até ao início do século vinte; depois, recorrendo a símbolos representativos do romance e da tragédia, nas duas últimas décadas do mesmo século; e de um modo mais abrangente nos valores que Pedro e Inês hoje representam para alguns dos principais artistas plásticos portugueses, ocorre-nos fechar esta apresentação com palavras de um Mestre que tanto pintou Inês de Castro, Lima de Freitas, caracterizando este nosso tema como uma "paixão que arremete contra a Lei da Morte e, sem se deixar paralisar pelo Delírio do macabro, leva a saudade apunhalante do ser amado e do bem perdido até à loucura ressurrecional que a transforma em união mística e transcendente".

Seja qual for a forma como se manifesta paixão de tantos e tantos artistas por esta história, presto homenagem a todos os criadores que mantém viva esta incomensurável chama de Inês que repousa e alimenta o coração da pedra deste Mosteiro de Alcobaça. Até ao fim do Mundo.

CAPÍTULO
• 65 •

Hernâni Donato
27 de março de 2007

No Brasil, o Paraíso.

Nesta palestra quero abordar ângulo não coberto pelas comemorações oficiais e não exaurido pela mídia nestes meses dos 500 anos do Achamento do Brasil. Não se trata de novidade nem de ficção. Apenas é pouco divulgada essa visão paradisíaca do país, hoje visto como, no mínimo, Purgatório. Alguns autores incursionaram por esse Jardim, desde Gândavo e frei Vicente até Sérgio Buarque de Holanda, sendo este o que mais se demorou nessa expedição. Mas, ainda que sustentada por tão respeitáveis abonadores, essa proposta resulta tão impactante para não dizer absurda, maluca de todo, que me imponho invocar, mais do que um aval literário, uma vontade que significou sacrifício de vida.

Por isso, nesta linda manhã de 21 de junho de 1774, nesta bela cidade de Lisboa, convido as senhoras e os senhores para uma visita pouco agradável, porém, bastante convincente. Vamos descer ao cárcere da Inquisição, a esta cela onde está sendo vestido para a morte o réu de nome Pedro de Rates Hanequim. Nesta manhã e pela tarde deste dia, ele será levado à Ribeira e afogado com a observância de todo o ritual próprio. Depois de afogado será enforcado, e enforcado terá o corpo consumido na fogueira. Ao fim do dia, as cinzas serão esparsas na foz do Tejo. Nada deverá sobrar dele, que, preso em 1771, recusou teimosamente o perdão que lhe ofereciam em troca da renúncia às ideias que propagava.

De pronto irrompe a pergunta, perplexa, assustada: por que tamanha dureza do poder real? Qual o crime do obstinado Hanequim? Foi o de ter afirmado que o Paraíso Terrestre não fora extinto quando da expulsão de Eva e de Adão, porém, ocultado no interior do Brasil à espera de homens que pela sua virtude e coragem o localizassem.

A afirmativa de Pedro de Rates foi considerada ameaça religiosa e política para as instituições da época. Religiosa porque contrariava a Bíblia; política porque o povo que mantinha sólido o império nas duas margens do Atlântico tenderia a entender que, se Deus tivesse privilegiado este lado do oceano, estaria indicando qual delas a mais importante. Com isso colocaria o Brasil acima da Metrópole. E isso Portugal não podia tolerar. De fato, Pedro de Rates meteu-se numa conjura para aclamar o infante Manuel rei do Brasil, o que independentizaria o país uns 80 anos antes do grito de Pedro I no Ipiranga. A conspirata foi desarticulada e seus participantes, aprisionados. Ela nos serve como prova de quanto Hanequim – filho de holandês de Roterdã – amava o Brasil, onde viveu 26 anos nas montanhas de Minas.

O poder real não poderia tolerar a convocação de um rei para o Brasil mesmo que escolhido no centro da dinastia. O poder inquisitorial não poderia aceitar as alterações que Hanequim introduzia na Bíblia. Condená-lo, alegando razões políticas, tornar-se-ia perigoso para a própria política, pois, ainda que pelo ângulo negativo, magnificava a importância do Brasil. Mais aceitável pela opinião pública era condená-lo como herético. Não custou aos inquisidores elencarem culpas suficientes. Pois ele afirmava também que a Trindade, Nossa Senhora, Jesus e os anjos, no céu, tinham corpo material. Um tipo de material, digamos, espiritualizado, mas sempre material. Pior ainda, insistia em que Deus Pai não participara da criação do mundo, apenas assistira aos trabalhos de Deus Filho e Deus Espírito Santo. O povo foi, pois, informado de que Hanequim fora condenado por razões de fé. Nada de política colonial. Execução que aconteceu a 21 de junho de 1774.

Em resumo, ele afirmava, primeiro, que o Paraíso continuava a existir, a Árvore do Bem e do Mal era uma figueira nativa, os rios Amazonas e São Francisco eram dois dos quatro rios que, segundo a Bíblia, limitavam e defendiam o território do Paraíso e ambos nasciam da fonte da vida jorrante no interior brasileiro – projetada nos séculos futuros como a Fonte da Juventude e procuradíssima –, e, segundo, que Adão fora criado com barro brasileiro e só em adulto é que se dirigira a Jerusalém, atravessando o oceano a pé enxuto. Na Bahia, e em vários outros sítios, Adão deixara, à moda de assinatura, marcas de suas pisadas.

Porém, Hanequim não criara um núcleo de teoria. Apenas ecoara um acreditar secular. Secular no tocante ao Brasil. Milenar no referente à permanência do Jardim do Éden. Talvez tenha sido esse o acreditar mais consolador para os que esperavam a felicidade na terra, o mais fertilizador da produção literária erudita e popular e o mais encorajador de viagens e aventuras. Houve, mesmo, um largo e fértil ciclo de histórias da procura do Paraíso, do qual é particularmente clássica em nossa língua a narrativa "As Viagens do Amaro". A confiança foi assinalada em textos, aqui e ali, por quase toda a cristandade. Imaginava-se um Jardim onde toda matéria se faria gozo espiritual, em meio à música angélica, tons celestiais, consolações inefáveis.

No século XIV, essa espiritualidade começou a ceder espaço a certos gozos materiais aceitáveis: comidas, bebidas... Ao redor do ano 1320, apareceu o livro *De Ave Phenix*, que convulsionou aquela imagem do Paraíso introduzindo nele gozos pagãos. Seu autor, Lactâncio (Firmianus Lactantius), merecera ser chamado o Cícero Cristão, por sua obra "Da Formação do Homem". Era, pois, um especialista. Haveria delícias demais naquele Éden, o que provocou mal-estar entre o clero. Especialmente por anunciar a abolição da morte para todos os que tomassem da água da fonte que manava do Jardim.

Bem, dirão as senhoras e os senhores, que, embora comovente, o empenho de Pedro de Rates Hanequim é pouco para que sua tese mereça a atenção de, por exemplo, gente do padrão daquela aqui reunida. Devo e quero atender a esse justo reclamo. Vamos, pois, a mais defensores da mesma. Convoco em primeiro lugar dom Antonio León Pinello.

Pinello mereceu, por suas habilitações, ser conselheiro real de Castela, cronista-mor, recompilador, das leis das Índias. Destacou-se como historiador, jurista, numismata e por ser considerado um dos maiores bibliófilos europeus, famoso também por sua coleção de antiguidades.

Pois essa personalidade tão ocupada, tão solicitada, dedicou boa parte de sua vida no justificar a teoria de que Adão fora sul-americano, sendo o Amazonas, e não o Nilo, conforme então se acreditava na Europa, um dos limites do Paraíso ocultado.

Pinello escreveu cinco livros, totalizando 88 capítulos que somam 838 folhas, todas bem conservadas na Biblioteca Real de Madri. E mais 930 páginas manuscritas. Para nós, é principal entre as cinco obras aquela intitulada *El Paraíso en el Nuevo Mundo*".

Afirmou que Deus fez Adão com barro sul-americano – basta ver, argumentou, que o subcontinente tem a forma de um coração; que o maracujá e não a maçã é que encantou Eva e fez Adão se perder; que somente as madeiras das inatas do continente poderiam ter dado robustez à Arca, a qual, para recolher tantos animais – onças, tatus, capivaras, emas, gaviões, cascavéis, macacos –, teve capacidade para 28 125 toneladas. As primeiras chuvas caíram a 28 de novembro de 1656 do começo do mundo, segundo a datação judaica. A Arca destacou-se do chão americano nove dias depois e pousou em solo asiático a 27 de novembro de 1657. Noé mostrou-se um sul-americano convicto. Quando teve assegurada a propagação da espécie humana e a dos animais, reassumiu o comando da Arca e voltou à América. A Arca, pois, está por aí, oculta. Quem sabe umas quantas e uns quantos das senhoras e dos senhores presentes estão predestinados, desde o início dos tempos, a localizá-la em algum recanto ainda misterioso deste país.

Justificando-se, León Pinello relatou e Buarque de Holanda no-lo transmitiu, alguns dos principais autores que situaram o Éden na América do Sul: Francisco López de Gomara, *Historia de las Indias*; Antonio de Herrera, *Historia de las Indias*; Juan de Solorzano, *De Ind. Jur.*; padre Josef de Acosta, *Historia Natural de las Indias*; frei Tomás de Maluenda, *De Paradiso*; Laurêncio Beierline, *In Theatro Vitae*; Cornélio Jansenio, *In Pentateuco*; Leonardo Mario, *In Script*; Comélio Lapide, *In Gen.*; frei Cláudio de Abbeville; padre Nicolao Abramo, Phori Veto Testam. Femando Montesino, que, na dedicatória de um auto de fé celebrado em Lima no ano de 1640, assim principiou: "Dois autos de fé, os maiores, se celebraram na América. Um deles fez Deus, primeiro inquisidor contra a apostasia de Adão e Eva no Teatro do Paraíso".

Seria longo e decerto tedioso relatar mais livros e mais propagadores desse acreditar. Mas há um divulgador do mesmo que não pode deixar de ser citado.

É o nosso bem conhecido e devidamente reverenciado padre Simão de Vasconcelos, que vamos seguir no tomo I da clássica *Crônica da Companhia de Jesus do Estado do Brasil*. Mais especificamente, nas "Notícias Curiosas". Confiado em "testemunhos infinitos", aceitava que o Paraíso Terreal fora posto em terra do Grão-Pará. Sacerdote, Vasconcelos preocupou-se com a possibilidade de que tal ideia aborrecesse os inquisidores. Afinal, contrariava toda a história oficial, a própria Bíblia. Consultou, por escrito, doutores de Lisboa, Coimbra e Évora. À unanimidade, os consultados responderam que Vasconcelos não incorria em falta. Afinal, não fora nunca definido o sítio eleito por Deus para criar Adão e Eva e instalar o Éden.

O padre Serafim Leite, no livro mais recente e bem documentado a respeito, e que se intitula *O Tratado do Paraíso na América e no Ufanismo Brasileiro*, publicado em Lisboa em 1962 e em nossa Coleção Brasiliana, teatral e documentalmente, relata o que ocorreu em seguida à consulta. E que foi o seguinte: Vasconcelos liberou a impressão do livro, senhor que era de todas as autorizações necessárias. Impressão lenta, pois feita no ano de 1663.

À medida que cada exemplar era ultimado, o autor o destinava a uma personalidade. Para que o vissem e opinassem. Quando o décimo ficou pronto, chegou-lhe ordem terminante para mudar a redação do trecho final. Não deveria afirmar, mas deixar vaga a localização do Éden no Brasil. E, principalmente, amenizar a atuação do Espírito Santo em relação ao Pai e ao Filho na escolha do local do Paraíso. Vasconcelos recolheu os dez volumes distribuídos. Imaginemos com quais cautelas e trabalhos. E pensemos no susto e na perplexidade dos que tiveram de devolver a obra. Refez e reimprimiu o trabalho. Disse, e é o que podemos ler, que "não cometeria pecado quem assim pensasse, já que tamanhos prodígios se tinham assinalado nestas partes do mundo". Sabemos de tudo isso pela correspondência entre Vasconcelos e um dos consultores, a qual foi localizada pelo padre Serafim Leite na Biblioteca Nacional de Turim.

Quais os sinais do Paraíso?

Durante certo tempo, antes e logo depois da viagem cabralina, o Brasil foi chamado Terra dos Papagaios. Diz-se que, mesmo antes de abril do ano 1500, os atrevidos marinheiros que ousavam integrar equipagem de barcos vindos em busca do pau-brasil preferiam ser pagos com papagaios e com jiboias.

Na Europa, além das notícias sobre as virtudes do clima, das águas, das frutas, a presença numerosa do papagaio, da jiboia e do beija-flor valia como provas da localização do Paraíso.

Tal crença está na melhor tradição europeia ligada ao Éden. O papagaio seria a verdadeira ave do Paraíso. Antes da queda do homem no pecado todos os bichos falavam, conforme é bem sabido. Mas depois do fechamento do Jardim, só a ele foi concedido o continuar falando. Além do quê, sua longevidade o fazia privilegiadamente quase imortal.

Ele aparece, com essa prerrogativa, na poesia e na arte. Sérgio Buarque de Holanda relaciona casos. O poeta Tasso o coloca no Jardim da Armida; o vate Marino, no poema "L' Adone", o faz discorrer com sábios notórios.

Na arte, basta citar Rubens, que, ao fazer por encomenda cópia do quadro "O Pecado Original", de Ticiano, ousa introduzir nele um papagaio. Tal cópia se encontra no Museu do Prado, em Madri. E no Museu Real de Haia está outro quadro "O Paraíso Terrestre", de Rubens e Jan Brueghel, no qual figura um papagaio.

A jiboia lembrava o Paraíso por acreditar o povo que, depois de morta e devorada, ela ressuscita-se retomando carne e espírito. E o beija-flor seria sempre um milagre, pois nascido de borboleta se transformava em ave.

O ar e a água curavam.

A crença de que o Paraíso estava na América portuguesa deu consistência a outro mito ou quase mito: se tivesse o Éden saído direto e sem jaça das mãos de Deus, não agrediria com doenças, mas curaria os males físicos com que os europeus cruzassem o oceano. Por isso, até no interior das instituições religiosas expediam-se para o Brasil os doentes.

Não precisamos de melhores exemplos do que os de Nóbrega e de Anchieta. Este veio corcunda, vitimado pela queda de uma escada na biblioteca da escola. Nóbrega, além de gago, padecia de perda de sangue, principalmente nas pernas. Outros religiosos, muitos leigos, procuraram curas no clima, nas águas, na alimentação.

Neste ponto da história, permito-me uma digressão em torno de acontecimento que me comove sobremaneira e que envolveu os dois citados jesuítas. Ambos estão em Iperoígue tentando acalmar os tamoios e tirá-los da órbita da influência francesa. Se fracassassem, o Brasil português pereceria. Na praia, conversam, oram. Súbito, surgem canoas de tamoios que, conforme notícias da véspera, incursionavam para matar os dois religiosos. Só há fugir. Nóbrega perdendo sangue não pode correr. Pede a Anchieta que se salve e salve o Brasil lusitano. Mas o corcunda José toma nas costas o gago e doente Manuel e vencendo lagoas e areal salva-se, salvam-se e ao Brasil que é o nosso. Milagre? Quem sabe, coisas próprias do Paraíso!

Disputa pelas frutas

As senhoras e os senhores já se terão perguntado se a localização e o conteúdo de tal Jardim não suscitaram celeumas. Sim, várias. Destaco uma ou duas. Das mais curiosas é aquela acerca da fruta que seduziu Eva e, pois, desgraçou-nos a nós, mortais.

Até Colombo e Cabral foi pacífica a aceitação da maçã como o instrumento do tentador. Era o que dizia o livro do Gênesis. Porém, no devassamento do interior americano não se achou macieira alguma. Ou se mudava a fruta ou a localização do Paraíso.

Também nesse particular divergiram os países ibéricos. Riquíssimos em literatura relativa ao tema deram à maçã substituto diferente. Os portugueses, na Europa e no Brasil, elegeram a banana, que, aliás, na classificação de Lineu, é chamada Musa paradisíaca. Visualizemos Eva, toda indecisão e êxtase, assistindo à serpente descascar a banana pecaminosa! Logo a banana...

Havia suporte antigo e firme para essa atribuição. O importante autor Garcia da Orta, no citadíssimo *Colóquios dos Simples e Drogas da Índia*, refere como ouviu de um franciscano que "nesta fruta é que Adão pecou". Há mais. No saboroso Libro del Infante Don Pedro de Portugal", Gómez de Santisteban assegurou que o mítico rei cristão Preste João anualmente confirmava os governadores de província na fé em Jesus, partilhando com eles uma banana e reflexões sobre "O milagre que nessa fruta há: que em cada parte que se parte aparece o crucifixo e santa Maria com seu Filho nos braços".

Talvez fossem bem diversas das nossas democráticas e vulgares bananas de feira aquelas bananas reais do Preste João, mas confio em que já amanhã as senhoras e os senhores cumprirão com mais respeito o gesto de lançar ao lixo a casca da banana matinal.

Aqui, como na Ásia, a banana era encontradiça. Pero de Magalhães Gândavo, que escreveu o *Tratado da Terra do Brasil* pelo meado dos anos quinhentos, referiu-se ao fato de a banana guardar em seu íntimo o claro desenho de um crucifixo. Gabriel Soares de Sousa registrou no *Tratado Descritivo do Brasil*, em 1587, que "quem cortar a banana ver-lhe-á no meio a feição de um crucifixo".

Mesmo bem depois que o mito do Paraíso se transformou no do El Dorado, da riqueza como forma de vida paradisíaca, a banana manteve prestígio miraculoso. E em âmbito nacional. Frei João Pacheco, no *Divertimento Erudito*, impresso em 1734 em Lisboa, relatou que na Bahia dava-se como certo ser "essa a fruta que Deus proibiu a Adão". Também em Recife tal acreditar tinha curso segundo se lê no Folclore Pernambucano, de Pereira da Costa. Ainda em 1808, ano em que, com a chegada da família real, o Brasil tornou-se a cabeça do império luso, tratava-se a fruta com reverência. John Luccock, observador arguto da vida carioca, anotou que "não há um bom católico neste país que corte uma banana transversalmente, porque seu miolo mostra a figura de uma cruz".

Isso tudo, no mundo português. Com o que não concordaram os espanhóis. Eles e seus descendentes americanos situaram o Éden, sim, na América, mas não em terras portuguesas. Quiseram-no na vertente ocidental dos Andes e, no lugar da maçã, repudiando a plebeia banana, posicionaram a bem menos rara e bem mais exótica *granadilla*, que é o nosso maracujá. Fizeram-no especialmente pela flor, logo chamada flor da Paixão. Assim se reforçou a ponte, estendida em algum tempo, entre a expulsão do casal edênico e a Paixão de Cristo. A flor do maracujá mostrou-se perfeita para esse enlace entre o Velho e o Novo Testamento.

De nenhuma flor, à exceção talvez da rosa, foi dito, em exaltação, o que se disse desta, na Espanha, na França, na Itália. Correu pelas igrejas e pelas casas cristãs da Europa, recitado como se fosse oração, o soneto do napolitano Genaro Grosso "Al fior in cui si vede la Passione del Signore". Na cultíssima Bolonha, o inspirado sonetista Claudio Schitini também burilou versos a ela dedicados.

Ao começarem os anos mil e seiscentos, o maracujá havia feito arquivar a banana. Mesmo Vicente do Salvador e Simão de Vasconcelos aceitaram-no. Ainda em 1702, frei Antônio do Rosário, em seu *Frutas do Brasil*, lembra a seus leitores uma das justificativas para se honrar a flor da Paixão: Cristo, na cruz, "encostou a cabeça para mostrar que morria como flor que, quando morre, se inclina para a terra". É que aos crentes sempre foi mostrado que na flor do maracujá estão reproduzidos os instrumentos da Paixão.

Também na geografia, espanhóis e portugueses disputaram a glória de hospedar o centro do mundo. Colombo, em carta aos reis, afirma ter localizado o Paraíso. Ele quedou-se abismado com o volume da água-doce que o rio Orenoco despejava no oceano. Só podia tratar-se de um dos quatro rios paradisíacos. E descreve como enviou destacamento para localizar o Éden e o sucesso alcançado. O cartógrafo Schörner, no mapa de 1515, grava a porta do Éden na região apontada por Colombo, atual Paria, que o gravador localizou na Amazônia brasileira. *Paria sive Brasilia* está escrito na carta. Mesmo no Brasil não houve unanimidade quanto ao sítio onde vicejara o Jardim que ocultava a Arca.

Autores, autoridades, donatários portugueses disputaram para as suas terras o local do Paraíso. Amazonas, Maranhão, Bahia, Pará e Mato Grosso. Afinal, o regionalismo é de todos os tempos, e em todos os tempos a nossa terra é mais bonita do que a dos outros. Aí está o hino nacional garantindo serem o céu, os bosques, os amores do Brasil superiores a quaisquer outros.

Portugueses, franceses, italianos, alemães, judeus desembarcaram, ou mais ou menos, ainda acreditando peregrinar pelo chão do Paraíso. E eis que se surpreendem com migrações de tupis e guaranis que vagam, em multidões, na busca do seu paraíso – do *y vy mara ey* (terra sem mal). Ele tem no centro a oca milagrosa de Nhanderuvussu, o criador do mundo. Visualizam esse seu Éden posto em algum lugar além do oceano, lá de onde vem o sol. Europa? África? Palestina? Os europeus querem-no no Ocidente. Os americanos, no Oriente. Que força prodigiosa essa que leva o homem de todas as longitudes e epidermes a sonhar e se bater pelo retorno à pátria seminal e perdida?

A estrada do Peabiru

Até aqui temos tratado da crença na ocultação do Éden em algum lugar do Brasil. Ela tem a ver com dois outros mistérios pejados de fascínio e objeto de fortes polêmicas. O da estrada do Peabiru e o da estada no Brasil, muito antes do descobridor, do verdadeiro apóstolo São Tomé, introdutor do cristianismo. Em pessoa.

O nosso indígena era tão primitivo que se mostrou incapaz de colocar dez pedras uma sobre a outra. Não há memória, não há exemplo, não há ruínas que indiquem a abertura de algo a que se pudesse chamar estrada. Ele se guiava pela foz de um rio, o pico de um morro, a margem de uma floresta. Ele não abriu caminhos, no máximo aproveitou carreiros de anta. Isso, em toda a extensão da descoberta portuguesa.

Pois, em 1501, em São Vicente, os portugueses viram-se confinados à praia, espremidos nela pela cadeia montanhosa da serra do Mar. Ela impedia o acesso ao planalto ou pelo menos o dificultava enormemente. Anchieta descreve a escalada como a mais áspera das estradas do mundo. Subiam agarrados em raízes e em cipós. De repente, os portugueses descobrem uma estrada, oito palmos de larga, empedrada nas zonas pantanosas, tendo o leito atapetado por relva que o mantinha limpo e conservado. Em larga extensão, não sabemos ao certo por quê, aprofundava-se, uniformemente, 40 centímetros no solo. Estava ladeado por outra erva, mais alta, de até 1,50 metro, que ocultava e protegia o traçado. A cada 18 quilômetros, uma construção de pedras com dois cômodos, duas portas, uma voltada para o ocidente, a outra para o oriente.

Nela, os viajantes se protegiam da chuva, da noite, do frio, das feras. Esse caminho aprofundava-se 200 léguas pelo interior. Nóbrega, escrevendo ao rei, exclamou: "Essa estrada supera em qualidade as melhores ruas de Lisboa".

Embora a maior parte da documentação, tanto a religiosa quanto a laica, em português e em espanhol, além de depoimentos como os de Schnidel, faça referência ao Peabiru como uma rede que do litoral sul se dirigisse para Assunção, vários pesquisadores alargam a presença do sistema viário inca no Brasil, mencionando um Peabiru que, da região subandina da Colômbia, chegaria ao litoral pernambucano. E outro que, também descendo dos Andes, escorreria pelo Brasil central, rumo à Bahia, ganhando, este, o nome mairapé, o qual passou a designar, popularmente, naquela região, os caminhos de construção não identificada.

Ainda estudante, para atender a um professor, dei-me a pesquisar sobre a linha tordesilhana. Deparei com a mapoteca que fora do Morgado de Mateus, aquele terrível e forte governador de São Paulo que impediu o avanço espanhol rumo ao Atlântico. Nessa mapoteca, encontrei um mapa do ano de 1576, no qual alguém desenhara o caminho a que me referi, e que ali aparecia com o nome Peabiru. Ao ler esse nome, ao tocar nesse mapa, minha vida mudou. Vários dos acidentes geográficos balizados em certa área, na serra de Botucatu, me eram familiares. Eu os havia percorrido inúmeras vezes e de repente os descobria objetos e partícipes de um capítulo portentoso da história americana. Tinha de saber mais, muito mais, a respeito do caminho.

Há mais de 50 anos pesquiso o Peabiru. Tal caminho ia até Cuzco e transformado em estrada de primeira categoria no planejamento imperial dos incas demandava a cidade do México. Ele contava, ao longo do traçado, com canalização de água para dessedentar o caminhante, abria em certos trechos pomares onde o viajante se alimentava com frutas. Portanto, bem antes de Colombo e de Cabral, o continente serviu-se de um extraordinário sistema viário ao qual poderemos denominar, sem exagero, a primeira grande transcontinental americana.

A que servia? Tem-se como certo que mostrava o interesse inca pelo domínio futuro da margem atlântica, embora até 1500 sem o manifesto propósito de incorporá-la a alguma província imperial. Servia, assim, ao comércio. E tanto que Tomé de Sousa, sendo governador-geral, assustado com o volume de mercadorias andinas exportadas pelos espanhóis por São Vicente, resolveu clausurar o Peabiru, culminando pena de morte para quem infringisse a proibição. A esse rigor de Tomé de Sousa atribui-se o não terem restado em território paulista restos documentais do Peabiru. Mas há sinais abundantes em outros estados por onde correram ramais do mesmo. Luís Caldas Tibiriçá escreveu ter encontrado, no Mato Grosso do Sul, mais de 1 quilômetro do caminho pavimentado com lajotas irregulares, 40 centímetros abaixo do solo e com 1,80 metros de largura. O padre Colbachini mostrou a Inácio da Silva Teles outro largo trecho, com quase as mesmas características, ao largo da aldeia Meruri, no Mato Grosso. Há notícias de achados de restos também valiosos no noroeste do Paraná. Portanto, há testemunhos dessa primorosa engenharia viária de alguma cultura andina muito avançada. Talvez a dos incas.

O Sumé civilizador e apóstolo

O segundo enlace do mito do Paraíso brasileiro foi com o Sumé. O português, ao chegar, percebeu ser o nativo incapaz de trabalhos de técnica viária. No entanto, deparou-se com o prodigioso caminho. Admirado, perguntou ao índio: "O que é isto?" Resposta: "Peabiru". Insistiu: "Mas quem fez o Peabiru?". O selvagem respondeu aquilo em que acreditava: "Pay Sumé" O lusitano que fizera a pergunta com interesse de conquistador ouviu a resposta com ânimo de católico. Exclamou: "Mas eles estão falando é de São Tomé!".

São Tomé esteve no bem-querer luso desde os primeiros dias do cristianismo em Portugal. O rei mandou que seus prepostos na Índia revirassem o país, mas localizassem o túmulo de São Tomé. Para onde o português foi, levou São Tomé. Além disso, ele usava recitar o trecho evangélico que se refere à divisão do mundo feita por Cristo entre seus apóstolos como área de seus trabalhos apostólicos. Ao ouvir o índio, o português ligou Pay Sumé a São Tomé e ambos à presença do Paraíso. Daí o ter batizado o Peabiru com o nome de Caminho de São Tomé.

Mas com isso e com a atuação quase igual dos espanhóis na sua área sul-americana, ressuscitaram o mito do Sumé. Quem foi Sumé? Uma figura que está na mítica de todos os povos americanos desde o Alasca à Terra do Fogo. Aparece sempre igual: alto, loiro, às vezes barbado, às vezes imberbe, portando um camisolão. Variação maior, o calçado, que atendia à área de atuação, podendo ser de couro, de cortiça e mesmo de látex, este na região amazônica.

Torna-se amigo da população local, ensina as técnicas agrícolas e artesanais, transmite ensinamentos morais e religiosos, cuida da saúde e da instrução. Mas quando legisla condenando a antropofagia e a poligamia tem contra si os homens, que decidem matá-lo. Na região do Titicaca, foi recluso em uma cabana à qual puseram fogo; em áreas como a do nordeste brasileiro, tentaram lapidá-lo. Em outras, foi alvo de flechas. Sempre o sobrenatural interveio em seu favor: chuva providencial, vento forte que desvia as flechas, etc. Com semblante muito triste, cabeça baixa e dedo indicador erguido, recuando, imerge na água da qual emergira. Prometendo: "voltarei em tempos nos quais os homens estiverem prontos para aplicar a minha doutrina". Quando os espanhóis se apresentaram com couraça brilhante e capacete luzindo ao sol, do México ao Peru, do Chile ao Paraguai, foram aclamados como o Sumé que retornava. Esse acreditar foi a desgraça desses povos nativos. Mas essa é outra história.

Depois de muito estudo, estou convencido de que esse Sumé, que não foi um único indivíduo, na verdade representou um grupo de monges escandinavos que em meados do século 12 deixaram seu bispado na Islândia, passando-se para a América. Terão sido os primeiros sacerdotes a falar de cristianismo em nosso continente. Segue-se hoje a orientação de que da Islândia teriam passado para a América do Norte; daí para a Central, o Caribe; do Caribe para o nosso Maranhão e daqui para o interior continental. Curioso observar que a mítica indígena, bem assim a crônica colonial centro e sul-americanas, coincidem em relação ao Sumé e a estes personagens ainda misteriosos. Pessoalmente, não posso esconder uma funda impressão que me deu a leitura do relato do frei Gaspar de Carvajal, cronista da expedição de Orellana – aquela que anunciou a descoberta das amazonas. O frei descreve, e isso se passou em abril de 1542: acostumados a encontrar homens de cabelos pretos, pele bronzeada e baixa estatura, assombraram-se com a chegada à aldeia onde se encontravam quatro homens brancos, de cabelos claros e que desciam até a cintura. Homens altos, um palmo a mais do que o mais alto dos cristãos. Carvajal destacou serem os quatro louros muito bem-educados, esplendidamente vestidos, enfeitados com ouro. Orellana obtere deles aquilo que era de mais precioso no lugar e na situação, isto é, comida e muita conversa em espanhol. Mas nenhuma informação sobre quem eram, de onde provinham e para onde se dirigiam.

Também essa é outra história. As pesquisas continuam, o maravilhoso que delas resulta bem merece que um dia, no futuro, nos encontremos de novo neste local. Mas o assunto de hoje foi o mito do Paraíso. Voltemos a ele.

Curioso observar que esse mito não arrefeceu ao contato do europeu com a dura realidade da terra nova. Homem de fé e necessitado de horizontes, o português continuou acreditando.

Porém, adaptando a crença. O mesmo ocorreu na América espanhola. O Paraíso foi mudando para aquilo que melhor parece ao homem rústico a definição do Paraíso: a riqueza, a juventude eterna. Tivemos então não mais as miragens da Arca e do Jardim, mas as das Fontes da Juventude, das cidades todas de ouro, das montanhas de prata, das lagoas de esmeraldas. Talvez a última manifestação sobre a ocorrência física do Éden em chão brasileiro tenha sido do frei Antônio de Santa Maria Jaboatão: o Orbe Seráfico, que é de 1761.

Contei para alguns, apenas recordei para outros, algo ligado ao pré-achamento e aos primeiros tempos da nossa terra. Lenda, sim, mas que ajudou muita gente a perseverar na procura e na luta, e nisso consiste o viver. Essa gente me comove pelo que acreditou e pelo como procurou. A ideia do Paraíso não se arquiva jamais.

Misturei um tanto as coisas, mas espero ter dito, nesta nossa comemoração especial dos 500 anos do Brasil, algo pouco divulgado. Não importa que ainda esta tarde alguns dos presentes resmunguem que "esta foi uma manhã perdida". Convivemos todos, por algum tempo, no território do maravilhoso. Gostaria que essa mensagem fosse levada e que, de alguma forma, estimulasse ao menos uma das senhoras, um dos senhores a prosseguir nas pesquisas aqui sugeridas. Deixo claro, porém, estar compensado e bem pelo fato de que por mais de uma hora as senhoras e os senhores toleraram a minha exposição.

    Creiamos, nós também, que a despeito de governantes que desgovernam, de juízes sem juízo, de policiais que assaltam, de professores que emburrecem, de autoridades que desautorizam, vivemos a um passo de descobrir o Paraíso e fazer dele o Brasil ideal para os nossos bisnetos.

CAPÍTULO · 66 ·

Armando Alexandre dos Santos

D. João VI, um estadista de grande envergadura.

"Perante Deus e o povo"

Estamos ainda no ciclo comemorativo dos 200 anos da chegada da Família Real portuguesa ao Brasil, fato que haveria de produzir uma cadeia de consequências benéficas para nossa Pátria. Infelizmente, num país em que 75% dos formalmente alfabetizados são, de fato, analfabetos funcionais incapazes de ler e interpretar um texto de dez linhas, há muita ignorância e desinformação sobre o período dito colonial da História Brasileira.

Recordo que, há poucos anos, um dos principais redatores de um grande jornal paulistano, escrevendo sobre as origens do Brasil, referiu-se desinibidamente às "três naus da frota cabralina", em evidente confusão com as três embarcações de Colombo. E um colega seu precisava, eruditamente, que Cabral havia partido "da foz do rio Tagus". Na realidade, foi com treze embarcações que Cabral partiu de Lisboa, aqui chegando com doze, e a partida foi de Belém, à foz de um rio que em bom português se chama Tejo...

As gafes desses jornalistas são bons exemplos da ignorância que campeia por estas bandas sobre um período da nossa História que durou nada menos do que 322 anos, e do qual a maior parte dos brasileiros não tem senão noções muito genéricas, superficiais e distorcidas.

Lamentavelmente, a historiografia oficial brasileira – em especial a posterior à proclamação da República, em 1889 – com frequência subestima os grandes benefícios que trouxe ao Brasil a civilização portuguesa, ou é flagrantemente injusta com relação à Mãe-Pátria, faltando com a verdade por vezes de modo grotesco.

Felizmente não faltam historiadores sérios que, em estudos bem documentados e bem escritos, que resistem a qualquer crítica malevolente, fazem justiça àqueles heróis povoadores e missionários que deixaram as delícias e as comodidades do "jardim da Europa à beira-mar plantado", para virem "dilatar a Fé e o Império" nestas plagas então inóspitas e cheias de riscos.

É verdade que seus livros nem sempre têm toda a divulgação que mereciam ter. Mas eles existem, estão bem conservados nas estantes das bibliotecas, e de futuro poderão atestar que em nenhum momento deixou de haver bons brasileiros gratos ao que nos trouxe Portugal.

Personagem particularmente visado pelos pseudo-historiadores é D. João VI, o monarca posto pelas circunstâncias no leme da nau do Estado luso-brasileiro numa hora particularmente trágica, na qual, sem deixar de ser um homem bondoso, clemente, até um tanto bonacheirão, foi um grande rei e soube desempenhar seu papel histórico à altura das gloriosas tradições que representava.

Uma Europa em crise

Quando foi decapitado em Paris, o Rei Luís XVI, em 1793, Portugal, então governado pelo Príncipe-Regente D. João, e a Espanha, na qual reinava Carlos IV, tendo como todo-poderoso ministro Manuel de Godoy, declararam guerra à República Francesa. Na mesma "entente" figurava a Inglaterra. Portugal enviou, para o Roussillon, região sul da França, uma divisão composta por seis regimentos de infantaria; essa divisão lá permaneceu quase dois anos, combatendo, com alguns sucessos apreciáveis, lado a lado com os espanhóis, contra os princípios da Revolução Francesa. Mas estes acabaram se impondo em Madri, com a traição de Godoy (o chamado "Príncipe da Paz"), e o governo espanhol fez a paz em separado com a França revolucionária e passou a defender os interesses desta na Península. Traindo os compromissos assumidos, voltou-se contra os aliados da véspera, chegando a declarar guerra, sucessivamente, à Grã-Bretanha e a Portugal. Estabelecida em 1801 uma paz iníqua e precária, prosseguiu o mesmo trabalho de sapa por parte de Godoy, que parecia empenhado não só em eliminar a independência de Portugal, mas também em autodemolir o próprio trono de seu país.

Essa política de Godoy, levada habilmente por ele durante mais de 12 anos, conduziu às invasões francesas na Península. Foi nesse contexto que as tropas napoleônicas atravessaram o território espanhol e se precipitaram, em três hordas sucessivas – chefiadas por Junot, Soult e Massena – sobre Portugal. A reação que tiveram então os povos ibéricos, na defesa das suas liberdades e das suas tradições, foi heroica e grandiosa.

A resistência lusa contra os invasores franceses

No tocante à resistência portuguesa à primeira invasão revolucionária, o historiador austríaco João Batista Weiss assim descreve o levantamento nacional contra as tropas de Junot:

"Os portugueses desfraldaram a sua bandeira nacional, ao repicar dos sinos, com júbilo festivo e fogos de artifício na cidade [do Porto]. Como um fogo em erva seca correu este movimento pelo país; a 11 de junho de 1808 o antigo Governador de Trás-os-Montes proclamou soberano o Príncipe Regente, e chamou às armas os habitantes.

Nas cidades e aldeias respondeu o povo: 'Viva o Príncipe Regente! Viva Portugal! Morra Napoleão!'

A 17 de Junho a mesma aclamação ressoou em Guimarães, a 18 em Viana, a 19 o Arcebispo de Braga fez retomar as prerrogativas pela Casa Real de Bragança, com grande concorrência do povo; osculou a antiga bandeira, e abençoou o povo, que cantou o *Te Deum laudamus*. Elegeu-se a seguir uma Junta, de que foi presidente o Bispo.

Em Coimbra, ardia a juventude estudantil a favor da libertação da pátria, e o templo da ciência converteu-se em arsenal de guerra. No laboratório de química preparava-se pólvora. Os estudantes espalhavam-se pelas aldeias, para incitar os trabalhadores manuais a armar-se; eram recebidos com o repique dos sinos, fogos de artifício e clamores de júbilo. Todos se armavam; os trabalhadores brandiam as suas gadanhas, desenterravam-se canhões que se tinham enterrado na última guerra de Espanha; frades com o crucifixo na mão iam à frente das tropas. O clero era todo fogo e chamas pelo levantamento nacional, mas impedia as crueldades que se tinham cometido na Espanha contra os inimigos.

A situação dos franceses tornou-se grave. Junot conhecia toda a grandeza do perigo, não podia receber auxílio da França, nem por mar, porque os cruzeiros ingleses o dominavam e vigiavam ao longo de toda a costa, nem por terra, pois a Espanha estava toda em armas e todos os correios eram interceptados. Com 24 000 homens não podia dominar a sublevação de todo um povo" (*História Universal*, Barcelona, 1931, p. 262-263).

Sobre o conjunto das operações militares entre os anos de 1808 e 1814, escreve o Pe. Joaquim José da Rocha Espanca:

"Este ano de 1814 foi o último da guerra. Ganhou o exército anglo-luso 16 batalhas que foram as do Vimieiro, Corunha, Talaveira, Buçaco, Fuentes de Honor, Albuera, sítios de Ciudad Rodrigo, Badajoz e Salamanca, batalha de Vitória, dos Pirineus, sítio de S. Sebastião de Biscaia, Nivelle, Nive, Ortez (27-2-1814) e Toulouse (12-4-1814, quando Napoleão já tinha abdicado). Para que se veja num pequeno quadro quanto nos foi penosa a Guerra Peninsular, copio de um artigo de Augusto Pinho Leal o seguinte resumo das operações desta luta gigantesca: 'Desde a invasão de Junot até ao fim da guerra, o exército português entrou em 16 batalhas gerais, 210 combates, 14 cercos, 18 assaltos, 6 bloqueios e 12 defesas de praças. Total: 276 ações' (Veja-se o jornal *A Esperança*, nº 352 de 13-3-1879)" (*Memórias de Vila Viçosa*, t. 14, 1984, p. 11-12).

Evitando a triste sorte da Espanha, enganou Napoleão

O Príncipe-Regente D. João, não podendo resistir *in loco*, teve o bom senso de transferir-se com toda a sua Corte para o Brasil – executando, aliás, plano muito antigo já esboçado desde o século XVI – onde desenvolveria uma ação benéfica extraordinária, com a qual muito lucraria o Brasil. Menos feliz foi o Rei Carlos IV, da Espanha, que não conseguiu realizar projeto similar de se transferir para o México, e acabou caindo, juntamente com seu filho Fernando (depois Fernando VII), nas mãos de Napoleão.

Certos autores modernos criticam injustamente a D. João VI, acusando-o de covardia. Postas as coisas como estavam, ele fez o que de melhor poderia ter feito. A transferência para o Brasil foi um lance político muito sagaz, que não só evitou a Portugal os vexames que sofreu a Espanha, reduzida a protetorado francês com José Bonaparte no seu trono durante mais de 5 anos (de junho de 1808 a setembro de 1813), mas também proporcionou consideráveis vantagens ao Brasil.

Vale a pena lembrar, a tal respeito, o depoimento do próprio Napoleão Bonaparte. No *Mémorial de Sainte-Hélène*, o ex-todo-poderoso senhor da Europa fez justiça a D. João VI, reconhecendo que sem a transferência da Família Real Portuguesa para o Brasil a Inglaterra não teria podido romper o apertado bloqueio em que se encontrava e tornar-se o agente principal da derrota final napoleônica (cfr. João Ameal, *História de Portugal*, Porto, 2ª ed., p. 566-567).

Os tão comentados lances de hesitação de D. João nos dias que precederam o embarque, ridicularizados e caricaturizados por certos autores, foram, na realidade, um recurso teatral que iludiu os franceses que não estavam esperando por aquilo e ficaram, literalmente, a ver navios... D. João precisava agir como agiu, fingindo estar hesitando entre as duas alianças possíveis – a da Inglaterra e a da França – porque havia, em Portugal, uma poderosa e influente facção favorável a Napoleão. Também essa "quinta-coluna" foi iludida.

Tudo isso está bem documentado nas atas do Conselho de Estado português, que comprovam que a transferência para o Brasil não foi uma decisão precipitada e intempestiva, mas correspondeu a um plano magistral, longamente – e dissimuladamente – executado. Em conferência pronunciada no dia 26 de março último, no salão-nobre da Faculdade de Direito da Universidade de São Paulo, o Príncipe D. Luiz de Orleans e Bragança, Chefe da Casa Imperial do Brasil, sustentou documentadamente essa tese, diante de um auditório de mais de 800 pessoas. Falaram na mesma sessão, e aduziram argumentação conclusiva, a esse respeito, o historiador português D. Marcus de Noronha da Costa, Conde de Subserra, membro da Academia Portuguesa da História e do Instituto Histórico e Geográfico Brasileiro; a Profa. Dra. Nelly Martins Ferreira Candeias, presidente do Instituto Histórico e

Geográfico de São Paulo; e o Prof. Dr. João Grandino Reis, diretor da Faculdade de Direito da USP. Essa sessão, que se revestiu de um brilho excepcional nos anais da própria Faculdade de Direito, foi, acima de tudo, um ato de justiça prestado à memória de D. João VI. Nela falou também, prestando homenagem a D. Pedro I, o filho primogênito de D. João VI, o Prof. Dr. Daniel Serrão, médico e cientista português de renome internacional, membro da Academia Portuguesa das Ciências e da Pontifícia Academia de Ciências do Vaticano.

É hora de se fazer justiça a D. João!

De fato, já é bem hora de recolocar no seu devido lugar histórico o injustiçado D. João VI, que aqui chegou como Príncipe-Regente, em 1808; que aqui foi coroado Rei, em 1815; que aqui assentou as bases de um grande Império luso-brasileiro; e que aqui teria permanecido até o fim de seus dias, se as circunstâncias lho tivessem permitido.

São ridículas e carentes de qualquer fundamento histórico e, mais ainda, aberrantes do bom senso elementar, muitas das asserções frequentemente feitas contra ele.

Pasmem os leitores com o seguinte trecho, extraído de um livro corrente no Brasil, a descrever o dia a dia de D. João VI: "Seu dia de trabalho começava às 6 horas da manhã. Quase sempre vestia um velho casaco sujo, puído, de grandes bolsos. Só em ocasiões especiais trocava o paletó pela farda vermelha com as condecorações. Depois das orações matinais, D. João quebrava o jejum com frangos e torradas. Então, guardava no bolso alguns pedaços de frango que comia enquanto concedia audiências aos fidalgos mais íntimos e ao pessoal da administração" (*Grandes Personagens da Nossa História*, Abril Cultural, S. Paulo, 1972, vol. II, p. 281).

É espantoso que dislates desses sejam postos ao alcance de qualquer leitor! Os depoimentos isentos de estrangeiros que privaram nessa fase com D. João VI vão em sentido diametralmente oposto. Vejam-se, por exemplo, para citar apenas umas poucas fontes insuspeitas, o livro *O Rio de Janeiro visto por dois prussianos em 1819*, de Theodor von Leithold e Ludwig von Rango (Cia. Editora Nacional, Série Brasiliana n° 328, São Paulo, 1966, tradução de Joaquim de Sousa Leão Filho) e o relato *A vinda da Família Real portuguesa para o Brasil* publicado inicialmente em inglês, em 1810, pelo oficial irlandês Thomas O'Neill, e cuja tradução acaba de ser lançada no Brasil pela Editora José Olympio.

Na realidade, D. João VI, talvez não tenha sido um homem excepcionalmente brilhante, mas foi um monarca que soube condignamente, e até exemplarmente, desempenhar seu papel histórico. Uma das grandes vantagens da monarquia é que não requer necessariamente homens brilhantes, pois tal é a força da instituição e da continuidade que, como nota Marie-Madeleine Martin em "Le Roi de France, ou Les grandes journées qui ont fait la Monarchie", até mesmo monarcas medianos cumprem suas funções históricas de modo admirável.

Mas D. João VI não era apenas mediano. Ele estava muito acima da média e conseguiu, numa fase muito difícil da História luso-brasileira, resultados excelentes.

Entre outros, fizeram justiça a D. João VI historiadores sérios e conceituados como Oliveira Lima, Pandiá Calógeras e Hélio Vianna.

Na realidade, D. João, Príncipe-Regente e depois Rei, soube transformar em apenas 13 anos um Brasil Vice-Reino, que encontrou provinciano e acanhado em 1808, num Reino-Unido a Portugal, estuante de vitalidade e de virtualidades que até hoje, decorridos dois séculos, ainda não foram suficientemente exploradas e ainda estão muito longe de se esgotar. Mais do que isso, soube prever a separação do Brasil de sua antiga Metrópole – intencionalmente não falo de independência, uma vez que o Brasil desde 1815, quando foi elevado à condição de Reino Unido a Portugal e Algarves, já não era dependente de Portugal à maneira de uma colônia ou mesmo de uma província.

D. João VI sentiu que essa separação era inevitável, sentiu que as circunstâncias a estavam tornando iminente. Soube prepará-la da melhor forma possível, deixando seu filho como nosso primeiro Imperador. Conta-se que, ao partir para Lisboa, em 1821 – aliás, a contragosto, pois pretendia ficar mais tempo no Rio de Janeiro, consolidando sua imensa obra de criação de um império – teria dito ao filho: "Pedro, apanha essa coroa e põe-na sobre tua cabeça antes que algum aventureiro lance mão dela".

O aguerrido e impetuoso Pedro I seguiu à risca o conselho paterno. Sem a permanência da dinastia brigantina no Brasil, teríamos tido o mesmo destino da América espanhola: ter-nos-íamos fragmentado numa série de repúblicas e republiquetas, dominadas por caudilhos e aventureiros.

CAPÍTULO
• 67 •

Kenneth Light
21 de maio de 2009

Contra-almirante sir Horatio Nelson usando o seu chelengk no chapeu – óleo de Lemuel Francis Abbott, National Maritime Museum, Greenwich, Londres.

Historiadores brasileiros conhecem a Sidney Smith principalmente, e quase que exclusivamente, pela sua participação na jornada da Família Real Portuguesa ao Brasil em 1807-8; porque nesta época, ele comandava o esquadrão da costa de Portugal. Foi também, logo após a chegada da Família Real e durante dois anos, comandante da base naval inglesa, estabelecida por ele, no Rio de Janeiro. Enquanto no Brasil, ele se empenhou em ajudar D. Carlota Joaquina nas suas pretensões de conquistar um território próprio para reinar, no caso, a Argentina. Volumosa correspondência dele para ela em francês e dela para ele em espanhol, atesta esta ambição – segundo pesquisa realizada no arquivo histórico do Museu Imperial.

Este período de um pouco mais de dois anos foi, talvez, o período mais calmo da sua vida tumultuada.

Herói nacional na Inglaterra enquanto ainda vivo, suas façanhas serviam de tema para os teatros de variedade da época. Seu nome era cantado e recitado em versos nos inúmeros panfletos impressos em Londres e distribuídos por todo o país. Nenhum outro comandante naval à exceção de Nelson, morto na batalha de Trafalgar, teve tanta glória, tão cedo.

No entanto, enquanto o herói Nelson teve um reconhecimento talvez nunca antes nem depois superado, o mesmo não aconteceu com Sidney Smith. Vejamos, Nelson foi lembrado com uma estátua, num majestoso pedestal colocado numa das principais praças de Londres.

Seus restos mortais foram enterrados na catedral de S. Paulo – uma distinção reservada a poucos – após uma procissão liderada pelos seis duques da Família Real e por 32 almirantes! Como não tinha descendente legítimo, o irmão de Nelson, William, recebeu as honras e a recompensa pecuniária: um marquesado, US$99.000 para comprar uma propriedade e uma pensão anual de US$5.000 em perpetuidade. Em valores atuais, essas libras seriam equivalentes a US$6 milhões e US$350.000 por ano respectivamente! Esta pensão "em perpetuidade", só foi extinta após a 2ª Guerra Mundial, quando o primeiro-ministro inglês Clement Attle comprou os direitos dos descendentes.

A Inglaterra tardou em reconhecer oficialmente os feitos de Sidney Smith, embora governos estrangeiros (como Portugal, o Império Otomano, as Duas Sicílias e a Suécia) o tenham feito condecorando-o. Somente em 1838 – portanto, com 74 anos e dois anos antes de falecer –, recebeu da jovem rainha Vitória o merecido título da Grã-Cruz da Ordem do Banho e finalmente, tornou-se um *sir* inglês. Morreu em Paris, onde viveu os últimos anos de sua vida, e foi enterrado numa sepultura simples, no cemitério Père Lachaise.

Por que essas diferenças tão marcantes?

Esperamos que, descrevendo a sua vida de muitas vitórias e alguns fracassos e o seu caráter complexo, possamos contribuir para desvendar este enigma.

A história pouco conhecida deste herói que tanto contribuiu para derrotar Napoleão e que esteve ligado ao Brasil durante os anos de 1807 a 1810 começou em Londres, onde nasceu em 1764.

Seus primeiros anos foram muito conturbados; seu pai, Cornelius Smith, era considerado um aproveitador e libertino. Conheceu sua mãe, filha de um rico comerciante, quando ela já tinha mais de 30 anos – naquela época de vidas curtas era uma idade avançada para se ter esperança de encontrar um esposo. Fugiram juntos e o pai dela, Pinkney Wilson, de imediato deserdou-a e se negou a manter qualquer contato com ela e com os três filhos que ela depois viria a gerar.

Foi necessária a intervenção de uma tia para persuadir o avô a pagar a educação do neto Sidney. Os pais de Sidney se separaram e, mesmo assim, Cornelius Smith não desistia de enviar correspondência ao sogro pedindo dinheiro – muitas vezes era portador o jovem Sidney, na esperança de obter uma decisão favorável.

Com treze anos de idade começou a sua carreira naval. Hoje para nós, a hora de ingressar na marinha parece precoce, mas na época, era comum e conveniente.

Vejamos: cada capitão poderia ter até quatro serventes para cada 100 homens da tripulação do navio que comandava. Para se ter uma ideia, a nau de linha mais comum, a de 74 canhões ou peças, como eram conhecidas, tinha uma tripulação de 600 homens – e, portanto, 24 serventes! A maior parte destes postos era reservada para amigos do capitão que desejavam iniciar seus filhos na carreira naval.

Seu primeiro posto foi no Tortoise, um navio depósito de víveres armado com 32 peças. O capitão conduzia-o como se fosse uma fragata: já no primeiro dia, pararam três navios com tiros ameaçadores. Três meses depois foram para a América, escoltando navios mercantes.

Lá, Smith foi transferido para o brigue Unicorn, a fim de fazer a viagem de retorno. Ainda na costa americana, teve sua primeira experiência de batalha. Velejando em comboio com a nau de linha Experiment, avistaram a fragata americana Raleigh e lhe deram caça. O Unicorn chegando primeiro, sozinho enfrentou a Raleigh durante 3 horas até a chegada da Experiment. O brigue perdeu 13 homens e muitos ficaram feridos inclusive Smith. Um estilhaço abriu a sua testa.

A sorte de Smith apenas começava. Durante a viagem, enquanto resistia a um vento fresco, uma rajada fez o brigue deitar (isto é, virar de lado). Naquele momento, Smith encontrava-se embaixo, no paiol do pano, e foi com dificuldade que conseguiu alcançar o convés de cima para ajudar a alijar as peças e endireitar o navio!

A próxima transferência foi para a nau de linha Sandwich, em setembro de 1779 e foi de suma importância. Era a nau capitânea da Esquadra do Canal da Mancha, sob o comando de um dos mais famosos almirantes ingleses, Rodney. Em janeiro, capturaram um esquadrão de 23 navios mercantes e uma nau de linha espanhola que os escoltava. Uma semana mais tarde, perto do Cabo S. Vicente, após uma batalha que durou toda uma noite de ventos frescos, cinco naus de linha espanholas foram capturadas e uma pegou fogo e explodiu. O comportamento do jovem Sidney Smith durante a ação não passou despercebido.

Em setembro de 1780, com sucesso, prestou exame para tenente. Deveria ter mentido a sua idade, pois, legalmente, o limite mínimo de idade era 19 anos e eram necessários seis anos de serviço; ele tinha apenas 16 anos e três de serviço! Agora, tornara-se oficial embora ainda no primeiro degrau da escalada que o levaria a almirante.

Ainda com Rodney participou da batalha perto de Dominica, nas ilhas Ocidentais, contra trinta naus de linha francesas; a batalha ficou conhecida pelo nome de "Todos os Santos". Esta batalha se tornou importante, pois foi a primeira vez em que foi utilizada a tática de atacar o inimigo, formado na tradicional linha reta, por um ângulo de 90º, quando o habitual seria atacá-lo em linhas paralelas. A atuação de Smith novamente deve ter sido notada, pois recebeu o comando da escuna Fury, de 16 peças, e ordens para oficialmente ser o portador do relatório com a notícia da vitória.

Em fevereiro de 1784, voltou à Inglaterra, em comando da fragata Alcmene, de 32 peças e uma tripulação de 300 homens. Ainda faltavam quatro meses para completar 20 anos. Como é que se comportaria um filho nosso, de 19 anos, com esta responsabilidade?

O tratado de Paris de 1783, que formalmente reconheceu o fim da Guerra de Independência dos Estados Unidos da América – reduziu substancialmente a necessidade de empregar oficiais da marinha. Aqueles que desejassem continuar com a sua carreira poderiam colocar-se à disposição do almirantado e, em troca, receber metade do salário. Claro, Sidney Smith cuja alma era dedicada à Marinha, se colocou à disposição. Achou que era uma boa oportunidade para aprimorar o seu conhecimento do idioma francês e desenvolver suas habilidades como espião amador. Partiu para a França.

Visitando a Normandia, anotou detalhes da costa e das fortificações. Verificou também que os franceses pretendiam desenvolver o porto de Cherbourg como base naval "na escala de Portsmouth", a principal base inglesa. Descreveu com detalhes o método que estava sendo utilizado na construção de um quebra-mar. As suas observações eram enviadas ao almirantado. Seu francês, que sempre foi muito bom, tornou-se excelente.

Estendendo sua atuação como espião amador, partiu para o Marrocos. Lá, além de reportar sobre a costa e a frota, ainda sugeriu estratégias. Nenhum esquadrão baseado em Gibraltar poderia controlar os dois lados da entrada do Mediterrâneo, escreveu ele.

Seria necessário um segundo esquadrão – sugeriu – baseado em Lagos (Portugal). Tinha toda a razão. Até hoje, o vento naquela região sopra alternadamente do leste e do oeste (conhecido com o nome de levante e poniente). Naquela época de navios a vela, caso houvesse um vento fresco, o esquadrão a qualquer momento ou não podia entrar, ou não podia sair do Mediterrâneo.

Mas a prepotência, que seria o seu "calcanhar de Aquiles", começava a aparecer. Escreveu ao almirantado: ele, Sidney Smith, seria a pessoa ideal para comandar o segundo esquadrão, pois era o único com conhecimento detalhado da costa atlântica do Marrocos. Não mencionou que só tinha 23 anos!

Sempre irrequieto, seu próximo alvo foi a Suécia. Este país se encontrava em guerra com a Rússia, mas, devido ao inverno e ao congelamento dos mares, as esquadras se encontravam temporariamente sem poder ser utilizadas.

Não vou descrever as batalhas de que participou, pois quero concentrar-me no seu caráter. Basta dizer que a ajuda que ofereceu para derrotar a Rússia mereceu, do rei Gustavo, o título de cavaleiro da Ordem da Espada e, com permissão do governo inglês, pôde usar o título de *sir*. A sua maneira de agir refletia o seu caráter e esse aspecto da sua personalidade iria trazer consequências altamente negativas para ele durante toda a sua carreira.

Com dificuldade conseguiu alcançar a base sueca de Karlskrona e logo se apresentou ao comandante-chefe, o duque de Södermanland. Pelos relatos sem poupar elogios a si mesmo ofereceu-se para integrar as forças navais suecas. O rei Gustavo então convidou o "coronel Smith", como ficou conhecido, a aceitar o emprego. Porém, antes de aceitar seria necessário que ele obtivesse permissão do almirantado inglês.

Em épocas em que a guerra não era eminente, o almirantado dava uma licença de até seis meses aos oficiais que desejassem empregar-se em forças navais estrangeiras, desde que o país não fosse um inimigo em potencial. Smith persuadiu o então ministro britânico, em Estocolmo, a nomeá-lo "Mensageiro do Reino" e, em seguida, partiu para Londres. Imaginava que levava importantes documentos, mas, ao chegar, as autoridades inglesas não lhe fizeram caso.

Após seis semanas frustrantes em que não conseguia obter a permissão, e receoso de que o gelo estivesse se derretendo e que logo as hostilidades teriam início, resolveu voltar para a Suécia. Ao mesmo ministro em Estocolmo, escreveu que era portador de informações somente para os ouvidos do rei – o que não era verdade.

Muito bem impressionado com o jovem inglês, o rei nomeou-o seu principal assessor naval e comandante de uma flotilha de navios de menor porte – o que gerou um grande mal-estar entre os oficiais suecos. Ao ministro novamente mentiu – escreveu que seguia a nau do rei a bordo de um pequeno iate e que esperava que este fato não consistisse em emprego, para o qual não tinha permissão.

Embora sua contribuição na derrota das forças russas tenha sido reconhecida pelo rei, ao voltar a Londres foi muito criticado – não só pela desobediência, mas também pela morte de seis capitães ingleses que, na época, foram empregados pela marinha russa.

Quando, em 1793, a França declarou guerra contra a Grã-Bretanha, Smith servia como voluntário na marinha da Turquia – um pretexto para continuar suas atividades de espião amador naquele extremo do Mediterrâneo.

A notícia alcançou-o quando se encontrava no porto de Smyrna. Sua reação foi imediata: percebendo a presença no cais de dezenas de marinheiros ingleses desempregados, comprou, com recursos próprios, uma pequena embarcação de vela latina; trocou o nome para Swallow e, com uma tripulação de 40 marinheiros ingleses, partiu. A vela latina era uma grande vela triangular, e pelo número de tripulantes e a mastreação, a Swallow deveria ser muito parecida com a maior das várias embarcações carregadas a bordo de uma grande nau de linha como a Victory ou a espanhola Santísima Trinidad.

Atravessando o Mediterrâneo em dezembro chegaram aos arredores de Toulon, a principal base francesa. Uma esquadra britânica, sob o comando do almirante Hood, bloqueava o porto.

Smith era um oficial desempregado recebendo meio salário e, por este motivo, sua ideia fora seguir viagem para Londres, se apresentar ao almirantado e, eventualmente, receber o comando de um navio. Enquanto aguardava fora da baía de Toulon para iniciar esta etapa da viagem, Hood convidou-o para participar de uma conferência a bordo da nau-capitânia Victory. Os demais capitães presentes ficaram extremamente ofendidos com a sua presença. Além de impopular, era um desempregado e, portanto, não tinha nenhum direito de estar ali. Ele se defendeu alegando que enquanto eles eram comandantes de navios que pertenciam à marinha com guarnições pagas por ela, ele era dono do seu barco e a sua guarnição era paga do próprio bolso!

Mesmo estando oficialmente desempregado, Hood nomeou-o comandante de uma pequena flotilha; teria como subordinados dois capitães e catorze tenentes. Suas instruções, por escrito, foram para entrar no ancoradouro de Toulon e incendiar o maior número possível de navios franceses.

Não vou descrever todos os lances desta operação, apenas o resultado. Hood e os monarquistas, que se encontravam em terra, conseguiram apreender e retirar do ancoradouro quatro naus de linha, oito fragatas e sete corvetas. Smith destruiu 10 naus de linha, duas fragatas e duas corvetas. O esquadrão que restara nas mãos dos republicanos tinha sido reduzido a 18 naus de linha, quatro fragatas e três corvetas.

O número de embarcações francesas destruídas pelas forças comandadas por Smith era, até então, maior do que qualquer confronto naval anterior; confrontos esses que tinham trazido riqueza e honrarias aos almirantes. Não obstante Hood tenha escrito ao almirantado que Smith tinha se distinguido, muitos os criticaram por não terem conseguido destruir todas as embarcações.

Na realidade, era o reflexo da sua intensa impopularidade. Era fruto da sua exagerada autoconfiança, seu título sueco, sua desobediência às ordens e seu hábito de ir direto às pessoas mais importantes da marinha ou do governo, passando por cima dos seus superiores.

Em Londres, o Lorde Spencer foi o primeiro do almirantado que manifestou satisfação. Reconheceu suas excepcionais qualidades, mas, ao mesmo tempo, a dificuldade em manejar uma pessoa com essa vontade quase insana de aparecer e de achar que a sua opinião era a certa e de ter a convicção de implantá-la mesmo indo contra as ordens de superiores. O povo o aclamou herói da nova guerra. Smith, sempre com novas ideias, agora argumentava que a costa norte da França deveria ser atacada e, para se obter êxito, embarcações de pequeno calado deveriam ser usadas possibilitando assim chegar perto de áreas que eram mal protegidas.

Spencer acatou as suas sugestões e Smith, durante os próximos dois anos, comandando uma flotilha de chatas e brulotes (embarcações que eram incendiadas e depois, sem tripulação, dirigidas contra o oponente), passou a fustigar o inimigo. Spencer, conhecedor do seu caráter, manteve-o respondendo diretamente ao almirantado e não ao comando da Esquadra do Canal.

Gostaria de destacar apenas três das muitas ações de Smith durante esse período:

A primeira, em 1795, ocorreu quando o almirantado recebeu informações de que uma esquadra francesa tinha deixado sua base principal em Brest, na França. Smith recebeu ordens para averiguar. Como o ancoradouro não era visível do mar aberto, ele teria que primeiro velejar por uma passagem estreita e muito bem protegida por fortes para depois entrar no ancoradouro. Os preparativos consistiam em disfarçar a sua fragata Diamond, para aparentar uma fragata francesa e o mesmo deveria ser feito com os uniformes dos oficiais. Despertou, porém, suspeitas quanto à sua identidade enquanto dentro do porto e por pouco não foi capturado. A missão, no entanto, foi um sucesso devido ao domínio da língua francesa e a sua extrema autoconfiança.

No ano seguinte, numa outra missão, ele seguiu um comboio de nove embarcações francesas para dentro do porto de Herqui, na costa da Bretanha. Atacou-as e queimou-as. Nenhuma escapou. Capturou os fortes que protegiam o ancoradouro e encravou seus canhões. Em seguida, enviou o tenente que comandou o ataque aos fortes, com despachos descrevendo a vitória e, de presente ao almirantado o pavilhão francês capturado. O povo nas ruas de Londres delirou – era o tipo do acontecimento que apreciavam. O teatro Covent Garden, para enfatizar o momento tão excitante, montou uma opereta intitulada "O Triunfo da Valentia Britânica".

O terceiro episódio sucedeu porque Smith acreditava que era possível subir o rio Sena e atacar Napoleão na sua própria capital, Paris! Em abril daquele ano, decidiu entrar no porto de Le Havre, a embocadura do Sena. Suas intenções eram fazer reconhecimento da área – mais tarde esse reconhecimento seria útil caso o seu plano de atacar Paris viesse a ser executado –, e de capturar o Vengeur, um lugre corsário que de vez em quando atacava navios mercantes ingleses. De madrugada, liderou alguns oficiais e 24 marinheiros remando silenciosamente, em quatro pequenas embarcações para dentro do porto.

O lugre foi logo capturado. A falta de vento, porém, impedia-o de sair do porto. Pior, o cabo do ferro tinha sido cortado e o lugre não tinha outro de reserva, assim, aos poucos, eles estavam sendo levados para onde se encontravam várias outras embarcações francesas. Sem vento, a Diamond não conseguia entrar para ajudá-los e nem eles conseguiam avançar remando contra a correnteza.

Ao amanhecer, já era óbvio para todos o que tinha acontecido e, então, várias embarcações se preparavam para atacar o Vengeur. Smith mandou os prisioneiros para a terra e preparou sua defesa. Após mais de uma hora de troca de tiros, ele decidiu que não tinham saída. Após um breve discurso aos companheiros, arriou o pavilhão em sinal de entrega. Tornou-se prisioneiro de guerra.

Sidney Smith na cadeia

Os próximos dois anos foram, para Smith, uma total perda de tempo. Preso em Paris, corria o risco de ir para a guilhotina. Enquanto oficial da marinha, ele poderia esperar um tratamento humano e até ser trocado por algum comandante francês que naquele momento estivesse preso numa prisão inglesa; no entanto, ele sendo considerado um espião, corria risco de morte.

Na França daquela época, existiam ainda muitos monarquistas que lutavam clandestinamente contra o regime republicano. Um grupo deles se uniu para tirar da cadeia o "Leão-do-mar", como Smith era conhecido pelo povo dos dois lados do Canal da Mancha. Chegaram até a alugar uma casa em frente à janela da prisão onde ele se encontrava e inventaram um código para que pudessem trocar mensagens.

Dependendo do comandante da prisão, Smith tinha algumas regalias. Durante um determinado período, em troca da sua palavra de honra de que não escaparia, lhe era permitido sair nas ruas durante o dia. Na época, a palavra de um oficial valia mais do que um par de algemas!

Um dia, ele foi notificado de que seria transferido para outra carceragem; não ficou surpreso, pois já tinha sido transferido algumas vezes. Logo que entrou na carruagem, seus guardas revelaram que de fato, eram monarquistas e seus aliados. A pressa da fuga por pouco não virou desgraça; a carruagem acidentalmente tombou o que causou a descoberta da fuga. Perseguidos durante essa empreitada pelo norte da França até a costa, seus libertadores conseguiram cumprir a sua missão embarcando-o para fazer a travessia do Canal.

"O Leão voltou!" – gritavam euforicamente nas ruas de Londres e, novamente, o carisma com o povo se manifestou. Após ser recebido por lorde Spencer no almirantado, foi em seguida recebido pelo primeiro-ministro, William Pitt, no Parlamento, e, finalmente, pelo rei Jorge III.

Neste meio tempo, em muitos portos do Mediterrâneo, Napoleão montava um grande exército cujo destino era ignorado. Havia, é claro, especulação, mas nada definitivo. O mistério se aprofundou quando a "inteligência" informou que 167 *savants*, como os cientistas eram conhecidos, estariam prontos para embarcar. Sim, essa era a força com a qual Napoleão pretendia criar um império no leste. Primeiro, ocuparia o Egito e em seguida, tomaria da Inglaterra sua rica colônia que era a Índia.

Nelson, então subordinado ao almirante Jervis com base em Lisboa, recebeu ordens de entrar no Mediterrâneo e investigar o propósito dessas forças francesas, porém, chegou tarde demais; os portos já se encontravam vazios! Levou os próximos dois meses procurando-os. Uma tarefa não muito fácil, pois a área era extensa.

Finalmente, em 1º de Agosto de 1798, encontrou-os. A esquadra estava fundeada na Baía de Aboukir, entre Alexandria e o delta do Nilo. Deflagrou-se então uma das mais extraordinárias batalhas travadas em toda a história naval reunindo o mais alto grau de ousadia, coragem e marinharia. Nelson destruiu o esquadrão que tinha levado o exército francês para o Egito.

Nau capitania L'Orient pega fogo e explode

Agora, Napoleão ficou sem opção. Para chegar à Índia, teriam que subir a costa pela Síria (hoje Israel), atacar Constantinopla e depois, voltando para o leste, atravessar a Pérsia, e só então alcançariam o norte da Índia.

Em Londres, lembraram que Smith tinha boas relações com a Sublime Porta, como era conhecido então, o Império Otomano, pois tinha servido em sua marinha. Reunindo antigos marinheiros da fragata Diamond, amigos monarquistas franceses e muitos outros, Smith seguindo suas ordens partiu na nau Tigre para se colocar debaixo do comando do almirante, marquês de São Vicente, nos arredores de Cadiz ou Gibraltar.

Recebeu, do ministro do exterior, o cargo de ministro plenipotenciário adjunto ao Império Otomano (o outro ministro plenipotenciário era seu irmão mais novo, Spencer).

A estratégia era tirar proveito do fato de que uma parte do território do Império Otomano, o Egito, tinha sido tomada pelos franceses. Em casos normais, essa combinação de funções oficiais assumidas por Smith já seria complicada e com o caráter que tinha era previsível que tudo resultaria numa grande confusão.

E foi o que aconteceu. Todos reclamavam de Sidney Smith. Alguns, como Nelson, a quem ele não tinha o devido respeito, quando lhe escrevia por ser seu superior. Mas Sidney Smith alegava que ele era um diplomata "senior", portanto ficava acima de um almirante! Outros diziam que ele não respeitava o comando central, colocando debaixo de suas ordens navios pertencentes a outras esquadras, ou que se autointitulava "comodoro", sem ter sido assim nomeado! Smith escrevia diretamente para o almirantado em Londres, quando no Mediterrâneo se encontravam superiores dois níveis acima dele.

Mas no relacionamento com as autoridades turcas era um sucesso! Vestido com as roupas típicas, turbante e longos bigodes, participava como membro eleito, do mais alto conselho da Sublime Porta, o Divan.

Enquanto isso, Napoleão após uma vitória fácil sobre os Mamelucos, ocupava o Egito. Não tardou a implementar seu plano original. Pôs em marcha um exército composto de 10 000 homens de infantaria, 800 de cavalaria e outros tantos montados em dromedários, para o leste e depois para o norte. Conforme capturava as cidades de Gaza, Jaffa e El Arish, seus habitantes eram trucidados. A próxima cidade a ser conquistada era Acre (situada perto da atual fronteira entre Israel e Líbano). Esperava tomá-la facilmente, como tinha acontecido com outras tantas cidades.

Foi ali, naquela cidade-fortaleza de 15 000 almas, que Sidney Smith decidiu barrar o avanço do exército francês.

Comandando pessoalmente de dia e de noite, muitas vezes nas próprias muralhas da cidade, tropas turcas, mercenários albaneses, sírios, curdos, marinheiros e fuzileiros navais ingleses, organizou a resistência e conseguiu a vitória.

Canhões, pólvora e balas foram desembarcados dos navios para reforçar as defesas desta cidade construída no tempo das Cruzadas. No mar, navios sob o seu comando destruíam reforços e víveres que chegavam para as tropas francesas, como também os navios levando máquinas para romper os muros.

Foram dois meses de cerco. Primeiro, atiravam de longe numa tentativa de criar uma brecha nas muralhas para que a infantaria pudesse alcançar a cidade. Quando viram que esta estratégia não iria funcionar, fizeram uma tentativa mais direta – escavando ao lado e debaixo da muralha para poder colocar ali seus explosivos. Muitas vezes, este procedimento ocasionou lutas corpo a corpo fora da muralha e, quando conseguiram rompê-la, também dentro da cidade na primeira linha de defesa. Napoleão observava tudo de longe e dava as suas ordens.

No final, tendo perdido metade do exército em conflitos e por doença, Napoleão desistiu e assim começaram a marcha de regresso. Foi o maior feito na carreira de Sidney Smith.

Nelson recebeu a notícia do resultado ao cerco de Acre e, ao mesmo tempo, das responsabilidades diplomáticas de Smith.

Entendeu que Smith não o estava menosprezando quando lhe dirigia correspondência. Nelson foi extremamente generoso ao elogiá-lo, escrevendo "... o imenso trabalho que teve, na defesa de Acre... nunca fora superado e a bravura demonstrada por você e seus companheiros merece todo o elogio que o mundo civilizado poderá conferir... Fique assegurado, meu caro *sir* Sidney, da minha estima e admiração...".

O Sultão condecorou-o com o *chelengk* (um penacho coberto de brilhantes para ser usado no chapéu; tinha um motor a corda para fazer os brilhantes rodarem). Também o nomeou Companheiro da Imperial Ordem do Quarto Crescente.

Os meses que se seguiram foram os mais confusos na carreira do Smith. Na tentativa mal-sucedida de tomar Acre, Napoleão tinha perdido tantos homens que seu projeto de um Império Oriental teria que ser temporariamente, arquivado. Apesar das advertências dadas por Smith ao almirantado para ficarem atentos, Napoleão, a bordo da fragata Murion, furou o cerco marítimo e alcançou a França.

Novamente Smith se viu num dilema. Nelson, seu comandante naval, tinha deixado claro que não haveria negociações e que nenhum soldado francês poderia ser devolvido à sua pátria. Como ministro, suas instruções provenientes de Londres e reforçadas pelo Sultão, eram que os franceses tinham que ser retirados do Egito e do Levante de qualquer maneira.

Depois de intensas negociações políticas e diplomáticas, lideradas por Smith, chegou-se ao Acordo de El Arish, entre a França e a Turquia: seria permitido ao exército francês voltar à sua pátria.

Quando o governo britânico tomou conhecimento deste acordo, rejeitou-o. Mais tarde, visto como a única solução, tropas britânicas foram desembarcadas e, perto da Alexandria, o exército inglês triunfou. Como o tratado então acordado era muito semelhante ao de El Arish, se esse em primeiro lugar tivesse sido aceito, inúmeras vidas teriam sido salvas.

Smith finalmente partiu para a Inglaterra levando a notícia da vitória. Se ele tivesse o grau de almirante, o feito alcançado com a defesa de Acre teria, sem dúvida, por merecimento, lhe dado um marquesado e uma soma substancial em dinheiro, mas, como tinham ainda cem capitães na sua frente na lista para promoção para almirante, teve que se contentar com menos. O parlamento, em suas duas casas, formalmente reconheceu a grandeza da sua vitória e votaram uma anuidade de 1.000 (US$20.000 em valores de hoje). Smith e Nelson foram então reconhecidos como heróis de guerra.

No ano seguinte, Smith foi convidado para ser o representante da cidade de Rochester no Parlamento. Embora não sendo o seu cenário preferido, aproveitou a oportunidade para defender, com veemência, o orçamento da marinha.

Naquela época, ele vivia num subúrbio de Londres, Blackheath, não muito distante da princesa Caroline; esposa separada do príncipe de Gales e futuro rei Jorge IV. Em 1802, o relato de muitos que trabalhavam na casa da princesa e de outras pessoas que frequentavam a sua corte, parece confirmar que Smith tornou-se seu amante. No ano seguinte, ela deu a luz a uma criança, porém, não tinha que ser necessariamente dele; poderia ter sido filho de um dos muitos homens com quem ela mantinha amizade. Na ilha de Prince Edward, no Canadá, vive uma família Smith que se diz descendente de um tal John Dubois Smith, supostamente filho ilegítimo do almirante Smith e membro da família real da Inglaterra.

Numa nova etapa de sua vida, Smith interessou-se por inventos e inventores. Primeiro, foi um catamarã e, em seguida, um submarino desenvolvido pelo americano Robert Fulton. Depois, vieram torpedos e minas. Smith, sempre com aquele mesmo entusiasmo, tentava persuadir as autoridades a testar, desenvolver e usar esses inventos – porém, sem grande sucesso. O almirantado, na prática, era uma instituição altamente conservadora.

Finalmente, no final de 1805, enquanto esperava para unir-se a Nelson no Mediterrâneo a fim de comandar uma das divisões da sua esquadra, chegou a notícia da batalha de Trafalgar e da sua morte.

Dois dias depois, o nome de Smith chegou ao topo da lista de senioridade de capitães e então foi nomeado contra-almirante de pavilhão azul.

Em 1806, partiu para assumir o comando de uma das divisões da Esquadra do Mediterrâneo, com especial responsabilidade pela Sicília. Com a morte de Nelson, esta esquadra estava sob o comando de lorde Collinwood.

O rei Bourbon, Ferdinando IV, e a sua esposa rainha Maria Carolina (irmã da guilhotinada Maria Antonieta) encontravam-se seriamente ameaçados pelas tropas de Napoleão. O seu reino, das Duas Sicílias, consistia da área ao sul de Nápoles e da ilha de Sicília. A parte continental do seu reino tinha sido invadida e José, irmão de Napoleão, preparava-se para ser coroado rei de Nápoles. Tropas britânicas, auxiliadas por sicilianos e corsos, tentavam impedir a invasão da Ilha.

Novamente Smith teria que lidar com diplomatas e generais ingleses, pois tinha sido nomeado, por Ferdinando, vice-rei da Calábria e comandante chefe das forças armadas. Assim passaria a acumular responsabilidades políticas e militares, além das navais.

Smith não tinha se preocupado em obter permissão dos seus superiores e do governo britânico, antes de aceitar este comando!

Mesmo contrário à opinião dos generais ingleses, mas com o encorajamento e apoio da rainha Maria Carolina, Smith decidiu atacar o continente. Ele acreditava que esta seria a melhor maneira de defender a Sicília.

Começou atacando e depois tomando a ilha de Capri – ao lado da capital que era Nápoles. Depois, embarcando 5 000 soldados britânicos da guarnição da ilha, e corsos irregulares, levou-os até a Calábria. Lá, os Massi, como eram conhecidos os guerrilheiros das montanhas da Calábria, os esperavam para ajudá-los. O confronto com o exército francês resultou na segunda vitória das forças britânicas. O local "Vale do Maida" ou, em inglês "Maida Vale" é hoje o nome de um subúrbio de Londres.

O embaixador britânico ficou enfurecido; não só não tinha sido informado antecipadamente da invasão, como o dinheiro que ele tinha dado a Smith para comprar a "inteligência" havia sido usado por ele para armar os Massi.

Em Londres, choviam cartas e relatórios dos comandantes ingleses reclamando da sua total independência e desrespeito à autoridade. O mesmo problema e as mesmas críticas que ele tinha sofrido anteriormente no Levante, quando o Sultão da Sublime Porta lhe entregou o comando das forças turcas em terra e mar.

A Inglaterra finalmente cedeu às pressões e o chamou de volta à Londres. Neste meio tempo, Napoleão tinha capturado o leste do Mar Adriático e negociava com a Sublime Porta permissão para atravessar a Turquia, numa nova tentativa de alcançar a Índia.

Smith recebeu a contraordem do almirantado de se dirigir imediatamente a Constantinopla, a fim de integrar a esquadra sob o comando de *sir* John Duckworth. Smith era o único com conhecimento da área além de amigo do Sultão. Portanto, o certo teria sido ele ter comandado a esquadra. Não obstante, tinha tantos inimigos nas forças armadas e na política, que dificilmente teriam aceitado entregar-lhe o comando geral da esquadra.

Enquanto a política do Smith e de seu irmão, oito anos antes, tinha sido de atrair o Sultão para o seu lado, com um tratado de amizade e cooperação, Duckworth partiu para a agressão. Ameaçou destruir a marinha de guerra e bombardear a capital se o Sultão cedesse às pretensões de Napoleão.

A missão foi um fracasso total. Primeiro velejaram pelo Dardanelos, 38 km de canais estreitos entre o mar de Egeu e o de Mármara. Depois, entraram pelo mar de Mármara e subiram pelo seu lado oriental em vez do ocidental, resultando na impossibilidade, devido às correntezas fortes, de alcançar Constantinopla. Smith, na retaguarda do esquadrão, encontrava-se ainda no canal quando as primeiras embarcações entraram no mar de Mármara. Caso tivesse conhecimento em tempo, esse erro não teria sido cometido, pois conhecia bem aquela região. Após dois meses tiveram que abandonar a missão.

Smith voltou então à Inglaterra – era o ano de 1807. No início do mês de novembro daquele ano, ele recebeu ordens para levar uma esquadra e patrulhar a costa de Portugal na altura de Lisboa. A tarefa não era fácil, pois com os fortes ventos de inverno soprando do oeste, a esquadra não tinha onde se abrigar.

A sua missão era de não deixar a marinha de Portugal cair nas mãos da França. As exigências de Bonaparte contra a colônia britânica e a aceitação em grande parte embora muito a contragosto por D. João, forçaram o *chargé d'affaires* lorde Strangford a deixar Lisboa e juntar-se ao almirante. Em seguida, o porto de Lisboa foi declarado sob bloqueio.

A invasão por terra pelos franceses e o bloqueio no mar pelos ingleses forçaram D. João a transferir a sua corte e a capital do seu império para o Brasil. Atendendo a convenção previamente acordada, entre Portugal e a Grã-Bretanha, Sidney Smith destacou quatro naus de linha para acompanhar a família real.

Voltou a bloquear o porto de Lisboa, mas, no início do ano de 1808, ele foi substituído pelo vice-almirante *sir* Charles Cotton. A nova missão entregue à Sidney Smith foi de vasculhar a região do Atlântico até Cabo Verde, à procura de naus francesas que tinham conseguido furar o bloqueio da base de Rochefort.

Enquanto se encontrava em Gibraltar, em 29 de fevereiro, recebeu ordens para partir para o Brasil e lá estabelecer uma base naval. Aqui chegando, foi logo agraciado por D. João com a Grã-Cruz da Ordem da Torre e Espada e também recebeu do príncipe uma propriedade em S. Domingos (Niterói), escravos e uma embarcação.

O seu apoio explícito aos ambiciosos planos da princesa D. Carlota Joaquina, e os constantes conflitos com o embaixador britânico, resultaram em ser chamado de volta à Inglaterra em 1809.

É preciso explicar que a intenção de Smith era montar uma expedição para invadir a Argentina, pois havia receio de que a França pretendesse estabelecer por lá uma base. Em 1806, uma operação semelhante havia sido montada pelo chefe de divisão, *sir* Home Popham, por sinal um fracasso total.

Após a sua volta foi muito criticado por Canning, o primeiro-ministro, até ele tomar conhecimento de que Smith estava seguindo ordens secretas emitidas pelo ministério da guerra, em 5 de agosto de 1808. Em 1810, ele foi promovido a vice-almirante e, neste mesmo ano, casou-se aos 46 anos, com a viúva Caroline Rumbolt, quatro anos mais velha.

Com o término das guerras napoleônicas e o avanço da idade, Smith tornou-se cada vez mais excêntrico. Fundou e se autonomeou seu presidente, a Sociedade de Cavaleiros Libertadores dos Escravos na África. Tendo recebido, enquanto na ilha de Chipre, a mesma cruz usada pelo rei inglês Ricardo Coração de Leão na sua cruzada no ano de 1191, imaginou que tinha sido agraciado com o título de Grande Prior da Ordem dos Cavaleiros Templários da Grã-Bretanha que havia sido extinta, no entanto, em 1312.

Sempre generoso, gastava muito além dos seus recursos e, apesar de ter recebido do governo somas que ele alegou ter gasto no passado do próprio bolso, as suas dívidas aumentavam. Decidiu, então, mudar-se para Paris, longe do alcance dos seus credores e da inevitável prisão. Em 1826, sua esposa faleceu.

Finalmente, em 1838, a rainha Vitória, empossada no ano anterior, lhe deu uma das mais importantes condecorações britânicas, a Grã-Cruz da Ordem do Banho. Dois anos depois, teve um derrame e, aos 76 anos veio a falecer.

Bibliografia

Barrow, John. *The Life and Correspondence of Admiral Sir William Sidney Smith G.C.B.* London, Richard Bentley, 1848, 2v.

Beckford, William. *A Corte da Rainha D. Maria I.* Lisboa, Tavares Cardoso & Irmão, 1901.

Cheke, Marcus. *Carlota Joaquina (A Rainha Intrigante).* Trad. Gulmara Lobato de Morrais Pereira. São Paulo, J. Olympio, 1949.

Mowl, Timothy. *William Beckford, Composing for Mozart.* London, John Murray (Publishers), 1998.

Pocock, Tom. *A Thirst for Glory – The Life of Admiral Sir Sidney Smith.* London, Aurum Press, 1996.

Russel, Edward Frederick Langley. *Knight of the Sword (Sir W. S. Smith).* London, Victor Gollancz, 1964.

Smith, Sir William Sidney. *The letters os Sir W. W. Smith – The Navy and South America 1807-1823.* Navy Records Society, 1962.

Kenneth Light é membro honorário do Instituto Histórico e Geográfico Brasileiro, membro correspondente do Instituto Histórico e Geográfico de São Paulo, sócio do Instituto Histórico de Petrópolis e sócio da British Historical Society of Portugal.

Sir Sidney Smith – National Maritime Museum, Greenwich, Londres.

Sir Sidney Smith – Prisioneiro em Paris; desenho de Philippe Auguste Hennequin, em novembro de 1796; gravado por Maria Cosway no ano seguinte, British Museum, Londres.

Capitão de mar e guerra Sir Sidney Smith nas muralhas de Acre – óleo pintado em 1802, por John Eckstein, National Portrait Gallery, Londres.

Armas de Sir William Sidney Smith. As armas de Portugal e a condecoração Torre e Espada podem ser vistas no lado direito da imagem. Coleção do Arquivo Histórico do Museum Imperial, Petrópolis.

Rio de Janeiro, 2 de março de 2009

Senhora Presidente:

Tenho o prazer de informar-lhe que a Comissão designada para julgamento do Prêmio Pedro Calmon 2008, em sessão realizada em 17 de fevereiro de 2009 deliberou, por unanimidade, conferir o referido Prêmio ao historiador Kenneth Lionel Henry Light, por sua obra "A viagem marítima da Família Real: a transferência da Corte Portuguesa para o Brasil".

Foi, ainda, conferir menção honrosa ao livro "Momentos históricos fazendários" do historiador Eugênio Ferraz.

A entrega do Prêmio será realizada na Sessão de Abertura do Ano Social, em 25 de março de 2009, às 17:00 horas.

Atenciosamente,

Arno Wehling
Presidente
Instituto Histórico e Geográfico Brasileiro

Registro fotográfico

Kenneth Light, Nelly Martins Ferreira Candeias e Paulo Bomfim.

Mesa de Cerimônia.

Nelly Martins Ferreira Candeias, Kenneth Light e Renné Svacina.

Dóli de Castro Ferreira, José Alberto Neves Candeias, Nelly Martins Ferreira Candeias, Pedro Paulo Penna Trindade e Luiz Antonio Sampaio Gouveia.

Posse dos novos sócios

Solenidade de posse: André Ramos Tavares, João Grandino Rodas, Luiz Antonio Sampaio Gouveia.

Saudação aos novos membros: Ives Gandra Martins.

Ives Gandra da Silva Martins.

Nelly Martins Ferreira Candeias e João Grandino Rodas, Diretor da Faculdade de Direito/USP.

João Grandino Rodas.

André Ramos Tavares, João Grandino Rodas, Luiz Antonio Sampaio Gouveia.

PARTE
• 6 •

CARTAS E MENSAGENS
2002 – 2012

2 de fevereiro de 2002

Nelly,
Meu grande e carinhoso abraço a você, que já estimo muito e considero.
Que Jesus a proteja e ilumine.
Você é uma bandeira!

Lygia Ambrogi

4 de dezembro de 2002

Ilma. Sra.
Dra. Nelly Martins Ferreira Candeias
DD. Presidente do Instituto Histórico e Geográfico de São Paulo

Senhora Presidente:

Venho por intermédio desta cumprimentar V. Sa. pela maneira correta e objetiva com que dirigiu os trabalhos da Assembleia Geral Extraordinária dos sócios do Instituto Histórico e Geográfico de São Paulo, convocada especialmente para tratar da grave crise financeira que assola nossa centenária Instituição.

Sabendo das dificuldades que acompanham a administração de uma instituição cultural e científica, sem verbas, nem apoio das autoridades constituídas, bem como da apatia que caracteriza a maioria dos sócios e diretores, avalio os desafios que V. Sa. vem enfrentando desde o início da sua extraordinária e corajosa administração.

Residindo em Roseira Velha e com compromissos profissionais na universidade Salesiana de Lorena, lamento não poder cumprir eficazmente com as minhas atribuições de 2º orador e prestar uma colaboração mais efetiva aos trabalhos da Diretoria do Instituto Histórico e Geográfico de São Paulo. Certo de que V. Sa. conseguirá vencer os obstáculos e desafios, devolvendo *ao Instituto Histórico e Geográfico de São Paulo o lugar de destaque nos meios culturais, científicos e universitários de São Paulo e do Brasil e cumprimentando-a pela coragem e dinamismo com que vem presidindo nossa Instituição, apresento-lhe meus votos de um feliz 2003.*

Professor José Luiz Pasin

30 de setembro de 2003

José Celestino Bourroul

JOSÉ CELESTINO BOURROUL

9 de setembro de 2004

Senhora Presidente[1],

Acuso o recebimento da correspondência datada de 6 de setembro passado, na qual V. Sa. manifesta o seu desapontamento e a sua inconformidade diante da veiculação de improcedente manifesto que pretende

---

[1] Envio de manifesto a associados e amigos do IHGSP pela oposição à gestão vigente.

denegrir a imagem da atual administração desse Instituto Histórico e Geográfico de São Paulo.

Infelizmente, prezada Presidente, todos nós que assumimos a responsabilidade de gerir agremiações congêneres, estamos expostos à sanha de aproveitadores, de pessoas inescrupulosas e desonestas que, movidas por interesses espúrios, tentam, de toda sorte, macular o trabalho daqueles que, desinteressadamente e com elevado espírito público, despedem tempo e energia na ingente tarefa de administrar sem recursos, a fim de que essas instituições continuem a atuar no seio da sociedade a que têm servido por mais de um século de existência.

Essas mentes mal-intecionadas, são incapazes de dimensionar as dificuldades enfrentadas pelos que conduzem essas instituições nem o admirável desprendimento que move alguns poucos interessados na manutenção desses órgãos culturais, tão pouco valorizados num País que não prestigia a cultura.

Diante dos fatos expostos por V. Sa., com tanta transparência e serenidade, só me resta lamentar a campanha que está sendo movida contra a respeitável instituição, encamando-a na pessoa da sua presidente, ao tempo em que me solidarizo com a atual diretoria da Casa, ciosa da tarefa salvadora a que se tem proposto com coragem e altivez.

Atenciosamente,

Consuelo Ponde de Sena
Presidente do Instituto Histórico e Geográfico da Bahia

30 de março de 2005

Ilma. Sra.
Professora Doutora Nelly Martins Ferreira Candeias
Presidente do Instituto Histórico e Geográfico de São Paulo

Prezada Professora,

Recebi em fevereiro p.p o ofício n.º 4/05-SG (...), solicitando abertura de procedimento administrativo em face de eventuais irregularidades que teriam ocorrido na condução dos destinos do sodalício.

Inicialmente, passei ao largo das imprecações, pois entendi tratar-se, como se depreende da leitura, apenas de suposições destituídas de qualquer prova concreta.

Assim imediatamente destinei o documento à vala comum do esquecimento por se tratar de assunto que momentaneamente vem à baila, creio, em face de questiúnculas políticas e injunções oriundas talvez da luta de grupos pelo poder.

O que posso dizer e dar testemunho é que, como membro da diretoria anterior e conhecedor da capacidade de V. Sa. não só à testa do instituto, e sobretudo nos vários anos de militância docente e administrativa nesta Faculdade, houve sempre a ilibada conduta, ética e moral da prezada colega, em todos os empreendimentos sob sua liderança.

Eu e minha esposa Ivane Padilha de Soeiro Rocha tacitamente manifestamos a desaprovação quanto às supostas acusações enfatizando o irrestrito apoio à dinâmica e profícua atuação de V. Sa. na presidência do IHGSP.

Atenciosamente,

Prof. Dr. Aristides Almeida Rocha
Diretor da Faculdade de Saúde Pública da USP.

27 de abril de 2005

Ilma. Sra. Nelly Martins Ferreira Candeias
Presidente do Instituto Histórico e Geográfico de São Paulo

Prezada Senhora:
Cordiais Saudações.

Primeiramente, gostaria de cumprimentá-la por sua gestão à frente do Instituto Histórico e Geográfico de São Paulo e sirvo-me da presente para oferecer meu integral apoio ao trabalho realizado por V. Sa.
Não obstante a minha sincera admiração pela competência e brilhantismo da atuação de V. Sa. perante o IHGSP, não quedar-me inerte diante do teor de missiva enviada a mim pelo Sr. (...) em 30 de março de 2005. Os fatos que foram narrados na missiva enviada pelo Sr. (...) me causaram estranheza e, mais, até muita indignação.
É, pois, em nome da transparência em assuntos relativos ao IHGSP que, por meio da presente busco a verdade, sem tolerar a supressão de evidências, assim, tal solicitação tem por objetivo a proposição de adoção de providências a fim de esclarecer as diversas questões abordadas na missiva referida anteriormente, sem a qual se configuraria o abominável cerceamento de defesa.
Na realidade, pessoalmente, considero fundamental uma rápida resolução sobre as questões abordadas em tal missiva, enfatizando a importância das regras a serem propostas para os debates, de modo que estas possam ser facilmente compreendidas como justas, até mesmo para esclarecer algumas dúvidas ou questões que só tendem a piorar com o tempo e podem nos levar a desviar cada vez mais dos nossos objetivos perante o IHGSP.
Acompanhando com todo coração e imensa dor esse momento, cada vez mais percebo o quão é importante e gratificante conviver com pessoas que interagem com suas ideias, ideais e paixões e não poderia me omitir, em grande parte por causa da confiança que deposito em V. Sa.
Não sei se sofro de "otimismo desmedido", mas vejo tal situação com certa simplicidade e sei que V. Sa. há de vencer tal provação, pois conserva o senso estoico e que completa o sentido de provação com o da fortaleza contra o sofrimento.
Valho-me do ensejo para externar V. Sa., a expressão de minha admiração e respeito, e certa de poder contar com a honra de sua atenção. Subscrevo-me.

Atenciosamente,
Maria Amélia Arruda Botelho de Souza Aranha

16 de maio de 2005

Ilma. Sra.
Dra. Nelly Martins Ferreira Candeias
DD. Presidente do Instituto Histórico e Geográfico de São Paulo

Prezada Senhora:

Ao Instituto Histórico e Geográfico de São Paulo – uma das glórias das tradições culturais paulistas; pelo gigantesco acervo, convertido num dos maiores centros de pesquisa e de informações sobre a História do Brasil, prestigiado pelos grandes nomes das Ciências e pelos louváveis mestres do saber.
Nós do Instituto Histórico e Geográfico de Piracicaba viemos manifestar nosso repúdio às expressões inoportunas e a fome sensacionalista em que certa revista semanal tratou questões de natureza interno-administrativa pertinentes ao exclusivo interesse dos seus sócios, aos quais cabem desejar e colaborar para o seu desdobramento positivo e efetiva conclusão das mesmas.
Auguramos à Presidente, Dra. Nelly Martins Ferreira Candeias, o mais feliz dos desempenhos frente às dificuldades que enfrenta, em nome dos sérios propósitos do bom gerenciamento e salvaguarda da Instituição que nos honra, sobremaneira.
O Instituto Histórico e Geográfico de Piracicaba pelo seu Presidente.

Haldumont Nobre Ferraz
Presidente do IHGP

22 de julho de 2005

Prezada Dra. Nelly,

O Coordenador e membros da Comissão Cívica e Cultural, da Associação Comercial de São Paulo – ACSP, apresentam à Vossa Senhoria, seus encômios pela iniciativa de acolher em sua sede o "Memória`32 – Centro de Estudos José Celestino Bourroul". As magníficas instalações e a *riqueza documental ofertadas pela família Bourroul vêm enriquecer sobremaneira o patrimônio desse Instituto, uma das glórias institucionais do Estado de São Paulo.*

Apresentamos à Vossa Senhoria as nossas mais

Cordiais saudações,

Francisco Giannoccaro
Coordenador da Comissão Cívica e Cultural

11 de janeiro de 2006

Ilma. Sra.
Dra. Nelly Martins Ferreira Candeias
DD. Presidente do Instituto Histórico e Geográfico de São Paulo

Prezada Presidente,

Consternado com a notícia da violação da memória histórica de São Paulo e do Brasil abrigada no IHGSP, mais uma demonstração dos tempos difíceis que vivemos e da falta de consciência cívica e de patriotismo que vêm se alastrando em nosso País, venho, por meio desta, externar-lhe e a todos os membros deste Instituto minha inteira solidariedade diante desse ato de verdadeira barbárie. Espero que, sensibilizadas e afetadas como nós que respeitamos os objetos e documentos que traduzem o passado e os fundamentos desta nação, as autoridades competentes ajam com vigor a fim de procurar reparar até onde possível o lamentável infortúnio.

Cordialmente,

Carlos Eduardo Moreira Ferreira
Primeiro Vice-Presidente
CNI

11 de janeiro de 2006

Já havia lido nos jornais a notícia e nem poderia ser diferente, Nelly. Mesmo assim, parabéns pela vitória, sua e do Rui Fragoso.[2]

Carlos Miguel Aidar

23 de março de 2006

Prezada Nelly,

Quero cumprimentá-la pela magnífica gestão do IHGSP. Seu trabalho e de sua diretoria em trazer ilustres personalidades e em preservar a memória da cidade e do país é de ser louvado.

Afetuoso abraço,
Ives

Março de 2006

Cara Nelly,
continue a guerreira de sempre!
A História lhe agradece.

Abraços,

Nelly Novaes Coelho
São Paulo
Março de 2006
P.S.: Parabéns pelo curso, está riquíssimo!

---

2   Sentença favorável na primeira instância.

17 de maio de 2006

Ilma. Sra. Nelly Martins Ferreira Candeias
Presidente do Instituto Histórico e Geográfico de São Paulo

Prezada Senhora Nelly Candeias,

O Estado de São Paulo agradece a solidariedade oferecida por Vossa Senhoria, com a certeza de que uma ação conjunta das instituições e da sociedade civil será sempre coroada de êxito no combate ao crime organizado e as ações dos grupos de má-vida.

Cordialmente,

Cláudio Lembo
Governador do Estado de São Paulo

São Paulo, 6 de julho de 2006

Ofício n.º 2BPMM – Especial
Do Cmt 2º BPM/M – "Cel. PM Herculano de Carvalho e Silva"

À Exma. Sra. Profa. Dra. Nelly Martins Ferreira Candeias
Assunto: Solidariedade – torcida cívica

Tomei conhecimento de uma decisão judicial[3] que não atinge apenas a Senhora, mas a todos nós, membros do Instituto Histórico e Geográfico. Tranquilize-se, porém. Com a irrestrita confiança que deposito no Poder Judiciário, esteja convicta de que os tribunais superiores reformarão essa sentença, restaurando a JUSTIÇA da causa que a senhora personifica. Entendo necessário registrar minha posição em face deste momento. Sou testemunha de sua luta, de seu empenho, de seu amor pelo Instituto, de sua dignidade pessoal inatacável e, particularmente, de sua competência como administradora.

---

3   Sentença desfavorável na segunda instância.

Criativa, moderna, reta, sua gestão tem resgatado o Instituto e assegurado a continuidade de sua senda luminosa mais que secular.

Problemas existem desde longa data – é para isso que elegemos administradores competentes como a Senhora.

Delinquentes conspurcaram nosso acervo, furtando peças de propriedade do povo bandeirante, mas isso, com a ajuda de DEUS, será corrigido, recuperando-se o acervo subtraído e remetendo à prisão os autores dessa profanação.

Assumindo um Instituto praticamente falido, a Senhora saneou as contas, despediu maus funcionários que canibalizavam a propriedade comum a todos os paulistas e, valendo-se da credibilidade pessoal que a Senhora construiu ao longo de uma vida, como Professora Titular da mais prestigiosa academia do País – a nossa USP – atraiu ao Instituto novos sócios, novas doações, ampliando o acervo e o patrimônio do IHGSP, como por exemplo, ao perpetuar e sociabilizar a preciosa biblioteca do nosso querido Prof. José Celestino Bourroul, de saudosa memória, no Centro de Estudos que, com muita justiça, recebeu seu nome.

Saiba que esse esforço maldoso e pertinaz em afastá-la da direção do Instituto pode satisfazer o ego míope e egoísta de alguns, mas desatende profundamente aos interesses superiores da paulistanidade.

Tudo o que estiver ao meu alcance para prestigiá-la e defendê-la saiba que o farei, menos pela grande amizade que nos une e pelo respeito reverencial que nutro pela Senhora (o que já seria motivo suficiente para expressar-lhe minha irrestrita solidariedade), mas, acima de tudo, pela convicção de que a Senhora reúne, melhor que ninguém, neste momento, as condições ideais para empunhar esta bandeira à testa de nosso IHGSP, permanecendo à frente do mesmo, o que continuará a trazer progresso e luzes para nosso sodalício.

Luiz Eduardo Pesce de Arruda
Tenente Coronel PM Comandante do "2 de Ouro"

Porto, 7 de julho de 2006

Senhora Professora Doutora Nelly Martins Ferreira Candeias
Ilustre Presidente do Instituto Histórico e Geográfico de São Paulo

Tendo tido oportunidade de assistir, em finais de Maio, a uma sessão de alto nível no IHGSP, na qual foi apresentada uma extraordinária lição sobre a trilha de S. Paulo nos primórdios da presença portuguesa no espaço de Piratininga e sua migração para Norte e para Sul, posso afirmar a grande qualidade das atividades do Instituto e a obra que está a ser realizada pela sua Presidente, Professora Nelly Candeias.
A seu convite, visitei outras áreas do Instituto e testemunhei a modernização das instalações, em especial da Biblioteca, peça fundamental num Instituto cuja principal função é preservar a História de São Paulo.
Em toda a Europa, os grandes Institutos de caráter histórico estão a modernizar as suas instalações e métodos de funcionamento de modo a conseguirem atrair os jovens investigadores para a pesquisa histórica. Verifiquei que esta é a orientação que está a ser seguida no Instituto sob o comando da Professora Nelly Candeias pelo que quero manifestar o meu aplauso pela atividade que está a ser desenvolvida pela Presidente do IHGSP, a fim de modernizar a pesquisa científica e de colocar o Instituto como uma instituição de ensino pós-graduado de temas da História de São Paulo.

Daniel Serrão, M. D.Ph. D.
Professor Jubilado da Faculdade de Medicina da Universidade do Porto

Membro Titular da Academia das Ciências de Lisboa
Membro do Board of Directors do Steering Committee of Bioethics of the European Council

Membro da Pontifical Academy for Life of the Holly See

10 de julho de 2006

Senhora Prof. Nelly Candeias
Ilustre Presidente do Instituto Histórico e Geográfico de São Paulo

Li a carta do Professor Affonso de Moraes Passos e fiquei a conhecer melhor os contornos jurídicos e éticos do problema que atinge a atual Diretoria do IHGSP.
Parece inacreditável que face à esforçada e coerente atividade da Senhora Presidente no seu primeiro mandato que foi sufragada pela reeleição, apareça, agora, quando os mais graves problemas de sustentabilidade financeira estão resolvidos, quem queira aproveitar-se do sucesso tentando denegrir, com falsos argumentos de duvidosa moralidade, a sua brilhante Direção.
O comportamento moral e ético tem de ter cobertura jurídica, pelo que estou seguro que a irá obter do Tribunal Superior.
A esta distância, ou seja, deste Portugal, formulo os melhores votos para que seja feita Justiça como se impõe.

Com toda a fraternidade acadêmica,

Prof. Doutor Daniel Serrão
Da Academia das Ciências de Lisboa e da Academia Portuguesa de Medicina
Da Academia Europeia das Ciências e das Artes (Salzburg)
Da Academia Pontifícia para a Vida (Santa Sé)

11 de julho de 2006

Cara Dra. Nelly,

Li com atenção a carta do Dr. J. Afonso. Vi que fazia alusão a um procedimento judicial em que teria havido importante recurso o qual houve derrota da presente administração do IHGSP encabeçada pela senhora. Como havia uma data de publicação daquele v. acórdão, fiz uma pesquisa e efetivamente encontrei, imprimi e li o teor da decisão apontada. Permita tecer alguns comentários, os quais, sem embargo de opinião diversa, consistem na minha estreita visão do processo sem conhecê-lo, mas fruto de nossa cotidiana labuta. Peço vênia à senhora pelos termos e pela crueza do texto, além do que, teoricamente não posso interferir na questão, até porque o IHGSP está representado por capaz advogado. Todavia, não está em xeque aqui o instituto ou seus procuradores, mas a pessoa de minha parenta querida que está sofrendo injustamente com uma perseguição de cunho político e que, fatalmente, gera dores não numa administradora, mas na pessoa da administradora. Trata-se também esta missiva de caráter absolutamente pessoal e extremamente privado, e por isso, darei largueza à palavra.

Já se sabe que os algozes não são do tipo que, alijados do poder, ficaram vociferando às portas do instituto, mas procuraram a forma mais adequada de prejudicar a alguém, qual seja, pela lei: "Aos amigos, tudo; aos inimigos, a lei". Assim, iniciaram verdadeira devassa em uma administração lídima no escopo de encontrar qualquer vicissitude que pudesse mostrar a falta de lidimidade daquela. Toda administração, toda organização de pessoas, não segue um rigor absoluto de uma miríade de normas que são obrigadas a seguir.

Neste caso concreto – e o v. acórdão apontou – "há a venda ilegal de um bem tombado" (fls. 02). Note-se o teor da oração e quem o diz. Verificamos que há duas grandes linhas nesse processo: o Juiz do processo principal e os Desembargadores de Segundo Grau. Enquanto o Juiz de Primeiro Grau está mais sensível às questões e a tudo que ocorre no Instituto, a exemplo da lidimidade da atual administração, o Tribunal de Justiça está mais estanque a essas questões e mais "legalista", isto é, atendo-se aos termos da lei.

Isto é, prevejo que, nessa linha de fatos, é provável a prolatação de uma sentença de Primeiro Grau favorável ao justo e uma v. decisão de Segundo Grau reformando a sentença desse teor.

Assim sendo, surgem algumas acacianas conclusões que peço a indulgência estribada na amizade e nos laços de sangue para perdoar o acinte de expô-las. Em primeiro lugar, parece que toda a questão aflora inconteste com a "venda do bem tombado". Evidente que se fala da tal obra de Benedito Calixto. Agora há, em razão do v. acórdão, uma determinação que assim não se faça, isto é, não se venda nenhum bem tombado. Contudo, já o havia antes em razão da lei e da natureza jurídica do instituto. Infelizmente, administrar uma organização nos moldes da apontada, não é uma questão simples, principalmente se essa administração é pautada pela lidimidade e pelo arrojo de se "fazer algo". Como bem obtemperou o Dr. J. Afonso, muitas obras de incomensurável valor foram subtraídas sub-repticiamente do acervo do instituto e não poderia a venda justificada de um (ou qualquer outro) bem ser um entrave à caracterização de uma boa administração. Mas infelizmente o é.

A administração pública, seus administradores e os que julgam esses atos são de um rigor que faz do Brasil um país burocrata em que as oportunidades se perdem em razão da lentidão dos atos e da sua cobertura com a lidimidade prevista em lei.

Exemplo claro está no próprio Poder Judiciário: há alguns meses uma frota de veículos bons e operacionais, apesar de razoavelmente antigos, foram colocados no pátio do Fórum da Barra Funda para venda futura. Os meses se passam na organização de como se fazer a venda de tais veículos de forma a se respeitar os ditames legais. Como resultado, aquele conjunto de veículos já apresenta sinais de abandono e seu valor, logicamente, cai e quem perderá com isso será o próprio Estado e a quem se procura proteger com a legislação em questão.

Assim, para um administrador público, não resta outra alternativa que se submeter e sofrer. Infelizmente, a dinâmica de uma empresa privada é vista com reservas na vida pública.

De outro lado, questão mais prática ainda: o processo. O Juiz de Primeiro Grau é sensível à questão. Os de Segundo Grau não. Deve se fazer um trabalho de base junto a tantas pessoas quantas se conheça, especialmente do Tribunal de Justiça, para que demovam e façam conhecer os Desembargadores oficiantes do procedimento judicial (serão sempre os mesmos até o fim do processo – e.g., quando da apelação), o trabalho feito e a atual administração.

A decisão dessa forma trabalhada poderá ter um resultado mais adequado à questão. Infelizmente, cartas de apoio e repúdio aos termos do acórdão em nada alterarão a ordem das coisas e não trarão nenhum resultado prático.

Para a querida amiga, damos nosso sentido abraço lembrando que nem Jesus se safou de perfídias e calúnias, mas o tempo mostrou a verdade dos fatos.

Ainda é tempo de se trabalhar. O acórdão, por ser sobre questão não terminativa do processo, serviu como um alerta de que a condução do processo precisa ter um "apoio" político em ratificação ao bom senso e as boas razões manifestadas naquele Juízo monocrático.

De outra forma, não auguraria um resultado feliz.

Peço novamente desculpas por me alongar, por admoestar, por incitar, mas não posso deixar de externar minha convicção pessoal diante de um quadro como tal.

Indignar-se, muitos já o estão fazendo – fruto do conhecimento desses sócios e amigos pelo seu trabalho e pessoa – mas é muito pouco. É necessário trabalho e ferramentas. Estão à mão, portanto, necessita-se apenas trabalhá-las.

Um abraço afetuoso,
Jorge Henrique Monteiro Martins

13 julho de 2006

Cara Professora Nelly,

Através de amigos e da mídia, tenho sido informado sobre questionamentos inadequados à Diretoria do IHGSP sob sua reconhecida gestão.

Não deixa de ser surpreendente que tais críticas sejam explicitadas ignorando sua competência, ética, probidade e dedicação, qualidades estas de inquestionável valor na reputação conquistada por V. Sa. junto à Universidade de São Paulo e, em especial, na condição de Professora Titular da Faculdade de Saúde Pública.

Na qualidade de Reitor da USP (1993 – 1997) posso declarar, com a mais absoluta isenção, o quanto a USP foi honrada pela cooperativa participação de V. Sa. durante a sua longa e vitoriosa jornada docente, científica e de extensão cultural. Para tanto, seria suficiente o testemunho dos seus alunos de graduação e pós-graduação que podem ser considerados como autênticos discípulos em atividade na sociedade brasileira.

Espero que esta resumida manifestação seja um modesto, mas sincero subsídio para o esclarecimento do que considero uma dádiva para o IHGSP tê-la como Presidente nestes últimos anos.

Atenciosamente,
Prof. Dr. Flávio Fava de Moraes
Reitor da USP (1993 – 1997)

13 de julho de 2006

À Profa. Dra.
Nelly Candeias

Prezada amiga Nelly,

Tendo-se em vista o que vem ocorrendo no que diz respeito a acusações, gostaria de hipotecar todo meu apoio a você. Todos os anos que convivemos como professores da Faculdade de Saúde Pública da USP, inclusive durante meu período de Diretor, permite-me afirmar seu caráter íntegro, sua honestidade e seus princípios éticos e morais.

Abraços

Prof. Dr. Ruy Laurenti

*Universidade de São Paulo
Faculdade de Saúde Pública
Departamento de Epidemiologia*

15 de julho de 2006

*Jornal Brasileiro de Cultura
Fundado em 24.04.1977, devidamente Registrado nos termos da Lei nº.5.250 de 09.02.1967 e Lei nº.6015 de 13.12.1973 – Matrícula nº. 14.592*

Declaração

Eu, abaixo assinado, Claudio Valmir Fortes da Silva, jornalista, brasileiro, portador do CPF 367.096.708-72 e RG 6.539.856/SP, jornalisticamente conhecido como Claudio Fortes, declaro para os devidos fins de direito que: Nelly Martins Ferreira Candeias, Doutora e Professora em nível Internacional, um dos marcos nas áreas da Cultura e Pedagogia, com mais de trinta anos totalmente dedicados às lides acadêmicas, funcionais e culturais, possui estrutura, não só profissional, como administrativa para gerir com eficiência, como tem feito até agora a Casa Mater da Intelectualidade Paulista, o Instituto Histórico e Geográfico de São Paulo, fundado há mais de cem anos e um dos principais repositórios da Memória Brasileira. Conseguiu de forma inteligente, eficiente e arrojada, tirá-lo de um fosso profundo, onde as dívidas acumuladas em gestões passadas atingiam volume indescritível, nunca esmorecendo em ir à frente de suas ideias de modernidade e desenvolvimento.

Abriu as portas à juventude, jovens pesquisadores em geral, de modo que a Instituição deixou de ser feudo de alguns, para, a partir dali se transformar na união daqueles que tendem a ser o futuro do Brasil.

Nunca ninguém até hoje (pois conheço a história da Instituição, praticamente desde sua fundação, pois já li praticamente toda a coleção de suas Revistas) geriu com tanta eficiência, dedicação e honestidade como Ela tem feito nestes poucos anos de gestão lúcida, equilibrada e, acima de tudo, corretíssima no que diz respeito ao patrimônio daquela Casa.

São Paulo, 15 de julho de 2006

Claudio Valmir Fortes da Silva

15 de julho de 2006

Excelentíssima Senhora
Dra. Nelly M. Candeias
DD. Presidente do IHGSP

Prezada Amiga:

Tendo em vista o momento bastante sério que sua gestão atravessa, venho apresentar-lhe a simpatia de quem imagina o quanto é doloroso deparar-se com situações como essa que a estimada amiga enfrenta com absoluta nobreza de atitudes.

Sabe-se de sobejo que, para a sensibilidade de uma mulher, é sempre muito mais desgastante ter de provar a seriedade dos seus intuitos quando a justiça é envolvida. E a necessidade de ter de defender-se de culpas não admissíveis, mais agrava o peso da situação.

Por conhecer seu trabalho digno, norteado pela sinceridade e pela vontade de acertar, rumo ao engrandecimento da nobre instituição a que preside, venho estender-lhe minha mão amiga, numa tentativa de amenizar o desagradável tempo de espera de uma decisão que, com a graça de Deus, certamente lhe há de ser favorável.

Com a consideração de sempre, aqui deixo meu carinhoso e muito fraterno abraço, augurando ao IHGSP, sob sua eficiente direção, um horizonte claro, liberto das nuvens que hoje o toldam.

Cordialmente,

Carolina Ramos
Presidente
Instituto Histórico e Geográfico de Santos

19 de julho de 2006

Exma. Sra. Presidente do I.H.G. de São Paulo e minha Exma. Amiga,

Acabo de regressar dos Açores onde estive quase um mês e encontrei o seu texto, que está sendo acompanhado com reconfortantes cartas de apoio à sua sempre prestante e eficaz gestão do nosso sodalício, que merece o nosso maior respeito, sobretudo por aqueles que pautamos por "pessoas de bem". A "so called" oposição deveria ser inteligente sobretudo reconhecendo o tremendo esforço que a minha Exma. Amiga desenvolveu para o saneamento financeiro do Instituto e a liquidação à previdência social dos atrasados acumulados ao longo dos anos por gerências anteriores, fato que a "oposição" sempre omite, porque não lhe convém.
Em referência ao despacho do Meritíssimo Relator (como se diz em Portugal) no "agravo de instrumento nº 454.494.5/8-00, sendo o agravante o Ministério Público do Estado de São Paulo, devo dizer com o meu critério habitual de independência, uma frase muito portuguesa – vão leis aonde vós quereis! E mais não acrescento porque sou estrangeiro.
Permita-me renovar-lhe o meu total apoio quando houve por bem vender para salvar a Instituição o "célebre quadro", medida muito acertada e de boa gestão financeira.... E pergunto se a "oposição" acha que a sua gestão foi ou é tão danosa. Devo lembrar-lhes que graças ao seu dinamismo saiu um número da nossa revista....e há quantos anos esta publicação periódica não vinha a público...

Muito mal andam as "elites", quando se metem por este tipo de argumentação barata.

Aceite os melhores cumprimentos do seu Confrade sempre grato e ao dispor.

Dom Marcus de Noronha da Costa, Conde de Subserra

19 de julho 2006

Prezadíssima Amiga Dra. Nelly Martins Ferreira Candeias,

Lamentando que uma Câmara de nosso Egrégio Tribunal de Justiça, presumivelmente devido a carência de informações isentas e objetivas, tenha tomado uma decisão que ela própria, mais bem informada (ou outro órgão do Poder Judiciário, dentro da boa ordenação jurídica nacional) por certo corrigirá, refazendo Justiça, venho hipotecar-lhe minha total solidariedade. Sou membro titular do IHGSP há 12 anos, desde meados de 1994. Sou da última leva de sócios que ingressaram no nosso sodalício no primeiro século de sua existência. Antes de nós, durante muitos anos ninguém havia entrado no Instituto, devido a uma diretriz, adotada pela Diretoria chefiada pelo saudoso Dr. Lycurgo de Castro Santos Filho, de restringir durante algum tempo a entrada de novos sócios. Digo isto para explicar que, mesmo bem antes de ser sócio, já acompanhava de perto as atividades sociais e posso, por isso, afirmar com conhecimento de causa que a Sra. é verdadeiramente a salvadora da nossa Instituição. A Sra. recebeu o Instituto, literalmente, como massa falida à beira da liquidação, e graças a seu dinamismo, sua dedicação, sua invulgar capacidade administrativa, conseguiu resultados absolutamente superiores às mais otimistas expectativas. Esses resultados estão, aliás, sobejamente expostos no relatório de Diretoria divulgado amplamente entre os sócios e estampado no último número da nossa centenária Revista.

A reeleição da chapa presidida pela Sra., nas últimas eleições, foi a consagradora manifestação de que a sanior et maior pars *do corpo social confiava plenamente na Sra. e desejava o prosseguimento da sua magnífica gestão.*

Um verso de Bocage, que se defendeu dos críticos injustos exclamando à maneira de Homero:
"Tremei, ó Zoilos! Posteridade, és minha!".
Desculpe somente agora lhe estar escrevendo esta mensagem, que já deveria ter escrito há mais de 10 dias. É que vivo, como a Sra. sabe, assoberbado de atividades profissionais que há mais de um ano têm restringido muito minha participação nas atividades sociais, impedindo-me de poder dedicar ao Instituto o tempo que eu desejaria empregar, ajudando-a na sua ingente tarefa.

Cordialmente,

Armando Alexandre dos Santos

20 de julho de 2006

Exma. Sra.
Dra. Nelly Martins Ferreira Candeias
MD Presidente do I.H.G. de São Paulo

Prezada Senhora,

Há tempos desejava apresentar-lhe meus cumprimentos pela forma com que a senhora vem presidindo o nosso Instituto. Tanto pela apresentação externa da casa, passando pelo acolhimento proporcionado pelos funcionários, quanto pela alegria dos associados, sentimos que o ambiente de nossa associação traduz o bem-estar gerado por sua administração. Devemos destacar ainda a vida e o aumento do acervo do IHGSP, que sua gestão vem operando, com a adesão de novos sócios, o recebimento da biblioteca do Memorial '32, o curso dirigido pelo professor Jorge Cintra e outras iniciativas.
Há que se reconhecer o esforço que a senhora empreendeu para o saneamento financeiro do Instituto e a liquidação junto à previdência social dos atrasados acumulados.
A perseguição e a detração acompanham, neste mundo corrompido, aqueles que fazem bem e se sacrificam generosamente em favor de causas justas. Já em 1640, os seguidores da tradição jesuítica de justiça e dignidade do ser

humano, trazida a este Planalto por Nóbrega e Anchieta, também sofreram perseguições por causa da integridade de sua postura frente à ação do mal, quando do episódio da escravização dos indígenas e que resultou na expulsão, de São Paulo, da Ordem por treze anos.

Dra. Nelly, sinta-se neste momento participando da cruz de Cristo, que foi o preço por seu trabalho em favor de nossa redenção.

Dessa forma, cara Presidente, permita-me renovar-lhe os votos de confiança e apreço, colocando-me a seu lado e à sua disposição para a qualquer momento expressar de público minha opinião.

Sem mais para o momento,

Cordialmente,
Pe. Cesar Augusto dos Santos S.J.

27 de julho de 2006

Cara Dra. Nelly,

Tive o privilégio de conhecê-la há, aproximadamente, quatro anos na Comissão Cívica e Cultural da Associação Comercial de São Paulo e logo notei sua notável personalidade, revelada pelo elevado espírito público, seriedade, dedicação e competência como sempre se conduziu. Já naquela ocasião, a senhora exercia a presidência do Instituto Histórico e Geográfico de São Paulo e minha constatação explicou o acerto da sua escolha para presidir essa centenária entidade, guardiã da História e das tradições de São Paulo e do Brasil. As transformações sociais, econômicas e políticas por que tem passado nosso País acarretaram graves problemas para a sobrevivência de instituições, como o nosso Instituto Histórico e Geográfico, que se ressentem dos recursos indispensáveis para seu funcionamento adequado. Sei disso há muito tempo e admiro sua luta incansável para manter vivo nosso querido Instituto. Estranho, contudo, a incompreensão e as críticas injustas que lhe foram lançadas e manifesto, aqui, minha solidariedade, cumprimentando-a pela firmeza, coragem e dignidade como continua presidindo o venerável Instituto Histórico e Geográfico de São Paulo.

Paulo Tenório da Rocha Marques
Coronel da Reserva da Polícia Militar do Estado de São Paulo

6 de setembro de 2006

Prezada D. Nelly,
Mais uma vez, parabenizo-a pela incessante luta para demonstrar a verdade de sua gestão: clara, honesta, precisa e objetiva, de forma a reerguer a Instituto. A senhora continua sendo exemplo de perseverança, fé e esperança na justiça. Quanto à ata em si, como já lhe escreveu o Daniel há pouco, ficamos à sua inteira disposição.

Abraços do Carlos Miguel Aidar

FELSBERG E ASSOCIADOS
Felsberg, Pedretti, Mannrich e Aidar
Advogados e Consultores Legais

6 de setembro de 2006

Leilão no IHGSP

Boa tarde Dra. Nelly,
A Sra. tem sido o exemplo mais atual de força, dignidade, honradez e fidelidade na defesa dos interesses do Instituto. Aos poucos, as acusações inverídicas irão cair por terra.
Continue firme e forte nessa batalha, que a cada dia sensibiliza as pessoas de bom senso para apoiá-la e ajudá-la.
Pode contar conosco no que for preciso.

Cordialmente,
Daniel Penteado de Castro

7 de setembro de 2006

Querida prima Nelly,

Pela carta do Tenente-Coronel, presumo que tenha havido uma decisão judicial contrária aos interesses reais do Instituto e da sua Presidente. Conforme falamos, quando o inimigo é um paranoico obsessivo, é preciso ter em conta que estas personalidades anormais conseguem quase sempre bons resultados na Justiça porque os juízes têm muita dificuldade em separar o que é construção fóbica e obsessiva do que é a realidade dos fatos. Quando se apresentam como vítimas, conseguem quase sempre ganhar os pleitos nos tribunais. Fazem tudo com um cuidado, também ele obsessivo, e é difícil provar que procederam mal e merecem ser punidos pela Justiça. Se eu me permitisse dar-lhe uma opinião, seria a de que é melhor dedicar-se à obra que está a realizar no Instituto e deixar para trás as malfeitorias que foram perpretadas contra a sua Direção e esperar que o tempo e os resultados lhe deem naturalmente razão. Quando se perde uma questão no Tribunal, temos de perceber que, se temos razão e não vencemos, é porque o Tribunal não é o lugar apropriado para que a verdade se demonstre. Com todo o afeto e os melhores votos de Paz do seu muito amigo.

Daniel

3 de janeiro de 2007

Nelly,
Obrigada por seus votos de paz para 2007. Todos esperamos que este ano seja um passo no caminho da harmonia e da justiça. Tenho certeza de que você continuará lutando por estes valores como tem feito até agora. Parabéns por seu magnífico trabalho.

Um grande abraço amigo,
Ruth Cardoso

7 de fevereiro de 2007

Prezada Dra. Nelly,

Recebi ontem a convocação para a reunião do Instituto. É pena, mas me será de todo impossível comparecer, pois tenho compromissos inadiáveis em Piracicaba, no mesmo dia.
Peço, entretanto, que aceite este meu registro de total solidariedade e apoio. Estou certo de que, no futuro, quando se estudar a história do IHGSP com objetividade e sem as distorções produzidas por paixões passageiras, o nome de Nelly Martins Ferreira Candeias será lembrado não só como uma das maiores glórias da entidade, mas também como a verdadeira salvadora da instituição.

Com minhas respeitosas saudações,
Armando Alexandre dos Santos

Sócio titular desde 1994
Ex-diretor de publicações

24 de janeiro de 2009

Parabéns, parabéns, querida Nelly,

Junto-me ao coro de aplausos e de tributos de respeito e admiração pela sua ação e realizações como esta que adivinho lendo os textos. Uma maravilha. Plantou certamente uma rosa maravilhosa, de uma cor impossível de descrever, entre um azul puríssimo, um verde inebriante e um branco absoluto.

Com o enorme afeto do seu Primo
Daniel

Cara Professora e querida amiga Profa. Nelly,
Tudo o que for feito em sua defesa será pouco, em face de tanto progresso, sempre com dignidade e modéstia, que a Sra. trouxe à nossa Casa. Sem dúvida, estarei presente, salvo se DEUS não permitir.
Um abraço do seu admirador de sempre,

Arruda

26 de janeiro de 2010

Oi Nelly, mais uma vez você colocou o IHGSP à altura e à grandeza merecidas por ele e por todos os que fazem parte desta entidade centenária e de grande importância para a cultura de nossa cidade.
Obrigado pela oportunidade de estar com todos vocês do Instituto e espero continuar colaborando com todas as atividades desta linda casa.
Parabéns, Nelly
Parabéns IHGSP.

Mt° Gualtieri

30 de março de 2010

Prezados amigos do IHGSP,

Afinal, após o longo de dificuldades geradas pela ineficiência administrativa da gestão anterior, podemos nos sentir aliviados e esquecer os momentos críticos quando se temia o fim das atividades do IHG e sua total falência.
A persistência, coragem e fé da Dra. Nelly Martins Ferreira Candeias e a compreensão de pessoas de valor, pertencentes ou não aos quadros de sócios e conselheiros do Instituto, salvaram essa centenária entidade patriótica, indispensável para a preservação da História, não só de São Paulo, mas de toda nação brasileira.

Nesta modesta manifestação, cumprimento nossa ilustre presidente e os membros da Diretoria e dos Conselhos do Instituto Histórico e Geográfico pela sabedoria e empenho como superaram todas as dificuldades.

Paulo Tenório da Rocha Marques

21 de agosto de 2011

Querida Nelly

Li seu texto com muito prazer
Sua evocação de Alceu Amoroso Lima é sóbria, rigorosa, abrange as facetas mais significativas de sua vida e mostra-o inserido no que foi a evolução do Brasil, nos planos político e religioso.
Gostei de a ler porque, em parte, vivi de forma semelhante esse tempo e li os livros do Padre Leonel Franca com muito proveito.
Vai ser um discurso marcante porque foge à habitual retórica acadêmica, tantas vezes hipocrita.
Com os parabéns e o afecto do seu

Daniel Serrão

20 de setembro de 2011

*Caríssima Nelly Candeias
Afetuoso abraço.*

Parabéns pela solenidade de ontem. Que bela cerimônia! Seu discurso foi impecável e o do Ricardo Lewandovsky excelente. Meus cumprimentos.

Ives Gandra

07 de junho de 2012

*Querida Nelly
Muitos parabéns*

*Seu Livro "Histórias Paulistas" vai ficar um monumento histórico, digno da Presidente de um instituto Histórico.
A revista sairá um dia. Aguardamos com calma.
Saudades para José Alberto e Nelly do vosso*

Daniel Serrão

19 de junho de 2012

Dear Nelly,

I am very happy to tell you that exactly 2 minutes ago I finished printing your book and then opened your email to tell me that you had sent the letter. Prof Arno will receive it in (I calculate) three plastic boxes.
What a lot of work you must have had and thank you for allowing me to participate (albeit in a small way) in your 'capo lavoro'. Well done and congratulations.
Before the week ends the IHGB will have your letter and book.

Grande abraço,

Ken

27 de junho de 2012

Prezada Dra. Nelly,

O meu artigo está perfeito. Nos registros fotográficos, as fotos ficaram separadas das legendas e, portanto, não pude fazer a devida conferência. Apenas na página 438, na legenda da foto superior da direita, o meu nome está grafado como Américo.
Mais uma vez, os meus parabéns. A comunidade japonesa estará eternamente grata à senhora, que permitiu fosse sua história gravada perenemente nos arquivos do IHGSP, possibilitando às futuras gerações tomar conhecimento da epopéia desta raça que muito contribuiu para o desenvolvimento do nosso país.

Um abraço.

Américo Utumi

PARTE
• 7 •

ASSEMBLEIA GERAL EXTRAORDINÁRIA 27 DE MAIO DE 2009

*"No mais elevado patamar da dignidade humana
e de apreensão compartilhada, contemplamos juntos
o verdadeiro significado da justiça, da verdade e da paz".*
Nelly Martins Ferreira Candeias

ASSEMBLEIA GERAL EXTRAORDINÁRIA

Luís Gustavo Casillo Ghideti
28 de abril de 2009

IHGSP

Prezada Professora Nelly Candeias,
Conforme contato telefônico, segue a decisão do Dr. Juiz referente aos associados que serão os responsáveis pela convocação e deliberações da assembleia geral, que tem o "objetivo de aprovar o estatuto social e a eleição da nova diretoria e membros do conselho administrativo".

Por fim, informo que, para tal ato, foi delimitado o prazo de 30 dias, sendo que caberá ao IHGSP cientificar os indicados pelo Juízo.

Atenciosamente,

Luís Gustavo Casillo Ghideti

Visando ilidir a intervenção judicial no IHGSP, em março de 2007 o advogado Miguel Parente Dias e a Presidente do Instituto, Dra. Nelly Martins Ferreira Candeias começaram a delinear a estratégia para a aprovação de novo estatuto do IHGSP e eleição de nova diretoria. Aproveitando dispositivo do novo Código Civil Brasileiro, que determinava a adequação do estatuto da entidade à nova ordem vigente, mais de 1/5 dos associados convocariam a assembléia geral para deliberar sobre a alteração estatutária e, no corpo do estatuto aprovado, viria a determinação de realização imediata da eleição e posse da nova diretoria, o que deixaria sem objeto a intervenção administrativa.

Assim, em 29 de maio de 2007, um grupo expressivo de 78 associados, representando muito mais que 20% do quadro, requereu a convocação da Assembléia Geral Extraordinária (AGE), o que foi ignorado pelo administrador judicial provisório. Por delegação unânime desses associados, fundamentada no Estatuto então vigente, a Dra. Nelly publicou o edital de convocação da AGE, no "Jornal da Manhã", seção "Publicidade Legal", edição de 1.8.2007, pág. 2, como segue:

Foi realizada a AGE e aprovado o texto do novo estatuto, prosseguindo-se conforme o estatuto vigente e a convocação publicada, com a realização de nova AGE, em 15.8.2007, que ratificou o texto aprovado, ganhando o IHGSP o seu novo estatuto.

Cumprindo as "disposições transitórias" do novo estatuto, a comissão ali designada convocou a eleição da nova diretoria, que foi empossada na AGE realizada em 19.9.2007.

Essas três memoráveis AGEs foram noticiadas nos autos da ação civil pública e somente foram acatadas quase dois anos depois, quando o juiz designou Comissão composta pelos ilustres associados Drs. Damásio Evangelista de Jesus, Ives Gandra da Silva Martins, José Aristodemo Pinotti, Paulo Lebeis Bomfim e Ruy Cardoso de Mello Tucunduva, que convocou nova AGE, realizada em 27.5.2009, ratificando as decisões tomadas nas AGEs de 8 e 15.8.2007 e 19.9.2007.

Com o registro da ata desta AGE, finalmente o Estatuto aprovado e a Diretoria eleita em 2007 puderam ter registro no 1º Oficial de Registro de Pessoas Jurídicas de São Paulo, respeitada, assim, a vontade inconteste do respeitável quadro associativo do IHGSP.

Presidência

São Paulo, 14 de maio de 2009

Ilustríssimo Senhor
Dr. Ruy Cardoso de Mello Tucunduva
São Paulo – SP

Prezado Associado:

O Meritíssimo Juiz da 6ª. Vara da Fazenda Pública de São Paulo, nos autos da ação civil pública nº. 053.05.015464-0, em que é interessado o Instituto Histórico e Geográfico de São Paulo – IHGSP, decidiu designar uma Comissão de Associados a fim de conduzir a assembleia geral para a aprovação do Estatuto e para a eleição da Diretoria da Entidade.

Essa Comissão está composta pelos Associados:

Dr. Damásio Evangelista de Jesus
Dr. Ives Gandra da Silva Martins
Dr. José Aristodemo Pinotti
Dr. Paulo Lebeis Bomfim
Dr. Ruy Cardoso de Mello Tucunduva

Na oportunidade, o IHGSP enviou-lhe cópia do r. despacho do MM. Juízo, para cientificá-lo da designação. Ato contínuo, cientificou-o também da reunião que os membros da Comissão decidiram realizar para operacionalizar o *múnus* que lhes foi atribuído.

ASSEMBLEIA GERAL EXTRAORDINÁRIA

Sabendo da dedicação e apego do ilustre Associado, à cultura e ao IHGSP, entendemos que o seu silêncio, até agora, se deve à sua ausência da Capital e aos múltiplos afazeres da sua vida pessoal e profissional.

Como à Comissão foi concedido o prazo de 30 dias para desincumbir-se a missão judicial, os seus membros reunidos, ainda que lamentando a falta de sua agradável presença, resolveram convocar a Assembleia Geral do IHGSP para o dia 27 de maio de 2009, às 15 horas, na sede do Instituto, publicando o edital no "Jornal da Manhã", edição do dia 14.5.2009, seção "Publicidade Legal", página 2, remetendo-o também a todos os ilustres Associados do IHGSP.

Pedimos-lhe autorização para o IHGSP publicar complemento do edital a fim de incluir o seu nome junto aos dos demais membros da Comissão, na qualidade de subscritor do edital de convocação, o que Vossa Senhoria poderá fazer através de resposta escrita entregue na Secretaria do IHGSP, ou através do *email:* .... ou, ainda, pelo fax: ....

Na certeza de contarmos com sua honrosa dedicação, nesse momento importante do IHGSP, renovamos-lhe os protestos da mais alta consideração e apreço.

Nelly Martins Ferreira Candeias
Presidente

Íntegra do Edital publicado

Convocação de **ASSENBLEIAS GERAIS EXTRAORDINÁRIAS** (AGE) para aprovação do **ESTATUTO** do **INTITUTO HISTÓRICO E GEOGRÁFICO DE SÃO PAULO – IHGSP** e para **ELEIÇÃO** dos membros dos seus orgãos dirigentes

Os Membros da Comissão designada pelo MM. Juiz de Direito da 6ª. Vara da Fazenda Pública da Comarca de São Paulo – SP, nos autos do Processo nº. 053.05.015464-0 – Ação Civil Pública, convocam todos os Associados do *Instituto Histórico e Geográfico de São Paulo – IHGSP,* para se reunirem em **ASSEMBLEIA GERAL EXTRAORDINÁRIA** no dia 27 de maio de 2009, às 15 horas em primeira convocação ou 15h30 em segunda e última convocação, no salão nobre do IHGSP, situado no 1º. andar da sede social, na rua Benjamin Constant, 158, em São Paulo – SP, para deliberar sobre a seguinte ordem do dia: *aprovação do Estatuto Social do IHGSP, com expressa manifestação, no Capítulo "das disposições transitórias", sobre: a) o texto do Estatuto aprovado nas AGEs de 8.8.2007 e de 15.8.2007; b) a eleição procedida na AGE de 19.9.2007; c) a convalidação dos atos praticados por todos os poderes do IHGSP, no interregno de 17.12.2004 até a data desta AGE.* Se a AGE aprovar o Estatuto e determinar a realização imediata de eleições para os órgãos dirigentes da Entidade, decidem, cumprindo o prazo estabelecido pelo MM. Juiz de Direito, convocar os Associados do IHGSP para se reunirem em **ASSEMBLEIA GERAL EXTRAORDINÁRIA** na mesma data e mesmo local às 15h30 em primeira convocação ou 16h em segunda e última convocação, para deliberar sobre a seguinte ordem do dia: *a) eleição dos membros dos órgãos dirigentes do IHGSP (Diretoria e/ou Conselho de Administração e/ou Conselho Consultivo e/ou Conselho Fiscal; b) posse dos eleitos.* Ficam os associados interessados em concorrer aos cargos eletivos, cientes de que poderão apresentar chapa, para tal, à Mesa dirigente da AGE. Damásio Evangelista de Jesus, Ives Gandra da Silva Martins e José Aristodemo Pinotti.

Presidência

AGE carta circular
Aprovação do Estatuto e Eleição da Diretoria da Entidade

Prezados Senhores e Senhoras
Associados e Amigos,

O Meritíssimo Juiz da 6ª. Vara da Fazenda Pública de São Paulo, nos autos da ação civil pública em que é interessado o Instituto Histórico e Geográfico de São Paulo – IHGSP, houve por bem designar uma Comissão de Associados destinada a conduzir assembleia geral para aprovação do Estatuto e eleição da Diretoria da Entidade, Comissão assim composta: Dr. Damásio Evangelista de Jesus, Dr. Ives Gandra da Silva Martins, Dr. José Aristodemo Pinotti, Dr. Paulo Lebeis Bomfim, Dr. Ruy Cardoso de Mello Tucunduva.

Para bem cumprir a designação, a Comissão convocou a Assembleia Geral, realizada no dia 27.5.2009, às 15 horas, conforme edital publicado no "Jornal da Manhã", seção "Publicidade Legal", edição de 14.5.2009, página 2.

Temos a grata satisfação de comunicar os resultados da referida Assembleia. Por unanimidade, foi aprovado o Estatuto Social do IHGSP e, por aclamação, eleitos e empossados os membros dos órgãos dirigentes da entidade – Diretoria, Conselho Consultivo e Conselho Fiscal.

A Diretoria do Instituto Histórico e Geográfico de São Paulo aproveita a oportunidade para agradecer a todos os que participaram da Assembleia ou gentilmente justificaram suas ausências, assim como as pessoas que enviaram flores, telegramas, cartas e cartões, ou cumprimentaram por telefone e *e-mails* os diretores eleitos para o triênio 2009 – 2012.

Com estima e consideração, subscrevemo-nos.

Atenciosamente,

Nelly Martins Ferreira Candeias

Diretoria 2009 – 2012

Presidente:	Nelly Martins Ferreira Candeias
Vice-Presidente:	Rogério Ribeiro da Luz
Secretário Geral:	Jorge Pimentel Cintra
Secretário Adjunto:	Osvaldo Caron
Tesoureiro Geral:	Heinz Budweg
Tesoureiro Adjunto:	Geraldo de Andrade Ribeiro Jr.
Conselho Consultivo:	José Carlos de Barros Lima
	Lincoln Etchebéhère Junior
	Paulo Tenório da Rocha Marques

Conselho Fiscal:
- José Bueno Conti
- Lauro Ribeiro Escobar
- Mário Albanese

Conselheiros Suplentes

Secretaria Executiva:
- Carlos Venâncio
- Julio Abe Wakahara
- Liliana Rizzo Piazza
- Paulo Moraes
- Vilma Gagliardi

Conselho Consultivo:
- Dóli de Castro Ferreira
- Margarida Rosa de Lima
- Samuel Kerr

Conselho Fiscal:
- Eugênia Cristina Godoy de Jesus Zerbini
- Evandro Faustino
- Rudolf Robert Hinner

Abertura da Assembleia Geral Extraordinária

Ives Gandra Martins, 27 de maio de 2009

Minhas senhoras e meus senhores, vamos dar início a reunião:

Estamos aqui à mesa nomeada pelo meritíssimo Juiz da Comarca de São Paulo, o Sr. Paulo Bomfim, o Sr. Tucunduva, o Sr. Damásio de Jesus e eu, só não está o Professor Pinotti, porque está doente e disse que, com tudo que for deliberado, ele está totalmente de acordo.

Os senhores receberam aqui a convocação e teremos duas assembleias, uma assembleia referente à aprovação do estatuto como determinou o MM. Juiz e uma segunda assembleia se aprovado o estatuto e as disposições transitórias, de eleição da diretoria.

Então, para falar sobre isso, eu pediria ao advogado Miguel Parente Dias, quem mais estudou dentro do Instituto, inclusive, colaborou, fizesse uma rápida introdução e exposição porque nós temos Estatutos que foram aprovados em 2007, e que evidentemente essa assembleia seria mais para ratificação, mas há algumas disposições transitórias, então eu pediria ao Dr. Miguel que fizesse uma explicação, pois são essas disposições transitórias que seriam acrescentadas ao Estatuto e daí nós passaríamos a discussão e votação, com a palavra o Dr. Miguel.

Convocação de Assembleia Geral Extraordinária (AGE) para alteração do Estatuto do Instituto Histórico e Geográfico de São Paulo

Lista de assinantes: Ademir Roberto Médici, Adilson Cézar, Alberto dos Santos Franco, Aluysio Mendonça Sampaio, Antonio Penteado Mendonça, Aristides Almeida Rocha, Armando Alexandre dos Santos, Byron Gaspar, Caio Porfírio de Castro Carneiro, Cândido Malta Campos Filho, Carlos Roberto Venâncio, Carlos S. Cornejo Chacón, Carlos Taufik Haddad, Carolina Ramos, Cezar Augusto dos Santos, Clodowaldo Pavan, David Ferreira de Gouveia, Dóli de Castro Ferreira, Dom Antonio Maria Mucciolo (arcebispo), Dom Marcos de Noronha Costa, Edivaldo Machado Boaventura, Fernando Euler Bueno, Flávio Fava Moraes, Frederico Guilherme José P. de Sá Perry Vidal, Geraldo de Andrade Ribeiro Jr., Geraldo Nunes, Heinz Friedrich Budweg, Helena Ribeiro, Hernâni Donato, Ives Gandra da Silva Martins, João Alves das Neves, João de Scantimburgo, João Emilio Gerodetti, João Monteiro de Barros, Jorge dos Santos Caldeira Neto, Jorge Pimentel Cintra, José Afonso de Moraes Bueno Passos, José Aristodemo Pinotti, José Bueno Conti, José Carlos de Barros Lima, José Eduardo de Oliveira Bruno, José Marques de Melo, José Renato Nalini, Júlio Capobianco, Justino Magno Araújo, Lauro Nogueira Furtado de Mendonça, Lauro Ribeiro Escobar,

ASSEMBLEIA GERAL EXTRAORDINÁRIA

Liliana Rizzo Piazza, Luiz Carlos Bassalo Crispino, Luiz Carlos de Azevedo, Luiz Eduardo Pesce de Arruda, Luiz Ernesto Kawall, Manoel Rodrigues Ferreira, Margarida Rosa de Lima, Maria Adelaide Amaral, Maria Aparecida Lomônaco, Maria Cecília Naclério Homem, Maria Cristina Mineiro Scatamacchia, Mário Albanese, Marly Accaui Paglialonga, Marly Therezinha Germano Perecin, Masato Ninomiya, Nelly Martins Ferreira Candeias, Nelly Novaes Coelho, Paulo Lebeis Bomfim, Paulo Nogueira Neto, Paulo Roberto Moraes, Ralph Mennucci Giesbrecht, Rodolfo Konder, Rogério Ribeiro da Luz, Rosemarie Érika Horch, Rubens Junqueira Villela Rudolf Robert Hinner, Samuel Moraes Kerr, Sandra Brecheret Pellegrini, Sérgio de Paula Santos, Valdenizio Petrolli, Vilma Lúcia Gagliardi,

No mais elevado patamar da dignidade humana e de apreensão compartilhada, contemplamos juntos o verdadeiro significado da justiça, da verdade e da paz, graças aos esforços e à dedicação de alguns devotados companheiros.

Registro Fotográfico

Ruy Cardoso de Mello Tucunduva, Ives Gandra da Silva Martins e Damásio Evangelista de Jesus.

Paulo Bomfim, Ruy C. de M. Tucunduva, Ives Gandra da S. Martins, Damásio E. de Jesus e Miguel Parente Dias.

José Alberto N. Candeias e Heinz Budweg aplaudem Nelly Martins Ferreira Candeias.

Nelly Martins Ferreira Candeias e Miguel Parente Dias.

913

Ives Gandra da S. Martins cumprimenta Nelly Martins Ferreira Candeias. Ao fundo, Miguel Parente.

Adilson Cezar e Nelly Martins Ferreira Candeias.

Nelly Novaes Coelho e Nelly Martins Ferreira Candeias.

Mário Albanese, Ruy Tucunduva e Nelly Martins Ferreira Candeias.

José Alberto N. Candeias e Sylvio Bomtempi.

Nelly Martins Ferreira Candeias, Miguel Parente Dias e José Maria Marcondes do Amaral Gurgel.

ASSEMBLEIA GERAL EXTRAORDINÁRIA

Miguel Parente Dias.

Osvaldo Caron e Damásio Evangelista de Jesus.

Paulo Tenório da Rocha Marques e Nelly Martins Ferreira Candeias.

Nelly Martins Ferreira Candeias e João Alves das Neves.

Nelly Martins Ferreira Candeias e Ruy Cardoso de Mello Tucunduva.

José Alberto Neves Candeias, J. B. Pereira, Nelly Martins Ferreira Candeias e João Alves das Neves.

Carta circular

*Carta de
Nelly Martins
Ferreira Candeias*

30 de maio de 2009

Para seu conhecimento e nossa alegria, estou enviando o resultado de Assembleia Geral Extraordinária, realizada no IHGSP no dia 27 de maio de 2009. Mensagem enviada para o Advogado que cuidou da ação civil pública movida pelo Ministério Público do Estado de São Paulo.
Estou guardando todas as mensagens que recebi referentes à AGE. Dr. Miguel está redigindo a ata, que logo lhe será enviada. Essa ata será enviada aos presidentes dos IHGs do Brasil, a todos os associados titulares e membros correspondentes, no Brasil e em outros países.
Meu Marido e eu estamos comemorando. A casa está cheia de flores!
Agradecemos a todos que, nesse Escritório, lutaram pelo futuro do IHGSP e pela memória paulista.

Nelly Martins Ferreira Candeias

Cartas recebidas após a realização da Assembleia Geral Extraordinária

*Carta de
Francisco Eduardo
Alves de Almeida*

25 de junho de 2009

*Prezada Profa. Nelly,
Permita-me cumprimentá-la pela merecida recondução à presidência do IHGSP, desejando votos de continuado sucesso. Continuo às ordens aqui na Escola de Guerra Naval e no Instituto de Geografia e História Militar do Brasil.*

*Cordialmente,
Francisco Eduardo Alves de Almeida*

*Carta de
Laurete Godoy*

27 de maio de 2009

*Prezada Doutora Nelly,
Parabéns! Bravo! Parabéns por sua luta! Parabéns pelo sucesso! Tenho certeza de que, agora, o Instituto irá navegar nas águas da História e da Cultura, a todo vapor. Desejo muito sucesso nessa nova etapa do IHGSP, tão bem comandado pela senhora.*

*Um carinhoso abraço,
Laurete Godoy*

*Carta de
Carlos Miguel*

31 de maio de 2009

*Dra. Nelly,
Parabéns, mais uma vez. Lugar comum na sua vida é receber cumprimentos por sua dedicação e competência.*

Abraço do Carlos Miguel

*Carta de
Luiz Hugo
Guimarães*

31 de maio de 2009

*Estimada Presidente Nelly:
Parabéns pelo êxito da Assembleia Geral e por sua eleição.*

*Atenciosamente,
Luiz Hugo Guimarães*

*Carta de
Pérola*

Nelly,

*O Dr. Daniel Serrão já disse tudo. Resta a mim mandar um grande e afetuoso abraço à amiga em quem sempre confiei e a quem todos nós, brasileiros de Piratininga, agradecemos pela persistência na luta justa e pelos resultados alcançados.
Agora, é tocar para frente. E conservar, vivo e atuante, o renascido Instituto Histórico e Geográfico de São Paulo.*

Pérola

*Carta de
Daniel Serrão*

Aleluia!

Queridos Amigos Nelly e José Alberto,
Cheguei agora a casa, meia-noite e dez minutos e li o e-mail. Hosana in excelsis. Que esta vitória ilustre como vale a pena lutar contra caluniadores que se escondem atrás de uma falsa fachada jurídica para tentarem cobrir as suas ignomínias.
Valeu a pena e os custos morais e materiais para que a verdade triunfasse. Pode agora realizar a sua concepção de um Instituto Histórico inserido na modernidade e aberto a seduzir os jovens sedentos de cultura, que os há se os soubermos captar.
Que as modernas técnicas de museologia, informatização e digitalização entrem no Instituto pela porta grande e o transformem num local sem teias de aranha a encobrir velharias sem sentido.
A História e a Geografia de São Paulo estão vivas e o Instituto estará voltado para o futuro para que daqui a duzentos anos os que estiverem em São Paulo possam dizer: vede como esta Senhora Professora Nelly Martins Ferreira Candeias amava São Paulo no tempo em que nele vivia.
Vede como ela foi perseguida e como soube lutar pela verdade e vencer. Não é orgulho nem vaidade dizer que fez história, porque a fez.

Com um grande abraço de muito afeto para os dois,
Daniel Serrão

*Mensagem de
Américo Utumi*

Prezada Dra. Nelly,

*Meus parabéns,
A Sra. merece pelo importante trabalho que vem realizando à frente do Instituto.*

*Abraços,
Américo*

*Mensagem de
Ademir Medici*

10 de agosto de 2009

*Parabéns, Dra. Nelly,
O seu nome ficará na História do Instituto.*

Ademir Medici

*Mensagem de
Laurentino Gomes*

10 de setembro de 2009

Profa Nelly, parabéns por mais esta vitória, merecida pelo seu admirável trabalho à frente do IHGSP. Estou mais uma vez em Portugal, para as pesquisas do meu próximo livro sobre a independência. Hoje, Lisboa. Amanhã, cidade do Porto, onde visitarei os locais da guerra de D. Pedro e D. Miguel. Tomarei um cálice de vinho do Porto em homenagem a mais esta conquista do Instituto.

*Grande abraço,
Laurentino Gomes*

Carta enviada a Ives Gandra da Silva Martins

Foi uma honra tê-lo como Presidente da Comissão dos trabalhos da AGE, realizada em 27 de maio último no Instituto Histórico e Geográfico de São Paulo. No mais elevado patamar da dignidade humana e de apreensão compartilhada, contemplamos juntos o verdadeiro significado da justiça, da verdade e da paz, graças aos esforços e à dedicação de competentes companheiros.

Com afetuoso abraço, agradeço a alegria da sua presença.
Nelly

Carta de José Emmanuel Burle Filho

01 de junho 2009

Presidenta Nelly

Fico muito feliz com o desfecho.
Quando a conquista exige muita, muita luta, o sucesso é mais gratificante e saboroso.
Parabéns ao marido José Alberto, inclusive pela constante ajuda e luta conjunta.

Aguardo cópia de tudo para comunicar o Juiz. Se não receber até 4ªf. vou comunicar ao Juiz.

Abraços
José Burle

Carta de Marcus Noronha da Costa

30 de maio de 2009

Minha Exmª Amiga,
Acabei de falar com o Armando e soube da retumbante vitoria em 1 minuto para o novo mandato no Instituto.

Afectuosas lembranças,
Marcus de Noronha da Costa.

ASSEMBLEIA GERAL EXTRAORDINÁRIA

Retirada e devolução do acervo museológico do IHGSP

ASSEMBLEIA GERAL EXTRAORDINÁRIA

Identidade principal

De: <jumonteiro@sp.gov.br>
Para: <secretaria@ihgsp.org.br>; <direxec@acamportinari.org>
Enviada em: quinta-feira, 18 de novembro de 2010 17:39
Assunto: Devolução de acervo museológico - IHG

---------- Encaminhado por Juliana Monteiro/CULTURA/BR em 18/11/2010 16:40 ----------

Governo do Estado de São Paulo
Correio Eletrônico

Juliana Monteiro   18/11/2010 16:37

Para: secretaria@ighsp.org.br, ihgsp@ihgsp.org.br, Claudineli Moreira Ramos/EXECUTIVO/BR, direxec@acamportinari.org.br, Luiz Fernando Mizukami/EXECUTIVO/BR, Marcos Antonio Seara Araújo/CULTURA/BR, Ivana Marina Mathias/CULTURA/BR, Cecília de Lourdes Fernandes Machado/EXECUTIVO/BR
cc:
Assunto: Devolução de acervo museológico - IHG

Texto da Mensagem

Prezada Sra. Nelly Candeias,

Em atenção à decisão judicial exarada no processo PROC. Nº583.53.2005.015464-2 (6ª VFP), entramos em contato para iniciar os trâmites de devolução do acervo museológico do IHG.

Conforme conversado por telefone, a devolução ocorrerá em duas etapas, sendo a primeira relativa às peças que estavam no interior e a segunda, relativa às peças que estão na capital.

De acordo com orientação do IHG, há disponibilidade para o recebimento em qualquer dia entre 2 e 6ª feira, em horário comercial, até o dia 17/12. Posteriormente a esta data, o IHG estará fechado.

Assim que for fechada uma data para a primeira devolução, voltaremos a entrar em contato. Na ocasião, também será enviado um termo de entrega e recebimento que deverá ser assinado, com firma reconhecida, pela presidência do IHG. O mesmo será repetido quando da segunda etapa.

Atenciosamente,

Juliana Monteiro
Unidade de Preservação do Patrimônio Museológico
Secretaria de Estado da Cultura de São Paulo
R. Mauá, 51 - 01028-900 - São Paulo-SP - Brasil
(11) 2627-8105 - jumonteiro@sp.gov.br - www.cultura.sp.gov.br

18/11/2010

Retirada do acervo.

Retirada do Acervo.

Devolução do acervo do IHGSP Desembro 2011.

Devolução do acervo.

Mensagens de Daniel Serrão, Ricardo Cardozo de Mello Tucunduva, Laurete Godoy, Paulo Moraes, Pérola de Carvalho, Sônia Sales e Raphael Pirágine

Grande vitória, Nelly.
Parabéns
Este episódio final tem de figurar no Livro.
Um apertado abraço do seu

Daniel

Parabéns à querida Amiga Dra. Nelly, por mais esta vitória!
Aceite os nossos cumprimentos, com estima.

Sonia Maria e Ricardo Cardozo de Mello Tucunduva

Prezada Doutora Nelly,
HIP, HIP, HURRA!!!!!!!!
A luta foi árdua, o caminho repleto de pedras, porém, chegou o momento da VITÓRIA. Parabéns!
Cumprimento-a afetuosamente e a todos que participaram da luta em prol da preservação do acervo de um Instituto que faz parte da história da nossa querida São Paulo.
Um carinhoso abraço, repleto de júbilo pelo resultado satisfatório da grande batalha que foi travada.

Laurete Godoy

Querida Nelly,

Parabéns!

Esta vitória é sua acima de tudo.

Tenho muita admiração e orgulho pelo seu trabalho e luta à frente do IHGSP.

Todo resultado positivo da Instituição é fruto de sua determinação e capacidade.

Sei que estou em débito com você. Porém, trabalhos me obrigaram a um período de afastamento.

Prometo que, a partir de 2011, você poderá contar com um período da semana (uma tarde) comigo. Claro... se você ainda me aceitar como companheiro na construção de um futuro melhor para o Instituto.

Mais uma vez parabéns. O Instituto agradece.

Um grande abraço de seu amigo

Paulo Moraes

Até que enfim, Nelly!!!

Levou um bocado de tempo mas o importante é que tudo, ainda que por etapas, retorne ao normal.

Agora, é tratar do acervo que volta. Afinal, ele é o esteio documental do IHGSP, o que lhe dá fundamento histórico, tanto quanto as paredes e portas. Ou até mais.

Espero que as verbas esperadas também cheguem, a fim de que você possa providenciar, prontamente, o tratamento devido a esse patrimônio, a saber: levantamento, catalogação, digitalização, conservação.

Trabalho é que não vai faltar. O que é muito bom.

Aplausos pela conquista, e votos de muita saúde e determinação para enfrentar a tarefa de preservação cultural que você, juntamente com os demais membros do Instituto, em especial os que compõem sua Diretoria, têm pela frente.

Um grande abraço amigo.

Pérola

Parabéns querida amiga,
Esta foi uma grande vitória! A sua luta será sempre reconhecida.
Abraços afetivos da admiradora,

Sônia Sales

Prezada Nelly,
Congratulo-me efusivamente com o Instituto Histórico e Geográfico de São Paulo e com você, na qualidade de Presidente, por essa legítima, merecida e importantíssima conquista.

A retomada de todo esse conteúdo histórico de incontestável propriedade ao nosso Instituto, com a mais absoluta, certeza irá enriquecer muito mais o seu acervo, o que ainda o reveste de maior importância no contexto histórico e geográfico de nosso país.

Parabéns e abraços,

Raphael Pirágine

PARTE
· 8 ·

ANEXOS

ANEXOS

Nomes citados

Ad Perpetuam

Nomes das pessoas que participaram da reconstrução do
Instituto Histórico e Geográfico de São Paulo,
onde se encontram as glórias do passado ,
os ideais do presente e a esperança do futuro
dos brasileiros paulistas.

A
Acácio Vaz de Lima Filho
Ademir Roberto Medici
Adilson Cezar Santos
Adriana Florence
Adriano de Gouveia
Adriano Murgel Branco
Alberto Candeias
Alberto Carvalho da Silva
Alberto dos Santos Franco
Alberto Silveira Rodrigues
Alberto Vieira
Alcides Nogueira
Alencar Burti
Alexandra Wilhelmsen
Alexandre Camillo Sabatel Bourroul
Alfredo Duarte dos Santos
Allysson Paulinelli
Aloysio Nunes Ferreira Filho
Aluysio Mendonça Sampaio
Álvaro Guimarães dos Santos
Álvaro Lazzarini
Américo Utumi
Ana Laura Paiva de Mello
Ana Luiza Pisani Bourroul

Ana Maria Kiffer
Ana Maria Martins Ferreira
Ana Prado Ferreira
André Ramos Tavares
Aníbal Augusto Sardinha
Aníbal Pinto de Castro
Anicleide Zequine
Anna Maria Martins
Anselmo Langhi
Antonio Carlos Mendes
Antonio Carlos Rodrigues
Antonio Gomes da Costa
Antonio Ermírio de Moraes
Antonio Fernando Costella
António José França do Amaral
Antônio Magalhães Gomes Filho
Antônio Maria Mucciolo
Antonio Penteado Mendonça
Antonio Takeno Tani
Ariovaldo U. de Oliveira
Aristides de Almeida Rocha
Armando Alexandre dos Santos
Arno Wehling
Audálio Dantas
Augusto F. M. Ferraz de Arruda
Augusto Rua Pinto Guedes
Aurélio Nomura

B
Benedito de Godoy Moroni
Benedito Lima de Toledo
Bertrand de Orleans e Bragança
Byron Gaspar

C
Cacilda Maria Decoussau Affonso Ferreira
Caio César Pereira Santos

Caio Porfírio de Castro Carneiro
Cândido Malta Campos
Cárbia Sabatel Bourroul
Carlos Alberto Contieri, S. J.
Carlos de Meira Matos
Carlos Eduardo Lins da Silva
Carlos Eduardo Moreira Ferreira
Carlos Eugênio Teles Soares
Carlos Humberto Pederneiras Corrêa
Carlos Cornejo Chácon
Carlos Miguel Aidar
Carlos Ricardo Epaminondas de Campos
Carlos Roberto Venâncio
Carlos Tasso de Saxe Coburgo e Bragança
Carlos Taufik Haddad
Carlota Malta Cardoso
Carmen Lúcia Vergueiro Midaglia
Carolina Ramos
Cecília Maria do Amaral Prada
Celestino Bourroul Neto
Célia Leão
Célio Debes
Celso Figueiredo Filho
César Augusto dos Santos
Ciro de Araújo Martins Bonilha
Ciro Ciari Junior
Cláudio Lembo
Cláudio Pastro
Cláudio Valmir Fortes da Silva
Cleusa Maria Gomes Tâmbara
Clodowaldo Pavan
Clotilde de Lourdes Branco Germiniani
Clyber de Souza
Consuelo Pondé de Sena
Cyro Pimentel

D
Damásio Evangelista de Jesus
Daniel Martins Ferreira
Daniel Penteado de Castro
Daniel Serrão
Dário Moreira de Castro Alves
David Wesley
David Ferreira de Gouveia
David Gueiros Vieira
Diego Pupo Nogueira
Dóli de Castro Ferreira
Dom Antonio Maria Mucciolo
Domingos Quirino Ferreira Neto
Dorothy Nyswander
Douglas Michalany
Douglas Nascimento
Duílio Battistoni Filho
Dulce Goyos

E
Edil Luiz Puía
Edivaldo Machado Boaventura
Edna Budweg
Eduardo Alberto Escalante
Eduardo Bueno
Eduardo Conde
Eduardo de Almeida Navarro
Eleni Arruda
Elizabeth Silva Gomes Quintino
Eni de Mesquita Samara
Erasmo d'Almeida Magalhães
Érico Storto Padilha
Ermelinda Martins Ferreira
Erwin Theodor Rosenthal
Esther Caldas Guimarães Bertoletti
Esther de Figueiredo Ferraz
Eugenia Cristina Godoy de Jesus Zerbini

Evanda Verri Paulino
Evandro Faustino
Evanir Castilho
Expedito Ramalho de Alencar

F
Fabio Maciel
Fauzi Saade
Felipe Machado Barbosa
Fernanda Padovesi Fonseca
Fernando Brisolla de Oliveira
Fernando Capez
Fernando Euler Bueno
Fernando Henrique Cardoso
Fernando Leça
Fernando Pereira
Flávio Fava de Moraes
Francisco Antonio Fraga
Francisco Eduardo Alves de Almeida
Francisco Giannoccaro
Francisco José Arouche Ornellas
Francisco Ribeiro da Silva
Francisco Vidal Luna
Fred Lane
Frederico Guilherme José P. de Sá Perry Vidal
Frederico Octávio Sabatel Bourroul

G
Gabriel Chalita
Gabriela Schmitd Lira
Georgette Nacarato Naso
Geraldo de Andrade Ribeiro Júnior
Geraldo Faria Marcondes
Geraldo Nunes
Geraldo Vidigal
Gilda Figueiredo Ferraz
Gilson Barbosa

Gino Struffaldi
Gioconda Bordon
Giselle Reis
Gonçalo Mesquita da Silveira de Vasconcelos e Sousa
Gualtieri Beloni Filho
Guido Arturo Palomba
Guilherme Gomes da Silveira D´Avila Lins
Gustavo Cintra do Prado
Gustavo Nascimento da Silva
Guy Christian Collet

H
Hadjimi Icuno
Haldumont Nobre Ferraz
Hagor Kechichian
Heinz Friedrich Budweg
Helena Bonito Couto Pereira
Helena Ribeiro
Hélio Tenório dos Santos
Heloísa Maria Silveira Barbuí
Henrique Nicolini
Henrique Waltman
Hernâni Donato
Hubert Alquères
Humberto Clayber de Souza

I
Isidoro Yamanaka
Israel Dias Novaes
Ives Gandra da Silva Martins
Ivone Cavalcante

J
Jaime Tadeu Oliva
Jamil Nassif Abib
Janaína Gargiulo
Jayme Lustosa de Almeida

Jesus Machado Tambellini
João Alves das Neves
João Baptista de Oliveira
João Bosco de Castro
João de Scantimburgo
João Emilio Gerodetti
João Grandino Rodas
João Gualberto de Carvalho Meneses
João Mellão Neto
João Monteiro de Barros Filho
João Sayad
João Tomas do Amaral
Jorge Alexandre Ferreira Pereira de Sampaio
Jorge Caldeira
Jorge Henrique Monteiro Martins
Jorge Pimentel Cintra
Jorge Saraiva
José Affonso de Moraes Bueno Passos
José Alberto Neves Candeias
José Altino Machado
José Aristodemo Pinotti
José Baptista de Carvalho
José Benedito Silveira Peixoto
José Bueno Conti
José Cândido Freitas Jr.
José Carlos Daltozo
José Carlos de Barros Lima
José Celestino Bourroul
José D´Amico Bauab
José de Barros Martins
José Eduardo de Oliveira Bruno
José Emmanuel Burle Filho
José Furian Filho
José Gregori
José Guilherme Queiroz de Ataíde
José Hamilton Ribeiro
José Júlio Dias Barreto

José Laurentino Gomes
José Luiz Gomes do Amaral
José Luiz Pasin
José Maria Marcondes do Amaral Gurgel
José Marques de Melo
José Octávio de Arruda Mello
José Raphael Musitano Piragine
José Renato Nalini
José Sebastião Witter
José Serra
Judith Ottoson
Juliana Monteiro
Júlio Abe Wakahara
Júlio Capobianco
Junji Abe
Justino Magno Araújo

K
Kenneth Henry Lionel Light

L
Laurete Godoy
Lauro Nogueira Furtado de Mendonça
Lauro Ribeiro Escobar
Lawrence Green
Leonardo Fernandes
Leonardo Rebuffo
Lia de Souza Campos e Siqueira Ferreira
Lilia Moritz Schwarcz
Liliana Rizzo Piazza
Lincoln Etchebéhère Junior
Lisindo Roberto Coppoli
Lody Brais
Luis Carlos Bassalo Crispino
Luís Francisco da Silva Carvalho Filho
Luiz Antonio Sampaio Gouveia
Luiz Caldas Tibiriçá

Luiz Carlos Pacheco e Silva
Luiz Carlos Sayão Giannoni
Luiz de Orleans e Bragança
Luiz Eduardo Corrêa Dias
Luiz Eduardo Pesce de Arruda
Luiz Elias Tâmbara
Luiz Ernesto Kawall
Luiz Francisco da Silva Carvalho Filho
Luiz Freitag
Luiz Hugo Guimarães
Luíza Nagib Eluf
Luthero Maynard
Lygia Ambrogi
Lygia Fagundes Telles
Lygia Kigar

M

Malcolm Dale Kigar
Manoel Elpidio Pereira de Queiroz Filho
Manuel Alceu Affonso Ferreira
Manuel Rodrigues Ferreira
Marcel Mendes
Marcelo Cardinale Branco
Márcio Valle
Marco Antônio Ramos de Almeida
Marco Antônio Villa
Marcos da Costa
Marcus de Noronha da Costa
Margarida Rosa de Lima
Margarita Maris
Maria Adelaide Amaral
Maria Amélia Arruda Botelho de Souza Aranha
Maria Amélia de Souza Aranha Mammana
Maria Aparecida Toschi Lomônaco
Maria Cecilia França Monteiro da Silva
Maria Cecília Naclério Homem
Maria Cristina dos Santos Bezerra

Maria Cristina M. Scatamacchia
Maria das Mercês Pereira Apóstolo
Maria Elisa Botelho Byington
Maria Helena Gregori
Maria Helena Paulos Leal Schneider
Maria Izilda Santos de Matos
Maria João Espírito Santo Bustorff Silva
Maria Lúcia Bressan Pinheiro
Maria Lúcia de Souza Ricci
Maria Lúcia S. Hilsdorf
Maria Lúcia Whitaker Vidigal
Maria Luísa Viana de Paiva Boléo
Maria Luíza Marcílio
Maria Luíza Moreira Porto
Maria Odete Duque Bertasi
Mariazinha Congilio
Marieta Guedes Pirágine
Mário Albanese
Mário Antônio Silveira
Mário Porfírio Rodrigues
Mário Ventura
Mário Yamashita
Marlui Miranda
Marly Accaui Paglialonga
Marly Therezinha Germano Perecin
Marta Suplicy
Masato Ninomiya
Massaud Moisés
Maurício Azêdo
Michel Chelala
Michel Suleiman
Miguel Parente Dias
Milton Luiz Festa Basile
Milton Martins Ferreira
Minoru Tabata

Miriam Ellis
Miriam Hee Hwangbo

N
Nelly Donato
Nelly Martins Ferreira Candeias
Nelly Novaes Coelho
Nelson Martins Ferreira
Nereu Cesar de Moraes
Netuno
Neuza Andrade Ferreira Cardoso de Mello Tucunduva
Nídia N. Pontuschka
Nilva Rogick Mello
Nozomu Makishima

O
Octávio Bueno Magano
Octávio de Mesquita Sampaio
Octávio Ianni
Odilon Nogueira de Matos
Osvaldo Caron
Osvaldo Kunio Matsuda
Oswaldo Paulo Forattini

P
Paulo Adriano Lopes Lucinda Telhada
Paulo Bomfim
Paulo Gonzalez Monteiro
Paulo Machado de Carvalho Filho
Paulo Markun
Paulo Nogueira de Matos
Paulo Nogueira Neto
Paulo Oliver
Paulo Renato Leite Castro
Paulo Roberto Moraes
Paulo Tenório da Rocha Marques
Pedro Abarca

Pedro Caldari
Pedro Paulo Penna Trindade
Pedro Villares Heer
Pérola de Carvalho
Plínio Penteado de Camargo

R
Rafael Miranda
Ralph Mennucci Giesbrecht
Reginaldo Dutra
Renato Cardoso
Renné Svacina
Ricardo Cardoso de Mello Tucunduva
Ricardo Lewandowski
Ricardo Luiz Silveira da Costa
Roberto Fortes
Roberto Mamede de Barros Rocha
Roberto Rodrigues
Rodolfo Konder
Rogério Ribeiro da Luz
Roland Wilheim Vermehren Stevenson
Roque Marcos Savioli
Rosani Abou Adal
Rosemary Erika Horch
Rubens Junqueira Villela
Rubens Murillo Marques
Rudolf Robert Hinner
Rui Carita
Rui Celso Reali Fragoso
Rui Miguel da Costa Pinto
Ruth Cardoso
Ruth Sandoval Marcondes
Ruy Cardoso de Mello Tucunduva
Ruy de Oliveira de Andrade Filho
Ruy Laurenti
Ruy Martins Altenfelder Silva

S
Samuel Moraes Kerr
Sandra Brecheret Pellegrini
Sérgio Augusto Nigro Conceição
Sérgio Caldas Restier Gonçalves
Sérgio de Paula Santos
Sergio Gomes da Silva
Silvana Abruzil
Shiro Miyasaka
Shozo Motoyama
Snehendu Kar
Sólon Borges do Reis
Sônia Maria Tomaniki Tucunduva
Sonia Salles
Sylvio Bomtempi
Synesio Martins Ferreira

T
Tales Castelo Branco
Tânia Regina de Luca
Terenilton Souza Santos
Thereza Maria Malatian
Tucunbó Dyeguaká (Robson Miguel)

V
Valdenizio Petrolli
Vavy Pacheco Borges
Vera Helena Bressan Zveibil
Vilma Lúcia Gagliardi

Y
Yara de Almeida Lewandovsky

W
Walter Leser
Walter Taverna
We'e'na Miguel
Wilson Takahiro Yanagisawa

Presidentes do Instituto Histórico e Geográfico de São Paulo

Cesário Mota Júnior	1894–1896
Manuel Antonio Duarte de Azevedo	1897–1912
Luiz de Toledo Piza e Almeida	1913–1916
Altino Arantes	1916–1922
Afonso Antônio de Freitas	1922–1930
José Torres de Oliveira	1930–1950
Ernesto de Sousa Campos	1951–1957
José Leite Pedro Cordeiro	1957–1962
Aureliano Leite	1963–1976
Ernesto de Moraes Leme	1976–1978
José Pedro Leite Cordeiro	1978–1985
Lycurgo de Castro Santos Filho	1986–1992
Hernâni Donato	1993–1998
Roberto Machado Carvalho	1999–2001
Nelly Martins Ferreira Candeias	2002–2014

Presidentes Honorários

Prudente José de Moraes Barros
José Maria da Silva Paranhos – Barão do Rio Branco
Rui Barbosa
Afonso d'Escragnolle Taunay
Ernesto de Moraes Leme
Lycurgo de Castro Santos Filho
Hernâni Donato

ANEXOS

Apêndice I

A vinda da Família Real para o Brasil
Texto de autoria de D. Marcus de Noronha da Costa.
Notas de rodapé:

Bibliografia

1 Recepção Acadêmica ao Prof. Francisco Leite Pinto. «A saída da Família Real Portuguesa para o Brasil a 29 de Novembro de 1807», por FRANCISCO LEITE PINT. Saudações, por Jos V. DE PINA MARTINS, PEDRO SOARES MARTINEZ, CARLOS BESSA, JOAQUIM VERÍSSIMO SERRÃO. Lisboa: MCMXCII.

2 M. PINHEIRO CHAGAS - História de Portugal. Vol. XI. Lisboa: s.d., pp. 331-332.

3 OLIVEIRA MARTINS, História de Portugal. 15 ed. Lisboa: 1968, pp. 516-518.

4 RAUL BRANDÃO - El-Rei Junot. Com nota introdutória de Guilherme de Castilho. 2 ed. Lisboa: 1982, pp. 81-106.

5 Memórias do Marquês de Fronteira e d'Alorna. Revistas e coordenadas por Ernesto de Campos de Andrada. Vol. I, ed. Coimbra: 1925, pp. 29-32.

6 FREDERICO GAVAZZO PERRY VIDAL - Descendência de S. MEl-Rei o Senhor Dom João VI. ed. Lisboa: 1923, p. 120. AFFONSO et alli - Le Sang de Louis XIV. Vol. 11. Braga: 1962, p.529.

8 À Florescente Republica dos Estados Unidos do Brazil na pessoa do seu Ilustre Presidente Dr. Affonso Augusto Moreira Penna Off.. e D., O Auctor. Junho de 1908.

9 MARQUÊS DO FUNCHAL - O Conde de Linhares. Lisboa. 1908, pp. 304-312.

10 ANTÒNIO SARDINHA - Ao Ritmo da Ampulheta. 2: ed. Lisboa: 1978, pp. 246-256.

11 Idem, p. 246.

12 ALFREDO PIMENTA - Elementos da História de Portugal. 5: ed. Lisboa: 1937, pp.445-454.

13 CAETANO BEIRÃO - História Breve de Portugal. 2: ed. Lisboa: 1960, pp. 116-118.

14 JOÃO AMEAL - História de Portugal. Porto: 1949, pp. 490-497.

15 ÂNGELO PEREIRA - D. João VI Príncipe e Rei. Lisboa: MCMLIII-MCMLVIII.

16 O Prof. Alan K. Manchester foi um brasilianista de alto nível científico no seu tempo, assim o considerou o Prof. José Honório Rodrigues ao escrever: "[...] mas a obra principal e modelar na pesquisa e análise e que tem servido e serve ainda hoje aos estudos históricos brasileiros é a sua British Preeminence in Brasil. 115 Rise and Decline (The University of North Carolina Press, 1933). Nenhum estudo brasileiro ou estrangeiro superou ainda esta contribuição do atual Decano da Universidade da Carolina do

Norte, e só agora alguns estudiosos ingleses e norte-americanos começaram a rever a parte mais moderna do estudo inigualável de Manchester [...]". Apud Estudos Americanos de História do Brasil. Introdução do Prof. José Honório Rodrigues. Rio de Janeiro: 1967, p. 6.

17 Recepção Académica ao Prol Francisco Leite Pinto, p. 39.

18 RAIMUNDO DE MENEZES - Dicionário Literário Brasileiro. 2: ed. Rio de Janeiro:1978, p. 347. «Boletim da Academia Portuguesa da História». Vol. 66 (2006), Lisboa: MMLVII, p. 153.

19 RAIMUNDO DE MENEZES, ob. cit., p. 146.

20 «Revista do Instituto Histórico Geográfico Brasileiro», n.o 277. Rio de Janeiro: 1967. Depois este ensaio foi inserido na obra Conflito e Continuidade na Sociedade Brasileira. Org. de H. Keith S. F. Edwards. Rio de Janeiro: 1970.

21 Recepção Académica ao Prof Francisco Leite Pinto, p. 43.

22 OLIVEIRA LIMA - D. João VI no Brasil. Prefácio de Wilson Martins. 3: ed. Rio de Janeiro: 1996.

23 ÂNGELO PEREIRA - Os Filhos d'El-Rei D. João VI. Lisboa: MCMXLVI, pp. 101-116.

24 NUNO DAUPIAS D' ALCOCHETE, Principalidade. 2ª. ed. Porto: 2001.

25 AFONSO ZÚQUETE et alii - Nobreza de Portugal. Vol. III. Lisboa: 1961, pp. 669-700.

26 DOMINGOS DE ARAÚJO AFFONSO e Ruy DIQUE TRAVASSOS VALDEZ - Livro de Oiro da Nobreza. Tomo 11. Braga: MCMXXXIII, pp. 180-187. AFONSO ZÚQUETE et alii, ob. cit, vol. 11, pp. 714-715.

27 DOMINGOS DE ARAÚJO AFFONSO e Ruy DIQUE TRAVASSOS VALDEZ, ob. cit., Tomo II, p. 181. AFONSO ZÚQUETE et alli, ob. cit., vol. III, pp. 508-509.

28 MARIA AMÁLIA VAZ DE CARVALHO - Vida do Duque de Palmela. Vol. I. Lisboa: 1898, pp. 394-395. JOEL SERRÃO et alii - Dicionário de História de Portugal. Vol. III. Lisboa: 1968, p. 453.

29 D. ANTÓNIO CAETANO DE SOUSA - Provas da História Genealógica da Casa Real Portugueza. Tomo III. Lisboa: MDCCXLIV, pp. 231-232.

30 FORTUNATO DE ALMEIDA - História de Portugal. Tomo III. Coimbra: 1929, pp. 87-89. MARCELO CAETANO - «O Governo e a Administração Central após a Restauração», in: História da Expansão Portuguesa no Mundo. Vol. III. Lisboa: 1945, p. 189 e segs.

31 FERNANDO DE CASTRO DA SILVA CANEDO - A Descendência Portuguesa de El-Rei D. João II. Vol. I. Lisboa: MCMXLV, p. 103. AFONSO ZÚQUETE et alli, ob. cit., Vol. II, p. 282.

32 LUÍS MOREIRA de SÁ e COSTA - Descendência dos 1º.s Marqueses de Pombal. Porto: 1937, p. 27. AFONSO ZÚQUETE et alli, ob. cit., Vol.III, pp. 150-151.

33 Idem, ibid., vol. II, p. 210.

34 Mapas das Rendas da Bahia, Seção de Manuscritos da Biblioteca Nacional do Rio de Janeiro: I - 17, 12, 516. Apud Luís HENRIQUE DIAS TAVARES - História da Bahia. 10ª. ed. Salvador: 2001, pp. 196-197.

35 AFONSO RUI DE SOUSA - A Primeira revolução social brasileira. 2ª. edição. Salvador: 1951, p. 10 e segs.

36 LUÍS HENRIQUE DIAS TAVARES, ob. cit., pp. 180-181.

37 CONDE DE CAMPO BELO - Governadores Gerais e Vice-Reis do Brasil. Lisboa: 1935, pp. 150-151.

38 MARCELLO CAETANO - O Conselho Ultramarino. Lisboa 1967, p. 133.

39 AFONSO ZÚQUETE et alli, ob. cit., vol. II, p. 151.

40 Idem, ibid.

41 FRANCISCO DE SAMPAIO - Oração Fúnebre do Ill. mo e Ex. mo Sr. D. Fernando José de Portugal, Marquês de Aguiar, Ministro Assistente do Despacho. Rio de Janeiro: 1817.

42 AFONSO ZÚQUETE et alli, ob. cit., Vol. II, p. 410.

43 ANTÓNIO JOSÉ SARAIVA e ÓSCAR LOPES - História da Literatura Portuguesa. 3ª. ed. corrigida. Porto: s.d., p. 559.

44 AFONSO ZÚQUETE et alli, ob. cit., vol. II, p. 410.

45 Idem, ibid., p. 278.

46 LUIZ EDMUNDO - O Rio de Janeiro no Tempo dos Vice-Reis. Rio de Janeiro: 1935, p.125.

47 D. BARTOLOMEU DE NORONHA DA COSTA (São Miguel) - A Genealogia dos Condes das Galveas. «Revista do Instituto de Estudos Genealógicos», no. 1. São Paulo: 1937, p. 27.

48 Resenha das Famílias Titulares do Reino de Portugal. 2ª. ed. Braga: 1991, p. 94.

49 LTGENTIL TORRES - Ministros de Guerra do Brasil, 1808-1950. Rio de Janeiro: 1950, pp. 37-42.

50 AFONSO ZÚQUETE et alli, ob. cit., vol. II, p. 278.

51 CAETANO BEIRÃO - D. Maria I. 3ª. ed. Lisboa: 1944, p. 296.

52 RÓMULO DE CARVALHO - História da Fundação do Colégio dos Nobres de Lisboa, 1761-1772. Coimbra: MCMLIX, p. 184.

53 MARIA EMÍLIA MADUREIRA SANTOS - Viagens e Explorações Terrestres dos Portugueses em África. Lisboa: 1978, pp. 199-210.

54 MANUEL ARRUDA DA CÂMARA - Obras Reunidas. Coligadas com um estudo biográfico por José Antonio Gonsalves de Mello. Recife: 1982.

55 JUDITE DE CARVALHO PAIXÃO e CRISTINA CARDOSO - Do Erário Régio ao Tribunal de Contas. Os Presidentes. Lisboa: 1999, pp. 191-201.

56 GUILHERME D'OLIVElRA Martins - O Ministro das Finanças: subsídios para a Sua história no bicentenário da criação da Secretária de Estado dos Negócios da Fazenda. Lisboa: 1988, pp. 30-36.

57 L.T. GENTIL TORRES, ob. cit., pp. 27-35.

58 MARQUÊS DO FUNCHAL - O Conde de Linhares. Lisboa: 1908, p. 353. ANDRÉE MANSUY DINIZ - Portrait d´un Homme d'État, D. Rodrigo de Souza Coutinho, Comte de Linhares, 1755-812. Lisbonne 2002-2006. JOSÉ FIRMINO DA SILVA GERALDES - Panegyrico Histórico do Illustríssimo e Excelentíssimo Senhor D. Rodrigo de Sousa Coutinho, Conde de Linhares, Conselheiro de Estado, Ministro, e Secretario de Estado.

59 Catálogo da Importante Livraria dos Ex. mos Srs. Condes de Linhares. Lisboa: 1895.

60 PEDRO CANAVARRO et allii - Imprensa Nacional, Actividade de uma Casa Impressora. Vol. I -1768-1800. Lisboa: 1975. Infelizmente não saiu mais nenhum volume até à presente data.

61 MARQUÊS DO FUNCHAL, ob. cit., pp.105-115. ERNESTO DE VASCONCELOS - Instituição da Sociedade Real Marítima, Militar e Geográfica. «Arquivo das Colónias», n.o 1. Lisboa: 1917, pp. 19 a 33. A. TEIXEIRA DA MOTA - Acerca da recente devolução a Portugal pelo Brasil, de manuscritos da Sociedade da Sociedade Real Marítima, Militar e Geográfica (1793-1807). Lisboa: 1972.

62 NUNO DAUPIAS DE ALCOCHETE - Lettres de Diogo Ratton à António de Araújo Azevedo, Comte da Barca. Paris: 1973, p. 25. João Marcos - O Conde da Barca na Política Europeia do pré-liberalismo. Porto: 1993.

63 JEAN DE PINS - Sentiment et diplomatie au début du XIXème siècle. Paris: 1984, p. 11.

64 Noticia da magnifica entrada que D. Gaspar, arcebispo-primaz das Espanhas, deu na cidade de Braga. Lisboa: 1759. FORTUNATO DE ALMEIDA - História da Igreja em Portugal. Vol. III, 2ª. ed. Barcelos: 1970, p. 510.

65 AFONSO ZÚQUETE et alli, ob. cit., vol. II, pp. 367-371.

66 JEAN DE PINS - ob. cit., p. 17. ÂNGELO PEREIRA - D. João Príncipe e Rei. Vol. II, pp.83-91.

67 Diccionario Popular. Vol. III, Lisboa: 1878, p. 116.

68 MANUEL PINHEIRO CHAGAS - História de Portugal. Vol. XI. Lisboa: s.d., pp. 204-207.
69 Idem, ibid.

70 JEAN GAGÉ - António de Araújo, Talleyrand et les négociateurs secretes pour la paix de Portugal (1798) D'après des documents inédits conservés aux Archives Nationales de Rio de Janeiro. «Bulletin d'Études Portugaises et de l'lnstitut Français au Portugal». Nouvelle Série, Tome XIV. Lisbonne: 1950, pp. 8 e segs.

71 ANTÓNIO PEDRO VICENTE - Manuscritos do Arquivo Histórico de Vincennes referentes a Portugal. Vol. I. Paris: 1971, p. 23.

72 ARTUR DA CUNHA TEIXEIRA - Perfil do Conde da Barca. Porto: 1940, p. 16.

73 JEAN DE PINS - ob. cit., p. 28.

74 Idem, pp. 36-41.

75 JOSÉ BAPTISTA BARREIROS - Ensaio de Biografia do Conde da Barca. Braga: s.d., pp.43-46.

76 ÂNGELO PEREIRA, ob. cit., vol. II, p. 16.

77 HENRI BOULLIER DE BRANCHE - Inventário Sumário dos Documentos da Secretaria de Estado da Marinha. Rio de Janeiro: 1960, p. 11.

78 Sobre a sua obra projetada e construída no Brasil, vide ADOLFO MORALES DE LOS RIOS FILHO - Grandezas de Montigny e a Evolução da Arte Brasileira. Rio de Janeiro: 1941.

79 JEAN MARIA BETTENCOURT - A Missão Francesa de 1816. Rio de Janeiro: 1967. JÚLIO BANDEIRA e PEDRO CORRÊA DO LAGO - Debret e o Brasil, Obra Completa 1816-1831. Rio de Janeiro: 2007

80 FORTUNATO DE ALMEIDA - História da Igreja em Portugal. Vol. III, pp. 532 a 534.

81 AFONSO ZÚQUETE et allii, ob. cit., vol. II, p. 375. SEBASTIÃO FRANCISCO MENDO TRIGOSO - Elogio Histórico do Conde da Barca, in: História e Memorias da Academia Real das Ciências. Tomo 8, c 2ª.. Lisboa, p. XII e segs.

82 AFONSO ZÚQUETE et alli, ob. cit.

83 JOSÉ MARIA LATINO COELHO - História Politica e Militar de Portugal. Tomo III, 2ª. ed. Lisboa: 1917, pp. 177-530. SIMÃO JOSÉ DA LUZ SORIANO - História da Guerra Civil e do Estabelecimento do Governo Parlamentar em Portugal. Tomo I - Primeira Epocha. Lisboa: 1866, pp. 507-602. JORGE BORGES DE MACEDO - História Diplomática de Portugal. Constantes e Linhas de Força. Estudo de Geopolítica. Lisboa: 2006, p. 20 e segs. OLIVEIRA LIMA, ob. cit., p. 25.

84 MARQUÊS DE LOSOYA - História de Espana. Tomo V. Barcelona: 1969, pp. 342-347.

85 JOSÉ ACÚRSIO DAS NEVES - História Geral da Invasão Francesa em Portugal e da Restauração deste Reino. Estudos introdutórios de António Almodôvar e Armando de Castro. Vol. I. Porto: s.d., pp. 151-155. ÂNGELO PEREIRA, ob. cit, vol. I, p. 69. JEAN FRANÇOIS LABOURDETIE - História de Portugal. Lisboa: 2003, pp. 470-471.

86 SIMÃO JOSÉ DA LUZ SORIANO, ob. cit., Tomo II, pp. 347-382. OLIVEIRA LIMA, ob. cit. pp. 30-31. ANTÓNIO VENTURA - Guerra das Laranjas, Campanha do Alentejo. 1810. Lisboa: 2006.

87 ANTÓNIO PEDRO VICENTE - O Tempo de Napoleão em Portugal. Lisboa: 2000, pp.161-182.

88 JOSÉ ACÚRSIO DAS NEVES, ob. cit., vol. I, pp. 179- 185.

89 RAUL BRANDÃO - Vida e Morte de Gomes Freire. Prefácio de Victor de Sá. 4ª. ed. Lisboa: 1987, pp. 46-47. RODRIGUES CAVALHEIRO - Os Motins de Campo de Ourique de 1803. Lisboa: 1931, p. 8 e segs. A. NEVES DA COSTA - A Traição de Gomes Freire. Lisboa: 1936, pp. 269-298.

90 AFONSO ZÚQUETE et allii, ob. cit., vol. III, p. 534.

91 F. A. DE OLIVEIRA MARTINS, Pina Manique- O Político - O Amigo do Povo. Lisboa: 1948. JOSÉ NORTON - Pina Manique. Lisboa: 2004. EDUARDO DE NORONHA - Pina Manique: o intendente de antes de quebrar. Porto: 1940.

92 FRANCISCO DE PAULA LEITE PINTO, ob. cit., pp. 45-47.

93 JORGE BORGES DE MACEDO - O Bloqueio Continental, Economia e Guerra Peninsular. Lisboa: 1962, p. 24 e segs.

94 ÂNGELO PEREIRA - Os Filhos de El-Rei D. João VI. Lisboa: 1946, p. 102.

95 OLIVEIRA LIMA, ob. cit., pp. 48-49. LUIZ NORTON - A Corte de Portugal no Brasil. 2ª. ed. Lisboa: s.d., p. 20.

96 Frei JOAQUIM FORJAZ - Oração gratulatória pelo restabelecimento da importantíssima saúde do sereníssimo Príncipe do Brazil nosso senhor na solemne festa que celebrarão os gentil-homens da sua real câmara no dia 5 de Setembro de 1789. Pronunciada na presença de sua majestade e altezas. Lisboa. Elogio funebre do sereníssimo senhor D. José, Príncipe do Brazil de eterna saudade: offerecido ao sereníssimo príncipe o Senhor D. João, nosso senhor por Luiz António Innocencio de Moura e Lemos, bacharel formado na Faculdade de Leis. Lisboa: 1788. JOÃO PEDRO FERRO, Um Principe Iluminado Português: D. José (1761-1788). Lisboa: 1989.

97 OCTÁVIO TARQUINIO DE SOUSA-A Vida de D Pedro I. Vol. I. Rio de Janeiro: 1954, pp.22-23.

98 ALAN K. MANCHESTER - Preeminência inglesa no Brasil. São Paulo: 1973, pp. 67-68.

99 FRANCISCO DE PAULA LEITE PINTO, ob. cit., p. 53.

100 PINHEIRO CHAGAS, ob. cit., Vol. XI, p. 347

101 FRANCISCO DE PAULA LEITE PINTO, ob. cit.

102 LUIZ NORTON, ob. cit., p. 16.

103 ALAN K MANCHESTER, ob. cit., pp. 67-69.

104 FRANCISCO ADOLFO VARNHAGEN - Historia Geral do Brasil. Tomo 5.°, 3ª. ed. São Paulo: 1930, p. 35.

105 FRANCISCO DE PAULA LEITE PINTO, ob. cit., pp. 35-36.

106 CAMILO LUIS ROSSI - Diário dos Acontecimentos de Lisboa, por ocasião da entrada das tropas escrito por uma testemunha. Lisboa: 1949, pp. 5-6.

107 FORTUNATO DE ALMEIDA, ob. cit., Vol.III, p. 555.

108 Idem, ibid.

109 OCTÁVIO TARQUINIO DE SOUSA, ob. cit., Vol. I, p. 24.

110 PINHEIRO CHAGAS, ob. cit., Vol. II, p. 317.

111 ENÉAS MARTINS FILHO - Conselho de Estado Português e a Transmigração da Família Real em 1807. Rio de Janeiro: 1968, p. 71.

112 Idem, p. 101.

113 FRANCISCO DE PAULA LEITE PINTO, ob. cit., p. 59.

114 M. LOPES DE ALMEIDA - As imposições de Napoleão, in: História de Portugal. Vol. VI. Barcelos: MCMXXXIV, pp. 289-320.

115 JOÃOAMEAL, ob. cit., pp. 489-490.

116 MARIA AMÁLIA VAZ DE CARVALHO, ob. cit. Vol. I. Lisboa: 1898, pp. 184-191.

117. ÂNGELO PEREIRA - D. João VI, Príncipe e Rei. Vol. I, p. 172.

118 CARLOS Luís ROSSI, ob. cit., p. 9.

119 Aperçu Nouveau sur les Campagnes des Français en Portugal, en 1807, 1808, 1809, 1810 et 1811. Paris: 1818, pp. 31-38. O livro apareceu sem nome do autor, o qual é o General Manuel Inácio Martins Pamplona, Conde de Subserra.

120 HENRIQUE BARRILARO RUAS - Ideologia, Ensaio de Análise Histórica e Crítica. Lisboa: 1961 p. 22 e segs.

121 JOÃO MANUEL PEREIRA DA SILVA - História da Fundação do Império Brasileiro. Rio de Janeiro: 1864-1868, pp. 114-115.

122 J. B. CARRERE - Panorama de Lisboa no Ano de I796. Lisboa: 1989, p. 58.

123 ÂNGELO PEREIRA - Os Filhos d'El-Rei D. João VI, cit., p. 124.

124 CARLOS RIZZINI - O Livro, o Jornal e a Tipografia no Brasil. São Paulo: 1988, p. 315.

125 FRANCISCO DE PAULA LEITE PINTO, ob. cit., p. 63.

D. Pedro IV e a Venerável Irmandade de Nossa Senhora da Lapa da Cidade do Porto
Texto de autoria do Professor Francisco Ribeiro da Silva

Notas de rodapé:

1 Em rigor a ideia não era absolutamente original, visto que Henrique IV de França fizera em vida doação do seu coração à capela do colégio jesuíta de La Fleche, em Paris, e esse voto foi cumprido. Ver BERCÉ, Ives-Marie, *Ia naissance dramatique de l'abso/utisme* 1598-1661, Paris, 1992, p. 46.

2 Arquivo Histórico da Venerável Irmandade da Lapa (AHVIL), *Actas,* Livro].0, fi. 24. Na mesma alrura, a rainha quis oferecer à cidade a espada de seu pai. Ver Arquivo Histórico Municipal do Porto, *Lim.o de Respeito,* carta de 25 de Abril de 1835.

3 AHMP, *l'ereações,* Livro 0.° 107, fls. 9-9v.

4 AHMP, '*Vereações,* Livro n.o 107, fls. 4 e 6.

5 AHMP, *l'ereações,* Livro n.o 107, fl. 19.

6 A guarda de honra do navio devia ser composta por 70 soldados. visto que a Câmara do Porto lhes fez oferta de 70 pares de sapatos e 70 pares de meias e ainda de 140 camisas.

AHMP, *Vereações,* Livro n.o 107, fl. 21.256
7 AHMP, *Livro de Respeito* (carta de 24 10-1834).257
8 AHMP, *Vereações,* Livro 107, fis.21.
9 AHVIL, *Actas,* Livro 0.° 1, fi. 46.258
10 AHMP, *Vereações,* Livro 107, fls. 41-41v.259
11 AHMP, *Vereações,* Livro 107, fls. 46-46v. 260
12 AHVIL, *Actas;* Livro 1.°, n. 24.261
13 AHMP, Vereações, Livro 107, Os. 82v e 90.262
14 SOUSA, Femando de, Banco Borges & Irmão (J884-1984). Uma instituição centenária, Porto, 1984 (cronologia).
16* vide apêndice, "conselhos que responderam à subscrição para as exéquias de D.Pedro (1839-1840)".

ANEXOS

Apêndice II

Direitos humanos
Texto de autoria de Ives Gandra da Silva Martins
Notas de rodapé:

1. "Desta forma, o brasileiro é obrigado, com seus tributos, exigidos pelas três esferas, a sustentar sua administração pública, além de cinco mil Poderes Executivos, cinco mil Poderes Legislativos e 27 Poderes Judiciários, que compõem os cinco mil entes federativos do País. E todo o drama nacional reside em que, apesar de a carga tributária em nível de produto privado bruto – isto é, do pagamento de tributos pela sociedade não governamental – ser a mais elevada do mundo (60°/o do PIB), é insuficiente para sustentar o custo político de uma Federação disforme, em que uns dos Estados (Acre) tem menos população (393 mil habitantes) que o bairro de São Miguel Paulista, em São Paulo" ("Na imprensa... coletânea de artigos (1987-2005) ", Editora do Brasil, São Paulo, 2005, p. 67).

2 O inciso IV do § 4º do art. 60 da C.F. está assim redigido: "Art. 60. § 4º - Não será objeto de deliberação a proposta de emenda tendente a abolir: ...... IV - os direitos e garantias individuais".

3 Na ADIN n.3510-0/600 , o STF permitiu que seres humanos na forma embrionária fossem sacrificados – e até agora sem nenhum resultado prático para pesquisas, objetivando curar moléstias ou deficiências físicas naturais ou decorrentes de traumas.

4 Escrevi: "René Cassin, principal autor da Declaração Universal dos Direitos Humanos, esclareceu que "não é porque as características físicas do homem mudaram pouco desde o começo dos tempos verificáveis que a lista de seus direitos fundamentais e liberdades foi idealizada para ser fixada permanentemente, mas em função da crença de que tais direitos e liberdades lhe são naturais e inatos" ("Human Rights since 1945: An Appraisal", The Great Ideas, 1971, Ed. Britannica, p. 5).

5 O artigo 4º intitulado "Direito à vida", na edição castelhana, está assim redigido: "Artículo : Toda persona tiene derecho a que se respete su vida. Este derecho estará protegido por la ley y, en general, a partir del momento de la concepción. Nadie puede ser privado de la vida arbitrariamente. 2. En los países que no han abolido la pena de muerte, ésta sólo podrá imponerse por los delitos más graves, en cumplimiento de sentencia ejecutoriada de tribunal competente y de conformidad con una ley que establezca tal pena, dictada con anterioridad a la comisión del delito. Tampoco se extenderá su aplicación a delitos a los cuales no se la aplique actualmente. 3. No se restablecerá la pena de muerte en los Estados que la

han abolido. 4. En ningún caso se puede aplicar la pena de muerte por delitos políticos ni comunes conexos con los políticos. 5. No se impondrá la pena de muerte a personas que, en el momento de la comisión del delito, tuvieren menos de dieciocho años de edad o más de setenta, ni se le aplicará a las mujeres en estado de gravidez. 6. Toda persona condenada a muerte tiene derecho a solicitar la amnistía, el indulto o la conmutación de la pena, los cuales podrán ser concedidos en todos los casos. No se puede aplicar la pena de muerte mientras la solicitud esté pendiente de decisión ante autoridad competente" (Textos internacionales de Derechos Humanos, Ed. EUNSA, Pamplona, 1978, p. 597).

6 H.C. n. 82.424/RS, Caso Ellwanger.

7 O preâmbulo da Constituição Federal está assim redigido: "**PREÂMBULO** - Nós, representantes do povo brasileiro, reunidos em Assembleia Nacional Constituinte para instituir um Estado Democrático, destinado a assegurar o exercício dos direitos sociais e individuais, a liberdade, a segurança, o bem-estar, o desenvolvimento, a igualdade e a justiça como valores supremos de uma sociedade fraterna, pluralista e sem preconceitos, fundada na harmonia social e comprometida, na ordem interna e internacional, com a solução pacífica das controvérsias, promulgamos, **sob a proteção de Deus**, a seguinte CONSTITUIÇÃO DA REPÚBLICA FEDERATIVA DO BRASIL" (grifos meus).

8 O inciso IV do artigo 3º tem a seguinte dicção: "Art. 3º Constituem objetivos fundamentais da República Federativa do Brasil: ..... IV - promover o bem de todos, sem preconceitos de origem, raça, sexo, cor, idade e quaisquer outras formas de discriminação" (grifos meus).

9 Celso Bastos ensina: "O acesso à informação ganha uma conotação particular quando é levado a efeito por profissionais, os jornalistas. Nesse caso, a Constituição assegura o sigilo da fonte. Isso significa que nem a lei nem a Administração nem os particulares podem compelir um jornalista a denunciar a pessoa ou o órgão de quem obteve a informação. Trata-se de medida conveniente para o bom desempenho da atividade de informar. Com o sigilo da fonte ampliam-se as possibilidades de recolhimento de material informativo. Sem embargo, essa regra há de ser entendida em companhia com o preceituado no início do dispositivo, isto é: com a proibição do anonimato. Desaparecida a fonte, há de emergir necessariamente a figura do próprio jornalista que transmite a informação, O que não é de admitir é que este possa irresponsabilizar-se pessoalmente mediante a invocação de uma fonte que contudo ele não revela, calcado na própria Constituição" (Comentários à Constituição do Brasil, 2º volume, Ed. Saraiva, 2004, p. 91).

10 Escrevi: "O Governo Federal, segundo noticiou O Estado de São Paulo, pg. A7 da edição de 20/04/05, reservou 599 mil hectares do território nacional para o fantástico número de 876 – repito 876 - índios. A distribuição é a seguinte: 224 índios Kokamas receberão 61

mil hectares na reserva de São Sebastião; 121 índios kokamas receberão 33,8 mil hectares no Espírito Santo; 302 índios xapixanos e nakixis receberão 13 mil hectares na reserva de Tabalascada; 198 índios guajás receberão 116,5 mil hectares em Awá; e 31 índios Carajás receberão 375 mil hectares em Maranduba. Como cada hectare tem 10.000 mil metros quadrados, multiplicando 599.000 mil hectares por 10.000, receberão eles 5.990.000.000 m2; ou seja, 876 índios receberão 5 bilhões e novecentos e noventa milhões de metros quadrados do território nacional, passando a ser titulares destas terras como constituindo povos diferentes dos brasileiros, não podendo ser perturbados, nem suas terras vistoriadas pelas polícias estaduais. Apenas a União pode protegê-los contra o inimigo público número um, que, na visão do Presidente Lula, são os fazendeiros do país, dada a sua manifesta antipatia pelo segmento dos produtores rurais. Declarou, quando da outorga destes quase 6 bilhões de metros quadrados aos indígenas, que ele, Presidente, teria de "cuidar para não permitir que depois de demarcada sua terra, **não** fossem os índios afrontados por fazendeiros que poluem rios e derrubam matas"!!!" ("Na imprensa ... coletânea de artigos (1987-2005)", ob. cit. p. 315).

1 O artigo 78 do ADCT consagra tal imoralidade administrativa estando assim redigido seu "caput": "Art. 78. Ressalvados os créditos definidos em lei como de pequeno valor, os de natureza alimentícia, os de que trata o art. 33 deste Ato das Disposições Constitucionais Transitórias e suas complementações e os que já tiverem os seus respectivos recursos liberados ou depositados em juízo, os precatórios pendentes na data de promulgação desta Emenda e os que decorrem de ações iniciais ajuizadas até 31 de dezembro de 1999 serão liquidados pelo seu valor real, em moeda corrente, acrescido de juros legais, em prestações anuais, iguais e sucessivas, no prazo máximo de dez anos, permitida a cessão dos créditos. (Incluído pela Emenda Constitucional nº 30, de 2000)".

2 Manoel Gonçalves Ferreira Filho preleciona: "Controle judiciário. O princípio da legalidade, como já se disse (v. os comentários ao inc. II deste artigo), é a base do Estado de Direito. O que ora se comenta é a sua garantia. Assegura que, em cada caso em que se manifeste lesão a direito individual, de qualquer espécie, o Judiciário dirá a última palavra e, como é sua função, aplicará a lei. Sempre esta, portanto, prevalecerá (v. meu Estado de direito e Constituição, cit., p. 30 e s.). A importância prática do preceito ora examinado está em vedar sejam determinadas matérias, a qualquer pretexto, sonegadas aos tribunais, o que ensejaria o arbítrio. Proíbe, pois, que certas decisões do Executivo, que devem estar jungidas à lei, escapem ao império desta eventualmente, sem a possibilidade de reparação. O crivo imparcial do Judiciário, assim, pode perpassar por todas as decisões da Administração, contrariando a possível prepotência de governantes e burocratas. Por isso, com muita justiça, disse

Pontes de Miranda que a menção expressa deste princípio, feita pela primeira vez na Constituição de 18 de setembro (art. 141, § 4.º), "foi a mais típica e a mais prestante criação de 1946" (Comentários à Constituição de 1946, cit., t. 5. p. 108; cf. sobre a matéria, nosso Curso de direito consti tucional, cit., p. 245)" (Comentários.à Constituição Brasileira de 1988, vol. 1, Ed. Saraiva, 2000, p. 54).

3 A hipótese de pena de morte pode ser aplicada durante guerra, nos termos do artigo 84, inciso XIX, assim redigido: "XIX - declarar guerra, no caso de agressão estrangeira, autorizado pelo Congresso Nacional ou referendado por ele, quando ocorrida no intervalo das sessões legislativas, e, nas mesmas condições, decretar, total ou parcialmente, a mobilização nacional".

4 Escrevi: "**CONSIDERAÇÕES SOBRE O ANTEPROJETO DE EXECUÇÃO FISCAL:** Na última reunião do Conselho Superior de Direito da Fecomercio-SP, discutiu-se o texto, divulgado pela imprensa, do anteprojeto preparado pela Procuradoria da Fazenda Nacional, para reformular a lei de execução fiscal. Tal projeto prevê, ainda na fase administrativa, constrição dos bens do contribuinte, com execução provisória, para depois, em 30 dias, encaminhar a dívida inscrita para conhecimento e medidas junto ao Poder Judiciário. Manifestaram-se, na reunião, os conselheiros Everardo Maciel, Yvette Senise, Ney Prado, Hamilton Dias de Souza, Marilene Talarico Martins Rodrigues e eu mesmo, todos pela inconstitucionalidade do referido texto. Foi levantada, inclusive, a hipótese, se aprovado o texto pelo Congresso, de a OAB, pelo seu Conselho Federal, ingressar com ação direta de inconstitucionalidade, além de promover o desligamento dos procuradores da Fazenda Nacional dos quadros da instituição, em face da incompatibilidade entre o exercício da advocacia e a assunção de funções próprias da magistratura, na execução provisória. Argumento, todavia, que impressionou, foi apresentado pelo Conselheiro Everardo Maciel - apoiado por todos os seus pares presentes, sem exceção, à luz de provocação lançada por Hamilton Dias de Souza – segundo o qual, ao vincular, umbilicalmente, o processo judicial ao processo administrativo, a lei que viesse a ser aprovada feriria duramente o pacto federativo. É que a Constituição oferta à União competência exclusiva de legislar sobre direito processual. Porém, cabe a Estados e Municípios competência legislativa para disciplinar o processo administrativo fiscal, no âmbito de sua competência tributária, em face da autonomia administrativa que possuem. Ora, como, pelo referido anteprojeto, é impossível a execução fiscal em juízo, sem os atos de constrição provisória e prévia, no âmbito exclusivo do processo administrativo, estaria a União a impor a disciplina desse processo a Estados e Municípios, que têm, nesta matéria, competência exclusiva. O ferimento da autonomia dos demais entes da Federação macula de tal forma o processo "administrativo-judicial" proposto pela PFN, que, no entender de todos os Conselheiros, fará surgir - caso venha a ser aprovado - lei maculada pelo mais grave

vício legislativo, que é a inconstitucionalidade.O alerta da CSD da Fecomercio-SP será levado ao Ministro da Fazenda e ao Presidente da República, para que reflitam sobre a matéria, antes de encaminhar ao Congresso Nacional proposta que já nasce comprometida, pelas falhas atrás enunciadas" (Gazeta Mercantil, 14/05/08).

5 Pinto Ferreira lembra que: "A prisão civil é admissível em duas hipóteses: a) inadimplemento voluntário de obrigação alimentar; b) infidelidade do depositário. A locução constitucional prisão civil distingue-se da prisão penal, devem ser entendidas diferentemente. Aquela é um meio compulsório de execução, enquanto esta resulta de uma infração penal. A prisão civil não decorre necessariamente de um ilícito penal, não apresenta o caráter de pena e, destarte, não é passível de detração de pena (CP, art. 42). Atualmente a legislação dos povos civilizados não admite a prisão por simples dívida, como acontecia antes. A prisão civil existe desde a Antiguidade, e já o Código do Rei Hammurabi fazia referência ao devedor por crédito em dinheiro ou grãos. O Código de Manu também aludia a ela" (Comentários à Constituição Brasileira, 1º vol., Ed. Saraiva, 1989, p. 195).

6 José Cretella Jr. ensina: "Do mesmo modo que o "mandado de injunção" e o "mandado de segurança coletivo" são criações originais da Carta Política de 1988, assim também se verifica com o "habeas data", pela primeira vez cogitado em nosso direito, agora, em 1988, mediante regra jurídica constitucional, expressa. Analogamente ao "habeas corpus", a expressão "habeas data" é formada do vocábulo "habeas", já analisado, quando tratamos do "habeas corpus" e de "data", acusativo neutro plural de "datum", da mesma raiz que o verbo latino "do, das, dedi, datam, dare-dar, oferecer, presentear". "Datum", singular de "data" é empregado por Propércio, nas Elegias, Livro III, Elegia 15, verso 6: "nullis capta Lycina datis" e por Ovídio, nas Metamorfoses, Livro VI, verso 363, ambos com o sentido de "presentes", "donativos", "ofertas" e não com o sentido de "dados". Os dicionários de língua inglesa traduzem "datum". plural "data", por "facts", "things certainly known": "known or available". Em português, o "data" é traduzido por "documentos", "dados" (comum na linguagem da informática: processamento de dados). "Dados" são "informações", que constam de arquivos, de bancos de dados. "Informações relativas às pessoas, constantes de registros ou bancos são: DADOS". Assim, "habeas data", ao pé da letra significa, num paralelo com o que dissemos sobre o "habeas corpus"; "toma os dados que estão em teu poder e entrega-os ao interessado." Ou: "fornece ao interessado impetrante, mediante certidão, todos os dados ou documentos que se encontram em teu poder para que possa ele defender seus direitos, em juízo" (Comentários à Constituição 1988, II vol. Forense Universitária, 1989, p. 766).

7 A E.C. n. 45/05 objetivou dar maior celeridade à discussão judicial com a introdução dos instrumentos da súmula vinculante e da repercussão geral.

8 Os §§ 2º e 3º do art. 5º da C.F. estão assim redigidos: "§ 2º - Os direitos e garantias expressos nesta Constituição não excluem outros decorrentes do regime e dos princípios por ela adotados, ou dos tratados internacionais em que a República Federativa do Brasil seja parte.

§ 3º Os tratados e convenções internacionais sobre direitos humanos que forem aprovados, em cada Casa do Congresso Nacional, em dois turnos, por três quintos dos votos dos respectivos membros, serão equivalentes às emendas constitucionais. *(Incluído pela Emenda Constitucional nº 45, de 2004)*".

Créditos iconográficos

Preâmbulo

Pg. 19 – Foto do Edifício Daniel Martins Ferreira, Largo Paissandú, inaugurado em 1948

Pg. 26 – Logotipo da Universidade da Califórnia, Berkeley

Parte 1 – Datas Magnas, Sessões culturais, posses

Pg. 40 – Escola Superior de Agricultura "Luiz de Queiroz" – ESALQ

Pg. 44 – Parque da Aclimação

Pg. 51 – Cartão-postal em homenagem ao MMDC, com as inscrições em latim: *DULCE ET DECORUM EST PRO PATRIA MORI* ("é doce e honrado morrer pela pátria"), *PRO BRASILIA FIANT EXIMIA* ("pelo Brasil faça-se o melhor"), *NON DUCOR, DUCO* ("não sou conduzido, conduzo") e *IN HOC SIGNO VINCES* ("Com este sinal vencerás")

Pg. 54 – Foto de Carlota Pereira de Queiroz no Congresso Nacional

Pg. 61 – *Independência ou Morte!* de Pedro Américo de Figueiredo e Melo (1843-1905). – dominio publico wikipedia

Pg. 75 – Tratado de Tordesilhas Planisférico anônimo, ca. 1545, pormenor

Pg. 115 – Martim Afonso de Sousa em "Diário da Navegação da Armada que foi à terra do Brasil em 1530"

Pg. 236 – Folha de rosto do Tratado de Tordesilhas, 1494

Pg. 242 – Foto de Nelly Candeias, quando criança, na casa da Av. Brigadeiro Luiz Antonio

Pg. 243 – Planta da casa da Av. Brigadeiro Luiz Antonio, por Ricardo Severo

Pg. 259 – Mapa e Trilha do Peabiru

Pg. 293 – Foto Thomaz Jefferson

Pg 296 – Organização das Nações Unidas - ONU

Pg. 319 – Ipê amarelo

Pg. 335 – *Napoleão Bonaparte*. Óleo de David (1797-1798), quadro inacabado

Pg. 339 – Igreja de Nossa Senhora da Lapa e Urna contendo o coração de D. Pedro I

Pg. 340 – Tradução da inscrição latina gravada na lâmina de cobre pregada na porta de carvalho que fecha o monumento onde está encerrado o Coração de D. Pedro IV, na Capela-Mor da Igreja da Venerável Irmandade de Nossa Senhora da Lapa, da Cidade do Porto

Pg. 341 – Urna contendo o Coração de D. Pedro, Duque de Bragança

Pg. 360 – Nossa Senhora da Lapa

Pg. 398 – Foto de Alexandre José Barbosa Lima Sobrinho

Pg. 404 – Foto Hipólito José da Costa Pereira Furtado de Mendonça

Pg. 417 – Kasato Maru, navio que trouxe o primeiro grupo oficial de imigrantes japoneses para o Brasil, em 1908

Pg. 526 – Fachada do Palácio do Governo de São Paulo

Pg. 546 – A primeira iconografia de São Paulo

Pg. 548 – Largo do Palácio (Pátio do Colégio), 1862 - Largo onde os Jesuítas ergueram o Colégio de São Paulo, marco inicial da cidade. No século XVIII, com a expulsão da Ordem das terras portuguesas, o edifício passou a ser sede do governo, Palácio dos Governadores. O Pátio do Colégio passou a se chamar Largo do Palácio / Largo do Palácio, 1862 / 63, Albúmen

Pg. 549 – Palácio do Governo, 1887 / Largo do Palácio, vendo-se, a direita, o Edifício do antigo Correio Geral, c.1892

Pg. 550 – Reformado entre 1881 e 1886. Obra atribuída a Eusébio Stevaux. Foto de Kowalsky & Hensler, por volta de 1892. KOSSOY, Boris. *Album de photographias do Estado de São Paulo*. São Paulo: CBPO/Kosmos, 1984. / Vista do Palácio do Governo do Estado de São Paulo, no início do período republicano, após a demolição da igreja jesuítica e a construção do torreão de autoria do arquiteto Ramos de Azevedo. Foto de Gaensly & Lindemann

Pg. 551 – Largo do Palácio, c.1900, visto em direção à Rua do Carmo, atual Rua Roberto Simonsen. No plano médio, à esquerda, a Igreja do Colégio reconstruída. (fotógrafo desconhecido) / Fachada do Palácio do Governo; situado no Páteo do Colégio, também conhecido na época por largo do Palácio. (foto de 1902)

Pg. 554 – Em 1953, o Palácio do Governo foi demolido. No ano seguinte, o Pátio foi devolvido a Companhia de Jesus. A taipa do antigo colégio pode ser apreciada ainda no Palácio interno do Memorial Jesuítico, bem como as fundações da igreja de 1667 / BMA

Segunda Parte – Mulheres do Instituto

Pg. 605 – Retrato de Marie Rennotte, 1ª mulher a tomar posse no IHGSP no dia 4 de maio de 1901

Pg. 608 – Fotos do Colégio Piracicabano, inaugurado em1881 e após reforma e ampliação, em 1918

Pg. 609 – Foto de Marie Renotte em Frente ao Colégio Piracicabano / Foto de Madre Maria Theodora Voiron

Pg. 612 – Página de rosto da tese de Marie Rennotte, apresentada à Faculdade de Medicina e de Farmácia do Rio de Janeiro, em 1895

Pg. 615 – Capa do Livro de autoria de Marie Robinson Wright – "The New Brasil"

Pg. 621 – A cachoeira de Iguassú - Foto publicada no livro "The New Brazil" de Marie Robison Wright, 1907 / Largo do Palácio - Foto publicada no livro "The New Brazil" de Marie Robison Wright, 1907

Pg. 625 – Retrato da Viscondessa de Cavalcanti

Pg. 633 – Capa do Livro "Catálogo das Medalhas Brasileiras e das estrangeira referentes ao Brasil", Viscondessa de Cavalcanti

Pgs. 635 e 639 – Retrato de Olívia Guedes Penteado

Pg. 659 – Foto de Alice Piffer Canabrava

Quarta Parte – Palestras e Discursos

Pg. 707 – São Miguel Arcanjo

Pg. 708 – São Miguel Arcanjo / Igreja de São Miguel Arcanjo

Pg. 709 – Índio Sepé-Tiaraju foi um índio guarani de São Miguel das missões, que organizou guerrilhas para impedir o avanço dos exércitos português e espanhol na denominada Guerra Guaranítica, nos anos 1754-56. / Pórtico da entrada das ruínas de São Miguel das Missões

Pg. 712 – Dona Isabel Cristina Leopoldina Augusta Micaela Gabriela Rafaela Gonzaga de Bragança e Bourbon / Pena de ouro, contendo 27 diamantes e 25 rubis, usada pela Princesa Isabel para assinatura da Lei Áurea

Pg. 713 – Lei Áurea

Quinta Parte – Colaboradores

Pg. 739 – Foto antiga da cidade de São Paulo

Pg. 747 e 748 – Partitura da Poesia composta por Paulo Bomfim por ocasião da comemoração dos 450 anos da Fundação de São Paulo, com música do maestro Mário Albanese, por solicitação da Presidente

Pg. 768 – Retrato do conde d'Eu, em 1847, de Franz Xaver Winterhalter

Pg. 768 – Foto da Princesa Isabel e Conde D'Eu

Pg. 772 – Batalha naval do Riachuelo, Victor Meirelles de Lima / Nota: Comissionado pelo Ministro da Marinha Afonso Celso, Victor Meirelles segue em 1868 para o teatro de guerra no Paraguai, montando seu ateliê a bordo do capitânia da esquadra, Brasil, onde trabalhou durante dois meses em croquis e esboços. Novamente no Rio executa, no Convento de Santo Antônio, Combate de Riachuelo e Passagem de Humaitá.

Pg. 774 – Foto Conde D´Eu e da Princesa Isabel

Pg. 779 – A rendição do Uruguaiana English: Surrender of Uruguaiana during the War of the Triple Alliance, 1865

Pg. 780 – Retrato da Família Imperial: Conde D'Eu, Isabel e os três filhos, D. Pedro II, Pedro Augusto e a Imperatriz Teresa Cristina. Autor desconhecido. Foto: Paulo Scheuenstuhl /Foto da Princesa Isabel, fonte Diretório Monárquico do Brasil

Pg. 781 – Foto de padre Vieira

Pg. 787 – Foto Dirigível

Pg. 790 – Foto de Júlio Cezar Ribeiro de Souza

Pg. 823 – Vitral Adão e Eva

Pg. 837 – Retrato de Dom João VI, gravura a água forte

Pg. 839 – Folha do jornal *Perante Deus e o povo*

A autora

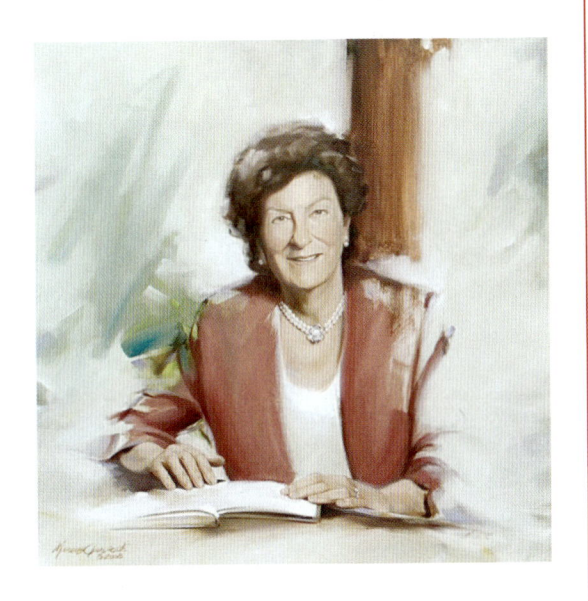

Nelly Martins Ferreira Candeias nasceu na cidade de São Paulo, em 11 de abril de 1930. Master in Public Health pela Universidade da Califórnia, Doutora, Livre Docente e Professora Titular da FSP/Universidade de São Paulo, com estágios na London School of Economics and Politics e no Health Services Research Center, em Chapel Hill. Títulos concedidos por universidades americanas: "Adjunct Research Associate" da Universidade da Carolina do Norte; "Faculty Associate" da Universidade do Texas; "Center Associate" do G. Sheps Center, Universidade da Carolina do Norte. "Principal Investigator" da Organização Mundial da Saúde e consultora da UNESCO/Nações Unidas e OMS. Primeira mulher a representar a América Latina no "Board of Trustees" do "International Union for Health Education", Kellogg Fellow, Who's Who in the World, 1989-1990. Preside o Instituto Histórico e Geográfico desde 2002.

Entre suas publicações, destacam-se: 1984 – "História da Faculdade de Saúde Pública", artigo comemorativo do cinquentenário da USP, por designação do Diretor da Faculdade de Saúde Pública/USP, 1985; *Saúde Ocupacional no Brasil, um Compromisso Incompleto*, livro premiado pela Fundação ODEBRECHT, publicado e divulgado por essa fundação e pela FUNDACENTRO/SP.

Impresso em São Paulo, SP, em maio de 2013,
com miolo em couchê 80 g/m², nas oficinas da EGB.
Composto em Utopia Regular, corpo 11 pt.

Não encontrando este título nas livrarias,
solicite-o diretamente à editora.

Escrituras Editora e Distribuidora de Livros Ltda.
Rua Maestro Callia, 123 – Vila Mariana – São Paulo, SP – 04012-100
Tel.: (11) 5904-4499 / Fax: (11) 5904-4495
escrituras@escrituras.com.br
imprensa@escrituras.com.br
vendas@escrituras.com.br
www.escrituras.com.br